GED EN ESPAÑOL

2004

GED EN ESPAÑOL 2004

ESTRATEGIAS HECHAS Y PROBADAS POR MAESTROS PARA OBTENER NOTAS ALTAS

Ginés Serrán-Pagán
Antonio A. Acosta
Antono Márquez

Australia • Canada • Mexico • Singapore • Spain • United Kingdom • United States

Un libro de ARCO
ARCO es una marca registrada de Thomson Learning, Inc. que se usa en este libro bajo licencia de Peterson's.

Sobre The Thomson Corporation y Peterson's
The Thomson Corporation (www.thomson.com), con ingresos de US$7.8 mil millones en el año 2002, es líder mundial en el suministro de soluciones integradas de información para clientes comerciales, profesionales y en el ámbito de la educación. Sus empresas y marcas de educación (www.thomsonlearning.com) satisfacen las necesidades de las personas, instituciones educativas y empresas con productos y servicios tanto para el aprendizaje tradicional como para el aprendizaje distribuido.

Peterson's, una división de The Thomson Corporation es uno de los proveedores más respetados en el campo de recursos en Internet, software, guías de referencia y libros para toda la vida. Los Education Supersites^{SM} en www.petersons.com, los enlaces de recursos para la educación más visitados, ofrecen bases de datos para investigar y herramientas interactivas para comunicarse con instituciones y programas estadounidenses acreditados. Además, Peterson's presta servicio anualmente a más de 110 millones de consumidores en el ámbito de la educación.

Para obtener más información, comuníquese con Peterson's, 2000 Lenox Drive, Lawrenceville, NJ 08648; 800-338-3282; o visítenos en el sitio Web : www.petersons.com/about

COPYRIGHT © 2003 Ginés Serrán-Pagán, Antonio A. Acosta y Antonio Márquez

Ediciones previas © 1987, 1990, 1992, 1994, 1996, 1998, 2000

TODOS LOS DERECHOS RESERVADOS. Ninguna parte de este trabajo, incluido por el derecho de autor puede ser reproducido o usado de ninguna forma o por cualquier medio gráfico, electrónico o mecánico, como fotocopias, grabaciones, intervenciones, distribución en la Web o sistemas de almacenamiento y recuperación de información, sin el permiso previo por escrito del editor.

Para solicitar autorización para usar material de este texto o producto, comuníquese con nosotros al:
Teléfono: 800-730-2214
Fax: 800-730-2215
Sitio Web: www.thomsonrights.com

Número de la Biblioteca del Congreso 97-81110

ISBN 0-7689-1236-9

Impreso en Estados Unidos de América.

10 9 8 7 6 5 4 3 2 1 03 02 01

Octava edición

Contenido

Agradecimientos ix

Prefacio xi

PARTE I: INTRODUCCIÓN

Capítulo 1: Una perspectiva general del GED 3

¿Qué es el GED? 3

El nuevo Examen de Equivalencia de la Escuela Superior
en español, año 2004 4

Descripción de las materias 4

Evaluación del examen y centros que ofrecen
el Examen GED 5

Capítulo 2: Consejos y estrategias para las pruebas 9

Cómo hacer el examen final: Instrucciones importantes 9

Cómo usar este libro 10

Consejos prácticos para los estudiantes adultos del GED 11

Ideas principales 12

PARTE II: DIAGNOSTICAR LAS FORTALEZAS Y DEBILIDADES

Capítulo 3: Examen Diagnóstico..................................41

Hoja de respuestas: Examen Diagnóstico 42

Examen 1: Expresión Escrita
  Parte I: Reconocimiento y corrección de errores.............................49
  Parte II: Composición..61

Examen 2: Estudios Sociales 63

Examen 3: Ciencias 79

Examen 4: Interpretación de la Literatura y de las Artes 95

Examen 5: Matemáticas...109

Respuestas correctas del Examen Diagnóstico 119

Respuestas explicadas del Examen Diagnóstico 122

PARTE III: REPASO DE TEMAS

Capítulo 4: Expresión Escrita....................................141

Ortografía práctica 143

Formas y usos gramaticales:
  Lo esencial de la gramática española..164

Coordinación de frases y oraciones..192

Orden lógico y gramatical...198

Pruebas de práctica: Expresión Escrita 200

Hoja de respuestas: Pruebas de práctica: Expresión Escrita 201

Prueba I: Nivel básico...202

Prueba II: Nivel intermedio...206

Prueba III: Nivel avanzado...211

Respuestas explicadas de las Pruebas de Práctica........................215

Glosario de términos gramaticales..221

La composición en el Examen GED..225

Cómo planificar su composición..232

Escribir la composición 238

Capítulo 5: Estudios Sociales 251
    Pasajes 252
    Conceptos teóricos generales 260
    Geografía, continentes, mapas y estadísticas 267
    Glosario de Estudios Sociales 290
    Respuestas correctas 296

Capítulo 6: Ciencias 299
    Pasajes 300
    Conceptos generales de Física y Química 318
    Tabla periódica de los elementos 322
    Respuestas correctas 323
    Apéndice: Ilustraciones de la célula, el mundo vegetal, animales invertebrados, animales vertebrados y el cuerpo humano 324
    Glosario de Ciencias 365

Capítulo 7: Interpretación de la Literatura y de las Artes....371
    Prosa: Textos literarios 372
    Poesía 382
    Ensayos 389
    Glosario de términos de métrica y retórica 396
    Respuestas correctas 400

Capítulo 8: Matemáticas 401
    Números enteros, naturales, cardinales y ordinales 402
    Números fraccionarios 417
    Fracciones decimales...434
    Potencias y raíces 443
    Razones y proporciones 447
    Tanto por ciento o porcentaje 452
    Estadística 458
    Gráficas..460
    Cálculo de rentención de impuestos 465
    Series 467
    Medidas...470
    Álgebra: conceptos generales..479
    Geometría 501
    Sistemas de numeración y sus bases...520
    Trigonometría 534

PARTE IV: EXÁMENES DE PRÁCTICA

Capítulo 9: Dos exámenes completos de práctica.............539

Hoja de respuestas: Examen de Práctica I..540

Examen de Práctica I: Contenido 546

Examen 1: Expresión Escrita
Parte I: Reconocimiento y corrección de errores............................547
Parte II: Composición...558

Examen 2: Estudios Sociales 560

Examen 3: Ciencias..580

Examen 4: Interpretación de la Literatura y de las Artes 598

Examen 5: Matemáticas..612

Respuestas correctas del Examen de Práctica I 618

Respuestas explicadas del Examen de Práctica I 620

Hoja de respuestas: Examen de Práctica II......................................635

Examen de Práctica II: Contenido 641

Examen 1: Expresión Escrita
Parte I: Reconocimiento y corrección de errores 642
Parte II: Composición 654

Examen 2: Estudios Sociales 656

Examen 3: Ciencias 672

Examen 4: Interpretación de la Literatura y de las Artes 692

Examen 5: Matemáticas 708

Respuestas correctas del Examen de Práctica II 715

Respuestas explicadas del Examen de Práctica II 717

APÉNDICE

Constitución de los Estados Unidos de América..................733

Acerca de los autores..753

Agradecimientos

En la realización de los textos de Estudios Sociales, Interpretación de la Literatura y de las Artes y Ciencias quisiera agradecer a mis editores y a las revistas en donde he publicado materiales relacionados con dichas materias. Especialmente, quisiera agradecer a la editorial Minerva Books de New York, por permitirme reproducir fragmentos de mi libro **Nueva Historia de los Estados Unidos.** Asimismo, quisiera agradecer a las revistas **Cambio 16, Interviú, Conocer, Integral, Arbor, Revista Española de Investigaciones Sociológicas, Revista Internacional de Sociología, Revista de Estudios Sociales, Étnica, Mundo Científico** e **Índice Cultural Español;** y a los periódicos **El País, La Voz de Córdoba, El Faro de Ceuta** y **Diario 16,** por reproducir fragmentos de artículos, ensayos y libros que he publicado en los últimos treinta años.

Mi apreciación sincera a la profesora Angela Mayo por su colaboración en la revisión de los textos de matemáticas. Agradezco también a la profesora Mileydis Tinoco y la secretaria Marie Peraza por sus contribuciones en la corrección de textos.

Antonio A. Acosta, Ed.D

Prefacio

NUESTRO LIBRO DE TEXTO DE GED EN ESPAÑOL, UTILIZADO POR MÁS DE UN MILLÓN DE ESTUDIANTES

Desde que ARCO publicó este libro de texto por primera vez, en 1987, más de un millón de estudiantes de habla hispana lo han utilizado. Es el libro de GED en español pionero en la historia de la educación de adultos en Estados Unidos. Ésta es la octava edición.

Anteriormente a este texto, existía un pequeño manual en español que guiaba a los profesores y estudiantes que tomaban el Examen GED, pero no era un compendio que abarcara todas las áreas del examen en español, sus autores no tenían experiencia con estudiantes hispanos y la mayoría de los textos eran traducidos del inglés.

La tarea más importante que nos propusimos fue la de crear un libro de texto totalmente dirigido a la población hispana y adaptado a los requisitos del examen organizado por el American Council on Education. Los autores somos hispanos con treinta años de experiencia en la educación de adultos hispanos, principalmente en el campo del GED.

Han sido mucho los profesores y estudiantes que nos han comunicado la valiosa ayuda que este libro ha sido para ellos. Más de un millón de estudiantes que salieron de sus países sin poder terminar sus estudios primarios o secundarios, así como estudiantes hispanos nacidos en Estados Unidos y que no han podido terminar sus estudios secundarios, han utilizado este texto. Al pasar el examen de Equivalencia de la Escuela Superior, estos estudiantes han podido conseguir mejores empleos, mejorar la posición en el trabajo logrando una mejor remuneración, entrar a la universidad, progresar en sus vidas y, en definitiva, han podido abrirse un nuevo camino hacia el futuro.

Nos sentimos muy satisfechos de que este texto haya contribuido a mejorar las vidas de cientos de miles de familias hispanas y que haya servido como guía a educadores y autores de educación de adultos en Norteamérica. Por ello es que publicamos ahora esta octava edición, adaptada a las nuevas pautas del examen oficial del año 2004. El texto ha sido revisado y hemos incorporado nuevas lecturas y ejercicios.

PARTE I
INTRODUCCIÓN

CAPÍTULO 1   Una perspectiva general del GED

CAPÍTULO 2   Consejos y estrategias para las pruebas

Una perspectiva general del GED

RESUMEN

- ¿Qué es el GED?
- El nuevo Examen de Equivalencia de la Escuela Superior en español, año 2004
- Descripción de las materias
- Evaluación del examen y centros que ofrecen el Examen GED

¿QUÉ ES EL GED?

El propósito de los exámenes de GED *(General Educational Development)* es ofrecer la oportunidad de obtener un diploma o certificado de Equivalencia de la Escuela Superior a aquellas personas que no han podido terminar sus estudios de bachiller o de la escuela secundaria.

Los exámenes de Equivalencia de la Escuela Superior se usan en los 50 estados de Estados Unidos, en Puerto Rico, en el Distrito de Columbia, en Samoa, en la Zona del Canal, en el Territorio de las Islas del Pacífico, en Canadá, en el territorio de Yukon y en las provincias canadienses de British Columbia, Nova Scotia, Prince Edward Island y Saskatchewan. Se administran en más de 2,700 centros oficiales de GED.

Los diplomas de GED o de Equivalencia son aceptados en Estados Unidos, en Puerto Rico y en todos los lugares mencionados. Equivalen a la graduación de la escuela secundaria. Las personas que obtienen el diploma pueden tener más oportunidades de conseguir trabajo, ascender de posición, estar autorizadas para ejercer ciertas profesiones, y acceder a la universidad si lo desean. Algunas universidades aceptan con mayor facilidad y prontitud a una persona que tiene un diploma de Equivalencia con una puntuación satisfactoria que a aquella otra persona que ha de convalidar los estudios secundarios que ha realizado en otro país.

Desde el año en que se originaron los Exámenes de Equivalencia, en 1942, millones de personas han obtenido el diploma. La primera edición de las Pruebas de GED en español (GED-S) fue introducida en 1972. La edición ha sido revisada en los últimos veinte años. Los exámenes están organizados por el American Council on Educatión, Washington, DC.

PARTE I: Introducción

EL NUEVO EXAMEN DE EQUIVALENCIA DE LA ESCUELA SUPERIOR EN ESPAÑOL, AÑO 2004

La edición presente de este libro representa una versión actualizada con el objetivo de preparar al estudiante para el nuevo Examen GED. El texto ha sido revisado y adaptado de acuerdo con las pautas generales de los nuevos exámenes de GED que organiza el American Council on Education. El libro refleja los cambios que se han incorporado a las diferentes materias académicas.

Estos cambios incluyen:

- Un mayor énfasis en conocimientos relacionados con situaciones prácticas aplicadas a todas las áreas académicas, así como a temas afines al mundo laboral de esta nueva época en que vivimos.
- Un mayor enfoque en preguntas donde es necesario pensar más, desarrollar las ideas y deducir a un nivel superior.
- Un mayor uso de gráficas y estadísticas, así como de material visual.
- Un mayor énfasis en lecturas y conceptos relacionados con el impacto de la nueva tecnología en la vida diaria.

DESCRIPCIÓN DE LAS MATERIAS

Las materias que comprenden el Examen de Equivalencia o GED son las siguientes:

Materia	Número de preguntas	Duración
Expresión Escrita		
Parte I	50	75 minutos
Parte II	Composición	45 minutos
Estudios Sociales	50	70 minutos
Ciencias	50	80 minutos
Interpretación de la		
Literatura y de las Artes	40	65 minutos
Matemáticas	50	90 minutos

En Puerto Rico y en algunos estados también se requiere una prueba en *inglés* además de las cinco pruebas.

La prueba de **Expresión Escrita** consta de dos partes. La primera se compone de 50 preguntas que incluyen formas o usos gramaticales (30%), identificación de errores de puntuación y letras mayúsculas, oraciones, ejercicios sobre orden lógico y gramatical e identificación de errores de ortografía. La segunda parte incluye una sección dedicada a la escritura o composición. El candidato ha de escribir un ensayo sobre un tema general. El tiempo máximo dedicado al ensayo es de 45 minutos. El candidato debe opinar o explicar por escrito el tema que se presenta. La evaluación del ejercicio de escritura depende de la organización del tema, la claridad y el estilo, así como del control que posea del idioma.

La prueba de **Estudios Sociales** consta de un total de 50 preguntas. Abarca temas de historia, temas civiles y de gobierno, economía y geografía, basados en la comprensión de pasajes de lectura, mapas y gráficas. Aproximadamente, el 40% de las preguntas se relacionan con temas históricos, el 25% con temas civiles y de gobierno, el 20% con economía y el 15% con geografía.

La prueba de **Ciencias** consta de 50 preguntas. En su totalidad abarca temas de ciencias biológicas, de la Tierra y del espacio, física y química. Aproximadamente, el 45% de las preguntas contiene temas de las ciencias biológicas, el 35% de ciencias físicas (física y química) y el 20% de ciencias de la Tierra y del espacio.

La prueba de **Interpretación de la Literatura y de las Artes** consta de 40 preguntas y contiene un 75% de pasajes sobre literatura (prosa, poesía y drama), y un 25% de temas no ficticios (biografía, reseñas, generales), haciendo énfasis en la vida y obra de importantes autores, sobre todo hispanoamericanos.

La prueba de **Matemáticas** consta de 50 preguntas, distribuidas, en orden de importancia, de la siguiente manera: geometría y medidas (20% al 30%), álgebra (20% al 30%), números y operaciones (20% al 30%), y análisis de datos (20% al 30%).

EVALUACIÓN DEL EXAMEN Y CENTROS QUE OFRECEN EL EXAMEN GED

Por regla general, para aprobar el examen de Equivalencia en español se necesita pasar en cada examen al menos la mitad de las preguntas. De esta manera, es muy probable que el estudiante pueda pasar el mínimo de puntos necesarios. Sin embargo, si el estudiante ha pasado un número de materias y le han quedado pendientes otras, puede volver a examinarse tan sólo en aquellas materias que no ha aprobado. Para obtener información sobre los puntos mínimos necesarios para pasar el examen y sobre los centros de GED que ofrecen los exámenes, pueden llamar a los teléfonos que presentamos a continuación.

ESTADOS UNIDOS

Alabama
334-242-8182
800-392-2086

Alaska
907-465-4685

Arizona
602-542-5802

Arkansas
501-682-1978

California
916-327-0037
800-331-6316

Colorado
303-866-6613
303-866-6609

Connecticut
860-807-2110

Delaware
800-464-4357

District of Columbia
202-274-7173

Florida
800-237-5113
850-487-1619

Georgia
800-946-9433
404-679-1644

Hawaii
808-594-0170

Idaho
208-332-6933

Illinois
800-321-9511

Indiana
800-624-7585
317-232-0522

Iowa
515-281-3636

Kansas
785-296-3192

Kentucky
502-564-5114

Louisiana
225-342-0444

Maine
800-322-5455

Maryland
410-767-0538
410-685-0525

Massachusetts
800-447-8844

Michigan
517-373-1692

Minnesota
800-222-1990
612-645-3723

Mississippi
601-982-6338

Missouri
573-751-3504
800-521-7323

Montana
406-444-4438

Nebraska
402-471-2475

Nevada
702-687-9104

New Hampshire
603-271-6699

New Jersey
609-777-1050

New Mexico
505-827-6702

New York
518-474-5906
212-803-3333
800-331-0931

North Carolina
919-733-7051

North Dakota
701-328-2393

Ohio
614-466-4868
800-334-6679

Oklahoma
405-521-3321
800-405-0355

Oregon
503-378-8648

Pennsylvania
717-787-6747
717-787-6344

Rhode Island
800-443-1771
401-222-4600

South Carolina
803-734-8347

South Dakota
605-773-4463

Tennessee
800-531-1515

Texas
512-463-9292
512-463-9447

Utah
800-451-9500

Vermont
800-322-4004

Virginia
800-237-0178
804-786-4642

Washington
360-753-6748

West Virginia
800-642-2670

Wisconsin
608-266-3701
608-266-3497

Wyoming
307-777-7039

CANADÁ

Alberta
403-427-0010

British Columbia
250-356-7269

Manitoba
800-465-9915

New Brunswick
506-453-8251

Newfoundland
709-729-2405

Northwest Territories
867-920-8939
867-920-3030

Nova Scotia
902-424-4227

Ontario
416-325-3364

Prince Edward Island
902-368-4693
902-566-9500

Saskatchewan
306-787-5597

Yukon
867-668-8740

Consejos y estrategias para las pruebas

RESUMEN

- Cómo hacer el examen final: Instrucciones importantes
- Cómo usar este libro
- Consejos prácticos para los estudiantes adultos del GED
- Cómo usar estas indicaciones para ayudarle a pasar el examen de GED
- Ideas principales

CÓMO HACER EL EXAMEN FINAL: INSTRUCCIONES IMPORTANTES

Para la mayoría de nosotros, que hemos conocido sistemas de enseñanza rígidos, los exámenes nos traen malos recuerdos. No eran un medio para evaluar o medir lo que habíamos aprendido, sino una especie de castigo, una prueba muy difícil, creada deliberadamente para no pasar la materia. Probablemente, la mejor forma de vencer este temor es comprender que el examen final de equivalencia no tiene tales propósitos. Es una prueba que trata de comprobar el conocimiento adquirido. También es importante hacer todos los exámenes de práctica posibles antes de tomar el examen final. Este texto se orienta hacia ese fin. Cuando usted se considere preparado para tomar el examen final, le recomendamos que siga las instrucciones siguientes:

1. Lea cuidadosamente las preguntas antes de intentar contestarlas.

2. Conteste las preguntas más fáciles. Si se encuentra con una difícil no se detenga, puede perder mucho tiempo en ella; déjela para el final. Continúe con la siguiente y más tarde vuelva a ella.

3. Lea el pasaje una vez, detenidamente. Trate de visualizar lo que lee, como si creara con los personajes o detalles del pasaje una especie de película en la mente. Así retendrá mejor el contenido del pasaje. Después de leer el pasaje, conteste una por una las preguntas. Si tiene alguna duda, porque no se acuerda bien de algún dato o concepto, busque la respuesta en el texto del pasaje.

❹ No deje ninguna pregunta sin contestar. Contéstelas todas, incluso en el caso de que no sepa cuál es la respuesta correcta. Ponga cualquier número que intuya. Tiene un 20% de probabilidades de acertar. Piense que lo mejor es eliminar aquellas respuestas que claramente no son correctas y quedarse al final con las dos o tres más probables y elegir entre éstas.

❺ Asegúrese de que entrega todos los formularios del examen y, sobre todo, las respuestas. Asimismo, revise si ha rellenado la información necesaria, nombre, apellidos, dirección, número de identificación del examen, etc.

❻ Trate de ir despejado al examen. Son bastantes horas y ha de estar relajado. Venza los nervios; son el peor obstáculo. Piense que si no pasa el examen puede tomarlo otras veces. No haga un esfuerzo el último día que pueda mermar sus facultades intelectuales, tratando de abarcar todas las materias o estudiar demasiado. Es importante que esté descansado cuando haga el examen. Son muchos los pasajes y lecturas que ha de leer y la mente ha de estar clara.

CÓMO USAR ESTE LIBRO

Este libro le ayudará a familiarizarse con el Examen GED en español y con las condiciones que exige la prueba. La persona que ha seguido los ejercicios y lecturas de este libro tiene muchas más probabilidades de pasar el examen que aquella que no conoce cómo es el examen. Aun si la persona tiene un nivel elevado de estudios, es conveniente que previamente lea de qué consta el examen y haga ejercicios. De esta forma puede mejorar la puntuación total cuando tome el examen final.

Los exámenes de práctica de este libro son muy parecidos al examen real de GED en español. Cubren las cinco materias y usan el mismo tipo de preguntas, igual organización y los mismos límites de tiempo que el examen. El contenido no es el mismo pero es similar. Realizando estos exámenes de práctica puede comprobar qué partes del examen de equivalencia conoce bien y cuáles ha de estudiar más. Debe tomar cada examen de práctica como si hiciera el examen final, siguiendo paso a paso las indicaciones y en el tiempo reglamentario para cada prueba.

El examen diagnóstico le dará una idea del nivel en que se encuentra. Las partes dedicadas a preguntas, pasajes y conceptos básicos le ayudarán a adquirir conocimientos sobre cada una de las materias así como una mayor práctica para contestar a las preguntas. Los dos exámenes de práctica de la última parte del libro representan cada uno un nivel, de menor a mayor dificultad. Le aconsejamos que siga las instrucciones siguientes:

❶ Lea las indicaciones detenidamente.

❷ Ajústese al tiempo que requiere cada prueba.

❸ Escriba sus respuestas en la hoja de respuestas que aparece al principio de cada examen.

❹ Compare sus respuestas con las respuestas correctas o claves que se muestran al final de cada examen.

CAPÍTULO 2: Consejos y estrategias para las pruebas

5. Cuente el número total de respuestas correctas en cada una de las pruebas y escriba el número total en el pequeño cuadrado que aparece en la hoja de respuestas.

6. Añada los cinco subtotales para obtener la puntuación total del examen (véase la gráfica siguiente para saber cómo se convierten las respuestas correctas en el modelo de puntuación que requiere el Examen GED).

7. La puntuación de GED oscila de 20 a 80. Para conseguir el diploma de GED ha de obtenerse una puntuación total mínima de 225 puntos, siempre y cuando que en cada prueba individual la puntuación no baje de 35 puntos (ó 40 en algunos estados).

CONSEJOS PRÁCTICOS PARA LOS ESTUDIANTES ADULTOS DEL GED

Los objetivos más importantes de esta guía de consejos prácticos son:

1. Comprender cómo estos consejos pueden ayudarle a estudiar y pasar el Examen GED.

2. Motivarle y ayudarle a tener confianza en sí mismo. Recuerde que usted tiene cualidades y ánimos suficientes para superarse. ¡Usted debe convencerse a sí mismo de que puede conseguir pasar el examen!

3. Encontrar cuál es la mejor forma de estudiar para usted.

4. Hacer uso de las facilidades y oportunidades de estudio que le ofrece su comunidad.

5. Descubrir cómo las ideas están organizadas de tal forma que pueda comprenderlas.

6. Comprender la lectura de los textos y estudiar las guías de preparación del examen.

7. Aprender todo lo posible en las clases y asimilar al máximo las enseñanzas de los profesores.

8. Aprender cómo memorizar las cosas que necesita saber para el examen.

9. Organizar bien su lugar de estudio así como sus libros y otros materiales.

10. Administrar bien su tiempo.

1. Aprender cómo estos consejos prácticos pueden ayudarle a estudiar y pasar el Examen GED.

Las siguientes indicaciones o consejos han sido escritos exclusivamente para usted. Quizá, hace algún tiempo, usted dejó de estudiar en la escuela o en el instituto. Ha tenido otras experiencias, que sin duda le han enriquecido, pero ahora siente que ha de estudiar de nuevo. Usted necesita el diploma de equivalencia de la escuela superior para ayudarle en su vida y abrirle camino en el futuro. Y usted es lo suficientemente inteligente para pasar el GED, pero para obtener el diploma tendrá que estudiar bien, de forma organizada y eficaz.

Estos consejos, indicaciones o advertencias pueden ayudarle a conseguir lo que usted desea. Sígalos y verá cómo al final le ayudarán a tener éxito.

Para ayudarle a ponerlos en práctica estos consejos tienen las características siguientes:

- Están escritos de la forma más clara posible.
- Para comprenderlos bien, cada uno comienza con una palabra básica o clave.
- Aunque los consejos o indicaciones pueden ser diferentes, ideas similares se repiten una y otra vez, cambiando un poco la forma de las palabras. La repetición le ayudará a recordar y aprender mejor las ideas.
- La mayoría de estos consejos son fáciles de comprender, pero algunos son más difíciles que otros. Si por cualquier razón usted no comprende de inmediato alguno de ellos, no se preocupe, continúe, podrá volver después a él en otro momento. Ya verá cómo más adelante, si persiste y sigue estudiando, la idea se hará mucho más clara.

Cómo usar estas indicaciones para ayudarle a pasar el Examen GED

- No espere aprender todos estos consejos o indicaciones de una vez. Concéntrese tan sólo en uno o dos. No podrá aprenderlos todos de una vez porque son muchos. Y si no dispone de mucho tiempo:

    —Elija aquel que tenga un significado especial para usted.

    —Elija aquel que usted considere que le ayudará más.

Una vez que lo haya aprendido bien no necesitará referirse a él otra vez.

- Escriba cualquiera de ellos que usted considere especialmente importante en una tarjeta de 3 × 5 pulgadas o en un papel pequeño. Léalo con frecuencia. Así podrá acordarse de él.

    —Ponga la tarjeta o el papel en su bolso o en el bolsillo, llévelo a cualquier lugar (mientras camina o pasea, en el autobús, o mientras toma el desayuno).

    —Si escribe varios consejos o indicaciones en diferentes tarjetas, ponga las tarjetas en un sobre o en un pequeño archivador. Conforme vaya aprendiéndolos, uno por uno, despréndase de las tarjetas, arrójelas. Pronto se encontrará con el sobre o con la caja del archivador vacía, y así se sentirá mucho mejor.

IDEAS PRINCIPALES

En los consejos prácticos que le presentamos, usted encontrará las siguientes ideas:

- Sea responsable y tómese en serio de nuevo el mundo del estudio y de la enseñanza.

    —Usted va a tomar el Examen GED no porque alguien lo fuerce a hacerlo sino porque voluntariamente ha decidido que es algo importante en su vida. Usted es un adulto, es decir, tiene el poder de tomar sus propias decisiones y elegir cuáles han de ser las pautas o los caminos que ha de seguir en su vida actual y futura.

CAPÍTULO 2: Consejos y estrategias para las pruebas

—Use ese poder e independencia que tiene para decidir qué es lo mejor para usted. Elija el camino del estudio y tenga confianza en sí mismo de que va a triunfar.

- Conózcase a sí mismo.

—Tanto en la escuela como después de ella, usted va a desarrollar hábitos de estudio que antes no tenía; acostúmbrese a ellos, no los deje, siga aprendiendo. Construya su vida a partir de esta base, no deje de estudiar. Nunca es tarde para aprender y siempre se aprende algo nuevo. No se prepare para el GED simplemente para pasar el examen sino también para enriquecer su vida con la educación que antes, por diversas razones, no pudo obtener.

- Pregúntese a sí mismo:

—¿Me gusta estudiar? ¿Me agrada ir a la escuela? Si me gusta, ¿por qué? Si no me agrada, ¿por qué no?

—¿Recibo buenas notas en algunas materias? Si es así, ¿por qué? ¿Por qué en algunas aprendo bien y en otras no?

—¿Recuerdo con facilidad lo que he aprendido? Si es así, ¿por qué? Si se me olvida lo aprendido, ¿por qué?

—¿Me conozco bien a mí mismo? ¿Hasta qué punto me conozco bien? ¿Qué puedo hacer para conocerme mejor?

- Trate de confiar cada vez más en sí mismo, en sus cualidades, en su voluntad por aprender.

—Repase una y otra vez los consejos prácticos que ofrecemos con relación a este apartado de la confianza que ha de tener usted en sí mismo. Estos consejos los encontrará en las páginas que siguen. Probablemente esos consejos prácticos sean los más importantes de todos, porque, en definitiva, todo depende de usted, de su voluntad y de su persistencia. Es usted quien tiene que convencerse de que tiene que pasar el examen.

- Siéntase seguro y cómodo con el Examen GED. Prepárese bien y asegúrese de que va a pasarlo sin dificultades.

—Aprenda todo lo que pueda. Siga las ideas. consejos y métodos que pueden ayudarle a tomarlo bien.

2. Adquiera y afirme su confianza. Revalorice su capacidad. ¡Sepa que usted lo puede hacer!

Confiar en su capacidad para pasar el GED puede ser la parte más importante para llevar a cabo su programa de estudio.

Recuerde: Si se dice a sí mismo "no puedo", indudablemente no podrá. Si se dice a sí mismo "puedo", es muy probable que sí pueda lograrlo.

Debe decirse a sí mismo "sí, lo puedo hacer", entonces lo hará y el éxito será suyo.

CONSEJO: Aprenda a decir cosas buenas sobre su persona.

- ¿Se puede escuchar a usted mismo diciendo cosas buenas sobre su persona? (por ejemplo: "yo puedo hacerlo" y "¡estoy haciéndolo muy bien!") Si escucha pensamientos tales como "yo puedo aprender esto y me siento bien haciéndolo", óigalos atentamente y se sentirá feliz con lo que está escuchando.

- Si escucha pensamientos tales como "yo no puedo aprender esto. Odio estudiar esto. Yo no tengo la capacidad para aprenderlo". Cambie estos mensajes y piense positivamente. Acuérdese de las cosas que hace bien.

Mensajes por cambiar:

Si dice:	*Dígase:*
Nunca hago nada bien.	Lo haré bien.
Yo nunca tengo oportunidades.	Tendré propias oportunidades y tendré éxito.
¿Para qué voy a intentar?	Haré lo mejor que pueda y lo lograré.
De todas maneras no funcionará.	Si va a resultar.
Lo intenté y no dio resultado.	Ya intenté, pero esta vez lo haré con más empeño.
Yo no soy bueno para...	Soy bueno para...

CONSEJO: Acuérdese de sus éxitos.

CONSEJO: Recuerde cómo se sintió después de haber logrado algo exitosamente.

Escriba sobre cómo se sintió. _____

CONSEJO: Tenga en cuenta sus cualidades. Recuerde las cosas buenas que reconoce sobre sí mismo.

Las cualidades que se enumeran más abajo demuestran la capacidad de cada individuo para pensar y tener control de su vida. Son cualidades que quizá usted ya posee, pero nunca piensa en ellas.

____ Soy curioso.

____ Disfruto pensando.

____ Me pregunto por qué las cosas suceden como suceden.

____ Recuerdo cosas que pensé ayer y cosas importantes que hice la semana anterior.

____ Hablo fácilmente con mis amigos y familiares.

____ Estoy impresionado con la cantidad de información que la gente ha aprendido sobre el mundo.

____ Disfruto realmente de las cosas bellas que hay en el mundo.

____ Reconozco las cosas verdaderamente importantes de la vida y las distingo de las triviales.

____ Escribo y uso listas (como las del mercado y compras diversas).

CAPÍTULO 2: Consejos y estrategias para las pruebas

CONSEJO: Coleccione éxitos.

Haga uno o dos trabajos que usted considere difíciles, cualquier tarea.

Dígase a sí mismo "la puedo hacer" y HÁGALA.

Una vez cumplidas estas tareas, confeccione una lista. Eventualmente tendrá una lista de todos sus logros. Léala con frecuencia.

CONSEJO: Véase a sí mismo como exitoso.

Para lograrlo cierre los ojos y concéntrese fijando una imagen de usted mismo de la siguiente manera:

- Sintiéndose con confianza mientras trabaja en la tarea que se ha asignado.
- Haciéndola.
- Luego sintiéndose bien porque la ha ejecutado exitosamente.
- Manteniendo su cabeza erguida mientras toma el GED.

CONSEJO: Lea los siguientes mensajes y repita uno de ellos por lo menos tres veces al día antes de cada comida.

- Me gusta quien soy. Soy feliz de ser quien soy.
- Me convertiré "a mí mismo" en lo mejor que pueda.
- Soy capaz de hacer cualquier cosa que me proponga si realmente así lo deseo.
- Estoy feliz por estar vivo. Haré de mi vida lo mejor que pueda.
- Hoy es un buen día. Lo haré mejor aún realizando algo que mañana me haga feliz.

CONSEJO: Acuérdese de lo bien que se siente cuando aprende algo nuevo.

Piense lo que se dice a sí mismo cuando experimenta ese sentimiento.

- ¡Hurra! ¡Lo encontré! ¡Lo hice!
- ¡Bravo! ¡Resolví bien el problema!
- ¡Fantástico! Nunca lo había hecho antes y ahora lo resolví yo solo. ¡Muy bien!
- ¡Adelante! Estoy listo para el próximo proyecto.

CONSEJO: Tenga en cuenta y siéntase contento acerca de lo que aprenda.

Pregúntese a sí mismo:

- ¿Qué es lo que sabía ayer?
- ¿Qué es lo que sé hoy?
- ¿Cuánto puedo aprender en un día?

Siéntase bien ahora ya que sabe más que antes. Piense cuánto mejor se sentirá sabiendo aún más.

CONSEJO: Reconozca el poder que da el conocimiento. Estudie para obtener este poder. El poder del conocimiento puede:
- ganar el respeto de amigos y familiares,
- darle control sobre sí mismo (el poder más importante),
- darle control sobre otros,
- enfocar y dirigir su energía y entusiasmo,
- darle significado a su vida.

CONSEJO: Estimule su curiosidad con respecto al mundo.

Piense en preguntas sobre las cuales le gustaría tener respuestas. Luego piense dónde podría hallarlas o quién las tendrá.

Haga una lista con las preguntas de su interés.

CONSEJO: No se desanime si al principio no entiende algo. Aprender cosas nuevas no es siempre tarea fácil.

Sea bueno consigo mismo. Dese tiempo.

CONSEJO: Prémiese a sí mismo cuando haya logrado el aprendizaje de algo nuevo.

CONSEJO: Dedíquese a una sola cosa cada vez. No se sobrecargue tratando de hacer todo al mismo tiempo.

CONSEJO: Júzguese a sí mismo a través de los éxitos obtenidos con los objetivos fijados, como así también por las tareas cumplidas que se haya propuesto hacer.

No se juzgue a sí mismo por las notas obtenidas en la escuela.

Si tiene buenas notas, disfrútelas.

CONSEJO: Acepte ayuda de quienes se la ofrezcan. Hágales saber a esas personas que usted aprecia esa ayuda.

Dele cauce a su pujanza y a su valor.

CONSEJO: Tenga iniciativa; haga preguntas aunque crea que son insignificantes.

Le sorprenderá saber cuánta gente hubiera querido hacer la misma pregunta y no se atrevió.

CAPÍTULO 2: Consejos y estrategias para las pruebas

CONSEJO: Evite enojarse y quejarse. Esto solamente dificulta el aprendizaje.

En su lugar, trate de pensar en los problemas de una manera positiva. Sepa que los puede solucionar. (Esto puede llevar tiempo y esfuerzo.)

Trate de seguir los cuatro pasos siguientes:

1. Pregúntese a sí mismo ¿cuál es el problema? Responda a la pregunta.
2. Pregúntese a sí mismo ¿qué puedo hacer al respecto? Responda a esta pregunta con todas las opciones que se le ocurran.
3. Pregúntese a sí mismo ¿cuáles son las posibilidades que estoy dispuesto a probar? Contéstela seleccionando la opción que más le convenga.
4. Pregúntese a sí mismo ¿qué es lo que necesito para ejecutar dicha tarea. Respóndala escribiendo un plan de acción que incluya:
   - una lista con todos los materiales que necesite,
   - fecha de plazo final para la terminación de la misma,
   - gente a la cual necesita darle participación o compartir este plan,
   - lo que realmente necesita para finalizarlo,
   - cualquier otra cosa que le ayude a llegar a una conclusión exitosa con esta tarea.

3. Conózcase a sí mismo. Esto es muy importante para poder estudiar de la manera que sea más conveniente para usted.

Los consejos prácticos que se dan a continuación le podrían ayudar para estudiarse a sí mismo cuidadosamente y entenderse a si mismo. Esto lo capacitará para encontrar los métodos de estudio más convenientes para usted.

CONSEJO: Sepa lo que sepa (y si lo sabe correctamente).

- Dígalo con sus propias palabras.
  - —Dígalo de varias maneras.
  - —Para comprobar la veracidad de su respuesta, consulte con alguien en quien usted confía.
- Escriba con sus propias palabras.
  - —Coteje su versión con la original. (Simplemente escríbala, no se preocupe por el estilo.)
- Grabe sus respuestas.
- Luego escúchelas y compruebe su veracidad
  - —con el libro,
  - —con alguien de su confianza.

CONSEJO: Para apuntar los progresos realizados, tome intervalos frecuentemente.

- Pregúntese:

    —¿Qué es lo que sabía cuando comencé?

    —¿Qué es lo que sé ahora?

    —¿Cuánto más quiero aprender?

    —Recuerde que ahora sabe mucho más de lo que sabía antes. (Y se siente muy bien al respecto.)

- Siéntase bien por:

    —todo lo que ha aprendido,

    —haber mejorado en su capacidad para pensar, escribir, leer y aprender.

CONSEJO: Encuentre la mejor manera de concentrarse. Para lograr un buen resultado en los estudios hace falta una concentración sólida.

Experimente con tiempo, lugar, ambiente, música.

CONSEJO: Investigue por qué algunas informaciones son tan difíciles de aprender. (Luego, haga algo para ayudarse a sí mismo.)

NOTA: No se sienta torpe si tiene que pedir ayuda. Sería torpe si no la solicitara.

- ¿Encuentra que el vocabulario es difícil?
  Pídale a alguien que le ayude a comprender esas palabras difíciles.

- ¿Es confusa la presentación de la información?
  Pídale a alguien que le ayude a delinearla.

- ¿Existen demasiados detalles?
  Organice los mismos de tal manera que le resulte provechoso para usted.

- ¿Es la secuencia (como en matemáticas y ciencias) a seguir muy difícil?
  Entonces, pida ayuda.

- ¿Se siente aburrido con el material de estudio? ¿Le parece repetitivo? ¿Confuso quizá?
  Si es así, busque algo en el mismo que le guste o despierte su interés.

- Para poder aprender, ¿necesitaría más datos sobre la información?
  Explique su problema al maestro o tutor, y busque los antecedentes que le facilitarán la tarea.

CAPÍTULO 2: Consejos y estrategias para las pruebas

CONSEJO: Descubra su capacidad de aprendizaje y úsela.
- ¿Tiene buena memoria para retener detalles?
- ¿Cómo aprende mejor, escuchando, leyendo o hablando sobre las ideas?

Use el método más conveniente para usted.

CONSEJO: Encuentre placer en el aprendizaje y disfrute del mismo.
- La satisfacción de crear sus propias ideas.
- El entusiasmo y estimulación por un nuevo proyecto. La satisfacción de los objetivos cumplidos.
- El desafío de un difícil trabajo mental.
- El buen compañerismo logrado compartiendo ideas.
- El buen compañerismo logrado compartiendo privaciones y penas durante el desarrollo de arduas tareas.

CONSEJO: Motívese a sí mismo.

¿Qué es lo que funciona para usted?
- ¿El miedo a fracasar? (Recuerde ese miedo.)
- ¿El deseo de triunfar? (Estimúlese con ese deseo.)

CONSEJO: Conozca los sentidos a través de los cuales usted aprende mejor y úselos.
- ¿Vista? Haga dibujos o gráficos.
- ¿Oído? Diga las ideas en voz alta y grábelas en una cinta.

CONSEJO: Cuando estudia bien, dese un premio.
- ¿Con pizza y una gaseosa? o ¿corriendo o nadando?
- ¿Saliendo con los amigos? o ¿televisión?

CONSEJO: Reconozca cuando la fatiga mental lo acose.

Reconocerá los síntomas de cansancio cuando mire una página sin verla, o cuando se olvidó lo que pensaba hace un minuto.
- Duerma una siesta.
- Haga algún ejercicio físico.
- Tome un baño.

CONSEJO: Conozca el momento en el cual estudia mejor; generalmente es muy temprano por la mañana, o tarde por la noche. Utilice muy bien ese momento.

CONSEJO: Sepa dónde estudia mejor.

- ¿En la biblioteca?
- ¿Sentado en su silla favorita?
- ¿Al aire libre?
- ¿En un escritorio?

La mayoría de la gente estudia mejor cuando encuentra el lugar apropiado, y concurren a éste regularmente.

CONSEJO: Propóngase metas realistas.

- Determine qué es lo que usted es capaz de hacer.

    —Si sus objetivos son muy elevados, se desanimará rápidamente. Si son muy bajos, le disminuirán el uso de sus habilidades.

- Fije sus objetivos para:

    —Hoy.

    —Esta semana.

    —Este mes.

- Verifique las metas que haya cumplido. Prémiese por sus logros.

4. Haga uso de los recursos que le brinda su comunidad.

Sin duda, en su comunidad hay recursos disponibles para ayudarle a capacitarse para tomar el GED. Las dos mejores fuentes de información son la escuela y la biblioteca de su localidad. Visite ambas.

CONSEJO: Llame a la oficina de un distrito escolar cercano y pregunte por el GED.

Alguien lo guiará hacia la persona que pueda proveerle de libros, tutores, clases y todo tipo de ayuda disponible para los que están estudiando para el GED.

CONSEJO: Llame a la biblioteca de su localidad y pregunte sobre el GED.

Busque a alguien, posiblemente en el departamento de información, que le informe sobre libros y equipos que le facilitarán estudiar para el GED.

CAPÍTULO 2: Consejos y estrategias para las pruebas

CONSEJO: Aprenda a utilizar todos los materiales relacionados con el GED que le brinda la biblioteca:

- libros
- microfilmes
- cintas de video
- revistas
- cintas de audio

Recuerde: Haga todas las preguntas que sean necesarias al personal de la biblioteca. Ellos están para asistirle.

CONSEJO: Busque en su guía de programas televisivos los que estén dirigidos para ayudarle a pasar el GED.

Los dos canales que pueden transmitir esta programación son:

- PBS (Televisión de Transmisión Pública)
- TLC (Canal Transmisor de Educación)

Si no tiene la guía mencionada, llame a los canales referidos y solicite la información.

CONSEJO: Llame a las personas que representan a la comunidad en la escuela superior de su localidad.

Pregunte sobre los recursos disponibles para los estudiantes de GED.

- Necesitará paciencia hasta hallar la persona idónea.
- Habrá alguien que sea capaz de guiarle y sugerirle otras fuentes de información.

CONSEJO: Busque en su comunidad los servicios especiales disponibles para la gente que tiene dificultad en aprender.

Los mismos se podrían encontrar en:

- Bibliotecas:

    —cintas grabadas que usted pueda escuchar

    —máquinas especializadas en lectura que le ayuden a leer mejor (algunas le facilitan la lectura de un libro en voz alta)

    —programas de capacitación para leer y escribir

- Escuelas:

    —programas de rehabilitación en los cuales usted pueda participar

    —profesores especializados para ayudarle a superar su dificultad

- Agencias gubernamentales y privadas (como la Oficina de Rehabilitación Vocacional), con programas de capacitación.

CONSEJO: Busque en su trabajo programas de capacitación para leer y aprender mejor. Dígale al director de personal de su compañía (si hay) que usted está en el programa de GED, y solicite información sobre:

- programas de capacitación para leer y escribir o programas de GED;
- la Oficina de Rehabilitación Vocacional (BVR),
- programas computerizados que le podrían ayudar,
- ¿alguna otra opción?

Si en su compañía no existe el director de personal, consulte con su jefe.

5. Descubra cómo organizar sus ideas.

Las nociones dadas en esta sección no son fáciles. Léalas ahora y trate de comprenderlas. Si le resultan muy difíciles y al principio no las entiende vuelva a esta sección en otro momento y pruebe nuevamente.

Si usted descubre cómo se organiza la información:

- aprenderá esta información eficientemente y la recordará mejor,
- leerá comprendiendo mejor,
- cuando escriba organizará mejor sus propias ideas.

Las ideas se suceden unas a otras en un orden regular. Esto significa que las ideas están unidas como los vagones de un tren, y se continúan unas a otras de tal manera que tengan sentido. Además, este tren de ideas debe estar guiado hacia alguna dirección que tenga al final un significado. Para organizar sus ideas todos los escritores siguen pautas básicas. Los consejos prácticos que siguen a continuación le ayudarán a entender estas pautas.

PALABRAS ESPECIALES

Para poder determinar cómo están organizadas las ideas existen palabras especiales que usted debe conocer. Éstas se definen más abajo.

IDEA CENTRAL. Cada párrafo, capítulo, impreso o libro contiene una idea central. Sobre esta idea se concentra toda la escritura. La idea central es el destino u objetivo del tren del pensamiento.

GENERALIZACION. Una generalización expresa una idea verídica con referencia a todos los detalles que le siguen. Frecuentemente, las ideas centrales son generalizaciones.

EJEMPLO

> "Los ríos proporcionan muchos beneficios a la gente que vive cerca de ellos". Usted puede desarrollar esta idea escribiendo sobre cómo distintos ríos benefician a la gente de maneras diferentes. Por ejemplo:
>
> - Cómo cada año el río Nilo y sus afluentes fluyen uno con otro, y de esta manera abastecen del agua necesaria a los cultivos.
> - Cómo el río Mississippi se convierte en una "ruta" y facilita el paso de barcos y buques de carga.
> - Cómo las aguas del río Amazonas proveen de abundante pesca a la población lindera.

DETALLES. Los detalles rellenan la información para que las generalizaciones sean más claras, significativas y aceptables. Los detalles apoyan a la idea central. En su gran mayoría, los escritos se componen de detalles.

EJEMPLO

> "Las buenas familias son afectuosas. El cariño, por supuesto, se manifiesta de diferentes modos. En algunas familias sus integrantes se saludan con un cordial apretón de manos. En cambio, en otras familias el afecto se demuestra con abrazos y besos".

ESBOZO. Esta tarea facilita la visualización de las relaciones existentes entre las ideas, así se trate de un pasaje escrito o hablado. Un esbozo sigue un modelo que puede resultarle conocido:

I. . . . .
  A. . . . .
  B. . . . .
    1. . . . .
    2. . . . .
II. . . . .
  A. . . . .
    1. . . . .
    2. . . . .
  B. . . . .
  etc.

I y II son los niveles más altos de la generalización tanto sea en un libro, capítulo o ensayo. "A" y "B" son detalles sobre los puntos I y II, y los números 1 y 2 amplían detalles sobre los puntos dados en letras mayúsculas. Cada nivel inferior desarrolla información más cercana a lo que podemos ver, oler o computar. A la información que podemos ver o computar con precisión la denominamos "verdadera". Estos hechos reales significan lo mismo para toda persona que los lea.

LISTAS Y ESTRUCTURAS PARALELAS. Cuando usted confecciona una lista, agrupa cosas que están relacionadas entre sí. Las escribe en una estructura paralela o semejante.

EJEMPLO

Aquí le presentamos una lista con cosas por realizar escrita en forma paralela o semejante (una palabra):

- comprar
- conducir
- cocinar

La siguiente lista, también escrita en forma paralela, contiene diferentes acciones por realizar, (grupos de palabras que comienzan con un verbo):

- arreglar la cerradura rota
- enviar el pago de la cuenta telefónica
- pasear al perro

Nótese que todos estos consejos prácticos están escritos siguiendo una estructura paralela.

En un esbozo, todos los números romanos conforman una lista, las letras mayúsculas otra, y así sucesivamente.

IDEA SUBORDINADA. Un detalle que describe una idea central, se denomina idea subordinada.

EJEMPLO

Usted está escribiendo un párrafo donde la idea central es: "Las manzanas nos estimulan varios sentidos". Ése es el tema de la oración. Usted decide hablar sobre la textura, el sabor y el aroma. Comienza con la textura. Escribe: "son suaves y frescas al tacto". Ésta es su idea subordinada. Luego puede continuar escribiendo: "su sabor es dulce y sabroso". Ésta es otra idea subordinada. Estas oraciones con detalles descriptivos aportan a la idea central datos que confirman que "Las manzanas nos estimulan".

INFERENCIA. Una inferencia es una conclusión que usted saca de una información que escucha o ve.

EJEMPLO

Usted puede leer "todas las bellotas provienen de los robles" y "el árbol de mi jardín produce bellotas". La inferencia que usted podrá sacar es que el árbol de su jardín es un roble.

Esté atento, no todas las inferencias son correctas. Por ejemplo, suponga que usted está leyendo:

"El coronel Jones tenía una nariz larga. El coronel Ericson tenía una nariz larga. El coronel Zanofesky tenía una nariz larga".

CAPÍTULO 2: Consejos y estrategias para las pruebas

La inferencia a la que usted podría llegar sería que "todos los coroneles tienen narices largas". Esto no es solamente incorrecto, sino disparatado.

Consejos prácticos que le ayudaran a comprender.

CONSEJO: Encuentre la idea central.

- Trate de responder a la pregunta: ¿De qué trata esto?
- Exponga la idea con sus propias palabras.
- Relaciónela con cosas que usted sabe.

Si entiende la idea central, no tendrá dificultad en recordarla. ¡Usted la sabrá! También le será más fácil reconocer los detalles que apoyan a la idea central.

CONSEJO: Defina con precisión las palabras especiales.

- Diga y escriba estas definiciones con sus propias palabras.
- Pregúntele a una persona de su confianza si sus definiciones son correctas.

CONSEJO: Relacione los detalles con la idea central.

Los detalles que se conectan con la idea central se pueden encontrar en:

- ejemplos,
- explicaciones,
- descripciones.

CONSEJO: Esboce todo lo que pueda.

- Vea cómo está organizada la información.
- Vea cómo las ideas centrales se relacionan con los detalles.

CONSEJO: Para estudiar y recordar con facilidad, haga bosquejos de los capítulos de sus libros.

CONSEJO: Relacione lo que está aprendiendo con lo que sabe.

- Pregúntese a sí mismo: ¿Qué es lo que sé (por experiencia de otras lecturas, de mis propios pensamientos) y qué se relaciona con este nuevo tema?
- Para recordar mejor, fórmese mentalmente una imagen sobre el nuevo tema.

CONSEJO: Reconozca cuando ha comprendido cabalmente un nuevo tema. Cuando entienda una idea nueva, usted será capaz de:

- elaborar sus propios ejemplos sobre la misma,
- reconocer lo que lea y escuche, otros ejemplos dados sobre la misma idea,
- configurarla como un mapa,
- argüir para demostrar si está de acuerdo o no con la misma.

CONSEJO: **Haga preguntas sobre lo que lee y escucha.**

- Después de leer o escuchar la información, pregúntese a sí mismo: ¿Qué es lo que debería saber sobre esto?

    —¿Qué más puedo saber sobre lo mismo?

- Mejore su habilidad para cuestionar.

- Las siguientes son muy buenas preguntas para hacer:

    —¿Cuáles son los ejemplos?

    —¿Cómo funciona?

    —¿Qué sentido tiene?

    —¿Qué significa?

    —¿Cómo está hecho?

CONSEJO: **Encuentre lo interesante de lo que está aprendiendo.**

- Encuentre más razones para estudiar que las de pasar el examen.

- Piense cómo sus nuevos conocimientos le ayudarán en su vida diaria.

6. Comprenda lo que lee en los textos y en las guías de estudio.

Esta sección probablemente no le ayudará a leer más rápidamente, pero sí le sugiere técnicas de lectura, las cuales contribuirán a su mejor entendimiento del material.

CONSEJO: **Utilice la técnica siguiente.**

Si nunca aprendió técnica alguna pruebe la siguiente.

1. **INVESTIGUE:** Inspeccione el título, encabezamientos, palabras en letra cursiva, los primeros y últimos párrafos, tablas, listas, láminas, grabados, todo lo que sobresalga en el texto.

2. **IDEAS PRINCIPALES:** Hojee el libro para obtener una idea de los temas principales. Busque palabras especiales, las cuales probablemente estarán marcadas y repetidas. Sepa definirlas.

3. **LEA:** Lea la información rápidamente. Preste mucha atención a lo que lee.

4. **ESCRIBA:** Anote con sus propias palabras (como las entienda) las ideas principales. Revise sus palabras para comprobar si captó lo que el autor quiso decir. (Nota: No use las palabras del autor. Eso no lo beneficiará.)

5. **RELACIONE:** Conecte la información con lo que sabe. Recuerde una experiencia personal, o una ilustración significativa y relacione la nueva idea con ésta.

6. **REPASE:** Vuelva a repasar la información una y otra vez: no es necesario que lo haga inmediatamente, pero sí pronto.

CAPÍTULO 2: Consejos y estrategias para las pruebas

CONSEJO: **Sepa examinar bien un texto.**

Examínelo rápidamente, pero haga las pausas necesarias para leerlo concienzudamente:

- títulos,
- el primer y último párrafo,
- la primera oración de cada párrafo,
- encabezamientos principales y secundarios,
- fotografías (y descripciones), mapas, gráficos y similares,
- el cuestionario al final de cada capítulo,
- términos y frases en letra cursiva.

Cuando hojee un texto, mantenga con un movimiento rápido sus ojos sobre las palabras. No se detenga en las palabras de poca importancia. Trabaje para mejorar su habilidad en examinar un texto. Esto le resultará beneficioso durante el examen.

CONSEJO: **Sepa "detectar".**

Detectar significa buscar en un texto una o dos palabras específicas, frecuentemente son palabras que en un examen responden a las preguntas.

CONSEJO: **Lea la idea central.**

Cada párrafo y cada ensayo debe tener solamente una idea central. Generalmente se encuentra en la primera o última oración.

- Para encontrar la idea central, pregúntese a sí mismo: —¿Qué es lo que está diciendo el escritor? Conteste su pregunta con una oración.
- Escriba esa idea central con sus propias palabras.

Dedíquese a mejorar su capacidad para identificar la idea central. Le resultará muy beneficioso durante el examen.

CONSEJO: **Evite recordar todos los detalles.**

Elija solamente aquellos que para el autor parezcan ser importantes.

CONSEJO: **Aprenda a discernir hechos reales de las opiniones.**

EJEMPLO

"Ella tiene cabello negro y ojos verdes". (real)

"Ella es la mujer más bonita de la habitación". (opinión)

CONSEJO: Mientras lee hágase preguntas. Trate de predecir lo que dirá el autor.

En otras palabras, mientras lee:

- conecte lo que está leyendo con algo que ya sepa o escuche sus propios desacuerdos y disputas,
- piense sobre la importancia de estas ideas en su vida,
- piense en la gente con la cual quiera compartir estos temas.

CONSEJO: Hable con otras personas con respecto a la información, especialmente si no capta el significado claramente.

Pregunte a maestros y amigos qué es lo que piensan al respecto. Busque los temas en otros libros.

CONSEJO: Lea en voz alta lo que tenga especial interés en recordar.

CONSEJO: Hable consigo mismo sobre la información si es posible en voz alta.

Hable como si hablara con un niño. (En realidad, si tiene algún pequeño en su familia, háblele sobre el asunto, encuentre algo que lo haga fascinante.)

CONSEJO: Con frecuencia, deje el libro de lado y esboce los temas principales.

7. Aprenda a obtener lo máximo de sus maestros y de sus clases.

Muchos de ustedes se están preparando para el GED tomando una clase especial, o tomando clases con un tutor o maestro privado. Los siguientes consejos deberían ayudarles para aprender a extraer lo máximo de las clases y los maestros.

Usted puede averiguar sobre las clases de GED llamando, en su comunidad, a la escuela superior o al centro de exámenes de GED. Estos centros existen para ayudarle a pasar el GED.

Participe activamente en las clases

CONSEJO: No tema hacer preguntas cuando necesita ayuda.

- Si no entiende una lección, dígaselo a su maestro. Cuando usted diga que no entiende, su maestro se sentirá contento de poder ayudarle. Su maestro está capacitado para darle información de tal manera que sea comprensible para usted.

- La mejor idea: Haga preguntas y pregúntele a su maestro exactamente qué es lo que usted necesita saber.

CAPÍTULO 2: Consejos y estrategias para las pruebas

CONSEJO: Lleve una grabadora a la clase.

Pida permiso para grabar la sesión, así la puede escuchar más tarde. Si tiene dificultad para leer sus propios apuntes, grabar le resultará muy útil.

CONSEJO: Sepa qué habilidades o información espera aprender en cada sesión.

Por ejemplo, su expectativa podría ser:

- mejorar su habilidad para multiplicar y dividir,
- practicar la escritura de ensayos,
- aprender a leer un mapa o una historieta sobre política.

Si no sabe cuáles son sus objetivos para estas clases, pregúntele a su maestro o tutor. Después de clase, repase lo que ha aprendido.

Disfrute de las clases y comuníquese con sus compañeros

CONSEJO: Encuentre en la clase momentos de alegría.

Esto puede suceder cuando alguno de ustedes aprende algo nuevo o resuelve un problema difícil.

CONSEJO: Aprenda a apreciar y confiar en los otros estudiantes.

Otros estudiantes le pueden ayudar de las siguientes maneras:

- animándole cuando lo necesite,
- compartiendo sus preocupaciones, las cuales probablemente son las mismas que las de ellos,
- escuchándole cuando usted necesite hablar con alguien,
- opinando sobre sus ideas,
- estudiando con usted.

CONSEJO: Ofrezca su cooperación a otros estudiantes.

- Se sentirá satisfecho de sí mismo si usted puede ayudar a alguien.
- Usted aprenderá mejor la información si se la puede explicar a otra persona.

CONSEJO: Evite a las personas con actitud negativa.

Algunos compañeros de clase podrían hacer comentarios negativos que lo desanimen. Simplemente evítelos. Ignórelos. No permita que lo desanimen y no permita que crean que tienen el poder para lograrlo.

CONSEJO: Para poder prestar buena atención, asista a las clases bien descansado.

Podrá obtener mejores resultados si está bien despierto y alerta.

En clase, utilice bien el tiempo para atender y aprender.

CONSEJO: Siéntese en el asiento que más le convenga, en los asientos delanteros o cerca de una persona de su agrado, o cerca de la pizarra. Pruebe diferentes ubicaciones.

- Vea dónde aprende mejor.
- Trate de sentarse en la primera fila. Su maestro sabrá que usted quiere aprender y le responderá mejor.
- Siéntese en el lugar desde donde pueda ver mejor las películas y los videos.

CONSEJO: Preste mucha atención para captar el tema principal.

Siempre pregúntese a sí mismo: ¿Cuál es la idea central aquí? ¿Qué es lo que mi maestro quiere que aprenda?

Reconozca algunos sistemas que los maestros utilizan para introducir la idea central

- Pueden decir, "éste es el punto principal" o "quiero estar seguro de que sepan este punto".
- Manifiestan la idea central acentuando la voz y utilizando lenguaje corporal.
- Introducen una palabra especial, una "palabra clave" y la definen. Usan esa palabra repetidamente.

CONSEJO: Atentamente escuche lo que su maestro dice sobre la idea central.

¿Acaso el maestro...?

- da ejemplos (diciendo, "por ejemplo")
- describe el funcionamiento de las cosas (diciendo, "éste es le primer paso, segundo, tercero y así sucesivamente")
- compara la idea con otras (diciendo "comparando" o "en contraste")
- confirma la idea (diciendo "en otras palabras")
- menciona hechos reales para reforzar la idea (diciendo "esto es real" o "así, de esta manera es como sabemos que esto es verídico")
- define palabras (diciendo "esto significa")

CONSEJO: Esté dispuesto a aceptar nueva información.

Confíe en que lo que dice su maestro es verdad.

- Si piensa que hay un error, pregúntele al maestro.
- No se niegue a aprender la información porque usted está en desacuerdo.

CONSEJO: Escuche atentamente al maestro durante los primeros y últimos cinco minutos de la clase. Es en esos momentos cuando el maestro expone y confirma las ideas que ha enseñado en la clase.

Tome notas que sean legibles

CONSEJO: Tome notas de tal manera que luego pueda leerlas.
- Escriba con buena letra.
- Si tiene problemas en tomar notas, pídale al maestro que hable pausadamente.

CONSEJO: Escriba solamente lo importante.

No escriba todo lo que el maestro dice. Si lo hace así, perderá lo más importante.

CONSEJO: Deje muchos espacios en blanco en su cuaderno de anotaciones.

Le resultará más fácil leer su escritura y más tarde le permitirá agregar cosas.
- Escriba en letras grandes y deje renglones en blanco.
- Escriba sobre un solo lado de la hoja.

CONSEJO: Deje márgenes espaciosos en toda la hoja.

Deje dos pulgadas del lado izquierdo de la hoja. Utilice este espacio para:
- una o dos palabras importantes,
- sus pensamientos: dudas, preguntas, lo que sabe y que se relaciona con lo que está aprendiendo.

Deje dos pulgadas en la parte superior de la hoja; así puede agregar títulos que le indiquen el contenido de la misma. (Encabezamientos son títulos que informan sobre el contenido de la hoja.)

CONSEJO: En sus anotaciones, utilice títulos frecuentemente.

Ocupe todo un renglón con el título exclusivamente.

CONSEJO: Copie todo lo que está en la pizarra con exactitud: palabras y dibujos.

Si no está seguro de la legibilidad de sus notas, (palabras o dibujos) marque de alguna manera la página, quizá con signos de interrogación. Más tarde pregunte a otros estudiantes o al maestro.

CONSEJO: Para poder escribir más rápido, invente su propio sistema de escritura.
- Abrevie palabras comunes.
- Use símbolos fáciles que sean significativos para usted. Por ejemplo:
  − menos que
  + más que
  = igual a

CONSEJO: **Señale claramente los puntos importantes.**

- <u>subraye</u>
- asterisco *
- LETRAS MAYÚSCULAS
- lápices y bolígrafos de diferentes colores

CONSEJO: **Relacione un tema de sus anotaciones con otros escritos anteriormente.**

Dibuje flechas para hacer las conexiones.

CONSEJO: **Copie nuevamente sus notas después de la clase.**

- Utilice pocas palabras.
- Disponga sus notas de tal manera que las ideas centrales queden señaladas.

CONSEJO: **No tome notas si luego no las puede leer.**

Utilice el tiempo de clase para escuchar atentamente y trate de recordar.

(Grabar la disertación o conversación sería muy útil.)

8. Aprenda a retener en su memoria lo que le va a ser útil para el examen.

Existe tanta información que es imposible retenerla toda. Pero usted necesita saber con seguridad alguna información relacionada con historia, geografía, ciencia, literatura... Necesita guardar en su memoria algo de todo esto, así podrá encontrar la información en su mente cuando la necesite. Aquí le damos alguna información útil con respecto a la memoria:

- Usted recordará mejor si conecta la nueva información con algo que ya sabe.
- Ninguna memoria es confiable si no se comprende lo que se está tratando de recordar.
- Tensión, estrés y ansiedad confunden a la memoria y evitan que recuerde con claridad.

CONSEJO: **Conecte lo que está aprendiendo con lo que ya sabe.**

Haga conexiones entre la nueva información:

- e imágenes conocidas,
- y experiencias vividas,
- e información conocida (por ejemplo, lo que ya ha aprendido en clases anteriores).

CAPÍTULO 2: Consejos y estrategias para las pruebas

CONSEJO: Escriba las ideas principales.

- Encabece hojas en blanco con una fecha importante o una palabra especial.
- Rellene con detalles de apoyo (con sus propias palabras).
- Estudie conjuntamente la idea central y los detalles, de esta manera recordará cómo se relacionan.

CONSEJO: Cuando ejercite su memoria, utilice todos sus sentidos sensoriales.

- Hable en voz alta si es necesario.
- Esté alerta a sus sentimientos.

CONSEJO: Tan pronto como le sea posible después de la clase o sesión con el tutor, revise sus notas.

- Señale la información que más le interesa recordar.
- Si le parece que sus notas no están bien, consulte con su maestro o compañeros de clase.
- Encuentre ideas centrales y palabras especiales; revíselas una y otra vez.

CONSEJO: Hágase de su propia manera de ayudar a la memoria o utilice las sugeridas por su maestro.

- Utilice acrónimos (palabras compuestas con las primeras letras de nombres o ideas que debe recordar).

EJEMPLO

> Homes está compuesta con las primeras letras de los Grandes Lagos: Huron, Ontario, Michigan, Erie y Superior.

- Invente una rima con ritmo (cuanto más simple, mejor).

EJEMPLO

> Las tres naves que llevó Colón en la travesía:
> La Pinta, La Niña y La Santa María.
> Creyó Cristóbal Colón que en 1492 a la India llegó
> y sin saber que descubrió América murió.

- Invente imágenes que pueda ver o sentir.

EJEMPLO

> Si está aprendiendo a ubicar lugares en un mapa, imagínese viajando de un lugar a otro.

- Haga oraciones (nuevamente, cuanto más simples mejor), en las cuales las primeras letras de cada palabra le recuerdan de algo que usted quiera acordarse.

EJEMPLO

*p*or favor, *e*spérame, *m*i querida y *d*istante *S*onia *R*aquel.
(Este es el orden por seguir para solucionar ecuaciones algebraicas: *p*aréntesis, *e*xponentes, *m*ultiplicación, *d*ivisión, *s*uma y *r*esta).

CONSEJO: Antes de ir a dormir, concéntrese en la idea central de una lección o en algún pasaje de la lectura.

Esa idea le volverá a la memoria a la mañana siguiente inmediatamente que se despierte.

CONSEJO: Repita la información que quiera retener en momentos que esté desempeñando distintas tareas. No solamente cuando está "estudiando", sino también cuando está en su escritorio, comiendo o esperando el autobús. También, caminando hacia su casa.

CONSEJO: Para anotar preguntas y respuestas que quiera recordar, haga índices con tarjetas.

- Escriba las preguntas en un lado y las respuestas en el otro.
- Examínese a sí mismo.
- Mezcle las tarjetas conteniendo las preguntas que no puede responder, luego, hágase nuevamente esas preguntas.
- Intercambie tarjetas con compañeros de clase quienes también tengan preguntas escritas.
- Utilice estas tarjetas para aprender nuevas palabras. Escriba la palabra en un lado y la definición en el otro.

CONSEJO: Repita la información en voz alta. Escuchando las palabras le ayudará a recordarlas.

CONSEJO: Tome nota de todo lo que aprende.

- Escríbalo todo con sus propias palabras, de esta manera estará seguro de comprender lo que ha escrito.
- Escríbalo como si lo hiciera para alguien que no sabe nada sobre el tema.
- Escríbalo como si estuviera escribiendo una gacetilla sobre su aprendizaje.

CONSEJO: Escriba lo que ha aprendido con tan pocas palabras como pueda.

- Repita sus notas de clase en oraciones cortas o palabras agrupadas.
- Copie las lecturas asignadas con oraciones cortas y mencionando solamente la idea central.

CAPÍTULO 2: Consejos y estrategias para las pruebas

CONSEJO: **Cuando repase una lista, cambie el orden de los datos.**

- Recordará mejor los datos si los dice:

  —de principio a fin

  —de atrás para adelante

  —mezclados

CONSEJO: **Tenga confianza de que recordará lo que ha estudiado.**

- Si lo ha estudiado bien, la información estará ahí, en su mente, para ser utilizada.
- Si se siente confuso, acuérdese de toda la información que ya ha aprendido.
- Si ha confeccionado una lista para cotejar, señale lo logrado; así podrá comprobar cuánto ha progresado.

CONSEJO: **No permita que sus emociones le entorpezcan el aprendizaje.**

Si tiene problemas en recordar lo que está estudiando, pregúntese a sí mismo si la causa no será porque:

- está nervioso
- ansioso
- asustado
- triste
- deprimido
- enojado
- muy feliz

CONSEJO: **Reconocer su estado emocional le ayudará a disminuir el poder que estos sentimientos ejercen sobre su persona.**

- Aprenda por qué una idea es importante, así podrá recordarla mejor. Si usted considera que la idea es trivial o superflua, tendrá más dificultad en recordarla.

CONSEJO: **Para ayudar a su memoria, utilice cintas grabadas.**

- Grabe las cintas usted mismo. Lea la información que quiere aprender. Luego, escuche su grabación. Usted retendrá mejor practicando lo que sigue:

  —diciéndolo

  —escuchándolo

- Escuche sus cintas cuando va caminando o conduciendo en cualquier lugar que tenga una grabadora a mano.

CONSEJO: Asocie el contenido de una lista con la cual está aprendiendo con el de otra que ya sabe muy bien, así como los días de la semana, los meses del año o el alfabeto.

- Relacione un elemento de la nueva lista con otro de la anterior.
- Asocie elementos de las dos listas que comiencen con la misma letra.
- Utilice su imaginación para transformar elementos de una lista como personas sentadas alrededor de una mesa.

9. Arregle bien tanto su área de estudio como los materiales.

Usted sabe mejor que nadie cómo ponerse cómodo para estudiar. Aquí le damos unos consejos para considerar.

CONSEJO: Despeje el área de estudio.

Traiga solamente lo que necesita: papeles, libros, lápices, etc.

CONSEJO: Deshágase de todas las distracciones.

Por ejemplo, ¿le molesta la música mientras estudia?

- Si es así, no la ponga.
- Si, por el contrario, le ayuda a concentrarse (posiblemente ahogando otros ruidos), escúchela.

CONSEJO: Siéntese cómodamente.

No tan cómodamente que le pueda causar aburrimiento o sueño.

CONSEJO: Arregle de tal manera la iluminación que pueda ver sin esforzarse.

Recomendamos:

- Ubicar una lámpara ligeramente detrás o al lado de su hombro izquierdo.
- Evitar lámparas muy brillantes y luces colgantes.

CONSEJO: Señale la situación en la cual prefiere estudiar:

____ cuando hay silencio

____ solo

____ por la mañana

____ en un escritorio

____ cuando hay ruido

____ con otras personas

____ en un área especial de la casa

____ por la noche

____ en una silla

CAPÍTULO 2: Consejos y estrategias para las pruebas

CONSEJO: Siempre estudie en el mismo lugar.

CONSEJO: Tenga a mano una agenda.

Escriba los plazos finales y evite preocupaciones de olvidar algo.

10. Administre bien su tiempo.

Evidentemente, usted tiene demasiados quehaceres, cuando además de las responsabilidades regulares de cualquier adulto, al mismo tiempo, está estudiando para el GED. Aquí le brindamos algunos consejos prácticos para que pueda administrar bien su tiempo.

CONSEJO: Con bastante anticipación a la fecha de examen, confeccione una agenda personal. Anote plazos finales para todas las tareas que deba completar.

Incluya todos los plazos finales. Confróntelo con los maestros, tutores, con todos, de esta manera estará bien ubicado en cuanto a todo lo que tiene que hacer y sabrá cuánto tiempo necesita para finalizar. Establezca los plazos finales con tiempo.

CONSEJO: No deje el estudio para otro momento. Simplemente, hágalo.

- Sepa evitar estas excusas:

    —No estoy de ánimo.

    —No me siento bien.

    —Estoy confundido a causa de todo lo que debo estudiar.

    —Me siento inseguro de lo que tengo que hacer y cuándo.

- Divida una tarea grande en pequeñas partes y comience de una vez.
- Reconozca que la peor parte del estudio es pensar en estudiar.
- Experimente ese sentimiento maravilloso que nos invade cuando terminamos exitosamente una tarea.

CONSEJO: Piense en el momento del día en el cual trabaja mejor.

- ¿Por la mañana temprano? ¿Temprano en la noche?
- En ese momento, estudie:

    —lo más importante

    —lo más difícil

    —lo que le hará sentir satisfecho y le ayuda a seguir estudiando

CONSEJO: Confeccione su propia lista con las cosas para hacer. Escriba las tareas que quiera completar:

- diariamente
- semanalmente
- desde hoy hasta la fecha del examen

Incluya:

tarea   plazo de entrega   fecha cumplida   recompensa

Utilice un lápiz rojo para marcar cada tarea terminada. (Estará satisfecho de sí mismo.)

CONSEJO: Recompénsese a sí mismo cuando completa una tarea.

CONSEJO: Cuénteles a amigos y familiares. Adviértales sobre sus horarios de estudio.

Hágales saber que usted espera que éstos sean respetados.

CONSEJO: Divida el tiempo de estudio.

Estudie tres horas divididas en períodos de una hora, en lugar de un período de tres horas seguidas.

CONSEJO: Sepa cuándo tomar un descanso, esto le ayudará a estudiar mejor.

Reconozca cuándo necesita un descanso.

- Cuando los ojos se le ponen vidriosos.
- Cuando lee sin entender.
- Cuando lee las mismas palabras una y otra vez.

Tome un descanso haciendo ejercicios, tomando una siesta corta, comiendo, cualquier cosa que necesite para despertarse.

CONSEJO: Programe su tiempo tanto para desarrollar actividades sociales, como para estudiar.

CONSEJO: Diga "no" a los requerimientos de otras personas que le consuman mucho tiempo.

Estudiar para el GED es su tarea más importante.

¡Usted puede conseguirlo!

El año pasado, más de 600,000 personas en Estados Unidos y Canadá pasaron el examen y recibieron el diploma de GED. ¡Usted también lo puede conseguir!

PARTE II
DIAGNOSTICAR LAS FORTALEZAS Y DEBILIDADES

CAPÍTULO 3   Examen Diagnóstico

Examen Diagnóstico

RESUMEN
- Introducción al Examen Diagnóstico
- Hoja de respuestas: Examen Diagnóstico
- Examen 1: Expresión Escrita
- Examen 2: Estudios Sociales
- Examen 3: Ciencias
- Examen 4: Interpretación de la Literatura y de las Artes
- Examen 5: Matemáticas
- Respuestas correctas del Examen Diagnóstico
- Respuestas explicadas del Examen Diagnóstico
- Composición ejemplo de Tema

El examen diagnóstico tiene un doble fin: primero, comprobar la capacitación real del estudiante y, segundo, entrenarlo en la práctica de este tipo de examen. Aunque no en las mismas palabras, el examen real es prácticamente idéntico al que aquí se propone como ejemplo.

Entre otras muchas ventajas, el examen diagnóstico ofrece al estudiante la posibilidad de comprobar por sí mismo en qué puntos se encuentra menos preparado y concentrar su estudio allí donde más lo necesite.

En el modelo de examen diagnóstico seguimos el mismo orden que usted encontrará en el examen real, según las *Pruebas de muestras oficiales del GED*.

HOJA DE RESPUESTAS: EXAMEN DIAGNÓSTICO

EXAMEN 1
Parte I: Expresión Escrita

1 ① ② ③ ④ ⑤   12 ① ② ③ ④ ⑤   23 ① ② ③ ④ ⑤   34 ① ② ③ ④ ⑤   45 ① ② ③ ④ ⑤
2 ① ② ③ ④ ⑤   13 ① ② ③ ④ ⑤   24 ① ② ③ ④ ⑤   35 ① ② ③ ④ ⑤   46 ① ② ③ ④ ⑤
3 ① ② ③ ④ ⑤   14 ① ② ③ ④ ⑤   25 ① ② ③ ④ ⑤   36 ① ② ③ ④ ⑤   47 ① ② ③ ④ ⑤
4 ① ② ③ ④ ⑤   15 ① ② ③ ④ ⑤   26 ① ② ③ ④ ⑤   37 ① ② ③ ④ ⑤   48 ① ② ③ ④ ⑤
5 ① ② ③ ④ ⑤   16 ① ② ③ ④ ⑤   27 ① ② ③ ④ ⑤   38 ① ② ③ ④ ⑤   49 ① ② ③ ④ ⑤
6 ① ② ③ ④ ⑤   17 ① ② ③ ④ ⑤   28 ① ② ③ ④ ⑤   39 ① ② ③ ④ ⑤   50 ① ② ③ ④ ⑤
7 ① ② ③ ④ ⑤   18 ① ② ③ ④ ⑤   29 ① ② ③ ④ ⑤   40 ① ② ③ ④ ⑤   51 ① ② ③ ④ ⑤
8 ① ② ③ ④ ⑤   19 ① ② ③ ④ ⑤   30 ① ② ③ ④ ⑤   41 ① ② ③ ④ ⑤   52 ① ② ③ ④ ⑤
9 ① ② ③ ④ ⑤   20 ① ② ③ ④ ⑤   31 ① ② ③ ④ ⑤   42 ① ② ③ ④ ⑤   53 ① ② ③ ④ ⑤
10 ① ② ③ ④ ⑤   21 ① ② ③ ④ ⑤   32 ① ② ③ ④ ⑤   43 ① ② ③ ④ ⑤   54 ① ② ③ ④ ⑤
11 ① ② ③ ④ ⑤   22 ① ② ③ ④ ⑤   33 ① ② ③ ④ ⑤   44 ① ② ③ ④ ⑤   55 ① ② ③ ④ ⑤

Número de respuestas correctas ☐

EXAMEN 2
Estudios Sociales

1 ① ② ③ ④ ⑤   11 ① ② ③ ④ ⑤   21 ① ② ③ ④ ⑤   31 ① ② ③ ④ ⑤   41 ① ② ③ ④ ⑤
2 ① ② ③ ④ ⑤   12 ① ② ③ ④ ⑤   22 ① ② ③ ④ ⑤   32 ① ② ③ ④ ⑤   42 ① ② ③ ④ ⑤
3 ① ② ③ ④ ⑤   13 ① ② ③ ④ ⑤   23 ① ② ③ ④ ⑤   33 ① ② ③ ④ ⑤   43 ① ② ③ ④ ⑤
4 ① ② ③ ④ ⑤   14 ① ② ③ ④ ⑤   24 ① ② ③ ④ ⑤   34 ① ② ③ ④ ⑤   44 ① ② ③ ④ ⑤
5 ① ② ③ ④ ⑤   15 ① ② ③ ④ ⑤   25 ① ② ③ ④ ⑤   35 ① ② ③ ④ ⑤   45 ① ② ③ ④ ⑤
6 ① ② ③ ④ ⑤   16 ① ② ③ ④ ⑤   26 ① ② ③ ④ ⑤   36 ① ② ③ ④ ⑤   46 ① ② ③ ④ ⑤
7 ① ② ③ ④ ⑤   17 ① ② ③ ④ ⑤   27 ① ② ③ ④ ⑤   37 ① ② ③ ④ ⑤   47 ① ② ③ ④ ⑤
8 ① ② ③ ④ ⑤   18 ① ② ③ ④ ⑤   28 ① ② ③ ④ ⑤   38 ① ② ③ ④ ⑤   48 ① ② ③ ④ ⑤
9 ① ② ③ ④ ⑤   19 ① ② ③ ④ ⑤   29 ① ② ③ ④ ⑤   39 ① ② ③ ④ ⑤   49 ① ② ③ ④ ⑤
10 ① ② ③ ④ ⑤   20 ① ② ③ ④ ⑤   30 ① ② ③ ④ ⑤   40 ① ② ③ ④ ⑤   50 ① ② ③ ④ ⑤

Número de respuestas correctas ☐

CAPÍTULO 3: Examen Diagnóstico

EXAMEN 3
Ciencias

1 ① ② ③ ④ ⑤	11 ① ② ③ ④ ⑤	21 ① ② ③ ④ ⑤	31 ① ② ③ ④ ⑤	41 ① ② ③ ④ ⑤
2 ① ② ③ ④ ⑤	12 ① ② ③ ④ ⑤	22 ① ② ③ ④ ⑤	32 ① ② ③ ④ ⑤	42 ① ② ③ ④ ⑤
3 ① ② ③ ④ ⑤	13 ① ② ③ ④ ⑤	23 ① ② ③ ④ ⑤	33 ① ② ③ ④ ⑤	43 ① ② ③ ④ ⑤
4 ① ② ③ ④ ⑤	14 ① ② ③ ④ ⑤	24 ① ② ③ ④ ⑤	34 ① ② ③ ④ ⑤	44 ① ② ③ ④ ⑤
5 ① ② ③ ④ ⑤	15 ① ② ③ ④ ⑤	25 ① ② ③ ④ ⑤	35 ① ② ③ ④ ⑤	45 ① ② ③ ④ ⑤
6 ① ② ③ ④ ⑤	16 ① ② ③ ④ ⑤	26 ① ② ③ ④ ⑤	36 ① ② ③ ④ ⑤	46 ① ② ③ ④ ⑤
7 ① ② ③ ④ ⑤	17 ① ② ③ ④ ⑤	27 ① ② ③ ④ ⑤	37 ① ② ③ ④ ⑤	47 ① ② ③ ④ ⑤
8 ① ② ③ ④ ⑤	18 ① ② ③ ④ ⑤	28 ① ② ③ ④ ⑤	38 ① ② ③ ④ ⑤	48 ① ② ③ ④ ⑤
9 ① ② ③ ④ ⑤	19 ① ② ③ ④ ⑤	29 ① ② ③ ④ ⑤	39 ① ② ③ ④ ⑤	49 ① ② ③ ④ ⑤
10 ① ② ③ ④ ⑤	20 ① ② ③ ④ ⑤	30 ① ② ③ ④ ⑤	40 ① ② ③ ④ ⑤	50 ① ② ③ ④ ⑤

Número de respuestas correctas ☐

EXAMEN 4
Interpretación de la Literatura y de las Artes

1 ① ② ③ ④ ⑤	9 ① ② ③ ④ ⑤	17 ① ② ③ ④ ⑤	25 ① ② ③ ④ ⑤	33 ① ② ③ ④ ⑤
2 ① ② ③ ④ ⑤	10 ① ② ③ ④ ⑤	18 ① ② ③ ④ ⑤	26 ① ② ③ ④ ⑤	34 ① ② ③ ④ ⑤
3 ① ② ③ ④ ⑤	11 ① ② ③ ④ ⑤	19 ① ② ③ ④ ⑤	27 ① ② ③ ④ ⑤	35 ① ② ③ ④ ⑤
4 ① ② ③ ④ ⑤	12 ① ② ③ ④ ⑤	20 ① ② ③ ④ ⑤	28 ① ② ③ ④ ⑤	36 ① ② ③ ④ ⑤
5 ① ② ③ ④ ⑤	13 ① ② ③ ④ ⑤	21 ① ② ③ ④ ⑤	29 ① ② ③ ④ ⑤	37 ① ② ③ ④ ⑤
6 ① ② ③ ④ ⑤	14 ① ② ③ ④ ⑤	22 ① ② ③ ④ ⑤	30 ① ② ③ ④ ⑤	38 ① ② ③ ④ ⑤
7 ① ② ③ ④ ⑤	15 ① ② ③ ④ ⑤	23 ① ② ③ ④ ⑤	31 ① ② ③ ④ ⑤	39 ① ② ③ ④ ⑤
8 ① ② ③ ④ ⑤	16 ① ② ③ ④ ⑤	24 ① ② ③ ④ ⑤	32 ① ② ③ ④ ⑤	40 ① ② ③ ④ ⑤

Número de respuestas correctas ☐

EXAMEN 5
Matemáticas

1 ① ② ③ ④ ⑤	13 ① ② ③ ④ ⑤	25 ① ② ③ ④ ⑤	37 ① ② ③ ④ ⑤	49 ① ② ③ ④ ⑤
2 ① ② ③ ④ ⑤	14 ① ② ③ ④ ⑤	26 ① ② ③ ④ ⑤	38 ① ② ③ ④ ⑤	50 ① ② ③ ④ ⑤
3 ① ② ③ ④ ⑤	15 ① ② ③ ④ ⑤	27 ① ② ③ ④ ⑤	39 ① ② ③ ④ ⑤	51 ① ② ③ ④ ⑤
4 ① ② ③ ④ ⑤	16 ① ② ③ ④ ⑤	28 ① ② ③ ④ ⑤	40 ① ② ③ ④ ⑤	52 ① ② ③ ④ ⑤
5 ① ② ③ ④ ⑤	17 ① ② ③ ④ ⑤	29 ① ② ③ ④ ⑤	41 ① ② ③ ④ ⑤	53 ① ② ③ ④ ⑤
6 ① ② ③ ④ ⑤	18 ① ② ③ ④ ⑤	30 ① ② ③ ④ ⑤	42 ① ② ③ ④ ⑤	54 ① ② ③ ④ ⑤
7 ① ② ③ ④ ⑤	19 ① ② ③ ④ ⑤	31 ① ② ③ ④ ⑤	43 ① ② ③ ④ ⑤	55 ① ② ③ ④ ⑤
8 ① ② ③ ④ ⑤	20 ① ② ③ ④ ⑤	32 ① ② ③ ④ ⑤	44 ① ② ③ ④ ⑤	56 ① ② ③ ④ ⑤
9 ① ② ③ ④ ⑤	21 ① ② ③ ④ ⑤	33 ① ② ③ ④ ⑤	45 ① ② ③ ④ ⑤	
10 ① ② ③ ④ ⑤	22 ① ② ③ ④ ⑤	34 ① ② ③ ④ ⑤	46 ① ② ③ ④ ⑤	
11 ① ② ③ ④ ⑤	23 ① ② ③ ④ ⑤	35 ① ② ③ ④ ⑤	47 ① ② ③ ④ ⑤	
12 ① ② ③ ④ ⑤	24 ① ② ③ ④ ⑤	36 ① ② ③ ④ ⑤	48 ① ② ③ ④ ⑤	

Número de respuestas correctas ☐

EXAMEN 1
Parte II: Composición

CAPÍTULO 3: Examen Diagnóstico

EXAMEN 1: EXPRESIÓN ESCRITA

La primera prueba de Expresión Escrita tiene como propósito medir su habilidad para usar el español clara y efectivamente. Es una prueba de cómo escribir el español, no de cómo hablarlo.

La Primera Parte consiste en reconocer y corregir errores, revisar palabras y frases o cambiar la construcción de las oraciones enumeradas en los distintos párrafos. En la Segunda Parte se le pide al estudiante que escriba una *composición* sobre un tema, explicándolo o dando su opinión sobre el mismo.

Parte I: Reconocimiento y corrección de errores

55 preguntas—75 minutos

> El examen consiste en párrafos con oraciones numeradas. Algunas oraciones (no todas) contienen errores de estructura o construcción, de ortografía, puntuación, mayúsculas, etc. Lea primeramente el párrafo íntegro para familiarizarse con su sentido. Después conteste las preguntas de opción múltiple, corrigiendo, revisando o cambiando la construcción. Algunas preguntas se refieren a oraciones que son correctas tal como están. En estos casos, la mejor respuesta es dejar la oración tal como aparece en el original. En otros casos, en los que hay errores, preste atención al sentido general del texto, a fin de elegir las respuestas correctas de acuerdo al resto del párrafo. No se demore demasiado en cada pregunta. Tiene 75 minutos para contestar las 50 preguntas. Indique sus respuestas en la hoja que tiene para ello por separado, según el modelo siguiente:

EJEMPLO:

 Oración 1: Hablar y Escribir son dos funciones afines, pero diferentes.
—¿Qué revisión haría usted en esta oración?
    (1) Cambiar *Escribir* por *Escrivir*
    (2) Cambiar *Escribir* por *escribir*
    (3) Poner punto y coma después de *afines*
    (4) Cambiar *afines* por *a fines*
    (5) Ninguna

En este ejemplo, *Escribir* no se escribe con mayúscula porque no va al principio de la oración, ni después de punto. La respuesta correcta, por lo tanto, es la (2), a la que corresponde el ovalito número dos en la hoja de respuestas, que debe rellenarse sólidamente, según el modelo adjunto.

Si cambia una respuesta, borre la primera marca por completo. Llene solamente un ovalito por cada pregunta. Las respuestas múltiples se consideran incorrectas. NO COMIENCE HASTA QUE SE LE AVISE.

Las preguntas 1 a 11 se refieren al párrafo siguiente:

(1) Hablar y escribir son dos funsiones afines, pero diferentes. (2) Ambas tienen que ver con la misma forma de comunicación humana llamada lengua o lenguage. (3) Pero no todo el que habla una lengua puede escribirla. (4) Hay incluso quienes pueden hablar y leer, sin saber escribir su propia lengua. (5) La expresión escrita es un arte y una técnica. (6) Su dominio exije aprender una serie de reglas y su práctica. (7) Ni las reglas sin práctica, ni la práctica sin reglas nos habían conducido al objetivo señalado: escribir correctamente. (8) El aprendizaje de la escritura y el habla son muy distintos. (9) A hablar aprendemos inconscientemente y automáticamente desde la más tierna infancia. (10) En cambio, a escribir se aprende cuando uno tiene uso de razón. (11) El lugar de aprender a hablar es generalmente el hogar; el de escribir, la escuela.

1. Oración 1: Hablar y escribir son dos funsiones afines, pero diferentes

    —¿Qué revisión haría usted en esta oración?

    (1) Cambiar *afines* por *a fines*
    (2) Poner punto en vez de coma después de *afines*
    (3) Añadir *también* antes de *escribir*
    (4) Cambiar *funsiones* por *funciones*
    (5) Ninguna

2. Oración 2: Ambas tienen que ver con la misma forma de comunicación humana llamada <u>lengua o lenguage</u>.

    —¿Qué revisión haría usted en esta oración?

    (1) Cambiar *ambas* por *las dos*
    (2) Cambiar *tienen que ver* por *tienen relación*
    (3) Cambiar *lengua o lenguage* por *lengua o lenguaje*
    (4) Poner dos puntos después de *llamada*
    (5) Ninguna

3. Oración 2. En la misma oración anterior, ¿cuál sería la mejor forma de expresar la parte subrayada? Si cree que la versión original es la mejor, elija la opción (1).

    (1) lengua o lenguaje
    (2) *ni* lengua *ni* lenguaje
    (3) lengua *y también* lenguaje
    (4) *ya* lengua *ya* lenguaje
    (5) lengua, *es decir,* lenguaje

4. Oración 3: <u>Pero</u> no todo el que habla una lengua puede escribirla.

    —Cambie la palabra subrayada por su equivalente o sinónimo.

    (1) Mas
    (2) Más
    (3) Menos
    (4) Incluso
    (5) Seguro

5. Oración 4: Hay incluso quienes pueden hablar y leer, sin saber escribir su propia lengua.

—¿Qué revisión haría usted en esta oración?

(1) Cambiar *Hay* por *Habían*
(2) Cambiar *y leer* por *hablar, leer*
(3) Cambiar *Hay incluso* por *Hay, incluso,*
(4) Cambiar *sin* por *pero*
(5) Ninguna

6. Oración 5: La expresión escrita es un arte <u>y una técnica</u>.

—¿Cuál sería la mejor forma de expresar la parte subrayada? Si cree que la versión original es la mejor, elija la opción (1).

(1) y una técnica
(2) y una tecnología
(3) pero no una técnica
(4) y también una técnica
(5) mas no una técnica

7. Oración 6: Su dominio exije aprender una serie de reglas y su práctica.

—¿Qué revisión haría usted en esta oración?

(1) Cambiar *Su dominio* por *El dominio*
(2) Cambiar *exije* por *exige*
(3) Cambiar *exije* por *exijen*
(4) Cambiar *y su práctica* por *y la práctica*
(5) Ninguna

8. Oración 7: Ni las reglas sin práctica, ni la práctica sin reglas nos <u>habían conducido</u> al objetivo señalado: escribir correctamente. ¿Cuál sería la mejor forma de expresar la parte subrayada? Si cree que la versión original es la mejor, elija la opción (1).

(1) habían conducido
(2) habrán conducido
(3) condujeron
(4) conducieron
(5) conducirían

9. Oración 9: A hablar aprendemos inconscientemente y automáticamente desde la más tierna infancia.

—¿Qué revisión haría usted en esta oración?

(1) Cambiar *aprendemos* por *aprendemo*
(2) Cambiar *inconscientemente* por *inconsciente*
(3) Cambiar *automáticamente* por *automático*
(4) Cambiar *tierna* por *dura*
(5) Ninguna

10. Oración 10: <u>En cambio,</u> a escribir se aprende cuando se tiene uso de razón.

—¿Cuál sería la mejor forma de expresar la parte subrayada? Si cree que la versión original es la mejor elija la opción (1).

(1) En cambio,
(2) A pesar de
(3) De la misma manera
(4) Al fin
(5) Sin duda

11. Oración 11: El lugar de aprender a hablar es generalmente el hogar; el de escribir, la escuela.

    —Si tuviéramos que comenzar esta oración por Generalmente, el hogar ¿cuál sería la palabra siguiente?

    (1) es
    (2) el lugar
    (3) la escuela
    (4) aprender
    (5) escribir

Las preguntas 12 a 22 se refieren al párrafo siguiente:

(1) La tecnología se ha introducido hoy en casi todos los campos de investigación y trabajo manual. (2) Aunque algunos expertos no consideran la técnica como una forma de conocimiento, la informática está dominada por la máquinas calculadoras. (3) En cuanto al trabajo manual, la contribución de la tecnología es la robótica. (4) Los robots son ya decisivos, por ejemplo, en la industria del automóvil. (5) El trabajo en cadena favorece este tipo de autómata que realiza su tarea sin cansarse ni protestar. (6) El robot no tiene Derechos Humanos, ni días de fiesta, ni familia con la que dividir su atención. (7) No todo, sin embargo, son ventajas. (8) Si las computadoras piensan y los robots ejecutan, ¿qué van a hacer los trabajadores humanos? (9) El desempleo y la alineación son graves problemas sociales. (10) Tan poco podemos decir, como el almanaque, la solución mañana.

12. Oración 1: La technología se ha introducido hoy en casi todos los campos de investigación y trabajo manual.

    —¿Qué revisión haría usted en esta oración?

    (1) Cambiar *technología* por *tecnología*
    (2) Añadir una coma después de *technología*
    (3) Poner una coma después de *investigación*
    (4) Cambiar *se ha introducido* por *se introdujo*
    (5) Ninguna

13. Oración 2: Aunque algunos expertos no consideran la técnica como una forma de conocimiento, la informática está dominada por las máquinas calculadoras.

    —¿Cuál sería la mejor forma de expresar la parte subrayada? Si cree que la versión original es la mejor, elija la opción (1).

    (1) una forma de conocimiento
    (2) una forma conocimiento
    (3) un conocimiento forma
    (4) un conocimiento formal
    (5) una fuente de conocimiento

14. Oración 3: En cuanto al trabajo manual, la contribución de la tecnología es la robótica.

    —¿Qué revisión haría usted en esta oración?

    (1) Omitir la coma después de *manual*
    (2) Cambiar *la contribución* por *la gran contribución*
    (3) Cambiar *robótica* por *Robótica*
    (4) Poner dos puntos después de *es*
    (5) Ninguna

15. Oración 4: Los robots son ya decisivos, por ejemplo, en la industria del automóbil.

—¿Qué revisión haría usted en esta oración?

(1) Cambiar *son* por *eran*
(2) Quitar la doble coma en *por ejemplo*
(3) Cambiar *automóbil* por *automóvil*
(4) Cambiar *Los* por *Las*
(5) Ninguna

16. Oración 5: El trabajo en cadena favorece este tipo de autómata que realiza su tarea sin cansarse ni protestar.

—La combinación de las oraciones 4 y 5 en una sola frase debe incluir alguna de las siguientes palabras:

(1) mientras
(2) a través
(3) por
(4) porque
(5) sin

17. Oración 5. En la misma oración anterior, ¿cuál sería la mejor forma de expresar la parte subrayada? Si cree que la versión original es la mejor, elija la opción (1).

(1) que
(2) aquel
(3) cual
(4) quien
(5) cuyo

18. Oración 6: El robot no tiene Derechos Humanos, ni días de fiesta, ni familia con la que dividir su atención.

—¿Qué revisión haría usted en esta oración?

(1) Cambiar *Derechos Humanos* por *Derechos humanos*
(2) Cambiar *Derechos Humanos* por *derechos humanos*
(3) Cambiar *días de fiesta* por *Días de Fiesta*
(4) Cambiar *El robot* por *Los robos*
(5) Ninguna

19. Oración 7. No todo, sin embargo, son ventajas.

—¿Cuál sería la mejor forma de expresar la parte subrayada? Si cree que la versión original es la mejor, elija la opción (1).

(1) sin embargo
(2) tampoco
(3) sin más
(4) así porque sí
(5) aun

20. Oración 8: Si las computadoras piensan y los robots ejecutan, ¿qué van a hacer los trabajadores humanos?

—Si comenzamos la oración con la pregunta, ¿qué palabra pondría usted después de seres humanos?

(1) si
(2) computadoras
(3) los robots
(4) que
(5) piensan

21. Oración 9: El desempleo y la alineación son graves problemas sociales.

—¿Qué revisión haría usted en esta oración?

(1) Cambiar *graves* por *grabes*
(2) Poner una coma después de *desempleo*
(3) Poner dos puntos después de *son*
(4) Cambiar *alineación* por *alienación*
(5) Ninguna

22. Oración 10: <u>Tan poco</u> podemos decir, como el almanaque, la solución mañana.

—¿Cuál sería la mejor forma de expresar la parte subrayada? Si cree que la versión original es la mejor, elija la opción (1).

(1) Tan poco
(2) Tampoco
(3) Cuando
(4) Porque
(5) Por donde

Las preguntas 23 a 32 se refieren al párrafo siguiente:

(1) Desde antigüo ha dicho el proverbio: "el mundo es un pañuelo". (2) Para ello quiere decirse que desde la antigüedad el hombre se sorprendía de lo pequeño que es el mundo. (3) Sin embargo, sólo en nuestro tiempo (gracias precisamente a la técnica) el mundo se ha reducido realmente. (4) El progreso en los medios de comunicación ha cortado las distancias. (5) No hace mucho, los transatlánticos tardaban varios días en hacer el viaje de Europa a América. (6) En cambio, hoy un reactor ordinario hacer el mismo viaje en cuestión de horas. (7) Los reactores especiales, como el Concorde, por ejemplo, tarde sólo tres horas y media en cruzar el Atlántico. (8) Lo mismo ocurre con la información. (9) Gracias a los satélites artificiales y a la antena parabólica, la televisión nos transmite en directo cualquier acontecimiento en cualquier lugar del mundo. (10) El espacio y el tiempo han sido achicados un golpe.

23. Oración 1: Desde antigüo ha dicho el proverbio: "el mundo es un pañuelo".

—¿Qué revisión haría usted en esta oración?

(1) Cambiar *Desde* por *De*
(2) Cambiar *antigüo* por *antigúo*
(3) Cambiar *antigüo* por *antiguo*
(4) Poner coma después de *proverbio*
(5) Ninguna

24. Oración 2: <u>Para ello</u> quiere decirse que desde la antigüedad el hombre se sorprendía de lo pequeño que es el mundo.

—¿Cuál sería la mejor forma de expresar la parte subrayada? Si usted cree que la versión original es la mejor, elija la opción (1).

(1) Para ello
(2) Por ello
(3) Con ello
(4) Sin ello
(5) A fin

25. Oración 3: Sin embargo, sólo en nuestro tiempo (gracias precisamente a la técnica) el mundo se ha reducido realmente.

—¿Qué revisión haría usted en esta oración?

(1) Omitir la coma después de *Sin embargo,*
(2) Omitir el acento en *sólo*
(3) Omitir el paréntesis y poner comas en su lugar
(4) Cambiar *mundo* por *Mundo*
(5) Ninguna

26. Oración 4: El progreso en los medios de comunicación ha cortado las distancias.

 —¿Cuál sería la mejor forma de expresar la parte subrayada? Si cree que la versión original es la mejor, elija la opción (1).

 (1) ha cortado
 (2) ha acortado
 (3) cortó
 (4) cortaba
 (5) habría acortado

27. Oración 5: No hace mucho, los transatlánticos tardaban varios días en hacer el viaje de Europa a América.

 —¿Qué revisión haría usted en esta oración?

 (1) Omitir la coma después de *No hace mucho*
 (2) cambiar *transatlánticos* por *Transatlánticos*
 (3) Cambiar *tardaban* por *tardaron*
 (4) Cambiar *en hacer* por *a hacer*
 (5) Ninguna

28. Oración 6: En cambio, hoy un reactor ordinario hace el mismo viaje en cuestión de horas.

 —¿Cuál sería la mejor forma de expresar la parte subrayada? Si cree que la versión original es la mejor, elija la opción (1).

 (1) En cambio
 (2) Finalmente
 (3) A propósito
 (4) Por ello
 (5) De cualquier modo

29. Oración 7: Los reactores especiales, como el Concorde, por ejemplo, tarda sólo tres horas y media en cruzar el Atlántico.

 —¿Qué revisión haría usted en esta oración?

 (1) Omitir la coma después de *Concorde*
 (2) Cambiar *Concorde* por *Concord*
 (3) Cambiar *sólo* por *solo*
 (4) Cambiar *tarda* por *tardan*
 (5) Ninguna

30. Oración 8: Lo mismo ocurre con la información.

 —¿Qué revisión haría usted en esta oración?

 (1) Cambiar *Lo mismo* por *El mismo*
 (2) Cambiar *ocurre* por *ocure*
 (3) Cambiar *ocurre* por *sucede*
 (4) Cambiar *con* por *a*
 (5) Ninguna

31. Oración 9: Gracias a los satélites artificiales y a la antena parabólica, la televisión nos transmite en directo cualquier acontecimiento en cualquier lugar del mundo.

 —¿Cuál sería la mejor forma de expresar la parte subrayada? Si cree que la versión original es la mejor, elija la opción (1).

 (1) en directo
 (2) directamente
 (3) instantáneamente
 (4) sin rodeos
 (5) como un rayo

32. Oración 10: El espacio y el tiempo han sido <u>achicados un golpe</u>.

—Si tuviera usted que escribir esta oración de una manera más formal, ¿con qué palabras substituiría la parte subrayada?

(1) reducidos notablemente
(2) brutalmente reducidos
(3) reducidos al máximo
(4) aniquilados
(5) comprimidos

Las preguntas 33 a 42 se refieren al párrafo siguiente:

(1) Los problemas, al igual que los avances tecnológicos, parecen conducirnos inevitablemente a un mundo sin fronteras. (2) La lluvia ácida, que ha destruido la vida en los lagos y los arboles en la selva, no respeta soberanías. (3) Otro tanto ocurre a la contaminación de las plantas nucleares. (4) La energía escapada en un accidente se convierte en una nube. (5) Esta nube incontrolada viaja al azar y descarga lluvia radiactiva sobre los prados y bosques de otras naciones. (6) Esto hace que la cooperación entre todos los estados del mundo sean indispensables. A la hora de la cooperación internacional, hay que estar a las verdes y a las maduras. (8) El hambre y la desertización, sin embargo, son problemas globales.

33. Oración 1: Los problemas, <u>al igual</u> que los avances tecnológicos, parecen conducirnos inevitablemente a un mundo sin fronteras.

—¿Cuál sería la mejor forma de expresar la parte subrayada? Si cree que la versión original es la mejor, elija la opción (1).

(1) al igual
(2) por igual
(3) por el contrario
(4) sin igual
(5) diferentemente

34. Oración 2: La lluvia ácida, que ha destruido la vida en los lagos y los arboles en la selva, no respeta soberanías.

—¿Qué revisión haría usted en esta oración?

(1) Cambiar *vida* por *vidas*
(2) Cambiar *arboles* por *árboles*
(3) Omitir la coma después de *ácida*
(4) Cambiar *soberanía* por *soveranía*
(5) Ninguna.

35. Oración 3: Otro tanto ocurre <u>a la</u> contaminación de las plantas nucleares.

—¿Cuál sería la mejor forma de expresar la parte subrayada? Si cree que la versión original es la mejor, elija la opción (1).

(1) a la
(2) con la
(3) por la
(4) contra la
(5) a favor de

36. Oración 4: La energía escapada en un accidente se convierte en una nube.

—¿Qué revisión haría usted en esta oración?

(1) Cambiar *accidente* por *asidente*
(2) Cambiar *accidente* por *castástrofe*
(3) Poner coma después de *escapada* y de *accidente*
(4) Cambiar *nube* por *nubes*
(5) Ninguna

37. Oración 5: Esta nube incontrolada viaja al azar y descarga lluvia radiactiva sobre los prados y bosques de otras naciones.

    —¿Qué revisión haría usted en esta oración?

    (1) Cambiar *azar* por *hazar*
    (2) Cambiar *Este* por *Esta*
    (3) Cambiar *radiactiva* por *radio activa*
    (4) Poner coma después de *azar*
    (5) Ninguna

38. Oración 6: Esto hace que la cooperación entre todos los estados del mundo sean indispensables.

    —¿Qué revisión haría usted en la oración 6?

    (1) Cambiar *hace* por *hacen*
    (2) Poner coma después de *cooperación*
    (3) Cambiar *sean indispensables* por *sea indispensable*
    (4) Cambiar *sean* por *será*
    (5) Ninguna

39. Oración 7: A la hora de la cooperación internacional, hay que estar <u>a las verdes y a las maduras</u>.

    —Si tuviera usted que escribir esta oración de una manera más formal, ¿qué expresión utilizaría en lugar de la parte subrayada?

    (1) dispuestos a aceptar responsabilidades
    (2) preparados para morir
    (3) indiferentes
    (4) al aviso del vecino
    (5) impasibles

40. Oración 8: El hambre y la desertización, <u>sin embargo</u>, son problemas globales.

    —¿Cuál sería la mejor forma de expresar la parte subrayada? Si cree que la versión original es la mejor, elija la opción (1).

    (1) sin embargo
    (2) en cambio
    (3) también
    (4) por fin
    (5) finalmente

41. En la misma oración anterior busque el equivalente o sinónimo de *globales* entre las siguientes palabras:

    (1) redondos
    (2) rotundos
    (3) mundiales
    (4) nacionales
    (5) internacionales

42. Coordine las oraciones 4 y 5 mediante alguna de las formas siguientes:

    (1) y
    (2) la cual
    (3) que
    (4) quien
    (5) pero

Las preguntas 43 a 55 se refieren al párrafo siguiente:

(1) Esta demostrado que la dieta y la salud se relacionan entre sí como causa y efecto. (2) En igualdad de circunstancias, a una mejor dieta corresponde un más mejor estado de salud. (3) Y al contrario, a una dieta rica en grasas, sales y azúcares le siguen problemas de corazón y cáncer. (4) Aun descontando cualquier tipo específico de enfermedad, la obesidad es de por sí un problema. (5) En las Sociedades Avanzadas como la nuestra, muere más gente de comer que de hambre. (6) Según los psicólogos la

gente no sólo come para satisfacer el hambre, sino otros apetitos también. (7) Es curioso que la depresión pueda inducir tanto el hambre como la desgana. (8) La dietética forma parte del credo de algunas religiones. (9) Lo cual quiere decir que, según una buena parte de la humanidad, la dieta también tiene relación con la salud espiritual.

43. Oración 1: Esta demostrado que la dieta y la salud se relacionan entre sí como causa y efecto.

    —¿Qué revisión haría usted en esta oración?

    (1) Cambiar *demostrado* por *demostrada*
    (2) Cambiar *dieta* por *alimentación*
    (3) Cambiar *entre sí* por *entre ellas*
    (4) Cambiar *Esta* por *Está*
    (5) Ninguna

44. Oración 1: <u>Está demostrado</u> que la dieta y la salud se relacionan entre sí como causa y efecto.

    —¿Cuál sería la mejor forma de expresar la parte subrayada? Si cree que la versión original es la mejor, elija la opción (1).

    (1) Está demostrado
    (2) No está demostrado
    (3) Su estuviera demostrado
    (4) Aun estando demostrado
    (5) Aún no estando demostrado

45. Oración 2: En igualdad de circunstancias, a una mejor dieta corresponde un más mejor estado de salud.

    —¿Qué revisión haría usted en esta oración?

    (1) Cambiar *circunstancias* por *circunstancia*
    (2) Cambiar *corresponde* por *pertenece*
    (3) Cambiar *un más mejor* por *un mejor*
    (4) Cambiar *de salud* por *en la salud*
    (5) Ninguna

46. Combine en una sola oración compuesta las oraciones 1 y 2 mediante alguna de estas palabras:

    (1) puesto que
    (2) desde que
    (3) aunque
    (4) después que
    (5) por si

47. Oración 3: Y al contrario, a una dieta rica en grasas, sales y azúcares le siguen problemas de corazón y cáncer.

    —¿Qué revisión haría usted en esta oración?

    (1) Cambiar *azúcares* por *azúcar*
    (2) Cambiar *azúcares* por *asucar*
    (3) Poner una coma después de *sales*
    (4) Poner coma después de *azúcares*
    (5) Ninguna

48. Oración 3: <u>Y al contrario</u>, a una dieta rica en grasas, sales y azúcares le siguen problemas de corazón y cáncer.

—¿Cuál es la mejor forma de expresar la parte subrayada? Si cree que la versión original es la mejor, elija la opción (1).

(1) Y al contrario
(2) Y por lo visto
(3) Y igualmente
(4) E igualmente
(5) Y sin embargo

49. Oración 4: Aun descontando cualequier tipo específico de enfermedad, la obesidad es de por sí un problema.

—¿Qué revisión haría usted en esta oración?

(1) Poner acento en Aun
(2) Cambiar *cualequier* por *cualequiera*
(3) Cambiar *cualequier* por *cualquiera*
(4) Cambiar *cualequier* por *cualquier*
(5) Ninguna

50. Oración 4: <u>Aun descontando</u> cualquier tipo de enfermedad, la obesidad es de por si un problema.

—¿Cuál es la mejor forma de expresar la parte subrayada? Si cree que la versión original es la mejor, elija la opción (1).

(1) Aun descontando
(2) Dando por descontado
(3) Cuando contamos
(4) Mientras
(5) Sin conocer

51. Oración 5: En las Sociedades Avanzadas como la nuestra, muere más gente de comer que de hambre.

—¿Qué revisión haría usted en esta oración?

(1) Cambiar *muere* por *mueren*
(2) Añadir una coma después de *comer*
(3) Poner coma después de *Avanzadas*
(4) Cambiar *Sociedades Avanzadas* por *sociedades avanzadas*
(5) Ninguna

52. Oración 6: Según los psicólogos, la gente no sólo come para satisfacer el hambre, sino otros apetitos también.

—¿Qué revisión haría usted en esta oración?

(1) Quitar la coma después de *psicólogos*
(2) Eliminar el acento en *psicólogos*
(3) Cambiar *también* por *tampoco*
(4) Cambiar *apetitos* por *necesidades*
(5) Ninguna

53. Oración 7: Es curioso que la depresión <u>pueda inducir</u> tanto el hambre como la desgana.

—¿Cuál sería la mejor forma de expresar la parte subrayada? Si cree que la versión original es la mejor, elija la opción (1).

(1) pueda inducir
(2) puede inducir
(3) podría inducir
(4) podría conducir
(5) conduciría

54. Oración 8: La dietética forma parte <u>del credo</u> de algunas religiones.

—¿Cuál sería la mejor forma de expresar la parte subrayada? Si cree que la versión original es la mejor, elija la opción (1).

(1) del credo
(2) de la práctica
(3) del rito
(4) de la liturgia
(5) de la escatología

55. Oración 9: Lo cual quiere decir que, según una buena parte de la humanidad, la dieta también tiene relación con la salud espiritual.

—¿Qué revisión haría usted en esta oración?

(1) Omitir la coma después de *que*
(2) Cambiar *humanidad* por *Humanidad*
(3) Cambiar *también* por *tampoco*
(4) Poner dos puntos después de *humanidad*
(5) Ninguna

CAPÍTULO 3: Examen Diagnóstico

EXAMEN 1: EXPRESIÓN ESCRITA

Parte II: Composición

> **Instrucciones:** En esta parte se trata de comprobar su habilidad de expresarse por escrito. Se le pide que escriba una composición sobre un tema asignado. La exposición debe ser, ante todo, informativa. Al mismo tiempo, usted puede apoyar su punto de vista o dar su opinión aportando pruebas y ejemplos. **Tiempo:** 45 minutos. **Espacio:** unas 200 palabras, lo que equivale a una página de veinticinco líneas, a ocho palabras por línea.

Al preparar su composición, se le recomienda que siga los siguientes pasos:

1. Ante todo, lea cuidadosamente el tema asignado. No escriba sobre ningún otro tema. Sería nulo.
2. Haga un pequeño plan esquemático anotando la idea principal primero; luego, las ideas secundarias, razones y ejemplos que piensa usted utilizar a favor de su opinión o punto de vista.
3. Escriba la composición entera en borrador.
4. Lea lo que ha escrito en el borrador y haga las correcciones y revisiones que crea convenientes.
5. Al corregir, tenga en cuenta todos los aspectos gramaticales, mecánica, usos, estructuras, así como el orden, claridad y coherencia de las oraciones.
6. Ponga en limpio la versión final, escrita con bolígrafo, en las páginas especiales asignadas para ello.
7. Escriba con letra clara, de forma que los evaluadores puedan leer su escrito con facilidad. El ensayo será leído por lo menos por dos evaluadores. La nota tendrá en cuenta todos los aspectos de la escritura, desde la puntuación hasta el orden lógico y la claridad.

TEMA

> Desde el punto de vista de la técnica, parece que estamos en el mejor de los mundos posibles. Pero cuando se examinan algunas de sus aplicaciones militares, hay quienes se sienten aterrorizados. ¿Qué piensa usted? Escriba su respuesta en un ensayo de unas 200 palabras, alegando razones y ejemplos a favor de su opinión o punto de vista.

Use esta página para anotaciones.

EXAMEN 2: ESTUDIOS SOCIALES

50 preguntas—70 minutos

Instrucciones: La prueba de Estudios Sociales consta de un total de 50 preguntas. Los temas que abarca son: historia, economía, geografía, gobierno y temas civiles. La prueba contiene lecturas de pasajes, preguntas teóricas, mapas, graficas y cuadros estadísticos. Primero, lea la información dada y después responda a la pregunta. Indique sus respuestas en la hoja que tiene para ello por separado, sección de Estudios Sociales, según el modelo siguiente:

EJEMPLO:

P La inflación se produce cuando hay
  (1) desarrollo económico excesivo.
  (2) un cierto grado de competición entre las industrias.
  (3) un aumento general de los precios.
  (4) una dependencia del comercio internacional.
  (5) una tendencia continua hacia la disminución del los precios.

En este ejemplo, la respuesta correcta es la (3), a la que corresponde el ovalito número tres en la hoja de respuesta, que debe rellenarse sólidamente, según el modelo que se presenta. Si cambia una respuesta, borre la primera marca por completo. Llene solamente un ovalito por cada pregunta. NO COMIENCE HASTA QUE SE LE AVISE.

Las preguntas 1 a 2 se refieren a la gráfica siguiente:

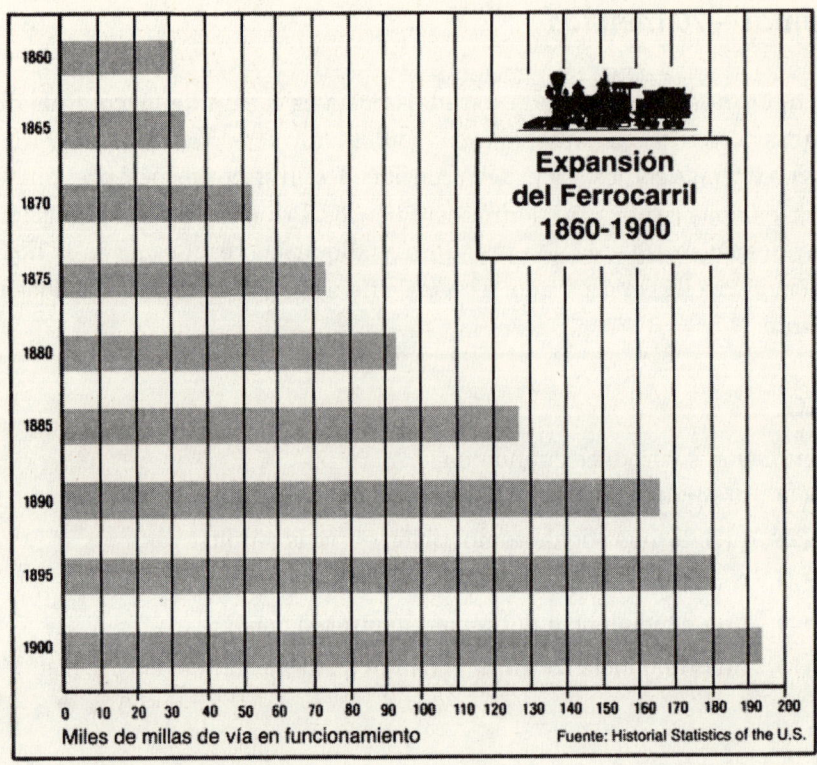

1. La expansión del ferrocarril

   (1) tuvo su momento de más auge en los veinte años que continuaron a su construcción.

   (2) fue extraordinaria después de la Guerra Civil, en la última década del siglo XIX.

   (3) se detuvo en 1865 y en 1870.

   (4) conoció su mayor crecimiento en la última década del siglo XX.

   (5) se debió principalmente al transporte de pasajeros.

2. La gráfica muestra

   (1) el crecimiento de las líneas aéreas.

   (2) la expansión de la industria del hierro.

   (3) el crecimiento de los ferrocarriles.

   (4) la línea de expansión y decadencia del ferrocarril, 1860–1900.

   (5) las miles de millas de vía en funcionamiento en el continente americano.

Las preguntas 3 a 6 se refieren a la gráfica siguiente:

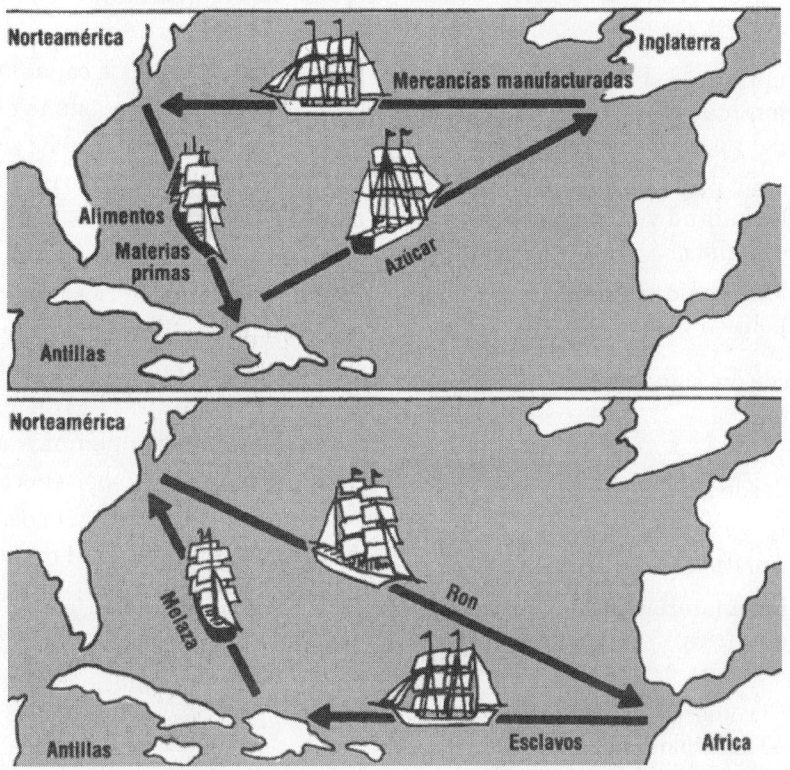

3. Según el mapa de las rutas del "triángulo comercial",

   (1) el azúcar se exportaba a Inglaterra desde las Antillas.
   (2) las mercancías llegaban a Inglaterra desde Norteamérica.
   (3) los alimentos y materias primas procedían de Europa.
   (4) el azúcar provenía de Estados Unidos.
   (5) Cuba era el centro de las mercancías manufacturadas.

4. De acuerdo con el mapa,

   (1) se importaban esclavos del continente africano.
   (2) se exportaban esclavos al continente africano.
   (3) la melaza llegaba de África.
   (4) el ron nacía en África y se vendía en América.
   (5) el comercio más importante era el ron.

5. Las rutas de los dos mapas,
   (1) señalan un activo comercio entre Europa, América y África.
   (2) representa el imperio colonial.
   (3) muestra como había una red de intercambios comerciales y políticos.
   (4) simboliza la explotación de la esclavitud y el auge político colonial.
   (5) forman un triángulo comercial, político y religioso.

6. Una de las siguientes afirmaciones es cierta:
   (1) El azúcar se exportaba a Europa desde África.
   (2) La esclavitud provenía de América.
   (3) Las materias primas procedían de África y se distribuían en América.
   (4) El comercio colonial de aquellos años es parecido en su estructura al comercio actual.
   (5) Las rutas del triángulo comercial aluden al comercio en tres continentes.

Las preguntas 7 a 10 se refieren al pasaje siguiente:

La Constitución de los Estados Unidos

"Nosotros, el pueblo de los Estados Unidos" comienza así la Constitución de 1787, "con el propósito de formar una Unión más perfecta, establecer la Justicia, garantizar la Tranquilidad Nacional, atender a la Defensa común, fomentar el Bienestar general, y asegurar los beneficios de la Libertad para nosotros y para nuestros descendientes, promulgamos y establecemos esta Constitución para los Estados Unidos de América..."

"Los senadores son elegidos por las legislaturas de los estados, a razón de dos por estado. Los representantes son elegidos por el pueblo de los diversos estados, en proporción de uno por cada 30,000 habitantes. El presidente asume el cargo por un período de cuatro años. Es jefe supremo de las fuerzas de mar y tierra, y tiene poder para celebrar tratados, con la ratificación del Senado, nombrar embajadores, ministros de gobierno, funcionarios públicos, etc. En caso de muerte, renuncia o destitución le sustituye el vicepresidente, que también es elegido por cuatro años. El Tribunal Supremo está integrado por miembros nombrados con carácter vitalicio por el presidente de la República. Este tribunal tiene, entre otros deberes, el de velar por el mantenimiento de la Constitución y el de resolver las controversias entre los diversos estados".

La Constitución confería los poderes legislativos al Congreso y el poder ejecutivo al presidente. El poder judicial lo encomendaba a un Tribunal Supremo y tribunales inferiores.

7. La Constitución de los Estados Unidos de América
   (1) fue creada para garantizar la libertad.
   (2) fomentó el bienestar mundial.
   (3) formó la estructura legislativa, judicial ejecutiva del país.
   (4) promulgó la libertad de los esclavos.
   (5) estableció la política nacional, la legislación, la justicia, la ley ejecutiva y los tratados entre los estados.

8. El período de gobierno para el presidente de Estados Unidos
   - (1) es de dos años.
   - (2) es de ocho años.
   - (3) depende de la situación política del país.
   - (4) es de cuatro años.
   - (5) es vitalicio.

9. Según el texto,
   - (1) los representantes son elegidos por las legislaturas.
   - (2) los senadores son elegidos por el pueblo.
   - (3) un juez otorga el poder judicial.
   - (4) cada estado tiene dos senadores.
   - (5) el Senado nombra a los embajadores.

10. Todas las afirmaciones siguientes son correctas con excepción de una. ¿Cuál es?
    - (1) La Constitución confería los poderes legislativos al Congreso.
    - (2) La Constitución confería el poder ejecutivo al presidente.
    - (3) Los senadores son elegidos por las legislaturas de los estados.
    - (4) El Tribunal Supremo está integrado por miembros representantes en proporción de uno por cada treinta mil habitantes.
    - (5) La Constitución encomendó el poder judicial a un Tribunal Supremo y tribunales inferiores.

Las preguntas 11 a 12 se refieren al pasaje siguiente:

Los Derechos Humanos

La Declaración Universal de los Derechos Humanos consta de 30 artículos. Los primeros dicen así:

Artículo 1. Todos los seres humanos nacen libres e iguales en dignidad y derechos y, dotados como están de razón y conciencia, deben comportarse fraternalmente los unos con los otros.

Artículo 2. Toda persona tiene todos los derechos y libertades proclamados en esta Declaración, sin distinción alguna de raza, color, sexo, idioma, religión, opinión política o de cualquier otra índole, origen nacional o social, posición económica, nacimiento o cualquier otra condición. Además, no se hará distinción alguna fundada en la condición política, jurídica o internacional del país o territorio de cuya jurisdicción dependa una persona, tanto si se trata de un país independiente, como de un territorio bajo administración fiduciaria, no autónomo o sometido a cualquier otra limitación de soberanía.

Artículo 3. Todo individuo tiene derecho a la vida, a la libertad y a la seguridad de su persona.

Artículo 4. Nadie estará sometido a esclavitud ni a servidumbre; la esclavitud y la trata de esclavos están prohibidas en todas sus formas.

Artículo 5. Nadie será sometido a torturas ni a penas o tratos crueles, inhumanos o degradantes.

Artículo 6. Todo ser humano tiene derecho, en todas partes, al reconocimiento de su personalidad jurídica.

Artículo 7. Todos son iguales ante la ley y tienen, sin distinción, derecho a igual protección de la ley. Todos tienen derecho a igual protección contra toda discriminación que infrinja esta Declaración y contra toda provocación a tal discriminación.

11. El artículo uno: "Todos los seres humanos nacen libres e iguales en dignidad y derechos y, dotados como están de razón y conciencia, deben comportarse fraternalmente los unos con los otros", significa que

    (1) cada persona es libre y fraternal.
    (2) todas las personas son iguales.
    (3) las personas están dotadas de razón y conciencia.
    (4) todo el mundo debe ser consciente de los derechos.
    (5) todas las personas nacen con los mismos derechos de igualdad y libertad.

12. Una de las afirmaciones siguientes no es correcta. ¿Cuál es?

    (1) Todo individuo tiene derecho a la vida.
    (2) Un individuo puede ser discriminado por su idioma u origen.
    (3) Todos tienen derecho a igual protección contra toda discriminación.
    (4) La esclavitud y la trata de esclavos están prohibidas.
    (5) A todo individuo se le debe reconocer su personalidad jurídica.

Las preguntas 11 a 12 se refieren al pasaje siguiente:

La Conferencia Económica Latinoamericana

La Declaración de Quito, firmada y aprobada por los 33 representantes de los países latinoamericanos y del Caribe que asistieron a la Conferencia Económica Latinoamericana (CEL), está dividida en dos partes: política y económica. Condena en la primera parte el intervencionismo extranjero en América Latina. La Declaración, apoya, asimismo, la gestión de paz que realiza el Grupo Contadora en Centroamérica.

En su apartado económico, denominado Plan de Acción, en la sección referida a la deuda externa, señala que la responsabilidad de los países de la región ha sido cumplida en los planes de ajuste extraordinarios que han desarrollado los gobiernos en los últimos años; por ello se requiere de la participación de los acreedores como parte de la solución al problema del que son corresponsables. La deuda externa de América Latina asciende a 300,000 millones de dólares. En concreto, los países deudores latinoamericanos y caribeños consideran básica la ampliación de plazos y vencimientos, además de períodos de gracia más largos para el pago de la deuda y su servicio. También, de acuerdo al Plan de Acción, se deben reducir los pagos en concepto de intereses y comisiones. Los países latinos con mayores deudas son: México, el mayor deudor del mundo, con (85,000 millones de dólares), seguido por Brasil, con (83,000 millones), Argentina (39,000 millones), Venezuela (32,000 millones), Chile (18,000 millones) y Perú (12,000 millones). La Comisión Económica para América Latina declaraba que "vivimos la crisis más importante de los últimos cincuenta años".

13. La Declaración de Quito

    (1) fue creada en la Conferencia de las Naciones Unidas.
    (2) fue llamada más tarde "Plan de Acción".
    (3) aprueba el intervencionismo foráneo.
    (4) condena la idea de que países extranjeros que no son latinoamericanos intervengan en los asuntos internos de América Latina.
    (5) apoya la gestión de paz que realiza el grupo norteamericano llamado Contadora.

14. La Declaración de Quito
    (1) condena la política de Contadora.
    (2) pide, entre otras cosas, un período más largo para pagar la deuda externa.
    (3) considera que hay que aumentar los pagos, intereses y comisiones.
    (4) es llamada CEL.
    (5) está aprobada por los 33 representantes de los países de América Latina y el Caribe.

15. ¿Cuál de las afirmaciones siguientes es correcta?
    (1) Debido a su deuda externa, América Latina vive una gran crisis económica.
    (2) Según el Plan de Acción, hay que disminuir los plazos y vencimientos.
    (3) La deuda externa alcanza los 300,000 millones de dólares.
    (4) Brasil es el país con mayor deuda.
    (5) La Declaración de Quito se divide en dos partes: la política económica y el intervencionismo extranjero.

Las preguntas 16 a 18 se refieren al pasaje siguiente:

Alfabetización

Por haber una población analfabeta que se calcula en 700 millones, o sea unas dos quintas partes de los habitantes adultos del mundo, los programas de la UNESCO prestan atención especial al trabajo de alfabetización y a la vinculación de este trabajo con los planes generales de desarrollo económico y social en los Estados Miembros. En 1965, la UNESCO contribuyó a promover un congreso mundial, que se celebró en Teherán, sobre la eliminación del analfabetismo. Se han elaborado planes para iniciar proyectos experimentales de alfabetización en diversos países de todas las regiones del mundo, organizado por el Programa de las Naciones Unidas para el Desarrollo y actuando la UNESCO como organismo ejecutor.

Se ha concedido una constante importancia a la planificación de la educación por intermedio del Instituto Internacional de Planeación de la Educación, con sede en París. La cooperación entre la UNESCO y el Banco Mundial en cuanto a la planificación y financiamiento de la educación, también ha tenido como resultado el envío de misiones de ayuda a diversos países de África, Asia y América Latina.

16. La organización mundial que presta atención especial al trabajo de alfabetización se llama
    (1) OEA
    (2) ONU
    (3) UNESCO
    (4) OTAN
    (5) OPA

17. Por medio del Instituto Internacional de Planeación de la Educación se le ha dado importancia a
    (1) algunos países africanos, latinoamericanos y asiáticos.
    (2) Estados Unidos.
    (3) Japón y Europa.
    (4) Australia.
    (5) los países árabes.

18. Las regiones en donde se registra un índice de analfabetismo mayor son
    (1) algunos países africanos, latinoamericanos y asiáticos.
    (2) Estados Unidos.
    (3) Japón y Europa.
    (4) Australia.
    (5) los países árabes.

CONCEPTOS TEÓRICOS GENERALES

19. ¿A qué equivale el concepto capitalismo?
    (1) liberalismo
    (2) colectivismo
    (3) comunismo
    (4) socialismo
    (5) igualdad

20. ¿A qué equivale la plusvalía?
    (1) clase obrera
    (2) pérdida
    (3) oferta
    (4) demanda
    (5) gran beneficio

21. ¿A qué equivale el concepto importación?
    (1) expedir productos
    (2) sacar productos del país
    (3) introducir productos
    (4) enviar mercancías
    (5) exportar productos económicos

22. ¿Qué hay en los países con una economía subdesarrollada?
    (1) más nacimientos
    (2) menos muertes que nacimientos
    (3) la mortalidad infantil es ínfima
    (4) la economía agrícola es parecida a la industrial urbanizada
    (5) hay limitación voluntaria de la familia

23. Emigración significa
    (1) personas que salen de sus países para establecer sus residencias en otros.
    (2) inmigración.
    (3) personas que llegan a un país extranjero.
    (4) migración.
    (5) personas que viajan a un país.

24. El objetivo mayor del sistema de impuestos de Estados Unidos es proveer fondos para las operaciones del gobierno. Pero los impuestos también se destinan para
    (1) desarrollar o proteger ciertas industrias.
    (2) influir en el gasto personal.
    (3) educar a los jóvenes.
    (4) redistribuir la riqueza.
    (5) todo lo anterior

25. De acuerdo con la teoría de la oferta y la demanda cuando el precio de un artículo disminuye,
    (1) la cantidad demandada disminuye.
    (2) la cantidad demandada disminuye y después viene un alza.
    (3) la cantidad demandada no cambia.
    (4) la cantidad demandada disminuirá siempre.
    (5) la cantidad demandada generalmente aumenta.

26. Un período breve de una actividad económica en crisis se conoce como
    (1) depresión económica.
    (2) demanda de productos.
    (3) período próspero.
    (4) recepción.
    (5) quiebra económica.

27. Los pagos que se dan a un trabajador en los casos de retiro, incapacitación o muerte, son cubiertos por un sistema conocido como
    (1) distribución de beneficios.
    (2) compensación por desempleo.
    (3) seguro social.
    (4) fondo de pensiones.
    (5) departamento del tesoro.

28. Para compilar los impuestos que usted debe al gobierno federal este año la compañía donde usted trabaja debe darle unas formas en donde usted debe hacer notar sus ingresos y gastos que tuvo el año pasado, esta forma se conoce como

    (1) de exención de impuestos.
    (2) seguro social.
    (3) W-4.
    (4) W-2.
    (5) 1040A.

Las preguntas 29 a 31 se refieren al pasaje siguiente:

Autosuficiencia económica de Latinoamerica

Latinoamérica posee todos los elementos necesarios como para que la región unificada, pueda ser autosuficiente. Venezuela, México y Ecuador se cuentan entre los principales exportadores de petróleo; Brasil y Argentina, entre los principales países ganaderos; Centro América es una región agrícola, avícola y ganadera; Cuba es el tercer productor de azúcar y el cuarto de níquel; Colombia es el segundo en café, Chile es el segundo productor de cobre; Bolivia es el cuarto productor de estaño; Venezuela, el quinto de gas natural; Perú, el cuarto en plata; Brasil tiene gran abundancia en cacao, banano, café, maíz, soja, mineral de hierro y azúcar; Ecuador es el tercer productor de banano; México produce frijoles (cuarto productor mundial), garbanzos (tercero), maíz (quinto), naranjas (tercero), zinc (quinto) y plata (primero).

Sin embargo, en lo que concierne a la industria, los polos de desarrollo más importantes, São Paulo, Buenos Aires y México, no pueden producir lo suficiente para satisfacer la enorme demanda existente.

29. Los principales países latinoamericanos productores de metales son

    (1) Estados Unidos y Canadá.
    (2) Brasil y Argentina.
    (3) México, Chile, Perú, Bolivia y Cuba.
    (4) Ecuador y México.
    (5) Venezuela, México y Ecuador.

30. Una de las siguientes afirmaciones no es correcta. ¿Cuál es?

    (1) Latinoamérica, unificada, podría ser autosuficiente.
    (2) Colombia es el segundo país productor de café.
    (3) Cuba es un gran productor de azúcar.
    (4) Bolivia sobresale principalmente en la producción de metales.
    (5) Venezuela es considerado un país ganadero.

31. En lo que concierne a la industria,

    (1) es una región superdesarrollada.
    (2) produce lo suficiente para satisfacer la demanda existente.
    (3) su producción no satisface la gran demanda que hay.
    (4) puede incrementar su tecnología.
    (5) ofrece muchas fuentes de trabajo.

Las preguntas 32 a 34 se refieren al mapa siguiente:

MAPA DEL MUNDO

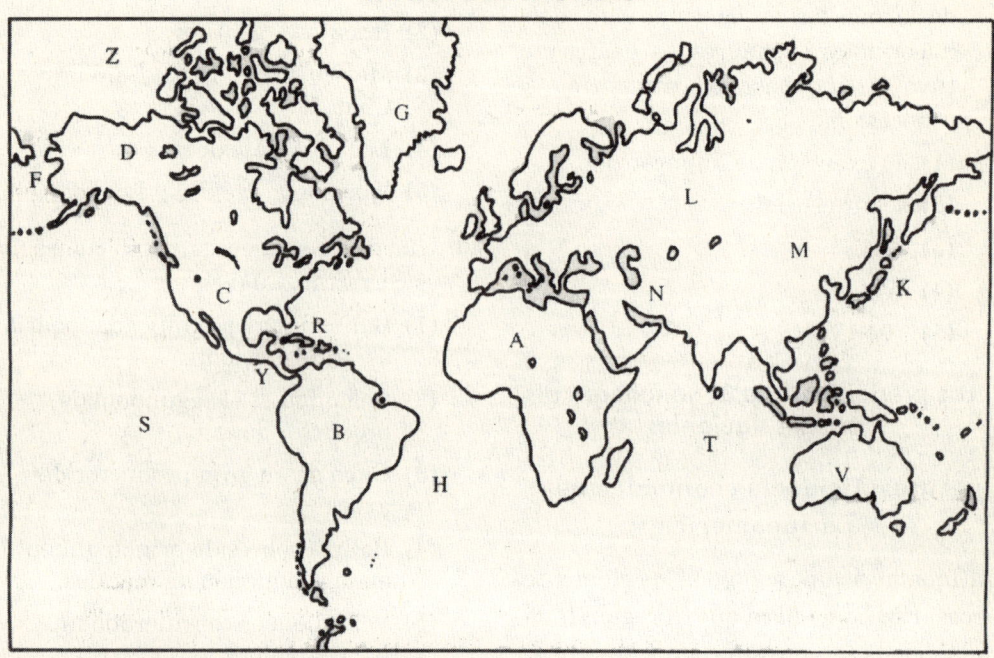

32. En el mapa del mundo representado aquí, la letra B señala
    (1) Ecuador y Chile.
    (2) Brasil y Argentina.
    (3) Ecuador y Uruguay.
    (4) Centroamérica.
    (5) Sudamérica.

33. La letra H representa
    (1) al océano Atlántico.
    (2) al océano Índico.
    (3) al mar Caribe.
    (4) al mar Rojo.
    (5) al océano Pacífico.

34. La letra R indica
    (1) el océano Pacífico.
    (2) el océano Indico.
    (3) las islas del Caribe.
    (4) África.
    (5) México.

Las preguntas 35 a 39 se refieren a las gráficas siguientes:

PAÍSES MÁS GRANDES EN EXTENSIÓN TERRITORIAL Y POBLACIÓN

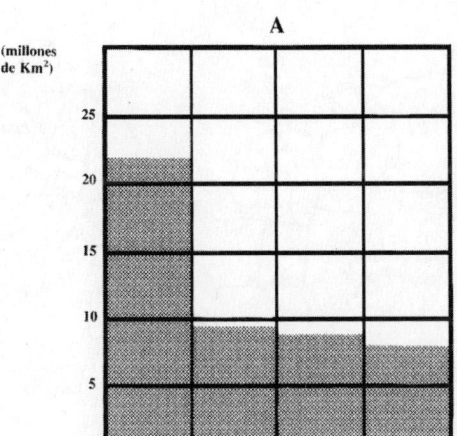
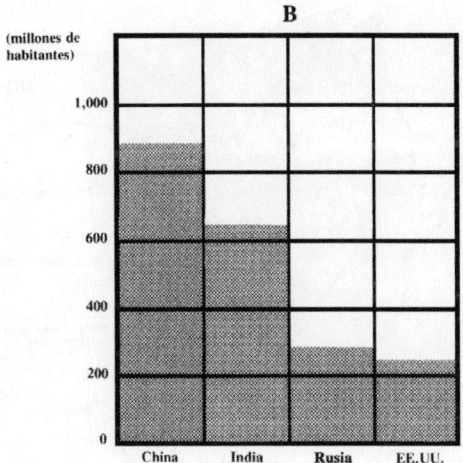

35. Rusia
    (1) es el país menos poblado.
    (2) es el más extenso.
    (3) es el más poblado.
    (4) es menos extenso que China.
    (5) es el país de mayor extensión y el tercero más poblado.

36. ¿Cuál es el país más poblado?
    (1) Estados Unidos.
    (2) China.
    (3) India.
    (4) Rusia.
    (5) Canadá.

37. La población china es casi cuatro veces mayor que la de
    (1) Rusia.
    (2) India.
    (3) Estados Unidos.
    (4) Canadá.
    (5) México.

38. De los siguientes países, hay uno que es el menor en extensión territorial y el menos poblado.
    (1) Rusia
    (2) China
    (3) Canadá
    (4) Estados Unidos
    (5) India

39. Según los datos que aparecen en las dos gráficas, ¿cuáles son los países más grandes en extensión territorial y en población?
    (1) China y Estados Unidos
    (2) Rusia y China
    (3) Canadá y China
    (4) Rusia y Estados Unidos
    (5) Estados Unidos e India

Las preguntas 40 a 43 se refieren a las gráficas siguientes:

POBLACIÓN ESTATAL: Promedio de Cambio, 1980 a 1985

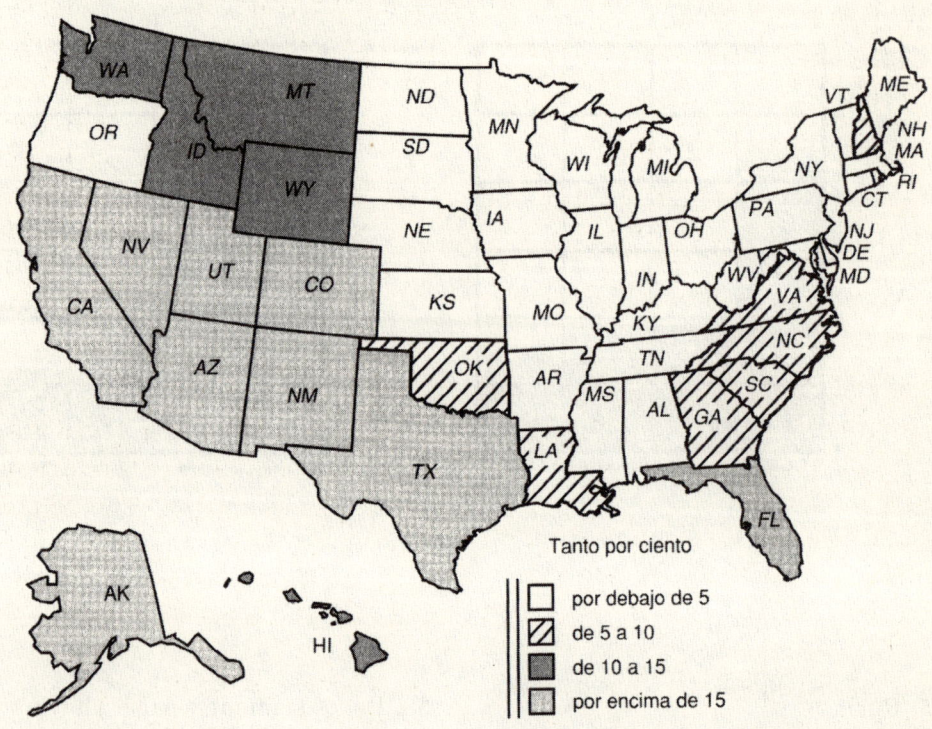

40. Entre 1980 y 1985, ¿qué áreas de Estados Unidos muestran mayores cambios en su población?

(1) El sudeste y el noroeste
(2) La parte central norte y el noroeste
(3) Los estados de la parte central y la región sur del Atlántico
(4) El oeste y el nordeste
(5) El sudoeste y el lejano oeste

41. Basándose en el mapa de arriba, una persona que esté buscando trabajo en estados con mayor índice de cambio en la población ¿cuáles de los estados siguientes puede considerar como posible lugar de empleo?

(1) Arizona y Oklahoma
(2) California y Alaska
(3) New York y California
(4) Delaware y Louisiana
(5) Virginia y Kentucky

42. ¿Cuál de los siguientes estados refleja un índice de cambio de población por debajo del 5%?

(1) Texas
(2) Florida
(3) Oklahoma
(4) Georgia
(5) New York

43. ¿Qué estados registran un promedio de 10 a 15% de cambio poblacional?

   (1) Arizona y Oregon
   (2) Idaho y Kansas
   (3) Florida y Montana
   (4) Montana y Wyoming
   (5) Michigan y California

Las preguntas 44 a 47 se refieren al pasaje siguiente:

Guerra por la independencia de Texas

La sed de tierras de los estadounidenses no se aplacó con la adquisición de Louisiana y Florida. Al suroeste se extendía Texas. Texas era parte de México, pero muchos estadounidenses se habían establecido en esa zona por invitación de los mexicanos. El gobierno mexicano quería construir una zona de separación entre Estados Unidos, por un lado, y los indígenas del suroeste, por otro.

Entre 1820 y 1830, unos 20,000 estadounidenses se trasladaron a Texas. Pero no les estaba permitido tener un gobierno propio. Como consecuencia, las relaciones entre los colonos estadounidenses y las autoridades mexicanas llegaron a ser gravemente tensas. Les costaba trabajo recordar que no eran ciudadanos mexicanos.

Uno de los puntos conflictivos fue la esclavitud. El gobierno mexicano había prohibido la esclavitud en Texas, pero muchos colonos estadounidenses llevaron sus esclavos con ellos. Cuando el gobierno mexicano envió tropas a Texas para acabar con esta práctica de usar esclavos el escenario quedó preparado para una revuelta.

El conflicto llegó en 1836. Hoy se llama la *Guerra por la independencia de Texas*. Una de las primeras batallas de la guerra se sostuvo en San Antonio, Texas. Los defensores estadounidenses de la ciudad se habían refugiado en *El Álamo*, una misión convertida en fortaleza en el siglo XVIII. Las tropas mexicanas, al mando del general Santa Ana, atacaron el edificio y lo tomaron. Sin embargo, los estadounidenses, que eran muy pocos, resistieron aunque tuvieron gran número de bajas. Tras este pequeño enfrentamiento los mexicanos capturaron la misión. Cerca de doscientos estadounidenses murieron defendiéndola. Entre los fallecidos se encontraba Davy Crocket, el famoso combatiente contra los indígenas y explorador.

Seis semanas más tarde los estadounidenses se vengaron. El general Sam Houston derrotó a los mexicanos en la *batalla de San Jacinto* (21 de abril de 1836). El general Santa Ana fue hecho prisionero. Como resultado, el gobierno mexicano se vio forzado a conceder la independencia a Texas.

44. A comienzos del siglo XIX

   (1) Texas era un estado independiente.
   (2) Texas formaba parte de Estados Unidos.
   (3) La población de Texas era indígena.
   (4) Texas formaba parte de México.
   (5) Se había formado el estado de Texas.

45. Las relaciones entre los colonos estadounidenses que vivían en el estado de Texas y el gobierno mexicano se volvieron tensas debido a

   (1) la autoridad del gobierno norteamericano.
   (2) que los colonos no podían tener un gobierno propio.
   (3) que los mexicanos querían dominar a los indígenas.
   (4) la guerra civil que había en México.
   (5) la Revolución Estadounidense.

46. Uno de los puntos más conflictivos fue
   (1) la aprobación de la esclavitud por parte del gobierno mexicano.
   (2) el rechazo de la esclavitud por parte de los colonos.
   (3) el rechazo de la esclavitud por parte del gobierno mexicano.
   (4) el libertinaje entre los colonos.
   (5) los productos de exportación.

47. El gobierno mexicano concedió la independencia a Texas después de la derrota en la batalla de
   (1) Santa Ana.
   (2) El Álamo.
   (3) San Antonio.
   (4) Sam Houston.
   (5) San Jacinto.

Las preguntas 48 a 49 se refieren al pasaje siguiente:

El Tratado de París

La paz entre Estados Unidos y España se restauró oficialmente con el Tratado de París que se firmó el 10 de diciembre de 1898.

El Tratado de París que daba fin a la guerra imponía las siguientes condiciones:

- España acordaba retirarse de Cuba.

- Las posesiones españolas de Puerto Rico y Guam (una isla en el Pacífico) se entregaban a Estados Unidos.

- Las islas Filipinas, cerca de la costa asiática, se "vendían" a Estados Unidos por 20 millones de dólares.

Muchos estadounidenses se oponían a este tratado ya que no querían que Estados Unidos construyera un imperio ultramarino, sobre todo cuando pocos años antes los norteamericanos habían criticado a gran Bretaña por anexionarse territorios lejos de los suyos.

48. El Tratado de París se firmó entre
   (1) Francia y España.
   (2) Francia y Estados Unidos.
   (3) París y España.
   (4) París y Estados Unidos.
   (5) España y Estados Unidos.

49. Según el texto,
   (1) España no se debía retirar de Cuba.
   (2) España no entregaba la isla de Puerto Rico a Estados Unidos.
   (3) La isla de Guam se convertía en un estado de Estados Unidos.
   (4) Las islas Filipinas eran cedidas a Estados Unidos.
   (5) La guerra entre España y Estados Unidos terminaba con el Tratado de París.

La pregunta 50 se refiere a la fotografía siguiente:

50. Se puede deducir que

   (1) la foto fue tomada recientemente en la isla de New York.

   (2) es una foto antigua de la ciudad de New York tomada desde un avión.

   (3) la fotografía pertenece a una ciudad industrial del interior de Estados Unidos.

   (4) la imagen representa la riqueza rural de América.

   (5) la fotografía simboliza el desarrollo de la civilización moderna de finales del siglo XX.

Use esta página para anotaciones.

EXAMEN 3: CIENCIAS

50 preguntas—80 minutos

> **Instrucciones:** La prueba de Ciencias consta de 50 preguntas de opción múltiple cuya finalidad es la de medir sus conocimientos generales en los campos de las ciencias biológicas, ciencias de la Tierra y del espacio, física y química. Las preguntas están basadas en la lectura de pasajes, datos breves, así como en gráficas y diagramas. Primero, lea la información dada y después responda a la pregunta. Indique sus respuestas en la hoja que tiene para ello por separado, sección de Ciencias, según el modelo siguiente:

EJEMPLO:

P Todos los animales siguientes son reptiles, menos uno. ¿Cuál es?
   (1) el lagarto
   (2) la boa
   (3) el cocodrilo
   (4) el camaleón
   (5) la rana

El único animal que no es un reptil es la rana, que pertenece al grupo de los anfibios. La respuesta correcta es, pues, la opción número (5).

Las preguntas 1 a 2 se refieren a la gráfica siguiente:

PROPORCIÓN DE TRES ELEMENTOS QUÍMICOS

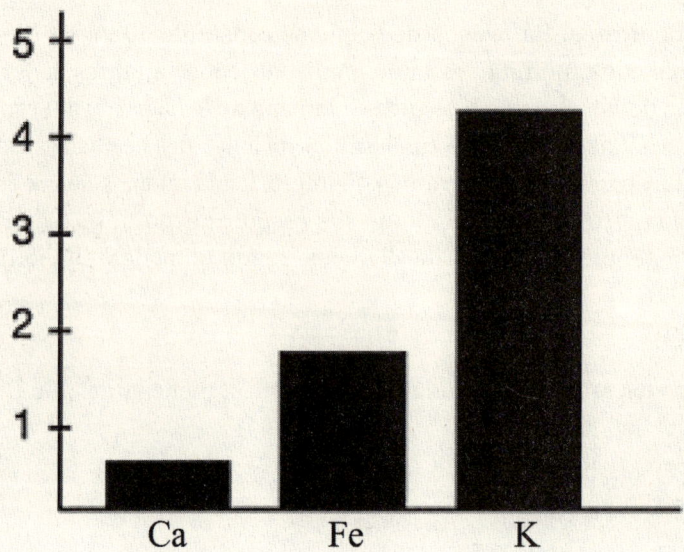

1. Según la gráfica,
   - **(1)** existe una mayor proporción de potasio.
   - **(2)** predomina el hierro.
   - **(3)** hay un nivel mayor de calcio.
   - **(4)** la proporción de hierro y calcio unidas superan la de potasio.
   - **(5)** la cantidad mayor es la de carbono.

2. De los tres elementos químicos,
   - **(1)** el flúor se sitúa en medio.
   - **(2)** el cloro indica la menor cantidad.
   - **(3)** el hierro muestra más cantidad que el calcio y menos que el potasio.
   - **(4)** la K son kilos.
   - **(5)** el carbono y el calcio son los de menos cantidad.

CAPÍTULO 3: Examen Diagnóstico

Las preguntas 3 a 4 se refieren a la gráfica siguiente:

LA INTENSIDAD DEL CALOR

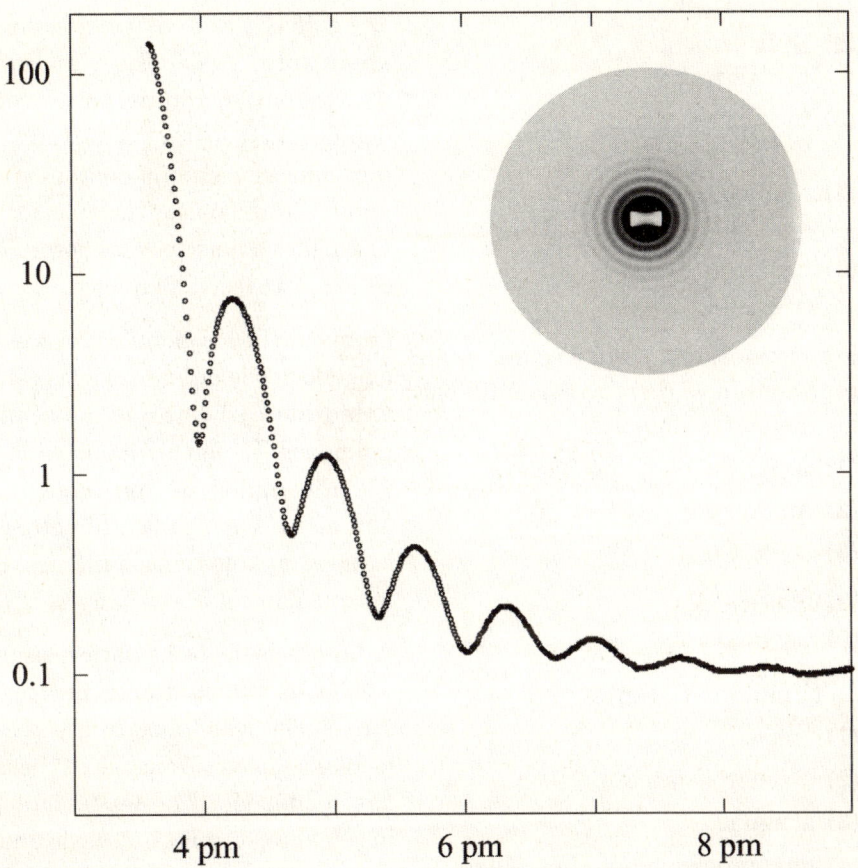

3. La intensidad del calor
   - **(1)** disminuye alrededor de las 5 p.m.
   - **(2)** alcanza su mayor fuerza a las 1 p.m.
   - **(3)** continúa de forma equilibrada toda la tarde
   - **(4)** llega a su nivel más alto a las 4 p.m.
   - **(5)** desaparece a las 8 p.m.

4. Según la gráfica,
   - **(1)** el calor sigue un ciclo similar diariamente.
   - **(2)** alrededor de las cuatro de la tarde hace mucho calor.
   - **(3)** entre las cuatro y las cinco de la tarde hace mucho calor.
   - **(4)** la intensidad de la luz solar se refleja más por la mañana.
   - **(5)** la luz del sol es más fuerte al atardecer.

5. De los siguientes símbolos, señale los nombres correctos de los elementos químicos que representan.

   (1) H: Hierro
       Ca: Carbono
   (2) H: Hidrógeno
       Fe: Hierro
   (3) Ca: Carbono
       C: Calcio
   (4) Na: Sodio
       Co: Cobre
   (5) I: Yodo
       Ar: Plata

6. Los metales, oro, plata y cobre, están representados respectivamente por los siguientes símbolos:

   (1) O, Pt, Co
   (2) Au, Ag, Co
   (3) O, Pt, Cu
   (4) Au, Ag, Cu
   (5) Os, Pb, C

7. La fórmula H_2O, representa

   (1) un gas.
   (2) un cuerpo gaseoso.
   (3) al agua.
   (4) una mezcla de líquido y sólido.
   (5) la masa atómica de un gas.

Las preguntas 8 a 11 se refieren al pasaje siguiente:

La función de la sangre es transportar las distintas sustancias de los alimentos que ingerimos a todas las partes del cuerpo. A simple vista, la sangre tiene el aspecto de un líquido algo viscoso, espeso y de color rojo. Pero, en realidad, la sangre está compuesta por partes diferentes, que sólo se pueden distinguir si las observamos al microscopio.

En una gota de sangre vista al microscopio podemos ver un líquido incoloro y transparente llamado plasma en donde se encuentran una gran cantidad de glóbulos o corpúsculos diminutos, los cuales podemos dividir en tres clases: los glóbulos rojos o hematíes, los glóbulos blancos o leucocitos y las plaquetas o trombocitos.

Los *glóbulos rojos o hematíes* son los más abundantes. Aislados son amarillos, pero al agruparse adquieren el color rojo, debido a una sustancia llamada hemoglobina que se combina con el oxígeno y el anhídrido carbónico. Tienen la forma de un disco, más grueso por los bordes que en el centro, y carecen de núcleo.

La misión de los glóbulos rojos es llevar el oxígeno de los pulmones a las células, y el anhídrido carbónico de las células a los pulmones. Tienen un diámetro de 7 micras (7 milésimas de milímetro), y son abundantes, por cada milímetro cúbico de sangre hay unos cinco millones. Ellos son los que dan color a la sangre.

A diferencia de los hematíes, los *leucocitos o glóbulos blancos* tienen núcleo, es decir, son células vivas. Tienen una especie de tentáculos o prolongaciones en su cuerpo llamadas seudópodos que les facilita moverse libremente, desplazándose de unas partes a otras de los vasos sanguíneos. Con estos seudópodos capturan microbios eliminándolos de nuestro organismo para que no nos hagan daño. Ellos constituyen una gran defensa de nuestro cuerpo, sobre todo gracias a unas sustancias que segregan llamadas antitoxinas que eliminan la acción de los venenos o toxinas que poseen los microbios dañinos. Los leucocitos son de mayor tamaño que los hematíes pero son menor en número; tenemos de 6,000 a 8,000 leucocitos por milímetro cúbico de sangre.

Otro elemento importante de los glóbulos son las *plaquetas o trombocitos*. Son diminutas células muertas, sin núcleo, miden unas 3 micras de diámetro, y se encuentran unas 300,000 por cada milímetro cúbico de sangre.

La misión de las plaquetas es coagular la sangre cuando sale de los conductos. Gracias a ello se pueden cerrar las heridas. Cuando nos cortamos o sufrimos un accidente impiden que la sangre salga del cuerpo.

8. ¿Quién se encarga de transportar las distintas sustancias de los alimentos que ingerimos a todo el cuerpo?
   (1) el plasma
   (2) los glóbulos blancos
   (3) el estómago
   (4) las venas
   (5) la sangre

9. Los glóbulos rojos y los glóbulos blancos se encuentran en
   (1) el cerebro.
   (2) el plasma.
   (3) las venas.
   (4) los pulmones.
   (5) los riñones.

10. ¿Cual de las siguientes afirmaciones es verdadera?
    (1) Los glóbulos blancos son los más abundantes en la sangre.
    (2) Los glóbulos blancos transportan el oxígeno de los pulmones a las células.
    (3) Los glóbulos rojos son los que capturan los microbios.
    (4) Los glóbulos blancos también se llaman leucocitos.
    (5) Los glóbulos rojos segregan antitoxinas.

11. Son también elementos importantes de la sangre
    (1) las válvulas.
    (2) las aurículas.
    (3) las plaquetas.
    (4) las toxinas.
    (5) los pulmones.

Las preguntas 12 a 15 se refieren al pasaje siguiente:

El corazón es el órgano impulsor de la sangre. Tiene un tamaño aproximado de un puño y un peso de unos 300 gramos. Funciona como un motor de explosión. Su latir, rítmico, debe mantener a la sangre en continua circulación por todo el organismo, para llevar a cada una de las células el oxígeno y los elementos que necesitan.

El corazón tiene cuatro cavidades, y sus paredes son musculosas, de un tejido especial de fibra muscular estriada. Las dos cavidades superiores son más pequeñas y sus paredes más delgadas; éstas se llaman aurículas. Las dos cavidades inferiores son mayores y sus paredes mucho más gruesas; se denominan ventrículos.

Cada aurícula se comunica con el ventrículo del mismo lado por un orificio aurículo-ventricular. Hay una válvula en cada uno de estos orificios cuya función es regular el paso de la sangre, haciendo que siempre vaya de la aurícula al ventrículo, y nunca en sentido contrario. La válvula que hay en el orificio de la derecha es la válvula tricúspide, y está formada por tres láminas elásticas. La válvula del orificio izquierdo se llama mitral o bicúspide, y está formada por dos láminas.

Para realizar su trabajo, el corazón funciona a presiones elevadas, que alcanzan en el ventrículo izquierdo (cámara encargada de la distribución de la sangre a todo el organismo) los 150-170 milímetros de mercurio en condiciones normales. Si se quiere mantener esta presión, es imprescindible un cierre total en momentos determinados del latido: para ello existen unas compuertas elásticas que se abren y se cierran herméticamente llamadas válvulas cardíacas.

12. La sangre se mantiene en constante circulación por todo el cuerpo gracias al
    (1) ventrículo.
    (2) pulmón.
    (3) cerebro.
    (4) corazón.
    (5) riñón.

13. La función del corazón es
    (1) impulsar la sangre por todo el organismo.
    (2) latir 60 veces por minuto.
    (3) latir rítmicamente.
    (4) limpiar la sangre.
    (5) permitir la respiración de una persona.

14. Una de las siguientes afirmaciones es incorrecta. ¿Cuál es?
    (1) El corazón tiene cuatro cavidades que se llaman aurículas y ventrículos.
    (2) La sangre siempre pasa del ventrículo a la aurícula.
    (3) Las aurículas se comunican por medio del orificio aurículo ventricular.
    (4) Una válvula controla el paso de la sangre en los orificios.
    (5) La válvula del orificio de la derecha se llama tricúspide.

15. El corazón funciona
    (1) a bajas presiones.
    (2) en momentos determinados.
    (3) a presiones elevadas.
    (4) a presión moderada.
    (5) sin ninguna clase de presiones.

Las preguntas 16 a 19 se refieren al pasaje siguiente:

Han desaparecido prácticamente las enfermedades que dejaban desoladas extensas regiones de Europa durante la Edad Media y la Edad Moderna: la peste, el tifus, la lepra, el cólera… Los mínimos cambios habidos en la sociedad y en la higiene han sido suficientes para que las enfermedades cambien a su vez.

Una serie de factores que influían negativamente en la salud concurrían en siglos pasados: poca higiene, falta de alcantarillado y agua potable, ciudades con poco sol y calles húmedas, alimentación pobre y desequilibrada, sobreexplotación de los seres humanos y de la mujer en especial, técnicas terapéuticas aberrantes, etc.

Hoy las circunstancias son distintas, pero los errores, lejos de desaparecer, se han transformado en otros: alimentación excesiva e inadecuada, saturada de productos químicos, contaminación a todos los niveles, venenos legales (café, alcohol, tabaco), vida harto sedentaria, intoxicación medicamentosa y vacunal (enfermedades yatrogénicas). Ante el desequilibrio que impera en el mundo, alejado del orden natural de las cosas, la comida y la bebida se subliman y compensan la falta de placer en otras áreas de la existencia. La enfermedad nerviosa, en realidad enfermedad social, se multiplica y la medicina se ve impotente para tratar enfermedades como la arteriosclerosis, leucemia y cáncer.

Las enfermedades carenciales han sido sustituidas por las enfermedades de la civilización o enfermedades por exceso. Una alimentación con un exceso de proteínas, grasas e hidratos de carbono refinados y una falta de vitaminas, sales minerales, clorofila, enzimas (fruta y verdura) son piezas claves para la enfermedad. Todas las enfermedades tienen el mismo origen: una mala forma de vida que da lugar a un agotamiento y a una intoxicación del organismo.

16. ¿Cual de las siguientes enfermedades no era común en Europa durante la Edad Media?

   (1) la peste
   (2) el cáncer
   (3) el tifus
   (4) la lepra
   (5) el cólera

17. ¿Cuál de los siguientes factores no influía negativamente en la salud en siglos pasados?

   (1) falta de luz eléctrica
   (2) poca higiene
   (3) falta de alcantarillado
   (4) falta de agua potable
   (5) alimentación pobre

18. A excepción de uno, los factores que influyen actualmente de forma negativa en la salud son los siguientes:

   (1) alimentación excesiva.
   (2) alimentación saturada de productos químicos.
   (3) contaminación a todos los niveles.
   (4) venenos legales (café, alcohol y tabaco).
   (5) exceso de vitaminas.

19. ¿Cuál de las siguientes enfermedades no es hoy tan común como antes?

   (1) arteriosclerosis
   (2) cáncer
   (3) lepra
   (4) úlcera
   (5) leucemia

Las preguntas 20 a 23 se refieren al pasaje siguiente:

No debemos confundir la respiración con la función clorofílica o fotosíntesis. Cuando la planta respira lo hace exactamente igual que lo hacemos nosotros y los animales. Respiran siempre, de día y de noche, liberando energía. La función clorofílica tan sólo se realiza de día, con la luz. Al respirar, la planta toma oxígeno y desprende anhídrido carbónico: precisamente lo contrario de la fotosíntesis.

En los tallos jóvenes y en las hojas de las plantas, hay una sustancia llamada *clorofila,* que es la que da a las plantas el color verde que les caracteriza. Gracias a la clorofila las plantas pueden absorber la energía de la luz. A partir de sustancias inorgánicas, como son el agua, el anhídrido carbónico y las sales minerales, las plantas forman su propia materia orgánica. La *función clorofílica* o *fotosíntesis* es precisamente el proceso a través del cual se realizan una serie de reacciones como consecuencia de la transformación de sustancias inorgánicas en otras orgánicas. Gracias a la fotosíntesis, las plantas toman del aire anhídrido carbónico y desprenden oxígeno, al mismo tiempo que en las hojas se forma almidón.

Las plantas toman sus alimentos de la tierra por medio de la raíz, y del aire, a través de las hojas. Del suelo toman el agua donde se encuentran disueltas diferentes sales minerales, sobre todo potasio, nitrógeno, hierro, calcio, magnesio. Del aire toman principalmente anhídrido carbónico y también el oxígeno. La toma del agua y sales minerales se llama *absorción radicular* que se efectúa exclusivamente por medio de los pelos absorbentes de la zona pilífera de la raíz. Con este agua y sales minerales se forma la *savia bruta.*

Hay en la planta una corriente de savia bruta que va desde la raíz a las hojas, conducida por unos tubos muy finos llamados *vasos leñosos*. Esta corriente facilita la transpiración de la planta. El agua, como hemos estudiado, es absorbida del suelo, pasa por los vasos leñosos y a través de las hojas sale al exterior en forma de vapor de agua. A este proceso se le llama *transpiración*. El vapor de agua que pierde la planta sale al exterior a través de unos pequeños orificios llamados *estomas* que tienen las hojas en su cara inferior o envés.

La savia bruta que ha llegado a las hojas y que está formada solamente por agua y sales minerales, se convierte en *savia elaborada,* rica en sustancias orgánicas como, por ejemplo, almidón, azúcares y grasas. Esta savia elaborada pasa a otros vasos, llamados *vasos liberianos,* por donde se comunica a todos los órganos de la planta. La vida de la planta depende de este proceso que realiza principalmente la función clorofílica al transformar sustancias inorgánicas en orgánicas. La planta, al realizar esta función de fotosíntesis, a la vez que toma el anhídrido carbónico desprende cantidades de oxígeno. El oxígeno es un gas necesario para la respiración y además de ello purifica el ambiente. Por este motivo es mucho más saludable vivir en el campo o en sitios en donde hay mucha vegetación.

20. La función clorofílica de las plantas se realiza
    (1) de noche.
    (2) de día.
    (3) de día y de noche.
    (4) cada dos días.
    (5) al amanecer.

21. Una de las siguientes afirmaciones no es correcta. ¿Cuál es?
    (1) La clorofila se encuentra en los tallos jóvenes y en la hojas de las plantas.
    (2) La clorofila es lo que le da el color verde a las plantas.
    (3) Gracias a la fotosíntesis las plantas toman del aire anhídrido carbónico y desprenden oxígeno.
    (4) Las plantas toman sus alimentos por medio de la savia bruta que llega a las hojas.
    (5) Las plantas toman sus alimentos por medio de la raíz.

22. La plantas toman del suelo sales minerales, ¿Cuáles de los elementos siguientes no toman las plantas del suelo?
    (1) potasio
    (2) calcio
    (3) oxígeno
    (4) hierro
    (5) magnesio

23. ¿Cuál de las siguientes afirmaciones es verdadera?
    (1) La savia bruta está compuesta de agua y sales minerales.
    (2) La savia bruta va desde las hojas hasta las flores.
    (3) La savia bruta se convierte en savia liberiana.
    (4) La función clorofílica es lo mismo que la respiración.
    (5) La función clorofílica es diferente a la fotosíntesis.

Las preguntas 24 a 27 se refieren al pasaje siguiente:

Generalmente se atribuye a la Tierra una edad de 4,600 millones de años en base a las proporciones relativas de los isótopos de plomo en piedras muy antiguas y en meteoritos.

La masa de la Tierra se calcula en 5,976 cuatrillones de kg. Su extensión llega a 509.6 millones de km^2, de los cuales 148 millones de km^2 corresponden al área terrestre. El punto más elevado es el monte Everest (8,488 m sobre el nivel del mar) y el más bajo es la Fosa de las Marianas (11,033 m bajo el nivel del mar).

El globo terráqueo está dividido en cuatro partes, según se ha podido precisar recientemente del estudio de los fenómenos sísmicos. El núcleo interno sostiene al núcleo llamado externo; tiene en promedio 1,300 km de radio: su densidad es de 14 g/cm^2 y está compuesto por una masa metálica más o menos fluida. Esta masa parece ser bastante homogénea y, en su mayor parte, es hierro sólido. La temperatura del núcleo es bastante elevada, del orden de los 4,000 grados celsius, y su presión es también altísima, oscilando entre las 1,500 y las 35,000 toneladas métricas por centímetro cuadrado. La rotación del núcleo metálico produce el campo magnético que envuelve la Tierra.

El núcleo externo tiene unos 2,170 km de espesor y una densidad media de 10 g/cm^2. La evidencia disponible indica que esta parte es líquida y que consiste en una mezcla de hierro y níquel. Su temperatura es de unos 3,000 grados celsius. El núcleo externo está a su vez cubierto por un manto de silicatos que tiene unos 3 km de profundidad. Su densidad promedio es de $5g/cm^2$. Estos silicatos son ricos en magnesio y hierro.

La corteza terrestre es la más externa de las capas del globo y también la de espesor más variable. La corteza continental tiene de 35 a 45 km de espesor: en las profundidades marinas el espesor medio es de unos 7.5 km.

24. La edad de la Tierra está calculada en
    (1) 2 a 3 millones de años.
    (2) 3 a 4 millones de años.
    (3) 4 a 6 millones de años.
    (4) 6 a 8 millones de años.
    (5) 10 millones de años.

25. La mayor parte de la superficie de la Tierra la ocupa
    (1) la superficie terrestre.
    (2) las montañas.
    (3) el manto y la corteza.
    (4) la superficie acuática.
    (5) el mar.

26. El núcleo interno de la Tierra
    (1) se llama radio.
    (2) es mayormente de hierro.
    (3) es una masa acuática sólida.
    (4) no produce un campo magnético.
    (5) tiene un espesor de 2,170 km.

27. De todas las capas del globo terráqueo,
    (1) la corteza continental es la más pequeña.
    (2) la externa está en el núcleo.
    (3) la corteza terrestre es la que se encuentra más en la superficie.
    (4) la marina es la más espesa.
    (5) tan sólo una está en el núcleo.

Las preguntas 28 a 30 se refieren al pasaje siguiente:

El agua es el cuerpo más abundante que existe en la naturaleza. Se encuentra en los ríos, lagos, mares, océanos, glaciares y en la atmósfera, en forma de vapor de agua o de nubes. Combinado aparece en casi todas las substancias orgánicas. Forma el 55 por ciento del organismo humano.

Se demuestra que la fórmula del agua es H_2O, haciendo el análisis y la síntesis de la misma. El análisis se realiza en el voltámetro por electrólisis (descomposición del cuerpo por la corriente eléctrica). La síntesis, en el udiómetro, haciendo saltar la chispa en una mezcla de oxígeno e hidrógeno (doble volumen de éste).

El agua no se obtiene en los laboratorios; se purifica por destilación mediante el alambique. Entre sus propiedades físicas cabe destacar su capacidad calorífica, mayor que la de cualquier otra sustancia de la Tierra; por eso, contribuye en gran manera a suavizar el clima de los países marítimos. Su temperatura de congelación y ebullición son los puntos fijos del termómetro (0 grados y 100 grados). Alcanza su máxima densidad a 4 grados centígrados. Es incolora en pequeñas cantidades, azulada en grandes depósitos e inodora e insípida.

Algunos elementos reducen el agua dejando libre el hidrógeno: unos lo hacen a temperatura ordinaria, como el sodio, potasio, calcio; otros a temperatura elevada, como el carbón y el hierro. Sus aplicaciones son innumerables, para la bebida, el riego, etc. El agua destilada tiene aplicación constante en química. Las aguas minerales o medicinales (sulfurosas, ferruginosas, purgantes, etc.), tienen propiedades curativas.

Las aguas que llevan en disolución gran cantidad de sales de calcio y magnesio se llaman duras. No se pueden cocer con ellas las legumbres, pues, las endurecen más. No sirven para el lavado, pues con el jabón no forman espuma sino un compuesto insoluble. Por otra parte, el agua potable es aquella que puede emplearse para los diversos usos domésticos, y en especial para la bebida, sin peligro ninguno para la salud.

28. El agua
    (1) es el elemento que mejor se obtiene químicamente.
    (2) se obtiene por síntesis en el udiómetro.
    (3) se analiza en el udiómetro.
    (4) constituye menos de 50 por ciento del organismo humano.
    (5) tiene menos capacidad calorífica que el aire.

29. Una de las siguientes afirmaciones no es correcta. ¿Cuál es?
    (1) La capacidad calorífica del agua es mayor que la de cualquier otras sustancia.
    (2) El agua se puede obtener en el laboratorio.
    (3) El agua dura es potable.
    (4) El agua es inodora e insípida.
    (5) El agua destilada tiene aplicación constante en química.

30. El agua
    (1) mineral tiene una aplicación constante en química.
    (2) destilada tiene propiedades curativas.
    (3) forma más de la mitad del organismo humano.
    (4) no posee capacidad calorífica.
    (5) combinada aparece tan sólo en algunas sustancias químicas.

Las preguntas 31 y 32 se refieren al pasaje siguiente:

El hidrógeno H_2 abunda en su estado natural en los astros y se ha identificado en la atmósfera solar. Combinado se encuentra en el agua, petróleos, sustancias orgánicas, etc. El agua tiene un 11 por ciento de hidrógeno.

En la industria se obtiene por electrólisis del agua acidulada ligeramente con ácido sulfúrico que favorece la disociación del agua. El H_2 se desprenderá en el cátodo según la siguiente ecuación: $2H^+ + 2e - H_2$.

También puede obtenerse del gas de agua $CO + H_2$, al hacer pasar vapor de agua sobre carbón al rojo, según la ecuación $C + H_2O = CO + H_2$ y con más vapor de agua se forma CO_2 y H_2, que pueden separarse porque el CO_2 es soluble en agua a presión.

Es un gas incoloro, inodoro e insípido, de máxima ligereza, peso específico pequeño y muy difícil de licuar (temperatura crítica – 240 grados C). Reacciona violentamente con el oxígeno en presencia de un catalizador como el platino. Es un gran reductor; o sea, tiende a quitar el oxígeno a los demás cuerpos.

En el soplete oxhídrico se aprovecha el gran calor desprendido en la combustión del H_2. Para ello se hacen llegar los gases H_2 y O_2 por separado a la boca del soplete y allí se mezclan y arden, alcanzándose temperaturas de 2,700 grados suficientes para fundir el platino.

Con el oxígeno, el hidrógeno produce agua: H_2O.

31. El hidrógeno se obtiene industrialmente

  (1) por electrólisis.
  (2) haciendo hervir el agua.
  (3) con ácido carbónico.
  (4) con ácido nítrico.
  (5) con el H_2O.

32. La frase: "El hidrógeno es un gran reductor", significa que

  (1) tiende a añadir el oxígeno a los demás cuerpos.
  (2) toma oxígeno de los demás cuerpos.
  (3) se puede combinar con el platino.
  (4) reacciona fácilmente con el platino.
  (5) reacciona difícilmente con el platino.

Las preguntas 33 a 38 se refieren al pasaje siguiente:

La *luz* es una forma de energía que estimula las terminaciones nerviosas de la retina y nos permite ver. La luz se transmite a través de un movimiento que emiten los cuerpos luminosos en forma de *ondas*.

La luz se propaga en el vacío, por lo que no necesita de ningún medio para transmitirse. La luz solar que nos llega del Sol atraviesa el aire, la materia, amplios sectores vacíos del espacio, hasta llegar a la Tierra. Se propaga en línea recta y en todas las direcciones. La dirección de propagación rectilínea de la luz se llama *rayo luminoso*. Se puede apreciar, cuando vemos el rayo del sol que entra por una rendija de una habitación en penumbra, como aparece en línea recta. Los cuerpos transparentes son aquellos que dejan pasar la luz a través de ellos. Otros cuerpos que detienen la luz son los *cuerpos opacos*. La madera es opaca y el vidrio es transparente. La luz se propaga a una gran velocidad. En el vacío, recorre en un segundo 300,000 kilómetros.

Un término importante que hay que aprender es la *reflexión* de la luz; se produce cuando un rayo luminoso cambia de dirección al incidir sobre una superficie especular (espejos). Los espejos son superficies especulares en donde se refleja la luz. En los espejos *planos* las imágenes que se forman son simétricas al objeto. Los espejos *esféricos* tienen forma de casquetes esféricos y se dividen en cóncavos y convexos, según la superficie reflectora sea la interior o la exterior del casquete. Estos últimos espejos modifican el tamaño de las imágenes según la distancia a la que se coloque el objeto. Los espejos convexos siempre dan una imagen de menor tamaño que el objeto.

Cuando un rayo de luz pasa de un medio a otro distinto, como por ejemplo del aire al agua, el rayo se desvía y cambia de dirección en la superficie de separación de ambos medios. Este fenómeno se llama *refracción* de la luz y a él se debe el que al meter un palo recto en el agua parece que se quiebra en el punto en que lo introducimos.

33. La luz
    (1) es un gas.
    (2) se transmite sin movimientos
    (3) llega hasta nosotros en forma de ondas.
    (4) es un cuerpo luminoso.
    (5) se transmite de forma estática con ondas.

34. La luz se propaga en
    (1) línea recta.
    (2) línea curva.
    (3) una sola dirección.
    (4) forma transparente.
    (5) forma opaca.

35. Un rayo luminoso puede cambiar de dirección cuando
    (1) pasa por un cuarto oscuro.
    (2) pasa por una pared.
    (3) atraviesa el hierro.
    (4) atraviesa todos los objetos.
    (5) incide sobre un espejo.

36. Cuando un rayo de luz pasa de un medio a otro, el rayo se desvía y cambia de dirección. Este fenómeno se llama
    (1) reflexión.
    (2) refracción.
    (3) espejos convexos.
    (4) espejos cóncavos.
    (5) rayos luminosos.

37. Tanto el espejo plano como el esférico
    (1) producen imágenes simétricas.
    (2) siempre dan una imagen de menor tamaño que el objeto.
    (3) reflejan en sus superficies la luz.
    (4) forman casquetes esféricos.
    (5) son convexos.

38. Los cuerpos que se llaman opacos
    (1) dejan pasar la luz.
    (2) transforman la reflexión de la luz.
    (3) impiden que la luz pase.
    (4) modifican los rayos luminosos.
    (5) se caracterizan por ser transparentes.

Las preguntas 39 a 43 se refieren al pasaje siguiente:

La concepción antropométrica del hombre antiguo se vio reflejada a la hora de medir: brazos, pies y manos se convirtieron en medidas de uso universal.

Enrique I, rey de Inglaterra, en el año 1101, tomó una decisión histórica para su país. Para ello sólo tuvo que estirar el brazo y permitir que un monje colocara una vara desde su nariz hasta su dedo pulgar. Después comunicó a sus cortesanos: "Desde este momento se introduce en todo el reino la yarda como medida de longitud".

La yarda, todavía usada por los países anglosajones, resultó ser la distancia entre la punta de la nariz de Enrique I y el punto donde el extremo de su pulgar y la vara hacían contacto. Así de fácil resultaba ordenar las unidades de medida de un país hace casi novecientos años. El propio rey, con su cuerpo, era quien proporcionaba la medida de las cosas y los súbditos acataban la palabra real que por aquél entonces tenía valor de ley.

Posiblemente éste sea uno de los momentos más interesantes en la historia de la implantación de medidas oficiales, pero también es verdad que no había sido el primero ni el único en el que las dimensiones reales eran tomadas como medida de todas las cosas. Así, por ejemplo, según la crónica de los marinos británicos, el rey de los maoríes midió con su cuerpo un velero, procedente de Gran Bretaña, que arribó a Nueva Zelanda en el año 1820. Para ello se tendió en el suelo y fue marcando una y otra vez el punto donde tocaba su cabeza.

Hoy estamos lejos de estas medidas arbitrarias. Agrupaciones de científicos acuerdan y reforman los patrones de medidas en complejos conciertos internacionales y con precisiones muy alejadas de las fáciles y reales, pero poco funcionales medidas de antaño. Resultaría muy complicado continuar operando con medidas tales como el pie de Carlomagno, quien implantó la huella de su *pie* como unidad de medición, precisamente, porque ni siquiera en esto del pie parecen haber estado muy de acuerdo todos los pueblos.

El pie, con este mismo nombre, ha sido profusamente usado en muchos países aunque con diferente valoración. Mientras que el pie babilónico medía 0.3083 metros, el griego, también denominado olímpico, medía 0,3068 metros, y por su parte el romano o geométrico, 0.2946.

Hoy el pie anglosajón o *foot* se divide en doce pulgadas (*inches*) y equivale a 0.30148 metros.

39. La yarda como medida de longitud tuvo su origen en
    (1) Nueva Zelanda.
    (2) Estados Unidos.
    (3) Etiopía.
    (4) España.
    (5) Gran Bretaña.

40. La yarda es equivalente a
    (1) más de un metro.
    (2) menos de un metro.
    (3) exactamente medio metro.
    (4) dos metros.
    (5) un metro y medio.

41. ¿Cuál de las siguientes afirmaciones no es correcta?
    (1) Antiguamente las medidas eran implantadas por decreto real.
    (2) Las medidas dependían del tamaño del rey
    (3) Las medidas antiguas son más exactas que las modernas.
    (4) Carlomagno implantó la huella de su pie como medida de longitud.
    (5) La yarda fue introducida como medida de longitud por el rey de Inglaterra.

42. ¿Cuál de las siguientes no es medida de longitud?
    (1) el metro
    (2) la yarda
    (3) el pie
    (4) el gramo
    (5) la pulgada

Las preguntas 43 a 46 se refieren a la gráfica siguiente:

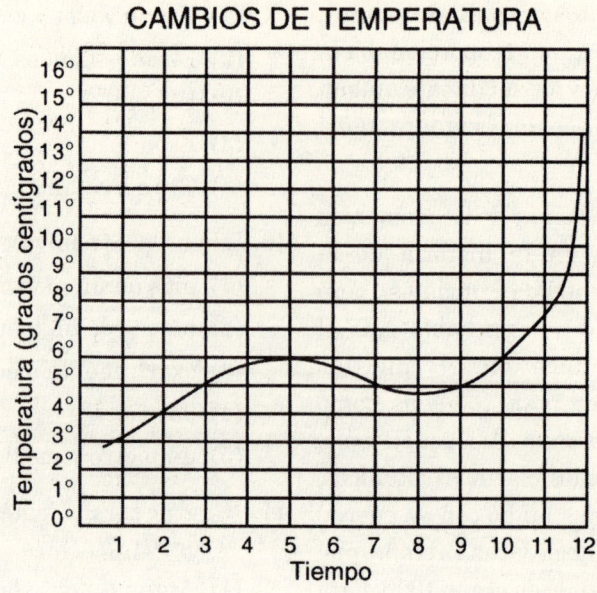

La gráfica indica los cambios de temperatura desde las doce de la noche hasta las doce del mediodía en un ciudad imaginaria.

43. ¿A qué hora se registró la máxima temperatura?
   (1) a las cinco y cuarto
   (2) a las once y media
   (3) a las doce en punto
   (4) a las diez y media
   (5) a las seis y cuarto

44. ¿A qué hora hacía más frío?
   (1) a las dos y media
   (2) alrededor de la una
   (3) a las tres y cuarto
   (4) cerca de las ocho
   (5) a las nueve en punto

45. Durante unas horas se mantuvo la temperatura estable entre 5 y 6 grados, ¿cuántas horas duró esta estabilidad?
   (1) cuatro
   (2) tres
   (3) dos
   (4) seis
   (5) una

46. Cuando la temperatura estaba a 10 grados, ¿qué hora era?
   (1) las cinco y media
   (2) las seis en punto
   (3) las doce y cuarto
   (4) las once y media
   (5) las diez en punto

CAPÍTULO 3: Examen Diagnóstico

Las preguntas 47 a 50 se refieren al pasaje siguiente:

Las válvulas del corazón poseen una gran resistencia y elasticidad. Hay que considerar que se abren y cierran aproximadamente unas 80 veces por minuto, lo que supone unos 3,000 millones de movimientos en la vida de una persona de 70 años.

Es preciso saber que el corazón está formado por dos mitades unidas entre sí. La mitad derecha, formada por la aurícula y ventrículo derechos, tiene sangre venosa. La mitad izquierda, con la aurícula y ventrículo izquierdos, tiene sangre arterial. La mitad derecha no se comunica con la izquierda.

Las lesiones que pueden afectar al corazón son múltiples. Entre ellas se destacan las congénitas, debidas a un defecto en su formación durante la vida intrauterina. También pueden dañar las válvulas del corazón ciertas infecciones generales, como ocurre con la fiebre reumática, causada por un tipo específico de estreptococo. Las lesiones de las válvulas afectan el cierre o la apertura de estas compuertas cardíacas y, por tanto, a esa cámara de presión que es el ventrículo izquierdo encargado de distribuir la sangre a todo el organismo.

47. Las válvulas del corazón se abren y cierran a un promedio de
   - **(1)** 50 veces por minuto.
   - **(2)** 10 veces por minuto.
   - **(3)** 5 veces por minuto.
   - **(4)** 80 veces por minuto.
   - **(5)** 150 veces por minuto.

48. Una de las siguientes afirmaciones es falsa. ¿Cuál es?
   - **(1)** La aurícula y ventrículo derechos tienen sangre venosa.
   - **(2)** La aurícula y ventrículo izquierdos tienen sangre arterial.
   - **(3)** La mitad derecha no tiene comunicación con la izquierda.
   - **(4)** Las válvulas del corazón son elásticas.
   - **(5)** La aurícula y ventrículo izquierdos tienen sangre venosa.

49. Las lesiones congénitas que afectan el corazón pueden ser
   - **(1)** infecciosas.
   - **(2)** adquiridas después del nacimiento.
   - **(3)** adquiridas antes del nacimiento.
   - **(4)** adquiridas en el momento de nacer.
   - **(5)** de muy poca significancia.

50. La función del ventrículo izquierdo es
   - **(1)** recoger la sangre de las venas.
   - **(2)** distribuir la sangre a todo el organismo.
   - **(3)** tener contacto con el ventrículo derecho.
   - **(4)** funcionar en caso de que el ventrículo derecho no pueda funcionar.
   - **(5)** ninguna de las anteriores

Use esta página para anotaciones.

EXAMEN 4: INTERPRETACIÓN DE LA LITERATURA Y DE LAS ARTES

40 preguntas—65 minutos

> **Instrucciones:** La prueba de Interpretación de la Literatura y de las Artes consiste en pasajes de prosa literaria y de poesía, y fragmentos de obras dramáticas, así como temas biográficos, temas generales de la vida diaria y de las artes. Cada pasaje va seguido de preguntas de opción múltiple sobre el contenido de la lectura.

Primero lea cada pasaje y después conteste las preguntas que le siguen. Refiérase al contenido de la lectura cuantas veces sea necesario para contestar las preguntas.

Cada pasaje va precedido por un título de orientación. Esta orientación le da una idea general sobre la materia y puede ayudarle a enfocar su lectura.

Dispone de 65 minutos para contestar las 40 preguntas de esta prueba. Lea con cuidado pero no pase demasiado tiempo en una sola pregunta.

Para indicar sus respuestas, llene uno de los óvalos numerados.

EJEMPLO:

> El sueño de mi sobrino Pedro era poder comprar pinturas. Con el color azul podía pintar el mar de Las Palmas. El rojo le serviría para pintar el amanecer. Las rocas podrían ser de color siena y con el blanco podría pintar un barco de velas navegando por sus sueños. ¿A qué se refiere seguramente el pasaje?
> - (1) A una roca
> - (2) Al amanecer
> - (3) A cosas de viajes
> - (4) A pinturas
> - (5) A cosas de filosofía   ① ② ③ ● ⑤

La respuesta correcta es la número (4), dado que el pasaje se refiere a la pintura que haría Pedro de poder comprar los colores para pintar. Marque la respuesta en el óvalo 4.

Las preguntas 1 a 4 se refieren al pasaje siguiente:

¿Qué son las palabras?

En su libro de memorias, publicado después de su muerte con el título *Confieso que he vivido*, Pablo Neruda (Chile, 1904–1973), escribía un bello fragmento sobre la palabra. En él, el gran poeta latinoamericano, dice:

"…Todo lo que usted quiera, sí señor, pero son las palabras las que cantan, las que suben y bajan… Me prosterno ante ellas… Las amo, las adhiero, las persigo, las muerdo, las derrito… Amo tanto las palabras… Las inesperadas… las que glotonamente se esperan, se acechan, hasta que de pronto caen… Vocablos amados… Brillan como piedras de colores, saltan como platinados peces, son espuma, hilo, metal rocío… Persigo algunas palabras… Son tan hermosas que las quiero poner todas en mi poema… Las agarro al vuelo, cuando van zumbando, y las atrapo y las limpio, las pelo, las preparo frente al plato, las siento cristalinas, vibrantes, erbúrneas, vegetales, aceitosas, como frutas, como algas, como ágatas, como aceitunas… Y entonces las revuelvo, las agito, me las bebo, me las zampo, las trituro, las emperejilo, las liberto… Las dejo como estalactitas en mi poema, como pedacitos de madera bruñida, como carbón, como restos de naufragio, regalos de la ola… Todo está en la palabra… Una idea entera se cambia porque una palabra se trasladó de sitio, o porque otra se sentó como una reinita adentro de una frase que no la esperaba y que le obedeció… Tienen sombra, transparencia, peso, plumas, pelos, tienen de todo lo que se les fue agregando de tanto rodar por el río, de tanto trasmigrar de patria, de tanto ser raíces… Son antiquísimas y recientísimas… Viven en el féretro escondido y en la flor apenas comenzada… Qué buen idioma el mío, qué buena lengua heredamos de los conquistadores torvos… Estos andaban a zancadas por las tremendas cordilleras, por las Américas encrespadas, buscando patatas, butifarras, frijolitos, tabaco negro, oro, maíz, huevos fritos, con aquel apetito voraz que nunca más se ha visto en el mundo… Todo se lo tragaban, con religiones, pirámides, tribus, idolatrías, iguales a las que ellos traían en sus grandes bolsas… Por donde pasaban quedaba arrasada la tierra… Pero a los bárbaros se les caían de las botas, de las barbas, de los yelmos, de las herraduras como piedrecitas, las palabras luminosas que se quedaron aquí resplandecientes… el idioma. Salimos perdiendo… Salimos ganando… Se llevaron el oro y nos dejaron el oro… Se lo llevaron todo y nos dejaron todo… Nos dejaron las palabras."

1. Según el texto, se deduce que Neruda
   (1) quiere resaltar la importancia del idioma.
   (2) escribe sobre el vocabulario.
   (3) quiere reflejar la riqueza de expresión de la palabra española.
   (4) escribe el fragmento estando en exilio.
   (5) quiere escribir una metáfora.

2. ¿Qué quiere decir que las palabras: "tienen sombra, transparencia, peso, plumas, pelos"?
   (1) Son incomprensibles.
   (2) Son superficiales.
   (3) No se comprenden.
   (4) Es como si vivieran.
   (5) Son puras letras.

3. ¿Quiénes eran los "bárbaros" a los que se refiere Neruda?
   (1) Las tribus
   (2) Los idólatras
   (3) Los conquistadores
   (4) Los religiosos
   (5) Los caballeros

4. Neruda
   (1) no está de acuerdo con la conquista.
   (2) agradece que los colonizadores trajeran el idioma español al Nuevo Mundo.
   (3) dice que los latinoamericanos salieron perdiendo.
   (4) habla de las pirámides mayas.
   (5) hace un poema épico.

Las preguntas 5 a 8 se refieren al pasaje siguiente:

¿Es fácil escribir?

En su cuento *En este pueblo no hay ladrones*, el autor colombiano García Márquez dice: "Yo, señor, me llamo Gabriel García Márquez. Lo siento: a mí tampoco me gusta ese nombre, porque es una sarta de lugares comunes que nunca he logrado identificar conmigo. Nací en Aracataca, Colombia (García Márquez nació el 6 de marzo de 1928)… y todavía no me arrepiento. Mi signo es Piscis y mi mujer Mercedes. Esas son las dos cosas más importantes que me han ocurrido en la vida, porque gracias a ellas, al menos hasta ahora, he logrado sobrevivir escribiendo".

"Soy escritor por timidez. Mi verdadera vocación es la de prestidigitador, pero me ofusco tanto tratando de hacer un truco, que he tenido que refugiarme en la soledad de la literatura. Ambas actividades, en todo caso, conducen a lo único que me ha interesado desde niño: que mis amigos me quieran más".

"En mi caso, el ser escritor es un mérito descomunal, porque soy muy bruto para escribir". He tenido que someterme a una disciplina atroz para terminar media página en ocho horas de trabajo; peleo a trompadas con cada palabra y casi siempre es ella quien sale ganando, pero soy tan testarudo que he logrado publicar cuatro libros en veinte años. El quinto, que estoy escribiendo, va más despacio que los otros, porque entre los acreedores y una neuralgia, me quedan muy pocas horas libres.

"Nunca hablo de literatura, porque no sé lo que es, y además estoy convencido de que el mundo sería igual sin ella. En cambio. estoy convencido de que sería completamente distinto si no existiera la Policía. Pienso por tanto, que habría sido más útil a la Humanidad si en vez de escritor fuera terrorista".

5. Gabriel García Márquez nos dice que
   (1) escribir es fácil.
   (2) es un especialista en temas literarios.
   (3) escribe por su carácter extrovertido.
   (4) la literatura es imprescindible en el mundo.
   (5) no es fácil escribir una página.

6. Según la lectura,
   (1) para ser novelista hay que saber mucho de literatura.
   (2) García Márquez es un prestidigitador.
   (3) el autor colombiano tiene una gran disciplina al escribir.
   (4) al autor no le interesa el afecto de sus amigos.
   (5) el autor ha escrito muchísimos libros.

7. García Márquez
   - (1) cree que la literatura puede cambiar a la Humanidad.
   - (2) es un autodidacta.
   - (3) ha escrito 20 libros.
   - (4) dice que no le gusta hablar de literatura.
   - (5) nació en Bogotá, Colombia.

8. Según el autor, el mundo
   - (1) cambiaría con nuevas estructuras políticas.
   - (2) seguiría igual con el mismo sistema social.
   - (3) se transforma con la literatura.
   - (4) permanecería igual sin la literatura.
   - (5) es una metáfora.

Las preguntas 9 a 12 se refieren al pasaje siguiente:

¿Un reloj de pared?

Julio Cortázar nació en Bruselas en 1914 pero se crió y educó en la Argentina. Pasó la mayor parte de su vida literaria en Francia. Murió en 1984. Con *Los reyes, Bestiario,* y *Final del juego* muestra ya sus extraordinarias cualidades como estilista del lenguaje. Combina la fantasía, lo maravilloso, con la lógica, el juego de la imaginación con una narrativa puramente intelectual. Después, su obra va aún más lejos de esta dialéctica estilística y vemos en su trabajo una prosa escéptica, violenta, artísticamente irracional. Publica *Las armas secretas, Los premios, La vuelta al día en ochenta mundos, Historia de cronopios y de famas, Rayuela, Todos los fuegos el fuego, Las armas secretas,* y *Libro de Manuel.*

Ha sido sin duda, uno de los grandes autores latinoamericanos. Desde hace treinta años su obra aparece como una de las mejores del mundo literario. Algunos críticos opinan que es la mejor, la "más intelectual". Lo cierto es que Cortázar ha llegado a crear una obra original, única. Sus primeros trabajos estuvieron influidos espiritualmente por Borges, pero después experimenta con las formas lingüísticas y narrativas hasta llegar a un límite en que las rompe, las contorsiona, las deja rotas en la página, creando su propio estilo. Decía el autor: "No hago diferencias entre la realidad y lo fantástico. Para mí lo fantástico procede siempre de lo cotidiano".

En *Historia de cronocopios y de famas*, dice:

Un fama tenía un reloj de pared y todas las semanas le daba cuerda *con gran cuidado*. Pasó un cronopio y al verlo se puso a reír, fue a su casa e inventó el reloj-alcachofa o alcaucil, que de una y otra manera puede y debe decirse.

El reloj alcaucil de este cronopio es un alcaucil de la gran especie, sujeto por el tallo a un agujero de la pared. Las innumerables hojas del alcaucil marcan las horas, y de modo que el cronopio no hace más que sacarle una hoja y ya sabe una hora. Como las va sacando de izquierda a derecha, siempre la hoja da la hora justa, y cada día el cronopio empieza a sacar una nueva vuelta de hojas. Al llegar al corazón el tiempo no puede ya medirse, y en la infinita rosa violeta del centro el cronopio encuentra un gran contento, entonces se la come con aceite, vinagre y sal, y pone otro reloj en el agujero.

9. Julio Cortázar se destaca desde un principio como un
   - (1) autor surrealista.
   - (2) gran poeta.
   - (3) novelista puramente dialéctico.
   - (4) escritor de cuentos fantásticos.
   - (5) gran estilista del idioma.

10. ¿Qué quiere decir "una prosa artísticamente irracional"?
    - (1) una novela de arte
    - (2) una prosa revolucionaria, rompedora, pero con gran estilo y arte
    - (3) ilógica
    - (4) artística y filosófica
    - (5) lo opuesto a lo racional

11. Para Cortázar
    - (1) no hay diferencias entre lo real y lo fantástico.
    - (2) la realidad se diferencia de lo fantástico.
    - (3) la fantasía no nace de la realidad.
    - (4) la realidad siempre acaba en lo no-fantástico.
    - (5) la realidad es diferente de lo cotidiano.

12. La obra *Historia de cronopios y de famas* se refiere
    - (1) a unas hojas que mueren.
    - (2) al mundo fantástico y real de un reloj.
    - (3) a una rosa.
    - (4) a un corazón que no puede medirse.
    - (5) al camino que recorre la hora.

Las preguntas 13 a 16 se refieren al fragmento dramático siguiente:

¿Qué le ocurrió a Yerma?

Fragmento I

JUAN
Todo el mundo no es igual. ¿Porqué no te traes un hijo de tu hermano? Yo no me opongo.

YERMA
No quiero cuidar hijos de otros. Me figuro que se me van a helar los brazos de tenerlos.

JUAN
Con ese achaque vives alocada, sin pensar en lo que debías, y te empeñas en meter la cabeza por una roca.

YERMA
Roca que es una infamia que sea roca, porque debía ser un canasto de flores y agua dulce.

JUAN
Estando a tu lado no se siente más que inquietud, desasosiego. En último caso debes resignarte.

YERMA
Yo he venido a estas cuatro paredes para no resignarme. Cuando tenga la cabeza atada con un pañuelo para que no se me abra la boca, y las manos bien amarradas dentro del ataúd, en esa hora me habré resignado.

JUAN
Entonces, ¿qué quieres hacer?

YERMA
Quiero beber agua y no hay vaso ni agua, y quiero subir al monte y no tengo pies, quiero bordar mis enaguas y no encuentro los hilos...

Fragmento II

YERMA
¿Y qué buscabas en mí?

JUAN
A ti misma.

YERMA
¡Eso! Buscabas la casa, la tranquilidad y una mujer. Pero nada más, ¿Es verdad lo que digo?

JUAN
Es verdad. Como todos.

YERMA
¿Y lo demás? ¿Y tu hijo?

JUAN *(Fuerte)*
¿No oyes que no me importa? ¡No me preguntes más! ¡Que te lo tengo que gritar al oído para que lo sepas, a ver si de una vez vives ya tranquila!

YERMA
¿Y nunca has pensado en él cuando me has visto desearlo?

JUAN
Nunca.

YERMA
¿Y no podré esperarlo?

JUAN
No.

YERMA
¿Ni tú?

JUAN
Ni yo tampoco, ¡Resígnate!

YERMA
¡Marchita!

JUAN
Y a vivir en paz. Uno y otro, con suavidad, con agrado. ¡Abrázame! *(La abraza)*

YERMA
¿Qué buscas?

JUAN
A ti te busco. Con la luna estás hermosa.

YERMA
Me buscas como cuando te quieres comer una paloma.

JUAN
Bésame… así.

YERMA
Eso nunca. Nunca. *(YERMA da un grito y aprieta la garganta de su esposo. Este cae hacia atrás. Le aprieta la garganta hasta matarle. Empieza el coro de la romería.)* Marchita, marchita, pero segura. Ahora sí que lo sé de cierto. Y sola, *(Se levanta. Empieza a llegar gente.)* Voy a descansar sin despertarme sobresaltada, para ver si la sangre me anuncia otra sangre nueva. Con el cuerpo seco para siempre. ¿Qué queréis saber? No os acerquéis, porque he matado a mi hijo, ¡yo misma he matado a mi hijo!

(Acude un grupo que queda al fondo. Se oye el coro de la romería.)

Estos dos fragmentos pertenecen a la obra *Yerma*, del autor andaluz Federico García Lorca (España, 1898–1936).

13. El propio nombre de "Yerma" quiere decir

   (1) fecundo.

   (2) estéril.

   (3) fértil.

   (4) abundante.

   (5) muerte.

14. ¿Qué quiere decir Yerma con: "…se me van a helar los brazos…"?
  (1) Quería tener en sus brazos a un niño.
  (2) Era infeliz con su marido.
  (3) Le hacía falta el calor de su sobrino.
  (4) No quería tener en sus brazos a un niño que no fuera su hijo.
  (5) Quería abrazar a su hijo.

15. En la obra, Yerma dice: "Quiero beber agua y no hay vaso ni agua…" ¿Qué quería expresar con esta frase?
  (1) Tenía sed.
  (2) No había agua.
  (3) Quería buscar la semilla, la vida, el hijo.
  (4) Quería casarse de nuevo.
  (5) No encontraba un vaso de agua.

16. Según estos fragmentos,
  (1) Yerma mató a su propio hijo al matar a su marido.
  (2) Juan quería tener un hijo.
  (3) Yerma no quería tener un hijo.
  (4) Juan mató a Yerma.
  (5) Yerma no mató a Juan.

Las preguntas 17 a 21 se refieren al pasaje biográfico y a los poemas que le siguen:

¿Hecha de presentes?

Julia de Burgos (1916–1953) nació en el barrio de Santa Cruz de Carolina, Puerto Rico, hija de campesinos. Su segundo libro fue premiado por el Instituto de Literatura Puertorriqueña. Era periodista y escribió en publicaciones de Latinoamérica y Norteamérica. Se considera a Julia de Burgos la más grande poetisa de su tierra.

Entre sus obras, cabe destacar: *Poemas en veinte surcos* y *Canción de la verdad sencilla*.

Yo quise ser como quisieron que yo fuese:
un intento de vida,
un juego al escondite con mi ser.
Pero yo estaba hecha de presentes,
y mis pies planos sobre la tierra promisora
no resistían caminar hacia atrás,
y seguían adelante, adelante,
burlando las cenizas para alcanzar el beso de los senderos nuevos.
A cada paso adelantado en mi ruta hacia el frente
rasgaba mis espaldas el aleteo desesperado de los troncos viejos.

Pero la rama estaba desprendida para siempre,
y a cada nuevo azote la mirada mía
se separaba más y más y más de los lejanos horizontes aprendidos;
y mi rostro iba tomando la expresión que le venía de adentro,
la expresión definida que asomaba un sentimiento de liberación íntima;
un sentimiento que surgía
del equilibrio sostenido entre mi vida
y la verdad del beso de los senderos nuevos.
Ya definido mi rumbo en el presente,
me sentí brote de todos los suelos de la tierra,
de los suelos sin historia
de los suelos sin porvenir,
del suelo, siempre suelo sin orillas
de todos los hombres y de todas las épocas.

Y fui toda en mí como en mí la vida…

17. Julia de Burgos
    - (1) prefirió vivir pensando en el pasado.
    - (2) busca en su poesía el ayer.
    - (3) camina hacia adelante en su poema.
    - (4) vive con nostalgia el tiempo convertido en cenizas.
    - (5) temía andar por senderos nuevos.

18. La poetisa puertorriqueña
    - (1) nació en el seno de una familia humilde.
    - (2) se educó dentro de la aristocracia de su país.
    - (3) se conformó con ser lo que "quisieron que ella fuese".
    - (4) escribió versos faltos de esperanza.
    - (5) puede considerarse dentro de la corriente post-modernista.

19. En la frase: "A cada paso adelantado en mi ruta hacia el frente rasgaba mis espaldas el aleteo desesperado de los troncos viejos," Julia de Burgos quería expresar que
    - (1) la vida está tan solo inmersa en el pasado.
    - (2) huía del presente.
    - (3) a pesar de caminar hacia adelante sentía la huella moribunda del pasado.
    - (4) era preciso retroceder a las raíces, a los troncos viejos.
    - (5) tenía que vivir de nuevo en el ayer.

20. En la frase "...y mis pies planos sobre la tierra promisoria no resistían caminar hacia atrás..." la poetisa trata de decir que
    - (1) ya no quería caminar más.
    - (2) no quería mirar al pasado.
    - (3) no quería caminar sin mirar al pasado.
    - (4) la tierra se resistía a comprenderla.
    - (5) era preferible vivir la fantasía del tiempo.

21. La poesía de Julia de Burgos es
    - (1) un canto a la universalidad y a la esperanza.
    - (2) triste y pesimista.
    - (3) etnocéntrica.
    - (4) muy parcial.
    - (5) épica.

Las preguntas 22 a 25 se refieren al pasaje siguiente:

¿Qué es el arte?

Desde el Renacimiento, escribe Octavio Paz, la historia del arte fue la de un aprendizaje: había que dominar las reglas de la perspectiva y la composición. Pero al despuntar el siglo XX esos cuadros perfectos comenzaron a aburrir a los hombres. El arte moderno ha sido un desaprendizaje: un desaprender las recetas, los trucos y las mañas para recobrar la frescura de la mirada primigenia. Uno de los momentos más altos de ese proceso de desaprendizaje ha sido la obra de Miró. Es verdad que no todo lo que éste hizo tiene el mismo valor. Pintó mucho y será mucho lo que desecharán mañana nuestros descendientes. Su caso no es el único. También la obra de Picasso, aunque más variada e inventiva, será sometida a un escrutinio severo y por las mismas razones: la abundancia indiscriminada, la facilidad complaciente, el gesto gratuito, la ruptura inicial ya vuelta costumbre, la confusión entre juego de manos y creación. El artista, quizá, es un mago, no un prestidigitador. Pero el núcleo central de la obra de Miró seguirá asombrando por su fantasía, su descaro, su frescura y su humor. Wordsworth decía que el niño es el padre del hombre. El arte de Miró confirma esta idea. Debo añadir que Miró pintó como un niño de 5,000 años de edad. Un arte como el suyo es el fruto de muchos siglos de civilización, y aparece cuando los hombres, cansados de dar vueltas y vueltas alrededor de los mismos ídolos, deciden volver al comienzo.

22. Según el texto, Octavio Paz cree que

(1) el arte moderno no rompe con el arte renacentista.

(2) los nuevos pintores buscaban la perfección realista.

(3) la figuración dominó en el siglo XX.

(4) la pintura moderna rompe con la figuración tradicional.

(5) Miró representa el único artista revolucionario moderno.

23. El artista es un

(1) niño.

(2) prestidigitador.

(3) mago, quizá.

(4) ser sensible que sigue una corriente artística.

(5) ídolo.

24. La obra de Picasso

(1) nace del Renacimiento.

(2) ha sido más variada y creadora.

(3) es igual que la de Miró.

(4) no es recordada.

(5) es limitada.

25. La obra de Miró

(1) es producto de una maduración artística.

(2) tiene 5,000 años de antigüedad.

(3) es realista.

(4) es influida por la de Picasso.

(5) es consecuencia de las ideas de Wordsworth.

Las preguntas 26 a 29 se refieren al pasaje siguiente:

¿Es la fotografía un arte?

Durante los cuarenta años que dedicó a la fotografía, Henri Cartier-Bresson se comportó como un pescador que arroja su sedal al agua y espera durante horas a que el pez pique el anzuelo. Jamás un fotógrafo de prensa fue menos agresivo. Se acercaba a la realidad de puntillas, con pasos suaves como el terciopelo, como si fuera invisible. Su pez era el "momento culminante", ese instante único que, según el estadounidense Robert Frank, no necesariamente tiene por qué coincidir con el momento real, pero que para Cartier-Bresson es la esencia de la fotografía de reportaje.

"Fotografiar —dice el gran artista— es contener la respiración cuando todos los sentidos convergen ante la realidad fugaz. En esos momentos capturar una imagen produce una gran alegría".

Su obra es una obra maestra y constituye una concepción propia del hecho fotográfico. No aparece en su trabajo ni una sola imagen de él, ni un solo autorretrato. Cartier-Bresson no se ha dejado fotografiar nunca. Existen de él un par de fotos "robadas" que sólo unos pocos iniciados han tenido ocasión de ver y que él rechaza: "Para poder observar hay que ser discreto y pasar inadvertido. Por desdicha el fotógrafo es siempre un intruso y no olvidemos que los pescadores no agitan las aguas en las que pescan".

Cartier-Bresson desdeña todos los "trucos" del oficio. Jamás ha utilizado el "flash", encuadrado una fotografía en el laboratorio ni preparado una escena. Ama los resultados de su trabajo, las imágenes obtenidas, pero aborrece sus métodos. Por eso en 1973 abandonó su oficio, que ahora sólo ejerce muy rara vez, y se consagró a lo que considera su verdadera vocación, el dibujo y la pintura.

Cartier-Bresson nació en 1908, en Francia.

26. Según el texto,
   (1) la fotografía del mar es compleja.
   (2) Cartier-Bresson no fue un artista innovador.
   (3) el artista continuó la tradición conservadora.
   (4) la fotografía es un arte pictórico.
   (5) el momento fotográfico no tiene por qué coincidir con el momento real.

27. El trabajo de Cartier-Bresson antes de 1973 estaba relacionado con la
   (1) pintura.
   (2) fotografía de anzuelos.
   (3) fotografía paisajista.
   (4) fotografía de peces.
   (5) fotografía de prensa.

28. Según el gran artista Cartier-Bresson, la fotografía
   (1) profundiza en los métodos.
   (2) se concentra tan sólo en una imagen.
   (3) requiere que la realidad sea estática.
   (4) requiere una concentración total ante la realidad fugaz.
   (5) necesita muchos años de estudio y práctica.

29. Henri Cartier-Bresson
   (1) fue un fotógrafo que preparaba la escena.
   (2) practicaba con el "flash".
   (3) utilizaba "trucos fotográficos".
   (4) ha sido muy poco fotografiado.
   (5) se dedicó a escribir sobre la fotografía.

Las preguntas 30 a 33 se refieren al pasaje siguiente:

¿Cómo Frederick Douglass logró una educación?

A partir de ahora me vigilaban estrechamente. Si me quedaba solo y por algún tiempo en una habitación separada, sospechaban que tenía un libro, y me llamaban enseguida para dar cuenta de lo que hacía. Todo esto, sin embargo, era demasiado tarde. El primer paso lo había dado cuando la señora de la casa me enseñó el alfabeto. Ahora sentía como si tuviera alas, quería aprender más, y nada podía impedirlo.

El plan que adopté, y el que me dio más resultado, fue el hacerme amigo de todos los niños que me encontraba en la calle. A todos ellos los convertí en mis maestros. Gracias a la ayuda que amablemente recibí de ellos, en diferentes lugares y tiempo, finalmente conseguí aprender a leer. Cuando me mandaban por algún recado, siempre me llevaba un libro conmigo, y haciendo el mandado de prisa, tenía tiempo suficiente como para aprender una lección antes de regresar a la casa. Solía, también, llevar un poco de pan conmigo, había más que suficiente en la casa, y siempre me dejaban tomar; en este sentido, yo estaba mucho mejor que muchos niños blancos que vivían pobremente en nuestro vecindario. El pan lo usaba para darlo a estos chiquillos hambrientos, quienes, a cambio, me daban a mí algo que yo tanto apreciaba como era el pan del conocimiento.

Me gustaría mucho dar a conocer dos o tres nombres de estos niños de quienes aprendí a leer, como testimonio de mi gratitud y afecto por ellos; pero la prudencia me lo impide, no es porque esto me perjudique, sino que ello puede avergonzarlos, puesto que en este país cristiano es una ofensa casi imperdonable el enseñar a esclavos a leer. Suficiente es con decir que mis queridos camaradas vivían en la Calle Philpot, muy cerca de Durgin y del astillero de Bailey. Solía hablar de este asunto de la esclavitud con ellos. A veces, les decía que deseaba poder ser libre como ellos cuando fueran hombres. "¡Vosotros seréis libres tan pronto cumpláis 21 años, pero yo seré esclavo toda mi vida! ¿No tengo yo derecho de ser libre como vosotros?" Parecía que estas palabras les preocupaban, y expresaban por mí una gran simpatía, y me consolaban con la esperanza de que algo ocurriría y que yo podría ser libre.

30. Según el pasaje, ¿cómo aprendió Douglass a leer?
- **(1)** por sus propios esfuerzos.
- **(2)** por la señora de la casa.
- **(3)** con la ayuda de niños blancos.
- **(4)** usando su tiempo de forma inteligente.
- **(5)** yendo a la escuela.

31. ¿Por qué Douglass no quiso revelar los nombres de los niños blancos?
- **(1)** Ellos le pidieron que no dijera sus nombres.
- **(2)** Podían avergonzarse de ello.
- **(3)** Nunca aprendió sus nombres.
- **(4)** Se olvidó de los nombres.
- **(5)** Temía que eso le perjudicaría a él.

32. ¿Cuál de las siguientes afirmaciones es correcta?
- **(1)** Douglass era un niño blanco pobre.
- **(2)** Los niños blancos pobres no sabían leer.
- **(3)** Douglass daba pan a los niños blancos pobres que le ayudaban a aprender a leer.
- **(4)** Douglass podía ser libre cuando cumpliera 21 años.
- **(5)** Douglass aprendió solo a escribir.

33. Según el pasaje,
- **(1)** tan solo los esclavos eran pobres.
- **(2)** era una ofensa enseñarle a leer a los esclavos.
- **(3)** los niños blancos eran indiferentes al futuro de Douglass.
- **(4)** la señora de la casa fue cruel con Douglass.
- **(5)** Douglass no pudo aprender a leer.

Las preguntas 34 a 37 se refieren al pasaje siguiente:

¿Eran grandes poetas los incas?

El Inca Garcilaso de la Vega (Perú, 1539–1616), ha sido uno de los mejores escritores mestizos. Venía de una familia inca y castellana. Su obra más importante fue los *Comentarios Reales*, publicada entre los años 1609 y 1613. En uno de los fragmentos, dice hablando de la poesía de los incas amautas:

"No les faltó habilidad a los amautas, que eran los filósofos, para componer comedias y tragedias, que en días y fiestas solemnes representaban delante de sus reyes y de los señores que asistían en la corte. Los representantes no eran viles, sino lncas y gente noble, hijos de curacas, y los mismos curacas y capitanes hasta maestres de campo; porque los autos de las tragedias se representasen al propio; cuyos argumentos siempre eran de hechos militares, de triunfos y victorias, de las hazañas y grandezas de los reyes pasados, y de otros heroicos varones. Los argumentos de las comedias eran de agricultura, de hacienda, de cosas caseras y familiares. Los representantes, luego que se acababa la comedia, se sentaban en sus lugares conforme a su calidad y oficios. No hacían entremeses deshonestos, viles y bajos: todo era de cosas graves y honestas, con sentencias y donaires permitidos en tal lugar. A los que se aventajaban en la gracia del representar les daban joyas y favores de mucha estima.

De la poesía alcanzaron otra poca porque supieron hacer versos cortos y largos con medida de sílabas: en ellos ponían sus cantares amorosos con tonadas diferentes, como se ha dicho. También componían en verso las hazañas de sus reyes, y de otros famosos Incas, y curacas principales, y los enseñaban a sus descendientes por tradición para que se acordasen de los buenos hechos de sus pasados y los imitasen; los versos eran pocos porque la memoria los guardase, empero muy compendiosos, como cifras. No usaron de consonante en los versos, todos eran sueltos. Por la mayor parte semejaban a la natural compostura española que llaman redondillas. Una canción amorosa compuesta en cuatro versos me ofrece la memoria; por ellos se verá el artificio de la compostura y la significación abreviada compendiosa de lo que en su rusticidad querían decir. Los versos amorosos se hacían cortos porque fuesen más fáciles de tañer en la flauta. Holgara poner también la tonada en puntos de canto de órgano para que se viera lo uno y lo otro, mas la impertinencia me excusa del trabajo".

La canción es la que sigue y su traducción al castellano:

caylla Ilapi .... al cántico
pununqui .... dormirás
chaupituta .... media noche
samusac .... yo vendré

34. Los argumentos en las tragedias eran
    (1) episodios de la vida cotidiana.
    (2) hechos militares.
    (3) problemas familiares.
    (4) relativos a la vida de los curacas.
    (5) ninguna de las anteriores

35. Garcilaso de la Vega escribe sobre
    (1) la falta de representaciones dramáticas.
    (2) la función del Inca.
    (3) el papel de los actores.
    (4) la riqueza poética de los amautas.
    (5) cómo los argumentos de las comedias eran las hazañas de los grandes reyes.

36. Según el texto,
    (1) los incas eran de México.
    (2) los incas no tenían teatros.
    (3) a los buenos actores se les premiaba con joyas y otros objetos.
    (4) los versos románticos eran largos.
    (5) el amauta era un sacerdote.

37. La poesía inca era
    (1) con rimas.
    (2) larga y elaborada.
    (3) sin medidas silábicas.
    (4) de versos sueltos.
    (5) de muchos versos.

Las preguntas 38 a 40 se refieren al fragmento de prosa poética y a la nota biográfica siguientes:

¿Qué desea el pájaro preso?

El pájaro preso vivía en la jaula y el pájaro libre en el bosque. Pero estaban destinados a encontrarse, y el momento había llegado.

El pájaro libre cantaba: "Volemos juntos al bosque, amor mío". El pájaro preso decía muy bajito: "Ven aquí tú, y, viviremos los dos en esta jaula". Decía el pájaro libre: "Las rejas no permiten que podamos abrir las alas". "¡Ay!, decía el pájaro preso: ¿Sabré volar por el cielo?"

El pájaro libre pedía: "Canta canciones del campo, amor mío". El pájaro preso decía: "Si te posas junto a mí, te enseñaré lo que cantan los sabios". El pájaro libre cantaba: "No, no, no; las canciones no pueden enseñarse". El pájaro preso decía: "¡Ay! Yo no sé las canciones del campo".

Se aman con un deseo infinito, pero no pueden volar juntos. Se observan una y otra vez a través de los barrotes de la jaula, pero no pueden colmar sus anhelos. Revolotean tristes y cantan: "Acércate más, acércate más". El pájaro libre grita: "No puedo, me da miedo no me vayan a encerrar en tu jaula". El pájaro preso canta muy bajito: "Mis alas no pueden responderme".

Rabindranath Thakub Tagore nació en Calcuta en 1861. Reticente a la enseñanza que se impartía en las escuelas clásicas, se educó junto a su padre. En 1878 y 1880 viajó a Gran Bretaña para estudiar leyes. En 1882 tomó contacto con sus primeras experiencias místicas, que le estimularon a escribir un poema sobre "El despertar de la Cascada", recogido más tarde en los *Cantos de la Aurora*, y que sería base y principio de su extensa obra poética y mística.

Entre su extensa obra podremos citar algunos títulos, como *El Cartero del rey, La Luna nueva, La cosecha, Chitra, Pájaros perdidos, Ofrenda lírica, Ciclo de primavera* y *El jardinero*.

La obra de Tagore es ante todo humanista e inequívocamente intimista. Inspirado en las viejas tradiciones y enseñanzas orientales, toda su obra está llena de una poesía y una mística difícilmente igualables.

38. Rabindranath Tagore fue un
    (1) historiador.
    (2) novelista.
    (3) escritor místico y poético.
    (4) adepto de la escuela tradicional.
    (5) filósofo humanista.

39. Rabindranath Tagore
    (1) sólo escribió diez obras.
    (2) ejerció de abogado en Gran Bretaña.
    (3) tuvo experiencias místicas en Gran Bretaña.
    (4) escribía siempre sobre la libertad.
    (5) es influido por las tradiciones orientales.

40. El pájaro preso del fragmento
    (1) quiere aprender a cantar.
    (2) es una metáfora de la esclavitud.
    (3) quiere irse a vivir al campo.
    (4) está contento de estar en la jaula.
    (5) es una alegoría del arte.

Use esta página para anotaciones.

CAPÍTULO 3: Examen Diagnóstico

EXAMEN 5: MATEMÁTICAS

56 preguntas—90 minutos

> **Instrucciones:** La prueba de matemáticas consiste en preguntas de opción múltiple que miden sus conocimientos generales de matemáticas y su habilidad para solucionar problemas. Las preguntas están basadas en lecturas cortas que frecuentemente incluyen gráficas, diagramas o dibujos.

Dispone de 90 minutos para contestar las 56 preguntas. Trabaje con cuidado pero no pase demasiado tiempo en una sola pregunta.

En la página siguiente hay algunas fórmulas que quizá pueda necesitar. No tendrá que usar fórmulas para todas las preguntas. No todas las fórmulas dadas serán necesarias.

No se permite el uso de calculadoras.

Para indicar sus respuestas, llene uno de los óvalos numerados según el modelo siguiente:

EJEMPLO:

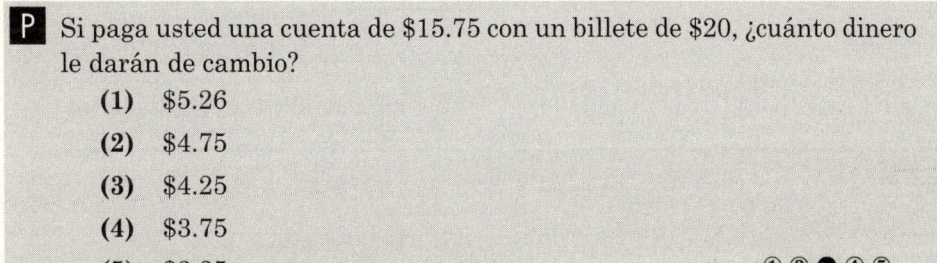

P Si paga usted una cuenta de $15.75 con un billete de $20, ¿cuánto dinero le darán de cambio?
- (1) $5.26
- (2) $4.75
- (3) $4.25
- (4) $3.75
- (5) $3.25

La respuesta correcta es $4.25; por lo tanto, debe marcar el espacio número 3 en la hoja de respuestas.

Fórmulas

Descripción	Fórmula	
ÁREA (A)		
cuadrado	$A = l^2$	l = lado
rectángulo	$A = lh$	l = longitud, h = altura
paralelogramo	$A = bh$	b = base, h = altura
triángulo	$A = \frac{1}{2}bh$	b = base, h = altura
círculo	$A = \pi r^2$	π = 3.14..., r = radio
PERÍMETRO (P)		
cuadrado	$P = 4l$	l = lado
rectángulo	$P = 2l + 2a$	l = lado, a = ancho
triángulo	$P = a + b + c$	a, b y c son los lados
CIRCUNFERENCIA (C) de un círculo	$C = \pi d$	π = 3.14..., d = diámetro
VOLUMEN (V)		
cubo	$V = l^3$	l = lado
sólido rectangular	$V = xyz$	x = longitud, y = ancho, z = altura
cilindro	$V = \pi r^2 h$	π = 3.14..., r = radio, h = altura
Relación pitagórica	$c^2 = a^2 + b^2$	c = hipotenusa, a y b son los catetos de un triángulo recto
Distancia (d) entre dos puntos de un plano	$d = \sqrt{(x_2 - x_1)^2 + (y_2 - y_1)^2}$	(x_1, y_1) y (x_2, y_2) son dos puntos de un plano
pendiente (m) de una recta	$m = \frac{y_2 - y_1}{x_2 - x_1}$	(x_1, y_1) y (x_2, y_2) son dos puntos de un plano

La media	$$\text{media} = \frac{x_1 + x_2 + \ldots + x_n}{n}$$	

las x son los valores para los cuales se desea una media y n = número de valores de la serie

La mediana — mediana = el punto en un conjunto de números ordenado en el cual la mitad de los números son superiores y la mitad de los números son inferiores a este valor

Interés simple (i) — $i = crt$ — c = capital, r = tasa, y t = tiempo

Distancia (d) como función de velocidad y tiempo — $d = vt$ — v = velocidad y t = tiempo

Costo total (c) — $c = nr$ — n = número de unidades y r = costo por unidad

1. Si en la escuela elemental de un pueblo hay 1,974 estudiantes matriculados y en la escuela superior 895 estudiantes. ¿cuántos niños hay en el sistema escolar?
   (1) 1,079
   (2) 2,896
   (3) 2,869
   (4) 2,698
   (5) 2,968

2. Si los estudiantes de nuestra escuela superior son 9,001 este año y en el noveno grado ingresaron este año 978 niños, ¿cuántos estudiantes están en los otros tres grados de esta escuela superior?
   (1) 8,032
   (2) 8,023
   (3) 8,033
   (4) 9,979
   (5) 8,230

3. Si el almuerzo de cada niño cuesta 86 centavos y 427 niños reciben gratis su almuerzo, ¿cuánto tiene que pagar la escuela cada día por el almuerzo de esos niños?
   (1) $372.72
   (2) $327.02
   (3) $357.22
   (4) $360.24
   (5) $367.22

4. Si se necesitan 637 m de cerca y el precio del metro de malla de alambre es $5.07, ¿cuánto costará la cerca?
   (1) $3,229.59
   (2) $3,630.90
   (3) $3,280.29
   (4) $3,420.69
   (5) $2,461.09

5. El club de ajedrez reunió $1,223 los cuales los dedicará a becas para sus 39 miembros. ¿Cuanto dinero recibirá cada uno?
   (1) $30.96
   (2) $31.94
   (3) $32.36
   (4) $31.36
   (5) $31.58

6. Si María trabaja cinco días a la semana y obtiene un salario de $34.75 diario, ¿cuánto gana a la semana?
   (1) $243.25
   (2) $240.95
   (3) $173.75
   (4) $208.50
   (5) $183.25

7. Si Carlos paga con un billete de $50 por las siguientes mercancías: 3 camisas a $12.99 cada una y 2 corbatas a $4.50 cada una, ¿cuánto le devuelven?
   (1) $3.03
   (2) $2.93
   (3) $3.13
   (4) $2.30
   (5) $2.03

8. Redondee al centavo más cercano. (Esto es, deje cifras después del punto.) $923.0478.
   (1) $923.04
   (2) $923.11
   (3) $923.06
   (4) $923.05
   (5) $923.47

CAPÍTULO 3: Examen Diagnóstico

9. De los siguientes números, ¿cuál es el menor?

    (1) $20 \div 5$

    (2) $20 \times \dfrac{1}{4}$

    (3) $20 - 5$

    (4) $(20 - 17)^2$

    (5) $2(20 - 15)$

10. Si la escala en un mapa es de 2 cm = 60 kilómetros, ¿cuál es la distancia en kilómetros entre dos ciudades distantes en el mapa $5\frac{1}{2}$ cm?

    (1) 300 km

    (2) 165 km

    (3) 185 km

    (4) 156 km

    (5) 175 km

11. ¿Por qué número multiplico 18 cuando se convierte en 270?

    (1) 150

    (2) 252

    (3) 25

    (4) 105

    (5) 15

12. ¿Por qué número divido 1,081 cuando se convierte en 23?

    (1) 47

    (2) 57

    (3) 73

    (4) 74

    (5) 37

13. ¿Cuál es el próximo número de la serie: 2, 13, 24, 35, 46...?

    (1) 56

    (2) 57

    (3) 47

    (4) 24

    (5) 12

14. Vamos a comprar fieltro para hacer unos estandartes. Necesitamos $12\frac{3}{7}$ varas color naranja, $23\frac{2}{7}$ varas color verde, $6\frac{1}{7}$ color negro y $8\frac{5}{7}$ color blanco. ¿Cuántas varas se necesitan?

    (1) $48\dfrac{5}{7}$

    (2) $51\dfrac{1}{7}$

    (3) $50\dfrac{6}{7}$

    (4) $49\dfrac{4}{7}$

    (5) $50\dfrac{4}{7}$

15. Un corredor quiere romper el récord de 93 minutos del corredor número 1 pero se desmaya a los $68\frac{5}{9}$ minutos. ¿Cuántos minutos le faltaron para igualar el récord del No. 1?

    (1) $24\dfrac{4}{9}$

    (2) $25\dfrac{5}{9}$

    (3) $24\dfrac{3}{9}$

    (4) $23\dfrac{2}{9}$

    (5) $25\dfrac{1}{9}$

16. Multiplique $\frac{9}{19} \times \frac{95}{7}$.
    (1) $5\frac{1}{7}$
    (2) $6\frac{2}{7}$
    (3) $6\frac{1}{7}$
    (4) $6\frac{3}{7}$
    (5) 7

17. Divida $120 \div \frac{2}{3}$.
    (1) 80
    (2) 180
    (3) 140
    (4) 220
    (5) 160

18. ¿Qué interés produce un capital de $9,000.00 al 12% anual en 18 meses?
    (1) $1,260
    (2) $1,602
    (3) $1,620
    (4) $2,160
    (5) $2,610

19. A razón $2.75 la libra de carne, ¿cuántas libras se podrán comprar con $33?
    (1) 13
    (2) 12
    (3) $14\frac{1}{2}$
    (4) $12\frac{1}{4}$
    (5) $13\frac{3}{4}$

20. ¿Cuánto tiempo ha transcurrido desde el 15 de enero de 1969 hasta el 1° de marzo de 1984?
    (1) 15 años, 4 meses, 2 días
    (2) 15 años, 19 días
    (3) 15 años, 2 meses, 14 días
    (4) 15 años, 2 meses, 1 día
    (5) 15 años, 1 mes, 16 días

21. ¿Cuál de las siguientes cantidades equivale a 1?
    (1) $\frac{4}{5}$
    (2) $\frac{9}{-9}$
    (3) $\frac{7}{7}$
    (4) $\frac{8}{4}$
    (5) $6 - 6$

22. Halle $\sqrt{25 \times 49}$.
    (1) 12
    (2) 14
    (3) 6
    (4) 53
    (5) 35

23. ¿Cuántos metros hay en $43\frac{1}{2}$ kilómetros?
    (1) 43,005 m
    (2) 43,500 m
    (3) 43,750 m
    (4) 4,300.5 m
    (5) 4,350 m

24. ¿Qué signo le corresponde a la *x* (abscisas) en el tercer cuadrante de un sistema de coordenadas?
    (1) positivo
    (2) no tiene signo
    (3) positivo unas veces, y negativo otras
    (4) negativo
    (5) no se puede determinar

25. Halle la fracción común irreducible (generatriz) correspondiente a la fracción decimal .125.

(1) $\frac{1}{8}$

(2) $\frac{1}{25}$

(3) $\frac{7}{15}$

(4) $\frac{3}{8}$

(5) $\frac{4}{5}$

26. Si $(R)(K) = 36$ y $R = 4$; entonces $K(15) =$

(1) 41
(2) 135
(3) 60
(4) 144
(5) 19

27. Si $(M)(N) = 0$ y $M \neq 0$; entonces $N =$

(1) 1
(2) 10
(3) 0
(4) 9
(5) No se puede determinar

28. ¿Cuánto se pagará por un televisor, cuyo precio original es $560, después de recibir un descuento del 20%?

(1) $448
(2) $520
(3) $528
(4) $484
(5) $112

29. ¿Cuál es el equivalente en kilómetros de 160 millas?

(1) 287.4 km
(2) 257.6 km
(3) 275 km
(4) 255.7 km
(5) 258.5 km

30. Halle el cociente de:

$$\frac{(2)^5(3)^3}{(2)^3(3)^2}$$

(1) 24
(2) 16
(3) 20
(4) 12
(5) 14

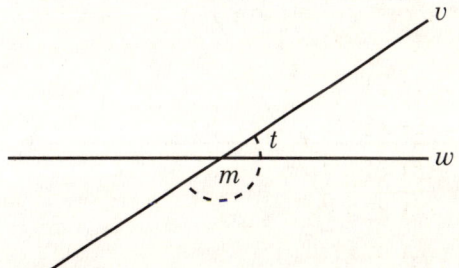

31. En la figura anterior, las rectas w y v forman cuatro ángulos. Si el ángulo t mide 38°, ¿qué valor tiene en grados el ángulo m?

(1) 162°
(2) 138°
(3) 152°
(4) 142°
(5) 148°

32. Si un círculo tiene un radio de 12.5, entonces su diámetro es

(1) $6\frac{1}{5}$

(2) $20\frac{1}{5}$

(3) 25

(4) $25\frac{2}{5}$

(5) 17

33. En la figura siguiente, r y t son líneas paralelas, y s es una secante, ¿cuánto mide el ángulo p si ∠3 = 61°?

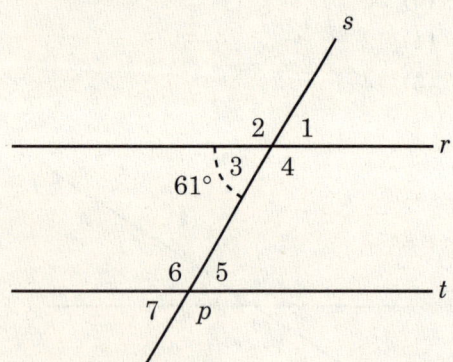

(1) 129°
(2) 120°
(3) 119°
(4) 29°
(5) 130°

34. Si un cuadrado mide por un lado 13.5 cm, ¿cuál es su perímetro?

(1) 62 cm
(2) 54 cm
(3) 45 cm
(4) 135 cm
(5) 60 cm

35. Si un terreno tiene de largo 18.25 m y de ancho 10 m, ¿cuál es el área de ese terreno?

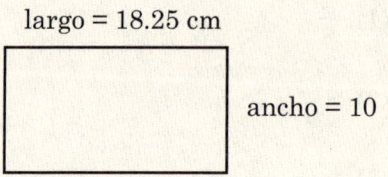

(1) 185.2 cm²
(2) 1850 cm²
(3) 182.5 cm²
(4) 158.5 cm²
(5) 1,825 cm²

36. Si un cilindro tiene de altura 42 cm y el radio del círculo es 7.2 cm, ¿cuál es su volumen?

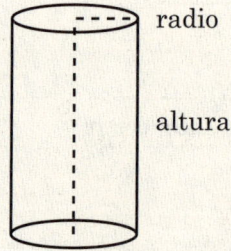

Fórmula: $V = \pi R^2 h$
$\pi = 3.14$

(1) 7,863 cm³
(2) 6,638 cm³
(3) 5,863.6 cm³
(4) 6,368.5 cm³
(5) 6,836.66 cm³

37. En la figura, ¿cuánto mide el ángulo E?

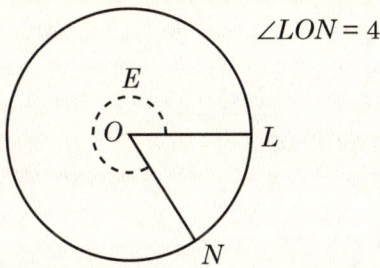

∠LON = 47°

- (1) 323°
- (2) 313°
- (3) 303°
- (4) 283°
- (5) 333°

38. La suma de los tres precios que aparece es

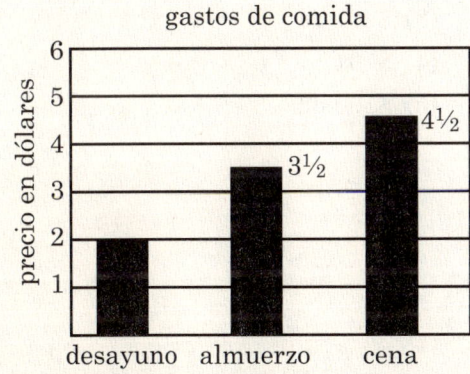

- (1) $8.50
- (2) $9.00
- (3) $10.00
- (4) $10.50
- (5) $9.50

39. Si la arista de un cubo es 12 cm, ¿cuál es su volumen?
- (1) 1,278 cm³
- (2) 1,827 cm³
- (3) 156 cm³
- (4) 1,728 cm³
- (5) 144 cm³

40. ¿Cuál es el suplemento de un ángulo que mide 37°?
- (1) 143°
- (2) 160°
- (3) 134°
- (4) 53°
- (5) 93°

41. Si $x + 9 + 4x = 94$, entonces $x =$
- (1) 24
- (2) 17
- (3) 21
- (4) 18
- (5) 32

42. Si $\frac{w}{11} + 5 = 14$. entonces $w =$
- (1) 69
- (2) 89
- (3) 91
- (4) 209
- (5) 99

43. Si $\frac{6k}{7} - 4 = 38$, entonces $k =$
- (1) 39
- (2) 43
- (3) 49
- (4) 59
- (5) 47

44. El producto de $(-15)(8)$ es
- (1) −120
- (2) −7
- (3) 23
- (4) 120
- (5) −23

45. Los factores del trinomio $x^2 - 11x + 24$ son
- (1) $(x - 12)(x - 2)$
- (2) $(x + 8)(x + 3)$
- (3) $(x + 12)(x - 2)$
- (4) $(x - 8)(x - 3)$
- (5) $(x + 24)(x - 1)$

46. Si para hacer 50 tamales necesito 6 libras de harina de maíz, ¿cuántos tamales podría hacer con 15 libras?

(1) 57
(2) 125
(3) 95
(4) 100
(5) 80

47. De un tocadiscos que estaba marcado para la venta en $280, se rebaja el 12.5%. ¿Cuál es su nuevo precio de venta?

(1) $245.00
(2) $204.50
(3) $340.45
(4) $204.44
(5) $244.40

48. Un padre reparte su fortuna entre sus hijos de la forma siguiente: al mayor le deja $15,000, que representa $\frac{1}{8}$ de su capital, y el resto lo distribuye en partes iguales entre sus 5 hijos restantes. ¿Cuánto dinero recibe cada uno de estos últimos?

(1) $21,000
(2) $19,000
(3) $23,000
(4) $12,000
(5) $22,000

49. ¿Cuánto costaría cercar un terreno de forma rectangular de 30 metros de largo y 20 metros de ancho, sabiendo que el metro de alambre cuesta 85 centavos y la mano de obra 75 dólares?

(1) $159.00
(2) $158.65
(3) $160.00
(4) $145.75
(5) $190.00

50. Juana Pérez hace la compra siguiente: 5 camisas a $11.59 cada una, 3 carteras a $23.45 cada una, y 18 pañuelos a $2.89 cada uno. Después de pagar el impuesto del estado de New Jersey (6%), ¿a cuánto asciende el total de la compra?

(1) $174.33
(2) $209.02
(3) $201.74
(4) $191.14
(5) $198.02

RESPUESTAS CORRECTAS DEL EXAMEN DIAGNÓSTICO

Examen 1: Expresión Escrita

1. (4)	12. (1)	23. (3)	34. (2)	45. (3)
2. (3)	13. (1)	24. (3)	35. (2)	46. (1)
3. (1)	14. (2)	25. (3)	36. (5)	47. (5)
4. (1)	15. (3)	26. (2)	37. (5)	48. (1)
5. (5)	16. (4)	27. (5)	38. (3)	49. (4)
6. (1)	17. (1)	28. (1)	39. (1)	50. (1)
7. (2)	18. (2)	29. (4)	40. (3)	51. (4)
8. (5)	19. (1)	30. (5)	41. (3)	52. (5)
9. (2)	20. (1)	31. (1)	42. (1)	53. (1)
10. (1)	21. (4)	32. (1)	43. (4)	54. (2)
11. (1)	22. (2)	33. (1)	44. (1)	55. (5)

Examen 2: Estudios Sociales

1. (2)	11. (5)	21. (3)	31. (3)	41. (2)
2. (3)	12. (2)	22. (1)	32. (5)	42. (5)
3. (1)	13. (4)	23. (1)	33. (1)	43. (4)
4. (1)	14. (2)	24. (5)	34. (3)	44. (4)
5. (1)	15. (1)	25. (5)	35. (5)	45. (2)
6. (5)	16. (3)	26. (1)	36. (2)	46. (3)
7. (3)	17. (1)	27. (3)	37. (3)	47. (5)
8. (4)	18. (1)	28. (4)	38. (4)	48. (5)
9. (4)	19. (1)	29. (3)	39. (2)	49. (5)
10. (4)	20. (5)	30. (5)	40. (5)	50. (2)

Examen 3: Ciencias

1. (1)	11. (3)	21. (4)	31. (1)	41. (3)
2. (3)	12. (4)	22. (3)	32. (2)	42. (4)
3. (5)	13. (1)	23. (1)	33. (3)	43. (2)
4. (3)	14. (2)	24. (3)	34. (1)	44. (2)
5. (2)	15. (3)	25. (4)	35. (5)	45. (1)
6. (4)	16. (2)	26. (2)	36. (2)	46. (4)
7. (3)	17. (1)	27. (3)	37. (3)	47. (4)
8. (5)	18. (5)	28. (2)	38. (3)	48. (5)
9. (2)	19. (3)	29. (3)	39. (5)	49. (3)
10. (4)	20. (2)	30. (3)	40. (2)	50. (2)

Examen 4: Interpretación de la Literatura y de las Artes

1. (3)	9. (5)	17. (3)	25. (1)	33. (2)
2. (4)	10. (2)	18. (1)	26. (5)	34. (2)
3. (3)	11. (1)	19. (3)	27. (5)	35. (2)
4. (2)	12. (2)	20. (2)	28. (4)	36. (3)
5. (5)	13. (2)	21. (1)	29. (4)	37. (4)
6. (3)	14. (4)	22. (4)	30. (3)	38. (3)
7. (4)	15. (3)	23. (3)	31. (2)	39. (5)
8. (4)	16. (1)	24. (2)	32. (3)	40. (2)

CAPÍTULO 3: Examen Diagnóstico

Examen 5: Matemáticas

1. (3)	11. (5)	21. (3)	31. (4)	41. (2)
2. (2)	12. (1)	22. (5)	32. (3)	42. (5)
3. (5)	13. (2)	23. (2)	33. (3)	43. (3)
4. (1)	14. (5)	24. (4)	34. (2)	44. (1)
5. (4)	15. (1)	25. (1)	35. (3)	45. (4)
6. (3)	16. (4)	26. (2)	36. (5)	46. (2)
7. (5)	17. (2)	27. (3)	37. (2)	47. (1)
8. (4)	18. (3)	28. (1)	38. (3)	48. (1)
9. (1)	19. (2)	29. (2)	39. (4)	49. (3)
10. (2)	20. (5)	30. (4)	40. (1)	50. (4)

RESPUESTAS EXPLICADAS DEL EXAMEN DIAGNÓSTICO

Examen I: Parte 1: Expresión Escrita

1. **(4)** *funciones*. Error debido a la pronunciación de la *c* como *s*.

2. **(3)** *lenguaje*. Error debido a la semejanza con la ortografía en inglés: *language*.

3. **(1)** *lengua o lenguaje*. Son palabras distintas, pero de significado equivalente.

4. **(1)** *Mas*. Sin acento, es equivalente a *Pero*.

5. **(5)** Ninguna de las opciones que se ofrecen es correcta o tiene sentido. El punto de vista está en presente.

6. **(1)** La *y* es necesaria. *Técnica* no es lo mismo que *tecnología*. *Pero* implica una oposición que no existe. *Mas* significa lo mismo que *Pero*.

7. **(2)** *exige*. El error se debe a que algunas formas del verbo *exigir* se escriben con *j*. Pero esto ocurre solamente cuando la *g* va seguida de *o* o *a*.

8. **(5)** *conducirían*. El condicional tiene valor de futuro hipotético.

9. **(2)** *inconsciente*. Cuando hay dos adverbios terminados en *–mente*, sólo el último lleva esta terminación. En los demás, se sobreentiende.

10. **(1)** *En cambio.* Las otras opciones no tienen sentido dentro de la frase o del párrafo.

11. **(1)** *es*. Las otras expresiones no son cocherentes con el texto.

12. **(1)** *tecnología*. El error es debido a la influencia de la ortografía de la palabra en inglés: *technology*.

13. **(1)** *una forma de conocimiento*. Las opciones 4 y 5 tienen apariencia de sentido. Pero *conocimiento formal* no es lo mismo que *forma de conocimiento*. Tampoco *fuente* es lo mismo que *forina*.

14. **(2)** *la gran contribución. Gran* añade un matiz sin el cual la frase no es cierta. La robótica no es la única contribución de la tecnología al trabajo manual.

15. **(3)** *automóvil*. La duda en la ortografía de esta palabra, como en muchas otras, se debe a la influencia del contacto constante con el inglés.

16. **(4)** *porque*. La conjunción *porque* establece una relación de causa y efecto, que es la que está implícita en la oración 5.

17. **(1)** *que*. Es la única forma posible de los relativos. *Cual* carece de artículo *la; quien* se reserva para las personas; y *cuyo*, para la forma posesiva.

18. **(2)** *derechos humanos*. No es un nombre propio, ni título de una institución o documento político famoso.

19. **(1)** *sin embargo*. Es la única opción que tiene sentido dentro de la frase, al contraponer ventajas e inconvenientes.

20. **(1)** *si*. Ninguna otra opción tiene sentido coherente con el resto de la frase. Por ejemplo: ¿Qué van a hacer los trabajadores humanos *que* las computadoras piensan y los robots ejecutan?

CAPÍTULO 3: Examen Diagnóstico

21. **(4)** *alienación.* Error debido a la aliteración o al desconocimiento del significado o a ambas causas.

22. **(2)** *Tampoco.* El error se debe a que ambas palabras tienen un mismo sonido en la frase hablada.

23. **(3)** *antiguo.* La diéresis no es necesaria delante de *o*.

24. **(3)** *Con ello.* La única alternativa sería *Por ello,* pero esto indica más causa que instrumento.

25. **(3)** El paréntesis no es necesario porque la interrupción que se introduce no es ajena al texto.

26. **(2)** Cortar y acortar tienen significados diferentes. Haga la prueba aplicando uno y otro verbo a un mismo objeto.

27. **(5)** Ninguna de las otras opciones es correcta. Recuerde que el imperfecto indica acción continuada: *tardaban* equivale a *solían tardar.*

28. **(1)** *En cambio.* La oposición o contraste no se puede expresar con ninguna de las otras opciones que se nos ofrecen.

29. **(4)** *tardan.* El sujeto del verbo es reactores, no el Concorde, que es un modelo especial de reactor.

30. **(5)** Ninguna otra opción tiene sentido o es correcta. *Sucede* significa lo mismo que *ocurre* y no añadiría ni restaría nada a la frase.

31. **(1)** *en directo.* Aunque *directamente e instantáneamente* se aceptarán como sinónimos de *en directo,* se trata de un término técnico insustituible.

32. **(1)** *reducidos notablemente.* Las otras opciones, aunque no sean vulgares o comunes, no expresan el mismo sentido. *Un golpe* es una cantidad considerable; no la máxima cantidad.

33. **(1)** *al igual.* Por igual tiene un sentido bastante diferente del que aparenta a primera vista. Las otras opciones significan lo contratio. Para escribir bien, hay que saber matizar.

34. **(2)** *árboles.* La única forma correcta según las normas para el uso del acento escrito.

35. **(2)** *con la.* Lo que ocurre no ocurre *a la* contaminación ni *por ella,* sino *con ella.* Esta última quiere decir en el caso de la contaminación.

36. **(5)** *Asidente* es incorrecto; *catástrofe* no añade nada; la coma es innecesaria; la nube suele ser sólida y continua, al menos, en su origen.

37. **(5)** Las cuatro opciones son incorrectas.

38. **(3)** *sea indispensable.* El sujeto es la cooperación.

39. **(1)** *dispuestos a aceptar responsabilidades.* Las otras opciones son formales, pero no tienen el mismo sentido que el dicho popular.

40. **(3)** *también.* Es la única opción que permite el contexto. Hay que evaluar cada oración de acuerdo con el sentido general del párrafo o selección.

41. **(3)** *mundiales.* Aunque globales puede significar totales, esta opción no se nos da. Además, no serviría, pues el sentido lo determina el contexto.

42. **(1)** *y.* Es la única conjunción que puede enlazar con la oración siguiente sin cambiar las palabras con las que comienza.

43. **(4)** *Está demostrado.* Palabra aguda terminada en vocal.

44. **(1)** *Está demostrado.* Las otras opciones alteran el orden lógico o gramatical de la oración.

45. **(3)** *un mejor*. *Más mejor* es un error debido probablemente a un calco de la forma inglesa *much better*.

46. **(1)** *puesto que*. Esta opción es la única que establece la relación de causa y efecto que está implícita en ambas oraciones.

47. **(5)** Las otras opciones son incorrectas. El cambio de *azúcares* por *azúcar* no es incorrecto, pero matiza menos.

48. **(1)** *Y al contrario*. Es la única opción que establece el contraste apropiado.

49. **(4)** *cualquier*. El error es probablemente fonético. La escritura no es una transcripción fonética del habla.

50. **(1)** *aun descontando*. *Dando por descontado* rompe el efecto cumulativo de la obesidad como enfermedad. Además de ser una causa de otras enfermedades.

51. **(4)** *sociedades avanzadas*. No es un nombre propio, ni título, sino un nombre común.

52. **(5)** Las otras opciones son incorrectas. *Necesidades* es menos coherente y específico que apetitos.

53. **(1)** *pueda inducir*. *Es curioso* puede ir seguido de indicativo o subjuntivo, según el punto de vista general del contexto.

54. **(2)** *de la práctica*. El credo es uno de los diversos módulos de la vida religiosa que no incluye las prácticas menores concretas. Para escribir bien es necesario conocer el vocabulario específico o técnico de cada rama del saber.

55. **(5)** Las demás opciones son incorrectas. *También* introduce una incoherencia o disparate.

Examen 1: Parte II: Composición ejemplo de Tema

TEMA I: LA TÉCNICA Y LAS ARMAS

Desde el punto de vista de la técnica, parecería que ahora se podrían solucionar la mayoría de los problemas y necesidades de la población del mundo. Se curan enfermedades que antes mataban a cientos de miles de personas y se tiene capacidad para dar vivienda y empleo a todo el mundo. La educación debería llegar a todos con la cultura y conocimientos que se tienen. Y se pueden nombrar muchas otras cosas que podrían ser de beneficio general.

Pero los sufrimientos que la humanidad tiene ahora son, en cierto sentido, peores que nunca. Millones de personas no tienen trabajo, vivienda, educación; los niños del tercer mundo se mueren de enfermedades simples y toda la técnica beneficia sólo a unos pocos. Lo que es peor, la técnica se usa de tal manera que hasta se arriesga toda la vida del mundo.

Pero el uso más terrible de la tecnología es la fabricación de armamentos, algunos tan poderosos que una guerra mundial significaría la muerte de la humanidad y de todos los seres vivos. Además, a veces el riesgo parece más terrible cuando se sabe que las armas son uno de los negocios más ricos del mundo, controlado por pocas compañías que ganan miles de millones vendiéndolas, todo bajo la excusa de que resguardan nuestra supuesta seguridad. Uno se pregunta si estas compañías estarán en realidad interesadas en apoyar las guerras, pues así sus ganancias aumentan, y si les importan mucho las terribles consecuencias que las guerras traen.

Examen 2: Estudios Sociales

1. **(2)** La respuesta correcta es la (2), apreciándose en la gráfica el extraordinario auge de la expansión del ferrocarril durante la década de 1890.

2. **(3)** La respuesta correcta es la (3), refiriéndose la gráfica no al crecimiento de las líneas aéreas, que no existían entonces, ni a la producción de hierro, sino al crecimiento del ferrocarril.

3. **(1)** La respuesta correcta es la (1); las mercancías y alimentos no llegaban a Europa desde Norteamérica, sin embargo el azúcar sí se exportaba a Inglaterra desde las Antillas.

4. **(1)** La respuesta correcta es la (1), en cuanto que la gráfica muestra claramente el comercio de importación de esclavos desde África.

5. **(1)** La respuesta correcta es la (1), debido a que el mapa representa el activo comercio que existía entre Europa, América y África sin hacer referencia a temas políticos o religiosos.

6. **(5)** La afirmación correcta es la (5), ya que las dos gráficas no aluden al comercio actual; el azúcar provenía de las Antillas, el comercio de esclavos se originaba en África, y las materias primas no provenían de África.

7. **(3)** La Constitución creó las bases de la estructura legislativa, judicial y ejecutiva del país.

8. **(4)** La Constitución determinó que el período de gobierno del presidente es de 4 años.

9. **(4)** Cada estado tiene dos senadores, elegidos por las legislaturas de los estados.

10. **(4)** El presidente nombra con carácter vitalicio a los miembros del Tribunal Supremo, por tanto el número de sus miembros no depende del número de habitantes del estado. Es la única respuesta correcta.

11. **(5)** La Declaración Universal de los Derechos Humanos especifica en su primer artículo que toda persona, al nacer, tiene el mismo derecho a la igualdad y a la libertad.

12. **(2)** Todas las afirmaciones son correctas a excepción de la número (2). Según la Declaración Universal de los Derechos Humanos un individuo no puede ser discriminado en razón de su idioma u origen.

13. **(4)** La Declaración de Quito condena la política intervencionista de países extranjeros que no son latinoamericanos en los asuntos internos de América Latina.

14. **(2)** Debido a la enorme deuda económica de algunos países de Latinoamérica, la Declaración de Quito pedía un período más largo para amortizar la deuda.

15. **(1)** Todas las afirmaciones son incorrectas a excepción de la número (1), que afirma que debido a la importante deuda externa, América Latina vive una gran crisis económica.

16. **(3)** Dentro de la Organización de las Naciones Unidas, la institución que se dedica a los temas de educación es la UNESCO.

17. **(1)** El Instituto Internacional de Planeación de la Educación ha dado prioridad a los países africanos, latinoamericanos y asiáticos.

CAPÍTULO 3: Examen Diagnóstico

18. **(1)** El índice de analfabetismo más alto se registra en algunos países africanos, latinoamericanos y asiáticos.

19. **(1)** La respuesta correcta es la (1), en cuanto que el capitalismo no incluye necesariamente en su sistema formas de igualdad, socialismo, comunismo o colectivismo.

20. **(5)** La respuesta correcta es la (5); se refiere la plusvalía a un beneficio obtenido sobre los gastos o inversión efectuada en una operación comercial.

21. **(3)** La respuesta correcta es la (3), ya que importar se refiere a introducir productos que proceden de otros países.

22. **(1)** La respuesta correcta es (1), en cuanto que generalmente los países con una economía subdesarrollada experimentan un grado más alto de nacimientos que otros países desarrollados o en vías de desarrollo.

23. **(1)** La respuesta correcta es la (1); los emigrantes no son meramente personas que viajan o llegan a otro país, éstas podían ser también turistas, sino individuos que dejan sus países de origen con la intención de residir en otros países.

24. **(5)** La respuesta correcta es la (5) en cuanto que el sistema de impuestos en Estados Unidos puede incluir todos los aspectos que se mencionan.

25. **(5)** La respuesta correcta es la (5) puesto que cuando el precio de un artículo disminuye hay generalmente una demanda mayor ya que el artículo es más barato.

26. **(1)** La respuesta correcta es la (1), refiriéndose no demandas, quiebras o prosperidad sino a una depresión temporal de la economía.

27. **(3)** La respuesta correcta es la (3), refiriéndose la pregunta a los beneficios que obtiene la persona gracias a la seguridad social.

28. **(4)** La repuesta correcta es la (4), que se refiere a un impreso o documento que facilita la empresa al empleado para rellenar en él los ingresos netos obtenidos del salario que ha ganado y por otra parte ha de facilitar también información relacionada con el salario incluyendo los impuestos que deduce el gobierno.

29. **(3)** El texto muestra la riqueza de recursos naturales de Latinoamérica e indica que los principales países productores de metales son México, Chile, Perú, Bolivia y Cuba.

30. **(5)** Todas las afirmaciones son correctas a excepción de la número (5). El texto destaca que Brasil y Argentina, no Venezuela, son países ganaderos.

31. **(3)** El texto señala en el último párrafo que la producción industrial de los países latinoamericanos no puede satisfacer la enorme demanda que hay en el mercado.

32. **(5)** En el mapa del mundo la letra B señala a Sudamérica.

33. **(1)** La letra H representa al océano Atlántico. Otros océanos representados en el mapa son el océano Pacífico (S), el océano Índico (T) y el océano Ártico (Z).

34. **(3)** El mapa señala con la letra R las islas del Caribe.

35. **(5)** En la gráfica se muestra cómo Rusia es el país de mayor extensión y el tercero más poblado.

36. **(2)** El país más poblado del mundo es China.

37. **(3)** La pobalción de China es casi cuatro veces mayor que la de los Estados Unidos.

38. **(4)** En la gráfica A, Estados Unidos es el país con menor extensión territorial y en la gráfica B es también Estados Unidos el país con menor población.

39. **(2)** Según la gráfica, los países con mayor extensión territorial y población son, respectivamente, Rusia y China.

40. **(5)** En el mapa de población estatal de Estados Unidos las áreas que muestran mayores cambios en su población son las del sudoeste y el lejano oeste.

41. **(2)** Basándose en el mapa, esta persona consideraría los estados de California y Alaska, ya que entre todas las opciones, estos estados registran mayor índice de cambio de población.

42. **(5)** De los estados de la lista, el único que aparece en blanco en el mapa, es decir, marcando un cambio poblacional de menos del 5%, es New York.

43. **(4)** De los estados de la lista, los únicos que aparecen en el mapa indicando un cambio poblacional entre el 10 y el 15%, son Montana y Wyoming.

44. **(4)** Texas todavía formaba parte de México a comienzos del siglo XIX.

45. **(2)** La tensión entre los colonos y el gobierno mexicano surgió, entre otras razones, porque los colonos no podían tener un gobierno propio.

46. **(3)** Quizás el punto más conflictivo en las relaciones entre el gobierno mexicano y los colonos fue el hecho de que éstos traían esclavos, y el gobierno mexicano rechazaba la esclavitud.

47. **(5)** El gobierno mexicano tuvo que conceder la independencia a Texas después de la derrota que sufrió en la batalla de San Jacinto.

48. **(5)** El Tratado de París de 1898 fue un acuerdo al que llegaron España y Estados Unidos por medio del cual se ponía fin a la colonización de España en América y Asia.

49. **(5)** Todas las afimaciones son erróneas a excepción de la número (5), ya que la guerra entre Estados Unidos y España terminó con el Tratado de París.

50. **(2)** La respuesta correcta es la (2), refiriéndose a una foto antigua de New York, tomada en la década de 1920. No hay vestigios de que sea otra ciudad estadounidense ni hay señales de riqueza rural sino de una gran urbe.

Examen 3: Ciencias.

1. **(1)** La respuesta correcta es la (1), en cuanto que los niveles de los otros elementos químicos no llegan a superar el nivel de potasio.

2. **(3)** La respuesta correcta es la (3) ya que el elemento Fe (hierro) se sitúa en medio de los niveles de potasio y calcio.

3. **(5)** La respuesta correcta es la (5); la intensidad parece ir desapareciendo a las 8 p.m.

4. **(3)** La respuesta correcta es la (3), el nivel de intensidad se refleja alrededor de las 4 p.m.

5. **(2)** La respuesta correcta es la (2), los demás elementos químicos no siempre corresponden con los símbolos asignados; los correctos son: H: hidrógeno; Ca: calcio: Fe: hierro; C: carbono; N_2: sodio; Co: cobalto; Cu: cobre; I: yodo; Ag: plata.

6. **(4)** La respuesta correcta es la (4), ya que los elementos químicos representados por los símbolos correctos son: Au: oro; Ag: plata; Cu: cobre.

7. **(3)** La respuesta correcta es la (3). El agua está compuesta de los elementos hidrógeno y oxígeno.

8. **(5)** Es la sangre la que transporta las distintas sustancias de los alimentos que ingerimos a todas las partes de nuestro cuerpo.

9. **(2)** Tanto los glóbulos rojos como los glóbulos blancos se encuentran en el plasma.

10. **(4)** La única afirmación correcta es la número (4): los glóbulos blancos se conocen también con el nombre de leucocitos.

11. **(3)** Las plaquetas son elementos importantes de la sangre. Gracias a ellas la sangre puede coagularse. Si nos cortamos, las heridas pueden cerrarse impidiendo que la sangre salga del cuerpo.

12. **(4)** El órgano que mantiene a la sangre en constante circulación por todo el cuerpo es el corazón.

13. **(1)** El corazón tiene como función más importante la de impulsar la sangre por todo el organismo.

14. **(2)** Todas las afirmaciones son correctas a excepción de la número (2), que dice equivocadamente que la sangre siempre pasa del ventrículo a la aurícula. Al contrario, tal como indica el texto en el tercer párrafo, la válvula en el orificio aurículo-ventricular hace que la sangre siempre vaya de la aurícula al ventrículo.

15. **(3)** Para realizar su trabajo, el corazón debe funcionar a presiones elevadas.

16. **(2)** La peste, el tifus, la lepra y el cólera eran enfermedades comunes en la Europa de la Edad Media; el cáncer no era común.

17. **(1)** En los siglos pasados, muchas enfermedades eran el resultado de poca higiene, falta de alcantarillado, falta de agua potable o alimentación pobre. Sin embargo, no parece que la falta de luz eléctrica no influyera sifnificativamente en la salud.

18. **(5)** A excepción del exceso de vitaminas, los demás factores influyen de forma negativa en la salud.

19. **(3)** De las enfermedades que se citan, la lepra es la única que hoy en día no es tan común como antes.

20. **(2)** La función clorofílica o fotosíntesis permite a las plantas tomar del aire anhídrido carbónico y desprender oxígeno, y esta función se hace durante el día.

21. **(4)** Todas las afirmaciones son válidas a excepción de la número (4). Las plantas no toman el alimento a través de la savia sino por medio de la raíz y las hojas.

22. **(3)** Las plantas no toman el oxígeno del suelo. El oxígeno llega a la planta a través del aire por medio de las hojas.

23. **(1)** El último párrafo del texto señala que la savia está compuesta de agua y sales minerales.

24. **(3)** La edad aproximada de nuestro planeta se calcula entre 4 y 6 millones de años.

25. **(4)** La superficie total que forman los océanos, mares, lagos y ríos es más grande que la superficie terrestre, y por tanto ocupa la mayor parte de la superficie de la Tierra.

26. **(2)** El núcleo interno de la Tierra es una masa homogénea constituída mayormente de hierro sólido.

27. **(3)** De las cuatro capas que forman el globo terráqueo, la corteza terrestre es la más externa de todas ellas.

28. **(2)** El agua se obtiene en el udiómetro haciendo saltar una chispa en una mezcla de oxígeno e hidrógeno.

29. **(3)** Las aguas duras llevan gran cantidad de sales de calcio y magnesio y no sirven para el uso doméstico ni son potables.

30. **(3)** Como dice el texto, el agua forma el 55%, o lo que es lo mismo, algo más de la mitad del organismo humano.

31. **(1)** En la industria, el hidrógeno se obtiene por electrólisis del agua acidulada con al ácido sulfúrico.

32. **(2)** El hidrógeno es un gran reductor ya que quita el oxígeno a los demás cuerpos.

33. **(3)** La luz se transmite a través de un movimiento que transmiten los cuerpos luminosos en formas de ondas.

34. **(1)** La luz se puede propagar en todas las direcciones, pero siempre en línea recta.

35. **(5)** Cuando incide sobre una superficie especular o espejo, el rayo luminoso puede cambiar de dirección.

36. **(2)** Cuando un rayo de luz se desvía y cambia de dirección se conoce este fenómeno con el nombre de refracción.

37. **(3)** De todas las afirmaciones, la única que se cumple en lo que respecta tanto al espejo plano como al esférico es que ambos, en tanto que espejos, siempre reflejan en sus superficies la luz. Las demás afirmaciones son erróneas, ya que, por un lado, el producir imágenes simétricas es una característica exclusiva de los espejos planos y, por otra parte, dar una imagen de menor tamaño que el objeto, formar casquetes esféricos o ser convexos son propiedades de los espejos esféricos.

CAPÍTULO 3: Examen Diagnóstico

38. **(3)** La característica de los cuerpos opacos no es la de transformar la reflexión de la luz, sino el impedir que la luz pase.

39. **(5)** Fue en Gran Bretaña, en el año 1101, cuando el rey Enrique I introdujo la yarda como medida de longitud.

40. **(2)** La yarda equivale a menos de un metro.

41. **(3)** Todas las afirmaciones son correctas a excepción de la número (3) en cuanto que las medidas modernas son hoy mucho más precisas que las antiguas.

42. **(4)** El metro, la yarda, el pie y la pulgada son medidas de longitud, pero no el gramo.

43. **(2)** La gráfica tiene dos coordenadas que indican, una, la temperatura en grados centígrados, y la otra, el tiempo; la respuesta correcta es la número (2): como se puede apreciar en la parte de la derecha de la gráfica, a las once y media se registró la máxima temperatura de 14 grados.

44. **(2)** El índice más bajo de temperatura, unos 3 grados, se registró alrededor de la una.

45. **(1)** La curva indica que la temperatura se mantuvo estable entre 5 y 6 grados durante cuatro horas, concretamente entre las tres y las siete.

46. **(4)** Cuando la temperatura alcanzó los diez grados eran las once y media.

47. **(4)** Cada minuto, las válvulas del corazón se abren y cierran 80 veces.

48. **(5)** La afirmación número (5) es incorrecta en cuanto que la aurícula y el ventrículo izquierdo no tienen sangre venosa sino arterial.

49. **(3)** Las lesiones congénitas que afectan al corazón pueden ser adquiridas antes del nacimiento.

50. **(2)** El ventrículo izquierdo es una especie de cámara de presión cuya función es la de distribuir la sangre a todo el organismo.

Examen 4: Interpretación de la Literatura y de las Artes

1. **(3)** Pablo Neruda, en ese bello fragmento, no escribe acerca del idioma, o del vocabulario, sino que refleja la riqueza de expresión de la palabra española.

2. **(4)** Tal como el poeta chileno escribe sobre las palabras, parece como si vivieran.

3. **(3)** Los "bárbaros" a quienes alude el poeta son los conquistadores españoles.

4. **(2)** Neruda critica la conquista por parte de los españoles de América, por la destrucción y explotación que tuvo lugar, pero por otra parte, realza y agradece que los colonizadores trajeran el idioma español al Nuevo Mundo.

5. **(5)** Gabriel García Márquez, el gran escritor colombiano, nos confiesa en estas declaraciones que para él no es fácil escribir una página; requiere muchas horas para ello.

6. **(3)** El autor nos dice que él no sabe lo que es la literatura, que le hubiera gustado ser prestidigitador, que le agrada mucho el afecto de sus amigos, y que en veinte años tan sólo logró publicar cuatro libros; la respuesta correcta es la (3) en cuanto que afirma que tiene que someterse a una gran disciplina para poder escribir.

7. **(4)** García Márquez confiesa que prefiere no hablar de literatura.

8. **(4)** El autor nos dice que el mundo permanecería igual sin la literatura.

9. **(5)** Julio Cortázar se destaca como gran estilista del idioma.

10. **(2)** Según el texto, quiere decir una prosa revolucionaria, rompedora, pero con gran estilo y arte.

11. **(1)** El gran autor argentino nos dice que él no hace diferencias entre la realidad y lo fantástico; para él, lo fantástico procede siempre de lo cotidiano.

12. **(2)** La obra se refiere al mundo fantástico y real de un reloj.

13. **(2)** "Yerma" es lo opuesto a fecundo, abundante, fértil; significa "estéril".

14. **(4)** El autor quiere decir que Yerma no quería tener en sus brazos a un niño que no fuera su hijo.

15. **(3)** De forma metafórica, el gran poeta y dramaturgo andaluz, quiere decir que Yerma quería buscar la semilla, la vida, el hijo que tanto anhelaba.

16. **(1)** Aunque Yerma no tuvo hijos con Juan porque él no quería, al matar a su marido, Yerma, de forma simbólica, también mató a su propio hijo.

17. **(3)** La gran poetisa puertorriqueña expresa en su poema un deseo de caminar siempre hacia adelante.

18. **(1)** Julia de Burgos no nació en el seno de una familia adinerada sino humilde.

19. **(3)** A pesar de caminar hacia adelante sentía la huella moribunda del pasado.

20. **(2)** En su poema, la poetisa siente que quería caminar pero no quería mirar al pasado.

21. **(1)** En general, la poesía de Julia de Burgos es un bello canto a la universalidad y a la esperanza.

22. **(4)** El autor escribe sobre cómo la pintura moderna rompe con la figuración tradicional.

23. **(3)** Según el texto, el artista es una especie de mago.

24. **(2)** El poeta mexicano cita a dos pintores, Miró y Picasso. Con relación a este último comenta cómo su pintura ha sido muy variada y creadora.

25. **(1)** La obra de Miró, a pesar de que a primera vista parece la obra de un niño, es una pintura producto de una maduración artística.

26. **(5)** Lo importante en la fotografía es el "momento culminante", un instante que no tiene por qué coincidir con el momento real.

27. **(5)** Antes de 1973, su trabajo se relacionó mayormente con la fotografía de prensa.

28. **(4)** Requiere ese momento de concentración, de "contener la respiración", cuando todos los sentidos convergen ante la realidad fugaz.

29. **(4)** Cartier-Bresson pensaba que el fotógrafo tenía que pasar inadvertido y por tanto se puede apreciar en su obra la ausencia de su autorretrato; él mismo ha sido muy poco fotografiado.

30. **(3)** Aunque Douglass no fue nunca a la escuela, gracias a sus propios esfuerzos y a la señora de la casa quien le enseñó el alfabeto, empezó a dar sus primeros pasos educativos, pero fueron sobre todo los niños blancos, a quienes él convirtió en maestros, quienes le enseñaron finalmente a leer.

31. **(2)** La única razón era que los niños blancos podían avergonzarse de ello.

32. **(3)** El niño esclavo Douglass daba pan a los niños blancos pobres que le enseñaban a leer.

33. **(2)** Según el pasaje, había niños blancos que también eran pobres, como los esclavos, pero al menos gozaban de libertad; asimismo, el texto nos dice que la señora de la casa ayudó a Douglass en un principio ayudándole a a aprender el alfabeto: es decir, que de todas las afirmaciones, la correcta es la número (2) en cuanto que en aquel tiempo era una ofensa enseñarle a leer a los esclavos.

34. **(2)** A diferencia de los argumentos de las comedias que eran de agricultura, de cosas caseras y familiares, los argumentos de los autos de las tragedias eran de hechos militares, de guerras y grandezas de los reyes.

35. **(4)** El Inca Garcilaso de la Vega escribe en este pasaje de la riqueza poética de los amautas quienes eran también grandes expertos en la representación de comedias y tragedias.

36. **(3)** Los incas no vivían en México sino en la zona que comprende mayormente el Perú; los versos románticos eran cortos, y los amautas no eran sacerdotes necesariamente sino filósofos, poetas y dramaturgos; la respuesta correcta es, por tanto, la número (3): los oficiales y reyes premiaban a los buenos actores con joyas y otros objetos.

37. **(4)** La poesía inca era de versos sueltos.

38. **(3)** Rabindranath Tagore, el gran poeta de la India, fue sobre todo un escritor místico y poético.

39. **(5)** Aunque educado durante algunos años en Europa, la inspiración de Tagore tenía sus raíces en las viejas tradiciones orientales.

40. **(2)** El pájaro preso de este bello fragmento es una metáfora de la esclavitud.

Examen 5: Matemáticas

1. **(3)**
$$\begin{array}{r} 1{,}974 \\ +895 \\ \hline 2{,}869 \end{array}$$ *(respuesta)*

2. **(2)**
$$\begin{array}{r} 9{,}001 \\ -978 \\ \hline 8{,}023 \end{array}$$ *(respuesta)*

3. **(5)**
$$\begin{array}{r} 427 \\ \times\ \$.86 \\ \hline 2562 \\ 3416 \\ \hline \$367.22 \end{array}$$ *(respuesta)*

4. **(1)**
$$\begin{array}{r} .637 \\ \times\ \$5.07 \\ \hline 4459 \\ 31850 \\ \hline \$3{,}229.59 \end{array}$$ *(respuesta)*

5. **(4)** $\$31.358 = 31.36$ (redondeado a la centésima)

$$\begin{array}{r} 39\overline{)1{,}223} \\ -117 \\ \hline 53 \\ -39 \\ \hline 140 \\ -117 \\ \hline 230 \\ -195 \\ \hline 350 \\ -312 \\ \hline 38 \end{array}$$

Respuesta $31.36

6. **(3)** $34.75 (lo que gana María en un día de trabajo)
$\times\ 5$ (días que trabaja en la semana)
$173.75 *(respuesta)*

7. **(5)** 3 camisas a $12.99 cada una, es igual:
$$\begin{array}{r} \$12.99 \\ \times\ \ 3 \\ \hline \$38.97 \end{array}$$

2 corbatas a $4.50 cada una, es igual:
$$\begin{array}{r} \$4.50 \\ \times\ \ 2 \\ \hline \$9.00 \end{array}$$

$$\begin{array}{r} \$38.97 \\ +\ \$9.00 \\ \hline \$47.97 \end{array}$$ (total de la mercancía comprada por Carlos)

$$\begin{array}{r} \$50.00 \\ -\$47.97 \\ \hline \$2.03 \end{array}$$ (cantidad devuelta)

Respuesta: $2.03

8. **(4)** $923.0478 = $923.05 *(respuesta)*
Redondear al centavo más cercano, significa dejar dos cifras decimales después del punto; y como el tercer número a la derecha del punto decimal es 7, que es mayor de cinco, se le suma a cuatro y hace $923.05

9. **(1)** $20 \div 5 = 4$ y $20 \times \frac{1}{4} = 5$. De donde, la respuesta es 4, ya que $4 < 5$ (significa cuatro es menor que cinco).

10. **(2)** Si 2 cm = 60 km, 1 cm = 30 km, y $5\frac{1}{2}$ cm será igual a $5\frac{1}{2} \times 30 = 165$ km. También puede expresarse como una proporción:

$$\frac{2}{60} = \frac{5\frac{1}{2}}{x}, \text{ de donde:}$$

$$x = \frac{\overset{30}{\cancel{60}} \times 5.5}{\underset{1}{\cancel{2}}}$$

Respuesta: 165 km

11. (5) $18 \times \boxed{} = 270$ (producto)
  ↑   ↑
  (factor) (factor desconocido)

Dividiendo el producto 270 por el factor conocido 18, se obtiene el otro factor que es 15.

$$18 \overline{\smash{)}270} \quad \begin{array}{r} 15 \\ \hline \end{array}$$
$$\underline{-18}$$
$$90$$
$$\underline{-90}$$
$$0$$

12. (1) $1{,}081 \div \boxed{} = 23$
  ↑   ↑   ↑
  (dividendo) (divisor) (cociente)

En la division exacta, el dividendo es el producto de dos factores, que son el divisor y el cociente; por lo que dividiendo 1,081 por 23, se obtendrá el otro factor, llamado cociente.

$$23 \overline{\smash{)}1{,}081} \quad \begin{array}{r} 47 \\ \hline \end{array} \quad \text{(redondeado a la centésima)}$$
$$\underline{-92}$$
$$161$$
$$\underline{-161}$$
$$0$$

Respuesta: 47

13. (2) 2, 13, 24, 35, 46... Como esta serie está formada sumando 11, el próximo numero es 57 *(respuesta)*.

14. (5)
$$12\tfrac{3}{7}$$
$$23\tfrac{2}{7}$$
$$6\tfrac{1}{7}$$
$$+\ 8\tfrac{5}{7}$$
$$\overline{49\tfrac{11}{7}}$$

$\tfrac{11}{7} = 1\tfrac{1}{7}$ que sumado a 49 = $50\tfrac{4}{7}$ *(respuesta)*

15. (1)
$$\begin{array}{r} 93 \\ -68\tfrac{5}{9} \\ \hline \end{array} \qquad \begin{array}{r} 92\tfrac{9}{9} \\ -68\tfrac{5}{9} \\ \hline 24\tfrac{4}{9} \end{array} \text{ (respuesta)}$$

16. (4) $\dfrac{9}{\cancel{19}_1} \times \dfrac{\cancel{95}^{5}}{7} = 6\dfrac{3}{7}$ *(respuesta)*

17. (2) $120 \div \dfrac{2}{3} = \cancel{120}^{60} \times \dfrac{3}{\cancel{2}_1} = 180$ *(respuesta)*

Recuerde que para dividir fracciones, se cambia la division en multiplicación y se invierte la segunda fracción.

18. (3) La fórmula para calcular el interés es:

$i = \dfrac{ctr\,(\%)}{100}$ (capital × tiempo × tasa) (si el tiempo está dado en años)

1,200   (si el tiempo está dado en meses)

36,000   (Si el tiempo está dado en días)

En el ejemplo:

$i = \dfrac{9{,}000 \times 18 \times 12}{1{,}200} = 90 \times 18 = \$1{,}620.00$ *(respuesta)*

19. (2) $33 dividido por el precio de una libra de carne nos dará la cantidad de libras compradas.

$$2.75 \overline{\smash{)}33} = \qquad 275 \overline{\smash{)}3{,}300} \quad \begin{array}{r} 12 \\ \hline \end{array}$$
$$\underline{-275}$$
$$550$$
$$\underline{-550}$$
$$0$$

Respuesta: 12 libras

20. (5)

	(año)	(mes)	(día)
	1984	3	1
−	1969	1	15
=	1984	2	31
−	1969	1	15
	15 años	1 mes	16 días

(respuesta)

21. **(3)** La única expresión que es igual a 1 es $\frac{7}{7} = 1$; ya que $\frac{9}{-9}$ es igual a uno negativo (–1). *Respuesta*: $\frac{7}{7}$

22. **(5)** $\sqrt{25 \times 49}$ Extrayendo la raíz cuadrada dentro del signo radical, se obtiene $5 \times 7 = 35$ *(respuesta)*.

23. **(2)** 1 kilómetro = 1,000 metros. Luego, 43.5 km es igual a $43.5 \times 1{,}000 = 43{,}500$ m *(respuesta)*. (al multiplicar por 1,000 se eliminó el punto decimal del 43.5 y se añadieron dos ceros)

24. **(4)**

    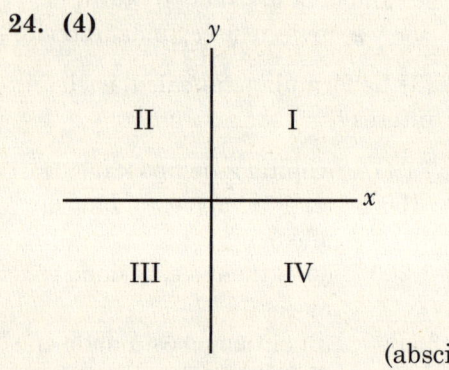

    (abscisa)

    Todos los puntos marcados en el tercer cuadrante tanto los marcados en x, como los marcados en y, son negativos. *Respuesta*: signo negativo.

25. **(1)** $.125 = 125/1{,}000 = \frac{1}{8}$ *(respuesta)*. Significa que se encuentran 125 en 1,000 ocho veces.

26. **(2)** Si $(R)(K) = 36$, R y K son factores de 36 (producto). También, $R = 4$; por lo tanto $K = \frac{36}{4} = 9$. Entonces $K(15) = 9(15) = 135$ *(respuesta)*.

27. **(3)** Si $(M)(N) = 0$, siendo cero el producto de dos factores, al menos uno de ellos tiene que ser cero; y como $M \neq 0$; la única alternativa possible es que N sea igual a cero. *Respuesta*: $N = 0$

28. **(1)** $560 (precio original) con descuento 20% = 20% de 560.

    $$\begin{array}{r} 560 \\ \times\ .20 \\ \hline \$112.00 \end{array}$$ (descuento)

    $$\begin{array}{r} 560 \\ -\ 112 \\ \hline \$448 \end{array}$$ (precio del televisor después de rebajarse el descuento)

    Respuesta: $448

29. **(2)** 1 milla = 1.61 kilómetros. Por lo tanto, 160 millas será igual a 160×1.61. Resolviendo 160×1.61:

    $$\begin{array}{r} 160 \\ \times\ 1.61 \\ \hline 160 \\ 960 \\ 160 \\ \hline 257.60 \end{array}$$ (el cero se puede eliminar)

    Respuesta: 257.6 km

30. **(4)**
    $$\frac{(2^5)(3^3)}{(2)^3(3)^2} = \frac{\overset{4}{\cancel{32}} \times \overset{3}{\cancel{27}}}{\underset{1}{\cancel{8}} \times \underset{1}{\cancel{9}}} = 12 \text{ (respuesta)}$$

31. **(4)** El ángulo t y el ángulo m son suplementarios, es decir, unidos miden 180°. Si $\angle t$ mide 38°, $\angle m$ es igual a $180 - 38° = 142°$ (medida).

32. **(3)** Si el radio de un círculo mide 12.5, debido a que el diámetro es dos veces el radio, su valor será: $12.5 \times 5 = 25$ (diámetro). *Respuesta*: 25.

33. **(3)** $\angle 3 = \angle 5$ (por alternos internos)
    $\angle 5 = 61°$ (por ser igual al $\angle 3$)
    $\angle 5 + \angle p$ (son suplementarios)

    De donde $\angle p = 180° - 61° = 119°$ *(respuesta)*.

CAPÍTULO 3: Examen Diagnóstico

34. (2) El perímetro de un cuadrado es igual al producto de uno de sus lados por 4. Si uno de sus lados mide 13.5 cm, su perímetro medirá: $57.5 \times 4 = 54$ cm *(respuesta)*.

35. (3) Área del rectángulo = largo × ancho
$18.25 \times 10 = 182.5$ cm^2 *(respuesta)*

36. (5) Si aplicamos la fórmula del volumen del cilindro, $V = \pi R^2 h$, tenemos: $V = 3.14 \times (7.2)^2 \times 42$.

```
     7.2
  ×  7.2
     144
    504
   51.84

    51.84
  ×  3.14
    20736
    5184
   15552
  162.7776

  162.7776
  ×     42
   3255552
   6511104
  6836.6592
```

Respuesta: 6836.66 cm^3 (redondeado a la centésima más cercana)

37. (2) La circunferencia tiene 360° y el ángulo $LON = 47°$. El ángulo E es igual a $360° - 47° = 313°$ *(respuesta)*.

38. (3) desayuno: $2.00
almuerzo: 3.50
cena: 4.50
$10.00 *(respuesta)*

39. (4) El volumen de un cubo se calcula multiplicando la arista tres veces por sí misma. En este caso: $12 \times 12 \times 12$, es decir, 12^3
$12 \times 12 = 144$, y $144 \times 12 = 1,728$
Respuesta: 1,728 cm^3

40. (1) Los ángulos suplementarios son los que al sumarse miden 180°. El suplemento de un ángulo de 37° es $180° - 37° = 143°$ *(respuesta)*.

41. (2) $x + 9 + 4x = 94$
$5x = 94 - 9$
$5x = 85$
$x = \frac{85}{5}$
$x = 17$ *(respuesta)*

42. (5) $\frac{w}{11} + 5 = 14$
$\frac{w}{11} = 14 - 5$
$\frac{w}{11} = 9$
$w = 9 \times 11$
$w = 99$ *(respuesta)*

43. (3) $\frac{6k}{7} - 4 = 38$
$\frac{6k}{7} = 38 + 4$
$\frac{6k}{7} = 42$
$6k = 42 \times 7$
$6k = 294$
$k = \frac{294}{6}$
$k = 49$ *(respuesta)*

44. (1) $(-15)(8) = -120$ *(respuesta)*
(Un factor negativo multiplicado por un factor positivo da un producto negativo.)

45. (4) $x^2 - 11x + 24 = (x - 8)(x - 3)$
Esta respuesta se comprueba así:
$(-8)(-3) = 24$ (término independiente del trinomio) $-8 + -3 = -11$ (coeficiente numérico del segundo término) *Respuesta:* $(x - 8)(x - 3)$

46. (2)

$$\frac{50 \text{ tamales}}{6 \text{ libras}} = \frac{x}{15 \text{ libras}}$$

$$x = \frac{50 \times 15}{6} = 125 \text{ tamales } (respuesta)$$

47. **(1)** El tocadisco se vende en
 100% − 12.5% = 87.5%

 $$\begin{array}{r} 280 \\ \times\ .875 \\ \hline 1400 \\ 1960 \\ 2240 \\ \hline 245000 \end{array}$$ 87.5% = .875

 = $245.00 *(respuesta)*

48. **(1)** El capital es igual a
 15,000 × 8 = 120,000

 $$\begin{array}{r} 120,000 \\ -\ 15,000 \\ \hline 105,000 \end{array}$$ que dividido entre 5 es igual a $21,000 a cada uno *(respuesta)*

49. **(3)** perímetro =
 (30 + 20) × 2 = 50 × 2 = 100
 .85 × 100 = 85
 85 + 75 = $160.00 *(respuesta)*

50. **(4)**
 $$\begin{array}{ccc} 11.59 & 23.45 & 2.89 \\ \times\ \ 5 & \times\ \ 3 & \times\ \ 18 \\ \hline 57.95 & 70.35 & 2312 \\ & & 289 \\ & & \overline{52.02} \end{array}$$

 $$\begin{array}{r} 57.95 \\ 70.35 \\ +\ 52.02 \\ \hline 180.32 \end{array}$$

 $$\begin{array}{r} 180.32 \\ \times\ 0.06 \\ \hline 10.8192 \end{array} = \$10.82$$
 (impuesto de New Jersey)

 $$\begin{array}{r} 180.32 \\ +\ 10.82 \\ \hline \$191.14 \end{array}$$ (total incluyendo el impuesto)

PARTE III
REPASO DE TEMAS

CAPÍTULO 4   Expresión Escrita

CAPÍTULO 5   Estudios Sociales

CAPÍTULO 6   Ciencias

CAPÍTULO 7   Interpretación de la Literatura y de las Artes

CAPÍTULO 8   Matemáticas

Expresión Escrita

RESUMEN

- Ortografía práctica
- Formas y usos gramaticales: Lo esencial de la gramática española
- Coordinación de frases y oraciones
- Orden lógico y gramatical
- Pruebas de práctica: Expresión Escrita
- Hoja de respuestas: Pruebas de práctica: Expresión Escita
- Respuestas explicadas a las Pruebas de Práctica
- Glosario de términos gramaticales
- La composición en el Examen GED

La lengua es un sistema de comunicación, entre tantos otros inventados por el ser humano. Cuando vamos por la carretera y nos encontramos con una señalización, podemos leer sin palabras un mensaje. La luz verde nos dice que pasemos; la luz roja, que paremos; la luz amarilla, que pasemos con cuidado.

En cualquier sistema o código de señales, sea lingüístico o no, lo esencial es una transferencia de información. La información es el significado de las señales. Las palabras son señales. Para que la información sea correcta, las palabras y las frases que formamos con ellas, tienen que ser precisas. Esto es lo que aprendemos cuando nos enseñan a leer y escribir.

Leer y escribir no es lo mismo que hablar. A hablar aprendemos naturalmente en el medio en que vivimos. A excepción de los que tienen impedimentos físicos (los sordomudos, por ejemplo), toda persona habla la lengua del país en que se ha criado. En cambio, aprender a leer y escribir requiere de un proceso de aprendizaje que por lo general se emprende en la escuela.

Hay millones de personas perfectamente normales, sanas e inteligentes, que no saben leer ni escribir la lengua que hablan. En algunos países, el porcentaje de los llamados analfabetos o iletrados llega al ochenta o noventa por ciento. Esto constituye una tragedia comparable al hambre y la falta de instalaciones higiénicas y sanitarias básicas. El analfabeto carece de medios de comunicación para desarrollarse en las sociedades avanzadas, como la nuestra, en las que la expresión escrita es tan importante como la expresión oral.

El texto que sigue tiene por objeto facilitar la práctica del estudiante en la expresión que exige la prueba del GED. Con este fin, el texto se ha dividido en las siguientes secciones prácticas que pueden estudiarse en el orden más conveniente para cada uno:

- Ortografía
- Formas y usos gramaticales
- Coordinación de frases y oraciones
- Orden lógico y gramatical
- Ejercicios prácticos
- Respuestas explicadas
- Glosario de términos gramaticales

Advertencia importante: El estudiante no tiene que saber de memoria el material que aquí se presenta, sino entenderlo y familiarizarse con él mediante la práctica, de tal manera que en el examen pueda *identificar rápidamente los errores de redacción* y elegir consecuentemente la forma correcta. El *Glosario de términos gramaticales* es, como el diccionario, una obra de consulta. Utilícelo sólo cuando lo necesite en caso de duda. A escribir se aprende escribiendo, como a hablar, hablando, y a andar, andando.

CAPÍTULO 4: Expresión escrita

ORTOGRAFÍA PRÁCTICA

La técnica de redacción comienza con la ortografía. La ortografía es lo que llamamos *spelling* en inglés. También traducimos esta palabra inglesa como "deletrear". En español tenemos menos necesidad de deletrear que en inglés. La razón es muy sencilla: en español la mayoría de las palabras se escriben como suenan, aunque desafortunadamente no todas.

Tanto en español como en inglés hay palabras que suenan de la misma manera, aunque se escriben diferente. Por ejemplo, *haya* y *halla*. En algunas partes de España, especialmente en algunos lugares de Castilla la Vieja, estas palabras se pronuncian distinto. Sin embargo, en otras regiones de la península, en las islas Canarias y en América, se pronuncian igual. ¿Cómo distinguirlas cuando se escriben? Pues bien, para esto sirven las reglas y observaciones prácticas de ortografía. Las reglas son una ayuda; lo importante, sin embargo, es la práctica.

Regla 1: Aprenda bien el nombre correcto de las letras según las normas de la Academia.

El nombre de las letras en castellano es el siguiente:

a,	be,	ce,	che,	de,	e,	efe,	ge,	hache,	i,	jota,	ka,	ele,	elle,	eme,
a	b	c	ch	d	e	f	g	h	i	j	k	l	ll	m

ene,	eñe,	o,	pe,	cu,	ere,	ese,	te,	u,	uve,	uve doble,	equis,	i griega,	zeta.
n	ñ	o	p	q	r	s	t	u	v	w	x	y	z

Se puede decir *ere* o *erre*; *uve* o *ve*, *uve doble* o *doble ve*; *veta* o *zeta*.

La *ch* y la *ll* son dígrafos, letras dobles que forman un sonido. Por eso no se separan nunca, ni se escriben con mayúscula ambas, sino sólo la primera. *Ejemplo:* Llama, Charo.

Las letras a, e, i, o, u son *vocales*; las demás son *consonantes*. La letra *y* puede ser vocal y consonante.

Las letras a, e, o, son vocales *fuertes*, i (y), u son vocales *débiles*.

La combinación de vocales fuertes y débiles o de dos débiles en una misma sílaba se llama diptongo (dos) o triptongo (tres). *Ejemplo:* hacia, instruir, buey.

Ejercicios:

Instrucciones: Escriba al margen el nombre de las siguientes letras.

z _____   w _____   r _____

y _____   u _____   ch _____

x _____   k _____   ll _____

> Escriba seis palabras con diptongo.

_____   _____   _____

_____   _____   _____

Regla 2: b, v, w

La *be* y la *uve* se pronuncian igual tanto en España como en América, pero se escriben distinto.

Los hispanohablantes que viven en países de habla inglesa deben tener especial cuidado con las palabras que se escriben con uve en inglés y con be en castellano o a la inversa. Lo mismo ocurre con otras palabras que llevan *doble uve, hache, che,* etc. *Ejemplos:*

automóvil (automobile)	vagón (wagon)
caballería (cavalry)	venda (bandage)
gobierno (government)	arpa (harp)
movilización (mobilization)	habilidad (ability)

Algunas palabras cambian de sentido según se escriben con *be* o con *uve. Ejemplos:*

revelar = descubrir	rebelar = sublevar
savia = jugo del árbol	sabia = mujer inteligente
vello = pelo	bello = hermoso
votar = dar el voto	botar = arrojar o echar al agua
vasto = extenso	basto = grosero, rudo

Aunque la *uve doble* se admite en castellano, sólo aparece en nombres extranjeros que a veces se también se escriben con *uve. Ejemplo:* vagón, vals y vatio en lugar de wagon, waltz y watt, respectivamente.

Ejercicios:

> **Instrucciones:** Escriba al margen la forma correcta de las siguientes palabras en las que entran la *b* o la *v*.

abrasar_____   inmóvil_____

absorber_____   fábula_____

aljive_____   desbán_____

baúl_____   embestir_____

avstemio_____   obario_____

cambiar_____   jorova_____

billar_____   querubín_____

CAPÍTULO 4: Expresión escrita

bisiesto _____   caramba _____

invécil _____   rábano _____

exhibición _____   oveso _____

Advertencia importante: Si tiene dudas, consulte la Lista de palabras de ortografía dudosa en la página 99.

Regla 3: c, s, z

En la mayoría de las regiones de habla española, particularmente en América, no se distingue la pronunciación de la ese, la ce y la zeta y de ahí los errores que se cometen con frecuencia al escribir las palabras que llevan estos sonidos.

La *ce* suena como *ka* antes de a, o, u y como *zeta* antes de e, i. *Ejemplos:* caja, cojo, curva, cerca, ciego.

Antes de e, i, casi siempre se escribe *ce*, no *zeta*. Son pocas las excepciones y poco usadas. *Ejemplos:* zéjel (poema), zeta, zenit, zigzag, eczema.

Ejercicios:

> **Instrucciones:** Escriba al margen la forma correcta de las siguientes palabras en las que entran la *c*, la *s*, la *x* o la *zeta*. Recuerde que la pronunciación es una mala guía.

coser _____   siervo _____

cocer _____   sigüeña _____

cuenca _____   carraspera _____

cuáquero _____   complesión _____

dieciséis _____   sutano _____

fasista _____   zanahoria _____

calsetín _____   sarsillos _____

circular _____   servilleta _____

ciervo _____   sordomudo _____

yacer _____   trenzas _____

zambullirse _____ sisar _____

visera _____   visa _____

Regla 4: g, j

Los sonidos de la *ge* y la *jota* antes de e, i son idénticos. Así decimos *gente* y *gira*; *herejía* y *hereje*.

Para que la *ge* suene antes de e, i como suena antes de a, o, tenemos que intercalar una u. *Ejemplos:* guerra, guitarra.

Por otro lado, si queremos que suene la u entre *ge* y e, i, se escriben sobre ella dos puntos llamados diéresis. *Ejemplos:* vergüenza, pingüino.

Ejercicios:

> **Instrucciones:** Escriba al margen la forma correcta de las siguientes palabras en las que entran la *g* o la *j*. Tenga presente que algunas llevan diéresis.

cirugía _____	jabalina _____
cirujano _____	vergüenza _____
afligir _____	gipijapa _____
aflijo _____	interjección _____
gelatina _____	Méjico _____
antigüedad _____	jiba _____
guerra _____	ingertar _____
ojear _____	guitarra _____
jilguero _____	guayaba _____
jerga _____	gazpacho _____

Regla 5: h

La hache nunca se pronuncia en español, pero en algunos pueblos de España y América, particularmente en provincia, todavía se pronuncia como *ge* o *jota*. *Ejemplos:* jacha en vez de acha, por *hacha*; güerta en vez de uerta, por *huerta*.

Los problemas de ortografía de la hache se deben en gran parte a estas dos características: ser muda en teoría y pronunciarse aspirada, como *jota* o *ge*, antes del diptongo *ue* en ciertos medios rurales.

Se escriben con *hache* las palabras que empiezan con el diptongo *ue* (hueso, hueco) y en medio de la palabra cuando va precedida de una vocal. *Ejemplo:* parihuela.

CAPÍTULO 4: Expresión escrita

Ejercicios:

> **Instrucciones:** ¿Se escriben con o sin *hache*? Escriba al margen la forma correcta de las siguientes palabras.

¡a! _____   halagüeño _____
alcol _____   güerta _____
harpa _____   jacha _____
asta _____   jase _____
aúlla _____   jasienda _____
exibición _____   ijo _____
desonesto _____   ¡uy! _____
¡hala! _____   güevo _____
hallá _____   güérfano _____

Consejo práctico: Los estudiantes pueden dictarse mutuamente ésta u otras listas de palabras. Una grabadora puede cumplir la misma función.

Ejercicios:

> **Instrucciones:** Consulte la *Lista de palabras de ortografía dudosa.* Tome dictado de las que llevan *hache* al principio o en medio de palabra.

Regla 6: ll, y

El *yeyeo* es cada vez más común en todos los países de habla hispana y dondequiera que se da este fenómeno no hay manera de saber de antemano cuándo el sonido que representa se escribe con *elle* o con *i griega*. La regla en este caso es la práctica.

Como en el caso de la *be* y la *uve,* hay palabras que cambian de sentido según se escriban con *ll* o con *y. Ejemplos:*

    arrollo, de arrollar   arroyo, corriente de agua
    halla, de hallar   haya, árbol
    pollo, de ave   poyo, asiento de piedra
    olla, recipiente   hoya, de hondonada

La *Lista de palabras de ortografía dudosa* ilustra otros ejemplos.

Ejercicios:

> **Instrucciones:** ¿Se escriben con *elle* o con *i griega*? Escriba al margen la forma correcta de las siguientes palabras. Si tiene dudas, consulte la Lista de palabras de ortografía dudosa. No se fíe de la pronunciación. *Haya* y *halla* se pronuncian igual, pero se escriben distinto.

yama _____	vajilla _____	fayo _____
llaga _____	mullir _____	fayar _____
yanta _____	pabeyón _____	abllecto _____
yave _____	patruya _____	ahuyentar _____
llegua _____	payas _____	arrollo _____
yerno _____	pellizco _____	cerilla _____

Regla 7: m, n

El sonido de la *eme* y *ene* antes de *be, pe, efe* y *uve* es muy parecido.

Se escribe *eme* antes de *be* y *pe*. *Ejemplos:* embarque, empate.

Se escribe *ene* antes de *efe* y *uve*. *Ejemplos:* confusión, invitar.

También se escribe *ene* antes de *eme*. *Ejemplos:* inmediato, inmóvil.

Se escribe *eme* antes de *ene*. *Ejemplos:* alumno, columna. *Excepciones:* innoble, circunnavegación.

Ejercicios:

> **Instrucciones:** Escriba la forma correcta de las siguientes palabras. Fíjese bien en las reglas y excepciones a la regla. Consulte la Lista de palabras de ortografía dudosa, especialmente las que comienzan con *in*.

amnistía _____	desembuchar _____
inmóvil _____	complexión _____
embalaje _____	inmolar _____
circunvalación _____	embestir _____
innoble _____	columna _____
reenplazar _____	circunnavegar _____
commoción _____	imbécil _____
innato _____	imnegable _____
imquilino _____	lomgevidad _____

CAPÍTULO 4: Expresión escrita

Regla 8: r, rr

Use siempre una sola *ere* al principio de palabra y en la palabra cuando vaya precedida de *ele, ene* o *ese*. *Ejemplos:* Ulrico, honra, Israel.

En las palabras compuestas se suele duplicar la *ere*. *Ejemplos:* pararrayos, contrarreforma. *Excepciones:* subrayar, hispanoromano.

Ejercicios:

Instrucciones: ¿Se escriben con una o dos *erres*? Escriba la forma correcta al margen.

razón _____   hispanoromano _____
corazón _____   contrareforma _____
ahorrar _____   carraspera _____
arduo _____   hierro _____
barrullo _____   honrado _____
berinche _____   isrraelita _____
contrarevolución _____   rreacción _____
carácter _____   recambio _____
subrrayar _____   pararayos _____

Regla 9: x, s

La *equis* suena como *ese* antes de consonante. *Ejemplos:* expiar, espiar. Sólo la práctica nos enseña a escribirla correctamente. *Ejemplos:* examen, axioma, reflexión, escaso, estricto, espectacular.

México, Xérez, Xavier, Ximena se pueden escribir con *equis* o con *jota*. Los mexicanos prefieren la *equis*; los jerezanos, la *jota*.

Ejercicios:

Instrucciones: ¿Se escriben con *equis* o con *ese*? Escriba al margen la forma correcta de las siguientes palabras.

examen _____   sesto _____   escéntrico _____
axioma _____   seso _____   estreñido _____
estricto _____   sexo _____   extraer _____
escaso _____   espiar _____   esesivo _____

PARTE III: Repaso de temas

Ejercicios de repaso general: El nombre de las letras, los diptongos y triptongos y la ortografía

> **Instrucciones:** En el presente ejercicio se incluyen casos de todas las reglas anteriores. Si tiene dudas, consulte la Lista de palabras de ortografía dudosa en este texto. Si no encuentra la palabra que busca, consulte un diccionario. *La consulta frecuente del diccionario es esencial para aprender a escribir correctamente.*

ll = doble ele _____
ch = ce hache _____
ch = che _____
v = ve _____
w = doble ve _____
y = ye _____
z = zeta _____
r = erre _____
automóvil _____
habíais _____
venían _____
hacia _____
huida _____
fluido _____
buey _____
instruir _____
revelar _____
botar _____
wagon _____
vasto _____
caballería _____

imbécil _____
gobierno _____
zéjel _____
mobilización _____
enema _____
harpa _____
kaja _____
banda _____
siego _____
benda _____
seta _____
abilidad _____
zeta _____
rebelar _____
halla _____
savia _____
allá _____
bello _____
escaso _____

> Para aprender a escribir correctamente una palabra, es útil conocer su significado. Escriba frases completas con cada una de las palabras siguientes:

querubín _____
desván _____
seta _____
hereje _____
arrollo _____
arroyo _____

CAPÍTULO 4: Expresión escrita

cirugía _____

cirujano _____

obeso _____

vello _____

excéntrico _____

extremo _____

extremidades _____

payaso _____

pabellón _____

yegua _____

mullir _____

pollo _____

poyo _____

olla _____

hoya _____

haya _____

jerga _____

axioma _____

Lista de palabras de ortografía dudosa

La lista que sigue contiene palabras que suelen escribirse con faltas de ortografía debido a que son excepciones a la regla general o a que suenan igual, pero se escriben diferente.

La mayoría de los errores ortográficos se deben a una mala pronunciación (*abuja* en vez de *aguja*; *güeco* en vez de *hueco*) y al contacto del hispanohablante con lenguas extranjeras.

La práctica y el uso constante del diccionario son indispensables para adquirir una buena ortografía.

Se recomienda practicar el siguiente ejercicio: tomar dictado de las palabras que aquí se listan con la ayuda de un familiar, un compañero de clase o una grabadora; comparar el trabajo con la lista, y señalar con una X los errores; y por último, escribir de cinco a diez veces las palabras incorrectas después de investigar en qué consiste y a qué se debe el error de ortografía.

Se escriben separado:

a menudo	ante todo	de sobra	en medio
a pesar	de balde	de veras	en seguida
a través	de pie	en balde	por supuesto
a veces	de seguida	en cuanto	sobre todo

Se escriben junto:

acerca	aprisa	guardacostas	parabién
aparte	asimismo	malcriado	vicecónsul
apenas	enhorabuena	mediodía	viceversa

Las palabras siguientes cumplen algunas de las reglas estudiadas y las de acentuación:

A

abrasar	aceptar	ahogar	arroyo
abrazar	acción	ahorrar	asta
abrogar	actriz	ahuyentar	aúlla
abrupto	adherir	alioli	aviar
absceso	afligir	alcohol	ávido
absolver	aguja	aljibe	avispa
absorber	¡ah!	amnistía	¡ay!
abstemio	ahí	arduo	
abuelo	ahínco	arpa	
abyecto	ahíto	arrollo	

B

barahúnda	berenjena	bisabuelo	boina
barullo	berrinche	bisiesto	botar
baúl	bifurcación	bisturí	brío
bazofia	billar	biznieto	buzón

C

cachivache	caucho	circunvalar	cónyuge
calavera	caviar	cirugía	coñac
calcetín	cayó	cobijar	coraje
calló	caza	cocer	corrección
carabela	centena	cohete	coser
carácter	cerilla	cohibir	crujir
caracteres	cesión	cojín	cuáquero
carey	cidra	columna	cuenca
carraspera	ciervo	complexión	cuota
casa	cigüeña	conmoción	

D

de	desembuchar	desmayarse	dictamen
dé	deshielo	desván	dieciséis
desayuno	deshonesto	deuda	

E

¡eh!	envejecer	estreñido	exhibición
el	ermita	estribillo	exhortar
él	errar	etcétera	expropiar
embalaje	erupción	excavación	extraer
embestir	esotérico	excéntrico	
enclavar	estáis	excepción	
energía	estéis	excesivo	

F

fábula	fallo	fingir
faccioso	fascista	fluido
falange	fiáis	flexión

G

gabardina	gelatina	grecorromano	guitarra
garaje	gendarme	grúa	
garbanzo	gentil	guayaba	
gazpacho	gimnasia	guerra	

H

haba	halla	hielo	huerta
habilidoso	hasta	hierba	huésped
hablaríais	haya	hierro	huevo
hacienda	hebilla	himno	huida
¡hala!	herir	hipnotizar	husmear
halagar	herbívoro	hojear	¡huy!
halagüeño	hiel	huérfano	

I

íbero	iguana	inmolar	instalar
iberoamericano	imagen	innato	interjección
imbécil	inhábil	innegable	irreligioso
ídem	injertar	innovación	istmo
ignorancia	inmóvil	inquilino	

J

jabalina	giba	jirón	juvenil
jefe	jilguero	joroba	juzgado
jerarquía	jilote	joya	
jerga	jineta	juicioso	
jeringa	jipijapa	jurisdicción	

K

kilogramo	kilométrico

L

lavativa	lejía	lisonjero	longevidad
laxante	ligero	litigio	

Ll

llaga	llama	llanta	llave

M

madrastra	maíz	mellado	mohoso
magnesia	más	mi	móvil
mahometano	mejilla	mí	mugir

N

navío	novato	nupcial

O

obeso	ojear	orfandad	ovario
obvio	opción	osamenta	oxígeno
ojal	oquedad	oval	

P

pabellón	payaso	perenne	prerrogativa
padrastro	peluquería	paria	prohibición
país	pellizco	plagio	púa
países	perjuicio	precaver	
patrulla	perejil	prejuicio	

Q

quechua	quincallería	quimono	quirúrgico
querubín	quiosco	quiromancia	quizá

R

rábano	reemplazar	reír	ríen
raída	reflexión	reloj	río
raíl	régimen	reúma	roído
raíz	rehabilitar	riada	
reacio	rehén	riáis	
recambio	rehusar	ribera	

S

saliva	sexto	sí	sordomudo
salvajismo	sisar	solo	
servilleta	sito	sólo	
sexo	si	sonreír	

T

tahona	tejer	transeúnte	tubería
te	temíais	traducción	tubular
té	toalla	trébol	turbina
tecnología	tóxico	trivial	

U

ubicuidad	úlcera	uva
ujier	ungüento	

V

vajilla	vaya	veracidad	viuda
válvula	vejiga	verraco	voltaje
valla	velludo	verruga	votar
vaquero	vendaje	vio	
verbena	vendaval	virar	
vaselina	veintiuno	visera	

Y

yacer	yegua	yerro	yodo

Z

zafiro	zanahoria	zurcir
zambullirse	zarcillos	zutano

Nota: El conocimiento del significado de las palabras facilita la ortografía. Se recomienda escribir frases completas con las palabras cuyo significado se desconozca. *Ejemplo:* "*zafiro:* Piedra preciosa generalmente de color azul, aunque existe un zafiro blanco".

SEPARACIÓN DE SÍLABAS

La separación silábica se practica al final de renglón cuando no hay espacio suficiente para escribir la palabra completa.

Las palabras se separan en sílabas de manera distinta en español e inglés. *Ejemplos:*

ab-rupt	ab-er-ra-tion	ab-o-rig-i-nal
a-brup-to	a-be-rra-ción	a-bo-ri-gen

Las sílabas se forman por lo menos con una vocal; en estos casos, la vocal se considera como una sílaba por sí sola.

Recuerde que los *diptongos* se forman por la combinación de una vocal fuerte y una débil o dos vocales débiles en una misma palabra. Los *triptongos* se forman por la combinación de dos vocales débiles y una fuerte con la vocal fuerte siempre en medio. *Ejemplos:* miau, buey.

La *hache* que se escribe entre las vocales de diptongos y triptongos no los disuelve, pero el acento sobre la débil, sí. Esto es importante al separar en sílabas. *Ejemplos:* ahu-ma-do, ra-íz.

Reglas generales básicas

1 Cuando hay una sola consonante en la sílaba, se escribe con la vocal siguiente. *Ejemplo:* bo-ni-to

2 Cuando hay dos consonantes, una se escribe con la primera y la otra con la segunda vocal. *Ejemplo:* a-bier-ta.

3 *Excepción* a la regla anterior: En la combinación de *p, b, c, g* y *f* con *l* o *r*, las dos consonantes se escriben con la vocal siguiente. *Ejemplos:* cri-sis, gra-no, a-mi-ga-ble.

4 Cuando hay tres consonantes, las dos primeras se escriben con la vocal que les precede y la tercera con la que sigue. *Ejemplo:* cons-pi-ra-ción.

5 Las consonantes *ch, ll* y *rr* nunca se separan.

6 Las vocales no se deben dejar solas al principio ni al final de renglón.

Ejercicios:

> **Instrucciones:** Lea atentamente las reglas. Recuerde que en inglés y español las palabras se separan en sílabas de manera distinta. Recuerde también que al final de renglón es necesario separar en sílabas. Separe con un guión las siguientes palabras según el ejemplo de la primera línea.

diptongo _dip-ton-go_　　　　　　angustia _____

triptongo _____　　　　apreciáis _____

aberración _____	continua _____
bonito _____	perspicaz _____
ahumado _____	crisis _____
raíz _____	ganado _____
maíz _____	grano _____
fluido _____	amigable _____
suave _____	conspiración _____

PUNTUACIÓN Y USO DE MAYÚSCULAS

Se usa punto (.)

1. Para concluir una frase o idea completa. *Ejemplo:* Vino y nos dio la noticia. Nunca más supimos de él.

2. En las abreviaturas. *Ejemplo:* El Sr. Pérez y el Dr. Fernández acompañaron al Rev. Martínez hasta la iglesia.

Cabe mencionar la diferencia entre abreviatura y símbolo. Los símbolos (unidades de peso y medida, elementos químicos, monedas, etc.) se escriben sin punto, no llevan acentos y carecen de plural.

El punto puede ser *seguido* o dentro de oración, *aparte* o final de oración o *final* para terminar el escrito.

Se usa coma (,)

1. En las enumeraciones. *Ejemplo:* La casa era grande, alegre, blanca y soleada.

2. Para separar oraciones gramaticales. *Ejemplo:* Salieron al despuntar del alba, poco antes de que Paco llegara.

3. Cuando nos dirigimos a una persona directamente. *Ejemplo:* Por favor, Juan, estáte quieto.

4. Cuando se interrumpe la frase para intercalar una aclaración. *Ejemplo:* Mi amigo Juan, genio extraño, me dijo algo increíble.

5. Al final del saludo en las cartas. *Ejemplo:* Un abrazo,

6. Las expresiones *sin embargo, en fin* y otras semejantes se escriben entre comas cuando van intercaladas en la oración. *Ejemplo:* La mujer, sin embargo, siguió su camino.

Note que "las dos comas" al principio y final de la palabra o frase, se dan siempre cuando la frase o palabra va intercalada.

Se usa punto y coma (;)

❶ En frases muy largas divididas por varias comas. *Ejemplo:* Y así fuimos, pues, pasando de unos a otros, sin mayor inconveniente, hasta llegar a él; gracias a que no nos vieron, pudimos salvarle.

❷ Antes de *pero*, *mas* y *aunque* cuando la oración es larga; si es corta, se escribe con coma.

Se usan dos puntos (:)

❶ Para desarrollar, explicar o aclarar lo que se acaba de decir. *Ejemplo:* Todo estuvo a punto: la bebida, la comida, la música.

❷ Para introducir una cita literal. *Ejemplo:* Un importante escritor ha dicho: "Un diente vale más que un diamante".

Se usan puntos suspensivos (...)

❶ Para indicar la oración incompleta. *Ejemplo:* Sí, es bueno, pero...

❷ Para indicar sentido de suspensión, duda o ironía. *Ejemplo:* Se puso hecho una furia y... de ahí no pasó.

Para indicar omisión de palabras en un texto que se copia literalmente entre comillas. *Ejemplo:* "Nos, los inquisidores, por la gracia de Dios (...) hacemos saber...".

Se usan signos de interrogación (¿?) y admiración (¡!)

❶ Al principio y al final de una palabra u oración. *Ejemplo:* ¿Volverás? ¡Qué alegría! ¿Desde cuándo no vienes a la fiesta de San Pedro?

❷ Si la pregunta es exclamativa, se escribe con signo de admiración al principio y de interrogación al final o viceversa. *Ejemplo:* ¡Qué pasa? ¡Quiénes son estos bandidos? ¿Qué justicia es ésta!

❸ No se escribe punto después del signo de interrogación o admiración. Es incorrecto escribir lo siguiente: ¿Cuándo llegaste?.

Se usan paréntesis ( )

Para intercalar palabras, números o frases incidentales al sentido del texto. *Ejemplos:* Sería por las mismas fechas (c. 1584) cuando se publicó el segundo edicto.

Se usan comillas (" ") y corchetes [ ]

Para introducir citas textuales. Si se intercala algo no escrito en el texto, se pone entre corchetes o paréntesis cuadrados. *Ejemplo:* "A este tiempo [cito la edición infantil] llamaron a la puerta". Cervantes.

CAPÍTULO 4: Expresión escrita

Se usa guión (-)

1 Al final de renglón para indicar que la palabra continúa en el renglón siguiente.

2 Para unir algunos elementos de nueva formación. *Ejemplo:* lección teórico-práctica.

Se usa raya (—)

1 Al principio de renglón para indicar el cambio de interlocutor en el diálogo.
Ejemplo: —¡Cómo! ¿Tan temprano por aquí?
           —Es que voy de viaje.
           —¿Otra vez?

2 Dentro de la oración para indicar la persona que habla. *Ejemplo:* "Un humilde asno —dijo el cura— es el héroe de esta historia".

Se usa diéresis o crema (¨)

En las sílabas *güe, güi* para indicar que se debe pronunciar la *u*. *Ejemplo:* argüir, ungüento.

EJERCICIO GENERAL DE PUNTUACIÓN

> **Instrucciones:** Puntúe el texto siguiente y escriba mayúsculas según sea necesario.

el viaje alrededor del mundo duró cinco años durante el mismo darwin acumuló una enorme colección de observaciones botánicas, zoológicas y geológicas que constituyeron las bases de sus trabajos posteriores en 1859 apareció su obra más importante el origen de las especies que a pesar de las polémicas que promovió obtuvo un éxito resonante modificando la biología e influyendo en el pensamiento teológico, antropológico y social de su tiempo

> Ponga signos de interrogación, exclamación, paréntesis, comillas y diéresis donde sean necesarios.

Cómo es posible que haya usted pensado eso. Yo soy un hombre de bien dijo el campesino. A lo que respondió el capataz con el látigo en la mano. En tu vida has hecho nada bueno Y le tiró un trallazo que le cruzó la cara de arriba a abajo. El brasero dio un grito que más bien parecía un aullido y, al caer sin sentido en el suelo, pensó en las últimas palabras que le dijera el maestro sin educación serás siempre un esclavo. A pesar de eso

_____
_____
_____
_____
_____
_____
_____
_____
_____
_____
_____
_____

Se escribe con mayúscula

1. La primera letra de una oración. Si la consonante es doble, se escribe con mayúscula sólo la primera letra del compuesto. *Ejemplos:* Llamamos y nos abrieron enseguida. Chinchilla era su nombre.

2. Los nombres propios y de compañías. *Ejemplos:* Bolívar, José, América, España. El Fénix Español, Escuela de Comercio.

3. La primera palabra después de dos puntos, si la cita es textual. *Ejemplo:* La frase es de Unamuno: "Piensa el sentimiento; siente el pensamiento".

4. Los títulos y nombres de dignidad. *Ejemplos:* el Rey, el Papa, el Ministro de Obras Públicas.

5. Las abreviaturas de los títulos de cortesía. *Ejemplos:* Sr., D., Dr., Dña.

6. El nombre completo de revistas y periódicos, pero no el título de los libros. *Ejemplos:* La Prensa, La Nación, Cien años de soledad.

Nótese bien que el nombre de los días de la semana y los meses del año *no se escriben con mayúscula* en castellano.

CAPÍTULO 4: Expresión escrita

Ejercicios:

Instrucciones: Escriba la frase correcta debajo de las que se dan a continuación atendiendo especialmente al uso de *mayúsculas*.

1. *La prensa* y *El diario* fueron periódicos hispanos de Nueva York.

2. La capital de Bolivia es La paz.

3. La fuerza de la razón, no la razón de la fuerza.

4. La universidad era famosa por su escuela de ingenieros.

5. El ministro de educación vino a dar un discurso al colegio.

6. El *Quijote* comienza así: "en un lugar de la Mancha..."

7. *La letra escarlata* es el título de una novela estadounidense.

8. Llama y te abrirá. Charo es la portera y es amiga mía.

9. El Doctor Santiponce y la Señora Matilde son primos hermanos.

10. *El Origen de las Especies* es una obra famosísima de Darwin.

11. Dijo: hace un frío que pela.

12. El Senado y el Gobierno estuvieron esta vez de acuerdo.

Acentuación (´)

La mayoría de las palabras llevan acento, pero no todas lo llevan escrito. Llevan acento gráfico o escrito:

❶ Las palabras *agudas* formadas por más de una sílaba que terminan en vocal, *n* o *s*. Aguda es la palabra que tiene el acento en la última sílaba. *Ejemplos:* llamó, canción, serás.

2 Las palabras *llanas* terminadas en consonante que no sea *n* ni *s*. Llana es la palabra que tiene el acento en la penúltima (antes de la última) sílaba. *Ejemplos:* Pérez, árbol.

3 Todas las palabras *esdrújulas* y *sobresdrújulas*, sin excepción. Esdrújula es la palabra que tiene el acento en la antepenúltima sílaba. *Ejemplos:* décimos, árboles. La sobresdrújula lo tiene antes de la antepenúltima. *Ejemplo:* cómpramela.

4 Los diptongos cuando el acento cae en la vocal débil. *Ejemplos:* había, continúo. Se exceptúa la combinación ui. *Ejemplos:* jesuita, fluido, huid, buitre.

5 Los monosílabos siguientes para distinguirlos de sus homónimos:
- *aún,* cuando equivale a *todavía*, no cuando equivale a *incluso*. *Ejemplos:* aún no ha venido; aun así, no queda claro.
- *dé*, como conjugación del verbo *dar*, no como la preposición *de*. *Ejemplo:* dé el libro de Juan a Pedro.
- *él*, como pronombre personal, no como el artículo *el*. *Ejemplo:* él le dio el dinero.
- *más*, como adverbio de cantidad, no cuando equivale a *pero*. *Ejemplos:* lo que más quisiera; mas no puedo.
- *ó,* cuando va entre números. *Ejemplo:* 4 ó 5 días.
- *sé*, como conjugación verbal, no como pronombre. *Ejemplo:* lo sé, y por eso se lo doy.
- *sí,* como afirmación y pronombre, no como conjunción condicional. *Ejemplo:* Si lo hace por sí mismo dirá que sí.
- *té,* como nombre de la bebida, no como pronombre. *Ejemplo:* el té te sentará bien.
- *tú,* como pronombre, no como adjetivo. *Ejemplo:* cuando tú ofreces tu casa.

6 Los pronombres *éste, ése, aquél* y su plural, pero no en su forma adjetival. *Ejemplos:* el hombre del que hablaba es éste; no son aquéllas, son éstas. Este nombre es imposible.

7 *Sólo*, cuando equivale a solamente, no como adjetivo. *Ejemplo:* Me gusta el café solo, pero sólo cuando es colombiano.

8 Las expresiones *qué, cuál, quién, cuánto, cómo* y *dónde* en enunciados interrogativos y exclamativos. *Ejemplos:* ¿Qué dices? ¡Quién lo diría!

EJERCICIOS DE ACENTUACIÓN:

> **Instrucciones:** Escriba el acento donde sea necesario y explique a continuación por qué es necesario. Explique también por qué lo omite donde no lo haya puesto, según el siguiente ejemplo.

llamó palabra aguda terminada en vocal

seras _____

CAPÍTULO 4: Expresión escrita

habia _____
hacia _____
cancion _____
carámbano _____
arboles _____
aun _____
de _____
fuido _____
buitre _____
jesuita _____
decimos _____
el _____
mas _____
se _____
te _____
tu _____
este _____
solo _____
que _____
¿que? _____
estéis _____
digais _____

ABREVIATURAS MÁS COMUNES

Generales

a. C., a. de C.	antes de Cristo	p. pág.	página
a. m.	ante merídiem (antemeridiano)	P. D.	postdata
		p. m.	post merídiem (posmeridiano)
art.	artículo		
cap.	capítulo	q. e. p. d.	Que en paz descanse
c., cent., ctv. y ctvo.	centavo	Rev.	Reverendo
		V., Vd., Ud.	Usted
c/u	cada uno	V V., Uds. ds.	Ustedes
d. C., d. de C.,	después de Cristo	v. g.	verbi gratia (por ejemplo)
ej.	ejemplo, ejemplar		
etc.	etcétera	Vº Bº	Visto bueno (aprobado)
íd.	ídem (igual)	V. E.	Vuestra Excelencia, Vuecencia
N. S.	Nuestro Señor		
Núm., nº	número	V. S.	Vuestra Señoría Usía
P.	Padre (cura)		

GED en español   www.petersons.com/arco

Cortesía

D.	Don, don
Dña.	Doña, doña
Excmo.	Excelentísimo
Fr.	fray
Ilmo.	Ilustrísimo

Comerciales

Comp. Cía.	Compañía
S. A.	Sociedad Anónima
S. L.	Sociedad Limitada

FORMAS Y USOS GRAMATICALES: LO ESENCIAL DE LA GRAMÁTICA ESPAÑOLA

Para que la expresión escrita sea inteligible, tiene que ser correcta, lo cual se logra sólo mediante el conocimiento y la práctica de las normas que rigen el lenguaje escrito y que en conjunto se agrupan bajo el término *gramática*.

La gramática puede ser, como cualquier otra forma de conocimiento, teórica o práctica, elemental o avanzada. Aquí nos ocupamos de la gramática elemental práctica que nos orienta sobre la formación de las palabras aisladas o *morfología* y su posición y función en la frase o *sintaxis*.

El apartado "Usos correctos", se refiere especialmente a la morfología. La sintaxis comprende los apartados siguientes: "Coordinación de frases y oraciones" y "Orden lógico y gramatical".

Para no cargar excesivamente esta parte del texto, al final se ofrece un "Glosario de términos gramaticales" en el que se listan los términos técnicos omitidos aquí y se amplían los conocimientos básicos presentados.

Partes de la oración

La unidad básica, es decir, el átomo o la célula de la materia escrita, es la frase. La frase se llama también oración gramatical o simplemente oración cuando tiene al menos un verbo. Todas las oraciones son frases, pero no al revés.

Las palabras que componen una oración completa se denominan *partes de la oración*. Las partes de la oración pueden ser variables o invariables, según cambie o no su terminación, para expresar distintos matices de una misma palabra. Por ejemplo, *tomaba* y *tomo* son variantes del verbo *tomar*. El verbo es una parte variable de la oración. Son también variables el nombre, el pronombre, el artículo y el adjetivo. Son invariables el adverbio, la preposición, la conjunción y la interjección.

La preposición y la conjunción sirven para enlazar frases y oraciones y las estudiaremos al hablar de la coordinación y el orden lógico y gramatical.

Partes variables

El *nombre*, como indica la palabra, se usa para nombrar personas, animales y cosas. *Juan, mujer, loro* y *hamaca*, son nombres. El nombre es la cosa nombrada.

El *pronombre,* como también indica la palabra, ocupa el lugar del nombre: *él,* en lugar

CAPÍTULO 4: Expresión escrita

de *Juan*; *ella*, en lugar de *mujer*; *éste*, en lugar de *loro*; *ésa*, en lugar de *hamaca*. *Él, ella, éste* y *ésa* son pronombres. Hay bastantes más, como veremos enseguida.

El *artículo* define el significado del nombre indicando, entre otras cosas, su género (femenino o masculino) y el número (singular o plural). *El* (sin acento), *la, un* y *una* son artículos.

El *adjetivo* describe las cualidades del nombre: Juan es *inteligente,* la mujer *española,* el loro *charlatán, dos* hamacas. Las palabras en cursiva son adjetivos.

El *verbo* expresa la acción y el estado de los nombres: Juan *corre;* la mujer *está* loca; el loro *se espulga;* la hamaca *es* cómoda.

Partes invariables

El *adverbio* modifica al verbo, al adjetivo y a otros adverbios. *Ejemplos:* lo hizo *muy bien*; se puso *muy* colorado; *bastante más* allá.

La *preposición* enlaza palabras según su dependencia. *Ejemplos:* el oro *de* América; sarna *con* gusto no pica. Las palabras *de* y *con* son preposiciones. Otras preposiciones frecuentes: *a, para, por* y *en*.

La *conjunción* sirve para enlazar palabras y oraciones, aunque sean opuestas. *Ejemplos:* éste *y* el otro; tardío, *pero* cierto; dile *que* venga. Las palabras en cursiva son conjunciones. *Mas* (cuando equivale a *pero*), *sino, o, ni* y *si* (sin acento) son también conjunciones.

La *interjección* es una exclamación que encierra en sí un significado completo, generalmente de carácter emocional: *oh, ah* y *ay* son interjecciones comunes. *Hola* y *ojalá* son también interjecciones. *Ojalá* quiere decir "Dios quiera que sea así".

Ejercicios de identificación de las partes de la oración

> **Instrucciones:** Indique a qué parte de la oración pertenecen las siguientes palabras, según el ejemplo de las dos primeras líneas.

Juan nombre propio, parte variable, tiene plural
él pronombre personal, sujeto, tercera persona, masculino
ella _____
camino _____
decimos _____
Pérez _____
deshielo _____
aún _____
Tilas _____
pero _____
para _____
por _____

camelo _____
Francia _____
andino _____
paraguayo _____
solo _____
sólo _____
a pesar de _____
aunque _____
todos _____
catorce _____
el _____

Uso del nombre

El nombre puede ser común o propio. El *nombre propio* se usa cuando se aplica a una sola persona, animal o cosa. *Ejemplos:* Ramón, Rocinante, Bilbao, Bolivia.

El *nombre común* se usa cuando se aplica a todos los miembros de una misma especie. *Ejemplos:* hombre, casa, perro.

A diferencia del inglés, en español todos los nombres tienen *género*, es decir, masculino o femenino. Todas las personas, animales y cosas tienen género. Por ejemplo, la *pluma* es femenino, mientras que el *lápiz* es masculino. La mejor manera de aprender el género de los nombres es aprenderlos con el artículo correspondiente. *Ejemplos:* pera, la pera; enano, el enano.

Hay nombres que se escriben igual en masculino que en femenino y lo único que los distingue es el artículo. *Ejemplos:* el artista, la artista; el centinela, la centinela y muchos otros, como compatriota, espía, indígena, cómplice, hereje, mártir, reo, testigo...

Los nombres de animales que son iguales en femenino y masculino añaden la palabra *macho* o *hembra* al final para distinguir su sexo. Así, se dice *león* y *leona*, pero *ballena hembra* y *ballena macho*; *cebra hembra* y *cebra macho*.

Con frecuencia, el nombre del macho es distinto del de la hembra: el gallo y la gallina, el caballo y la yegua...

El *plural* de los nombres se forma según sea su terminación. La regla general es muy sencilla: los que terminan en vocal no acentuada, añaden una *s*; los que terminan en vocal acentuada o consonante, añaden *es*. *Ejemplos:* niño, niños; alhelí, alhelíes; árbol, árboles.

Excepción a la regla anterior: los terminados en *e* acentuada añaden solamente una *s*. *Ejemplos:* yacaré, yacarés; café, cafés.

Los nombres que terminan en *z* forman el plural con *c*. *Ejemplos:* cruz, cruces; avestruz, avestruces.

A diferencia del inglés, el apellido o nombre de familia, no tiene plural. *Ejemplo:* los Pérez y los Jiménez se refieren a las familias.

CAPÍTULO 4: Expresión escrita

Ejercicios:

Instrucciones: Indique el género y número de los siguientes nombres añadiendo el artículo correspondiente en el espacio que precede al nombre.

_____ pluma
_____ lápices
_____ perro
_____ león
_____ leona
_____ cebra
_____ hereje
_____ herejes
_____ mártir
_____ perra

_____ gallo
_____ gallina
_____ tiza
_____ tiempo
_____ alma
_____ estaciones
_____ Sur
_____ martes
_____ julio
_____ agosto

Escriba la forma correcta debajo de los siguientes nombres.

balleno (masculino)	pieses	bisturíes
caballa (femenino)	cafeses	leyes
cebro (masculino)	luzes	reyes
hereja (femenino)	alcaldesa	papás
mártira (femenino)	actrices	sofaes
centinelo (masculino)	institutriz	narizes
cachiporra (femenino)	vaco (masculino)	parálisis (plural)

Uso del pronombre

El pronombre pueden ser: *personal, posesivo, demostrativo, relativo, interrogativo* e *indefinido*.

El *pronombre personal* puede ser masculino o femenino, singular o plural, sujeto u objeto o complemento. Cuando es complemento, puede ser directo, indirecto y circunstancial o preposicional.

En el siguiente cuadro aparecen todos los pronombres personales:

Sujeto	Objeto directo	Objeto indirecto	Objeto preposicional
yo	me	me	mí
tú (vos)	te	te	ti
ella, él, Ud.	la, lo (le)	le	ella, él, Ud.
nosotros	nos	nos	nosotros
vosotros	os	os	vosotros
ellas, ellos, Uds.	las, los	les	ellas, ellos, Uds.

A las formas arriba indicadas hay que añadir los reflexivos: *se* y *sí*.

El pronombre *vos*, en vez de tú, se usa en algunos países de América.

Los pronombres mí, ti y sí + la preposición *con* forman *conmigo*, *contigo* y *consigo*. *Ejemplos:* me lo llevo conmigo = no + mí; te lo llevas contigo = no + ti; se lo lleva consigo = no + sí.

A diferencia del inglés, en español casi siempre se omite el pronombre personal sujeto antes del verbo, a no ser que se quiera subrayar o contrastar las personas. *Ejemplos:* anoche (yo) hablé con mi novio; fui yo, no él, quien propuso la idea.

Aunque existen divergencias en su uso, lo más seguro es usar *la* y *lo* para el objeto directo, y *le* para el indirecto. El objeto es directo cuando la acción del verbo recae directamente sobre la persona e indirecto cuando hay otro objeto directo de por medio. *Ejemplos:* vi al hombre; lo vi sentado en el patio. Le di las buenas noches.

A excepción del imperativo, infinitivo y gerundio, los pronombres personales objeto directo e indirecto van antes del verbo. *Ejemplos:* lo vi, le dije; dáselo a él; verlo; viéndola.

Cuando el objeto directo e indirecto van juntos, en vez de decir *le*, se dice *se* para evitar el sonido discordante de la combinación *le lo*. *Ejemplo:* le dio el café; se lo (no le lo) dio a las cuatro.

Sin embargo, es necesario tener cuidado con el uso de *se*, ya que puede tener diversos significados y se usa también como impersonal y reflexivo. *Ejemplo:* se dice que se cree un genio.

Ejercicios:

Instrucciones: Marque con una X las oraciones que tienen errores en el uso del pronombre personal y escriba debajo una oración completa con la forma correcta del pronombre. Escriba también sobre la línea correspondiente las oraciones que no tengan errores.

____ Te quiero aquí mañana con ella o sin ella.

_____

____ Los hago saber que no quiero verlos.

_____

CAPÍTULO 4: Expresión escrita

____ Traía con sí una cantidad enorme de cacharros inútiles.

____ Tenía una mujer quo no se la merecía.

____ Calla te, tonto, que no es nada.

____ Sin él, sin ti, sin mí, no pueden hacerlo.

____ Se las voy a quitar. Voy a quitar se las.

____ Levántate y vístete y vente conmigo.

____ Deseo terminar lo hoy mismo.

____ Te compras una moto y está todo listo.

____ Si no te largas, te largamos.

Escriba una oración completa *usando los siguientes pronombres:*

me _____

te _____

se _____

le _____

la _____

lo _____

mí _____

sí _____

ti _____

nos _____

os _____

nosotros _____

Pronombres posesivos

Los pronombres posesivos son: *mío, tuyo, suyo, nuestro, vuestro* y su correspondiente femenino y plural. Generalmente se escriben con artículo, como el mío, el tuyo, etc. *Ejemplo:* tu casa y la mía son idénticas.

Algunas veces van sin artículo después del verbo *ser. Ejemplo:* es mía o es la mía.

Pronombres demostrativos

Los pronombres demostrativos son dos en inglés y tres en español: *ésta, ésa, aquélla* y su correspondiente masculino y plural.

Los pronombres *aquél* y *aquélla* se refieren a sujetos más alejados de quien habla que *ése* y *ésa. Ejemplo:* Ésta que está *aquí*, es mejor que ésa que está *ahí* y que aquélla que está *allí*. Note la correspondencia: *aquí, ahí, allí.*

Éste y *ésta* significan también el último, mientras que aquél y aquélla significan el primero. *Ejemplo:* La literatura es tan importante como la ciencia: si estudiamos ésta, también debemos estudiar aquélla.

Ejercicios:

> **Instrucciones:** Marque con una X las oraciones que tienen errores en el uso de pronombres posesivos y demostrativos y escriba a continuación en la línea inferior la forma correcta.

____ ¿Has dicho que es tuya o que es la tuya?
_____

____ Le di tu nombre y el de ella, no el tuyo.
_____

____ Lo que te dio no era suyo, era de nosotros.
_____

____ El carro será tuyo, pero la moto es mía.
_____

____ El carro será tuyo, pero la bici es la mía.
_____

____ Un antiguo amigo mío es tu mejor defensor.
_____

____ *Los míos* quiere decir "mi familia".
_____

____ Yo he pasado lo mío.
_____

CAPÍTULO 4: Expresión escrita

____ De los dos, este es el mejor.

____ Ese y aquella se creen sabios porque han sacado una A.

____ Esta significa la primera; ésa, la última.

____ ¿Cómo te va en ésa? (Indique debajo qué quiere decir "en ésa".)

____ Y eso que era mi amigo.

Pronombres relativos

Los pronombres relativos son: *que, cual, quien* y *cuyo*.

El pronombre *que* se usa para personas y cosas y no tiene plural. *Ejemplos:* el hombre que viene es mi amigo; los cacharros que dices no son míos.

El pronombre *quien* se usa sólo para personas y tiene plural. *Ejemplos:* la mujer de quien hablas es mi profesora; los hombres a quienes te refieres son mis estudiantes.

El pronombre *cual* tiene plural y se usa para personas y cosas; el género se expresa con el artículo. *Ejemplos:* Tengo unos primos, los cuales viven en Italia; compré un auto, el cual quedaron de entregármelo la próxima semana; la señora a la cual te refieres es mi madre.

El pronombre *cuyo* tiene plural y género y se usa para personas y cosas. *Ejemplos:* es una persona cuyos rasgos es difícil olvidar; "En un lugar de la Mancha de cuyo nombre no quiero acordarme..."; la lámpara a cuya luz leo.

Note lo siguiente: 1) Los cuatro pronombres relativos pueden usarse para referirse a personas, pero no son intercambiables, es decir, no es posible sustituir uno por cualquiera de los otros. 2) El más frecuente y común de todos es *que*. Use *que* siempre que pueda y recuerde usarlo con el artículo en lugar de *quien*. *Ejemplos:* Este hombre y *el que* tú dices son hermanos. Todos *los que* le tratan hablan bien de él.

No se puede usar *quien* como sujeto de una oración especificativa. *Ejemplos: Incorrecto*: El hombre, quien vino ayer, es pintor. *Correcto*: El hombre *que* vino ayer, es pintor.

Pronombres indefinidos

Los pronombres indefinidos se usan para expresar ideas vagas para referirse tanto a personas como cosas. Los principales son: *alguien, nadie, algo, nada, cualquiera* y *quienquiera*. *Ejemplos:* alguien lo dijo; cualquiera que sea.

Ejercicios:

> **Instrucciones:** Escriba la frase u oración correcta en la línea debajo de las siguientes frases u oraciones. Preste especial atención al uso del relativo.

1. Los camareros de que me hablas no son estudiantes.

2. Las camareras a quienes te refieres no son ésas.

3. Ese quien dices es uno de tantos.

4. El texto quien usábamos era pésimo.

5. ¿Dónde están los regalos acabo de traer?

6. La amiga que me refiero es otra.

7. Quien no ha visto Sevilla no ha visto maravilla.

8. Escritor es quien escribe: conductor, el que conduce.

9. Me dio unas instrucciones, las cuales usé siempre.

10. No son las mismas que he usado este año.

11. El cóndor, en cuya región es rey, no apareció.

12. El tabaco es un vicio del que te debes quitar.

13. Usted no es quien para prohibírmelo.

CAPÍTULO 4: Expresión escrita

Uso de adjetivos

Los adjetivos pueden ser, como los pronombres, de diversas clases: *posesivos, demostrativos* y *numerales*. También es útil distinguir los adjetivos *calificativos* de los *determinativos*. Por ejemplo, *blanco* es un adjetivo calificativo, mientras que *catorce* es determinativo.

Generalmente, los adjetivos de género masculino terminan en *o* y los de género femenino en *a*. Por ejemplo, rojo y roja. Sin embargo, existen muchos adjetivos invariables en su género. He aquí algunos: hipócrita, homicida, suicida: azteca, maya, israelita, cosmopolita; agradable, ingobernable, constante, independiente, breve, humilde, etc.

El plural del adjetivo de dos nombres, uno de género masculino y el otro femenino, es siempre masculino. *Ejemplo:* la casa y el jardín eran hermosos.

A diferencia del inglés, el adjetivo va casi siempre después del nombre. *Ejemplos:* la casa blanca; la mujer casada. Muchas veces, al cambiar la posición del adjetivo cambia el sentido de la oración. En español no es lo mismo *azul cielo (color)* que *cielo azul (cielo despejado)* como tampoco en inglés.

Algunos adjetivos de género masculino, como *bueno, malo, alguno, ninguno, primero* y *tercero*, pierden la vocal final cuando van antes del nombre. *Ejemplos: un buen hombre; hace algún tiempo; en primer lugar.*

Ejercicios:

> **Instrucciones:** Escriba la forma correcta debajo de las siguientes oraciones independientemente de que el ejemplo no tenga errores.

1. La mujer y el hombre aztecas pertenecen a una misma cultura.

2. Es un niño ingobernable, como cualquiera otra.

3. El bueno de Rodríguez se quedó sin uno céntimo.

4. Tanto ella como él eran israelitas.

5. Es un suicida; cualquiera día de estos se da un golpe.

6. Por tercera vez en el segundo tiempo anotó un gol.

7. Es una mal amiga; no se puede un fiar de ella.

8. Tan hipócrita es él como ella.
___

9. Tengo un gran amigo en California; mide seis pies.
___

10. El era muy trabajador, pero ella no era constanta.
___

11. La terraza y la azotea eran hermosísimos.
___

Uso de numerales

Los números pertenecen a las matemáticas cuando se escriben en cifras (l, 2, 203), pero pertenecen a la gramática cuando se escriben con palabras, como uno, dos y doscientos tres.

Los números gramaticales pueden ser *cardinales* (uno, dos, tres...) u *ordinales* (primero, segundo, tercero...).

El nombre del número *uno* tiene masculino y femenino, singular y plural. *Ejemplos:* una mujer; unos hombres; doscientas mujeres; trescientos hombres.

El nombre del número *uno* pierde la terminación cuando va antes de un nombre masculino, incluyendo *mil* y *millón*. *Ejemplos:* un hombre; un mil; un millón.

La expresión *ciento* pierde la terminación cuando va antes de un nombre, incluyendo *mil* y *millón*, pero no antes de otros números. *Ejemplos:* cien toneladas; cien años; cien mil; cien millones; ciento uno; ciento veinte.

Los ordinales se usan para establecer categorías o series y pueden ser nombres, adjetivos o pronombres. *Ejemplos:* el primero; el segundo lugar; el tercero.

Los ordinales tienen género y número. *Ejemplos:* primera jornada; los días segundos.

Los ordinales *primero* y *tercero* pierden la o cuando van antes de un nombre masculino. *Ejemplos:* el primer caso; el tercer tiempo.

Ejercicios:

> **Instrucciones:** Escriba con letra los siguientes números. (Ordinales y cardinales.)

203	___	100 dólares	___
31,130	___	200 vacas	___
1,305,850 pesos	___	100,000	___
Luis XVIII	___	100,000,000	___
Juan XXIII	___	16	___
Capítulo III	___		

CAPÍTULO 4: Expresión escrita

> Escriba la forma correcta de las siguientes frases y oraciones en las que aparecen numerales.

1. Cuarenta mil soldados, y sólo doscientas armas.

2. Veintinún edificios no es los mismo que veintiunas casas.

3. Ciento una sillas; cien visitantes.

4. Al cambio actual cada dólar se convierte en cien pesos.

5. 1984 se escribe así: mil novesciento ochenta y cuatro.

Formas de comparación

Las cualidades y cantidades que expresan los adjetivos pueden darse en distintos grados. La comparación expresa el grado entre dos términos iguales o desiguales, inferiores o superiores.

La comparación de igualdad se expresa con *tan... como*. *Ejemplo:* Las mujeres son *tan* inteligentes *como* los hombres.

La comparación de desigualdad se expresa con *más* o *menos que*. *Ejemplos:* el avión es *más* rápido que el tren; la tortuga corre *menos que* el conejo.

Comparativos especiales: el comparativo de *bueno* es *mejor*; el de *malo, peor*; el de *grande, mayor*; el de *pequeño, menor*.

Cuando se aplican a personas, los comparativos *mayor* y *menor* se refieren a la edad, no a la estatura. *Ejemplos: Juan es mayor que Pedro* significa que tiene más edad. *Esta casa es mayor que la otra* significa que es más grande.

El superlativo se forma con *más* y el artículo correspondiente al nombre. *Ejemplos:* la *más* guapa de la clase; el *más* fuerte del grupo; los *más* ricos del mundo; los *más* pobres de la Tierra.

Cuando el superlativo no hace referencia a otros nombres del mismo grupo se llama superlativo absoluto y se forma con la terminación *-ísima* o *-ísimo*, según sea femenino o masculino. *Ejemplos: una mujer hermosísima; un hombre guapísimo.*

Ejercicios:

> **Instrucciones:** Las frases y oraciones siguientes tienen errores de comparación. Escriba la forma correcta en la línea debajo.

1. El comparativo de *bueno* es *peor*; el de *malo, mejor.*
   _____

2. El comparativo de *grande* es *menor*; el de *pequeño, mayor.*
   _____

3. Tan tonto era uno más que el otro.
   _____

4. La clase comenzó más temprano de ayer.
   _____

5. Esta pluma es mucho más mejor que ésa.
   _____

6. Un libra más o menos menor no importa.
   _____

7. Ese es el más rico de lo que usted cree.
   _____

8. He perdido más que veinte pesos en las carreras.
   _____

9. Era menor que yo; medía uno y medio.
   _____

10. Era la más guapa de la clase; pero no la más guapísima.
    _____

11. El acusado contestó con la mayor calma que el mundo.
    _____

Aumentativos y diminutivos

El *aumentativo* de un nombre se forma añadiéndole cierta terminación, como *-ón, -ona, -ote, -ota, -azo* y *-aza.*

El *diminutivo* de un nombre se forma añadiéndole una de las siguientes terminaciones: *-ito, -ita, ico, -illo* e *-illa.*

Además de incrementar o disminuir la cantidad o calidad de una cosa, los aumentativos y diminutivos pueden tener también un significado apreciativo o despectivo. *Ejemplos:* una *casucha* es una casa fea o desvencijada; *monín* no es un monito pequeño, sino una forma de ternura para dirigirse a un niño de corta edad.

CAPÍTULO 4: Expresión escrita

Los diminutivos abundan más en América que en España. Además de los nombrados, existen muchísimas otras formas que se aplican no sólo a nombres y adjetivos, sino a otras partes de la oración. *Ejemplos:* ahorita, otrito, mismitamente.

Ejercicios:

Instrucciones: Escriba el aumentativo de los siguientes nombres y adjetivos (use las terminaciones enumeradas anteriormente).

silla _____   sinvergüenza _____

zapatos _____   pícaro _____

hamburguesa _____   amigo _____

noticia _____   enemigo _____

perro _____   libro _____

Escriba el diminutivo de los siguientes nombres y adjetivos usando las terminaciones que conozca y sean correctas.

Carlos _____   jardín _____

Ana _____   sartén _____

ahora _____   farol _____

cerca _____   agua _____

lejos _____   rubia _____

¡Adiós! _____   momento _____

Escriba el diminutivo y anote su sentido o significado.

cigarro _____

campana _____

guerra _____

Usos del artículo

Se usa el artículo (no el adjetivo posesivo, como en inglés) para señalar las partes del propio cuerpo y el vestido de la propia persona. *Ejemplos:* perdí el brazo en la guerra; me pongo el sombrero para salir al campo. *No se dice:* perdí *mi* brazo; perdí *mi* tiempo; me puse *mi* sombrero.

El artículo concuerda en género y número con el nombre al que se antepone. Se usa, sin embargo, el artículo masculino antes de un nombre femenino si éste comienza con *a* o *ha* acentuada. *Ejemplos:* el agua, el hacha, el arpa, el aula.

Cuando el nombre de los *Estados Unidos* se escribe con artículo, el verbo va generalmente en plural; cuando se omite el artículo, el verbo va en singular. *Ejemplos:* los Estados Unidos proponen un nuevo pacto; Estados Unidos devalúa el dólar.

El artículo *lo* (neutro) se usa para cosas generales y abstractas. *Ejemplos:* lo mío, lo blanco. Muchas veces, el artículo *lo* acompaña frases completas. *Ejemplo:* lo que yo te he dicho es que eso no es así.

Ejercicios:

Instrucciones: Las siguientes frases y oraciones tienen uno o más errores. Escriba en la línea correspondiente la frase correcta.

1. No pierdo mi tiempo haciendo tonterías.
2. Me he cortado mi dedo con un cuchillo.
3. Me pongo mi sombrero solo cuando voy dé cacería.
4. La arpa y la hacha son femeninos.
5. Los Estados Unidos es un gran potencia militar.
6. Estados Unidos son una nación económicamente fuerte.
7. Era uno de él otro. Y uno para él otro.
8. Le dijo el uno a él otro: ese matón es un gallina.

Escriba el artículo indefinido o definido que va antes de los siguientes nombres.

_____ Pérez   _____ hipócrita
_____ personas   _____ indígena
_____ área   _____ homicida
_____ almas   _____ reo
_____ inglés   _____ suicida

Escriba la forma contracta en estas dos frases.

1. De el dicho a él hecho va un gran trecho.

   _____

2. Hablaron de él y de ella y de todo lo demás.

   _____

CAPÍTULO 4: Expresión escrita

Usos del verbo

1 El *verbo* es la parte de la oración más compleja e importante; también es la más difícil.

2 Los verbos pueden ser regulares o irregulares, pero afortunadamente la mayoría son regulares. Así, si aprendemos a conjugar uno de ellos, sabremos conjugar la mayoría. Por ejemplo, *amar* se conjuga igual que *trabajar, hablar, parar* y cientos o miles más. El truco es sencillo: aprender perfectamente el modelo o patrón que los rige.

3 Los verbos irregulares se aprenden también por grupos debido a que las irregularidades son con frecuencia comunes. Por ejemplo, *negar* es un verbo irregular de *irregularidad común*. Los verbos *acertar, apretar, aserrar* y muchos otros se conjugan igual que *negar*.

4 Los verbos irregulares de *irregularidad propia* y uso común son escasos y se pueden aprender fácilmente uno por uno. El término irregularidad propia quiere decir que se aplica solamente a un verbo. Los verbos principales de esta clase son: *andar, caber, caer, dar, decir, estar, haber, hacer, ir, oír, poder, poner, querer, saber, ser, tener, traer, venir* y *ver*.

5 Conjugar un verbo, ya sea regular o irregular, equivale a estudiar sus diversas variaciones por persona, número, modo y tiempo. Los verbos regulares se agrupan en tres conjugaciones según su terminación de infinitivo sea *-ar* (primera conjugación), *-er* (segunda conjugación) o *-ir* (tercera conjugación).

6 Las tres conjugaciones siguen la misma agrupación de sus diversas variantes según el modo, tiempo, persona y número.

7 El *modo* puede ser indicativo, subjuntivo e imperativo; el infinitivo corresponde al nombre del verbo; gerundio y participio.

8 El *tiempo* puede ser presente, pretérito y futuro con sus distintas variantes, como perfecto, imperfecto, etc.

9 Las *personas* son: primera *(yo)*, segunda *(tú)*, tercera *(ella, él)* y pueden referirse a personas, animales o cosas.

10 El *número* corresponde a al singular y plural de las personas.

Modelo o paradigma de los verbos regulares

Formas Simples

1ª conjugación: *am-ar*; 2ª conjugación: *tem-er*; 3ª conjugación: *part-ir*.

Añada las siguientes terminaciones al radical:

Indicativo: presente

-o	-amos	-o	-emos	-o	-imos
-as	-áis	-es	-éis	-es	-ís
-a	-an	-e	-en	-e	-en

Indicativo: pretérito imperfecto

-aba	-ábamos	-ía	-íamos	*Igual que la 2ª*
-abas	-abais	-ías	-íais	
-aba	-aban	-ía	-ían	

Indicativo: pretérito perfecto (simple)

-é	-amos	-í	-imos	*Igual que la 2ª*
-aste	-asteis	-iste	-isteis	
-ó	-aron	-ió	-ieron	

Añada las siguientes terminaciones al infinitivo:

Indicativo: futuro

-é	-emos		
-ás	-éis	*Igual que la 1ª*	*Igual que la 1ª*
-á	-arán		

Indicativo: condicional

-ía	-íamos		
-ías	-íais	*Igual que la 1ª*	*Igual que la 1ª*
-ía	-ían		

Añada las siguientes terminaciones a la radical:

Subjuntivo: presente

-e	-emos	-a	-amos	
-es	-éis	-as	-áis	*Igual que la 2ª*
-e	-en	-a	-an	

Añada las siguientes terminaciones a la tercera persona del plural del pretérito perfecto de indicativo menos -ron.

Subjuntivo: pretérito imperfecto

Nota. Este modo tiene dos formas (amara o amase) y son las mismas para las tres conjugaciones.

-ra	-´ramos	-se	-´semos
-ras	-rais	-ses	-seis
-ra	-ran	-se	-sen

Añada las siguientes terminaciones al radical:

Imperativo

Nota. Este modo tiene dos formas: una familiar para el tú, y otra para el Ud.

familiar			*formal*		
-a	-e	-e	-e	-a	-a
-ad	-ed	-id	-en	-an	-an

Formas impersonales

Infinitivo: am-ar, tem-er, part-ir
Gerundio: am-ando, tem-iendo, part-iendo
Pasado participio: am-ado, tem-ido, part-ido

Tiempos compuestos

Los tiempos compuestos se forman con las variantes del verbo *haber* más el pasado participio del verbo correspondiente. Debido a esta función, el verbo *haber* se conoce como verbo auxiliar. *Ejemplo:* había comido.

Los tiempos compuestos son: pretérito perfecto, pretérito pluscuamperfecto, pretérito anterior, futuro perfecto y condicional.

Observe finalmente que la acción del verbo (regular o irregular) se puede expresar en forma activa (cuando la ejecuta el sujeto) o pasiva (cuando la recibe). *Ejemplos:* amar (forma activa), ser amado (forma pasiva); Juan ama; Juan es amado.

Ejercicios:

> **Instrucciones:** Identifique y nombre a continuación el modo, tiempo, números y persona de las siguientes formas verbales según el ejemplo de la primera línea.

amaría (yo)   indicativo, condicional singular, primera persona
parto   _____
correspondan _____
trabajabais   _____
amaras   _____
amases   _____
partieses   _____
rompió   _____
anduviste   _____
ande (él)   _____

caminad _____
vendré _____
tendrían _____
péinate _____
pagando _____
ceñirse _____
afligido _____
toque (usted) _____

> Escriba la forma completa del futuro simple, pretérito perfecto simple de indicativo e imperfecto de subjuntivo de los tres verbos modelo.

amar
Indicativo: futuro
_____
_____
_____
_____
_____
_____

Indicativo: pretérito
_____
_____
_____
_____
_____
_____

Subjuntivo: imperfecto
_____
_____
_____
_____
_____
_____

temer
Indicativo: futuro
_____
_____
_____
_____
_____
_____

Indicativo: pretérito
_____
_____
_____
_____
_____
_____

Subjuntivo: imperfecto
_____
_____
_____
_____
_____
_____

partir
Indicativo: futuro
_____
_____
_____
_____
_____
_____

Indicativo: pretérito
_____
_____
_____
_____
_____
_____

Subjuntivo: imperfecto
_____
_____
_____
_____
_____
_____

CAPÍTULO 4: Expresión escrita

Verbos irregulares

Los verbos irregulares son aquellos que se apartan de los modelos que acabamos de ver y se suelen ordenar en *tres* grupos de menor a mayor dificultad.

1. Verbos impropiamente irregulares que se expresan sólo con algunos cambios *ortográficos*
2. Verbos propiamente irregulares de *irregularidad común*
3. Verbos de *irregularidad propia*

A éstos se pueden añadir:

1. Verbos *defectivos*, los cuales se conjugan sólo en ciertos modos y tiempos. *Ejemplo:* soler.
2. Verbos que expresan irregularidades sólo en el pasado participio. *Ejemplo:* abrir, abierto. No se dice *abrido*.

Verbos que se expresan con cambios ortográficos

Cambio de la *z* en *c*. *Ejemplo:* alcanzar, alcance.

Cambio de la *c* en *qu*. *Ejemplo:* tocar, toque.

Cambio de la *g* en *j*. *Ejemplo:* afligir, aflijo.

Cambio de la *g* en *gu*. *Ejemplo:* pagar, pague.

Ejercicios:

Instrucciones: Escriba la forma del imperativo (orden) de los cuatro verbos anteriores para tú, vosotros, usted, ustedes, ellos y ellas.

alcanzar	*tocar*	*afligir*	*pagar*	
_____	_____	_____	_____	tú
_____	_____	_____	_____	vosotros
_____	_____	_____	_____	usted
_____	_____	_____	_____	Uds.
_____	_____	_____	_____	ellos
_____	_____	_____	_____	ellas

Escriba el pretérito perfecto de indicativo (forma simple) de los siguientes verbos.

tropezar	*trastocar*	*dirigir*	*regar*
_____	_____	_____	_____
_____	_____	_____	_____
_____	_____	_____	_____
_____	_____	_____	_____

_____   _____   _____   _____
_____   _____   _____   _____

> Escriba el presente de subjuntivo de los siguientes verbos que, como los anteriores, sufren cambios ortográficos.

exigir   *cruzar*   *cargar*   *truncar*
_____   _____   _____   _____
_____   _____   _____   _____
_____   _____   _____   _____
_____   _____   _____   _____
_____   _____   _____   _____
_____   _____   _____   _____

Verbos de irregularidad común

Existen muchos verbos de irregularidad común que se dividen en diez o doce grupos de acuerdo a un modelo.

Modelo 1: negar, entender, discernir
    Cambian la *e* del radical en *ie*: *niego*

Modelo 2: almorzar, mover, volar
    Cambian la *o* en *ue*: *almuerzo*

Modelo 3: reducir
    Cambian la *c* del radical en *j*: *redujo*

Modelo 4: gruñir
    Omiten la *i* en algunas desinencias: *gruñó*

Modelo 5: vestir
    Cambian la *e* de la penúltima sílaba en *i*: *visto*

Modelo 6: reír, ceñir
    Suprimen la *i* como en el modelo 4: *rió, ciñó*
    Cambian la *e* en *i* como en el modelo 5: *río, ciñó*

Modelo 7: divertir
    Cambian la *e* de la penúltima sílaba en *ie* en las sílabas tónicas o acentuadas: me *divierto*
    Cambian la *e* de la penúltima sílaba en *i*, en las sílabas átonas o sin acento: se *divirtió*

Modelo 8: jugar, inquirir
    Cambian la *u* en *ue* y la *i* en *ie*: *juega, inquiere*

Modelo 9: dormir, morir
    Cambian la *o* en *ue* en sílaba tónica: *duermo, muero*
    Cambian la *o* en *u* en sílaba átona: *durmió, murió*

CAPÍTULO 4: Expresión escrita

Modelo 10: valer, salir
　　Añaden una *g* después de la *l* en el radical: *valgo, salgo*
　　Añaden una *d* después de la *l* en la radical: *valdría, saldría*

Modelo 11: recluir
　　Toman una *y* después de la *u* del radical antes de *a, e, o: recluyo*

Modelo 12: agradecer, conocer, nacer, relucir
　　Añaden una *z* antes de la *c* del radical: *agradezca, nazca*

Ejercicios:

Instrucciones: Escriba el presente de indicativo de los siguientes verbos irregulares: negar, mover, reducir, jugar.

negar	mover	reducir	jugar
___	___	___	___
___	___	___	___
___	___	___	___
___	___	___	___
___	___	___	___
___	___	___	___

Escriba el presente de subjuntivo de los mismos verbos.

___	___	___	___
___	___	___	___
___	___	___	___
___	___	___	___
___	___	___	___
___	___	___	___

Escriba el imperativo (mandato) con tú y con usted de los siguientes verbos: *conocer, salir, dormir, reducir.*

conocer	dormir	reducir	salir
___	___	___	___
___	___	___	___
___	___	___	___
___	___	___	___
___	___	___	___

> Escriba el imperfecto de subjuntivo de los verbos anteriores.

_____ _____ _____ _____
_____ _____ _____ _____
_____ _____ _____ _____
_____ _____ _____ _____
_____ _____ _____ _____

Verbos de irregularidad propia

Los modelos siguientes sirven solamente para los verbos citados y sus compuestos.

ANDAR: anduve, anduviera, anduviese
CABER: quepo, cupe, cabré, cabría, quepa, cupiera, cupiese
CAER: caigo, caiga, cayó
DAR: doy, di, diera, diese, diere
DECIR: diciendo, digo, dije, diré, diga, dijera, dicho
ESTAR: estoy, estuve, esté, estuviera, estuviese, estuviere
HABER: he, hube, habré, habría, hubiera, hubiese (AUXILIAR)
HACER: hago, hice, haré, haz, hiciera, hiciese, hecho
IR: voy, fui, iba, vaya, fuera, fuese, id
OÍR: oigo, oiga, oye
PODER: puedo, pude, podré, pueda, pudiera, pudiese, podría
PODRIR: pudrir, pudro, pudrí, pudra, pudriera, pudriese, podrido
PONER: pongo, puse, pondré, ponga, pusiera, pondría, pon, puesto
QUERER: quiero, quise, querré, quisiera, quisiese, querría
SABER: sé, supe, sabré, sepa, supiera, supiese, sabría
SER: soy, fui, era, sea, fuera, fuese, sé, sed (AUXILIAR)
TENER: tengo, tuve, tendré, tenga, tuviera, tendría, ten
TRAER: trayendo, traigo, traje, traiga, trajera, trajese
VENIR: viniendo, vengo, vine, vendré, venga, viniera, viniese, ven
VER: veo, vea, veía, visto

Ejercicios:

> **Instrucciones:** Complete la forma comenzada de los siguientes verbos irregulares. Observe el modelo de la primera línea.

anduve   _anduviste, anduvo, anduvimos, anduvisteis, anduvieron_
quepo   _____
cupe   _____
doy   _____
he   _____

CAPÍTULO 4: Expresión escrita

hice _____

oigo _____

pongo _____

quiero _____

soy _____

fui _____

traigo _____

vengo _____

veo _____

haz (orden) _____

> Las siguientes oraciones tienen uno o varios errores en la forma de los verbos irregulares. Escriba debajo la forma correcta.

1. Ayer andé toda la noche de juerga.

   _____

2. No sé si mi ropa caberá en la maleta.

   _____

3. Calló en la cuenta que estaba equivocada.

   _____

4. Dijistes que sí y ahora te echas para atrás.

   _____

5. Tú, haz lo tuyo; el haze lo que puede.

   _____

Lista de verbos irregulares y sus respectivos modelos

A	Modelo		
abastecer	nacer	aducir	reducir
abolir	(defectivo)	advertir	divertir
aborrecer	nacer	afligir	AFLIGIR
absolver	mover	afluir	huir
acertar	negar	alentar	negar
acontecer	(defectivo)	amanecer	(defectivo)
acordarse	volar	amoblar	volar
acostarse	volar	andar	ANDAR
adherir	divertir	anochecer	(defectivo)
adolecer	nacer	apetecer	nacer
adquirir	inquirir	apostar	volar
		apretar	negar

argüir	recluir	desleír	reír
arrecirse	(defectivo)	desarrollar	volar
arrendar	negar	despertar	negar
arrepentirse	divertir	desterrar	negar
atender	entender	destruir	recluir
atravesar	negar	digerir	divertir
atribuir	recluir	disminuir	recluir
avergonzar	volar	disolver	mover
		distribuir	recluir
B	*Modelo*	doler	mover
Bendecir	decir	dormir	DORMIR

C	*Modelo*	**E**	*Modelo*
caber	CABER	elegir	pedir
caer	CAER	embrutecer	nacer
calentar	negar	empezar	negar
carecer	nacer	empobrecer	nacer
cegar	negar	encender	entender
cocer	negar	encerrar	negar
colarse	volar	encomendar	negar
colgar	volar	encontrar	volar
comenzar	negar	entender	ENTENDER
competir	pedir	errar	negar
concebir	pedir	escarmentar	negar
concluir	recluir	esforzarse	volar
conducir	reducir	establecer	nacer
confesar	negar	estar	ESTAR
conocer	nacer	excluir	recluir
consolar	volar	extender	entender
construir	recluir		
contar	volar	**F**	*Modelo*
convalecer	nacer	florecer	nacer
corregir	pedir	fluir	recluir
costar	volar	forzar	volar
crecer	nacer	fregar	negar
		freír	reír

D	*Modelo*		
dar	DAR	**G**	*Modelo*
decir	DECIR	gobernar	negar
deducir	reducir	gruñir	reír
defender	entender		
demoler	mover	**H**	*Modelo*
derretir	pedir	haber	HABER
descender	entender	hacer	HACER
descollar	volar	herir	divertir

CAPÍTULO 4: Expresión escrita

hervir	divertir	permanecer	nacer
huir	recluir	poblar	volar
		poder	PODER
I	*Modelo*	podrir	PUDRIR
incluir	recluir	poner	PONER
inducir	reducir	preferir	divertir
influir	recluir	probar	volar
ingerir	divertir	prostituir	recluir
inquirir	INQUIRIR		
instituir	recluir	***Q***	*Modelo*
instruir	recluir	quebrar	negar
invertir	divertir	querer	QUERER
ir	IR		
		R	*Modelo*
J	*Modelo*	recluir	RECLUIR
jugar	JUGAR	recomendar	negar
		recordar	volar
LL	*Modelo*	reducir	REDUCIR
llover	(defectivo)	referir	divertir
		reforzar	volar
M	*Modelo*	refregar	negar
manifestar	negar	regar	REIR
medir	pedir	reír	negar
mentir	divertir	remendar	pedir
merecer	nacer	rendir	volar
morder	mover	renovar	REPETIR
morir	MORIR	repetir	divertir
mostrar	volar	requerir	mover
mover	MOVER	resolver	recluir
		restituir	volar
N	*Modelo*	rodar	volar
negar	NEGAR	rogar	
O	*Modelo*	***S***	*Modelo*
obedecer	nacer	saber	SABER
obstruir	recluir	salir	SALIR
oír	OÍR	satisfacer	hacer
oler	mover	seducir	reducir
		seguir	pedir
P	*Modelo*	sentarse	negar
padecer	nacer	sentir	divertir
parecer	nacer	servir	pedir
pensar	negar	soler	(defectivo)
perder	entender	soltar	volar

sonar	volar	tropezar	negar
soñar	volar		
sosegarse	negar	**V**	*Modelo*
sugerir	divertir	valer	VALER
		venir	VENIR
T	*Modelo*	ver	VER
temblar	negar	verter	entender
tender	entender	vestir	VESTIR
tener	TENER	volar	VOLAR
tentar	negar	volcar	volar
teñir	ceñir	volver	mover
tocar	TOCAR		
tostar	volar	**Y**	*Modelo*
traducir	reducir	yacer	YACER
traer	TRAER		
transferir	divertir	**Z**	*Modelo*
transgredir	pedir	zambullir	mullir
trastocar	volar		

¡ATENCIÓN!
1. La lista interior es una selección y no una lista completa de todos los verbos irregulares. Si no encuentra algún verbo irregular en la lista, consulte el diccionario.

2. Los compuestos se conjugan como los simples. *Ejemplos:* decir, contradecir, predecir, probar, comprobar, etc.

3. Los verbos en mayúscula son modelos de sí mismos.

Verbos con pasado participio regular e irregular

abstraer	abstraído	abstracto
afligir	afligido	aflicto
bendecir	bendecido	bendito
circuncidar	circuncidado	circunciso
comprimir	comprimido	compreso
concluir	concluido	concluso
confundir	confundido	confuso
convencer	convencido	convicto
convertir	convertido	converso
corromper	corrompido	corrupto
elegir	elegido	electo
excluir	excluido	excluso
expulsar	expulsado	expulso
injertar	injertado	injerto
maldecir	maldecido	maldito
manumitir	manumitido	manumiso
omitir	omitido	omiso

CAPÍTULO 4: Expresión escrita

oprimir	oprimido	opreso
poseer	poseído	poseso
prender	prendido	preso
proveer	proveído	provisto
recluir	recluido	recluso

Nota. La lista anterior no es completa. Existen muchos otros casos de verbos con doble pasado participio. Tenga también en cuenta que a veces el significado no es el mismo. *Ejemplo:* convencido y convicto.

Ejercicios:

Instrucciones: Las frase u oraciones siguientes tienen uno o varios errores. Escriba la forma correcta en la línea de abajo.

1. El profesor estaba abstracto en sus pensamientos.
   _____

2. La madre estaba muy aflicta por lo ocurrido.
   _____

3. Los compresos de azúcar son malos para la salud.
   _____

4. Dijo que había concluso mal.
   _____

5. Afirmaba que había confuso la materia.
   _____

Escriba a continuación del pasado participio su significado. Recuerde que puede ser igual o distinto.

1. convencido _____
   convicto _____
2. elegido _____
   electo _____
3. poseído _____
   poseso _____
4. recluido _____
   recluso _____
5. prendido _____
   preso _____

COORDINACIÓN DE FRASES Y ORACIONES

La expresión escrita, como la hablada, no es una mera sucesión de palabras inarticuladas, sino un conjunto lógico de frases y oraciones relacionadas entre sí.

La oración es la unidad básica que expresa un sentido completo. Sin embargo, recordemos que para que se considere oración debe tener por lo menos un verbo. El verbo expresa un enunciado (afirmativo o negativo), una pregunta, un deseo o un mandato.

Toda oración se compone de sujeto y predicado. Sujeto es la parte de la que se dice algo. Esta acción se conoce técnicamente como predicar, por lo que se le da el nombre de predicado. En otras palabras. predicado es lo que se dice del sujeto.

Las oraciones y frases se organizan en unidades más amplias llamadas párrafos, períodos o cláusulas. Los principales elementos de organización (coordinación y subordinación) son la *preposición* y la *conjunción*. El *adverbio* también puede servir como elemento de coordinación.

Uso de la preposición

La preposición se usa para enlazar dos elementos gramaticales, el primero llamado *inicial*, y el segundo, *terminal*. *Ejemplos:* bodas *de* plata; escrito *con* sangre.

La preposición subordina el elemento terminal al inicial. *Ejemplo:* vivir *para* comer o comer *para* vivir.

Las preposiciones más usadas son: *a, ante, bajo, con, contra, de, desde,* (tiempo y lugar) *en entre, hacia, hasta, para, por, según, sin, sobre, tras*. La preposición *so* se usa solamente en las siguientes frases: so pena, so color, so capa, so pretexto.

Advertencia: Tenga en cuenta que una misma preposición puede tener distintos significados dependiendo de la frase en que se encuentre. Por ejemplo, la preposición *a* puede representar un complemento directo o indirecto y adquirir el sentido de dirección, precio, modo, etc. *Ejemplos:* vi *a* Pedro; se lo dije *a* él; voy *a* Roma; *a* dos pesos; *a* la marinera. Lo mismo ocurre con las otras preposiciones.

Ejercicios:

> **Instrucciones:** Escriba frases y oraciones completas con las siguientes preposiciones que son las más usadas.

a _____

con _____

de _____

para _____

por _____

hacia _____

desde _____
entre _____
sobre _____
sin _____

> Escriba el significado de la preposición *de* en las siguientes oraciones. Observe los ejemplos de las dos primeras líneas.

Significa

1. El dinero *de* mi padre no es mucho.   posesión
2. La música es *de* un compositor cubano. pertenencia
3. Es el gobernador *de* San Juan.   _____
4. El helado era *de* chocolate.   _____
5. Sólo salgo *de* noche.   _____

> Escriba el significado de la preposición *a* en las siguientes oraciones siguiendo los ejemplos anteriores.

1. Le hablé *al* profesor del asunto.   _____
2. Voy de vacaciones *a* California.   _____
3. Vi *a* Linda en misa de doce.   _____
4. Me gusta el arroz *a* la marinera.   _____
5. Te espero *a* las once.   _____

Uso de la conjunción

La conjunción se usa para enlazar distintas oraciones en un mismo período o cláusula, aunque las oraciones sean opuestas. *Ejemplos:* Vino *y* me dijo tal y tal cosa. Sí, vino, *pero* no me dijo nada de eso. En ambos casos hay enlace, pero en el segundo el enlace es de contraposición.

Las conjunciones originales simples son: *o* (*u* antes de palabras que empiezan con *o*), *y* (*e* antes de palabras que empiezan con *i*), *pero, mas* (sin acento), *sino, ni, que,* y *si* (sin acento).

La mayor parte de las conjunciones son compuestos, como *de que, puesto que, con tal que, aunque, porque, para que, a fin de que, bien que, mal que, por más que,* etc.

Algunas conjunciones funcionan en pares de palabras: *ni, ni; no sólo, sino; o, o; sea, sea; ya, ya. Ejemplos:* tú *ni* esto, *ni* lo otro; *ya* sea esto, *ya* lo otro; *no sólo* por esto, *sino* por lo otro.

Si el modo de enlace es de mera coordinación o subordinación de una oración a otra, las condiciones se llaman coordinativas o subordinativas. Las oraciones coordinadas tienen un sentido independiente entre sí; en las subordinadas, el sentido depende de la oración principal. *Ejemplos:* Comió *y* durmió bien. *Aunque* comió bien, durmió mal.

Ejercicios:

Instrucciones: Escriba frases u oraciones completas con las siguientes conjunciones. (Siga el ejemplo de la primera línea.)

o *y* u: O vienes conmigo o te vas con ella; una cosa u otra.

y   _____

pero   _____

sino   _____

ni, ni   _____

que   _____

si   _____

e   _____

Escriba oraciones completas con las siguientes conjunciones compuestas. Tenga muy en cuenta que algunas exigen el uso del subjuntivo.

puesto que   _____

con tal que   _____

aunque   _____

para que   _____

a fin de que   _____

por más que   _____

bien que   _____

CONCORDANCIA Y COORDINACIÓN

El artículo, nombre y adjetivo de una frase u oración concuerdan en género y número. *Ejemplos:* los niños bien educados; la niña bien educada.

Los títulos y tratamientos concuerdan según el sexo de la persona a quien se dirigen y siempre van en tercera persona. *Ejemplos: usted es muy generosa,* hablando a una mujer; *usted es muy generoso,* si nos dirigimos a un hombre; *su excelencia me ordene.*

El verbo concuerda con el sujeto en número y persona. *Ejemplos:* ellos se acuerdan; tú te acuerdas.

Los colectivos (gente, mayoría, multitud) pueden concordar en plural o singular. *Ejemplos:* vino mucha gente; la mayoría vino a pie. Es preferible el plural, si se especifica la mayoría. *Ejemplo:* la mayoría de los soldados que asaltaron las defensas eran jóvenes.

CAPÍTULO 4: Expresión escrita

Las disyuntivas con *o* (o esto o lo otro) pueden concordar en singular o plural. *Ejemplos:* el tiempo o el dinero decidirá el asunto; el uno o el otro acabarán con ella.

Ejercicios:

> **Instrucciones:** Las oraciones siguientes tienen uno o varios errores de concordancia. Escriba la forma correcta en la línea de abajo.

1. Las rosas y las violetas están muy escasa.

2. Cada día aumenta más el paro y la miseria.

3. Este y tú van y recogen al otro.

4. Habían muchos hombres esperando en la fila.

5. No me acuerdo bien si lo contaron ella o él.

> Combine dos de las siguientes oraciones usando las conjunciones adversativas *pero, mas, sino, aunque,* etc., o las causales *porque, que, puesto que, pues,* etc.

1. El refrán dice que Dios aprieta / no ahoga.

2. El piso es magnífico / no lo haya alquilado nadie.

3. No digas mal de los profesores / te puede causar problemas.

4. No debe tener mucha fiebre / anda por ahí sin suficiente ropa.

Concordancia de modo y tiempo

Si la oración es subordinada, use el subjuntivo siempre que el verbo de la oración principal exprese duda, posibilidad, necesidad, deseo o mandato. *Ejemplos:* dudo que venga; puede que haya otros mejores; es preciso que se presente; te digo que te vayas.

Si ambas oraciones (la principal y la subordinada) están en indicativo, en la subordinada use cualquier tiempo que tenga sentido, menos el pretérito anterior. No tiene sentido decir *hube dicho* que vendrá, pero se puede decir *he dicho* que voy, que iba, que iría, que había ido, etc.

Si el verbo de la oración principal está en indicativo y el de la subordinada en subjuntivo, hay que atender a los tiempos: (1) si el verbo de la principal está en *presente* o *futuro*, use cualquier tiempo del subjuntivo en la subordinada. *Ejemplos:* no creo (o creeré) que venga, viniera, viniese, haya venido, etc.; (2) si el verbo de la oración principal está en *pasado*, use solamente los pasados del subjuntivo. *Ejemplos:* no creí que viniera, viniese, haya venido, hubiera venido.

Concordancia especial

En las oraciones que llevan pronombre relativo (que, quien) se pueden usar estas dos formas de coordinación: Yo soy el que *habló* o yo soy el que *hablé*. Tú eras la que *hablaba* o tú eras la que *hablabas*.

Los adverbios pueden servir para coordinar dos oraciones. *Ejemplo:* la casa donde nacimos es inolvidable.

Cuando el verbo de la oración principal y la subordinada tienen el mismo sujeto, es decir, son la misma persona, el verbo de la subordinada va en infinitivo y se suprime el *que*. *Ejemplo:* el miserable no comía para no gastar. Si el sujeto fuera distinto, el verbo iría en subjuntivo. *Ejemplo:* el miserable no comía, para que nosotros no comiésemos tampoco.

La oración principal puede ir antes o después de la subordinada. *Ejemplos:* para no gastar, el miserable no comía; el miserable no comía para no gastar. Note la coma en el primer caso.

La oración condicional en indicativo no puede usar el futuro. No es correcto decir: si vendrá, ni si habrá venido.

La oración condicional en subjuntivo emplea el imperfecto para el presente y el futuro, y el pluscuamperfecto para el pasado. *Ejemplos:* si no *parara* de llover, cogeríamos un taxi; si no *hubiera parado* de llover, nos tendríamos que haber quedado a dormir.

Ejercicios:

> **Instrucciones:** En las oraciones siguientes puede haber errores de concordancia entre el modo y tiempo de los verbos de la oración principal y la subordinada. Si tienen errores, escriba debajo la expresión correcta. Si no tienen errores, explique por qué es correcta la expresión. Observe las reglas dadas.

1. Quería decir que no todo era malo.

   _____

2. Para residir en Estados Unidos es necesario ser nativo.

   _____

3. Tengo mis dudas de que él sea de Colombia.

   _____

4. A pesar de todo, puede que tenga razón.

5. Ya le hube dicho a usted que vendrá.

6. No me digas eso, hombre, que me daba miedo.

7. Pensaría que yo estaba soñando.

8. Creería que yo estaría en clase.

9. Creí que estaba enamorada, pero fue una ilusión.

10. Qué le vamos a hacer; hemos perdido. Otra vez será.

11. Nunca pensé que pudiera ganar ese equipo.

12. Yo soy el que le dijo a usted eso.

13. Soy yo el que se lo dije.

14. ¿Eres tú la que llamaste anoche por teléfono?

15. ¿Eres tú la que llamó?

16. Pensé que me volvía loco.

17. Pensé volverme loco.

18. Pensé que me volviese loco.

19. Para no comer, no compraba nada.

ORDEN LÓGICO Y GRAMATICAL

El orden lógico y gramatical representa el grado más avanzado y, por lo tanto, el más importante de la expresión escrita. Comenzamos deletreando en la *ortografía*, que es como balbucear en la expresión oral; luego, aprendemos palabras sueltas, sus formas y funciones en la *morfología*; avanzamos en el desarrollo en la *sintaxis*, construyendo y coordinando frases y oraciones para formar cláusulas y períodos; y así llegamos al final: la expresión escrita completa en una exposición lógica, clara y correcta.

Análisis lógico

En el orden lógico y gramatical entran, además de todos los elementos anteriores (desde la coma a la sintaxis) otros factores más difíciles de precisar, como son el estilo y la propiedad de la expresión.

Ante todo, en un pasaje escrito, lo que hay que buscar es la *idea principal*, llamada también tema o idea central. Generalmente ésta suele ir al principio de la composición, pero puede encontrarse también a la mitad o al final del texto. Cuando se encuentra al final, puede actuar como conclusión o moraleja.

Una vez encontrada la idea principal, el segundo paso es buscar las *ideas secundarias* para determinar qué tipo de relación tienen con la principal. ¿La refuerzan y precisan o la confunden y debilitan? La relación de unas ideas con otras es lo que se entiende por lógica u orden lógico. El orden lógico se construye a partir de un razonamiento apropiado.

En la lengua escrita, el razonamiento suele expresarse con frecuencia con los elementos gramaticales que enlazan unas oraciones con otras. Los más frecuentes e importantes son las conjunciones (*puesto que, así que, como que, porque, así como*) debido a que expresan las relaciones de causa, finalidad, condición, analogía, etc.

Por lo tanto, es importante examinar en el pasaje escrito las palabras de enlace o transición entre unas oraciones y otras.

Además de las conjunciones, las preposiciones, los adverbios y los pronombres posesivos y relativos cumplen también funciones de orden lógico y gramatical. Por ejemplo, en la frase "La casa quedó completamente destruida, sus muros reducidos a escombros", el posesivo "sus" sirve de enlace entre las dos oraciones.

En relación con la propiedad de expresión, es finalmente importante atender *la sucesión de los hechos* o el desarrollo progresivo de la idea principal. ¿Están las frases secundarias en su lugar? Hay diversas formas de empezar y terminar un escrito. Por ejemplo, no es correcto empezar diciendo "finalmente" o "además", porque estas palabras suponen que ya se ha dicho algo antes.

En resumen, el orden lógico y gramatical se compone de tres elementos básicos: (1) una idea principal que sirve de guía o tema al argumento de la composición; (2) varias ideas secundarias que desarrollan o ilustran la idea principal; y (3) una serie o sucesión de estos elementos que va desde el principio al fin en una forma ordenada o gradual.

Ocho consejos prácticos

1. Ante todo, *lea* el pasaje completo que haya escrito.
2. *Subraye* la idea principal o idea dominante. ¿De qué se trata?
3. *Busque* las ideas secundarias que sirven de soporte o apoyo a la idea principal.
4. *Compruebe* si el orden de sucesión (la secuencia) de los hechos es lógico, es decir, si tiene sentido.
5. *Omita* frases irrelevantes, es decir, superfluas, impertinentes, repetitivas o redundantes en relación con la idea principal.
6. *Añada* frases o palabras a fin de mejorar el orden lógico o gramatical.
7. *Identifique* los elementos de enlace o transición entre las distintas oraciones.
8. *Cambie* el orden o lugar de las frases y oraciones, si fuese necesario, a fin de mejorar la relación de unas frases con otras o del conjunto de la composición.

El procedimiento de análisis de una lectura es el mismo que el de su composición.

Tres observaciones finales

Primero: El estilo es apropiado cuando corresponde a la persona que habla, la situación en que se expresa y las personas a quienes se dirige lo escrito. "¿Que hay, macho?", no es la manera más adecuada de dirigirse al Rey. "Chao, mi viejo", no es la forma de despedirse del Papa. Por lo tanto, *cuidado con la lengua coloquial*.

Segundo: El fenómeno contrario es igualmente peligroso: usar palabras altisonantes y difíciles que no vienen a propósito de lo que se dice, sobre todo cuando no se sabe con seguridad lo que significan. El estilo apropiado es el estilo adecuado; el estilo adecuado es el que está de acuerdo o a tono con el tema del escrito, la condición del que escribe y la del que se supone será su lector.

Tercero: Existe un estrecho lazo entre el orden lógico y gramatical. La gramática es una especie de introducción a la lógica. La lógica de la expresión escrita es universal: lo mismo vale para una receta de cocina que para un soneto amoroso o místico.

PRUEBAS DE PRÁCTICA: EXPRESIÓN ESCRITA

> **Instrucciones:** Ejercicios de práctica según el modelo del GED a tres niveles de menor a mayor grado de dificultad.

El formato y la mecánica de estas pruebas o exámenes son los mismos que los del examen diagnóstico, sólo que aquí seguimos el mismo orden que en el libro de texto a fin de que sirvan de preparación y repaso:

- Ortografía
- Puntuación y uso de mayúsculas
- Formas y usos gramaticales
- Coordinación de frases y oraciones
- Orden lógico y gramatical

Las tres pruebas constan de las cinco secciones arriba nombradas con un total de 40 preguntas cada una: la mitad de las de la prueba que administra el Estado oficialmente.

Cada pregunta tiene una respuesta múltiple con cinco alternativas posibles numeradas del 1 al 5.

Marque las respuestas a las preguntas de la prueba rellenando el número correspondiente en la hoja de repuestas. Las respuestas explicadas de las tres pruebas de práctica se encuentran en la página 165.

Ejemplo:

> **P** Identifique los errores de ortografía.
> - **(1)** abrazar
> - **(2)** abrasar
> - **(3)** automóbil
> - **(4)** vehículo
> - **(5)** sin error

La respuesta correcta es el número 3.

Rellene un solo espacio por cada pregunta. Si se equivoca y desea cambiar la respuesta, ponga una X sobre el número marcado erróneamente y rellene el nuevo número que escoja. Lea las instrucciones al inicio de cada sección.

El examen dura aproximadamente *media hora*. Administre bien su tiempo. No se demore demasiado en ninguna respuesta.

HOJA DE RESPUESTAS: PRUEBAS DE PRÁCTICA: EXPRESIÓN ESCRITA

Prueba I:
Nivel básico

1 ① ② ③ ④ ⑤	9 ① ② ③ ④ ⑤	17 ① ② ③ ④ ⑤	25 ① ② ③ ④ ⑤	33 ① ② ③ ④ ⑤
2 ① ② ③ ④ ⑤	10 ① ② ③ ④ ⑤	18 ① ② ③ ④ ⑤	26 ① ② ③ ④ ⑤	34 ① ② ③ ④ ⑤
3 ① ② ③ ④ ⑤	11 ① ② ③ ④ ⑤	19 ① ② ③ ④ ⑤	27 ① ② ③ ④ ⑤	35 ① ② ③ ④ ⑤
4 ① ② ③ ④ ⑤	12 ① ② ③ ④ ⑤	20 ① ② ③ ④ ⑤	28 ① ② ③ ④ ⑤	36 ① ② ③ ④ ⑤
5 ① ② ③ ④ ⑤	13 ① ② ③ ④ ⑤	21 ① ② ③ ④ ⑤	29 ① ② ③ ④ ⑤	37 ① ② ③ ④ ⑤
6 ① ② ③ ④ ⑤	14 ① ② ③ ④ ⑤	22 ① ② ③ ④ ⑤	30 ① ② ③ ④ ⑤	38 ① ② ③ ④ ⑤
7 ① ② ③ ④ ⑤	15 ① ② ③ ④ ⑤	23 ① ② ③ ④ ⑤	31 ① ② ③ ④ ⑤	39 ① ② ③ ④ ⑤
8 ① ② ③ ④ ⑤	16 ① ② ③ ④ ⑤	24 ① ② ③ ④ ⑤	32 ① ② ③ ④ ⑤	40 ① ② ③ ④ ⑤

Prueba II:
Nivel intermedio

1 ① ② ③ ④ ⑤	9 ① ② ③ ④ ⑤	17 ① ② ③ ④ ⑤	25 ① ② ③ ④ ⑤	33 ① ② ③ ④ ⑤
2 ① ② ③ ④ ⑤	10 ① ② ③ ④ ⑤	18 ① ② ③ ④ ⑤	26 ① ② ③ ④ ⑤	34 ① ② ③ ④ ⑤
3 ① ② ③ ④ ⑤	11 ① ② ③ ④ ⑤	19 ① ② ③ ④ ⑤	27 ① ② ③ ④ ⑤	35 ① ② ③ ④ ⑤
4 ① ② ③ ④ ⑤	12 ① ② ③ ④ ⑤	20 ① ② ③ ④ ⑤	28 ① ② ③ ④ ⑤	36 ① ② ③ ④ ⑤
5 ① ② ③ ④ ⑤	13 ① ② ③ ④ ⑤	21 ① ② ③ ④ ⑤	29 ① ② ③ ④ ⑤	37 ① ② ③ ④ ⑤
6 ① ② ③ ④ ⑤	14 ① ② ③ ④ ⑤	22 ① ② ③ ④ ⑤	30 ① ② ③ ④ ⑤	38 ① ② ③ ④ ⑤
7 ① ② ③ ④ ⑤	15 ① ② ③ ④ ⑤	23 ① ② ③ ④ ⑤	31 ① ② ③ ④ ⑤	39 ① ② ③ ④ ⑤
8 ① ② ③ ④ ⑤	16 ① ② ③ ④ ⑤	24 ① ② ③ ④ ⑤	32 ① ② ③ ④ ⑤	40 ① ② ③ ④ ⑤

Prueba III:
Nivel avanzado

1 ① ② ③ ④ ⑤	9 ① ② ③ ④ ⑤	17 ① ② ③ ④ ⑤	25 ① ② ③ ④ ⑤	33 ① ② ③ ④ ⑤
2 ① ② ③ ④ ⑤	10 ① ② ③ ④ ⑤	18 ① ② ③ ④ ⑤	26 ① ② ③ ④ ⑤	34 ① ② ③ ④ ⑤
3 ① ② ③ ④ ⑤	11 ① ② ③ ④ ⑤	19 ① ② ③ ④ ⑤	27 ① ② ③ ④ ⑤	35 ① ② ③ ④ ⑤
4 ① ② ③ ④ ⑤	12 ① ② ③ ④ ⑤	20 ① ② ③ ④ ⑤	28 ① ② ③ ④ ⑤	36 ① ② ③ ④ ⑤
5 ① ② ③ ④ ⑤	13 ① ② ③ ④ ⑤	21 ① ② ③ ④ ⑤	29 ① ② ③ ④ ⑤	37 ① ② ③ ④ ⑤
6 ① ② ③ ④ ⑤	14 ① ② ③ ④ ⑤	22 ① ② ③ ④ ⑤	30 ① ② ③ ④ ⑤	38 ① ② ③ ④ ⑤
7 ① ② ③ ④ ⑤	15 ① ② ③ ④ ⑤	23 ① ② ③ ④ ⑤	31 ① ② ③ ④ ⑤	39 ① ② ③ ④ ⑤
8 ① ② ③ ④ ⑤	16 ① ② ③ ④ ⑤	24 ① ② ③ ④ ⑤	32 ① ② ③ ④ ⑤	40 ① ② ③ ④ ⑤

PRUEBA I: NIVEL BÁSICO

Sección I: Ortografía

> **Instrucciones:** Una de las cinco palabras de cada grupo tiene un error de ortografía. Elija el número que corresponde a la palabra incorrecta y márquelo en la hoja de respuestas.

1. (1) abstemio
   (2) abyecto
   (3) ávido
   (4) varón
   (5) govierno

2. (1) bota
   (2) revelar
   (3) revelión
   (4) vatio
   (5) vals

3. (1) ciego
   (2) esema
   (3) caza
   (4) sidra
   (5) cedro

4. (1) caja
   (2) cemento
   (3) brasas
   (4) brazas
   (5) calsetín

5. (1) herejía
   (2) garage
   (3) jente
   (4) gira
   (5) guerra

Sección II: Puntuación y uso de mayúsculas

> **Instrucciones:** Las oraciones siguientes tienen un error o ninguno, según lo indican las palabras o lugares señalados con un número. Escoja el número donde está el error y márquelo en la hoja de respuestas. Si no hay error, marque el 5.

6. Dijo que venía a despedirse _ pero se
       1   2   3
   quedó toda la noche. Sin error.
     4   5

7. Gracias _ que la casa era grande y con
         1   2
   muchas camas ... Sin error.
     3   4   5

8. Sí, don Pedro es buen amigo de casa,
     1   2   3
   pero. Sin error.
     4   5

9. La enfermera le puso un unguento
         1   2   3   4
   maravilloso. Sin error.
                   5

10. La verdad, sin embargo _ es que todo
                            1   2
    está más caro en Miami. Sin error.
      3   4   5

11. No sé si fue en febrero o Marzo cuando
         1   2   3
    volvimos a la escuela. Sin error.
                     4   5

12. La chamaca le dijo __ mi viejo, estate
    ⎯⎯⎯⎯⎯   ⎯   ⎯⎯⎯⎯ ⎯⎯⎯⎯⎯⎯
       1   2   3   4
    quieto. Sin error.
            ⎯⎯⎯⎯⎯⎯⎯⎯
               5

13. ¿Qué pasa? ¡Qué horror! ¿Quién, yo?
    ⎯⎯⎯   ⎯⎯⎯   ⎯ ⎯⎯⎯⎯⎯
     1   2   3   4
    Sin error.
    ⎯⎯⎯⎯⎯⎯⎯⎯
       5

14. La Universidad de Nueva York es la
       ⎯⎯⎯⎯⎯⎯⎯⎯⎯⎯   ⎯⎯⎯⎯
           1   2
    mejor del Mundo. Sin error.
    ⎯⎯⎯⎯⎯   ⎯⎯⎯⎯⎯ ⎯⎯⎯⎯⎯⎯⎯⎯
      3   4   5

Sección III: Formas y usos gramaticales

> **Instrucciones:** En cada una de las oraciones siguientes hay cuatro partes subrayadas, de las cuales una puede tener un error gramatical, que puede ser el acento. Identifique el error si lo hay y márquelo en la hoja de respuestas. Si no hay error, marque el número 5.

15. El plural del avestruz es las avestruces.
               ⎯⎯⎯ ⎯⎯⎯⎯⎯⎯⎯   ⎯⎯⎯ ⎯⎯⎯⎯⎯⎯⎯⎯⎯
                1   2   3   4
    Sin error.
    ⎯⎯⎯⎯⎯⎯⎯⎯
       5

16. En mi calle no hay más que un café, pero
        ⎯⎯   ⎯⎯⎯   ⎯⎯⎯⎯
         1   2   3
    en Nueva York hay muchos cafees.
                             ⎯⎯⎯⎯⎯⎯
                                4
    Sin error.
    ⎯⎯⎯⎯⎯⎯⎯⎯
       5

17. Cuando estoy con ti estoy más a gusto
    ⎯⎯⎯⎯⎯⎯   ⎯⎯⎯⎯⎯⎯   ⎯⎯⎯⎯
       1   2   3
    que con nadie. Sin error.
        ⎯⎯⎯⎯⎯⎯⎯⎯⎯ ⎯⎯⎯⎯⎯⎯⎯⎯
           4   5

18. Eso será mejor para ti, pero para mi
    ⎯⎯⎯   ⎯⎯⎯⎯⎯⎯⎯   ⎯⎯⎯
     1   2   3
    es lo mismo. Sin error.
       ⎯⎯⎯⎯⎯⎯⎯⎯ ⎯⎯⎯⎯⎯⎯⎯⎯
          4   5

19. Se peinaba a sí mismo como unas diez
    ⎯⎯⎯⎯⎯⎯⎯⎯⎯ ⎯⎯⎯⎯⎯⎯⎯⎯⎯ ⎯⎯⎯⎯
        1   2   3
    veces al día. Sin error.
          ⎯⎯⎯⎯⎯⎯⎯ ⎯⎯⎯⎯⎯⎯⎯⎯
             4   5

20. El chico y las dos amigas eran buenas
       ⎯⎯⎯⎯⎯   ⎯⎯⎯   ⎯⎯⎯⎯ ⎯⎯⎯⎯⎯⎯
          1   2   3   4
    estudiantes. Sin error.
                 ⎯⎯⎯⎯⎯⎯⎯⎯
                    5

21. La Blanca Casa es la residencia del
        ⎯⎯⎯⎯⎯⎯⎯⎯⎯⎯⎯   ⎯⎯⎯⎯⎯⎯⎯⎯⎯ ⎯⎯⎯⎯
             1   2   3
    Presidente. Sin error.
    ⎯⎯⎯⎯⎯⎯⎯⎯⎯⎯ ⎯⎯⎯⎯⎯⎯⎯⎯
        4   5

22. Si yo no cabo en este sitio usted tam-
             ⎯⎯⎯⎯   ⎯⎯⎯⎯   ⎯⎯⎯⎯⎯
               1   2   3
    poco cupo. Sin error.
         ⎯⎯⎯⎯⎯ ⎯⎯⎯⎯⎯⎯⎯⎯
            4   5

23. Si yo andé, tú también andaste. Sin error.
          ⎯⎯⎯⎯⎯ ⎯⎯   ⎯⎯⎯⎯⎯⎯⎯ ⎯⎯⎯⎯⎯⎯⎯⎯
            1   2   3   5

24. El se riyó de mí como si fuera un tonto.
    ⎯⎯   ⎯⎯⎯⎯   ⎯⎯   ⎯⎯⎯⎯⎯
     1   2   3   4
    Sin error.
    ⎯⎯⎯⎯⎯⎯⎯⎯
       5

25. Haz lo que te digo y no te afligirán más.
    ⎯⎯⎯   ⎯⎯ ⎯⎯⎯⎯   ⎯⎯⎯⎯⎯⎯⎯⎯⎯
     1   2   3   4
    Sin error.
    ⎯⎯⎯⎯⎯⎯⎯⎯
       5

26. Los Estados Unidos declaran la
    ⎯⎯⎯ ⎯⎯⎯⎯⎯⎯⎯⎯⎯⎯⎯⎯ ⎯⎯⎯⎯⎯⎯⎯⎯
     1   2   3
    independencia en 1776. Sin error.
    ⎯⎯⎯⎯⎯⎯⎯⎯⎯⎯⎯⎯   ⎯⎯⎯⎯⎯⎯⎯⎯
         4   5

27. El alcalde de este municipio llega
    ⎯⎯   ⎯⎯⎯⎯   ⎯⎯⎯⎯⎯
     1   2   3
    mañana a las tres. Sin error.
           ⎯⎯⎯⎯⎯⎯⎯⎯⎯⎯ ⎯⎯⎯⎯⎯⎯⎯⎯
               4   5

28. Cuando la encontré, estuvo estudiando.
    ⎯⎯⎯⎯⎯⎯   ⎯⎯⎯⎯⎯⎯⎯⎯ ⎯⎯⎯⎯⎯⎯ ⎯⎯⎯⎯⎯⎯⎯⎯⎯⎯
       1   2   3   4
    Sin error.
    ⎯⎯⎯⎯⎯⎯⎯⎯
       5

29. Ahora serán las diez. El partido será
    ⎯⎯⎯⎯⎯ ⎯⎯⎯⎯⎯⎯   ⎯⎯⎯⎯⎯
       1   2   3
    a las dos. Sin error.
    ⎯⎯⎯⎯⎯⎯⎯⎯⎯ ⎯⎯⎯⎯⎯⎯⎯⎯
        4   5

30. Si ganara su equipo, perdiera el
    ⎯⎯⎯⎯⎯⎯⎯⎯ ⎯⎯   ⎯⎯⎯⎯⎯⎯⎯⎯⎯ ⎯⎯
        1   2   3   3
    nuestro. Sin error.
    ⎯⎯⎯⎯⎯⎯⎯⎯ ⎯⎯⎯⎯⎯⎯⎯⎯
        4   5

31. El mucho hablando es siempre malo
          ⎯⎯⎯⎯⎯⎯ ⎯⎯⎯⎯⎯⎯⎯⎯⎯ ⎯⎯
             1   2   3
    para ti. Sin error.
    ⎯⎯⎯⎯⎯⎯⎯⎯ ⎯⎯⎯⎯⎯⎯⎯⎯
        4   5

32. A que no sabéis por qué se preocupa
    ⎯⎯⎯⎯⎯⎯⎯⎯ ⎯⎯⎯⎯⎯⎯ ⎯⎯⎯⎯⎯⎯⎯⎯ ⎯⎯⎯⎯⎯⎯⎯⎯⎯⎯
        1   2   3   4
    tanto. Sin error.
           ⎯⎯⎯⎯⎯⎯⎯⎯
              5

Sección IV: Coordinación de frases y oraciones

> **Instrucciones:** En esta sección, cada ejercicio consta de dos oraciones numeradas I y II. La prueba consiste en escoger una de las palabras o frases numeradas del 1 al 5 que mejor coordine las oraciones I y II. Marque el número de la palabra correspondiente en la hoja de respuestas.

33. I. La calidad del trabajo es pésima.
    II. No es posible competir con otros países.
    - (1) sin embargo
    - (2) sino
    - (3) por eso
    - (4) por
    - (5) de

34. I. Aunque sea así.
    II. Se explica satisfactoriamente.
    - (1) contra
    - (2) no
    - (3) entre
    - (4) desde
    - (5) y

35. I. Eso no se oye.
    II. Acabó la guerra de Vietnam.
    - (1) desde que
    - (2) para
    - (3) por
    - (4) o
    - (5) sino que

36. I. La vida está cara.
    II. Las estadísticas dicen lo contrario.
    - (1) más
    - (2) aunque
    - (3) hasta
    - (4) en cuanto
    - (5) así

CAPÍTULO 4: Expresión escrita

Sección V: Orden lógico y gramatical

Instrucciones: Esta sección consta de cuatro preguntas, cada una de las cuales tiene cinco frases u oraciones que usted debe ordenar en el mejor orden lógico y gramatical eligiendo una de las alternativas numeradas del 1 al 5. Marque la alternativa preferida en la hoja de respuestas.

37.
  I. Pero yo conocí a un amigo que podía comerse diez hamburguesas, estaba perfectamente sano.
  II. Pues la verdad es que no lo creo.
  III. Dicen los románticos que hay quien enferma de amor.
  IV. Sólo se puede enfermar de no comer.
  V. Aunque también hay quien afirma lo contrario.
  (1) V, IV, III, II, I
  (2) I, V, II, IV, III
  (3) II, III, I, V, IV
  (4) III, II, IV, V, I
  (5) I, II, III, IV, V

38.
  I. Han declarado hoy lo mismo.
  II. Llevan a la conclusión.
  III. Que ganarán los Yankees.
  IV. Fuentes muy allegadas a la cadena dos.
  V. Todos los indicios que nosotros tenemos.
  (1) I, II, IV, III, V
  (2) V, IV, III, II, I
  (3) V, II, III, IV, I
  (4) I, V, IV, III, II
  (5) III, I, II, IV, V

39.
  I. Tendrán que ganar cuatro plazas.
  II. Cargadas de intensa emoción.
  III. En previas eliminaciones.
  IV. Para la fase final.
  V. Estos diez equipos.
  (1) IV, V, I, III, II
  (2) I, III, IV, II, V
  (3) I, II, III, IV, V
  (4) IV, II, III, I, V
  (5) V, I, II, III, IV

40.
  I. Los más famosos atletas del mundo.
  II. En el que han participado.
  III. Ha sido el maratón.
  IV. De este gran año de los deportes.
  V. Uno de los eventos más importantes.
  (1) V, IV, III, II, I
  (2) I, II, III, IV, V
  (3) I, III, II, IV, V
  (4) IV, III, I, II, V
  (5) I, V, II, IV, III

FIN DE LA PRUEBA I

SI TERMINA ANTES DE QUE SE AGOTE EL TIEMPO, REPASE SUS RESPUESTAS DE LAS CINCO SECCIONES.

PRUEBA II: NIVEL INTERMEDIO

Sección I: Ortografía

> **Instrucciones**: Una de las cinco palabras de cada grupo tiene un error de ortografía. Elija el número que corresponde a la palabra incorrecta y márquelo en la hoja de respuestas.

1. (1) jamón
   (2) jauja
   (3) jacha
   (4) jabalina
   (5) jíbaro

2. (1) abilidad
   (2) abuelo
   (3) arpa
   (4) huérfano
   (5) oler

3. (1) mi
   (2) mí
   (3) mas
   (4) más
   (5) ruína

4. (1) expiar
   (2) espiar
   (3) paragüas
   (4) subrayar
   (5) baúl

5. (1) estais
   (2) continúa
   (3) huid
   (4) lejía
   (5) maíz

CAPITULO 4: Expresión escrita

Sección II: Puntuación y uso de mayúsculas

> **Instrucciones:** Las oraciones siguientes tienen un error o ninguno, según lo indican las palabras o lugares señalados con un número. Escoja el número donde está el error y márquelo en la hoja de respuestas.

6. <u>Comenzó</u> la <u>carta</u> <u>así:</u> "Muy señor mío<u>,</u>
    1   2   3
 <u>Sin error</u>.
   4

7. Digo _____ finalmente, que <u>esto</u> es un
         1   2
 <u>abuso</u>. <u>Sin error</u>.
   3   4

8. <u>Este</u> compañero<u>,</u> que fue el último<u>,</u>
   1
 ahora <u>sale</u> el primero. <u>Sin error</u>.
       2   3

9. ¿<u>H</u>asta <u>cuando</u> va a durar est<u>o,</u> madre
     1   2   3
 <u>mía!</u> <u>Sin error</u>.
   4   5

10. La <u>cigüeña</u> sirve de símbolo____para
      1   2
 explicar____el nacimiento a los
         3
 <u>pequeños</u>. Sin error.
      4

11. La <u>Química</u> y la <u>Física</u> son <u>ciencias</u>
      1   2   3
 <u>exactas</u>; pero la <u>economía</u> no lo es.
                        4
 <u>Sin error</u>.
   5

12. La carta <u>terminaba</u> as<u>í:</u> "De usted aten-
          1   2
 tamente<u>:</u>" Fulano de <u>T</u>al. <u>Sin error</u>.
      3   4   5

13. He dicho ____ que eran dos<u>,</u> Juan <u>y</u> su
          1   2   3
 hermana Inés<u>.</u> <u>Sin error</u>.
             4   5

14. ¿<u>C</u>uándo ____ llegaste<u>?.</u> Pregunt<u>ó</u> el
     1   2   3   4
 muy bobo. <u>Sin error</u>.
             5

Sección III: Formas y usos gramaticales

Instrucciones: En cada una de las oraciones siguientes hay cuatro partes subrayadas, de las cuales una puede tener un error gramatical, que puede ser el acento. Identifique el error si lo hay y márquelo en la hoja de respuestas. Si no hay error, marque el número 5.

15. ¿No <u>tienes</u>[1] <u>nada</u>[2] que <u>darme</u>[3] a <u>mi</u>[4]? <u>Sin error</u>[5].

16. <u>Te</u>[1] aseguro que <u>a mí</u>[2] <u>me</u>[3] gusta tanto como <u>a ti</u>[4]. <u>Sin error</u>[5].

17. En <u>le diciendo</u>[1] <u>esto</u>[2], <u>echó</u>[3] a correr <u>con ella</u>[4]. <u>Sin error</u>[5].

18. <u>De</u>[1] repente, el <u>bueno</u>[2] hombre <u>se</u>[3] puso malo <u>de</u>[4] gravedad. <u>Sin error</u>[5].

19. <u>Pintaremos</u>[1] la <u>habitación</u>[2] <u>de</u>[3] <u>cielo azul</u>[4]. <u>Sin error</u>[5].

20. <u>Uno</u>[1] millón <u>de</u>[2] hombres <u>y</u>[3] dos, <u>de</u>[4] mujeres. <u>Sin error</u>[5].

21. <u>La</u>[1] <u>alcancé</u>[2] y <u>la</u>[3] dije: <u>vuélvete</u>[4], ¿estás loca? <u>Sin error</u>[5].

22. <u>Si</u>[1] yo <u>parto</u>[2] y tu <u>partes</u>[3], nosotros <u>partemos</u>[4]. <u>Sin error</u>[5].

23. <u>Pronúncialo</u>[1] <u>tú</u>[2] primero; luego, que <u>pronúncielo</u>[3] <u>él</u>[4]. <u>Sin error</u>[5].

24. De tanto <u>fumando</u>[1] <u>se</u>[2] <u>le</u>[3] secó la lengua. <u>Sin error</u>[5].

25. <u>Hablaba</u>[1] <u>con ella</u>[2] <u>altamente</u>[3] y <u>dislocadamente</u>[4]. <u>Sin error</u>[5].

26. <u>Declaró</u>[1] <u>a presencia</u>[2] <u>del</u>[3] juez <u>por</u>[4] dos horas. <u>Sin error</u>[5].

27. <u>Dentro</u>[1] <u>de lo</u>[2] que <u>cabía</u>[3], no <u>pudo</u>[4] estar mejor. <u>Sin error</u>[5].

28. <u>Andó</u>[1] toda la noche <u>conmigo</u>[2], pero <u>no</u>[3] pasó <u>nada</u>[4]. <u>Sin error</u>[5].

29. <u>Lo</u>[1] mismo <u>da</u>[2] decir <u>preveído</u>[3] que <u>previsto</u>[4]. <u>Sin error</u>[5].

30. <u>Se</u>[1] puede <u>decir y escribir</u>[2] <u>proveido</u>[3] y <u>provisto</u>[4]. <u>Sin error</u>[5].

31. <u>Abstracto</u>[1] y <u>abstraído</u>[2] son <u>participios</u>[3] de <u>abstraer</u>[4]. <u>Sin error</u>[5].

32. Aunque el <u>participio</u>[1] de decir es <u>dicho</u>[2], el de <u>predecir</u>[3] es <u>predecido</u>[4]. <u>Sin error</u>[5].

CAPÍTULO 4: Expresión escrita

Sección IV: Coordinación de frases y oraciones

Instrucciones: En esta sección, cada ejercicio consta de dos oraciones numeradas I y II. La prueba consiste en escoger una de las palabras o frases, numeradas del 1 al 5, que mejor coordine las oraciones I y II. Marque el número de la palabra correspondiente en la hoja de respuestas.

33. I. La condición de la mujer es inferior a la del hombre.
    II. Prejuicios de siglos.
    (1) hasta
    (2) sin
    (3) con
    (4) por
    (5) para

34. I. No importa lo que traiga.
    II. Venga a tiempo.
    (1) con tal que
    (2) después de
    (3) por culpa de
    (4) a pesar de
    (5) de

35. I. Es un caprichito de la niña.
    II. No se puede discutir.
    (1) de la
    (2) arriba de
    (3) debajo de
    (4) encima de
    (5) con la que

36. I. El capítulo catorce del libro no sirve.
    II. Es el mejor de todos.
    (1) por
    (2) apenas
    (3) más
    (4) a
    (5) aunque

Sección V: Orden lógico y gramatical

Instrucciones: Esta sección consta de cuatro preguntas. La pregunta de cada ejercicio es distinta. Lea con cuidado la pregunta y conteste marcando el número correspondiente en la hoja de respuestas.

37. ¿En qué orden se deben poner las frases que siguen para que adquieran el mejor sentido posible?

  I. Un especialista de oído dijo.
  II. Para hacer nuevos experimentos.
  III. Los astronautas aprovecharon el día extra.
  IV. Que los resultados forzarían a los médicos.
  V. A reescribir sus textos.

  (1) V, IV, III, II, I
  (2) III, II, I, IV, V
  (3) I, II, III, IV, V
  (4) I, III, II, IV, V
  (5) V, III, IV, II, I

38. Tenía una nevera en el garaje y la comida desaparecía con frecuencia como por encanto. Entonces, en vez de denunciar el hecho a la policía, empezó a decir que era un fantasma. ¿Quién es el protagonista de esta historia?

  (1) una mujer
  (2) un hombre
  (3) un fantasma
  (4) la policía
  (5) ninguno de los anteriores

39. Comenzó el desfile militar con la infantería de marina. Después, seguían los carros de combate y otras unidades motorizadas. Cada cuerpo iba precedido por varios jugadores. Esto era lo más divertido; pero lo más impresionante era el paso de los caza bombarderos volando casi a ras de los tejados.

  La frase *varios jugadores* es

  (1) la idea principal.
  (2) una idea secundaria.
  (3) ilógica.
  (4) inapropiada.
  (5) una frase feliz

40. (I) Tan difícil es elegir cuando todo es bueno como cuando todo es malo. (II) Lo malo es cuando va uno a comprar un carro. (III) Hay carros de todas clases y precios. (IV) Qué lío. (V) Si todos fueran iguales, no habría problemas.

  El autor de este párrafo se contradice en las frases

  (1) I y II.
  (2) I y III.
  (3) I y V.
  (4) IV y V.
  (5) III y IV.

FIN DE LA PRUEBA II

SI TERMINA ANTES DE QUE SE AGOTE EL TIEMPO, REPASE SUS RESPUESTAS DE LAS CINCO SECCIONES.

CAPÍTULO 4: Expresión escrita

PRUEBA III: NIVEL AVANZADO

Sección I: Ortografía

Instrucciones: Una de las cinco palabras de cada grupo tiene un error de ortografía. Elija el número que corresponde a la palabra incorrecta y márquelo en la hoja de respuestas.

1. (1) hermita
   (2) huelo
   (3) huelas
   (4) asta
   (5) hasta

2. (1) haya
   (2) halla
   (3) llanta
   (4) llegua
   (5) llega

3. (1) estéis
   (2) país
   (3) países
   (4) huír
   (5) freir

4. (1) sonreír
   (2) concluír
   (3) oír
   (4) constituir
   (5) combatir

5. (1) jesuita
   (2) huido
   (3) fluido
   (4) casuistico
   (5) prohíbe

Sección II: Puntuación y uso de mayúsculas

Instrucciones: Las oraciones siguientes tienen un error o ninguno, según lo que indican las palabras o lugares señalados con un número. Escoja el número donde está el error y márquelo en la hoja de respuestas.

6. no me siento muy bien de salud; pero
     1 2   3   4
   no importa. Sin error.
                 5

7. Lo recibieron cinco estudiantes de
    1   2
   Derecho y el profesor. Sin error.
      3   4   5

8. Querido Papá: Te escribo para pedirte
            1   2   3
   dinero. Sin error.
     4   5

9. Por favor, maría, no se olvide de eso.
    1   2   3   4
   Sin error.
      5

10. Sobre el volcán nevado apareció el
      1   2
    Planeta Venus. Sin error.
       3   4   5

11. El Niño Jesús de Praga es una imagen
       1   2   3
    Católica. Sin error.
       4   5

12. El título era: La novela mexicana
          1   2   3
contemporánea. Sin error.
    4   5

13. Estuvieron presentes el alcalde, el
                  1   2
Ministro y el Senador. Sin error.
   3   4   5

14. Pío XIII y Juan 23 fueron ambos papas.
       1   2   3   4
Sin error.
   5

Sección III: Formas y usos gramaticales

> **Instrucciones:** En cada una de las oraciones siguientes hay cuatro partes subrayadas de las cuales una puede tener un error gramatical, que puede ser el acento. Identifique el error si lo hay y márquelo en la hoja de respuestas. Si no hay error, marque el número 5.

15. Déle a Juan lo que le corresponde.
        1   2   3   4
Sin error.
   5

16. Mi hermana y yo vivo con mi abuela.
        1   2   3   4
Sin error.
   5

17. La profesora nos ordenó que escribimos
        1   2   4
con tinta. Sin error.
              5

18. No es necesario que vuelvas hasta las
        1   2   3   4
dos. Sin error.
        5

19. La clima de Miami es tropical.
        1 2   3   4
Sin error.
   5

20. Si a ti te gusta esa novela, a mí me
            1   2   3
gusta esta. Sin error.
        4   5

21. ¿Qué le dijistes que se puso tan pálido?
                1   2   3   4
Sin error.
   5

22. Era una mujer de un talento y gracia
        1   2   3
extraordinario. Sin error.
      4   5

23. Por su valor e inteligencia se hizo
            1   2
el más famosísimo. Sin error.
   3   4   5

24. En Física es el más mejor de la clase.
        1 2   3   4
Sin error.
   5

25. Rechazó las propuestas por parecerles
        1   2   3
demasiado arriesgadas. Sin error.
             4   5

26. El pueblo no tenía más que veintiunas
        1   2   3   4
casas. Sin error.
          5

27. Me satisfació mucho la lección de la
        1   2   3   4
maestra. Sin error.
             5

28. Habían muchos hombres en la plaza
        1   2   3
esperando. Sin error.
    4   5

29. Ni es mía, ni tuya, sino de nosotros.
        1   2   4
Sin error.
   5

30. Perdí mí cabeza y le di un golpe.
        1   2   3   4
Sin error.
   5

31. La historia termina así: "Vivieron
        1   2   3
felices y comieron perdices." Sin error.
   4   5

32. ¿Eres tú la que habló? Eres tú la que
              1   2   3
hablaste? Sin error.
    4   5

CAPÍTULO 4: Expresión escrita

Sección IV: Coordinación de frases y oraciones

Instrucciones: Cada ejercicio consta de dos frases u oraciones numeradas I y II. Elija la palabra o palabras que mejor las coordinen marcando el número correspondiente en la hoja de respuestas.

33. I. No es fácil olvidar la casa.
    II. Nacimos y nos criamos.
    - (1) que
    - (2) a la cual
    - (3) donde
    - (4) para la
    - (5) por donde

34. I. Se oía una voz.
    II. Cantaba con timbre metálico.
    - (1) quien
    - (2) la que
    - (3) en la que
    - (4) que
    - (5) cuya

35. I. Lo que acabas de decir no influye.
    II. Decíamos ayer.
    - (1) en que
    - (2) como
    - (3) en lo que
    - (4) porque
    - (5) mas

36. I. Los rascacielos sobresalían.
    II. Los otros edificios de la ciudad.
    - (1) por encima
    - (2) por debajo
    - (3) delante
    - (4) por entre
    - (5) detrás

Sección V: Orden lógico y gramatical

Instrucciones: Esta sección consta de cuatro ejercicios. La pregunta de cada ejercicio es distinta. Conteste lo que se le pide y marque el número correspondiente en la hoja de respuestas.

37. ¿En qué orden se deben poner las oraciones que siguen para que tengan el mejor sentido posible? Recuerde que el orden debe ser integral: *todas* las oraciones deben coordinarse *entre sí*.
    I. Tal fue su patriotismo.
    II. Para llegar por la mañana a la parada militar.
    III. Algunos incluso pasaron toda la noche en el tren.
    IV. Vinieron miles de personas.
    V. El Día de la Independencia hubo una gran fiesta.
    - (1) I, V, II, IV, III
    - (2) V, IV, III, II, I
    - (3) I, III, II, V, IV
    - (4) I, II, III, IV, V
    - (5) I, V, III, II, IV

38. En el párrafo anterior (pregunta 37) la idea principal es

(1) el patriotismo.
(2) la parada militar.
(3) una gran fiesta.
(4) el Día de la Hispanidad.
(5) el Día de la Independencia.

39. Combine las siguientes oraciones en un orden gramatical y lógico correcto. Elija una de las cinco opciones que se le ofrecen (del 1 al 5) y marque el número correspondiente en la hoja de respuestas.

I. Si todos fuéramos ricos.
II. El mundo estaría arreglado.
III. Debo estar soñando.
IV. No habría disgustos de familia, ni guerras.
V. La verdad es que no todos podemos ser ricos.

(1) V, IV, III, II, I
(2) I, II, III, IV, V
(3) II, III, V, I, IV
(4) V, I, III, II, IV
(5) I, II, IV, V, III

40. En el párrafo anterior (pregunta 39) la conclusión es que:

(1) todos seamos ricos.
(2) todos seamos pobres.
(3) no hay solución para la pobreza.
(4) la familia es un problema.
(5) el autor soñaba despierto.

FIN DE LA PRUEBA III

SI TERMINA ANTES DE QUE SE AGOTE EL TIEMPO, REPASE SUS RESPUESTAS DE LAS CINCO SECCIONES.

CAPÍTULO 4: Expresión escrita

RESPUESTAS EXPLICADAS A LAS PRUEBAS DE PRÁCTICA

Prueba I: Nivel básico

Sección I. Ortografía

1. **(5)** *gobierno*. El error se debe con toda probabilidad a la influencia del vocablo inglés "government".

2. **(3)** *rebelión*. Del verbo rebelar o rebelarse. El error se debe a la falsa asociación con revelar y revelarse.

3. **(2)** *eczema*. Con frecuencia escribimos como pronunciamos. La pronunciación más común de eczema = esema.

4. **(5)** *calcetín*. Lo mismo que en el caso anterior. La pronunciación más común de calcetín en América = calcetín.

5. **(3)** *gente*. Es difícil distinguir el sonido de la *g* del de la *j* antes de *e, i*. Sólo la práctica puede ayudar.

Sección II. Puntuación y uso de mayúsculas

6. **(3)** *despedirse*. La coma es necesaria antes de pero.

7. **(4)** *camas*. Sobran los puntos suspensivos. La frase está completa y acabada.

8. **(4)** *pero...* Faltan los puntos suspensivos. El sentido de la frase queda incompleto y se quiere expresar duda.

9. **(4)** *ungüento*. La diéresis es necesaria para que suene la *u* después de *g* y delante de *e*.

10. **(2)** *sin embargo*. Falta la segunda coma. Las partículas intercaladas, como el apóstrofe, se escriben con dos comas.

11. **(3)** *marzo*. Los nombres de los meses se escriben con minúscula.

12. **(2)** *le dijo*: Se escriben dos puntos antes de expresar la frase en estilo directo.

13. **(5)** *Sin error*. Los signos de interrogación y admiración son correctos, ya que van al principio y final de la frase.

14. **(4)** *mundo*. Mundo es nombre común, no propio.

Sección III: Formas y usos gramaticales

15. **(3)** *los*. Avestruz es masculino.

16. **(4)** *cafés*. Los nombres que terminan en *e* acentuada forman el plural añadiendo una *s*, no *-es*.

17. **(2)** *contigo*. El objeto preposicional tiene esta forma especial con la preposición con: contigo, conmigo, consigo.

18. **(3)** *mí*. Se acentúa cuando es pronombre.

19. **(2)** *a sí mismo*. Es una redundancia. El reflexivo *se* expresa la idea suficientemente.

20. **(4)** *buenos*. El plural de dos nombres, uno masculino y otro femenino, es siempre masculino.

21. **(1)** *Casa Blanca*. Traducido literalmente del inglés, el título de la Casa Blanca resulta invertido en castellano.

22. **(1)** *quepo*. Del verbo caber. Verbo irregular de irregularidad propia.

23. **(2)** *anduve*. De andar, verbo irregular de irregularidad propia.

24. **(2)** *rió*. De reír, verbo irregular de irregularidad común. Vea la lista de verbos irregulares.

25. **(4)** *afligirán*. La *g* cambia a *j* sólo antes de *a* y *o*.

26. **(5)** *Sin error*. Aunque el acontecimiento ocurrió en el pasado, es posible usar el presente histórico.

27. **(5)** *Sin error*. El presente tiene valor de futuro cuando se usa con adverbios de tiempo que indican el tiempo futuro.

28. **(3)** *estaba*. La acción continuada se expresa con el imperfecto.

29. **(5)** *Sin error*. El futuro puede indicar probabilidad (primera oración) y acción venidera (segunda oración).

30. **(3)** *perdería*. Es necesario usar el condicional en oraciones condicionales con subjuntivo.

31. **(2)** *hablar*. El presente participio en inglés, *talking*, se traduce en estos casos por el infinitivo en castellano. Tenga mucho cuidado con las traducciones literales.

32. **(5)** *Sin error*. La concordancia de modo es correcta. La segunda oración no va en subjuntivo porque la principal no expresa duda.

Sección IV: Coordinación de frases y oraciones

33. **(3)** *por eso*

34. **(2)** *no*

35. **(1)** *desde que*

36. **(2)** *aunque*

Sección V: Orden lógico y gramatical.

37. **(4)** III, II, IV, V, I
38. **(3)** V, II, III, IV, I
39. **(1)** IV, V, I, III, II
40. **(1)** V, IV, III, II, I

Prueba II: Nivel intermedio

Sección I: Ortografía.

1. **(3)** *hacha*. Aunque en teoría la h no se pronuncia en castellano, en la práctica se aspira como *j* en algunos medios sociales en España y América y de ahí el error de ortografía.

2. **(1)** *habilidad*. Probablemente por influencia del inglés en el que se escribe sin hache.

3. **(5)** *ruina*. En los diptongos formados por dos vocales débiles se sigue la regla general de acentuación de agudas, llanas y esdrújulas.

4. **(3)** *paraguas*. La diéresis se usa sólo cuando la *u* va seguida de *e* o *i*.

5. **(1)** *estáis*. La segunda persona del plural del presente de indicativo y subjuntivo siempre se acentúa.

Sección II: Puntuación y uso de mayúsculas

6. **(4)** *Muy señor mío:* Después del saludo en las cartas se escriben dos puntos.

7. **(1)** *Digo, finalmente.* Las palabras intercaladas se escriben entre comas.

8. **(5)** *Sin error*. La oración relativa se escribe entre comas cuando es declarativa o explicativa.

9. **(5)** *Sin error*. Cuando la pregunta es exclamativa, el signo de interrogación se pone al principio y el de exclamación al final.

10. **(1)** *cigüeña*. La diéresis es necesaria para que la *u* suene antes de la *e*.

11. **(4)** *Economía*. Economía es el nombre de una disciplina académica y, como tal, se escribe con mayúscula, como Literatura.

12. **(3)** *atentamente,* Después del saludo final o despedida en las cartas, se escribe coma, no dos putos.

13. **(2)** *dos*: Lo que sigue es explicación de lo anterior.

14. **(3)** *llegaste*? No se escribe punto después del signo de interrogación. Es un error común de ortografía incluso entre personas cultas.

Sección III: Formas y usos gramaticales

15. **(4)** *mí*. El pronombre personal *mí* se acentúa para distinguirlo del adjetivo posesivo mi.

16. **(5)** *Sin error*. Los pronombres personales están usados correctamente: a mí me no es redundante, sino enfático

17. **(1)** *diciéndole*. En el gerundio o participio del presente, el pronombre personal objeto va después del verbo y unido a él formando una sola palabra.

18. **(2)** *buen*. El adjetivo *bueno* pierde la o cuando va antes de otro nombre masculino.

19. **(1)** *azul cielo*. En español como en inglés, la posición del adjetivo en la frase se invierte para producir efectos diversos.

20. **(1)** *Un*. El nombre *Uno* pierde la o cuando va antes de otro nombre masculino, incluyendo *ciento y millón*.

21. **(3)** *le*. La es objeto directo y *le* equivale a *ella*. El objeto directo en esta frase es lo que sigue a *le dije*.

22. **(4)** *partimos*. No todos los verbos irregulares son irregulares en todas las formas.

23. **(3)** *que lo pronuncie él*. Sólo el mandato directo exige que el pronombre vaya al final y adosado a verbo.

24. **(2)** *fumar*. El gerundio o participio del presente en inglés equivale al infinitivo en español. No traduzca literalmente.

25. **(3)** *alta*. Cuando dos adverbios terminados en mente van juntos, sólo el segundo lleva la terminación adverbial.

26. **(2)** *en presencia*. Las preposiciones pueden tener diversos significados, pero no pueden intercambiarse. Ciertas frases y verbos se construyen con una preposición determinada y sólo con ella.

27. **(5)** *Sin error*. Los verbos irregulares están usados correctamente al igual que la coordinación de tiempo, aunque aquí no se trate de ello.

28. **(1)** *anduvo*. El pretérito de *andar* crea con frecuencia problemas a todos los hispanohablantes.

29. **(3)** *previsto*. La forma preveído no existe. Algunos verbos tienen dos participios, uno regular y otro irregular, pero no éste.

30. **(5)** *Sin error*. Vea la nota anterior.

31. **(5)** *Sin error*. Verbo con dos participios. Sin embargo, nótese que no significan lo mismo. En términos generales se puede decir que el participio irregular funciona como un adjetivo con significado propio.

32. **(4)** *predicho*. No existe la forma predecido.

Sección IV: Coordinación de frases y oraciones

33. **(4)** *por*. Al igual que otras preposiciones, la preposición *por* puede implicar diversas relaciones. Aquí significa causa y es la única preposición posible con este significado entre las cinco alternativas.

34. **(1)** *con tal que*. Es la única conjunción de las cuatro con valor condicional y rige (exige) subjuntivo. Las demás rigen infinitivo. La preposición *de* no tiene sentido.

35. **(5)** *con la que*. Oración relativa. Las otras frases son adverbiales y no tienen sentido. Lo mismo ocurre con la preposición *de*.

36. **(5)** *aunque*. La conjunción *aunque* puede regir subjuntivo o indicativo. Las preposiciones *por* y *a* no tienen sentido. Lo mismo ocurre con los adverbios *más* y *apenas*. *Mas* (sin acento) es conjunción y podría tener sentido, pero aquí lleva acento.

Sección V: Orden Lógico y gramatical.

37. **(2)** El sentido de un período tiene que ser integral o total. Ninguna de las otras combinaciones, aunque combine dos o más frases, las combina todas lógica y gramaticalmente.

38. **(5)** El protagonista no está expresado. Los textos con frecuencia engañan al lector que asume más de lo que está escrito. El texto puede ser ambiguo (es decir, tener más de un sentido posible) intencionalmente.

39. **(4)** *inapropiada*. La frase resulta inapropiada porque no es de esperar, aunque no sea absolutamente imposible, que un grupo de jugadores participe en un desfile militar. Una composición tiene que ser *coherente*.

40. **(3)** I y V se contradicen. La contradicción, sin embargo, no es explícita. No se niega abiertamente en la segunda oración lo que se afirma en la primera, pero se puede deducir fácilmente.

Prueba III: Nivel avanzado

Sección I: Ortografía

1. **(1)** *ermita*. El error probablemente se debe al hecho de que en inglés se escribe con hache.

2. **(4)** *yegua*. La letra *y* y la consonante *i griega* son homófonas, es decir, suenan igual en la mayoría de los países de habla hispana y de ahí el error en palabras poco usadas.

3. **(4)** *huir*. El diptongo *ui* sigue la regla general, no la de los diptongos.

4. **(2)** *concluir*. No se acentúa por la misma razón anterior.

5. **(4)** *casuístico*. Se debe acentuar por ser palabra esdrújula.

CAPÍTULO 4: Expresión escrita

Sección II: Puntuación y uso de mayúsculas

6. **(1)** *No*. Se escribe con mayúscula por ir al comienzo de frase.

7. **(5)** *Sin error*. La palabra *profesor* no es título de dignidad.

8. **(2)** *papá*. Se escribe con minúscula por ser nombre común.

9. **(3)** *María*. Se escribe con mayúscula por ser nombre propio.

10. **(3)** *planeta*. Nombre común.

11. **(4)** *católica*. Adjetivo.

12. **(5)** *Sin error*. Suponiendo que corresponde al título de un libro y no al de una revista. Si fuera el título de un artículo, se escribiría sin subrayar y entre comillas: "La novela mexicana contemporánea".

13. **(2)** *Alcalde*. Título de dignidad en el mismo contexto de *Ministro* y *Senador*.

14. **(2)** *XXIII*. Los nombres de papas y reyes se escriben con números romanos, no arábigos.

Sección III: Formas y usos gramaticales

15. **(5)** *Sin error*. *Déle* se acentúa por ser compuesto de *dé* y *le*.

16. **(3)** *vivimos*. El verbo debe concordar con el sujeto en plural que se compone de dos personas.

17. **(4)** *escribiésemos*. El mandato en la oración principal exige subjuntivo en la oración subordinada. El pretérito perfecto de indicativo exige pretérito imperfecto de subjuntivo.

18. **(5)** *Sin error*. La forma impersonal "es necesario" exige subjuntivo.

19. **(1)** *el*. Clima, aunque termina en *a*, es masculino. La mayoría (no todos) los nombres que terminan en *a* son femeninos.

20. **(4)** *ésta*. El pronombre demostrativo se acentúa para distinguirlo del adjetivo de la misma clase.

21. **(1)** *dijiste*. La segunda persona del singular del pretérito perfecto de indicativo no termina en *-s*. Es error muy común incluso entre personas cultas.

22. **(4)** *extraordinarios*. El plural de dos nombres, uno femenino y el otro masculino, o viceversa, es siempre masculino.

23. **(3)** *Omitirlo*. *Famosísimo* es un superlativo absoluto (vea el glosario de términos gramaticales) sin término de comparación.

24. **(3)** *Omitirlo*. *Más y mejor* no pueden ir juntos.

25. **(3)** *parecerle*. El objeto indirecto de *parecer* es el sujeto de rechazó (*él*). El verbo *parecer* se construye a la inversa en español e inglés.

26. **(4)** *veintiuna*. No tiene plural.

27. **(2)** *satisfizo*. Verbo irregular. Forma poco usada.

28. **(1)** *había*. Las formas impersonales se escriben siempre en singular. *Hay* un hombre; *hay* cien hombres.

29. **(5)** *Sin error*. *De nosotros* equivale a *nuestra*.

30. **(2)** *la*. Con las partes del propio cuerpo se usa el artículo en lugar del posesivo.

31. **(5)** *Sin error*. *Felices* es aquí un adjetivo que funciona como adverbio; es lo que se conoce como *adjetivo adverbial*.

32. **(5)** *Sin error*. Las dos formas se permiten.

Sección IV: Coordinación de frases y oraciones

33. **(3)** *donde*. Es un adverbio de lugar con valor de relativo. Equivale a *en la que*.

34. **(4)** *que*. Las otras partículas son también relativas, pero no concuerdan: *quien* es sólo para personas, *cuya* es la forma del genitivo, etc.

35. **(3)** *en lo que*. Oración relativa. La preposición la exige el verbo *influir*. *Lo* es el artículo neutro que se usa con frases completas y nombres abstractos.

36. **(4)** *por entre*. Las otras formas de enlace están incompletas porque les falta la preposición *de*.

Sección V: Orden lógico y gramatical.

37. **(2)** Es la única posibilidad lógica general.

38. **(5)** El "Día de la Hispanidad" se usa en algunos países de habla española para significar el aniversario del descubrimiento de América.

39. **(5)** Es la única posibilidad lógica general. En las otras combinaciones, se pueden enlazar algunas oraciones, pero no todas.

40. **(5)** La conclusión se pone generalmente al final del escrito, pero también puede ir antes. La clave que nos indica lógicamente que ésta es la conclusión es el sentido general del párrafo, en el que se debate una solución utópica. A esto suele llamarse "soñar despierto".

GLOSARIO DE TÉRMINOS GRAMATICALES

ablativo Cuarto de los casos. Se conoce también como preposicional porque en español va siempre acompañado de una preposición. *Conmigo* es ablativo de yo.

acusativo Tercero de los casos. Indica el objeto o complemento directo. *Ejemplo: la vi. La* es el acusativo de *ella*.

adverbio Parte invariable de la oración. Modifica al adjetivo, al verbo y a otros adverbios.

artículo Parte variable de la oración. Modifica al nombre. Equivale a un adjetivo demostrativo.

atributo Lo que se enuncia o atribuye al sujeto. El atributo puede ser un nombre (*ciudad satélite*), un adjetivo (*ojos claros*) o un verbo.

casos Formas de la declinación. Los casos en español son solamente cuatro. No hay genitivo ni vocativo. El pronombre personal es la única parte de la oración declinable en castellano. *Ejemplo: nominativo: yo; dativo: me; acusativo: me; ablativo: mí.*

comparativo Uno de los tres grados de adjetivos y adverbios. Los otros son el positivo y el superlativo. Los comparativos pueden ser de igualdad, inferioridad y superioridad. *Ejemplo: tan* grande, *menos* grande, *más* grande. El segundo término de la comparación, *que*, se sustituye a veces por *de*. *Ejemplo:* más *de* dos, menos *de* tres.

concordancia Relación de conformidad entre dos partes variables de la oración. El artículo y el adjetivo concuerdan con el nombre en género y número; el verbo concuerda con el sujeto en número y persona.

condicional Tiempo del verbo. Expresa una relación futura en relación con el pasado. *Ejemplo:* dijo que *vendría*. El condicional es el futuro del pasado y puede ser simple o compuesto. Indica una acción terminada. *Ejemplo: habría dicho.*

conjugación Conjunto de todas las formas de un verbo según sus modos y tiempos. Vea los términos *modo* y *tiempo*. La conjugación, como la declinación, es una forma de flexión.

conjunción Parte invariable de la oración cuya función es enlazar dos términos gramaticales. El enlace puede ser por coordinación (*y, o*) o subordinación (*a fin de que, porque*, etc.). La coordinación puede ser copulativa (*éste* y *el otro*), distributiva (ya *éste*, ya *el otro*), disyuntiva (o *éste* o *aquél*) y adversativa (*éste*, pero *no* el otro).

contracción Fusión de dos palabras en una, la primera de las cuales termina y la segunda empieza con vocal: *de + el = del; a + el = al.*

dativo Segundo de los casos. Indica el objeto o complemento indirecto. *Ejemplo: se lo di. Le dije eso. Se y le son dativos de él y ella.*

declinación Conjunto de formas de flexión de un pronombre según los casos de la declinación del pronombre personal de primera persona, *yo*.

demostrativo Clase de adjetivo y pronombre. Es adjetivo cuando acompaña un nombre (*esta casa*); es pronombre cuando va solo. Cuando es pronombre, se escribe con acento: *ésta*.

diptongo Combinación de vocales en una misma sílaba. Las combinación tiene que llevar una vocal débil y otra fuerte o dos vocales débiles. Según esto, hay catorce diptongos en español. El diptongo se deshace o disuelve cuando el acento cae sobre la vocal débil. *Ejemplo:* aire, había.

desinencia Terminación variable del verbo. *Ejemplo:* am-*o*, am-*as*, am-*a*. Los sufijos *o*, *as* y *a* son desinencias del verbo amar. *Am* es la raíz o radical del verbo.

fonética Parte de la gramática que trata de la pronunciación.

futuro perfecto Tiempo del verbo que expresa una acción venidera independiente de cualquier otra. *Ejemplo:* para entonces, habré. Expresa también *probabilidad*. *Ejemplo:* como *habréis experimentado...*

futuro simple Tiempo del verbo que expresa una acción venidera independiente de cualquier otra. *Ejemplo:* hablaré. Expresa también *mandato* y *probabilidad*. *Ejemplo:* saldrás a su encuentro; serán las doce.

género Cualidad diferencial de origen sexual atribuida por extensión de los seres vivos a las cosas inanimadas y de éstas a las palabras. Los géneros gramaticales son: femenino, masculino y neutro.

genitivo Segundo de los casos en latín. En español el genitivo se expresa con la preposición *de*. Significa posesión, origen, etc.

gerundio Forma invariable del verbo que expresa duración. *Ejemplo: hablando*. En algunas gramáticas se le llama *presente participio*.

gramática "Ciencia y arte de la expresión lingüística". Ciencia de las palabras, sus leyes o comportamiento en una sociedad determinada.

indicativo Modo del verbo. Expresa una afirmación o negación en forma de enunciado. *Ejemplo: hablo, escribo, leo*.

infinitivo Modo del verbo. Expresa simplemente el nombre de la acción o estado del verbo. *Ejemplo: amar, estar, ser*.

imperativo Modo del verbo que expresa un mandato. El único imperativo original es el de la segunda persona del singular *tú*. *Ejemplo: ven, vete*. Para las demás formas se usa el subjuntivo (*venga, váyase*).

modo Forma fundamental del verbo por la que se expresa la manera subjetiva en que se realiza la acción. Los modos del verbo propiamente dichos son indicativo, subjuntivo e imperativo.

morfología Parte de la gramática que trata de la forma de las palabras consideradas aisladamente por oposición a la sintaxis. Estudia el orden de las palabras en frases y oraciones. *Morfo* significa *forma* en griego.

nombre Parte variable de la oración. Designa personas, animales y cosas.

nominativo Primero de los casos que indica el sujeto. Yo es indicativo o está en indicativo.

número El número gramatical no es lo mismo que el matemático. Se refiere a las terminaciones que indican si las palabras están en singular o plural, es decir, si expresan una o muchas unidades del mismo género.

objeto Complemento del verbo opuesto al sujeto. Recibe la acción del verbo que ejerce el sujeto. El objeto puede ser directo e indirecto. Es directo cuando recibe directamente la acción; es indirecto cuando recibe la acción a través de otro objeto. En el ejemplo "le di el libro", "el libro" es el objeto directo y "le" el indirecto.

oración Palabra técnica en gramática para designar una frase que lleva un verbo al menos. No hay oración si no hay verbo en la frase.

paradigma Modelo de un verbo que sirve para conjugar otros de la misma clase.

participio Modelo del verbo que funciona como adjetivo. Expresa una acción ya realizada y tiene género. *Ejemplo:* hombre prevenido; mujer prevenida.

persona La persona gramatical no es lo mismo que la persona física. La persona gramatical es el sujeto del verbo y puede ser una persona, animal o cosa. Las personas del verbo son tres: primera (*yo*), segunda (*tú*) y tercera (*él*) con sus femeninos y plurales.

personal Clase de pronombre que indica las personas del verbo, tanto sujetos como complementos. Vea el cuadro de pronombres personales.

posesivo Clase de adjetivo y pronombre. Cuando es adjetivo acompaña al nombre; cuando es pronombre, va solo y generalmente con un artículo antes. *Ejemplo:* mi casa (adjetivo); la mía (pronombre).

predicado Lo que se afirma del sujeto. *Ejemplo:* María *es una buena chica.* Predicado quiere decir *lo dicho,* lo afirmado.

prefijo Partícula que va antes de una palabra para completar su significado. *Ejemplo:* auto-móvil, auto-biografía, auto-criticarse. Se opone al sufijo, es decir, lo que va detrás.

preposición Parte invariable de la oración que enlaza palabras y frases. *Ejemplo:* máquinas *de* coser.

presente Tiempo del verbo que puede ser indicativo o subjuntivo. Puede adquirir un significado actual (el más común), pasado (presente histórico) y futuro. *Ejemplo: viene, viene mañana; Colón descubre América en 1492.* El presente de subjuntivo es aún más vago y puede significar lo mismo presente que futuro. *Ejemplo: no creo que venga* puede significar hoy o mañana.

pretérito Equivale al *pasado* de los verbos. Hay cuatro pretéritos: perfecto, imperfecto, pluscuamperfecto y anterior. El perfecto puede ser simple o compuesto. El pretérito puede ser indicativo o subjuntivo.

pretérito anterior Como el pluscuamperfecto, es un pasado de otro pasado. A diferencia del pluscuamperfecto, la sucesión aquí es inmediata. *Ejemplo:* apenas *hubo oído* esto, dijo: "tate".

pretérito imperfecto En indicativo, expresa una acción pasada inacabada o continuada. *Ejemplo: hablaba, escribía.* En el subjuntivo corresponde a los tres tiempos simples del indicativo: perfecto, imperfecto y condicional. Las dos formas, *hablara* o *hablase,* se usan sin más distinción.

pretérito perfecto Puede ser simple o compuesto. El simple expresa una acción pasada sin relación con el presente (*hablé*); lo esencial del compuesto es expresar esta relación: he hablado. El pretérito perfecto de subjuntivo corresponde al pretérito perfecto compuesto y al futuro perfecto de indicativo. *Ejemplo: haya hablado.*

pretérito pluscuamperfecto Expresa una acción pasada y perfecta en relación con otra también pasada. *Ejemplo:* habló después que el otro *había hablado.* El subjuntivo equivale al condicional. *Ejemplo:* creí que *habría llegado,* creí que *hubiera* o *hubiese llegado.*

pronombre Parte variable de la oración que ocupa el lugar del nombre cuando no lo hay. *Ejemplo:* Juan viene; *él* viene. El pronombre puede ser de muchas clases: *personal, posesivo, demostrativo, relativo,* etc.

relativo Clase de pronombre y oración gramatical. Las oraciones con *que, quien, cual, cuyo* se dicen oraciones relativas. *Ejemplo:* El hombre *que vino ayer* es mi hermano.

sintaxis Parte de la gramática que trata del orden de las palabras en las frases y oraciones por oposición a la *morfología,* que trata de las palabras consideradas aisladamente. *Sintaxis* significa *orden* en griego.

sujeto Parte de la oración de la que se dice algo. Esta acción se conoce técnicamente como *predicar.* Lo dicho es el *predicado.*

subjuntivo Modo del verbo. Subjuntivo significa subordinado. Expresa la acción del verbo dependiendo de otros factores, sobre todo psicológicos. *Ejemplo:* deseo que *venga*; dudo que lo *sepa*.

subordinación Dependencia entre dos oraciones en la que una es principal y la otra subordinada. *Ejemplo:* escribo para que otros lean. En este caso, *escribo* es el verbo de la principal; *lean* es el verbo de la subordinada.

sufijo Lo que se pone detrás de la palabra para completarla. *Ejemplo:* herm-oso, mañ-oso. –oso es el sufijo.

superlativo absoluto Es el que no lleva término de comparación. *Ejemplo:* una mujer *hermosísima.* Se opone al superlativo relativo, el cual indica uno (*el mejor, el más*) entre otros. *Ejemplo:* la mujer más hermosa de todas las que allí habían nacido.

triptongo Combinación de tres vocales, dos débiles y una fuerte en el medio, en la misma sílaba. Según esto, hay ocho diptongos posibles en español. El triptongo se deshace en la segunda persona del plural del presente de indicativo y subjuntivo. *Ejemplo:* desconfiáis; desconfiéis.

verbo Parte variable de la oración que indica la acción o condición del sujeto. *Ejemplo: comer, estar cansado.*

voz activa Forma del verbo según la cual el sujeto ejecuta la acción. *Juan ama.* Se opone a la *voz pasiva,* según la cual el sujeto recibe o sufre la acción. *Ejemplo:* Juan es amado.

yeísmo Pronunciación de la *ll* como si fuese *y* o *i* griega con valor de consonante. *Ejemplo:* me llamo = me yamo.

LA COMPOSICIÓN EN EL EXAMEN GED

El examen GED incluye una sección de composición. La prueba de composición consiste en un solo tema acerca del cual se espera que usted escriba un texto bien organizado y redactado en los cuarenta y cinco minutos permitidos. Las preguntas para la composición en el GED son de dos tipos: exposición y persuasión.

¿QUÉ ES LA EXPOSICIÓN?

La exposición se refiere al texto redactado para transmitir cierta información. La escritura expositiva es *informativa* y explica o da instrucciones. La mayoría de los textos de la escritura práctica que hará usted en los años venideros, como composiciones y pruebas, solicitudes de trabajo, informes comerciales, reclamaciones por siniestros, su última voluntad y testamento, son ejemplos de escritura expositiva. Por esta razón forma parte de este examen, ya que es una parte importante de la vida.

¿QUÉ ES LA PERSUASIÓN?

La persuasión es la habilidad de usar el lenguaje para convencer al lector u oyente de llevar a cabo una acción o sostener una creencia. Hay tres maneras principales de persuadir a alguien.

1. Apelar a sus emociones
2. Apelar a su sentido de la razón
3. Apelar a su ética y sentido del bien y el mal

La argumentación es la forma de persuasión que apela a la razón. Sin embargo, a pesar de que el argumento se concentre más en seguir una lógica razonable que motivar a alguien a actuar, debe convencer a su público de que lo que usted quiere decir vale la pena.

En cualquier caso, ya se trate de exposición o persuasión, usted tendrá que plantear su caso lógicamente mediante una respuesta completa con detalles y ejemplos específicos.

¿CÓMO SE EVALÚA LA COMPOSICIÓN DEL EXAMEN GED?

Las composiciones del GED son leídas y evaluadas por dos expertos. Estos expertos leen la composición en su totalidad y evalúan en qué medida es efectiva en general; es decir, su composición puede tener unos cuantos errores y aún así alcanzar una buena nota. Lo que interesa más es la lógica y una respuesta completa y bien sustentada.

La puntuación que aplican los jurados del GED va de uno (baja) a seis (alta). La puntuación de ambos jurados se suma para un resultado de 2 a 12. Esta puntuación total de la composición se suma a la puntuación del candidato en la sección de selección múltiple del examen de redacción para una puntuación total de 20 a 80.

Significado de la escala de calificación del 1 al 6

1 La composición carece de un plan claro de acción y organización. Contiene elementos débiles en las áreas de gramática, uso, puntuación, ortografía, estructura de oraciones y párrafos correctos y uso de mayúsculas. El redactor de una composición calificada con 1 no sólo no explica su tema, sino que no explica nada en absoluto.

2 La composición tiene detalles y ejemplos muy débiles. Las ideas no están desarrolladas ni demostradas del todo. El nivel de razonamiento carece de sofisticación y demuestra que el redactor no comprende bien el tema. El texto contiene muchas generalizaciones que no están fundamentadas con detalles específicos. Es posible que el texto contenga objetivos conflictivos en lugar de un plan de acción claro. También contiene muchos errores en el uso de otros elementos al igual que las composiciones calificadas con 1.

3 La composición no está bien organizada y simplemente enumera detalles en lugar de desarrollar ejemplos de apoyo. A pesar de que es posible que el objetivo esté *planteado* correctamente (a diferencia de las composiciones calificadas con 1 y 2, las cuales no explican el tema), no se fundamenta con detalles y ejemplos. También hay debilidades en otros aspectos como en las composiciones calificadas con 1 y 2.

4 La composición tiene un plan y método de organización claros, aunque los detalles de apoyo podrían ser más explícitos. Contiene errores de uso y estilo, pero no son lo suficientemente graves como para anular el plan de acción o el tema tratado.

5 La composición tiene una organización muy clara y ofrece suficiente apoyo para los puntos tratados. El lector queda convencido de la lógica del argumento del escritor, quien muestra madurez de ideas. El planteamiento de sus ideas demuestra un grado de sofisticación que va más allá del tema, aunque siempre claramente *relacionado* con él. Es posible que contenga algunos errores de redacción menores que no interrumpen el flujo de las ideas y pruebas.

6 La composición tiene una voz o punto de vista muy claro. El tema no sólo está bien tratado, sino que se nota un talento o estilo en la selección de palabras y ejemplos que demuestra claramente las ideas y madurez del escritor. Los detalles de apoyo son acertados y específicos y demuestran claramente el tema que se está tratando. Es posible que contenga uno que otro error, pero el escritor demuestra claramente que domina las reglas de la gramática y el uso de la lengua española.

CAPÍTULO 4: Expresión escrita

PREGUNTA PARA UNA COMPOSICIÓN DE EJEMPLO

Vamos a ver un ejemplo de una pregunta para una composición del examen GED y las diferentes maneras en que contestaron varios candidatos. Considere cada respuesta escrita con detenimiento para apreciar cómo se asignaron las puntuaciones (1 a 6).

Ejemplo:

Últimamente se le ha prestado mucha atención al problema de conducir en estado de ebriedad. Hoy en día, las leyes contra el delito de conducir bajo la influencia del alcohol (DUI, por sus siglas en inglés) son mucho más severas. Hable sobre las ventajas y desventajas de las penas más fuertes por conducir en estado de ebriedad. Sea específico en sus argumentos.

Composición de ejemplo A

A mí personalmente me parece que la ley de beber debe subir, una razón es que habría menos personas metiéndose en accidentes, muchos accidentes son causados por conductores borrachos. La gente que se encuentra en DUI usualmente son muchachos jóvenes que se sienten presionados a ser populares entre sus compañeros y en vez le hacen daño a la vida de alguien. Muchos jóvenes bebiendo no son lo suficientemente responsables y le juegan la vida a otros esto está arruinando la vida de muchas personas y también la sociedad se está volviendo peor. El problema estaría casi resuelto si las leyes se subieran, poner bebiendo en mano de jóvenes es como darle café a un niño, ellos no tienen el buen sentido para poder tomar una decisión acerca de si tomarlo o no. Me parece que muchos adolescentes son demasiado jóvenes y por lo tanto yo creo que las leyes se deben subir si se bajasen sólo sería más problemas. Los legisladores están tomando la medida correcta para hacer la sociedad mejor si siguen haciendo cosas para prevenir los adolescentes que beban este país va a tener una mejor oportunidad de sobrepasar problemas. Me alegra que se subió la ley para que así no perdiera la vida en manos de un adolescente irresponsable. Por eso me parece que las leyes acerca de conducir bajo la influencia se deben subir.

EVALUACIÓN:

La organización de este ensayo el mínima y es escritor no explica el tema. Contiene demasiados errores graves de redacción, especialmente en la construcción de oraciones. Ejemplos de construcción incorrecta de oraciones:

> A mí personalmente me parece que la ley de beber se debe subir, una razón es que habría menos personas metiéndose en accidentes, muchos accidentes son causados por conductores borrachos.

Esto es un ejemplo de *texto seguido*, es decir, varias oraciones completas hilvanadas sin una puntuación correcta. La primera oración termina con la palabra "subir" y la segunda después de la palabra "accidentes". Después de cada una de estas palabras, debe haber puntos o palabras que desempeñen funciones de conjunción, como "y" o "para".

Además de los problemas técnicos de redacción, los grupos de palabras hilvanadas no logran establecer la intención del autor.

Otro ejemplo de oración débil:

> Muchos jóvenes bebiendo no son lo suficientemente responsables y le juegan la vida a otros esto está arruinando la vida de muchas personas y también la sociedad se está volviendo peor.

Esto es un ejemplo de *texto seguido*; para ser una oración correcta, debería terminar con "otros". Las ideas no expresan la opinión del autor y demuestran una falta de lógica.

Debido a errores como los anteriores, esta composición obtendría una calificación de *1* a *2* por ser una composición muy débil. Vamos a ver lo que podemos hacer para mejorarla. Las ideas del autor son:

Ventajas de los castigos más fuertes   **Desventajas de los castigos más fuertes**

- Menos accidentes

El autor culpa a los adolescentes por la mayoría de los problemas causados por conducir bajo la influencia del alcohol , ya que hoy en día causan casi todos los accidentes debido a su actitud irresponsable. Como podemos apreciar, no lista suficientes *ventajas y desventajas* para formar una opinión. Además, la lógica del autor es débil. *Es posible* que en última instancia los problemas causados por conducir bajo la influencia del alcohol se deban principalmente a adolescentes irresponsables, pero el autor no ofrece hechos que respalden este parecer. Vamos a considerar otra respuesta a la misma pregunta.

He aquí otra respuesta posible.

Composición de ejemplo B

Me parece que la edad de beber debiera subir porque la mayoría de los accidentes causados hoy en día son en manos de jóvenes adolescentes que están borrachos mientras conducen. Casi matan a las personas porque están borrachos. Me parece que la edad debe subir a los 25 años de edad porque a esa altura muchas personas han de tener la cabeza en su sitio y sabrían si debieran de conducir o no en un momento determinado.

Sin embargo, muchos jóvenes adolescentes o mayores no le prestarían atención a la ley y beberían de todas maneras. Me parece que los policías debieran de comprobar más a menudo si las personas están borrachas y si merecen una multa por cierta cantidad, dependiendo de cuan borrachos están o cuanto daño han hecho. La gente debe escuchar y obedecer la ley, (si surgiera alguna vez) y probablemente menos personas morirían en accidentes automovilísticos en donde estuviesen envueltas personas que han estado bebiendo.

EVALUACIÓN:

Vamos a considerar las ventajas y desventajas aquí.

Ventajas de los castigos más fuertes
- impediría que los jóvenes condujeran bajo la influencia del alcohol
- menos accidentes

Desventajas de los castigos más fuertes
- los adolescentes no escucharían

Nuevamente podemos apreciar que no se listan suficientes ventajas y desventajas para explicar bien el tema. El autor culpa otra vez a los adolescentes y una vez más no ofrece pruebas suficientes para apoyar su opinión de que los adolescentes causan la mayoría de los accidentes en los que el alcohol, las drogas o ambos han sido factores determinantes. Mientras que la cuestión de los citatorios es pertinente, no cabe bien dentro de la composición que considera las ventajas y desventajas de castigos más fuertes para los infractores. Recuerde que no recibirá crédito por respuestas que no tengan que ver con la pregunta. La destreza del autor es bastante buena aquí, por lo que la composición se calificaría con un *2 ó 3* debido a que ofrece una respuesta parcial a la pregunta.

Lea el ensayo siguiente y considere que calificación le daría usted. ¿Contesta correctamente la pregunta? ¿Contiene suficientes detalles específicos para explicar el tema central del argumento? ¿Contiene alguna evidencia de estilo o "voz" que hace que la composición sea aun más persuasiva?

Composición de ejemplo C

Las leyes de conducir y beber deben ser más fuertes. Cuando una persona bebe y conduce bebida, no sólo se está jugando la vida propia, sino además otras vidas inocentes. El gobierno debe imponer leyes muy estrictas sobre aquellos que beben y conducen porque quizás ellos piensen dos veces antes de montarse en un auto mientras están intoxicados.

No hay ventajas en beber y conducir. Es algo muy tonto. Las desventajas son que recibirá un castigo si viola la ley, pero eso no es culpa de nadie sino de usted, ya que usted se lo ha buscado.

La ventaja de castigos más fuertes es que quizás la gente dejaría el alcohol a un lado si están conduciendo solos. Según mi parecer, opino que no hay desventajas en los castigos más fuertes.

Cuando una persona esta al volante de un automóvil mientras está intoxicado, es consciente de muchas cosas que ocurren a su alrededor. Esto le lleva a hacer cosas que causan accidentes y, muchas veces, quitan la vida a otras personas. Beber y conducir es hacer algo muy serio y tonto. Los conductores intoxicados merecen una pena dura para que no vuelvan a hacerlo.

EVALUACIÓN:

Usted puede apreciar que esta composición está mucho mejor estructurada que las anteriores. En primer lugar, los párrafos contienen las palabras *ventajas* y *desventajas* y claramente responden a la pregunta. Vamos a desglosarla.

Ventajas de los castigos más fuertes

- evitarán muertes ("Pensarlo dos veces")
- las personas dejarán el alcohol a un lado

Desventajas de los castigos más fuertes

- usted será castigado

Aquí se notan divisiones y razonamientos claros. Mientras que es posible que haya ejemplos mucho más específicos, la composición muestra cierto control sobre el tema y una comprensión clara de la pregunta. También tiene cierto estilo en frases tales como "No hay ventajas en beber y conducir" y "Es algo muy tonto". Esta composición recibió una calificación de 4 en la escala. Con ejemplos más específicos, fácilmente podría ser de *5 ó 6*.

Vamos a considerar un ensayo más:

Composición de ejemplo D

Mientras todas las personas interesadas están de acuerdo en que hay que hacer algo acerca del problema de conducir al estar intoxicado, hay ventajas y desventajas en aumentar los castigos. Las ventajas incluyen obviamente salvar vidas y propiedad, en tanto que las desventajas incluyen dar incentivos para aquellos que tienden a violar las leyes y continuar demostrando que lo pueden hacer. Cabe muy poca duda, sin embargo, de que las ventajas sobrepasan en gran medida a las desventajas.

La ventaja principal de reforzar la pena por conducir bajo la influencia del alcohol o las drogas sería la protección de vidas. Hay tantas personas inocentes que mueren todos los años en manos de conductores intoxicados que los ciudadanos se han movilizado pura hacerse cargo de este asunto. Candy Lightner, la madre de una hija de dieciséis años muerta por un conductor borracho, formó una organización llamada M.A.D.D (Mothers Against Drunk Drivers-Madres en Contra de los Conductores Borrachos) para educar a las personas acerca de los peligros de conducir bajo la influencia. Los países escandinavos, donde el alcoholismo y conducir ha sido un problema desde hace tiempo, han aumentado grandemente los castigos para aquellos convictos de conducir borrachos, y el resultado es que han disminuido las muertes significativamente. Tienen sentencias de cárcel mandatorias y publican los nombres de los delincuentes. Si se salvara sólo una vida como resultado de una legislación más severa, ésta estaría justificada.

Las desventajas pudieran incluir aquel sector de la sociedad que cree que es su responsabilidad violar reglas y puede que les parezca que las penas más severas por DUI son un reto para "burlar el sistema". Esto de por sí pudiera aumentar la cantidad de accidentes serios. También existe el problema de cómo promulgar las leyes. Una

CAPÍTULO 4: Expresión escrita

propuesta reciente, según la cual se puede considerar responsables a los anfitriones de una fiesta por dejar a sus invitados borrachos que salgan fuera, se recibió con gran desaprobación. A pesar de esto, muchos bares ya están limitando sus "Happy Hours" (Horas de viernes social), especialmente en Connecticut.

Sin tener en cuenta a aquellos que no están de acuerdo con reforzar las leyes de DUI, parece claro que algo debe hacerse para disminuir el número de muertes relacionadas con los conductores que están en la carretera cuando claramente no deben de estarlo. Una serie de leyes más severas sería la mejor manera de salvar vidas. Ha funcionado en otros países, y también puede funcionar aquí.

EVALUACION:

La oración temática expone claramente el tema y los puntos por cubrirse. Los puntos incluyen:

Ventajas de los castigos más fuertes

- salvar vidas y propiedad

Desventajas de los castigos más fuertes

- proveer incentivos para que la gente viole la ley

Además, el párrafo concluye con el punto de vista del autor: Las ventajas sobrepasan en gran medida las desventajas.

El segundo párrafo expone claramente que la protección de vidas es la ventaja principal que tendrían las leyes más fuertes contra conducir en estado de ebriedad. Dos ejemplos específicos apoyan esto:

❶ Candy Lightner, fundadora de M.A.D.D.

❷ Los resultados de leyes más fuertes en los países escandinavos.

Estos ejemplos son excelentes porque explican específicamente el tema.

El tercer párrafo también tiene un ejemplo claro y específico que presenta la reciente "ley del anfitrión", la cual responsabiliza a los anfitriones que dejan salir de su casa a sus huéspedes ebrios. También habla sobre los cambios en Connecticut sobre las reglas de la "Happy Hours". Ambos ejemplos sirven para comunicar el tema central del autor.

La conclusión contiene una oración que resume cada punto importante y expone claramente la convicción del escritor de que las leyes contra conducir en estado de ebriedad más duras ayudarían a todos a prevenir muertes innecesarias.

Esta composición alcanzaría los 6 puntos porque usa ejemplos claros y específicos y tiene una buena organización en la comunicación del argumento y una voz o tono claro. El autor obviamente está muy preocupado por este asunto. Además, la selección de palabras es apropiada y la gramática y el uso son correctos.

CÓMO PLANIFICAR SU COMPOSICIÓN

Los primeros pasos

Lo primero que debe hacer cuando tiene que contestar una pregunta de composición, es analizar qué es lo que le pide. Hágase estas preguntas:

- *¿Qué* debo demostrar?
- *¿Cuántas cosas* me piden que haga?
- *¿Cuántos párrafos* necesitaré para esto?

Considere esta pregunta de ejemplo:

EJEMPLO:

La gente joven de hace una generación daba por sentado que se casarían y no mucho después serían padres. Las parejas de hoy en día parecen estar aplazando ser padres hasta después de haber pasado bastantes años de haberse casado y un número notable no sabe si tenerlos o no. Hable sobre las ventajas y desventajas de tener hijos. Sea específico. Considere nuevamente las tres preguntas y contéstelas:

- *¿Qué debo demostrar?*

La pregunta pide que hable sobre las ventajas y desventajas de tener hijos. Recuerde, no le darán crédito si no contesta lo que le preguntan.

- *¿Cuántas cosas me piden que haga?*

La pregunta pide que hable de dos cosas: ventajas y desventajas. Usted puede tener cuantas ventajas y desventajas le plazcan, pero debe representar ambas.

- *¿Cuántos párrafos necesitaré para esto?*

Usted necesitaría cuatro párrafos, desglosados de la siguiente manera:

1. Introducción
2. Un lado (ventajas o desventajas)
3. El otro lado (ventajas o desventajas)
4. Conclusión

A continuación, formule la pregunta en otras palabras para estar seguro de que ha entendido lo que se le pregunta. Este puede ser uno de los pasos más importantes de la composición, ya que si se precipita y no comprende del todo la pregunta que va a responder, puede perder todo crédito.

CAPÍTULO 4: Expresión escrita

En otras palabras: _____
_____
_____

En otras palabras: _____
_____
_____

Hay pocas cosas tan atemorizantes como fijar la mirada en un pedazo de papel en blanco sabiendo que sólo tiene unos minutos para escribir la composición. ¿Por dónde comenzar? Esto puede ser muy desconcertante en un examen bajo presión, ya que no hay tiempo de detenerse para pensar y no se le permite hablar con otros para formular ideas. Tampoco hay tiempo para revisar y reescribir la composición, por lo que el primer borrador será el definitivo.

¿Cómo comenzar? ¿Será mejor respirar profundo y empezar de inmediato? ¿O será mejor planificar por unos momentos aunque parezca que todos los demás ya están escribiendo?

Siempre es mejor planificar antes de escribir

Siempre vale la pena establecer un plan de acción aunque parezca que se va a retrasar, ya que todos los demás simplemente comienzan a escribir. El plan siempre resulta en un proyecto mejor terminado, especialmente en un examen cronometrado en el que no tiene el privilegio de la revisión. Las ideas fluirán con más lógica y claridad si tiene un plan. Hay varias maneras diferentes de planificar. Seleccione la mejor para usted.

Una manera de planificar: El método EAO

Una de las mejores maneras de organizar un ensayo exige los siguientes pasos.

1. *Escriba* todas las ideas que se le ocurran acerca del tema. No se detenga a pensar en las ideas e incluso trate de no levantar el bolígrafo del papel. Simplemente escriba cuantas cosas pueda pensar a la brevedad posible. Esto debe tomarle no más de uno o dos minutos. Por ejemplo, considere la pregunta de nuevo:

EJEMPLO:

La gente joven de hace una generación daba por sentado que se casarían y no mucho después serían padres. Las parejas de hoy en día parecen estar aplazando ser padres hasta después de haber pasado bastantes años de haberse casado y un número considerable no está de acuerdo sobre tenerlos. Hable sobre las ventajas y desventajas de tener hijos. Sea específico.

Tomándose de uno a dos minutos, quizá escriba algo así:

dinero	tiempo	carrera	trabajos	amor
vivienda	viajar	amistades	responsabilidades	continuación
familias	miedo	divorcio	hijastros	unidad
dinero	cosas materiales	educación	ascenso profesional	propósito

2. Elimine todas las ideas duplicadas y sobre las que preferiría no escribir por carecer de información o su información sea demasiado general e imprecisa. Así, tacharía:

~~dinero~~	tiempo	~~carrera~~	trabajos	amor
vivienda	~~viajar~~	amistades	responsabilidades	continuación
familias	~~miedo~~	divorcio	hijastros	~~unidad~~
dinero	cosas materiales	educación	ascenso profesional	propósito

Usted habría escrito "dinero" dos veces, así es que uno se tacha; "carrera" y "trabajos" son lo mismo; "miedo" es muy general; y así sucesivamente. Esto debe tomar otro minuto. Ahora tiene una lista de ideas posibles para discutir y ya no está con la vista fija en un pedazo de papel en blanco.

Este proceso entero deberá llevarle de uno a tres minutos. No más.

3. Ahora, *agrupe* las ideas en posibles párrafos. Mire la pregunta de nuevo para poder arreglar los grupos.

Ventajas de tener hijos	**Desventajas de tener hijos**
• amor	• educación
• familias	• trabajos

o

• amistades	• responsabilidades
• amor	• dinero

4. Por último, *organice* los grupos de ideas en las formas posibles de responder la pregunta. Cada número romano (I, II, III, IV, etc.) representa un párrafo. Cada letra mayúscula (A, B, C, etc.) representa un tema.

I. Introducción: Tener hijos tiene sus ventajas y desventajas

II. Ventajas de tener hijos

   A. Amistades

   B. Amor

III. Desventajas de tener hijos

   A. Dinero

   B. Responsabilidades

IV. Conclusión: Apoye un lado

o

I. Introducción: Tener hijos tiene sus ventajas y desventajas

II. Ventajas de tener hijos

   A. Amor

   B. Familia

III. Desventajas de tener hijos
      A. Educación
      B. Trabajo
   IV. Conclusión: Apoye un lado

Esto se conoce como el Método EAO:

E Eliminar (según tachó las ideas que no le hacían falta)

A Agrupar (según agrupó las ideas en párrafos posibles)

O Organizar (según organizó las ideas en una respuesta posible)

Recuerde que este método está diseñado para cumplirse muy rápidamente. De principio a fin, debe llevarle sólo unos minutos. No se tome más de cinco minutos organizando la respuesta o de lo contrario es posible que no tenga tiempo de terminar la composición.

La ventaja de este método o de cualquier otro método de planificación, es que usted organiza y arregla sus ideas de forma global. Su respuesta tendrá mucho más sentido y exclamará, "¡Caramba! Se me olvidó hablar sobre..." al terminar de escribir un párrafo y tenga que insertar flechas y signos garabateados para señalar la continuación del escrito.

Los borradores son importantes

Una de las técnicas más útiles para alcanzar una buena calificación en la composición es escribir borradores. Los borradores ayudan a planificar el escrito y a asegurarse de que en efecto éste demuestra el tema con detalles apropiados y específicos.

Existen muchas maneras de preparar borradores dependiendo del tiempo de que disponga y los detalles que necesite. Para efectos de este libro, seguiremos un borrador muy específico impreso más adelante. No se preocupe por la ortografía ni la puntuación; concéntrese sólo en escribir las ideas más importantes en un lapso de tiempo muy breve.

Concéntrese en *los detalles* para asegurarse de que ha logrado explicar el tema.

   Siga este plan:

   I. Párrafo inicial
      A. Oración temática (plantee la pregunta en otras palabras)
      B. Oración introductoria al segundo párrafo
      C. Oración introductoria al tercer párrafo
      D. Oración citatoria del segundo párrafo (opcional)

II. Primer punto por explicar (pueden ser ventajas, desventajas o simplemente el primer punto por tratar)
   A. Oración temática
   B. Primer punto (ventaja, etc.)
      1. Detalle
      2. Detalle
   C. Segundo punto
      1. Detalle
      2. Detalle
   D. Resumen opcional de los puntos esbozados en el párrafo
III. Segundo punto (desventajas, etc.)
   A. Oración temática
   B. Primer punto
      1. Detalle
      2. Detalle
   C. Segundo punto
      1. Detalle
      2. Detalle
   D. Conclusión opcional
IV. Conclusión del ensayo
   A. Oración temática (plantee la pregunta en otras palabras)
   B. Oración de resumen del segundo párrafo
   C. Oración de resumen del tercer párrafo
   D. Conclusión general que expresa su opinión

Otra manera de planificar: El método PCD

Existen muchas otras maneras de planificar un ensayo. Una de las que quizá le parezcan útiles se conoce como

   P = pregunta
   C = contestación
   D = detalles

y es así:

PREGUNTA:

Algunos piensan que la universidad es una pérdida de tiempo y dinero, mientras que otros la consideran muy importante para la felicidad y el éxito. Explique las ventajas y desventajas de asistir a la universidad. Sea específico.

CAPÍTULO 4: Expresión escrita

CONTESTACIÓN:

Ventajas	Desventajas
• adquirir una mejor educación	• costosa
• conocer otras personas	• pérdida de tiempo en la carrera
• crear nuevos intereses	• mucho de lo que se aprende no es útil para la carrera
• aprender a apreciar la cultura	• difícil de lograr

DETALLES:

Hay dos maneras de hacer esto.

1. Se puede formular las siguientes preguntas como solicitando matrícula:

    ¿Qué ocurre?   ¿Dónde?
    ¿Cuándo?   o   ¿Por qué?
    ¿Cómo?   ¿Quién?

2. Anote detalles específicos que pueda utilizar en la composición.

Ventajas

Adquirí mayor educación al cursar Matemáticas 101 y Química. Y aunque no puedo aprovechar ninguno de estos dos cursos en mi trabajo, me parece que es verdaderamente importante conocer estos campos. Disfruté al aprender sobre los números radicales y las ecuaciones de segundo grado y me pareció fascinante la manera en que funcionan las moléculas. Me parece que soy más culta habiendo estudiado estas áreas.

Conocí a muchas personas interesantes en la universidad, personas con quienes nunca me hubiera encontrado en mi pueblo natal. Recuerdo especialmente a una persona de Hawaii y otras originarias de Inglaterra y Francia, quienes me hablaron de su vida y cultura. Todavía le escribo al hawaiano y me hospedé en casa de mi amiga británica el año pasado.

Me interesé en las joyas y la educación física en la universidad, dos campos que había ignorado por completo en la escuela superior. En el curso de arte de la joyería aprendí muchas cosas que nunca había visto antes, como soldar y batir el metal, y con la educación física me inicié en el tenis y el golf.

Desventajas

La universidad cobra $150.00 por un crédito de estudio y se necesitan 125 para graduarse. Si se toma en cuenta el alojamiento, las comidas y las colegiaturas, ¡equivale a lo que mis padres pagaron por sus dos primeras casas!

Quisiera comenzar una carrera como jardinera paisajista y no puedo darme el lujo de perder de dos a cuatro años en una universidad de artes liberales. Sé que existe la necesidad de jardinería paisajista en mi vecindario y si empiezo rápido podría tener un negocio próspero.

Resiento tener que llevar matemáticas y ciencias, asignaturas que no me servirán de nada en mi carrera de representante de ventas. ¿Por qué debo gastar todo ese tiempo y dinero en algo que nunca aprovecharé?

ESCRIBIR LA COMPOSICIÓN

Las oraciones temáticas son imprescindibles

En cierta manera, escribir una buena oración temática es como apuntar con una pistola: si la oración temática está apuntada correctamente, el párrafo completo dará en el blanco y explicará el tema.

- *Cada párrafo debe tener una oración temática.* Esto incluye el primero, segundo, tercero y último párrafos.
- La oración temática expresa la idea principal, o tema, del párrafo.
- La oración temática debe enlazar todas las ideas que expresa el párrafo.
- La oración temática debe ser lo suficientemente *limitada* para desarrollarse en un solo párrafo, pero lo suficientemente *amplia* para expresar todas las ideas. Mientras más específica sea la oración temática, más detallado y descriptivo será el párrafo.

Cómo limitar una oración temática

Recuerde: una oración temática contiene una idea que puede exponerse por completo en un párrafo. Por ejemplo, lo que expresa la oración "Usted puede aprender mucho acerca de la naturaleza humana con simplemente observar a las personas" es tan amplio que no puede ser probado en un solo párrafo. Pero si escribimos

POR EJEMPLO:

"Usted puede aprender mucho acerca de la naturaleza humana con simplemente observar a las personas en una estación de autobús"

o

POR EJEMPLO:

"Usted puede aprender mucho acerca de la naturaleza humana con simplemente observar a las personas en la playa"

Tenemos un tema que podemos exponer en un párrafo.

CAPÍTULO 4: Expresión escrita

Cómo expresar claramente una idea básica

Otra manera de apreciar la oración temática es a través de la *idea central*. Esto se logra escribiendo una palabra clave o un grupo de palabras que expresan la idea básica de la oración. Cuando la idea central es clara, la oración es específica y clara por completo.

> **Instrucciones:** Encierre en un círculo la idea central de las siguientes oraciones.

EJEMPLO:

Las enciclopedias son obras útiles para los estudiantes. La palabra "útiles" representa la idea central y en el párrafo que sigue usted explicará por qué la enciclopedia es útil.

1. Tramitar la licencia de conducir es difícil.
2. He tenido varias experiencias raras durante citas románticas.
3. Viajar en tren tiene unas cuantas ventajas comparado con viajar en automóvil.
4. Los bistecs a la parrilla se hacen en tres pasos.
5. El buen español es claro, correcto y vivo.

CONTESTACIONES:

1. experiencia difícil
2. experiencias raras
3. unas cuantas ventajas
4. tres pasos
5. claro, correcto y vivo

Cómo usar palabras específicas

Para demostrar un tema y lograr una redacción interesante, use palabras y frases específicas.

> **Instrucciones:** Seleccione la palabra más específica de la lista que sigue de cada ejemplo para hacer la oración más precisa.

EJEMPLO:

Del miedo, tenía la cara _____.

descolorida   carmesí   blanquecina   pálida

La respuesta es "blanquecina", ya que "descolorida" y "pálida" son muy imprecisas. "Carmesí" también es incorrecta porque la cara no se torna carmesí (roja) cuando se siente miedo. "Blanquecina" es la mejor palabra porque además del color (blanco pálido y seco) también implica una textura suave y fría como el mármol. Es la palabra más descriptiva que hará la oración más efectiva.

1. Él llevaba una camisa _____.

    carmesí   coloreada   roja   de color brillante

2. El patio de recreo era un lodazal después _____.

    del aguacero   de la precipitación   de la lluvia   de la humedad

3. El sol está alto y caliente y el aire abrasador; es hora de _____.

    la siesta   dormir   dormitar   descansar

CONTESTACIONES:

1. "Carmesí" es el adjetivo más específico aquí, ya que describe un rojo brillante. Luego vendrían:

    - rojo
    - de color brillante
    - coloreada

2. "Aguacero" describe un tipo de precipitación específica, un aguacero repentino y punzante. En orden de especificidad:

    - lluvia
    - precipitación (también puede ser nieve o granizo)
    - humedad

3. "Siesta" describe un sueño breve cuando hace mucho calor a mitad del día y por lo tanto es el sustantivo más preciso. Después vendrían:

    - dormitar (dormir por poco tiempo)
    - dormir (un tipo de descanso)
    - descansar (sentarse o relajarse de cualquier manera)

Revisar y pasar en limpio puede mejorar su puntuación

Existe una tendencia muy marcada a levantarse justo después de haber acabado de escribir y salir cuanto antes del salón aliviados por haber terminado el examen. A pesar de que todos somos susceptibles a este impulso, *usted debe darse tiempo para revisar y pasar su trabajo en limpio*. Se puede ahorrar muchos errores innecesarios si revisa su ensayo.

Cuando termine de redactar, revise por unos minutos lo que escribió. Plantéese las siguientes preguntas:

- ¿Contestó la pregunta?
- ¿Ofreció detalles pertinentes y específicos para apoyar sus ideas?
- ¿Organizó la respuesta de la mejor manera posible para explicar claramente el tema?
- ¿Revisó el escrito corrigiendo errores de ortografía, gramática, puntuación, uso de palabras, etc.?
- ¿Eliminó las palabras o frases repetitivas (redundancias)?

Verdaderamente vale la pena invertir este tiempo. Revise el escrito, pero asegúrese de leer lo que está ahí, no lo que le parece estar. No lea muy rápidamente y asegúrese de revisar cuidadosamente los pasajes que no le parezcan claros.

A algunas personas les facilita la revisión poner otro pedazo de papel sobre las líneas para enfocarse en una sola línea a la vez. Siempre que pueda, haga las correcciones entre líneas. Cuando esto no sea posible, escriba al margen o al pie de página poniendo una marca, como un número, una letra o un asterisco. Para tachar es suficiente tachar la palabra con una sola línea.

Antes de empezar a escribir en limpio, es recomendable volver a leer el borrador atendiendo a las correcciones. Léalo en la forma que lo va a escribir en limpio.

Al fin y al cabo, lo más importante es que usted se asegure de lo que ha escrito, incluso si los demás a su alrededor ya se están retirando.

¡Usted ganará con esta estrategia!

Antes de pasar a los temas de muestra, revise estas sugerencias para redactar mejores ensayos:

1. Siéntese a solas en una habitación sin televisión ni radio y reproduzca las condiciones del salón del examen.

2. Permítase 45 minutos.

3. *Organícese* antes de escribir. Le sugerimos usar el método EAO, lo cual requiere hacer lo siguiente:
   - Anotar todas las ideas que se le ocurran sobre la pregunta
   - Eliminar todas las ideas repetidas o confusas
   - Agrupar las ideas de tal forma que contesten la pregunta
   - Organizar un borrador y comenzar a escribir

   Este método sólo debe llevar unos minutos.

4. Cuando termine de redactar, asegúrese de revisar su redacción. Estos minutos son muy provechosos.

5. Trate de presentar la mejor composición posible cada vez que escriba algo. Aproveche todas las sesiones de práctica.

6. Pídale a alguien que lea su ensayo y le ofrezca consejos. Esta persona le ayudará a saber si su escrito tiene sentido.

Temas de muestra para composiciones de práctica

> **Instrucciones:** Los siguientes temas son muy similares a los que va a encontrar en el GED. Contéstelos según lo haría al tomar el examen. Después de la lista, encontrará un borrador del primer tema seguido por el ensayo en sí para que tenga un ejemplo más de una de las opciones de cómo proceder.

1. Enfrentados a presupuestos municipales congelados o más pequeños cada año, últimamente los ciudadanos norteamericanos han optado por recortar los fondos asignados a las bibliotecas públicas e incluso cerrar bibliotecas antes de hacer recortes en otras áreas. ¿Qué opina usted acerca de recortar el presupuesto de las bibliotecas públicas, cerrarlas o ambos antes de recortar el presupuesto de otros servicios públicos? ¿Por qué?

2. "Si las armas se declaran ilícitas, sólo los proscritos portarán armas" dice un marbete de automóvil. Hable sobre las ventajas y desventajas del control de la dispensación de armas.

3. Muchos estados están emprendiendo proyectos de ley para que los estudiantes no puedan graduarse sin pasar una serie de exámenes de competencia. ¿Es esto bueno o malo? Exprese su opinión y apóyela con detalles.

4. La mujer ha tenido logros notables al cambiar la manera en que vive, y por extensión, en la manera en que está organizada la familia. ¿Piensa usted que el llamado "Movimiento de Liberación Femenina" es algo bueno o malo? Apoye su respuesta con ejemplos específicos.

5. ¿Qué piensa usted acerca del movimiento "English Only" ("Inglés como Lengua Única") que sostiene que todo documento y trámite público (del gobierno u otras dependencias públicas, como las escuelas) debe hacerse en lengua inglesa exclusivamente?

6. Hable sobre las ventajas y desventajas de los programas de bienestar social en Estados Unidos, como los vales de despensa y los subsidios para el alquiler de vivienda. Apoye su opinión con ejemplos específicos.

7. "Buy American" ("Compre productos estadounidenses"), dice un rótulo en la carretera. Hable sobre las ventajas y desventajas de comprar bienes fabricados en Estados Unidos sobre bienes fabricados en otros países.

8. Entable una discusión sobre el papel que le parece que debe tener el arte en la sociedad contemporánea, organizada en gran medida sobre las bases de la tecnología y el funcionalismo. ¿Piensa usted que los artistas deben ser comentaristas o moralistas? ¿Le parece que el arte debe concentrarse en representar "lo bello" y de esa manera preservar una esfera cultural fuera de las complicaciones de la vida diaria? Diga si está de acuerdo o no con las ideas anteriores y por qué.

9. La televisión, ese gran invento que ha hecho posible la comunicación global desde el seno del hogar, ha sido tanto elogiada como maldecida en los últimos años. En su opinión, ¿qué ventajas y desventajas tiene la televisión?

10. ¿Qué opina usted acerca del aborto inducido durante los primeros tres meses de embarazo? ¿Por qué? Hable también sobre las ventajas y desventajas de que el aborto sea lícito en Estados Unidos.

ENSAYO FINAL

> **Instrucciones:** En esta parte se trata de comprobar su habilidad de expresarse por escrito. Escriba una composición informativa sobre el tema asignado. Apoye su punto de vista o exponga su opinión aportando pruebas y ejemplos.
>
> **Tiempo:** 45 minutos. **Espacio:** Unas 200 palabras, lo cual equivale a una página de veinticinco líneas a ocho palabras por línea.

Al redactar su composición, se le recomienda seguir los siguientes pasos:

1. Lea detenidamente el tema asignado y no escriba sobre ningún otro tema, ya que sería nulo. Además, recuerde que lo importante para efectos de puntuación no es la índole de su opinión, ya que está en libertad de expresar puntos de vista convencionales o radicales, sino que plantee un argumento claro y una estructura sólida.
2. Prepare un pequeño plan esquemático anotando la idea principal, las ideas secundarias, el fundamento y los ejemplos que piensa utilizar en favor de su opinión o punto de vista.
3. Escriba la composición en borrador.
4. Lea lo que ha escrito en el borrador y haga las correcciones y revisiones que crea convenientes.
5. Al corregir, tenga en cuenta los aspectos gramaticales, la mecánica, los usos y las estructuras propios de la lengua, así como el orden, la claridad y la coherencia de las oraciones.
6. Pase en limpio la versión final con bolígrafo en las hojas especiales asignadas para tal fin.
7. Escriba con letra clara de manera que los jurados puedan leer su escrito con facilidad. El ensayo será leído por lo menos por dos jurados. Durante el proceso de calificación se tomarán en cuenta todos los aspectos de la redacción, desde la puntuación hasta el orden lógico y la claridad.

Tema

Enfrentados a presupuestos municipales congelados o más pequeños cada año, últimamente los ciudadanos norteamericanos han optado por recortar los fondos asignados a las bibliotecas públicas e incluso cerrar bibliotecas antes de hacer recortes en otras áreas. ¿Qué opina usted acerca de recortar el presupuesto de las bibliotecas públicas, cerrarlas o ambos antes de recortar el presupuesto de otros servicios públicos? ¿Por qué?

Use estas páginas para hacer su borrador

I. Párrafo inicial

    A. Oración temática (plantee la pregunta en otras palabras)

_____

_____

    B. Oración introductoria al segundo párrafo

_____

_____

    C. Oración introductoria al tercer párrafo

_____

_____

    D. Oración citatoria del segundo párrafo (opcional)

_____

_____

II. Primer punto por explicar (ventajas, desventajas o simplemente el punto por tratar)

    A. Oración temática

_____

_____

    B. Primer punto (ventaja, etc.)

_____

_____

        1. Detalle

_____

        2. Detalle

_____

    C. Segundo punto

_____

_____

        1. Detalle

_____

        2. Detalle

_____

    D. Resumen opcional de los puntos esbozados en el párrafo

_____

_____

III. Segundo punto (desventajas, etc.)

    A. Oración temática

___

___

    B. Primer punto

___

___

        1. Detalle

___

        2. Detalle

___

    C. Segundo punto

___

___

        1. Detalle

___

        2. Detalle

___

    D. Conclusión opcional

___

___

IV. Conclusión del ensayo

    A. Oración temática (plantee la pregunta en otras palabras)

___

___

    B. Oración de resumen del segundo párrafo

___

___

    C. Oración de resumen del tercer párrafo

___

___

    D. Conclusión general que expresa su opinión

___

___

Ejemplo de borrador útil

Su bosquejo será diferente, y de esa manera será un reflejo de sus propias ideas. Si usted está satisfecho con su propio borrador, proceda a escribir su ensayo. Si se le hizo difícil preparar un borrador, incorpore algunas de estas ideas y prepare un nuevo borrador antes de que comience a escribir su ensayo.

BORRADOR:

I. **Párrafo inicial**
   A. **Oración temática (plantee la pregunta en otras palabras)**
      En esta época económica difícil, las bibliotecas públicas se han visto afectadas negativamente.
   B. **Oración introductoria al segundo párrafo**
      Esto es una lástima, ya que las bibliotecas son instituciones que ofrecen muchos servicios.
   C. **Oración introductoria al tercer párrafo**
      Los servicios que ofrece tienen igual o mayor importancia que otros servicios públicos.
   D. **Oración citatoria del segundo párrafo (opcional)**

II. **Primer punto por explicar (ventajas, desventajas o simplemente el primer punto por tratar)**
   A. **Oración temática**
      Las funciones que cumplen las bibliotecas son muchas y variadas.
   B. **Primer punto (ventaja, etc.)**
      La función principal de las bibliotecas es alojar libros de todo tipo.
      1. **Detalle**
         Los libros están a disposición de todo el público.
      2. **Detalle**
         En los últimos años, los videos de ficción y educativos se han incorporado al acervo.
   C. **Segundo punto**
      Las bibliotecas también ofrecen otras actividades.
      1. **Detalle**
         Clubes de cine y lectura, conferencias
      2. **Detalle**
         Servicios sociales, como la alfabetización
   D. **Resumen opcional de los puntos esbozados en el párrafo**

III. Segundo punto (desventajas, etc.)
  A. Oración temática
  Las bibliotecas tienen igual o mayor importancia que otros servicios públicos por numerosas razones.
  B. Primer punto
  Al igual que las escuelas, ayudan a prevenir el crimen mediante la educación.
   1. Detalle
   Los libros inspiran a trascender el mundo individual y nos enseñan a apreciar y respetar al prójimo.
   2. Detalle
   Las bibliotecas son lugares de reunión.
  C. Segundo punto
  En una sociedad de pobres y ricos, las bibliotecas públicas son muy importantes.
   1. Detalle
   Recursos gratuitos
   2. Detalle
   Todos son bienvenidos
  D. Conclusión opcional

IV. Conclusión del ensayo
  A. Oración temática (plantee la pregunta en otras palabras)
  Es difícil decidir cómo distribuir un presupuesto municipal y escoger entre bibliotecas y otros servicios públicos.
  B. Oración de resumen del segundo párrafo
  Las bibliotecas ofrecen muchos servicios.
  C. Oración de resumen del tercer párrafo
  Como instituciones, las bibliotecas tienen igual o mayor importancia que otras.
  D. Conclusión general que expresa su opinión
  Las bibliotecas son instituciones vitales para todo pueblo democrático y se deben salvar a toda costa.

Use estas páginas para escribir su ensayo final

Ejemplo de un ensayo final

(Esto es sólo una muestra; su ensayo puede ser diferente y sin embargo ser excelente también.)

En esta época económica difícil, las bibliotecas públicas se han visto afectadas negativamente. Esto es una lástima, ya que las bibliotecas ofrecen muchos servicios. Los servicios que ofrecen tienen igual o mayor importancia que los que ofrecen otras instituciones públicas.

Las funciones de las bibliotecas son muchas y variadas. El servicio más común es alojar libros. Hasta en la biblioteca más pequeña es posible encontrar libros de diversos temas. Ya sean materiales de consulta o préstamo, todos están a disposición de todo el público con tan sólo seguir algunas reglas sencillas.

En los últimos años, los videos se han incorporado a los materiales de préstamo. Algunos videos ofrecen el deleite de la ficción y otros instruyen sobre cómo llenar declaraciones fiscales correctamente y otros temas relacionados con los derechos y deberes básicos de la ciudadanía.

Las bibliotecas principales también ofrecen otras actividades. Por ejemplo, ofrecen espacios para clubes de cine y lectura y conferencias. Esto enriquece la vida cultural local. A veces también ofrecen programas de servicios sociales, como alfabetización.

Las bibliotecas tienen igual o mayor importancia que otros servicios públicos por numerosas razones. Al igual que las escuelas, las bibliotecas participan en la prevención del crimen mediante la educación. Es decir, sin la necesidad de un sólo policía, los libros y las actividades inspiran a jóvenes y viejos a trascender su mundo particular y enseñan a apreciar y respetar al prójimo. Además, las bibliotecas ofrecen un lugar sano y seguro donde los jóvenes pueden reunirse sin los peligros de la calle.

En una sociedad de pobres y ricos, las bibliotecas públicas son muy importantes. Los recursos que ofrecen no se pueden conseguir gratis en ningún otro lugar. Además, son lugares en los que todos son bienvenidos. En una sociedad repleta de clubes privados exclusivos, las bibliotecas son profundamente democráticas.

Es difícil decidir cómo distribuir un presupuesto municipal y escoger entre bibliotecas y otros servicios públicos. Las bibliotecas ofrecen numerosos servicios, muchos de los cuales a menudo son más importantes para un pueblo democrático que los que ofrecen otras instituciones. Las bibliotecas se deben salvar a toda costa.

Estudios Sociales

RESUMEN
- Pasajes
- Conceptos teóricos generales
- Geografía, continentes, mapas y estadísticas
- Glosario de Estudios Sociales
- Clave de respuestas

Las preguntas del examen de equivalencia sobre Estudios Sociales son de opción múltiple y se refieren a conceptos generales de historia (40%), gobierno y civismo (25%), economía (20%) y geografía (15%).

Además de las lecturas sobre estudios sociales, esta sección contiene tres apéndices: el primero, sobre gráficas y estadísticas; el segundo, sobre geografía, el cual resalta datos importantes sobre los cinco continentes del mundo; y el tercero, que consta de una parte teórica con preguntas individuales sobre las diversas ciencias sociales. El último apartado contiene un glosario de ciencias sociales que recoge conceptos y definiciones esenciales.

A pesar de que el contenido hace referencia a otras partes del mundo, se hace énfasis en temas sociales relacionados con la historia y culturas del continente americano.

PASAJES

Las preguntas 1 a 4 se refieren al pasaje siguiente:

LOS MAYAS

En la época de Colón, los grupos indígenas más avanzados vivían al sur de lo que hoy es Estados Unidos. Uno de estos grupos eran los *mayas*, que vivían al sur de México y en Centroamérica.

Los mayas desarrollaron sistemas de escritura y matemáticas, estudiaban astronomía y establecieron un calendario. También sabían cómo cultivar el maíz, planta que junto con la papa y el tomate, llegó a ser su alimento básico.

Los mayas eran también expertos arquitectos, ingenieros y escultores. Construyeron hermosos templos, edificaciones sagradas con escaleras ascendentes y plataformas en forma de pirámide.

En el norte y centro de México, vivía una civilización indígena muy avanzada: los *aztecas*. En la época en que los exploradores españoles llegaron a América, los aztecas eran mucho más poderosos que los mayas.

El centro de la civilización azteca y la capital del imperio era Tenochtitlán, erigida en el lugar de la actual ciudad de México. Estaba rodeada de un lago y conectada a la bahía por puentes levadizos. A la llegada de los españoles, la ciudad estaba habitada por alrededor de 300,000 habitantes.

Los aztecas desarrollaron su propia cultura en un alto grado, pero también se apropiaron de algunos logros de la cultura maya, como el calendario y el sistema matemático. También copiaron de los mayas las técnicas agrícolas, artísticas y arquitectónicas.

Quizá los indígenas más avanzados en esa época eran los *incas* de Sudamérica. Su inmenso imperio comprendía algunas partes de lo que hoy es Ecuador, Perú, Bolivia y Chile. Eran más expertos en el uso del metal que otros pueblos indígenas y fueron hábiles constructores de caminos.

Los incas eran también muy hábiles en la aplicación de técnicas agrícolas. Abrieron tierras de cultivo en las montañas construyendo terrazas planas y desarrollaron un sistema de riego para zonas agrícolas en lugares de poca precipitación.

1. Los mayas
   (1) vivían con los incas.
   (2) ocupaban los territorios actuales de México y Centroamérica.
   (3) vivían en la misma región que los aztecas.
   (4) eran expertos en el uso del metal.
   (5) poblaron los territorios actuales de Estados Unidos.

2. Todas las afirmaciones son correctas excepto una. ¿Cuál es?
   (1) Los mayas eran grandes matemáticos.
   (2) La cultura maya tenía dioses.
   (3) Los indígenas mayas estudiaban astronomía.
   (4) Los mayas tenían un gran interés en la arqueología.
   (5) Los mayas cultivaban el maíz.

3. Los aztecas vivieron en lo que hoy es
   - (1) Estados Unidos.
   - **(2)** México.
   - (3) Guatemala.
   - (4) Honduras.
   - (5) Perú.

4. ¿Cuál de los siguientes países no fue parte del imperio inca?
   - (1) Perú
   - (2) Ecuador
   - **(3)** Brasil
   - (4) Bolivia
   - (5) Chile

Las preguntas 5 a 8 se refieren al pasaje siguiente:

SIMÓN BOLÍVAR

Simón Bolívar nació el 24 de julio de 1783 en Caracas, Venezuela, y falleció el 17 de diciembre de 1830. Vamos a citar algunos pensamientos del "Libertador":

"Juro delante de Usted; juro por el Dios de mis padres; juro por ellos, juro por mi honor, juro por la Patria, que no daré descanso a mi brazo ni reposo a mi alma, hasta que haya roto las cadenas que nos oprimen por voluntad del Poder Español...".

"No se puede hacer nada bueno, porque los hombres buenos han desaparecido y los malos se han multiplicado... Un pueblo ignorante es instrumento ciego de su propia destrucción... Un hombre sin estudios es un ser incompleto... Jesucristo. Don Quijote y yo, hemos sido los más insignes majaderos del mundo... Sin igualdad perecen todas las libertades, todos los derechos... Cuando el pueblo, por medio de la instrucción, sepa lo que son sus deberes y sus derechos, habremos consolidado la república".

"... Es un principio recibido en la política, que tan tirano es el gobierno democrático absoluto como un déspota; así, sólo un gobierno temperado puede ser libre... La experiencia me ha enseñado que de los hombres se ha de exigir mucho para que hagan muy poco... Divididos, seremos más débiles, menos respetados de los enemigos y neutrales. La unión bajo un solo gobierno supremo, hará nuestra fuerza y nos hará formidables a todos... He proclamado la libertad absoluta de los esclavos. La tiranía de los españoles les ha puesto en tal estado de estupidez e impreso en sus almas tan grande sentimiento de terror, ¡que han perdido hasta el deseo de ser libres!... La naturaleza hace a los hombres desiguales en genio. Temperamento, fuerza y caracteres. Las leyes corrigen esta diferencia porque colocan al individuo en la sociedad para que la educación, la industria, las artes, los servicios, las virtudes, le den una igualdad ficticia, propiamente llamada política y social... La más hermosa corona es la que da la justicia... Hay hombres que necesitan estar solos y bien retirados de todo ruido para poder pensar y meditar; yo pensaba, reflexionaba y meditaba en medio de la sociedad, de los placeres, del ruido y de las balas... Yo no soy Napoleón ni quiero serlo; tampoco quiero imitar a César, aún menos a Iturbide. Tales ejemplos me parecen indignos de mi gloria. El título de Libertador es superior a todos los que ha recibido el orgullo humano... El primer deber del gobierno es dar educación al pueblo... Cada día me convenzo más que sin mi autoridad no se hace nada y que donde no estoy yo, todo sale tuerto... Una sola debe ser la patria de todos los americanos, ya que en todo hemos de tener una perfecta unidad... 'Es más difícil', dice Motesquieu, 'sacar un pueblo de la servidumbre que subyugar a uno libre'... Para un valiente el riesgo es el verdadero apetito... Mi nombre pertenece ya a la historia: ella ha de ser la que me hará justicia".

5. Simón Bolívar se conoce como
   (1) "El Liberal".
   (2) "El Jefe Militar".
   (3) "El Libertario".
   (4) "El Libertador". ✓
   (5) "El Conquistador".

6. Simón Bolívar juró
   (1) salir de su patria.
   (2) viajar a Europa.
   (3) luchar junto a los españoles.
   (4) unir Europa.
   (5) liberar a su patria del dominio español. ✓

7. Simón Bolívar estaba de acuerdo con
   (1) liberar a todos los esclavos. ✓
   (2) la falta de instrucción.
   (3) el dominio español.
   (4) dividir América en países separados.
   (5) la desigualdad político-económica.

8. ¿Cuál de las siguientes afirmaciones no es correcta?
   (1) A Bolívar se le conoce como "El Libertador".
   (2) Bolívar decía que debía haber sólo una patria para los americanos.
   (3) El primer deber del gobierno es ofrecer educación al pueblo.
   (4) Bolívar decía que Latinoamérica debía dividirse y cada país tener un gobierno independiente como hoy día. ✓
   (5) Bolívar murió en 1830.

Las preguntas 9 a 12 se refieren al pasaje siguiente:

SAMUEL ADAMS

"La libertad de nuestro país", decía Samuel Adams, "es digna de ser defendida a costa de todos los sacrificios y es nuestro deber defenderla contra todos los ataques. La hemos recibido como una preciosa herencia de nuestros dignos antecesores, la compraron ellos para nosotros, con sus trabajos, sus peligros y exposición de hacienda o de sangre y nos la transfirieron con cuidado y con diligencia. Nos traería una marca indeleble de infamia a esta generación presente, ilustrada como es, si supiéramos que esa libertad se nos puede arrancar por la violencia y la lucha, y que se nos puede despojar de ella por los artificios de hombres maquinadores y falsos...".

"Estamos en grave peligro. Por lo tanto, tengamos presente la gravedad de la situación y digamos a nuestros antepasados y a la posteridad que resolvimos mantener los derechos que nos fueron entregados por nuestros padres, a fin de que sea a beneficio de nuestros hijos. La necesidad de estos tiempos exige, más que nunca, la mayor circunspección".

En el comienzo de la Revolución, Samuel Adams fue uno de los hombres más destacados. Aspiraba a instituir un régimen democrático y trató siempre de evitar la reconciliación con Inglaterra. Su labor fue muy activa en las campañas contra el impuesto del timbre y las cinco leyes intolerables.

9. Samuel Adams decía que era necesario
   (1) formar una gran nación con Inglaterra.
   (2) mantener la esclavitud.
   (3) defender la libertad de su país.
   (4) exigirle beneficios a nuestros hijos.
   (5) hablar con nuestros antepasados.

10. Samuel Adams se destacó
    (1) al final de la Revolución.
    (2) al comienzo de la revolución estadounidense.
    (3) durante la Segunda Guerra Mundial.
    (4) como presidente de Inglaterra.
    (5) por sus ideas económicas.

11. Una de las siguientes afirmaciones sobre Samuel Adams no es correcta. ¿Cuál es?
    (1) Aspiraba a instituir un régimen democrático.
    (2) Trató de evitar la reconciliación con Inglaterra.
    (3) Participó en la campaña contra las cinco leyes intolerables.
    (4) Defendió la libertad.
    (5) Participó en las campañas a favor del impuesto del timbre.

12. Según el texto,
    (1) Inglaterra favorecía las ideas de Adams.
    (2) Adams participó en la liberación de su pueblo.
    (3) la democracia nació con Adams.
    (4) Adams creó las leyes del timbre.
    (5) Adams consideró como tolerables las cinco leyes.

Las preguntas 13 a 16 se refieren al pasaje siguiente:

LA DECLARACIÓN DE INDEPENDENCIA DE ESTADOS UNIDOS

La Declaración de Independencia de Estados Unidos fue redactada por Thomas Jefferson. Nacido en 1743 en Virginia, Jefferson estudió en William and Mary University. Fue jefe del Partido Demócrata y secretario de Estado de George Washington. El pueblo lo eligió presidente en 1801 y ejerció el cargo por ocho años. Además, influyó de manera importante en la labor de sus sucesores inmediatos, Madison y Monroe. En la introducción de la Declaración de Independencia, se lee:

"Cuando en el curso de los acontecimientos humanos se hace necesario que un pueblo rompa los lazos políticos que lo han unido a otro para ocupar entre las naciones de la tierra el puesto de independencia e igualdad a la que le dan derecho las leyes de la naturaleza y el Dios de esa naturaleza, el respeto decoroso al juicio de la humanidad exige que declare las causas que lo han llevado a la separación...".

"Sostenemos como verdades evidentes que todos los hombres nacen iguales; que a todos les confiere su Creador ciertos derechos inalienables, entre los cuales están la vida, la libertad y la búsqueda de la felicidad; que para garantizar esos derechos, los hombres instituyen gobiernos que derivan sus justos poderes del consentimiento de los gobernados; que siempre que una forma de gobierno tienda a destruir esos fines, el pueblo tiene derecho a reformarla o abolirla, a instituir un nuevo gobierno que se funde en dichos principios y a organizar sus poderes en aquella forma que a su juicio garantice mejor su seguridad y su felicidad...".

La declaración termina diciendo: "Por todo lo expuesto, nosotros, los Representantes de los Estados Unidos de Norteamérica reunidos en Congreso General, apelando a la rectitud de nuestras intenciones ante el Supremo Juez del Universo y a nombre y por autoridad del buen pueblo de estas Colonias, solemnemente proclamamos y declaramos: 'Que estas Colonias Unidas son, y por derecho deben ser, Estados libres e independientes; que quedan exentas de toda fidelidad a la Corona inglesa y que todo lazo político entre ellas y el Estado de la Gran Bretaña queda y debe quedar completamente roto; y que como tales Estados libres e independientes, tienen un pleno poder para declarar la guerra, hacer la paz, concertar alianzas, organizar su comercio y realizar todos aquellos actos y providencias a que tienen derecho los Estados independientes. Para sostener esta Declaración con firme confianza en la protección de la Divina Providencia, empeñamos mutuamente nuestra vida, nuestras haciendas y nuestro más sagrado honor".

13. Thomas Jefferson
    (1) sucedió en el cargo a los presidentes Madison y Monroe.
    (2) representaba al Congreso.
    (3) fue reelegido al cargo de presidente en 1805.
    (4) pasó por la presidencia de Estados Unidos.
    (5) fue fiel a la Corona Inglesa.

14. ¿A quién se referían los redactores de la declaración cuando citaban al Juez Supremo del Universo?
    (1) al juez del Tribunal Supremo de Estados Unidos
    (2) a Dios
    (3) al juez del Estado de Virginia
    (4) a todas las religiones
    (5) al Dios de los mormones

15. En el segundo párrafo, cuando dice "rompa los lazos políticos que lo han unido a otro...", quiere decir que el pueblo debe
    (1) independizarse de Inglaterra.
    (2) independizarse de España.
    (3) independizarse de Francia.
    (4) independizarse de Alemania.
    (5) provocar una guerra civil.

16. En la Declaración de Independencia se proclamaron varios principios, excepto
    (1) la libertad de Estados Unidos de América.
    (2) la fidelidad a la Corona inglesa.
    (3) el establecimiento de gobiernos representativos de la voluntad del pueblo.
    (4) el que establece que las Colonias Unidas deben ser independientes.
    (5) la defensa de la libertad a cualquier precio.

Las preguntas 17 a 20 se refieren al pasaje siguiente:

LA POBLACIÓN EN LA ÉPOCA DE LA REVOLUCIÓN ESTADOUNIDENSE

En la época de la Revolución Estadounidense, casi dos tercios de la población de las colonias era de origen inglés. La mayoría procedía de Inglaterra, pero otros venían de diferentes partes de Gran Bretaña o posesiones inglesas en las Antillas.

El tercio restante de la población estaba formado por gente de diferentes nacionalidades. En este grupo que no era inglés, los alemanes constituían la mayoría. Algunos se instalaron en Maryland, New Jersey y New York, aunque la mayoría emigró a Pennsylvania en busca de libertad religiosa. A menudo establecieron sus propias comunidades y hablaban alemán y conservaban las costumbres y tradiciones de su país.

Otro grupo numeroso de colonos lo formaban los escoceses y escoceses-irlandeses. Los escoceses-irlandeses provenientes del norte de Irlanda eran descendientes de escoceses que habían emigrado a Irlanda en el siglo XVII. En Irlanda vivieron del comercio de exportación, hasta que Inglaterra dictó ciertas leyes prohibiendo la exportación de algunas mercancías irlandesas. Estas leyes privaban a los escoceses-irlandeses de su medio de subsistencia y así comenzaron a buscar otro lugar donde vivir. Alrededor de 1714, los primeros inmigrantes escoceses-irlandeses llegaron a Norteamérica.

Al igual que los alemanes, la mayoría de inmigrantes escoceses-irlandeses se establecieron en Pennsylvania de donde algunos se trasladaron al oeste de Virginia, North Carolina y South Carolina.

Muchos inmigrantes irlandeses, suizo-germanos, suecos, holandeses y franceses también llegaron a las colonias además de algunos judíos que se dirigieron a Rhode Island, New York y South Carolina.

A mediados del siglo XVIII los visitantes europeos se sorprendían enormemente por la gran variedad de nacionalidades. A su modo de ver estaba surgiendo una "nueva raza", es decir, "el americano". Ciertamente una nueva sociedad angloamericana parecía estar configurándose.

17. El texto trata de
    (1) la importancia que los ingleses alcanzaron al llegar a Estados Unidos.
    (2) los problemas de los inmigrantes escoceses-irlandeses.
    (3) las diversas nacionalidades que fueron formando la población de Estados Unidos.
    (4) la Revolución Estadounidense.
    (5) la corrupción de dos tercios de la población de las colonias.

18. Los escoceses-irlandeses
    (1) viajaron a Maryland cuando Inglaterra prohibió la exportación de mercancías irlandesas.
    (2) eran irlandeses y escoceses que emigraron a Sudamérica, formando un grupo compacto.
    (3) eran descendientes de irlandeses.
    (4) eran descendientes de escoceses que habían emigrado a Irlanda.
    (5) sólo querían consumir artículos importados.

19. Los inmigrantes alemanes
    (1) se instalaron principalmente en New Jersey y New York.
    (2) nacieron en Pennsylvania.
    (3) no mantenían relaciones con otras comunidades.
    (4) tenían tendencia a conservar su lengua y sus costumbres.
    (5) 1 y 2

20. La sociedad angloamericana
    (1) está formada por ingleses.
    (2) es muy joven si la comparamos con sociedades europeas.
    (3) es muy antigua.
    (4) está formada por una población uniforme.
    (5) fue bautizada por los conservadores y puritanos.

Las preguntas 21 a 24 se refieren al pasaje siguiente:

LOS PADRES DE LA PATRIA Y LA CONSTITUCIÓN

Los Padres de la Patria dieron al gobierno un dirigente o jefe ejecutivo poderoso capaz de desempeñar las funciones de presidente de Estados Unidos. Los Artículos de la Confederación no disponían la existencia de un poder ejecutivo, uno de los motivos por los que el gobierno no funcionaba. Los Padres de la Patria se dieron cuenta del problema y lo solucionaron con la creación del cargo de presidente.

Según la Constitución, el presidente es una figura poderosa. El presidente es el jefe del gobierno y tiene amplios poderes para hacer cumplir las leyes. Además, es comandante en jefe de las fuerzas armadas y dirige las relaciones exteriores de la nación.

Sin embargo, el poder del presidente está también limitado, ya que las otras ramas del poder tienen el derecho de "vigilar" sus acciones. El Senado, por ejemplo, debe aprobar los nombramientos que él haga en las cortes federales y asimismo puede rechazar cualquier tratado que el presidente haya firmado.

Los redactores de la Constitución consideraban que el pueblo debía participar sólo indirectamente en la elección del presidente. Así, el presidente no era realmente elegido por el pueblo, quien sólo elegía a un grupo de personas para formar el llamado Colegio Electoral responsable de elegir al presidente. De hecho, en un principio la mayoría de las veces los miembros del Colegio Electoral (electores) no eran elegidos por el pueblo, sino por las legislaturas estatales. Los Padres de la Patria consideraban que el Colegio Electoral evitaría que el pueblo escogiera a un presidente inepto. Creían que la opinión de los electores era más adecuada porque no se dejarían llevar tanto por las emociones.

Hoy, el trabajo de los electores es menos importante, ya que los electores de cada estado generalmente eligen el mismo candidato que el pueblo. Sin embargo, en 1787 el pueblo creía que el Colegio Electoral era el mejor modo de elegir al presidente.

21. El presidente de Estados Unidos
    - **(1)** no puede redactar leyes.
    - (2) tiene poderes ilimitados.
    - (3) es el jefe del Colegio Electoral.
    - (4) ejerce el poder judicial.
    - (5) tiene potestad para elegir al nuevo presidente.

22. La institución que vigila de cerca las acciones del presidente es
    - (1) la Constitución.
    - **(2)** el Senado.
    - (3) la corte federal.
    - (4) el Colegio Electoral.
    - (5) la junta de gobernadores.

23. Cuando se redactó la Constitución, se consideró que el pueblo
    - (1) elegiría directamente al presidente.
    - (2) sería responsable del poder legislativo.
    - **(3)** elegiría indirectamente al presidente.
    - (4) formaría la legislatura estatal.
    - (5) no tendría participación alguna en la elección.

24. A finales del siglo XVIII, el presidente era elegido por
    - (1) el pueblo.
    - (2) el Senado.
    - (3) el Congreso.
    - **(4)** un grupo de personas elegido por el pueblo.
    - (5) la Cámara de Representantes.

CAPÍTULO 5: Estudios Sociales

Las preguntas 25 a 27 se refieren al pasaje siguiente:

NIXON Y KENNEDY

En la campaña de 1960, dos hombres muy jóvenes fueron postulados como candidatos presidenciales de los dos partidos mayoritarios: Richard M. Nixon y John F. Kennedy. Nixon había sido senador antes de ser vicepresidente en los dos períodos de Eisenhower. Por su parte, Kennedy, al igual que Nixon, había sido miembro de las dos cámaras del Congreso.

Uno de los puntos más importantes de la campaña fue una serie de cuatro debates televisados entre los dos candidatos. El control personal de Kennedy parecía haberle dado un pequeño margen, pero era católico y hasta entonces ningún católico había sido elegido presidente. La "cuestión católica" fue muy importante en la campaña. Algunos protestantes atacaron a Kennedy diciendo que un católico "seguiría las órdenes del Papa". Kennedy respondió a eso de la siguiente manera:

"Creo en una América en que un día terminará toda intolerancia religiosa, donde todos los hombres e iglesias reciban trato igual, donde cada hombre tenga el derecho de asistir o no asistir a la iglesia de su elección, donde no haya voto católico ni anticatólico, ni de "bloque" de ninguna clase, y donde los católicos y protestantes y judíos renuncien a la actitud de desprecio y división que tan a menudo ha estropeado sus obras en el pasado y promuevan el ideal americano de hermandad".

"Permítaseme expresar una vez más que estos son mis puntos de vista. Contrariamente a lo que han sugerido algunos periódicos, no soy el candidato católico sino el candidato del Partido Demócrata y casualmente también soy católico. En los asuntos públicos no hablo por mi iglesia y la iglesia no habla por mí".

Es posible que este discurso haya influido en las elecciones. Kennedy recibió apenas 120,000 votos más que Nixon y a sus 43 años se convirtió en el presidente más joven y el primer católico elegido para ocupar la presidencia de la nación.

La juventud de Kennedy dio esperanza a muchos estadounidenses. La nación se fortalecería y podría hacerle frente a cualquier problema que surgiera. En su discurso inaugural pidió a todos los ciudadanos que se unieran "en una lucha contra los enemigos comunes del hombre: la tiranía, la pobreza, la enfermedad y la guerra". Concluyó diciendo: "No preguntes lo que tu país puede hacer por ti, pregunta lo que tú puedes hacer por tu país".

25. John Kennedy y Richard Nixon

  (1) se postularon a la vicepresidencia.
  (2) habían sido representantes en el Congreso.
  (3) apoyaban a Eisenhower.
  (4) eran senadores de New York.
  (5) ninguna de las anteriores

26. Para John Kennedy, el hecho de que fuera elegido como el primer presidente católico de Estados Unidos significaba

  (1) que su gobierno seguiría las órdenes del Papa.
  (2) que sólo los católicos iban a beneficiarse durante su gobierno
  (3) que su religión no iba a interferir con su labor.
  (4) el desprecio por parte de ciudadanos que profesaban otras religiones.
  (5) ninguna de las anteriores

27. En 1960, Kennedy se convirtió en
    (1) senador.
    (2) el primer gobernador.
    (3) el presidente más joven de Estados Unidos.
    (4) el primer gobernador católico.
    (5) ninguna de las anteriores

CONCEPTOS TEÓRICOS GENERALES

PREGUNTAS

1. La historia es la ciencia que estudia
   (1) la sociedad y las relaciones humanas.
   (2) la cultura de los pueblos.
   (3) los hechos pasados de sociedades extintas.
   (4) los acontecimientos pasados que conocemos por transmisión oral.
   (5) un conjunto de hechos pasados.

2. Una de las siguientes afirmaciones no es correcta:
   (1) La historia antigua abarca desde el uso de la escritura (5,000 ó 4,000 años a. C.) hasta la caída del último emperador romano (476 d. C.).
   (2) *Las Crónicas*, de la Edad Media, fueron escritas por Herodoto.
   (3) La historia medieval incluye el período que comienza a partir de la desintegración del Imperio Romano hasta el descubrimiento de América por Cristóbal Colón (1492).
   (4) La historia moderna empieza en la última década del siglo XV y termina cuando se inicia la Revolución Francesa (1789).
   (5) La historia contemporánea abarca el período que comienza después de la Revolución Francesa hasta nuestros días.

3. En la civilización de Mesopotamia,
   (1) los sumerios usaban el sistema de riego, domesticaban animales, tenían leyes comerciales, y desarrollaron la escritura, el arte y la religión.
   (2) Hamurabi no fue rey de Babilonia sino del Imperio Asirio.
   (3) el código de Hamurabi, "ojo por ojo, diente por diente, hueso por hueso" fue escrito por Nabucodonosor.
   (4) la biblioteca famosa de Asurbanipal se formó en Babilonia.
   (5) la escritura cuneiforme, inventada por los sumerios, no fue adaptada por los babilonios ni por los asirios.

4. En el Imperio Egipcio,
   (1) se desarrolló la civilización más antigua que se conoce; incluso más antigua que la sumeria (Mesopotamia).
   (2) existía una monarquía en donde el gobernante supremo era el faraón.
   (3) las pirámides no formaban parte de una arquitectura de carácter funeral sino ornamental.
   (4) no había desigualdades sociales ni económicas.
   (5) el río Nilo no ayudó al desarrollo agrícola de la nación.

5. En la India,
   (1) la religión veda de los pueblos arios constituyó la primera religión monoteísta.
   (2) el brahmanismo no acentuó la división entre las castas.
   (3) Buda criticó tanto el politeísmo vedista como las castas que habían establecido los brahmanes o sacerdotes.
   (4) surgió la Biblia.
   (5) se desarrolló el comercio fenicio.

CAPÍTULO 5: Estudios Sociales

6. La pólvora, la brújula, la seda, el papel y la elaboración de la porcelana, proceden de la civilización
   - (1) sumeria.
   - (2) egipcia.
   - (3) babilónica.
   - (4) asiria.
   - **(5) china.**

7. Todas las afirmaciones siguientes son correctas, a excepción de una. Señale la incorrecta.
   - (1) La Biblia se escribió en Israel y, a diferencia de otras religiones de la región que eran politeístas, proclamaba a un solo Dios.
   - (2) Según la tradición, Moisés liberó al pueblo hebreo de la explotación a que era sometido en Egipto.
   - (3) Los fenicios se destacaron por el desarrollo de su comercio marítimo.
   - **(4) Ciudades fenicias importantes eran: Biblos, Sidón, Tiro y Jerusalén.**
   - (5) Zaratustra, sabio persa, anunció que había tan sólo un Dios, Ormuz, creador de todo lo bueno.

8. En el mundo griego,
   - **(1) se destacaban dos ciudades importantes: Atenas y Esparta, que, al mismo tiempo, eran Estados soberanos.**
   - (2) Esparta representaba la ciudad cultural.
   - (3) Atenas era un centro predominantemente militar.
   - (4) Esparta creó las bases de una democracia popular.
   - (5) Atenas se regía por una acentuada oligarquía dirigente.

9. Señale cuál de las afirmaciones siguientes no es correcta de la cultura griega.
   - (1) En la religión, los griegos eran politeístas, ofreciendo cultos a dioses como Zeus, Artemisa, Afrodita, Apolo, Ares y otros.
   - (2) En la arquitectura, se destacaban los estilos dórico, jónico y corintio.
   - (3) En la escultura, sobresalieron Mirón, Fidias, Praxiteles y Policleto.
   - (4) En filosofía, forjaron las bases del pensamiento occidental, con las enseñanzas de Sócrates, Platón, Aristóteles.
   - **(5) En teatro, se destacaron los trabajos de Homero, y en poesía de Sófocles, Eurípides y Aristófanes.**

10. Hubo un gran dirigente ateniense que engrandeció militar y culturalmente a su Estado, e instauró por primera vez una democracia con participación del pueblo. Su nombre fue
    - **(1) Pericles.**
    - (2) Filipo II.
    - (3) Alejandro Magno.
    - (4) César.
    - (5) Augusto.

11. Acerca del Imperio Romano, todas las afirmaciones siguientes son correctas menos una.
    (1) La organización social estaba dividida en patricios (burgueses o clases altas) y plebeyos (el pueblo).
    (2) La importante biblioteca que existía en Alejandría, Egipto, fue respetada.
    (3) Constantino convirtió el Imperio al cristianismo.
    (4) En el año 30, Poncio Pilatos, procurador romano en Judea, ordenó la crucifixión de Jesús de Nazaret, llamado Cristo o Mesías, acusado de sedición.
    (5) Odoacro, invasor bárbaro, depuso en el año 476, al último emperador romano Rómulo Augusto, produciendo de esta forma la caída del Imperio.

12. La cultura romana se destacó por
    (1) la importancia de la ley, de la ciencia del derecho.
    (2) su religión politeísta, con creencias en Júpiter (dios del cielo y del aire), Marte (de la guerra), Saturno (de la vegetación), Neptuno (del mar), Apolo (de la poesía), Mercurio (del comercio), Plutón (del infierno), Minerva (de la sabiduría), Baco (del vino), Venus (de la belleza), y en otros dioses.
    (3) la construcción de acueductos, puentes, viaductos, anfiteatros, panteones, y por la extraordinaria pintura de los artistas.
    (4) la filosofía.
    (5) la poesía.

13. Cae el Imperio Romano de Occidente. Las posesiones romanas de Oriente se mantienen alrededor de la capital Constantinopla. Nace un nuevo Imperio, breve, en donde florece la cultura que sueña con restaurar el antiguo Imperio Romano. Es el imperio de
    (1) los árabes.
    (2) Bizancio.
    (3) Carlomagno.
    (4) los turcos.
    (5) los bárbaros.

14. A principios del siglo VIII, los árabes derrotan al rey visigodo Rodrigo y conquistan en pocos años
    (1) Roma.
    (2) Grecia.
    (3) Constantinopla.
    (4) La Galia.
    (5) España.

15. El siglo IX va a ser la cuna de un nuevo régimen social que perdurará durante varios siglos: el feudalismo. Todas las afirmaciones siguientes son correctas a excepción de una.
    (1) Con el feudalismo, los reyes perdieron una buena parte de su autoridad, imponiéndose en el seno de la sociedad la nobleza.
    (2) La propiedad de la tierra era la base del régimen feudal.
    (3) Había dos clases inferiores, los siervos y los villanos.
    (4) Los villanos eran libres pero sujetos a los préstamos y protección que les otorgaba el señor feudal.
    (5) Los siervos eran libres y no se hallaban adscritos a la tierra, aunque dependían del señor feudal.

16. En el siglo XIII, Europa conoció parte de las invenciones y de la cultura china gracias al viaje de

    (1) Colón.
    (2) Marco Polo.
    (3) Bartolomé Díaz.
    (4) Vasco da Gama.
    (5) Juan Sin Tierra.

17. A mediados del siglo XV, Gutemberg inventa

    (1) el papel.
    (2) la imprenta.
    (3) la pólvora.
    (4) la brújula.
    (5) la máquina de vapor.

18. Dos hechos importantes ocurrieron en España en el año 1492:

    (1) Fin de la Reconquista con la toma de Granada; descubrimiento de América por Cristóbal Colón
    (2) Descubrimiento de América por Cristóbal Colón
    (3) Bartolomé Díaz pasa por el Cabo de Buena Esperanza; Vasco da Gama hace el viaje a la India
    (4) Muere en Valladolid Cristóbal Colón, el 21 de mayo de 1501; expulsión de los árabes de España
    (5) Segundo viaje de Colón (25 de septiembre, 1493-11 de junio, 1496); tercer viaje (30 de mayo, 1498-25 de noviembre, 1500)

19. Portugal, gracias a la expedición dirigida por Pedro Cabral en 1500–1501, descubrió

    (1) Las Antillas.
    (2) Chile.
    (3) Paraguay.
    (4) Argentina.
    (5) Brasil.

20. El océano Pacífico fue descubierto cuando se cruzó el istmo de Panamá. El navegante fue

    (1) Vasco Núñez de Balboa.
    (2) Hernán Cortés.
    (3) Francisco Pizarro.
    (4) Pedro Alvarado.
    (5) Fernando de Magallanes.

21. El Imperio azteca se destruye con la toma de la ciudad de Tenochtitlán, en 1521. México fue conquistado por

    (1) Núñez de Balboa.
    (2) Díaz del Castillo.
    (3) Cristóbal Colón.
    (4) Hernán Cortés.
    (5) Moctezuma II.

22. En la segunda década del siglo XVI, Fernando de Magallanes comienza su primer viaje alrededor de la Tierra. La expedición no pudo completarse al morir el navegante español en Filipinas. En 1522, y por primera vez, la vuelta al mundo se realiza gracias a

    (1) Juan Sebastián Elcano.
    (2) Juan de la Cosa.
    (3) Pinzón.
    (4) Triana.
    (5) Américo Vespucio.

23. En el siglo XVI, España no sólo se conforma con su vasto imperio sino que también trata, aunque en vano, de conquistar, con la Armada Invencible,

    (1) Inglaterra.
    (2) Francia.
    (3) Alemania.
    (4) Italia.
    (5) Dinamarca.

24. En 1781, Inglaterra reconoce la independencia de
    (1) México.
    (2) Colombia.
    (3) Las Antillas.
    (4) Canadá.
    (5) Estados Unidos.

25. El primer presidente de Estados Unidos fue
    (1) Lincoln.
    (2) Jefferson.
    (3) Washington.
    (4) Roosevelt.
    (5) Adams.

26. A finales del siglo XVIII, se produce la Revolución Francesa, movimiento que trata de conseguir
    (1) el apoyo de la nobleza.
    (2) la consolidación del régimen feudal.
    (3) la libertad y la igualdad social.
    (4) la emancipación de Francia.
    (5) un régimen socialista.

27. Francia invade a España a principios del siglo XIX. Napoleón pone al frente del gobierno español a su hermano José. Aunque el período de dominación fue breve, sirvió, entre otras cosas, para que
    (1) Inglaterra se aliara con Francia.
    (2) las posesiones coloniales españolas en América aprovecharan el momento para luchar por su independencia.
    (3) Rusia defendiera a España.
    (4) la población española pidiera ayuda a Italia.
    (5) Sudamérica se aliara con España.

28. El primer grito de la Independencia de Sudamérica se dio en 1809 en
    (1) Charcas, Bolivia.
    (2) México, México.
    (3) Caracas, Venezuela.
    (4) Bogotá, Colombia.
    (5) Lima, Perú.

29. En 1810, con el Grito de Dolores, Miguel Hidalgo comienza la guerra de Independencia de
    (1) Perú.
    (2) Bolivia.
    (3) México.
    (4) Colombia.
    (5) Cuba.

30. San Martín logra, en 1818, la Independencia de
    (1) Colombia.
    (2) Argentina.
    (3) Uruguay.
    (4) Chile.
    (5) Paraguay.

31. En los años 1819–1821, Colombia (Nueva Granada) y Venezuela, consiguen la Independencia gracias a
    (1) Morelos.
    (2) Sucre.
    (3) Miranda.
    (4) Bolívar.
    (5) O'Higgins.

32. En 1821, la mayoría de los países de Centroamérica y Sudamérica se habían independizado. España ejercerá todavía el poder colonial hasta finales del siglo XIX, pero tan sólo sobre

(1) Cuba y Puerto Rico.
(2) la República Dominicana y Haití.
(3) Nicaragua y Costa Rica.
(4) Colombia y Panamá.
(5) El Salvador y Honduras.

33. A mediados del siglo XIX, México tiene que ceder a Estados Unidos

(1) Texas, California y otros territorios del Oeste.
(2) Florida, Louisiana y los Estados que bordean el río Mississippi.
(3) New Mexico y Texas.
(4) California.
(5) Colorado y Texas.

34. El año 1848 es significativo en Europa por las revoluciones que se producen. Europa pasa por un período de cambios drásticos que derivan de la Revolución Francesa y de la Revolución Industrial que se inició en Inglaterra. Es la época de la publicación de *El origen de las especies,* de Darwin, y del *Manifiesto comunista* de Marx y Engels. En el fondo, la causa principal de las revoluciones europeas de 1848 fue

(1) la Iglesia.
(2) el comunismo.
(3) el poder del anarquismo.
(4) la sustitución del algodón por la lana en la industria textil.
(5) la desigualdad social que existía.

35. Abraham Lincoln es elegido presidente de Estados Unidos. Durante el período que cubre su presidencia (1861–1865), ocurre un hecho importante en la historia del país.

(1) La guerra de los diez años entre Cuba y el dominio español.
(2) Juárez entra triunfalmente en México.
(3) Alejandro, en Rusia, ordena la emancipación de 40 millones de siervos.
(4) Se proclama la emancipación de los esclavos, en 1863.
(5) Estados Unidos firma un tratado con Panamá para construir el canal.

36. El Parlamento es, generalmente, el órgano del Poder

(1) Ejecutivo.
(2) Judicial.
(3) Legislativo.
(4) Administrativo.
(5) Estatal.

37. Con el atentado en Sarajevo, estalla la Primera Guerra Mundial que dura de

(1) 1910 a 1914.
(2) 1914 a 1918.
(3) 1918 a 1922.
(4) 1922 a 1926.
(5) 1926 a 1930.

38. Hitler se hizo del poder alemán en 1933 y pertenecía al partido llamado

(1) socialismo.
(2) fascismo.
(3) social-radical.
(4) demócrata.
(5) nacional-comunista.

39. La ciudad japonesa de Hiroshima fue la primera que sufrió la explosión de una bomba atómica. ¿Qué país usó por primera vez la bomba atómica?
- **(1)** Estados Unidos
- **(2)** Alemania
- **(3)** Inglaterra
- **(4)** Francia
- **(5)** Rusia

40. La Segunda Guerra Mundial comenzó en 1939 y terminó en
- **(1)** 1944
- **(2)** 1965
- **(3)** 1948
- **(4)** 1949
- **(5)** 1945

GEOGRAFÍA, CONTINENTES, MAPAS Y ESTADÍSTICAS

Las preguntas 1 a 4 se refieren a los cuadros siguientes:

CONTINENTE AMERICANO

AMÉRICA (PAÍSES Y CAPITALES)

País	Capital	País	Capital
Argentina	Buenos Aires	Haití	Puerto Príncipe
Bahamas	Nassau	Honduras	Tegucigalpa
Barbados	Bridgetown	Jamaica	Kingston
Belice	Belmopan	México	México, D.F.
Bolivia	La Paz	Nicaragua	Managua
Brasil	Brasilia	Panamá	Panamá
Canadá	Ottawa	Paraguay	Asunción
Colombia	Bogotá	Perú	Lima
Costa Rica	San José	Puerto Rico	San Juan
Cuba	La Habana	República Dominicana	Santo Domingo
Chile	Santiago	San Vicente y Granadinas	Kingstown
Dominica	Roseau	Saint Kitts y Nevis	Basseterre
Ecuador	Quito	Santa Lucía	Castries
El Salvador	San Salvador	Surinam	Paramaribo
Estados Unidos	Washington	Trinidad y Tobago	Puerto España
Granada	St. George	Uruguay	Montevideo
Guatemala	Guatemala	Venezuela	Caracas
Guyana	Georgetown		

1. El continente que aparece en el mapa es
   - (1) Norteamérica.
   - (2) Sudamérica.
   - (3) Centroamérica.
   - (4) Europa.
   - (5) América.

2. Podemos decir que las letras E y D representan, aproximadamente,
   - (1) el océano Pacífico.
   - (2) los Andes.
   - (3) las Islas del Caribe.
   - (4) las Islas Rocosas.
   - (5) el océano Ártico.

3. La letra A nos sitúa en
   - (1) Estados Unidos.
   - (2) Canadá.
   - (3) México.
   - (4) Inglaterra.
   - (5) Honduras.

4. La letra H representa a
   - (1) Argentina.
   - (2) Venezuela.
   - (3) Uruguay.
   - (4) Paraguay.
   - (5) Brasil.

Las preguntas 5 a 8 se refieren a los cuadros siguientes:

EXTENSIÓN DE LOS PAÍSES AMERICANOS

País	Extensión	País	Extensión	País	Extensión
Canadá	9,976,137 km²	Guyana	241,970 km²	Belice	22,963 km²
Estados Unidos	9,363,498 "	Uruguay	177,508 "	El Salvador	21,041 "
Brasil	8,511,965 "	Surinam	163,265 "	Bahamas	13,939 "
Argentina	2,776,889 "	Nicaragua	127,755 "	Jamaica	10,962 "
México	1,958,201 "	Honduras	112,088 "	Puerto Rico	8,897 "
Perú	1,285,215 "	Cuba	110,922 "	Trinidad y Tobago	5,128 "
Colombia	1,141,748 "	Guatemala	108,889 "	Dominica	751 "
Bolivia	1,098,581 "	Guayana Francesa	91,000 "	Santa Lucía	616 "
Venezuela	736,902 "	Panamá	76,650 "	Barbados	430 "
Chile	736,902 "	Costa Rica	50,700 "	San Vicente	389 "
Paraguay	406,752 "	Rep. Dominicana	48,442 "	Granada	344 "
Ecuador	275,030 "	Haití	27,750 "	Saint Kitts y Nevis	262 "

POBLACIÓN DE LOS PAÍSES AMERICANOS 2002

País	Población	País	Población	País	Población
Estados Unidos	281,400,000 hab.	Bolivia	7,800,000 hab.	Trinidad y Tobago	1,400,000 hab.
Brasil	170,000,000 "	Rep. Dominicana	7,500,000 "	Guyana	800,000 "
México	98,900,000 "	Haití	6,400,000 "	Surinam	417,000 "
Colombia	42,300,000 "	El Salvador	5,600,000 "	Bahamas	307,000 "
Argentina	37,000,000 "	Honduras	5,500,000 "	Barbados	270,000 "
Canadá	31,100,000 "	Nicaragua	5,100,000 "	Belice	200,000 "
Perú	25,700,000 "	Paraguay	4,500,000 "	Santa Lucía	200,000 "
Venezuela	24,200,000 "	Costa Rica	4,000,000 "	Granada	100,000 "
Chile	15,200,000 "	Puerto Rico	3,600,000 "	San Vicente	100,000 "
Cuba	11,200,000 "	Uruguay	3,300,000 "	Dominica	100,000 "
Ecuador	12,500,000 "	Panamá	2,900,000 "	Guayana Francesa	95,000 "
Guatemala	9,700,000 "	Jamaica	2,600,000 "	Saint Kitts y Nevis	40,000 "

CONCENTRACIONES URBANAS CON MÁS DE 1,200,000 HABITANTES

México, D.F. .... 20,900,000 hab.	Montreal .... 3,000,000 hab.	Montevideo ..... 1,700,000 hab.
Sao Paulo .... 18,700,000 "	Atlanta .... 2,800,000 "	Cali .... 1,700,000 "
New York .... 14,600,000 "	Dallas .... 2,800,000 "	Brasilia .... 1,600,000 "
Río de Janeiro .... 11,700,000 "	Washington .... 2,600,000 "	Medellín .... 1,600,000 "
Buenos Aires ..... 11,700,000 "	Seattle .... 2,600,000 "	Vancouver .... 1,600,000 "
Los Angeles ...... 10,100,000 "	Boston .... 2,500,000 "	Millwaukee .... 1,600,000 "
Lima .... 6,800,000 "	San Diego .... 2,500,000 "	Kansas City .... 1,600,000 "
Chicago .... 6,500,000 "	Minneapolis .... 2,500,000 "	Sacramento .... 1,500,000 "
Bogotá .... 5,900,000 "	Saint Louis .... 2,400,000 "	Portland .... 1,500,000 "
Santiago .... 5,300,000 "	Baltimore .... 2,400,000 "	Guayaquil .... 1,400,000 "
Philadelphia ...... 4,000,000 "	Houston .... 2,300,000 "	Norfolk .... 1,400,000 "
San Francisco ..... 4,000,000 "	San Salvador ...... 2,300,000 "	Colombus .... 1,400,000 "
Belo Horizonte .... 3,800,000 "	Santo Domingo .... 2,200,000 "	San Antonio .... 1,300,000 "
Miami .... 3,500,000 "	Pittsburgh .... 2,200,000 "	Fortaleza .... 1,300,000 "
Guadalajara .... 3,400,000 "	La Habana .... 2,100,000 "	Maracaibo .... 1,300,000 "
Caracas .... 3,200,000 "	Phoenix .... 2,100,000 "	Indianapolis ...... 1,200,000 "
Toronto .... 3,100,000 "	Tampa .... 2,000,000 "	New Orleans ...... 1,200,000 "
Porto Alegre ...... 3,100,000 "	Denver .... 1,900,000 "	Buffalo .... 1,200,000 "
Detroit .... 3,000,000 "	Cincinnati .... 1,700,000 "	Quito .... 1,200,000 "
Monterrey .... 3,000,000 "	Puebla .... 1,700,000 "	

5. El país americano con mayor extensión territorial es
   - (1) Brasil.
   - **(2) Canadá.**
   - (3) Estados Unidos.
   - (4) Argentina.
   - (5) México.

6. El país americano con mayor población es
   - (1) Brasil.
   - (2) Canadá.
   - (3) Rusia.
   - (4) Argentina.
   - **(5) Estados Unidos.**

7. ¿Cuál de las siguientes ciudades no está considerada entre las que tienen mayor concentración demográfica?
   - (1) New York
   - (2) México, D.F.
   - (3) São Paulo
   - **(4) Quito**
   - (5) Buenos Aires

8. ¿Cuál de las siguientes afirmaciones es verdadera?
   - (1) Costa Rica tiene mayor extensión territorial que Chile.
   - (2) Puerto Rico tiene más habitantes que República Dominicana.
   - **(3) Colombia tiene más habitantes que Venezuela.**
   - (4) New York no tiene más habitantes que Buenos Aires.
   - (5) Ecuador no es menos extenso que Paraguay.

Las preguntas 9 a 12 se refieren a los cuadros siguientes:

EUROPA

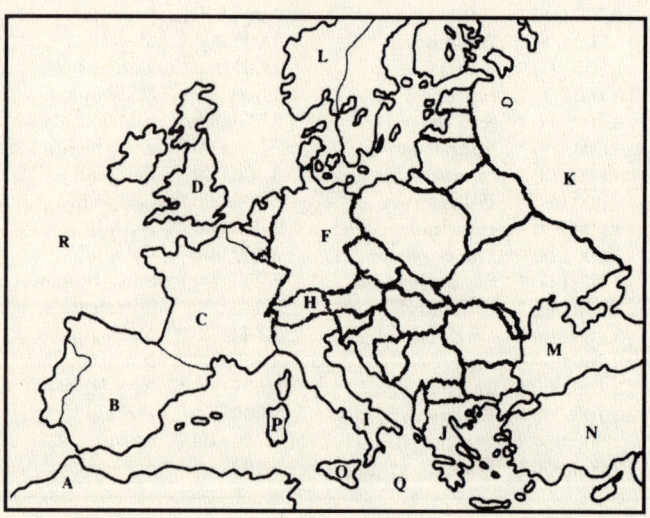

EUROPA (PAÍSES Y CAPITALES)

País	Capital	País	Capital
Albania	Tirana	Eslovenia	Ljubljana
Letonia	Riga	Reino Unido	Londres
Alemania	Berlín	España	Madrid
Liechtenstein	Vaduz	Rep. Checa	Praga
Andorra	Andorra la Vella	Estonia	Tallin
Lituania	Vilna	Eslovaquia	Bratislava
Austria	Viena	Finlandia	Helsinki
Luxemburgo	Luxemburgo	Rumania	Bucarest
Azerbaiyán	Bakú	Francia	París
Macedonia	Skopje	Rusia	Moscú
Bielorrusia	Minsk	Georgia	Tbilisi
Malta	La Valetta	San Marino	San Marino
Bélgica	Bruselas	Grecia	Atenas
Moldavia	Kishinev	Suecia	Estocolmo
Bosnia-Herzegovina	Sarajevo	Hungría	Budapest
Mónaco	Mónaco	Suiza	Berna
Bulgaria	Sofía	Irlanda	Dublín
Países Bajos	Amsterdam	Ucrania	Kiev
Croacia	Zagreb	Islandia	Reykiavik
Polonia	Varsovia	Vaticano	Ciudad del Vaticano
Dinamarca	Copenhague	Italia	Roma
Portugal	Lisboa	Yugoslavia	Belgrado

CAPÍTULO 5: Estudios Sociales

9. La letra B nos sitúa en
   - (1) Portugal.
   - **(2) España.**
   - (3) Francia.
   - (4) Italia.
   - (5) Alemania.

10. La letra K representa a
    - (1) Polonia.
    - (2) Hungría.
    - (3) Letonia.
    - **(4) Rusia.**
    - (5) Suiza.

11. La letra Q representa a
    - (1) la Península Ibérica.
    - (2) el mar Rojo.
    - **(3) el mar Mediterráneo.**
    - (4) el Mar de las Antillas.
    - (5) la Península de los Dardanelos.

12. La letra D representa a
    - **(1) Inglaterra.**
    - (2) España.
    - (3) Suecia.
    - (4) Irlanda.
    - (5) Bélgica.

Las preguntas 13 a 16 se refieren a los cuadros siguientes:

EXTENSIÓN DE LOS PAÍSES EUROPEOS

País	km²	País	km²	País	km²
Rusia	170,754,000	Islandia	103,999	Países Bajos	41,160
Ucrania	6,037,000	Hungría	93,030	Moldavia	33,700
Francia	547,026	Portugal	92,082	Bélgica	30,515
España	504,750	Azerbaiyán	86,600	Armenia	29,800
Suecia	499,964	Austria	83,850	Albania	28,700
Noruega	385,935	Rep. Checa	78,862	Macedonia	25,700
Alemania	356,807	Irlanda	70,283	Eslovenia	20,251
Finlandia	337,032	Yugoslavia	69,775	Luxemburgo	2,586
Polonia	312,677	Letonia	65,786	Andorra	453
Italia	301,260	Lituania	64,445	Malta	316
Reino Unido	244,045	Croacia	56,537	Mónaco	189
Rumania	237,500	Bosnia-Herzegovina	51,129	Liechtenstein	160
Bielorrusia	207,600	Eslovaquia	49,014	San Marino	61
Georgia	167,700	Estonia	47,549	Vaticano	0.44
Grecia	131,900	Dinamarca	43,069		
Bulgaria	110,312	Suiza	41,293		

POBLACIÓN DE LOS PAÍSES EUROPEOS

País	hab.	País	hab.	País	hab.
Rusia	146,900,000	Bélgica	10,000,000	Irlanda	3,400,000
Alemania	82,200,000	Bulgaria	9,000,000	Albania	3,300,000
Francia	59,100,000	Suecia	8,700,000	Letonia	2,700,000
Reino Unido	58,800,000	Austria	7,900,000	Eslovenia	2,000,000
Italia	58,000,000	Azerbaiyán	7,100,000	Macedonia	1,900,000
Ucrania	50,500,000	Suiza	6,900,000	Estonia	1,600,000
España	39,600,000	Georgia	5,500,000	Luxemburgo	400,000
Polonia	38,800,000	Eslovaquia	5,300,000	Malta	400,000
Rumania	22,800,000	Dinamarca	5,200,000	Islandia	300,000
Países Bajos	15,300,000	Finlandia	5,000,000	Andorra	550,000
Hungría	10,700,000	Croacia	4,600,000	Mónaco	30,000
Portugal	10,500,000	Moldavia	4,400,000	Liechtenstein	30,000
Grecia	10,300,000	Noruega	4,300,000	San Marino	21,000
Bielorrusia	10,300,000	Bosnia-Herzegovina	4,200,000	Vaticano	1,000
Rep. Checa	10,300,000	Lituania	3,700,000		
Yugoslavia	10,000,000	Armenia	3,500,000		

CONCENTRACIONES URBANAS CON MÁS DE 1,000,000 DE HABITANTES

Moscú . . . . 10,400,000 hab.	Lisboa . . . . 2,400,000 hab.	Copenhague . . . 1,400,000 hab.
Londres . . . . 9,100,000 "	Viena . . . . 2,300,000 "	Munich . . . . 1,300,000 "
París . . . . 8,700,000 "	Budapest . . . . 2,300,000 "	Praga . . . . 1,200,000 "
Essen . . . . 7,500,000 "	Bucarest . . . . 2,200,000 "	Turín . . . . 1,200,000 "
Belgrado . . . . 5,800,000 "	Birmingham . . . . . 2,200,000 "	Cheliabinsk . . . . . . 1,200,000 "
Milán . . . . 4,800,000 "	Yerevan . . . . 2,000,000 "	Sofía . . . . 1,100,000 "
San Petersburgo . . . 4,700,000 "	Bakú . . . . 1,700,000 "	Kuibychev . . . . 1,100,000 "
Madrid . . . . 4,600,000 "	Minsk . . . . 1,700,000 "	Donetske . . . . 1,100,000 "
Barcelona . . . . 4,200,000 "	Varsovia . . . . 1,700,000 "	Rostov . . . . 1,100,000 "
Manchester . . . . . . 4,000,000 "	Hamburgo . . . . 1,600,000 "	Colonia . . . . 1,000,000 "
Atenas . . . . 3,500,000 "	Kharkiv . . . . 1,600,000 "	Dublín . . . . 1,000,000 "
Roma . . . . 3,000,000 "	Estocolmo . . . . 1,600,000 "	Volgogrado . . . . . . 1,000,000 "
Berlín . . . . 3,000,000 "	Jorkov . . . . 1,500,000 "	
Kiev . . . . 2,800,000 "	Gorki . . . . 1,400,000 "	

13. El país más extenso de Europa es

(1) Francia.

(2) España.

(3) Suecia.

(4) Rusia.

(5) Inglaterra.

14. ¿Cuál de los siguientes países europeos tiene mayor población?

(1) Alemania

(2) Italia

(3) Rusia

(4) Francia

(5) Gran Bretaña

15. ¿Cuál de los siguientes países tiene menos de cinco millones de habitantes?

(1) Suecia

(2) Noruega

(3) Yugoslavia

(4) España

(5) Polonia

16. ¿De los siguientes, cuál país tiene la ciudad europea con mayor número de habitantes?

(1) Italia

(2) Grecia

(3) España

(4) Inglaterra

(5) Francia

CAPÍTULO 5: Estudios Sociales

Las preguntas 17 a 20 se refieren al pasaje siguiente:

El continente europeo se encuentra situado en el hemisferio Norte y en su mayor parte en la zona templada. Esta ubicación es geográficamente muy favorable para el desarrollo de las sociedades, pues las lluvias son frecuentes y las temperaturas, en general, no son extremas. La corriente del Golfo de México lleva calor y humedad a sus costas.

Desde el punto de vista climático, Europa se divide en tres grandes zonas: zona atlántica, que va de Portugal a Noruega; zona continental, que abarca el centro y oriente del continente; y zona mediterránea, que abarca las regiones ribereñas del mar del mismo nombre.

En correspondencia con su ubicación y clima, el bosque de la zona templada es el tipo de vegetación dominante; le sigue en importancia la vegetación mediterránea y son menos frecuentes la estepa y la tundra.

Los ríos europeos no son tan impresionantes como de los de otras regiones del mundo ni en caudal ni en longitud. Sin embargo, la mayoría discurre por tierras llanas, lo cual facilita el trazado de canales, además de que tienen un régimen constante y son navegables.

Europa tiene una población total de 755,401,000 habitantes y su extensión es cerca de 24,000,000 km².

17. El continente europeo se encuentra ubicado
    (1) en el sur de Estados Unidos.
    (2) en el hemisferio Norte.
    (3) en el hemisferio Sur.
    (4) en la costa atlántica.
    (5) cerca del Golfo de México.

18. Podemos decir que en Europa el principal tipo de vegetación es
    (1) desértica.
    (2) de selva.
    (3) de bosque.
    (4) de tundra.
    (5) de estepa.

19. ¿Cuál de las siguientes afirmaciones no es correcta?
    (1) Los ríos europeos son largos y caudalosos.
    (2) Las temperaturas de Europa no son extremas.
    (3) La mayor parte del continente europeo se encuentra en la zona templada.
    (4) Los ríos europeos son navegables.
    (5) Europa se divide en tres zonas climáticas.

20. ¿Cuál de los siguientes países no es europeo?
    (1) Italia
    (2) Alemania
    (3) Suecia
    (4) Egipto
    (5) Francia

Las preguntas 21 a 24 se refieren a los cuadros siguientes:

ASIA

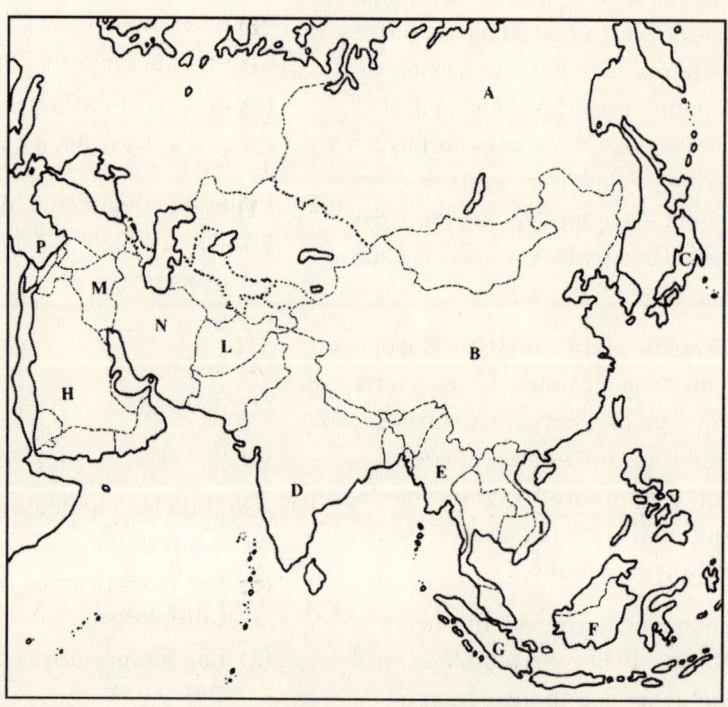

ASIA (PAÍSES Y CAPITALES)

País	Capital	País	Capital
Afganistán	Kabul	Kirguizistán	Pishpek
Arabia Saudita	Riyad	Kuwait	Al-Kuwait
Bahrein	Manama	Laos	Vientiane
Bangladesh	Dhakca	Líbano	Beirut
Brunei	Bandar Seri Begawan	Malaysia	Kuala Lumpur
Bután	Timbu	Maldivas	Male
Camboya	Pnom Pengh	Mongolia	Ulan Bator
Corea del Norte	Pyongyang	Myanmar	Rangún
Corea del Sur	Seúl	Nepal	Katmandú
China	Pekín	Omán	Mascate
Chipre	Nicosia	Pakistán	Islamabad
Emiratos Árabes Unidos	Abu Dhabi	Singapur	Singapur
Filipinas	Manila	Siria	Damasco
India	Nueva Delhi	Sri Lanka	Colombo
Indonesia	Yakarta	Tailandia	Bangkok
Irak	Bagdad	Taiwán	Taipei
Irán	Teherán	Tayikistán	Dushanbe
Israel	Jerusalén	Turkmenistán	Asjabad
Japón	Tokio	Turquía	Ankara
Jordania	Ammán	Uzbekistán	Tashkent
Katar	Doha	Vietnam	Hanoi
Kazajstán	Alma-Ata	Yemen	Adén

21. La letra B representa a
    (1) Indonesia.
    (2) India.
    (3) China.
    (4) Filipinas.
    (5) Japón.

22. La letra D representa a
    (1) India.
    (2) Pakistán.
    (3) Tailandia.
    (4) Turquía.
    (5) Irán.

23. La letra N representa a
    (1) Myanmar.
    (2) Siria.
    (3) Camboya.
    (4) Corea.
    (5) Irán.

24. La letra G representa a
    (1) China.
    (2) Sumatra.
    (3) Borneo.
    (4) Taiwán.
    (5) Japón.

Las preguntas 25 a 28 se refieren a los cuadros siguientes:

POBLACIÓN DE LOS PAÍSES ASIÁTICOS

País	Población		País	Población
China	1,300,000,000 hab.		Arabia Saudita	16,100,000 hab.
India	1,000,000,000 "		Siria	13,700,000 "
Indonesia	212,000,000 "		Yemen	10,400,000 "
Pakistán	156,500,000 "		Camboya	9,100,000 "
Japón	126,700,000 "		Tayikistán	5,500,000 "
Bangladesh	111,400,000 "		Israel	5,200,000 "
Vietnam	69,200,000 "		Kirguizistán	4,500,000 "
Filipinas	63,700,000 "		Laos	4,400,000 "
Irán	59,700,000 "		Turkmenistán	3,900,000 "
Turquía	59,200,000 "		Jordania	3,600,000 "
Tailandia	56,300,000 "		Líbano	3,600,000 "
Corea del Sur	44,300,000 "		Singapur	2,800,000 "
Myanmar	42,500,000 "		Emiratos Árabes Unidos	2,500,000 "
Corea del Norte	22,200,000 "		Mongolia	2,300,000 "
Uzbekistán	21,300,000 "		Omán	1,600,000 "
Taiwán	20,800,000 "		Kuwait	1,400,000 "
Nepal	19,900,000 "		Bután	700,000 "
Malasia	18,700,000 "		Chipre	700,000 "
Irak	18,200,000 "		Bahrein	500,000 "
Sri Lanka	17,600,000 "		Katar	500,000 "
Afganistán	16,900,000 "		Brunei	300,000 "
Kazajstán	16,900,000 "		Maldivas	200,000 "

CONCENTRACIONES URBANAS CON MÁS DE 2,000,000 DE HABITANTES

Ciudad	Habitantes		Ciudad	Habitantes
Tokio	27,200,000 hab.		Bagdad	4,000,000 hab.
Seúl	16,800,000 "		Ho Chi Minh	3,700,000 "
Osaka	13,900,000 "		Ahmendabah	3,700,000 "
Bombay	12,100,000 "		Hyderabad	3,700,000 "
Calcuta	11,900,000 "		Cantón	3,400,000 "
Manila	10,200,000 "		Surabaya	3,200,000 "
Yakarta	9,900,000 "		Wuhan	3,200,000 "
Teherán	9,800,000 "		Yokohama	3,200,000 "
Delhi	8,800,000 "		Ankara	2,900,000 "
Karachi	8,000,000 "		Rangún	2,900,000 "
Shanghai	6,900,000 "		Singapur	2,700,000 "
Taipei	6,700,000 "		Taegu	2,700,000 "
Estambul	6,700,000 "		Harbin	2,600,000 "
Bangkok	6,000,000 "		Poona	2,500,000 "
Madrás	5,900,000 "		Tashkent	2,500,000 "
Pekín	5,800,000 "		Pyongyang	2,400,000 "
Hong Kong	5,700,000 "		Chungking	2,400,000 "
Pusán	5,000,000 "		Chengdu	2,400,000 "
Tientsin	4,900,000 "		Nagoya	2,200,000 "
Bangalore	4,800,000 "		Kanpur	2,100,000 "
Dacca	4,400,000 "		Medán	2,100,000 "
Lahore	4,400,000 "		Riyad	2,000,000 "
Shenyang	4,300,000 "			

25. Podemos decir que el país asiático con mayor número de habitantes es

(1) India.
(2) Japón.
(3) China.
(4) Bangladesh.
(5) Pakistán.

26. ¿Cuál de los siguientes países tiene menos de 3 millones de habitantes?

(1) Siria
(2) Taiwán
(3) Israel
(4) Mongolia
(5) Jordania

27. La ciudad más poblada de Asia es

(1) Shanghai.
(2) Bombay.
(3) Pekín.
(4) Tokio.
(5) Yakarta.

28. ¿Cuál de las siguientes ciudades no pertenece a Asia?

(1) Tokio
(2) Calcuta
(3) Estambul
(4) Taipei
(5) Belgrado

Las preguntas 29 a 32 se refieren al pasaje siguiente:

La geografía de Asia es compleja. Asia es el mayor y más elevado de los continentes y tiene una extensión que equivale a la tercera parte de las tierras emergidas. Casi toda su extensión se encuentra en el hemisferio Norte y sobrepasa en buena parte el Círculo Polar; por el sur, sus grandes islas se extienden hasta sobrepasar el ecuador.

El continente asiático luce con la mayor grandiosidad los accidentes geográficos más notables del paisaje: elevadas cordilleras, extensas mesetas y profundas depresiones. Su núcleo geográfico es la meseta de Parir, llamada el "techo del mundo". De ella irradian en todos los sentidos grandes cordilleras que separan mesetas y llanuras.

En Asia existen prácticamente todos los climas del planeta. Las tierras del Norte cubiertas de hielo, registran las más bajas temperaturas; las islas del sur soportan fuertes calores y copiosas lluvias; en las regiones costeras del Índico se dejan sentir a su máxima intensidad los vientos monzones; mientras que en las extensas y elevadas mesetas del interior, el clima continental causa violentos contrastes climáticos.

Existen en Asia ríos inmensos en longitud y caudal. Los ríos del Norte permanecen helados gran parte del año y causan enormes crecidas en la época de deshielo, mientras que los del Pacífico y el Índico riegan llanuras muy fértiles y muchos son navegables. En Asia se encuentra también la cuenca interior más extensa con ríos que desembocan en los grandes lagos o se pierden en las mesetas.

El contraste demográfico se manifiesta en Asia más que en ningún otro continente; allí vive más de la mitad de la población del mundo distribuida de manera desigual. Inmensas regiones, como las altas montañas y los desiertos, están completamente despobladas en contraste con otras muy poco pobladas como las estepas; los valles fertilizados por los monzones constituyen verdaderos hormigueros humanos. La población total de Asia alcanza los 3,207,000,000 habitantes.

29. ¿Cuál de los continentes se considera el de mayor tamaño?
    (1) América
    (2) África
    (3) Europa
    (4) Oceanía
    (5) Asia

30. El núcleo geográfico asiático es
    (1) el Círculo Polar.
    (2) la meseta de Parir.
    (3) la región costera del Índico.
    (4) las profundas depresiones.
    (5) los monzones.

31. Podemos decir que Asia
    (1) tiene un tamaño relativamente pequeño.
    (2) no tiene ríos de gran longitud.
    (3) tiene toda clase de climas.
    (4) no tiene monzones.
    (5) se extiende hasta el Polo Sur.

32. La población de Asia
    (1) equivale a más de la mitad de la población total del mundo.
    (2) equivale a la población del continente africano.
    (3) equivale a la población del continente americano.
    (4) se concentra en las altas montañas.
    (5) se concentra en las islas del Pacífico.

Las preguntas 33 a 36 se refieren a los cuadros siguientes:

ÁFRICA

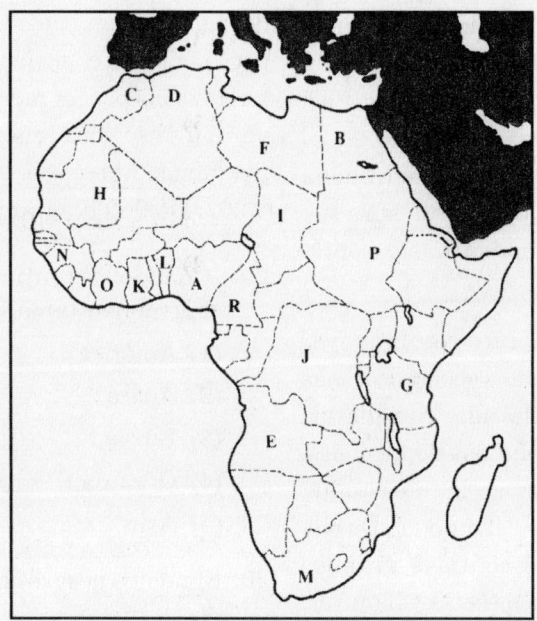

ÁFRICA (PAÍSES Y CAPITALES)

País	Capital	País	Capital
Angola	Luanda	Malí	Bamako
Argelia	Argel	Marruecos	Rabat
Benín	Porto-Novo	Mauricio	Port Louis
Botswana	Gaborone	Mauritania	Nouakchott
Burkina Faso	Ougadougou	Mozambique	Maputo
Burundi	Bujumbura	Namibia	Windhoek
Cabo Verde	Praia	Níger	Niamey
Camerún	Yaounde	Nigeria	Lagos
Comores	Moroni	Rep. Centroafricana	Bangui
Congo	Brazzaville	Rep. Sudafricana	Pretoria
Costa de Marfil	Yamaussoukro	Ruanda	Kigali
Chad	N´Djamena	Sao Tomé y Príncipe	Sao Tomé
Egipto	El Cairo	Senegal	Dakar
Eritrea	Asmara	Seychelles	Victoria
Etiopía	Addis-Abeba	Sierra Leona	Freetown
Gabón	Libreville	Somalia	Mogadiscio
Gambia	Banjul	Sudán	Jartum
Ghana	Accra	Swazilandia	Mbabane
Guinea	Konakry	Tanzania	Dar es-Salaam
Guinea Bissau	Bissau	Togo	Lomé
Guinea Ecuatorial	Malabo	Túnez	Túnez
Kenia	Nairobi	Uganda	Kampala
Lesotho	Maseru	Yibuti	Yibuti
Liberia	Monrovia	Zaire	Kinshasa
Libia	Trípoli	Zambia	Lusaka
Madagascar	Antananarivo	Zimbabwe	Harare
Malawi	Lilongwe		

CAPÍTULO 5: Estudios Sociales

33. La letra B representa a
(1) Uganda.
(2) Libia.
(3) Nigeria.
(4) Egipto.
(5) Siria.

34. La letra C representa a
(1) Sudáfrica.
(2) Argelia.
(3) Marruecos.
(4) Etiopía.
(5) Zambia.

35. La letra P representa a
(1) Mozambique.
(2) Senegal.
(3) Congo.
(4) Liberia.
(5) Sudán.

36. África limita al norte con
(1) el mar Mediterráneo.
(2) Nigeria.
(3) Etiopía.
(4) Sudáfrica.
(5) Francia.

Las preguntas 37 a 40 se refieren a los cuadros siguientes:

EXTENSIÓN DE LOS PAÍSES AFRICANOS

Sudán .... 2,505,813 km²	Botswana .... 600,372 km²	Liberia .... 111,369 km²
Argelia .... 2,380,000 "	Madagascar .... 587,041 "	Sierra Leona .... 71,740 "
Zaire .... 2,344,885 "	Kenia .... 582,646 "	Togo .... 56,600 "
Libia .... 1,759,540 "	Camerún .... 475,442 "	Guinea Bissau .... 36,125 "
Chad .... 1,284,000 "	Marruecos .... 458,730 "	Lesotho .... 30,355 "
Níger .... 1,267,000 "	Zimbabwe .... 390,622 "	Guinea Ecuatorial .... 28,051 "
Angola .... 1,246,700 "	Congo .... 342,000 "	Burundi .... 27,834 "
Malí .... 1,240,142 "	Costa de Marfil ..... 322,463 "	Rwanda .... 26,338 "
Rep. Sudafricana .. 1,221,042 "	Burkina Faso .... 274,200 "	Yibuti .... 23,000 "
Etiopía .... 1,104,300 "	Gabón .... 267,677 "	Swazilandia .... 17,363 "
Mauritania .... 1,030,700 "	Guinea .... 245,857 "	Gambia .... 11,295 "
Egipto .... 1,001,449 "	Ghana .... 238,537 "	Cabo Verde .... 4,033 "
Tanzania .... 937,186 "	Uganda .... 236,860 "	Mauricio .... 1,865 "
Nigeria .... 936,738 "	Senegal .... 196,722 "	Comoras .... 1,797 "
Namibia .... 824,292 "	Túnez .... 163,610 "	Sao Tomé y Príncipe ..... 964 "
Mozambique .... 783,030 "	Malawi .... 118,484 "	Seychelles .... 376 "
Somalia .... 637,657 "	Eritrea .... 117,600 "	
Rep. Centroafricana . 622,984 "	Benín .... 112,622 "	

POBLACIÓN DE LOS PAÍSES AFRICANOS

Nigeria ..... 107,000,000 hab.	Angola .... 8,900,000 hab.	Eritrea .... 2,600,000 hab.
Egipto .... 68,500,000 "	Malawi .... 8,700,000 "	Congo .... 2,400,000 "
Etiopía .... 62,600,000 "	Malí............ 8,500,000 "	Mauritania .... 2,100,000 "
Rep. Sudafricana . 40,400,000 "	Túnez .... 8,400,000 "	Lesotho .... 1,900,000 "
Zaire .... 37,900,000 "	Zambia .... 8,400,000 "	Namibia .... 1,500,000 "
Tanzania........ 27,400,000 "	Níger .... 8,300,000 "	Botswana .... 1,400,000 "
Sudán .... 26,500,000 "	Somalia .... 8,300,000 "	Gabón .... 1,100,000 "
Marruecos....... 26,200,000 "	Senegal .... 7,900,000 "	Mauricio .... 1,100,000 "
Kenia........... 26,200,000 "	Guinea .... 7,800,000 "	Guinea Bissau .... 1,000,000 "
Argelia .... 26,000,000 "	Rwanda......... 7,700,000 "	Gambia .... 900,000 "
Uganda .... 17,500,000 "	Burundi......... 5,800,000 "	Swazilandia........ 800,000 "
Mozambique..... 16,600,000 "	Chad .... 5,200,000 "	Comoras.......... 500,000 "
Ghana.......... 16,000,000 "	Benín........... 5,000,000 "	Guinea Ecuatorial... 400,000 "
Costa de Marfil... 13,000,000 "	Libia .... 4,500,000 "	Yibuti............ 400,000 "
Camerún........ 12,700,000 "	Sierra Leona...... 4,400,000 "	Cabo Verde......... 400,000 "
Madagascar ..... 11,900,000 "	Togo............ 3,800,000 "	Sao Tomé y Príncipe . 100,000 "
Zimbabwe .... 10,300,000 "	Rep. Centroafricana 3,200,000 "	Seychelles .... 100,000 "
Burkina Faso ..... 9,600,000 "	Liberia .... 2,800,000 "	

CONCENTRACIONES URBANAS CON MÁS DE 700,000 HABITANTES

El Cairo...... 10,000,000 hab.	Dar es-Salaam . 1,400,000 hab.	Lusaka......... 900,000 hab.
Kinshasa........ 3,700,000 "	Ibadan......... 1,300,000 "	Jartún .... 800,000 "
Casablanca...... 3,500,000 "	Nairobi .... 1,200,000 "	Antananativo....... 800,000 "
Alejandría....... 3,000,000 "	Abidján .... 1,000,000 "	Pretoria .... 800,000 "
El Cabo......... 1,900,000 "	Durban .... 1,000,000 "	Mombasa .... 800,000 "
Giza............ 1,700,000 "	Rabat.......... 1,000,000 "	Brazzaville......... 800,000 "
Johannesburgo.... 1,600,000 "	Kampala .... 1,000,000 "	Mogadiscio .... 700,000 "
Argel .... 1,500,000 "	Maputo .... 1,000,000 "	Conakry.......... 700,000 "
Addis Abeba ..... 1,500,000 "	Rand del Este ..... 1,000,000 "	Harare .... 700,000 "
Dakar .... 1,500,000 "	Accra........... 1,000,000 "	Lumbubashi........ 700,000 "
Luanda .... 1,500,000 "	Túnez........... 900,000 "	Ogbomostro .... 700,000 "

37. Según las estadísticas,

(1) Nigeria es el país con mayor extensión territorial.

(2) Argelia es el segundo país con mayor población.

(3) Sudán es el país con mayor extensión territorial.

(4) El Cairo es el país con mayor concentración demográfica.

(5) Seychelles es la ciudad más pequeña de África.

38. Podemos afirmar que

(1) la mayor parte del pueblo africano vive lejos de centros urbanos importantes.

(2) Etiopía tiene más habitantes que Egipto.

(3) en Senegal se habla inglés.

(4) Casablanca es la capital de Marruecos.

(5) África está menos poblada que Oceanía.

39. La ciudad africana con mayor población se encuentra en

(1) Nigeria.
(2) Senegal.
(3) Congo.
(4) Egipto.
(5) Sudán.

40. ¿Cuál de los siguientes países no se encuentra entre los de mayor población?

(1) Congo
(2) Namibia
(3) Sudán
(4) Marruecos
(5) Angola

Las preguntas 41 a 44 se refieren al pasaje siguiente:

África tiene una población total de 654,000,000 habitantes. El continente africano se extiende del extremo meridional del Viejo Mundo hasta el sur del ecuador. Separada de Eurasia con la apertura del canal de Suez, África forma hoy una inmensa isla entre los océanos Atlántico e Índico y los mares Mediterráneo y Rojo. Sus enormes dimensiones, 8,000 km de norte a sur y 75,000 km de este a oeste en su parte más ancha, la convierten en el tercer continente con mayor extensión.

La topografía del suelo africano es relativamente sencilla, ya que en su mayor parte está formada por altiplanicies y mesetas de poca altitud, rodeadas por cordilleras que bordean casi todo el litoral y que apenas penetran tierra adentro.

Por el contrario, los ríos constituyen accidentes de destacada importancia en el relieve geográfico de África. Debido a su caudal y longitud, son corrientes fluviales que figuran entre las primeras del mundo; no obstante, a diferencia de otros continentes no constituyen vías de penetración hacia el interior, pues su curso accidentado dificulta la navegación.

Una mirada global al continente africano sin reparar en sus características, ofrece una imagen plena de desigualdades y contrastes físicos y humanos. Es aquí donde los desiertos de mayor extensión del planeta bordean impenetrables selvas vírgenes y donde a lo largo de la misma línea ecuatorial encontramos variaciones de temperatura que van de más de 50 grados centígrados a cumbres de nieves perpetuas. Ciudad del Cabo y Argel, poblaciones que se encuentran en los extremos del continente, disfrutan del mismo clima mediterráneo. Además, coexisten regiones con una densidad demográfica de más de mil habitantes por kilómetro cuadrado junto a otras de un solo habitante por cada cuatro kilómetros. El continente continúa siendo hoy día un misterio cultural en muchos lugares del mundo.

41. ¿Qué accidente no limita con el continente africano?

(1) el océano Pacífico
(2) el océano Atlántico
(3) el océano Índico
(4) el mar Mediterráneo
(5) el canal de Suez

42. ¿Cuál de las siguientes afirmaciones no es correcta?

(1) África tiene muchas altiplanicies.
(2) África tiene numerosas mesetas.
(3) Las cordilleras africanas bordean sus litorales.
(4) Las cordilleras africanas se encuentran principalmente tierra adentro.
(5) ninguna de las anteriores

43. Los ríos africanos
    (1) tienen poco caudal.
    (2) son de corta extensión.
    (3) son poco aptos para la navegación.
    (4) constituyen vías principales de comunicación.
    (5) desembocan en el océano Pacífico.

44. ¿Cuál de las siguientes afirmaciones es verdadera?
    (1) Las temperaturas extremas contrastan el mosaico climático de África.
    (2) África es el continente más joven cronológicamente hablando.
    (3) Las ciudades de El Cairo y Argel se encuentran en Sudáfrica.
    (4) África tiene una alta densidad demográfica en toda su extensión.
    (5) La cultura africana es muy conocida mundialmente.

Las preguntas 45 a 48 se refieren a los cuadros siguientes:

OCEANÍA (PAÍSES Y CAPITALES)

País	Capital	País	Capital
Australia	Canberra	Nauru	Yaren
Palau	Koror	Nueva Zelanda	Wellington
Estados Federados de Micronesia	Kolonia	Papua-Nueva Guinea	Port Moresby
		Samoa Occidental	Apia
Fiji	Suva	Tonga	Nuku'alofa
Islas Salomón	Honiara	Tuvalu	Vaiaku
Kiribati	Baraki	Vanuatu	Port Vila

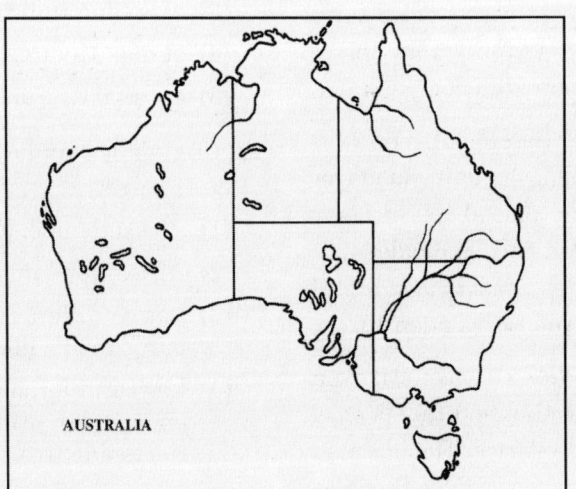

AUSTRALIA

Australia es el país más llano del mundo y está formado por una gran meseta de poca altitud. Sólo al oeste y sureste del país se contemplan algunas cadenas montañosas entre las que sobresale Kosciusko, el pico de mayor altitud (2,300 m). Tiene una superficie de 7,682,300 km cuadrados y una población de 18 millones de habitantes. Su capital es Canberra con 310,000 habitantes. Entre las ciudades más importantes se encuentran Sydney (3,700,000), Melbourne (3,000,000), Brisbane (1,300,000), Adelaida (1,000,000) y Peth (1,200,000). Su idioma es el inglés y la religión protestante (60 por ciento) predomina sobre la católica (25 por ciento). La forma de gobierno es republicana y su moneda es el dólar australiano. Sus productos principales son los cereales, el azúcar, la ganadería, el carbón, el hierro, el plomo y el cinc.

El clima del país es desfavorable para el ser humano, ya que en su mayor parte es desértico y sin lluvias; sólo el Este y Sur del país tienen condiciones climáticas apropiadas para el desarrollo de la vida. Las corrientes de agua son escasas y entre ellas destacan el río Murria (2,589 km) y sus afluentes, el río Darlint (2,739 km), el Murrumbidgee (1,579 km) y el Lachland (1,287 km). Los lagos, por el contrario, se encuentran en abundancia.

45. Australia es
    (1) un continente sin montañas.
    (2) un país.
    (3) igual que Oceanía.
    (4) una península.
    (5) la capital de Canberra.

46. Según el texto,
    (1) la capital de Australia es Sydney con 3,700,000 habitantes.
    (2) Oceanía tiene veinte islas.
    (3) el norte es más rico que el sur.
    (4) uno de los problemas más graves de Australia es la escasez de agua.
    (5) hay pocos lagos.

47. ¿Cuál de las siguientes afirmaciones no es correcta?
    (1) El idioma oficial de Australia es el inglés.
    (2) La religión predominante es la protestante.
    (3) La forma de gobierno es la republicana.
    (4) Australia tiene 18 millones de habitantes.
    (5) El producto principal del país es el café.

48. Australia
    (1) es un país donde se habla inglés.
    (2) es un continente comunista.
    (3) es una colonia inglesa.
    (4) está bordeada por grandes cordilleras.
    (5) es un país que tiene frontera con China.

Las preguntas 49 a 52 se refieren al mapa siguiente:

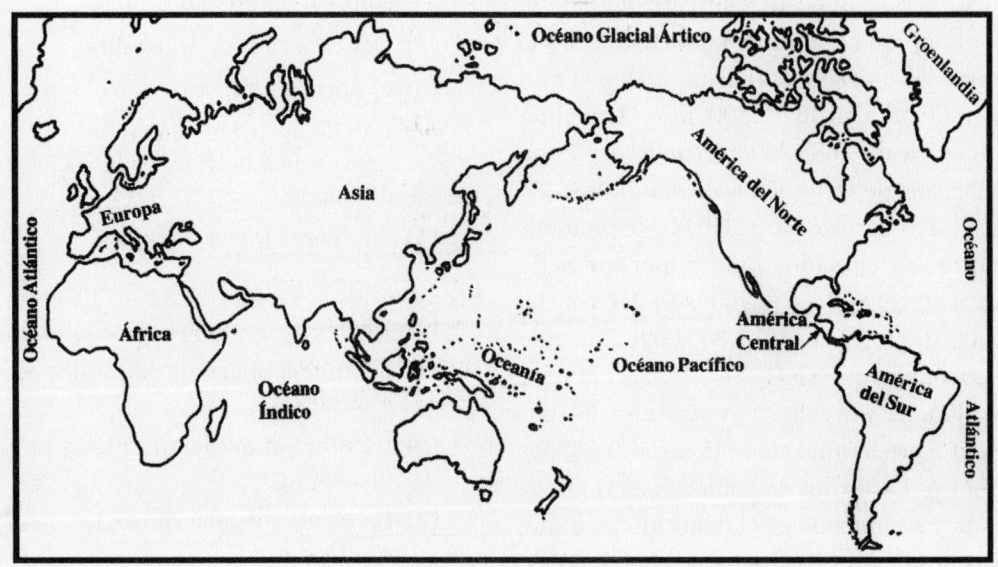

49. Según el mapa,
    (1) Asia es el país de mayor tamaño del mundo.
    (2) Europa es el continente más poblado.
    (3) América está rodeada por tres océanos.
    (4) el océano Ártico baña también una parte de África.
    (5) el océano Índico toca las costas de Europa.

50. ¿Cuál de los continentes listados es el de menor tamaño?
    (1) Europa
    (2) África
    (3) Asia
    (4) América
    (5) todos tienen el mismo tamaño

51. ¿Qué continente está más cerca del Ártico?
    (1) África
    (2) Europa
    (3) Asia
    (4) Oceanía
    (5) América

52. ¿Cuál de las siguientes afirmaciones no es correcta?
    (1) El océano Índico rodea Europa.
    (2) El océano Atlántico baña una parte de Sudamérica.
    (3) Europa está unida por tierra a Asia.
    (4) América es un solo continente.
    (5) Asia no está unida a Australia.

CAPÍTULO 5: Estudios Sociales

Las preguntas 53 a 56 se refieren a los cuadros siguientes:

EXTENSIÓN CONTINENTAL

Asia	44,185,140	km^2
América	42,180,474	"
África	30,196,120	"
Europa	10,519,500	"
Oceanía	7,686,850	"

EXTENSIÓN OCEÁNICA

Pacífico	166,241,754	km^2
Atlántico	86,557,403	"
Índico	73,427,458	"
Ártico	13,223,702	"

PROFUNDIDADES MARINAS

Fosa de Filipinas	11,516	m
Fosa de las Marianas	11,033	"
Fosa de Puerto Rico	8,648	"
Hoya de Java	7,725	"
Hoya de Eurasia	5,450	"

53. Según el cuadro, el continente más extenso es
    - (1) América.
    - (2) África.
    - (3) Europa.
    - **(4) Asia.**
    - (5) Australia.

54. El océano más extenso es
    - **(1) el océano Pacífico.**
    - (2) el océano Ártico.
    - (3) el océano Índico.
    - (4) el océano Atlántico.
    - (5) el océano Pacífico y el Atlántico tienen la misma extensión.

55. ¿Cuál es la depresión más profunda?
    - (1) Fosa de las Marianas
    - (2) Hoya de Java
    - (3) Fosa de Puerto Rico
    - **(4) Fosa de Filipinas**
    - (5) Hoya de Eurasia

56. La depresión de mayor profundidad se encuentra en
    - (1) el océano Atlántico.
    - **(2) el océano Pacífico.**
    - (3) el océano Índico.
    - (4) el océano Ártico.
    - (5) el océano Antártico.

Las preguntas 57 a 60 se refieren a los cuadros siguientes:

GRANDES ISLAS

Groenlandia	2,175,590 km²
Nueva Guinea	791,441 "
Borneo	725,474 "
Madagascar	587,039 "
Tierra de Baffin	507,451 "
Sumatra	473,605 "
Hondo	227,441 "
Gran Bretaña	218,041 "
Tierra Victoria	217,290 "
Ellesmere	196,236 "
Célebes	179,370 "
Nueva Zelanda (Sur)	150,717 "
Java	126,296 "
Cuba	114,524 "
Nueva Zelanda (Norte)	114,452 "
Terranova	108,860 "
Luzón	105,879 "
Islandia	102,999 "

LAGOS MÁS GRANDES DEL MUNDO

Mar Caspio	371,793 km²
Lago Superior	82,103 "
Lago Victoria	69,484 "
Mar Aral	65,527 "
Lago Hurón	59,829 "
Lago Michigan	57,557 "
Lago Tanganyika	32,893 "
Gran Lago de los Osos	31,328 "
Lago Malawi	29,604 "
Gran Lago de los Esclavos	28,570 "
Lago Erie	25,667 "
Lago Winnipeg	24,390 "
Lago Ontario	19,554 "
Lago Baljash	18,428 "
Lago Ladoga	17,703 "
Lago Chad	16,317 "
Lago Maracaibo	13,512 "

MARES PRINCIPALES DEL MUNDO

Mar de China Meridional	2,974,601 km²	Mar de Andaman	564,876 km²
Mar Caribe	2,515,914 "	Mar Negro	507,897 "
Mar Mediterráneo	2,509,957 "	Mar Rojo	452,898 "
Mar de Bering	2,261,060 "	Mar del Norte	427,089 "
Golfo de México	1,507,632 "	Mar Báltico	382,023 "
Mar de Ojotsk	1,392,119 "	Mar Amarillo	293,964 "
Mar del Japón	1,012,944 "	Golfo Pérsico	240,000 "
Bahía de Hudson	730,118 "	Golfo de San Lorenzo	240,000 "
Mar de China Oriental	664,591 "	Mar de Irlanda	220,000 "

57. La isla de mayor tamaño del mundo se encuentra en

(1) Nueva Guinea.
(2) cerca del Polo Norte.
(3) Borneo.
(4) Madagascar.
(5) Australia.

58. La isla más grande del mundo se encuentra en

(1) el mar Caribe.
(2) el océano Pacífico.
(3) el océano Índico.
(4) el mar Mediterráneo.
(5) ninguna de los anteriores

59. El lago más extenso del mundo se encuentra en
    (1) Europa.
    (2) Asia.
    (3) África.
    (4) América.
    (5) Oceanía.

60. El mar Mediterráneo se encuentra en
    (1) Asia.
    (2) África.
    (3) Europa.
    (4) cerca de Inglaterra y España.
    (5) entre Europa y África.

Las preguntas 61 a 64 se refieren a los cuadros siguientes:

CATARATAS FAMOSAS

Nombre y ubicación geográfica	Altitud
Salto del Ángel (Venezuela)	979 m
Tugela (Sudáfrica)	948 "
Cuquenán (Venezuela)	610 "
Takakkaw (Canadá)	503 "
Ribbon (EE.UU.)	491 "
Rey Jorge VI	488 "
Gavarnie (Francia)	422 "
Glass (Brasil)	404 "
Victoria (Zambia)	122 "
Iguazú (Brasil y Argentina)	70 "
Niágara (Canadá y EE.UU.)	50 "

DESIERTOS MÁS EXTENSOS DEL MUNDO

Nombre y ubicación geográfica	Extensión
Desierto del Sahara (África Septentrional)	9,100,000 km^2
Desierto de Libia (Libia y Egipto)	1,680,000 "
Desierto Australiano (Australia)	1,550,000 "
Desierto Arábigo (Arabia)	1,300,000 "
Desierto de Gobi (China y Mongolia)	1,040,000 "
Desierto de Kalahari (Botswana)	520,000 "
Desierto Sirio (Siria, Arabia, Irak y Jordania)	310,000 "
Desierto de Takla Makan (China)	310,000 "
Desierto de Kara-Kum (Turkmenistán)	260,000 "
Desierto de Nubia (Sudán)	260,000 "

61. La catarata más alta del mundo se encuentra en
    (1) América.
    (2) Europa.
    (3) Asia.
    (4) África.
    (5) Oceanía.

62. Según los datos señalados,
    (1) dos de las cataratas más altas se encuentran en América.
    (2) Tugela supera en altitud a las cataratas de Venezuela.
    (3) falta información sobre la altitud de las cataratas.
    (4) las cataratas más importantes se encuentran en Venezuela.
    (5) las cataratas más conocidas son las del Niágara.

63. El desierto más extenso del mundo es
    (1) el desierto de Libia.
    (2) el desierto del Sahara.
    (3) el desierto Australiano.
    (4) el desierto Arábigo.
    (5) el desierto Sirio.

64. El desierto más extenso del mundo se encuentra en
    (1) Europa.
    (2) Arabia.
    (3) África.
    (4) Mauritania.
    (5) Egipto.

Las preguntas 45 a 48 se refieren a los cuadros siguientes:

RÍOS IMPORTANTES DEL MUNDO

Europa		Lena	4,313 "	América	
Volga	3,685 km	Mekong	4,180 "	Amazonas-Ucayali	6,276 km
Danubio	2,850 "	Yenisei	4,130 "	Mississippi-Missouri	5,971 "
Don	1,964 "	Éufrates	3,597 "	MacKenzie	4,241 "
Rhin	1,298 "	Brahmaputra	2,900 "	Paraná	4,023 "
Elba	1,100 "	Indo	2,897 "	Yukón	3,220 "
Sena	776 "	Ganges	2,511 "	Grande del Norte	3,024 "
Asia		**África**		Orinoco	2,140 "
Obi	5,568 km	Nilo	6,671 km	Magdalena	1,538 "
Yangtse	5,472 "	Congo	4,374 "	**Oceanía**	
Hoang	4,677 "	Níger	4,184 "	Murray-Darling	3,940 km
Amur	4,480 "	Zambeze	2,736 "		

CUMBRES NOTABLES

Europa		Chomo Lhari (Bután)	7,327 "	América	
Elbruz (Georgia)	5,633 m.	Ararat (Turquía)	5,160 "	Aconcagua (Argentina)	6,959 "
Mont-Blanc (Francia)	4,792 "	Fujiyama (Japón)	3,778 "	Ojos del Salado (Chile)	6,880 "
Monte Rosa (Suiza)	4,634 "	**África**		Huascarán (Perú)	6,768 "
Mulhacén (España)	3,478 "	Kilimanjaro (Tanzania)	5,895 "	Sajama (Bolivia)	6,550 "
Asia		Kenia (Kenia)	5,202 "	Logan (Canadá)	5,007 "
Everest (Nepal)	8,848 "	Ruwenzori (Uganda)	5,119 "	Tajumulco (Guatemala)	4,220 "
K2 (Pakistán)	8,611 "	Karisimbe (Ruanda)	4,560 "	**Oceanía**	
Nanda Devi (India)	7,817 "	Jabal Toubkal (Marruecos)	4,180 "	Wilhelm (Nueva Guinea)	4,695 "
Muztagh Ata (China)	7,546 "	Camerún (Nigeri)	4,070 "	Cook (Nueva Zelanda)	3,764 "
				Kosciusko (Australia)	2,230 "

CAPÍTULO 5: Estudios Sociales

VOLCANES ACTIVOS

Europa
Etna (Italia) 3,323 m
Hekla (Islandia) 1,491 "
Vesubio (Italia) 1,277 "
Estrómboli (Italia) 926 "
Asia
Semeru (Indonesia) 3,676 "
Agung (Indonesia) 3,142 "
Mayón (Filipinas) 2,990 "
Gede (Indonesia) 2,958 "
Batur (Indonesia) 1,717 "
Kirishima (Japón) 1,700 "
Keli Mutu (Indonesia) 1,640 "

Pinatubo (Filipinas) 1,462 "
Sakurajima (Japón) 1,118 "
Krakatoa (Indonesia) 500 "
África
Nyrangongo (Congo) 3,465 m
Fogo (Cabo Verde) 2,829 "
América
Chimborazo (Ecuador) 6,310 m
Antofalla (Argentina) 6,111 "
Guallatiri (Chile) 6,060 "
Cotopaxi (Ecuador) 5,897 "
Popocatépelt (México) 5,452 "
Colima (México) 3,960 "

Agua (Guatemala) 3,752 "
Irazú (Costa Rica) 3,482 "
Santa Helena (EE.UU.) 2,950 "
Poás (Costa Rica) 2,704 "
Pacaya (Guatemala) 2,544 "
Trident (EE.UU.) 2,070 "
Izalco (El Salvador) 1,910 "
Montaña Pelada
  (Martinica) 1,397 "
Oceanía
Mauna Loa (Hawaii) 4,170 m
Lovepi (Vanuatu) 1,447 "

65. El río Amazonas se encuentra en
    (1) Norteamérica.
    (2) Centroamérica.
    (3) Europa.
    (4) Sudamérica.
    (5) África.

66. Las montañas más altas de América se encuentran en el
    (1) norte.
    (2) sur.
    (3) este.
    (4) oeste.
    (5) centro.

67. Los picos más altos se encuentran en
    (1) América.
    (2) África.
    (3) Asia.
    (4) Europa.
    (5) Australia.

68. El continente que tiene más volcanes activos es
    (1) África.
    (2) Europa.
    (3) Asia.
    (4) Oceanía.
    (5) América.

GLOSARIO DE ESTUDIOS SOCIALES

aborigen Natural u originario de un país, pueblo o territorio en que vive.

absolutismo Sistema de gobierno en el que todos los poderes se concentran en un grupo o persona que los ejerce de forma limitada.

acéfalo Comunidad, secta o partido que no tiene jefe o líder.

acomodación Proceso de adaptación a un medio determinado de manera que el comportamiento de la persona se modifica a fin de enfrentarse con nuevas situaciones y estímulos.

acracia Doctrina ideológica que favorece la supresión de toda forma de gobierno o autoridad.

acreedor Persona a quien el deudor ha de satisfacer la deuda.

aculturación Fenómeno debido al contacto directo y continuo entre grupos de cultura diferente con el consiguiente cambio en la cultura original de uno de ambos.

adanismo Costumbre de comenzar una actividad como si ninguno la hubiera desarrollado antes.

adaptación Proceso por el cual un organismo se adapta o ajusta a su medio.

administración de justicia Función de los tribunales y jueces a quienes corresponde de manera independiente y exclusiva la potestad de aplicar la ley en juicios civiles y criminales juzgando y vigilando el cumplimiento de la sentencia.

administración pública Conjunto de dependencias y funcionarios responsables de aplicar las disposiciones necesarias para el cumplimiento de las leyes y la conservación y fomento de los intereses de la comunidad de un país.

alienación Enajenación; en la teoría marxista, dependencia del proletariado de un sistema explotador.

amnistía Indulto o anulación de una sentencia que se concede por ley.

anarquismo Ideología o doctrina de carácter político que propugna la abolición de toda forma de autoridad estatal.

anomia Condición social caracterizada por la ausencia relativa o la confusión de valores en una sociedad o grupo demográfico Evidencias de la anomia pueden encontrarse en algunos barrios o zonas urbanas modernas habitadas por emigrantes procedentes de áreas rurales; estos barrios rechazan sus propias normas y valores tradicionales y se mantienen sin ser asimilados a la vida cultural y social de la comunidad urbana.

apartheid Vocablo que literalmente significa "segregación racial" Sistema político impuesto por el gobierno de la República de Sudáfrica con la intención de proteger la cultura anglosajona de los diversos grupos nativos africanos que habitan el país.

aristocracia Gobierno ejercido por las clases nobles o privilegiadas.

asimilación Proceso por el cual grupos de cultura diferente que habitan un territorio común alcanzan cierta integración cultural y social de interés para la unidad nacional del país.

autarquía Estado de autonomía en el que se puede subsistir sin la ayuda de otros. En economía, equivale a reducir al mínimo las importaciones y rechazar el capital extranjero con la finalidad de establecer una economía independiente.

autocracia Forma de gobierno en la que la autoridad absoluta reside en una persona, o autócrata, quien ocupa el puesto principal en una jerarquía de poder.

banda Forma básica de comunidad de menor tamaño que las tribus y propia de grupos nómadas o seminómadas.

beneficio Monto por el que el ingreso total excede los costos totales.

bolchevismo Sistema de gobierno implantado en Rusia por la Revolución de 1917. Los partidarios de la facción de izquierda encabezados por la democracia social rusa de Lenin recibieron el nombre de bolcheviques. En un congreso celebrado en 1903, los moderados les dieron el nombre de mencheviques.

burocracia Fuerza, poder o influencia de los funcionarios públicos en los asuntos del Estado.

cacique En algunos pueblos indígenas, jefe o superior. Personaje con gran influencia en la administración y política de un pueblo o comarca.

cantonalismo Sistema político que propugna la división del Estado en territorios o cantones dotados de autonomía e independencia casi absoluta.

capitalismo Sistema político y económico cuyo desarrollo en su forma industrial o "plena" se inició en Inglaterra a fines del siglo XVIII. A diferencia de los sistemas económicos colectivistas o comunistas en los que la autoridad estatal dirige la producción, el sistema capitalista otorga libertad al individuo para dirigir la producción de mercancías y competir comercialmente con otros; además, este sistema sustituye la propiedad comunal y establece la separación de los poderes político y económico.

censo Recopilación de información demográfica. El censo electoral es el padrón o lista de ciudadanos con derecho a sufragio activo.

colaboracionismo Término que se aplica a la participación en el gobierno de partidos políticos de ideología distinta.

colectivismo Sistema político o socioeconómico que suprime la propiedad privada, nacionalizándola y confiando al Estado la distribución de los bienes materiales.

comercio Secuencia repetida de intercambio de mercancías.

complejo de Edipo Según Freud, la vida sexual del niño se proyecta en forma de rivalidad sobre las personas relacionadas íntimamente con él. Para el niño, la madre será su primer objeto amoroso; para la niña, el padre.

comunidad Sistema social limitado territorialmente o conjunto de subsistemas funcionales engranados o integrados propios de una población establecida que comparte una cultura común.

comunismo Sistema político y económico en el que el poder político se concentra en un partido único; el sistema aspira al establecimiento de una sociedad sin clases y favorece la propiedad comunal de los medios de producción y bienes de consumo. El gobierno prohibe la propiedad privada y dirige todos los aspectos de la vida económica.

constitución Ley fundamental por la que se rige la organización de un Estado.

consumo Gasto o uso de un producto.

chauvinismo Actitud patriótica llevada al extremo.

democracia "Gobierno del pueblo". Sistema que defiende la directa intervención del pueblo en los asuntos del gobierno.

deuda Obligación jurídica o económica de pagar a otro una cosa.

devaluación Depreciación de la moneda de un país en relación con la de otros.

dinastía Monarcas que se suceden en el trono de un país por pertenecer a un mismo linaje.

ecología Ciencia que estudia la relación existente entre el ser humano y su ambiente o entre los organismos y su hábitat.

egocentrismo Falta de interés o conocimiento sobre todo lo que existe fuera del dominio de la experiencia inmediata.

elite Minoría selecta de personas con autoridad o poder.

emigración Abandono del país natal con la finalidad de residir permanentemente en otro país.

endogamia En una sociedad, restricción impuesta en un grupo o segmento demográfico sobre la institución del matrimonio. En este sistema sólo se puede contraer matrimonio entre los miembros del mismo grupo; no está permitido el matrimonio fuera del grupo.

estado Entidad de carácter social y político con personalidad jurídica formada por comunidades que ocupan uno o varios territorios. Max Weber definía Estado como la asociación humana propietaria del monopolio de la fuerza física legítima en una esfera dada.

étnico, grupo Grupo demográfico con una tradición cultural común y un sentido de identidad que existe como grupo secundario de una sociedad.

exogamia Sistema en el que los miembros de un grupo, segmento o sociedad pueden contraer matrimonio sin restricciones con otros individuos que no pertenecen al mismo sistema.

facción Bando, grupo.

fascismo Movimiento sociopolítico fundado en 1919 por el italiano Benito Mussolini de ideas anticomunistas, corporativas y nacionalistas.

Gemeinschaft (comunidad) Término tipológico desarrollado por Tonnies para definir comunidades rurales "sentimentales" en las que predomina una "voluntad natural".

Gesellschaft (sociedad) Tonnies desarrolló este término para identificar sociedades en las que se da una "voluntad racional" de mercado. "Cada individuo está solo y aislado... en un estado de tensión respecto a los demás".

gobierno Poder ejecutivo de una nación; conjunto que forman los altos cargos o jefes ministeriales de un Estado.

golpe de estado Medida violenta emprendida por una minoría generalmente militar con la intención de usurpar el poder violando las leyes constitucionales y que se impone sin contar con la participación del pueblo.

gremio Agrupación o conjunto de personas que ejercen un mismo oficio.

guerra civil Lucha armada que se establece entre bandos opuestos dentro de un mismo país.

gueto Barrio en el que viven generalmente personas de un mismo grupo étnico o clase social.

heterodoxia Disconformidad con el dogma de la iglesia católica.

huelga Paro colectivo organizado por trabajadores de una misma empresa o agremiados de una misma profesión.

ilota Persona que se encuentra o se considera a sí misma desposeída de los goces y derechos de los demás ciudadanos.

imitación En psicología, intento del niño por ajustarse al medio. Se basa fundamentalmente en la adaptación del niño a lo que observa a su alrededor, ya sea que lo comprenda (es decir, que lo haya asimilado) o no.

imperialismo Política económica expansionista y hegemónica de un Estado que domina a otros por medios políticos y económicos.

impuesto Tributo.

incesto Relaciones sexuales entre dos personas de una misma familia.

inmigración Entrada en un país de individuos o grupos de individuos que han abandonado su país nativo para establecerse ahí.

Internacional Organismo integrado por asociaciones obreras internacionales con la finalidad de defender sus derechos.

jacobinismo Partido político sanguinario y radical que existió durante la Revolución Francesa. Se llama así porque surgió en un convento de frailes jacobinos.

justicia Derecho propio del ser humano.

kibbutz Organización agraria colectiva de Israel de carácter socialista.

koljós Cooperativa agraria soviética.

Ku Klux Klan Sociedad racista secreta de Estados Unidos cuya finalidad es defender la supremacía del hombre angloamericano blanco.

kula Sistema circular o rotativo de intercambio de productos de Nueva Guinea.

laborismo Política del partido laborista británico de carácter socialista.

ley Precepto o regla jurídica dictada por un Estado con la finalidad de proteger la justicia y libertad de los ciudadanos.

ley marcial Regla decretada por una nación cuando se declara estado de guerra y que tiene como fin garantizar la seguridad y defensa militar de los ciudadanos.

liberalismo Ideología o doctrina que favorece la libertad política, económica y religiosa de los estados.

libertad En teoría, derecho de toda persona de pensar o hacer o no algo bajo su propia responsabilidad y según su conciencia.

maquiavelismo Doctrina fundada por el escritor italiano Maquiavelo en el siglo XVI y publicada en su libro *El príncipe* en el que expone la tiranía y despotismo sobre los que cierto príncipe basa el triunfo de la política del Estado.

marxismo Movimiento ideológico social y político cuyo objetivo consiste en llevar a la práctica las ideas de Carlos Marx; base teórica del socialismo y comunismo.

marxismo-leninismo Doctrina oficial del Partido Comunista Ruso; aplicación práctica de las ideas sociales y políticas de Carlos Marx de acuerdo con el sentido revolucionario de Lenin.

matriarcado Sociedad antigua en la que la mujer constituía o representaba la autoridad principal. Se dice que fue anterior al patriarcado y que reflejaba la importancia de la madre como miembro de la familia.

mesocracia Sistema de gobierno formado por la burguesía o la clase media en general.

migración Salida o marcha de un pueblo en busca de un cambio permanente de residencia.

monarquía Forma de Estado o gobierno cuyo jefe es un rey o monarca.

monopolio Control o modo exclusivo de actividad económica.

nación Grupo de personas con una lengua común que habitan en un territorio determinado y están protegidos por las leyes generales de un mismo Estado.

nazismo Ideología del Partido Nacional-Socialista Alemán caracterizado por un fuerte poder estatal centralizado.

neófito Persona que se inicia en un culto o se convierte a una religión.

nihilismo Ideología que niega toda clase de norma, ya sea moral, económica, política o social; defiende lo absurdo y cree en la nada.

oscurantismo Sistema que se opone a la difusión de la cultura entre las clases obreras.

oligantropía Problema socioeconómico que se caracteriza por la escasez de hombres, principalmente como consecuencia de las guerras.

oligarquía Gobierno de unos pocos que ejercen el poder de forma limitada sin tener en cuenta en la mayoría de los casos las necesidades del pueblo.

panamericanismo Política de solidaridad entre los países de América.

partido Agrupación de individuos que defienden una misma ideología y creen que ésta ha de ser la base del poder.

patria País o nación donde se nace.

patriarcado Cultura en la que el varón goza de una posición social superior a la de la mujer.

pauperismo Abundancia de individuos de un país en situación de pobreza permanente.

per cápita Vocablo que significa "por individuo", o, literalmente, por cabeza; ingreso o renta que obtiene una persona considerada individualmente.

plebiscito Referéndum o votación popular directa.

plusvalía Aumento del valor de un producto o propiedad; beneficio que obtiene el propietario y, sin embargo, no disfruta el obrero.

plutocracia Gobierno formado por personas adineradas e influyentes.

poder Habilidad de un individuo, grupo o Estado para controlar, manipular o influir en la conducta de otros, viéndose éstos obligados a cumplir las disposiciones.

poder ejecutivo Poder que recae en el gobierno y es ejercido a través de autoridades que representan sus diversos órganos.

poder judicial Poder ejercido por los jueces y tribunales a fin de administrar la justicia.

poder legislativo Poder responsable de redactar y reformar las leyes.

poder moderador Poder que recae en el jefe del Estado.

pogromo Acto racista o violento cuya finalidad consiste en exterminar o aniquilar a personas indefensas. Un ejemplo de esto fue lo que hizo Hitler con la población judía.

presupuesto Cálculo anticipado del costo de un trabajo u obra.

proletario Obrero.

racismo Orientación ideológica y forma de etnocentrismo según la cual el grupo racial al que pertenece uno es por naturaleza superior a otros.

rebelión Sublevación contra el Estado o los poderes del mismo con la intención de derrocarlos.

república Estado dirigido por un presidente. No existe un modelo único de República. Algunos autores proponen que en teoría la soberanía reside en el pueblo y no en el monarca, lo cual no implica que el pueblo ejerza control sobre el gobierno.

revolución Cambio radical de las instituciones o el sistema político de un país tendente a modificar la estructura del gobierno e instaurar un nuevo orden político y económico.

sindicalismo Sistema que reúne organizaciones obreras, empresariales y de otra índole para formar sindicatos.

sionismo Movimiento internacional judío que aspira al establecimiento de una patria en Palestina.

socialismo Sistema político y económico basado en la propiedad estatal y el control de los medios de producción y distribución por parte del gobierno.

solidaridad mecánica Concepto desarrollado por Emile Durkheim que describe sociedades vinculadas por un sentido de igualdad que estimula la adquisición de una conciencia colectiva entre los miembros. Se da en sociedades sencillas y homogéneas.

solidaridad orgánica Concepto asociado por Durkheim a la "organización profesional", caracterizada por la heterogeneidad y complejidad que resultan de la división del trabajo social.

tiranía Gobierno ejercido por un déspota o tirano que abusa de su autoridad y el poder por medio de la fuerza y la represión.

totalitarismo Sistema político y social que cuenta con un único partido, asumiendo éste todos los poderes estatales.

trotskismo Sistema político forjado por León Trotsky, comunista ruso. A diferencia de Stalin, quien trataba de concentrar el desarrollo del socialismo en una nación, Trotsky creía en la revolución del proletariado a escala internacional.

xenofilia Aprecio exagerado a todo lo extranjero.

xenofobia Desprecio ilimitado hacia los extranjeros.

zarismo Sistema de gobierno de carácter absolutista que existía bajo el poder del emperador ruso.

RESPUESTAS CORRECTAS DE LAS PREGUNTAS DE ESTUDIOS SOCIALES

1. (2)	7. (1)	13. (3)	19. (4)	25. (2)
2. (4)	8. (4)	14. (2)	20. (2)	26. (2)-3
3. (2)	9. (3)	15. (1)	21. (1)	27. (3)
4. (3)	10. (2)	16. (2)	22. (2)	
5. (4)	11. (5)	17. (3)	23. (3)	
6. (5)	12. (2)	18. (4)	24. (4)	

RESPUESTAS CORRECTAS DE LOS CONCEPTOS GENERALES TEÓRICOS

1. (5)	9. (5)	17. (2)	25. (3)	33. (1)
2. (2)	10. (1)	18. (1)	26. (3)	34. (5)
3. (1)	11. (2)	19. (5)	27. (2)	35. (4)
4. (2)	12. (1)	20. (1)	28. (1)	36. (3)
5. (3)	13. (2)	21. (4)	29. (3)	37. (2)
6. (5)	14. (5)	22. (1)	30. (4)	38. (2)
7. (4)	15. (5)	23. (1)	31. (4)	39. (1)
8. (1)	16. (2)	24. (5)	32. (1)	40. (5)

RESPUESTAS CORRECTAS DE LAS PREGUNTAS DE GEOGRAFÍA: CONTINENTES, MAPAS Y ESTADÍSTICAS

1. (5)	15. (2)	29. (5)	43. (3)	57. (2)
2. (3)	16. (4)	30. (2)	44. (1)	58. (5)
3. (2)	17. (2)	31. (3)	45. (2)	59. (2)
4. (5)	18. (3)	32. (1)	46. (4)	60. (5)
5. (2)	19. (1)	33. (4)	47. (5)	61. (1)
6. (5)	20. (4)	34. (3)	48. (1)	62. (1)
7. (4)	21. (3)	35. (5)	49. (3)	63. (2)
8. (3)	22. (1)	36. (1)	50. (1)	64. (3)
9. (2)	23. (5)	37. (3)	51. (3)	65. (4)
10. (4)	24. (2)	38. (1)	52. (1)	66. (2)
11. (3)	25. (3)	39. (4)	53. (4)	67. (3)
12. (1)	26. (4)	40. (2)	54. (1)	68. (5)
13. (4)	27. (4)	41. (1)	55. (4)	
14. (3)	28. (5)	42. (4)	56. (2)	

Ciencias

RESUMEN
- Pasajes
- Conceptos generales de Física y Química
- Tabla periódica de los elementos
- Clave de respuestas
- Apéndice: Ilustraciones de la célula, el mundo vegetal, animales invertebrados, animales vertebrados y el cuerpo humano
- Glosario de Ciencias

Las preguntas del examen de Ciencias están basadas en lecturas de pasajes, dibujos y gráficas relacionadas con temas de biología (45%), física y química (35%), ciencias de la Tierra y el espacio (20%). Además de lecturas sobre dichos temas, contiene un apartado con preguntas teóricas sobre conceptos generales de física y química, un apéndice de tablas de elementos químicos, un atlas abreviado con importantes datos sobre anatomía humana y los reinos vegetal y animal. Por último, contiene un glosario de términos básicos de Ciencias.

capítulo 6

PASAJES

> **Instrucciones:** Las preguntas siguientes se basan en las lecturas precedentes. Lea detenidamente el pasaje y a continuación responda a las preguntas. Marque el número correspondiente en la hoja de respuestas.

Las preguntas 1 a 4 se refieren al pasaje siguiente:

Roberto Hooke, descubridor de la célula, describió así su hallazgo: "Tomé un trozo limpio de corcho y con un cortaplumas, afilado como una navaja, corté un trozo, dejando la superficie muy lisa, y la examiné luego con mucho cuidado por medio de un microscopio. Así pude observar que aparecía un poco porosa; pero no podía verla con claridad suficiente para asegurar que eran poros... Con el mismo cortaplumas afilado corté del primer trozo una delgada capa de la superficie y la puse sobre una placa negra, puesto que era un objeto blanco, y dirigiendo la luz sobre él con un espejo plano convexo, muy curvo, pude percibir muy bien que estaba perforado y era poroso, de forma parecida a una colmena, pero cuyos poros no fueran regulares... estos poros, células o celdas, no eran muy profundos, sino que estaban formados por una gran cantidad de pequeños departamentos... Este tipo de textura no es sólo característica del corcho, puesto que examinando en mi microscopio he visto que la médula de saúco, o de cualquier otro árbol, la pulpa interna o la zona medular de los tallos huecos de otros vegetales distintos, como el hinojo, la zanahoria, la cardencha, el helecho... y otros, se parecen mucho al esquema que he indicado anteriormente en el corcho".

En el año 1831, al descubrir el núcleo de las células vegetales, Robert Brown continuó los estudios iniciados por Hooke y desde ese momento numerosos estudios han ido expandiendo nuestros conocimientos sobre la estructura, forma y reproducción de las células.

El término "célula" se define como la unidad básica de un ser vivo.

1. Según el texto,
   (1) Robert Brown descubrió la célula.
   (2) Roberto Hooke descubrió la célula.
   (3) Hooke descubrió el corcho.
   (4) Brown descubrió el núcleo del corcho.
   (5) Hooke descubrió la ciencia.

2. El descubrimiento de la célula se hizo a partir de
   (1) un cortaplumas.
   (2) una navaja.
   (3) una superficie lisa.
   (4) un trozo de corcho.
   (5) un espejo.

3. Las células se podían observar con la ayuda de
   (1) un espejo plano.
   (2) un espejo curvo.
   (3) un microscopio.
   (4) un objeto blanco.
   (5) un tallo hueco.

4. ¿Cuál de las siguientes afirmaciones no es correcta?
   (1) Las células son como pequeñas celdas.
   (2) Robert Brown descubrió el núcleo de las células vegetales.
   (3) La célula es el ser vivo más pequeño.
   (4) Roberto Hooke descubrió el núcleo de la célula.
   (5) También se descubrieron células en muchos vegetales.

Las preguntas 5 a 8 se refieren al pasaje siguiente:

Partes del globo ocular

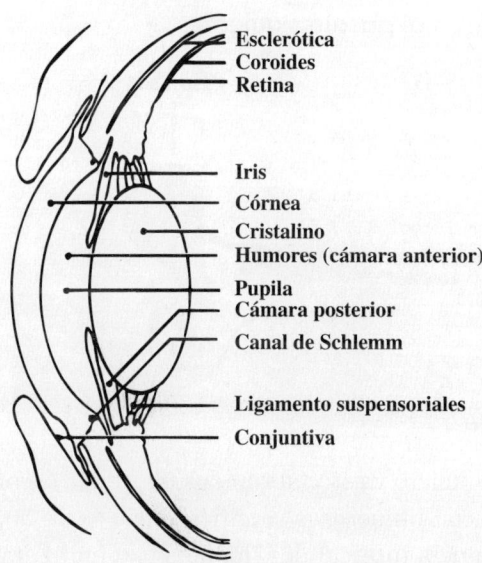

Los ojos son los órganos del sentido de la vista. Se encuentran en las órbitas de la cara y constan de dos partes: el globo ocular u ojo propiamente dicho y los órganos anexos.

El globo ocular tiene forma casi esférica y mide unos dos centímetros y medio de diámetro. La parte anterior está formada por unas estructuras transparentes que dejan pasar la luz; son los denominados medios transparentes. El resto del globo está formado por tres membranas opacas llamadas esclerótica, coroides y retina, en orden de fuera hacia dentro.

La esclerótica es la membrana externa; es de color blanco, dura y resistente. En su parte anterior se encuentra la córnea, una estructura transparente y abombada, mientras que por su parte posterior pasa el nervio óptico.

Después de la esclerótica se encuentra la coroides, una capa blanda y de color muy oscuro. Su función consiste en nutrir las otras dos membranas a través de los numerosos vasos sanguíneos que corren por ella. En su parte anterior se encuentra el iris, el cual presenta un orificio en su centro llamado pupila o niña del ojo. El color del iris varía en todos los individuos.

La retina es la membrana interna que se continúa con el nervio óptico. La retina presenta dos estructuras importantes: el punto ciego, estructura donde el nervio óptico se une a la retina que carece de función visual, y la mancha amarilla, estructura de color amarillo que se encuentra en la parte posterior. La mancha amarilla es la estructura más sensible y en la que se forman las imágenes.

El ojo tiene una serie de membranas y sustancias a través de las cuales pasa la luz. Son los llamados medios transparentes.

5. Los órganos del sentido de la vista son
   (1) las órbitas de los ojos.
   (2) las cejas.
   (3) los ojos.
   (4) la esclerótica.
   (5) los órganos anexos.

6. ¿Cuál de las siguientes estructuras no forma parte del globo ocular?
   (1) los medios transparentes
   (2) la esclerótica
   (3) la coroides
   (4) la retina
   (5) las pestañas

7. La pupila del ojo se encuentra en
   (1) la esclerótica.
   (2) el iris.
   (3) el nervio óptico.
   (4) los medios transparentes.
   (5) las membranas opacas.

8. La estructura donde se forman las imágenes es
   (1) la mancha amarilla.
   (2) el punto ciego.
   (3) la pupila.
   (4) el iris.
   (5) la esclerótica.

Las preguntas 9 a 12 se refieren al pasaje siguiente:

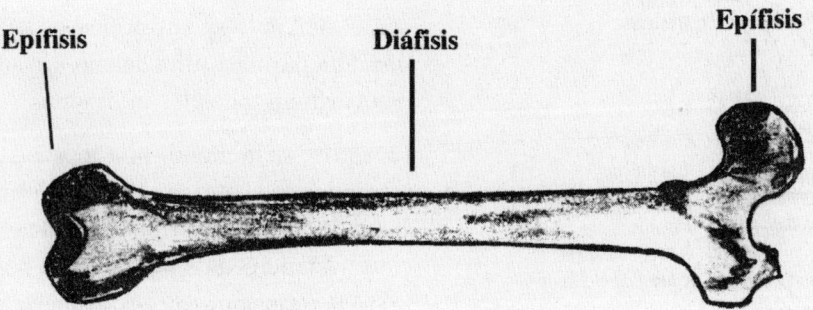

Los huesos son los órganos que forman el esqueleto y están formados por tejido óseo. Este tipo de tejido consiste de células óseas con numerosas ramificaciones entre las que se encuentra en abundancia cierta sustancia intercelular llamada osteína. Esta sustancia contiene sales cálcicas, las cuales le dan su dureza característica al hueso. Si esta sustancia se encuentra en cantidad insuficiente, como ocurre en personas que padecen de raquitismo, los huesos se hacen blandos. Debido a su forma, los huesos se clasifican en tres clases: largos, cortos y planos.

Los huesos largos tienen un segmento central hueco y alargado llamado diáfisis en cuyo interior se encuentra la médula amarilla. La estructura de este segmento es compacta y resistente. Los extremos de los huesos largos son anchos y gruesos y se conocen como epífisis; su estructura es esponjosa y tiene numerosos tabiques que separan cavidades llenas de médula roja. La médula contiene glóbulos rojos en abundancia. Los huesos largos forman parte de las extremidades.

CAPÍTULO 6: Ciencias

Los huesos cortos son casi tan largos como anchos y forman numerosas estructuras del cuerpo, como la muñeca. Los huesos planos son aplanados y anchos, como los de la bóveda craneal.

El cráneo y la cara forman el *esqueleto de la cabeza*. El cráneo está formado por una bóveda resistente y dura compuesta por 8 huesos. Los dos parietales forman el techo, mientras que los dos temporales, que se encuentran abajo de los parietales, alojan las estructuras del oído; el hueso frontal se ubica en la frente y por último el occipital, que se encuentra en la nuca, posee un orificio por donde pasa la médula espinal. En la parte inferior de la bóveda se encuentran el etmoides y el esfenoides.

La cara está formada por catorce huesos, trece de los cuales tienen articulaciones fijas y en conjunto forman la mandíbula superior. El otro hueso es movible y forma la mandíbula inferior.

Los huesos principales la mandíbula superior son: los dos huesos nasales, que forman la bóveda de la nariz; el vómer, que forma el tabique que separa las fosas nasales; los dos maxilares superiores, en cuyos bordes se encuentran los alvéolos o huecos en donde se implantan los dientes; los dos pómulos o malares, que forman las mejillas; y los dos palatinos, que forman la parte dura del paladar.

El hueso que forma la mandíbula inferior es el maxilar inferior; tiene forma de herradura y alvéolos para los dientes en su borde superior.

9. Los huesos están formados por
   (1) el esqueleto.
   (2) las membranas.
   (3) las células de estructura ósea.
   (4) la médula roja.
   (5) la médula ósea.

10. La médula amarilla se encuentra en
    (1) el esqueleto.
    (2) las células óseas.
    (3) la diáfisis.
    (4) la epífisis.
    (5) la médula roja.

11. El cráneo esta formado por 8 huesos. ¿Cuál de los siguientes huesos no forma parte del cráneo?
    (1) el etmoides
    (2) los alvéolos
    (3) los parietales
    (4) el occipital
    (5) el esfenoides

12. La cara está formada por catorce huesos. ¿Cuál de los siguientes no forma parte de ella?
    (1) el vómer
    (2) los maxilares superiores
    (3) los malares
    (4) los palatinos
    (5) los temporales

PARTE III: Repaso de temas

Las preguntas 13 a 16 se refieren al pasaje siguiente:

Al estudiar la fisiología y morfología de las plantas pueden distinguirse dos órganos principales: los *órganos vegetativos* y los *órganos reproductores*. Los órganos vegetativos son: la *raíz*, el *tallo* y las *hojas* y funcionan en la nutrición de la planta. Los órganos reproductores varían según el tipo de planta.

La *raíz* se encuentra en el suelo, crece hacia abajo y sujeta la planta a la vez que *absorbe el agua y las sales minerales* que necesita para nutrirse. Las raíces jóvenes tienen forma de cono alargado y terminan en punta. Estas raíces jóvenes se unen al tallo en una estructura denominada *cuello*. La punta es más o menos fina y está protegida por una especie de dedal llamado *cofia*, cuya función es proteger la raíz de la tierra. Sobre la cofia se encuentra una zona de vellosidades absorbentes llamada región pilífera. Estas vellosidades permiten a la planta absorber el agua y otras sustancias disueltas. Más arriba, entre la *región pilífera* y la cofia se encuentra la *región desnuda*, lugar donde se produce el crecimiento de la raíz. La raíz se caracteriza por tener un geotropismo positivo, es decir, una tendencia a crecer siempre en dirección del subsuelo. A grandes rasgos, ésta es la estructura interna de las raíces jóvenes. Esta estructura primaria se diferencia de la estructura de raíces viejas que poseen una gruesa capa de tejido tuberoso en la superficie, no tienen región pilífera y tienen capas adicionales de vasos que estimulan el crecimiento radial de la raíz.

La mayoría de las raíces son subterráneas como las que acabamos de describir; sin embargo, algunas plantas de vida acuática tienen raíces acuáticas y otras que habitan en lugares muy húmedos tienen raíces aéreas que absorben el vapor de agua directamente del aire. Asimismo, existen raíces que no crecen del tallo hacia abajo como hemos mencionado, sino que pueden nacer en cualquier punto del tallo e incluso de las hojas; estas son las llamadas *raíces adventicias* que se encuentran en plantas como la hiedra. La hiedra tiene hojas de las que crecen raíces que les permiten adherirse a las ventanas, paredes o corteza de los árboles.

Asimismo, es importante notar que la morfología de las raíces es muy variada. Las hay *fasciculadas* sin raíz principal pero con varias raíces igualmente desarrolladas, como la del trigo; *axonomorfas* con una sola raíz principal de la cual crecen otras raíces secundarias, como la del cerezo; *napiformes* o *tuberososas* con una raíz principal muy gruesa que lleva una gran cantidad de materiales nutritivos, como la remolacha.

13. ¿Cuál de los siguientes es un órgano vegetativo de las plantas?
    - (1) las flores
    - (2) el fruto
    - (3) los pétalos
    - (4) la corola
    - (5) las hojas

14. La planta toma lo necesario para su nutrición por medio de
    - (1) las hojas.
    - (2) el tallo.
    - (3) la raíz.
    - (4) las flores.
    - (5) el fruto.

15. Las raíces que crecen a partir de cualquier punto del tallo incluyendo las hojas, son las raíces

(1) fasciculadas.
(2) adventicias.
(3) axonomorfas.
(4) tuberosas.
(5) napiformes.

16. Las raíces que llevan una gran cantidad de sustancias nutritivas en la raíz principal son las raíces

(1) napiformes.
(2) adventicias.
(3) fasciculadas.
(4) axonomorfas.
(5) aéreas.

Las preguntas 17 a 20 se refieren al pasaje siguiente:

Siempre es importante hacer todo lo posible por conservar una buena salud y evitar las enfermedades. Muchas enfermedades son producidas por *microbios patógenos* que entran en el organismo y causan infecciones; estos microbios suelen transmitir enfermedades por contagio y con frecuencia causan una gran mortandad. Entre los microbios patógenos se encuentran algunos microorganismos unicelulares, las bacterias y los virus. Ejemplos de microorganismos unicelulares son el *Plasmodium*, que produce la enfermedad llamada paludismo, y el *Tripanosoma*, que produce la enfermedad del sueño. Las *bacterias* son plantas sin clorofila que se reproducen por división celular a partir de una sola bacteria; al cabo de unos días, es posible encontrar millones de ellas. Las bacterias son muy resistentes y cuando se encuentran en un medio inadecuado para su supervivencia, se rodean de una membrana gruesa y entran en un estado de vida latente. Existen muchas bacterias causantes de enfermedades, algunas de ellas muy graves, como el cólera, la difteria y la tuberculosis. Por otra parte, los *virus* son partículas tan pequeñas que sólo se pueden detectar con ayuda del microscopio electrónico y son capaces de sobrevivir únicamente en el interior de las células de otros seres vivos (animales o plantas) donde se desarrollan alimentándose de la célula a la que terminan por matar. Entre las enfermedades que producen los virus se encuentran la poliomielitis, el sarampión y la viruela.

El organismo cuenta con diversos mecanismos de defensa. Los principales son los formados por los leucocitos y los anticuerpos. Sin embargo, es importante prevenir las enfermedades siguiendo reglas de higiene, la vacunación obligatoria contra ciertas enfermedades, el control higiénico de los alimentos y el agua, la limpieza del aire, etc.

Es importante resaltar la lucha de numerosos científicos en el combate de enfermedades. En 1910, el químico Ehrlich descubrió una sustancia llamada salvarsán, la cual mataba los microbios que entraban en el organismo. Gracias a esta sustancia fue posible luchar contra muchas bacterias, pero no todas. Años más tarde, en 1935, Domagh hizo otro descubrimiento importante al administrar sulfamidas para curar muchas enfermedades microbianas.

Pero sin duda el descubrimiento más importante fue el realizado por Alexander Fleming descubridor de la penicilina, lo cual sentó las bases para la producción de los muchos antibióticos que conocemos hoy día. En 1945, Fleming y otros dos científicos de apellido Florey y Chain que continuaron sus investigaciones, recibieron el premio Nobel.

En 1928, Fleming trabajaba como médico de un hospital de Londres y se dedicaba a investigar las bacterias. Un día en su laboratorio se dio cuenta de que por descuido una de las cajas de Petri que contenía cultivos bacterianos se había contaminado con un moho que había crecido y se había multiplicado en el medio. Fleming notó que las bacterias alrededor del moho habían desaparecido como si hubiera producido una sustancia capaz de matar las bacterias. Fleming recogió el hongo, llamado *Penicillium notatum*, y para comprobar su teoría lo cultivó en un caldo y lo conservó dándose cuenta de que, en efecto, el caldo del cultivo tenía la propiedad de destruir gran número de bacterias distintas. Había descubierto un remedio que, de poder administrarse al ser humano, tendría efectos invaluables.

17. Las enfermedades contagiosas son transmitidas por microbios patógenos. ¿Cuál de los siguientes no es un microbio patógeno?
    (1) las bacterias
    (2) los virus
    (3) el plasmodium
    (4) los leucocitos
    (5) el tripanosoma

18. ¿Cuál de las siguientes enfermedades no es producida por un virus?
    (1) la poliomielitis
    (2) la anemia
    (3) la parálisis infantil
    (4) el sarampión
    (5) la viruela

19. El descubridor de la penicilina fue
    (1) Rohert Koch.
    (2) Roberto Hooke.
    (3) Pasteur.
    (4) Ehrlich.
    (5) Alexander Fleming.

20. ¿Cuál de las siguientes afirmaciones no es correcta?
    (1) Las principales defensas del organismo son los leucocitos y los anticuerpos.
    (2) Las enfermedades se pueden prevenir mediante la vacunación.
    (3) La penicilina fue descubierta el siglo pasado.
    (4) Ehrlich descubrió el salvarsán.
    (5) La base de muchos antibióticos es la penicilina.

Las preguntas 21 a 24 se refieren al pasaje siguiente:

El origen viral del cáncer, o al menos del cáncer humano, es un tema muy controvertido por el que los investigadores demuestran siempre un gran interés. Se sabe que existen unos virus bautizados con el nombre de "retrovirus", que pueden ser causantes de la leucemia y otros tipos de cáncer en muchas especies animales. Diversos equipos de científicos han intentado hallar sin éxito un virus parecido en el ser humano. Sin embargo, recientemente un grupo de investigadores estadounidenses descubrió un retrovirus en las células de pacientes con leucemia.

Este descubrimiento representa un importante avance en el conocimiento de la enfermedad y quizá la confirmación de una de las hipótesis divulgadas por los científicos según la cual las largas cadenas de secuencias G-C que caracterizan los cambios de orientación de la doble hélice del ADN (ácido desoxirribonucleico), podrían deberse a este virus.

Veamos primero qué son los retrovirus. Fueron los médicos Ellerman y Bang quienes detectaron el virus en unos polluelos enfermos de leucemia. A grandes rasgos se trata de un virus cuyos genes están formados por secuencias de ARN (ácido ribonucleico) en lugar de ADN. Cuando el retrovirus penetra en una célula, su ARN se transforma en ADN por mediación de una enzima especial que posee, la transcriptasa, llamada también ADN polimerasa. Los genes del virus "traducidos" en ADN pueden integrarse al ADN de la célula y hacer que ésta sintetice las proteínas que programan. Los virus son organismos parásitos que aprovechan de la maquinaria celular para ejecutar las instrucciones inscritas en sus genes. Además, los retrovirus no destruyen la célula en la que se multiplican, sino que salen de ella por proceso de gemación (brotes capaces de infectar otras células).

21. Se cree que la leucemia es causada por
  (1) la alimentación.
  (2) el agua contaminada.
  (3) un virus.
  (4) las impurezas del aire.
  (5) una bacteria.

22. Según el texto, cierto grupo de investigadores notó
  (1) una vacuna contra la leucemia.
  (2) la cura del cáncer.
  (3) una bacteria en personas con cáncer.
  (4) una bacteria en enfermos de leucemia.
  (5) un virus en las células de enfermos de leucemia.

23. El virus encontrado recibe el nombre de
  (1) ADN.
  (2) ADN polimerasa.
  (3) transcriptasa.
  (4) retrovirus.
  (5) ácido nucleico.

24. Todas las afirmaciones siguientes son verdaderas excepto una. ¿Cuál es la incorrecta?
  (1) Los virus son organismos parásitos.
  (2) Los retrovirus no destruyen la célula en que se multiplican.
  (3) Los retrovirus desarrollan brotes para infectar otras células.
  (4) Las bacterias posee una enzima llamada transcriptasa.
  (5) El descubrimiento es importante porque favorece al ser humano.

Las preguntas 25 a 28 se refieren al pasaje siguiente:

La historia de los descubrimientos científicos está plagada de ejemplos que demuestran cómo el hombre empezó a inventar copiando las propiedades o formas de conducta de plantas y animales. De hecho, esta tendencia a imitar las creaciones de la naturaleza viva y los sistemas biológicos derivados de ellas, se reflejan en las herramientas primitivas. Los hallazgos arqueológicos de las primeras hachas demuestran que la parte cortante era una piedra semejante a un diente de oso.

Así inició la ciencia llamada *biónica*. Esta ciencia intenta trasladar a la técnica algunas creaciones de la naturaleza y las estructuras y procesos más racionales y económicos que fueron cimentándose en los sistemas biológicos a lo largo de millones de años de desarrollo evolutivo.

Por ejemplo, en la física el estudio de muchos principios fundamentales de la teoría de la electricidad comenzó con el estudio de la electricidad animal. Los célebres experimentos de Luis Galvani, fisiólogo italiano del siglo XVIII, con extremidades de rana, condujeron a la creación de los acumuladores galvánicos, fuentes químicas de energía eléctrica. Más tarde, Juan Luis María Poiseville, fisiólogo y físico francés del siglo XIX, basándose en las investigaciones experimentales sobre la circulación de la sangre en los vasos sanguíneos, estableció la ley de la circulación de los líquidos en tubos estrechos.

No parece pues extraño que el hombre tornara la vista a la naturaleza para imitar su ingenio. El radar ultrasónico del murciélago; el motor a reacción del calamar; el martillo neumático de la avispa; la transmisión hidráulica de la arena; el barómetro de precisión de la rana; la capacidad de predecir tormentas de la medusa; el analizador capaz de diferenciar 500,000 olores del perro callejero; el contador Geiger de caracol; la brújula solar polarizadora de la abeja; el depurador de agua de mar del albatros; el sismógrafo extra sensible del escarabajo de agua y el saltamontes; la capacidad de predecir las borrascas de la gaviota; la estructura del tallo de ciertas plantas imitada por arquitectos en proyectos urbanos futuristas; la perfecta adaptación del cuerpo del delfín a las leyes de la hidrodinámica que ha inspirado el diseño de naves y aviones; etc.

Hoy en día, las investigaciones biónicas abarcan una gran diversidad temática, pero destaca fundamentalmente en cinco ramas: la neurobiología, la orientación, la modelación de sistemas de análisis, la navegación, la biomecánica y la bioenergética.

25. Según el texto, muchos descubrimientos se basan en
    (1) la necesidad de invenciones originales.
    (2) la observación de la conducta o las propiedades de animales y plantas.
    (3) los hallazgos arqueológicos.
    (4) la historia de los descubrimientos.
    (5) los sistemas minerales.

26. El estudio de la electricidad animal fue de gran utilidad para la ciencia de la
    (1) biología.
    (2) química.
    (3) astronomía.
    (4) física.
    (5) estadística.

27. La ley de la circulación de líquidos en tubos estrechos fue
    (1) concebida por Juan Luis María Poiseville en el siglo XVII.
    (2) establecida el siglo pasado por un fisiólogo francés.
    (3) ejecutada por un biólogo estadounidense.
    (4) puramente teórica.
    (5) concebida por Luis Galván.

28. ¿Cuál de las afirmaciones siguientes no es correcta?
    (1) El radar ultrasónico se inventó gracias al estudio del murciélago.
    (2) La gaviota tiene la capacidad de pronosticar las borrascas.
    (3) El caracol tiene la capacidad de pronosticar las tormentas.
    (4) La transmisión hidráulica se inventó con base en el estudio de la arena.
    (5) La rana posee un barómetro de precisión.

CAPÍTULO 6: Ciencias

Las preguntas 29 a 32 se refieren al pasaje siguiente:

Un grupo de biólogos de Cornell University en Estados Unidos descubrió que la salamandra es muy sensible a los elementos magnéticos en grado mucho mayor que la paloma mensajera.

Las salamandras presentan diversidad de tamaño, color y hábitos. Algunas son acuáticas, otras viven en la tierra pero depositan sus huevos en el agua. Algunas especies viven todo el tiempo en tierra o en los árboles. La salamandra tiene la piel más suave que el lagarto y algunas especies, como *Ambystoma maculatum*, llega a vivir hasta cincuenta años.

En un experimento, se capturaron varias salamandras y se trasladaron lejos de su hábitat en cajas cerradas pero con ventilación; se les taparon los ojos, se les bloquearon otros órganos sensoriales y se modificaron sus condiciones ambientales. Además, se modificó el campo magnético alrededor de las cajas y a pesar de todo ello los científicos descubrieron con asombro cómo las salamandras caminaron en dirección de su hábitat.

Los experimentos indican que la salamandra tiene la capacidad de percibir el campo magnético actual de la tierra y orientarse por sí misma tomando como punto de referencia el campo magnético.

La salamandra es uno de los animales más sensibles del mundo a la fuerza de atracción de la Tierra. Aquí lo interesante sería investigar si esta capacidad pueden ser comunicada o transferida a otros cuerpos.

29. En Cornell University se descubrió
    (1) el origen de la salamandra.
    (2) la evolución de la paloma mensajera.
    (3) el origen de los elementos magnéticos.
    (4) que la salamandra es muy sensible a los elementos magnéticos.
    (5) que la paloma mensajera es el animal más sensibles a los elementos magnéticos.

30. Todas las afirmaciones sobre las salamandras son correctas excepto una. ¿Cuál es?
    (1) Algunas son acuáticas.
    (2) Algunas especies son terrestres.
    (3) Todas son terrestres.
    (4) Algunas especies viven hasta medio siglo.
    (5) Algunas depositan sus huevos en la tierra.

31. Las salamandras se reproducen por medio de
    (1) huevos.
    (2) células.
    (3) un sistema de reproducción biocelular.
    (4) bacterias.
    (5) fertilización de la salamandra hembra.

32. Cuando se dice que la salamandra puede orientarse por sí misma tomando como punto de referencia el campo magnético de la Tierra significa que
    (1) no lo hace por intuición.
    (2) una capacidad semejante a las propiedades del imán.
    (3) posee un poder de atracción común a los reptiles.
    (4) camina en línea recta hacia los imanes.
    (5) puede orientarse en dirección de su hábitat.

Las preguntas 33 a 36 se refieren al pasaje siguiente:

Uno de los mayores problemas que vivimos en el mundo natural es la extinción de las especies. La extinción ya no se refiere sólo a algunas especies raras, como el dodo o el rinoceronte de Java, sino que se presenta en forma de desapariciones masivas o a gran escala. Se decía que antes del año 2000 podrían desaparecer alrededor de un millón de especies. No es difícil imaginar las repercusiones a escala mundial de una extinción de esta magnitud, aunada a la declinación de la población de muchas otras especies y los ecosistemas de los que forman parte.

Estos fenómenos no son hechos aislados y se traducen en la degradación continua de los ecosistemas. La lucha en favor de la preservación ecológica ya no es un movimiento romántico y elitista de ornitólogos, naturalistas y amantes de la naturaleza, sino que representa un esfuerzo por la conservación de la biosfera misma, los ecosistemas y sus elementos en general.

Existen muchas razones para evitar la extinción de especies: por una cuestión ética, según la cual todas las especies tienen derecho a vivir permanentemente en su medio natural; por su valor simbólico, belleza e interés biológico; por su valor económico y enorme potencial médico, nutritivo, de control de plagas, etc.; y, finalmente y de manera aún más importante, por el hecho de que las especies son parte de los ecosistemas y de la vida en la Tierra. Las especies que pueblan nuestro planeta son vitales para mantener su estabilidad y hasta la prestación de servicios básicos para la humanidad. Intervienen en actividades biológicas; en la conservación de la calidad del aire atmosférico; en el control del clima; en la regulación del ciclo del agua; en la formación y conservación del suelo; en el reciclaje, control y eliminación de desechos; en el control de plagas y enfermedades; en la polinización de las plantas; y en la conservación del archivo genético para la salvaguarda y consulta de generaciones presentes y futuras.

Estos argumentos deberían ser suficientes para convencer a todo el mundo de la imperiosa necesidad de preservar todas las especies. Es necesario pensar que para construir un ecosistema es indispensable contar con los elementos originales, es decir, las especies que lo constituían, y que en caso de extinción, serían imposibles de "fabricar" de nuevo.

La extinción de las especies tiene causas numerosas. Además de las causas directas (caza indiscriminada, comercio de flora y fauna salvaje, lucha contra los depredadores, comercio de pieles, etc.), las cuales afectan un número no demasiado alto de especies, las causas indirectas no revisten menor importancia, sobre todo las relacionadas con la degradación de los ecosistemas o su contaminación. Entre estas causas se encuentran la urbanización (como el crecimiento de las ciudades, la industria, las redes ferroviarias, etc.); la apertura de nuevas tierras agrícolas; desertificación y deforestación; la minería a cielo abierto; la introducción de especies ajenas al ecosistema; la contaminación ambiental (lluvia ácida, contaminación por metales pesados, uso de plaguicidas, etc.); la presión comercial (turismo, sobreexplotación turística); y por supuesto la amenaza latente de una guerra nuclear, que acabaría con un número incalculable de ecosistemas y especies (incluida probablemente la humana).

33. La extinción de una especie implica
    (1) que quedan pocos animales de esa especie.
    (2) la eliminación total de una especie.
    (3) que solamente sobreviven los miembros más fuertes de la especie.
    (4) que aumenta el número de miembros de la especie.
    (5) que un grupo de animales desaparece paulatinamente.

34. Las razones que se enumeran a continuación son válidas en la lucha por evitar la extinción de las especies, excepto las de carácter
    (1) ético.
    (2) económico.
    (3) artístico.
    (4) ecológico.
    (5) médico.

35. Las especies que pueblan el planeta participan en lo siguiente, excepto
    (1) la estabilidad de la Tierra.
    (2) la prestación de servicios básicos para la humanidad.
    (3) la conservación de la calidad del aire atmosférico.
    (4) el mantenimiento de la presión atmosférica.
    (5) el control del ciclo del agua.

36. En la extinción de las especies, no se considera como causa directa
    (1) la urbanización.
    (2) la caza indiscriminada.
    (3) el comercio de flora silvestre.
    (4) el comercio de fauna silvestre.
    (5) el comercio de pieles.

Las preguntas 37 a 40 se refieren al pasaje siguiente:

Su gracia, pero sobre todo su rareza y la calidad de su piel aunadas a sus peculiares hábitos de alimentación y apareamiento, hacen del oso panda un animal muy conocido hoy en día, pero trágicamente al borde de la extinción total.

Actualmente existen en todo el mundo unos mil ejemplares amenazados por los traficantes de pieles, el ciclo de floración del bambú y sus exigencias al momento de formar pareja.

A pesar de que China mantiene vigente la prohibición del comercio de la piel de estos animales desde 1962, es cierto que en el mercado peletero clandestino de Taiwán pueden encontrarse montañas de pieles esperando comprador. Es tal la demanda que existe que hoy en día un abrigo de piel de panda cuesta casi 30,000 dólares.

Ante esta situación, la Convención sobre el Comercio Internacional de Especies en Peligro de Extinción exigió al gobierno de Pekín reforzar sus controles internacionales.

La escasez de bambú es otro grave problema que podría acabar con el oso panda. Como se sabe, el bambú, alimento principal de estos animales, florece una vez cada decenas de años y luego desaparece por varios años antes de regenerarse. Este año florece en la mayor parte de las doce reservas de pandas que hay en China, lo cual señala el inicio de un largo período de escasez.

Quizá la solución sea la construcción de granjas en las reservas para trasladar a los animales cuando se encuentren en peligro para recibir alimento y la atención de expertos.

Es imprescindible tomar medidas urgentes, ya que de lo contrario el oso panda corre el riesgo de convertirse sólo en una curiosidad de zoológico.

37. El oso panda es originario de
    (1) América.
    (2) Europa.
    (3) Asia.
    (4) África.
    (5) Australia.

38. El oso panda es muy conocido por
    (1) su gracia y porque se encuentra en peligro de extinción.
    (2) ser muy común en el mundo entero.
    (3) comer cualquier clase de alimento.
    (4) su apareamiento tan común.
    (5) nacer sólo en China.

39. El oso panda está en peligro de extinción debido a varios factores; ¿cuál de los siguientes es incorrecto?
    (1) el peligro que representan los cazadores furtivos
    (2) la escasez de alimento
    (3) la dificultad de apareamiento
    (4) los cambios climatológicos
    (5) el alto valor de su piel

40. El oso panda se alimenta de
    (1) hierbas tropicales.
    (2) bambú.
    (3) flores.
    (4) peces.
    (5) carne.

Las preguntas 41 a 44 se refieren al pasaje siguiente:

Recientemente, llegamos al final de un período extraordinario de exploración de nuestro Sistema Solar que inició a mediados de la década del 1960 y culminó con el viaje del *Voyager* a Júpiter y Saturno en 1982. Podemos decir que hemos escrito de nuevo el libro sobre el espacio y nuestros planetas vecinos. Antes veíamos a estos mundos a través de laboratorios y telescopios de manera imperfecta, pero en los últimos 20 años los hemos estudiado de cerca y en algunos casos incluso hemos tocado su superficie. También hemos pasado muy cerca de otros y recogido muestras de su suelo además de tomar fotos a muy poca distancia. La situación es, pues, muy diferente.

En el caso de los satélites de los planetas del Sistema Solar, en el mayor de los telescopios disponibles aparecían como pequeñas manchas celestes; su visibilidad era mínima y nuestros conocimientos muy superficiales. Sin embargo, en pocos años estas manchas se han revelado ante nuestros ojos como nuevos mundos. Algunos tienen enormes cañones y desfiladeros; otros, gigantescos volcanes en erupción; algunos más tienen colores variados y en definitiva cada uno constituye un mundo geológico increíble que nos lleva a nuevas exploraciones.

Esta ha sido una época de descubrimientos espaciales sin precedentes y algo parecida al asombro que causó Colón en el siglo XV con el descubrimiento de América. Los exploradores regresaban a Europa contando historias de mundos totalmente diferentes, lugares que la gente no sabía siquiera que existían porque nunca habían sido descritos antes. Repentinamente, el mundo se hizo mucho más grande de lo que parecía y se dieron cuenta de que había personas de otras culturas y un mundo nuevo de animales, árboles y flores.

41. La nave espacial *Voyager* realizó viajes de exploración a
    (1) Plutón y Mercurio.
    (2) Venus y Marte.
    (3) Júpiter y Saturno.
    (4) Urano y Neptuno.
    (5) Mercurio y Urano.

42. ¿Cuál de las siguientes afirmaciones no es correcta?

    (1) Los telescopios facilitan la observación de la configuración de los planetas.
    (2) A partir de 1960 ha habido un gran avance en el estudio de los planetas fuera del Sistema Solar.
    (3) Algunos planetas tienen volcanes gigantescos.
    (4) En los últimos 20 años se ha investigado mucho sobre la vida en otros planetas.
    (5) Júpiter es el planeta más grande del Sistema Solar.

43. La investigación espacial ha demostrado

    (1) que hay vida en otros planetas del Sistema Solar.
    (2) que la Tierra nació hace 7,000 millones de años.
    (3) que el conocimiento del cosmos es enorme.
    (4) que es posible profundizar en el conocimiento del universo.
    (5) que conocemos ya al menos los planetas de nuestra galaxia.

44. Según el texto,

    (1) Colón descubrió América en el siglo XIV.
    (2) Los descubrimientos espaciales han sido clave en las últimas décadas.
    (3) Los europeos van a la vanguardia en la conquista espacial.
    (4) En Júpiter se encontraron especies animales microscópicas.
    (5) Es posible que en la Luna exista vida celular.

Las preguntas 45 a 48 se refieren al pasaje siguiente:

Nunca en 500 años habíamos experimentado una era similar de descubrimientos. Hoy, desde la seguridad de la Tierra, las naves espaciales inician su larga navegación a través de ese inmenso océano del espacio con la misión de descubrir vida en el universo. Hemos comenzado de nuevo la era de viajes fantásticos que nos recuerda aquellos años en que se daban con tanta frecuencia los relatos exóticos y de aventura de los viajeros. Sin embargo, esta vez no se trata de una isla o un continente, sino un mundo entero y sucede a veces que hasta descubrimos un sol, un satélite, un nuevo fenómeno cósmico en un día cualquiera o en el lapso de unas horas.

El telescopio nos ofrece una visión limitada del universo. Muchas veces, la nubosidad y contaminación de la atmósfera impiden la visibilidad, e incluso en días claros y en lo alto de las montañas el aire transparente a la luz puede ser opaco a las radiaciones del espacio.

Hoy en día podemos estudiar el universo no sólo desde la perspectiva de la luz visible, sino también a través de estas radiaciones de rayos ultravioleta, rayos x, infrarrojos, gamma, etc. Ahora contemplamos el universo con otros ojos y gracias a ello hemos descubierto regiones desconocidas y compactas que generan grandes cantidades de energía. A veces, los conocimientos actuales de física no son suficientes para analizar lo que descubrimos.

Más allá de nuestra pequeña galaxia existen cientos de miles de millones de estrellas, soles, planetas, galaxias y millones y millones de cuerpos celestes. El universo es enorme y al estudiar el movimiento de las galaxias descubrimos que se alejan una de otra, como si se tratara de una Gran

Explosión ocurrida hace millones de años. Parece como si estuviéramos contemplando fragmentos de esa explosión todavía alejándose. Las galaxias son tan sólo pequeñas partícula del universo y a pesar de los descubrimientos todavía no hemos escrito la primera página del libro sobre el espacio.

45. ¿Cuál de los siguientes ha sido fundamental para los descubrimientos espaciales?

(1) la brújula

(2) las naves espaciales

(3) el barómetro

(4) el microscopio

(5) el telescopio

46. ¿Cuál de las siguientes afirmaciones no es correcta?

(1) El telescopio nos ofrece una visión limitada del universo.

(2) A veces, la atmósfera nos impide observar el espacio.

(3) La contaminación impide la visibilidad del espacio.

(4) En su movimiento, las galaxias se acercan unas a otras.

(5) El aire puede ser opaco a las radiaciones.

47. Antiguamente se estudiaba el espacio a través de

(1) los rayos gamma.

(2) los rayos ultravioleta.

(3) los rayos x.

(4) los rayos infrarrojos.

(5) la luz visible.

48. Según el texto,

(1) nuestra galaxia es única en el espacio.

(2) sólo existe un sol en el universo.

(3) existen millones de soles en el universo.

(4) hemos explorado ya los sistemas espaciales.

(5) el universo es relativamente pequeño.

Las preguntas 49 a 52 se refieren al pasaje siguiente:

Los terremotos y temblores de tierra son movimientos bruscos de breve duración de la corteza terrestre. La sismología es una rama de la geofísica que estudia los terremotos.

Las causas de los sismos son variadas. Por ejemplo, los sismos de poca intensidad pueden deberse a variaciones bruscas e intensas de la presión atmosférica, lo cual da lugar a ciclones, pero también pueden ser causados por lluvias torrenciales repentinas, grandes mareas, explosiones en la atmósfera o en las capas subterráneas de la Tierra o hundimiento de cavernas o deslizamientos de roca. Los terremotos se deben, entre otras causas, a las erupciones o explosiones volcánicas, aunque los grandes sismos se producen debido a dislocaciones internas de la corteza terrestre que rompen la roca y forman grandes fallas (las fallas son fracturas en las que se observan desplazamientos relativos de los bloques fracturados) o causan el desplazamiento de los bloques a los lados de fallas ya existentes. Las fuerzas tectónicas se acumulan en una zona hasta que de modo brusco se modifica la posición de los bloques, lo cual produce una vibración transmitida a toda la corteza y al interior de la Tierra. Cuando la roca está próxima

CAPÍTULO 6: Ciencias

a fracturarse, el terremoto puede ser desencadenado por otro lejano o por algunas de las causas antedichas.

El punto del interior de la Tierra donde se produce el sismo se llama hipocentro o foco, mientras que el punto de la superficie situado en su vertical y que registra primero el terremoto, se llama epicentro.

Dependiendo de la distancia del hipocentro al interior de la Tierra, se distinguen tres clases de sismos: superficiales (menos de 70 km); intermedios (de 70 a 300 km); y profundos (más de 300 km con una distancia máxima registrada de unos 700 km). El foco de los terremotos profundos se sitúa en las regiones continentales de altas cordilleras de la orogenia alpina, cerca de la costa.

Por lo general, los terremotos no duran más de unos segundos o unos minutos en casos excepcionales. El sismo comienza con movimientos preliminares de poca intensidad y duración que pueden repetirse varios días antes de la sacudida principal. En la actualidad se investigan intensamente a fin de tratar de predecir el terremoto. Posteriormente viene la sacudida o sismo principal y tras él se pueden producir otros de reajuste o réplica de menor intensidad que pueden repetirse a intervalos regulares por un período prolongado. Los terremotos pueden acompañarse o ser precedidos o seguidos por sonidos sordos y retumbantes como de truenos lejanos, a veces muy marcados. Casi continuamente se registran sismos de mayor o menor intensidad, aunque la mayoría de ellos son microsismos apenas perceptibles que constituyen el "ruido de fondo" de la Tierra.

49. Los terremotos son estudiados por
    (1) los geógrafos químicos.
    (2) los astrónomos.
    (3) los astrólogos.
    (4) los sismólogos.
    (5) los geólogos.

50. ¿Cuál de las siguientes puede causar sismos de gran intensidad?
    (1) fracturas internas de la corteza terrestre
    (2) lluvias torrenciales repentinas
    (3) explosiones en la atmósfera
    (4) explosiones en las capas externas
    (5) deslizamientos de nubes

51. El punto del interior de la Tierra donde se produce el sismo se conoce con el nombre de
    (1) epicentro.
    (2) hipocentro.
    (3) hipercentro.
    (4) semicentro.
    (5) centro.

52. ¿Cuál de las siguientes afirmaciones no es correcta?
    (1) Los terremotos sólo duran unos minutos.
    (2) La Tierra registra sismos casi continuamente.
    (3) Los terremotos van precedidos de pequeños temblores.
    (4) El punto de la superficie donde se registra el terremoto se llama epicentro.
    (5) A los terremotos se les conoce también como microsismos.

Las preguntas 53 a 56 se refieren al pasaje siguiente:

La *magnetita* es un óxido de hierro que se cristaliza adquiriendo formas octaédricas perfectas o rombododecaédricas con todas sus caras surcadas por numerosas estrías paralelas a la diagonal del rombo. Las figuras geométricas son características del sistema cúbico de cristalización al cual se ajusta este mineral. El mineral es de color negro ébano con brillo metálico y reflejos azulados.

En cuanto a sus propiedades podemos decir que es un excelente conductor eléctrico, muy duro (con una dureza de seis en la escala Mohs), denso y pesado y al mismo tiempo frágil. Es un mineral conocido de la antigüedad por sus propiedades magnéticas, en ocasiones con carácter de imán permanente. Al respecto, aparentemente los primeros testimonios fueron recogidos por Plinio en el siglo II a. C. cuando un pastor de nombre Magnes notó sobre la suela de sus sandalias un influjo extraño de las rocas que contenían este mineral. La magnetita contiene más de un 70% de hierro, lo cual aunado a su abundancia en todo el planeta la convierte en una de las principales fuentes de obtención de tan preciado metal.

La calidad del material extraído en Kiruna (Suecia) y Magnetigera (Rusia) colocan a ambos yacimientos a la cabeza de la producción mundial.

53. La magnetita es
- (1) una amalgama.
- (2) un polvo blanco.
- (3) un buen conductor eléctrico.
- (4) un líquido negro.
- (5) una sustancia radiactiva.

54. ¿Cuál de las siguientes afirmaciones no es correcta?
- (1) La magnetita es un mineral.
- (2) La magnetita es una sustancia dura.
- (3) La magnetita es muy pesada.
- (4) La magnetita es conocida desde tiempos muy antiguos.
- (5) La magnetita es de color azulado.

55. El hierro se obtiene principalmente de
- (1) la magnetita.
- (2) el ébano.
- (3) el imán.
- (4) el yacimiento de Kiruna.
- (5) un conductor eléctrico.

56. La magnetita es importante en
- (1) los compuestos metálicos.
- (2) la producción de hierro.
- (3) las rocas.
- (4) todos los metales de forma octaédrica.
- (5) el brillo metálico.

Las preguntas 57 a 60 se refieren al pasaje siguiente:

Cada día respiramos alrededor de 16,000 cuartos de aire. Prácticamente en cualquier punto del estado de New York, sobre todo en zonas densamente pobladas, el aire que circula por nuestros pulmones y suministra oxígeno a la sangre está mezclado con sustancias nocivas, como carbón negro, cenizas residuales flotantes, hollín, silicatos, polvo de metales y otros contaminantes orgánicos e inorgánicos.

Una gran variedad de aire contaminado proveniente de instalaciones industriales, incineradores, plantas de energía, automóviles, aviones y basura incinerada causa muertes y eleva la incidencia de enfermedades. Las investigaciones médicas demuestran que la contaminación del aire puede causar cáncer pulmonar y aumentar el número de casos de enfermedades como neumonía, alergias, asma y catarro común, además de que agrava los casos de bronquitis crónica y enfisema.

Una gran concentración de aire contaminado de tan sólo unos días de duración fue la causa principal del aumento considerable del número de muertes en el Valle de Meuse, Bélgica, en 1930; Donora, Pennsylvania, en 1948; Londres, Inglaterra, en 1952; y New York, New York en 1963 y 1966. La contaminación del aire mata.

La contaminación del aire afecta negativamente todas las formas de vida inhibiendo el crecimiento y matando flores, arbustos, árboles y cultivos. Por ejemplo, en los alrededores de Los Angeles no es posible cultivar la espinaca debido a los problemas de contaminación de la ciudad. El daño agrícola eleva el precio de los alimentos, perjudicando aún más el presupuesto de la gente.

Los agentes contaminadores también dañan propiedades y materiales, manchan los textiles, decoloran las pinturas e incluso corroen la piedra, el mármol y el metal. Las consecuencias de esto pueden medirse en dólares y centavos, molestias y costos elevados para propietarios, comerciantes y el gobierno por concepto de limpieza y mantenimiento.

57. ¿Qué ciudad tiene problemas de contaminación que impiden el cultivo de la espinaca?
    (1) el Valle de Meuse
    (2) Los Angeles
    (3) New York
    (4) San Francisco
    (5) Moscú

58. ¿Qué enfermedad no es causada por la contaminación del aire?
    (1) el catarro común
    (2) el asma
    (3) las alergias
    (4) la polio
    (5) la neumonía

59. ¿Cuál es el órgano o los órganos más afectados por la contaminación del aire?
    (1) el cerebro
    (2) la glándula tiroides
    (3) los pulmones
    (4) el intestino
    (5) el estómago

60. La contaminación del aire ha matado a muchas personas en un período breve de tiempo en todos estos lugares, excepto
    (1) el Valle de Meuse, Bélgica.
    (2) Donora, Pennsylvania.
    (3) Londres.
    (4) New York.
    (5) Newark.

CONCEPTOS GENERALES DE FÍSICA Y QUÍMICA

La **temperatura** es una característica de los cuerpos, como masa, volumen, etc. y es una magnitud física fundamental.

El **calor** se define como la cantidad de energía transferida de un cuerpo caliente a otro frío al entrar en contacto.

El paso de un estado físico a otro depende de la **cantidad de energía** que posee el cuerpo.

Se denomina **calor latente** a la energía necesaria por unidad de masa para que un líquido fluya y adopte la forma del recipiente que lo contiene sin alterar su volumen.

Una **caloría** equivale a 4.18 julios.

El carbón, el petróleo y el gas almacenan la **energía potencial** acumulada como producto de procesos que tuvieron lugar a lo largo de millones de años. Durante la combustión, estas sustancias liberan su energía, la cual se puede aprovechar.

Se denomina **energía hidráulica** a la energía que se obtiene del agua almacenada en grandes depósitos, generalmente cerrados por una presa. El agua almacenada posee energía potencial debido al desnivel existente entre la superficie del depósito y la salida.

Prácticamente toda la energía de la Tierra proviene en última instancia del Sol.

La **energía nuclear** se produce al desintegrar el núcleo atómico.

El proceso más común para producir energía a partir del núcleo atómico es el que se conoce como **fisión atómica**.

El **Sol** es la fuente principal de toda la energía de la Tierra. La **energía solar** hace habitable nuestro planeta.

El **sonido** se propaga por la transmisión de la vibración inicial de una partícula a otra.

En el estudio de los fenómenos oscilatorios, las **magnitudes** fundamentalmente son tres: período, frecuencia y longitud de onda; de la relación que existe entre ellas, se conoce una cuarta magnitud: la velocidad de propagación.

Se conoce como **período** el tiempo que tarda una oscilación completa.

Se denomina **frecuencia** a la inversa del período; la unidad de frecuencia es el hertzio (Hz).

La **longitud de onda** es la distancia mínima que existe entre dos puntos de una onda.

La relación que existe entre la distancia que se propaga la onda en un período y el tiempo que tarda en hacerlo se conoce como **velocidad de propagación** de la onda.

Las ondas se clasifican por la forma en que vibran las partículas del medio en que se propagan. Al agitar una cuerda, el medio en que se propaga la vibración es la misma cuerda. La **onda es transversal** cuando las partículas del medio vibran perpendicularmente a la dirección de propagación.

Cuando las partículas del medio vibran en la dirección de propagación de la onda, se dice que es una **onda longitudinal**.

La **reflexión** es la propiedad que tienen las ondas de cambiar de dirección al chocar con un obstáculo.

La **refracción** ocurre cuando una onda pasa por una superficie que separa dos medios distintos; la onda se refleja en parte, pero en parte sigue propagándose por el otro medio.

La **interferencia** y **difracción** ocurre cuando dos o más ondas se encuentran en el mismo punto; el punto donde se encuentran, acumula los efectos de cada una de las ondas.

Se conoce como **absorción** a la debilitación de una onda.

La debilitación por propagación de una onda se conoce como **atenuación** y es independiente de la pérdida por absorción.

La luz que nos llega del Sol está formada por rayos de luz de diferente color; este conjunto de rayos es lo que se conoce como **espectro visible**.

Los **rayos luminosos** corresponden a la dirección de propagación de la luz.

Un conjunto de rayos luminosos recibe colectivamente el nombre de **haz**.

El término **lente** se define como un trozo de material transparente y homogéneo limitado por caras curvas, una de las cuales puede ser plana.

Se denomina **eje óptico** a la recta que une el centro de la curvatura de la superficie esférica de las caras de una lente; el término **centro óptico** se refiere al punto en que el eje óptico intersecta la lente.

Las **lentes convergentes** tienen la propiedad de hacer converger en un punto denominado foco las ondas luminosas que pasan por ellas.

Las **lentes divergentes** tienen la propiedad de hacer divergir las ondas luminosas que salen de ellas; su propagación se desvía en el denominado foco virtual.

La **teoría de la relatividad** de **Albert Einstein** propuso que la masa de un cuerpo se concibe como una forma de energía y el invento de la bomba atómica demostró que estaba en lo cierto. Al aplicar energía a un cuerpo, la energía puede aparecer en forma de masa u otras formas (como aumento de velocidad, aumento de temperatura, etc.).

¿Por qué al frotar un bolígrafo de plástico contra una prenda de lana u otro tejido el bolígrafo atrae pequeños trozos de papel? Este fenómeno recibe el nombre de **fenómeno eléctrico** y se debe a la magnitud conocida como carga eléctrica. La **carga eléctrica** tiene dos formas: positiva y negativa.

Los cuerpos con **carga** semejante se repelen, mientras que cuerpos con carga opuesta se atraen.

Los metales son **conductores eléctricos**.

La **fuerza de atracción** depende de la distancia que separa las cargas eléctricas, ya que a menor distancia, mayor la fuerza.

La **fuerza** depende también de la magnitud de la carga, ya que a mayor carga, mayor la fuerza ejercida.

La **unidad de carga eléctrica** equivale a la fuerza de 9.10 (9) newtons necesaria para repeler una carga en el vacío dispuesta a 1 m de otra carga semejante de la misma magnitud. Esta unidad es una magnitud fundamental. La unidad de carga del Sistema Internacional de unidades es el **culombio (C)**.

El término **interacción eléctrica** se refiere a la energía que posee una carga situada en las proximidades de otra.

El sistema formado por las dos cargas tiene una **energía potencial positiva** si se necesita realizar un trabajo para aproximar las cargas y **negativa** si las cargas se acercan espontáneamente una a la otra.

El **potencial eléctrico** de un punto del espacio se define como la energía potencial que adquiere una unidad de carga positiva dispuesta en ese punto.

La **unidad de potencial** es el **julio/culombio**, conocida como **voltio (V)**.

Se dice que un punto tiene un **potencial de un voltio** si para trasladar la unidad de carga positiva (un culombio) del infinito hasta dicho punto se realiza un trabajo equivalente a un julio.

La **corriente eléctrica** equivale al paso continuo de electrones de un punto a otro a través de conductores metálicos. Esta es la corriente continua. En la corriente alterna, los electrones no pasan por el conductor, sino que vibran alrededor de la posición que ocupan en el espacio.

Llamamos **generador de corriente** a cualquier elemento capaz de mantener una diferencia de potencial entre los extremos del conductor.

La **pila eléctrica** tiene dos bornes: el ánodo, o polo negativo, y el cátodo, o polo positivo. Se sabe desde la antigüedad que ciertos elementos, como la magnetita, tienen la propiedad de atraer con fuerza materiales como el hierro; incluso se sabía que si se coloca una barra de hierro cerca de la magnetita, la barra adquiere y conserva las propiedades de la magnetita. Estas barras recibieron el nombre de imanes.

Los polos iguales se repelen y los polos opuestos se atraen. Al estudiar el valor de la **fuerza de atracción** o **repulsión** entre imanes, se observa que al igual que ocurre con la fuerza que ejercen entre sí dos cargas eléctricas, la fuerza es inversamente proporcional al cuadrado de la distancia que los separa.

Las cargas eléctricas en movimiento (corriente eléctrica) producen **efectos magnéticos** debido a que ejercen una fuerza sobre los imanes.

La corriente eléctrica produce efectos magnéticos y **los imanes son capaces de generar corriente eléctrica**.

La **química** se define como la ciencia que estudia la materia, su naturaleza, sus propiedades y su composición, así como los cambios que en ella se producen.

La **materia** está formada por partículas.

El término **elemento químico** se define como toda sustancia que no se puede separar en otras más simples.

Existen **108 elementos químicos** conocidos de los cuales 15 son sintéticos.

Se denominan **compuestos químicos** a las sustancias formadas por la combinación de dos o más elementos.

Existen, asimismo, sustancias formadas por diversos elementos y compuestos que no son sustancias puras, sino **mezclas**. Las mezclas se clasifican en homogéneas y heterogéneas según su composición.

Las **mezclas homogéneas**, también llamadas soluciones, tienen la misma composición y propiedades en todas sus partes.

Se denomina **mezcla heterogénea** a la mezcla cuya composición y propiedades varían de una parte a otra de la misma de manera que se pueden distinguir sus componentes. Por ejemplo, el agua y el aceite forman una mezcla heterogénea al combinarlos debido a que la capa de aceite queda flotando sobre el agua y ambos líquidos se distinguen claramente.

Todos los elementos químicos están formados por partículas diminutas e indivisibles llamadas **átomos**.

Todos los átomos de un elemento tienen la **misma masa** y las mismas propiedades.

Los **compuestos químicos** están formados por átomos de distintos elementos.

Las partículas con carga negativa se denominan **electrones**.

El átomo está formado por un núcleo con carga positiva y una corteza formada por electrones. La partícula positiva fue observada por primera vez en 1896 y más tarde se le denominó **protón**. Su carga equivale a la del **electrón**, pero positiva, y su masa es aproximadamente igual a la del átomo de hidrógeno.

Los átomos del **mismo elemento químico** tienen siempre el mismo número atómico.

Los átomos tienen además otra partícula llamada **neutrón**, la cual se encuentra en el núcleo; su carga eléctrica es nula y su masa equivale aproximadamente a la del protón.

Existen átomos de un mismo elemento cuyo número de masa difiere ligeramente debido a que tienen distinto número de neutrones en el núcleo. A estos átomos se les denomina **isótopos**.

La **radiactividad** es el proceso de desintegración espontánea de ciertos núcleos, los cuales se transforman en otros emitiendo radiaciones. Si el proceso es espontáneo, se denomina radiactividad natural; si se debe al efecto de partículas usadas como proyectiles, se habla de radiactividad artificial.

La **corteza** es la parte externa del átomo en la que se encuentran los electrones; esta es la parte que puede alterarse con mayor facilidad y permite la interacción de los átomos.

Llamamos **enlace químico** a la interacción de dos o más átomos que produce un compuesto estable.

El **hierro** es el metal más utilizado y su explotación es un ejemplo de desarrollo tecnológico, ya que se conocen utensilios de hierro desde la prehistoria. Los elementos que se utilizan para obtener el hierro son: la mena de hierro, que se emplea como materia prima; el carbón de coque, que se utiliza como reductor; y la caliza, que se emplea como fundente.

Las preguntas 61 y 62 se refieren a la tabla periódica de los elementos.

TABLA PERIÓDICA DE LOS ELEMENTOS

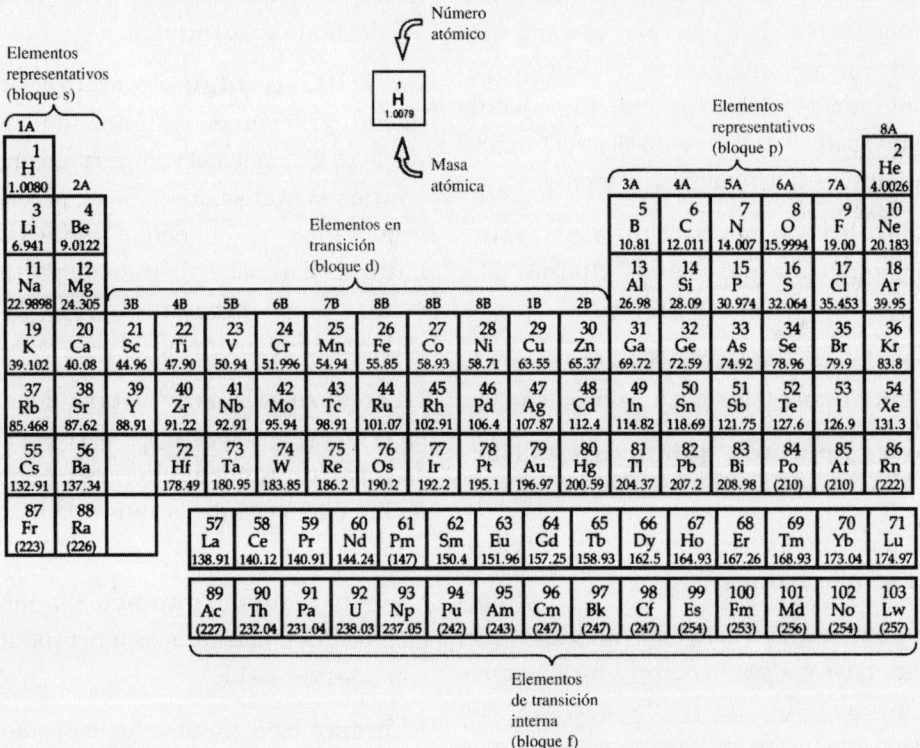

61. No había más potasio en el depósito químico. ¿Qué átomo tiene propiedades más semejantes a las del potasio (K)?

    (1) P
    (2) Al
    (3) Na
    (4) Ca
    (5) Mg

62. Los elementos de la tabla periódica se clasifican de acuerdo a

    (1) su número atómico.
    (2) su masa atómica.
    (3) su conductividad.
    (4) su número de masa.
    (5) su estado de oxidación.

RESPUESTAS CORRECTAS DE LAS PREGUNTAS DE CIENCIAS

1. (2)	14. (3)	27. (2)	40. (2)	53. (3)
2. (4)	15. (2)	28. (3)	41. (3)	54. (5)
3. (3)	16. (1)	29. (4)	42. (2)	55. (1)
4. (4)	17. (4)	30. (3)	43. (4)	56. (2)
5. (3)	18. (2)	31. (1)	44. (2)	57. (2)
6. (5)	19. (5)	32. (1)	45. (2)	58. (4)
7. (2)	20. (3)	33. (2)	46. (4)	59. (3)
8. (1)	21. (3)	34. (3)	47. (5)	60. (5)
9. (3)	22. (5)	35. (4)	48. (3)	61. (3)
10. (3)	23. (4)	36. (1)	49. (4)	62. (1)
11. (2)	24. (4)	37. (3)	50. (1)	
12. (5)	25. (2)	38. (1)	51. (2)	
13. (5)	26. (4)	39. (4)	52. (5)	

APÉNDICE: ILUSTRACIONES DE LA CÉLULA, EL MUNDO VEGETAL, ANIMALES INVERTEBRADOS, ANIMALES VERTEBRADOS Y EL CUERPO HUMANO

Los fósiles nos enseñan que antes que el ser humano habitara la Tierra, el planeta estaba poblado por células, plantas, peces, insectos, aves, reptiles, mamíferos y muchos otros animales.

La evolución del cuerpo humano es el resultado de toda una evolución orgánica que parte de la simple y primitiva célula a través de innumerables especies biológicas en el transcurso de cientos de millones de años.

El por qué, cómo y cuando se produjo esta obra de la naturaleza todavía es un misterio para el mundo científico.

Las ilustraciones de este apéndice presentan gráficamente la estructura de la célula, las plantas, los animales invertebrados, los vertebrados y la anatomía del cuerpo humano.

LA CÉLULA

La célula se define como la unidad básica de un ser vivo.

ESTRUCTURA DE LA CÉLULA

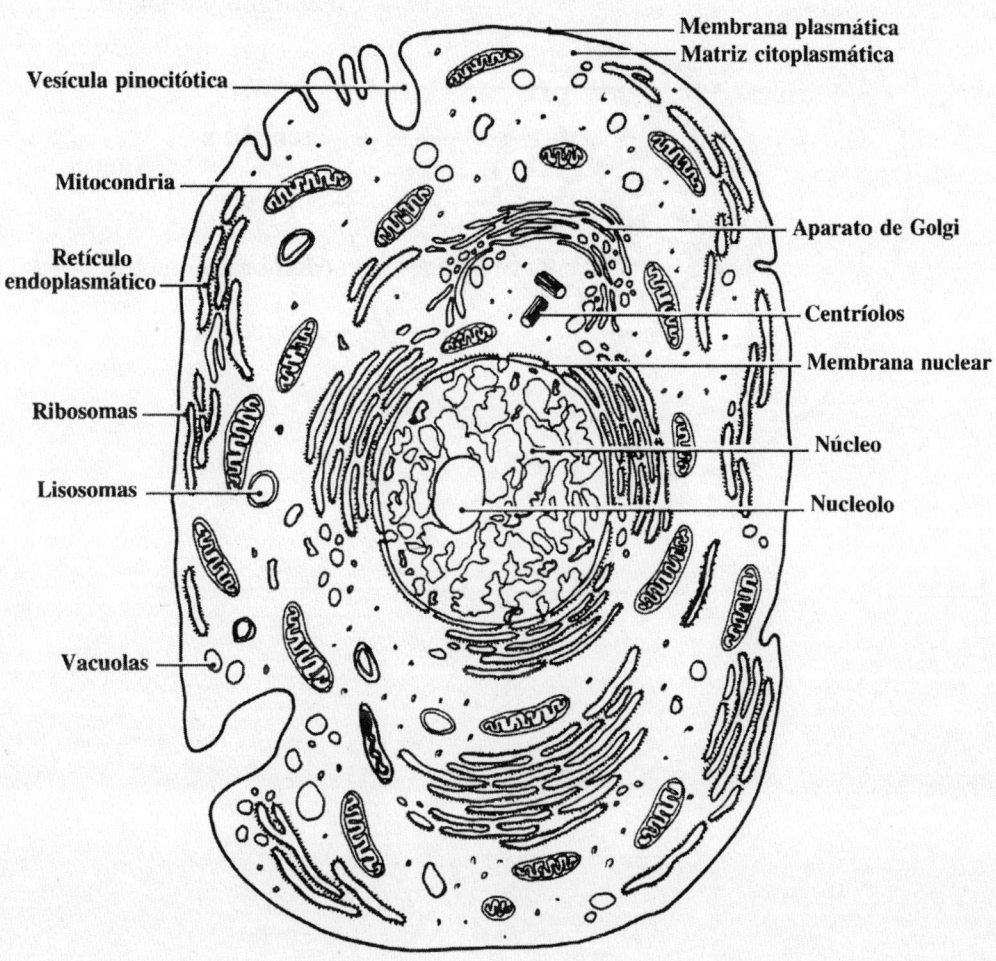

PARTES DE UNA CÉLULA TÍPICA

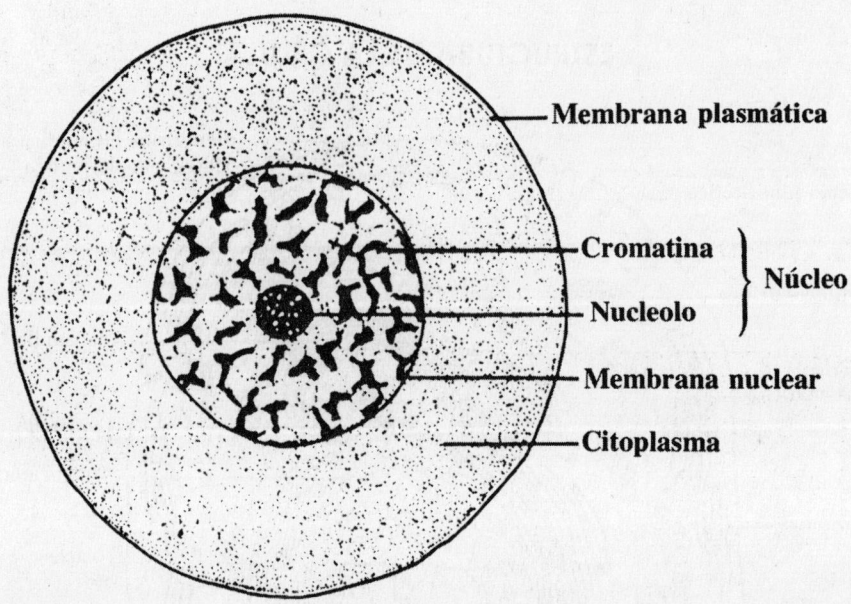

LA MITOSIS EN LAS CÉLULAS VEGETALES

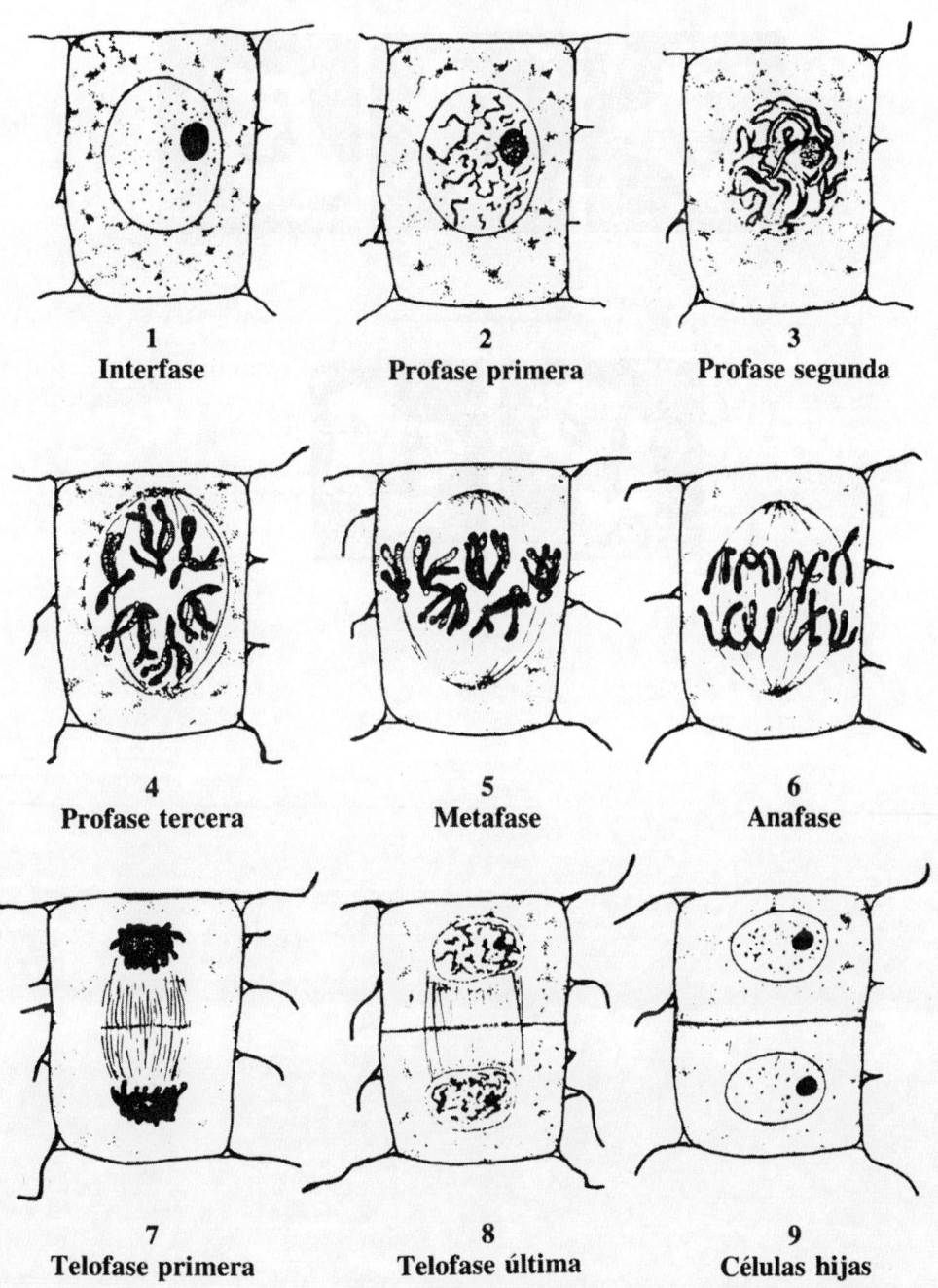

UNA CÉLULA ENGULLENDO ALIMENTO SÓLIDO

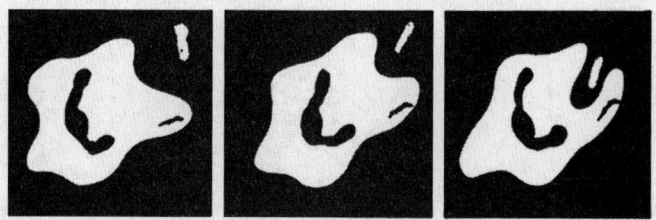

ESTRUCTURA DE LAS PLANTAS

Al estudiar la fisiología y morfología de las plantas se distinguen dos grupos principales de órganos: los órganos vegetativos y los órganos reproductores.

Los órganos vegetativos son la raíz, el tallo y las hojas y funcionan en la nutrición de la planta.

Los órganos reproductores varían según el tipo de planta.

ESTRUCTURA DE LA SEMILLA

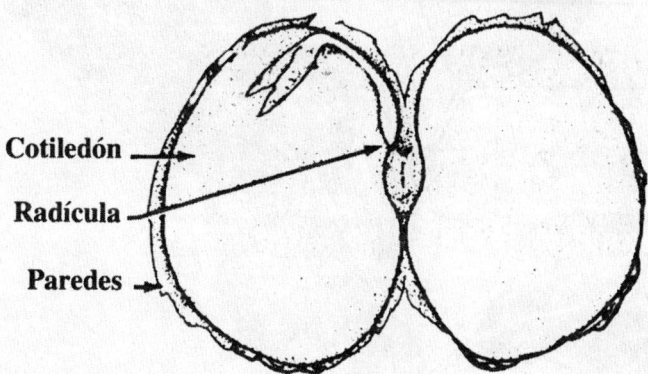

PARTES DEL TALLO

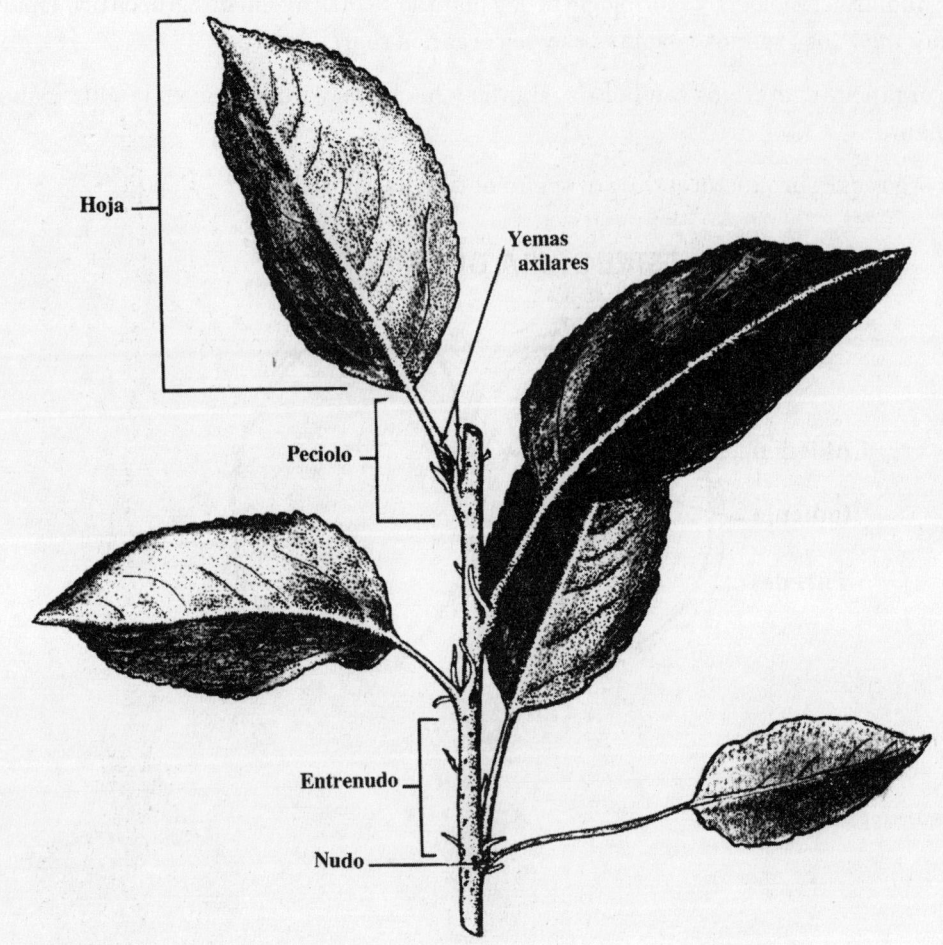

LOS DIVERSOS TIPOS DE RAÍCES

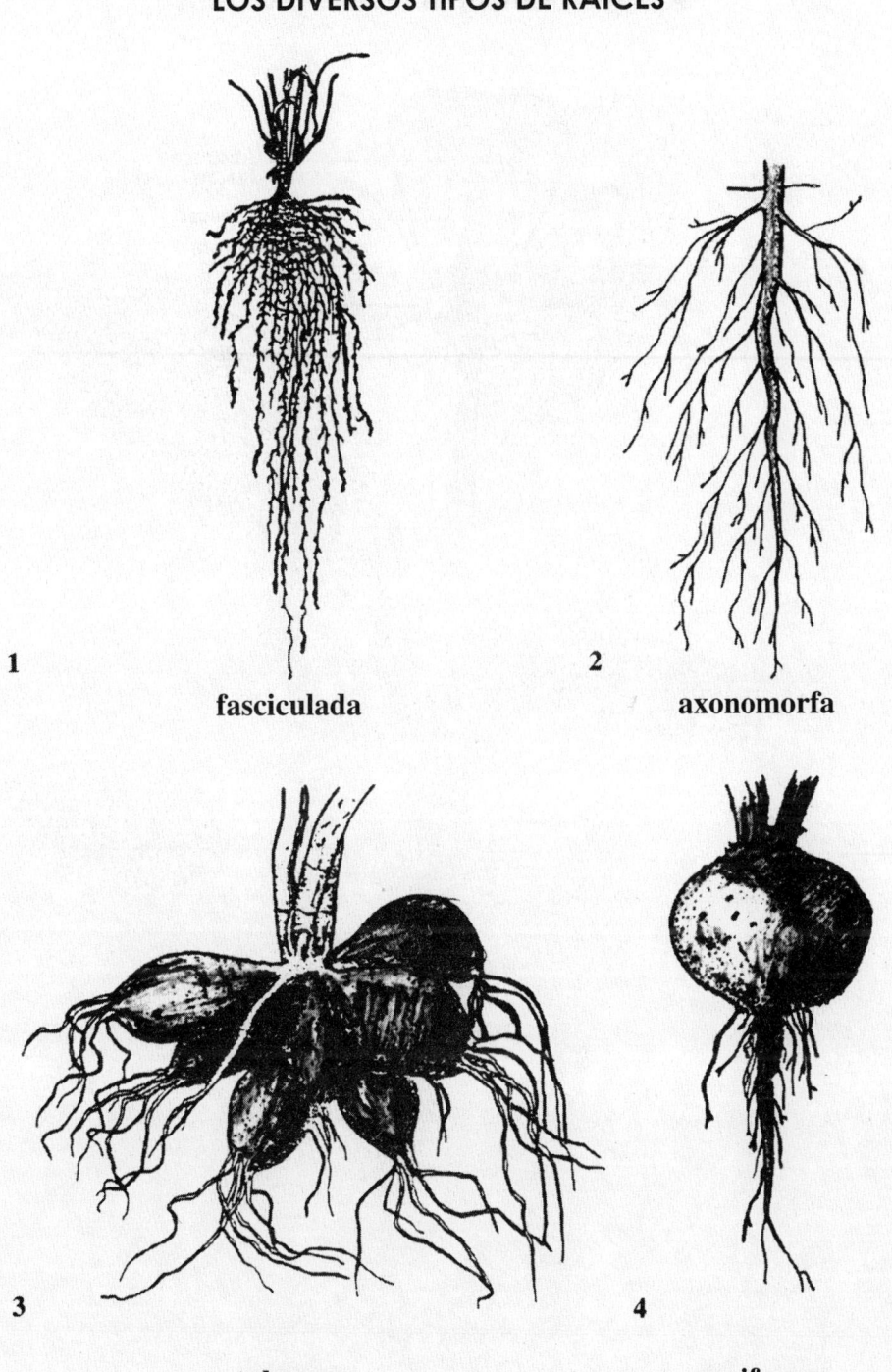

LAS PARTES DE UNA FLOR COMPLETA

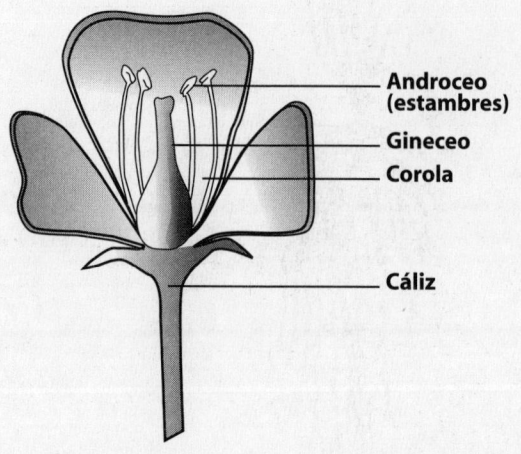

ESTRUCTURA DE UNA PLANTA

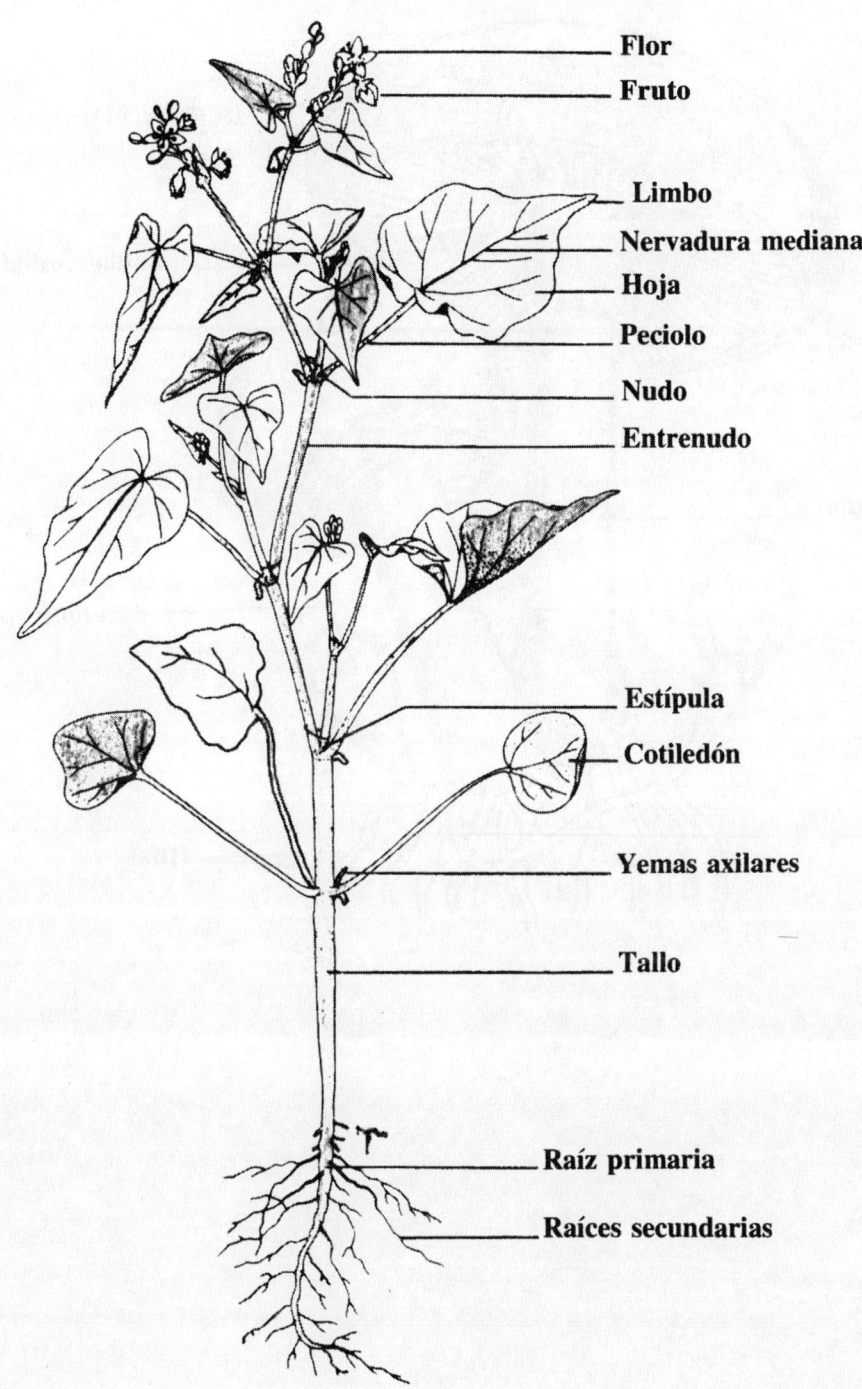

PARTES DE UN CHAMPIÑÓN

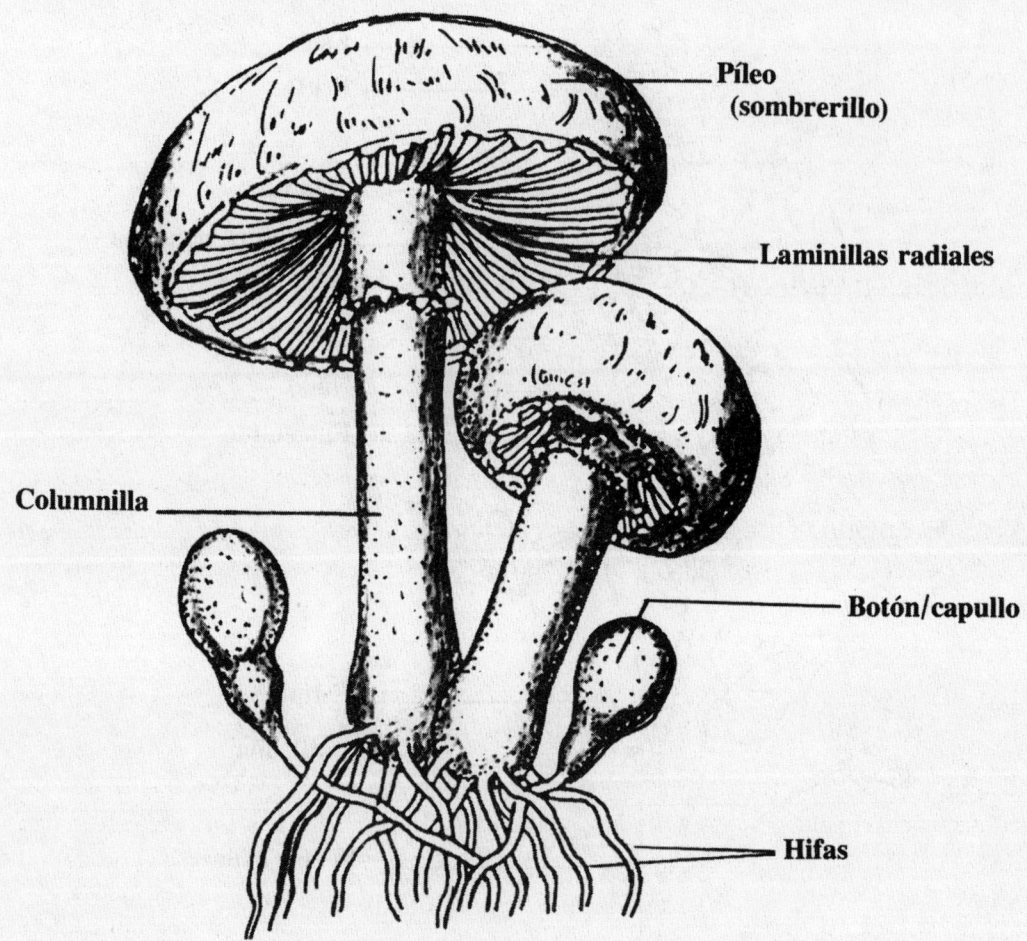

EL REINO ANIMAL

El reino animal se divide en dos grandes grupos: vertebrados e invertebrados.

Los animales invertebrados no tienen columna vertebral ni esqueleto interno, como las esponjas, los gusanos, los pulpos y los insectos.

Los vertebrados poseen columna vertebral y esqueleto interno, como los peces, las aves y el ser humano.

Animales invertebrados

Carecen de columna vertebral y esqueleto interno.

Los poríferos y celentéreos son animales pluricelulares cuyo cuerpo está formado por dos capas de células. Se reproducen por gemación, regeneración o sexualmente. Ejemplos de poríferos son las esponjas y entre los celentéreos se encuentran el pólipo y la medusa.

Los platelmintos, o gusanos planos, y los nematelmintos, o gusanos redondos, tienen una estructura más especializada. Muchos de ellos son parásitos. Ejemplos de gusanos planos son la tenia o lombriz solitaria y entre los gusanos redondos encontramos a la triquina.

Los anélidos, o gusanos segmentados, tienen un cuerpo formado por anillos. Las especies más conocidas de este grupo son la lombriz de tierra y la sanguijuela.

Los moluscos son animales de cuerpo blando. La mayoría de las especies tienen un caparazón o concha calcárea que protege al animal. Ejemplos conocidos de este grupo son el caracol de tierra y la babosa; las especies bivalvas, como el mejillón, la almeja y la ostra; la sepia y el calamar son moluscos sin concha exterior, aunque tienen una concha interior cartilaginosa; el pulpo es otro molusco que carece totalmente de concha.

Los artrópodos son animales de cuerpo segmentado, patas articuladas y esqueleto externo duro. Los crustáceos, miriápodos, arácnidos e insectos son artrópodos. Los insectos son los más numerosos y extendidos de los animales invertebrados.

Los equinodermos son animales de piel espinosa que tienen una estructura con simetría radial. Ejemplo de este grupo es la estrella de mar.

PARTES DE UN PARAMECIO

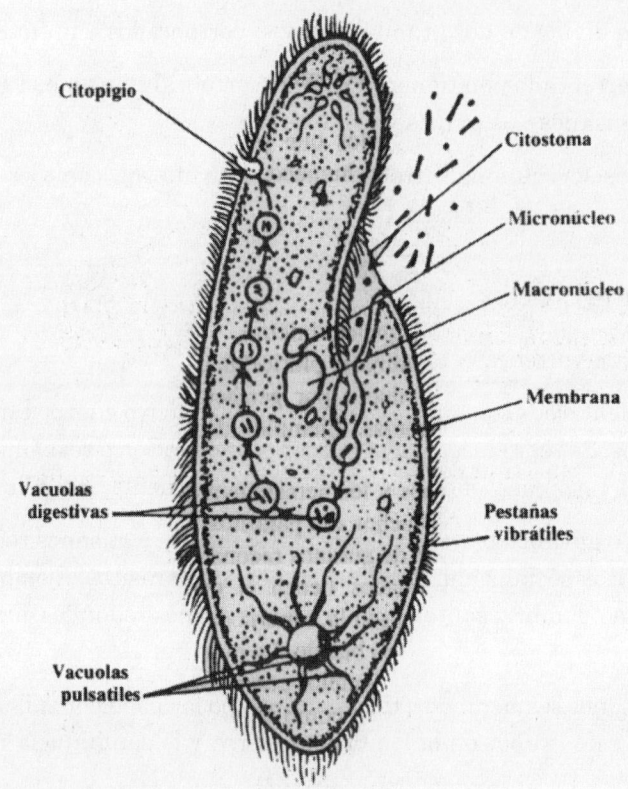

ESTRUCTURA INTERNA DE UNA ALMEJA

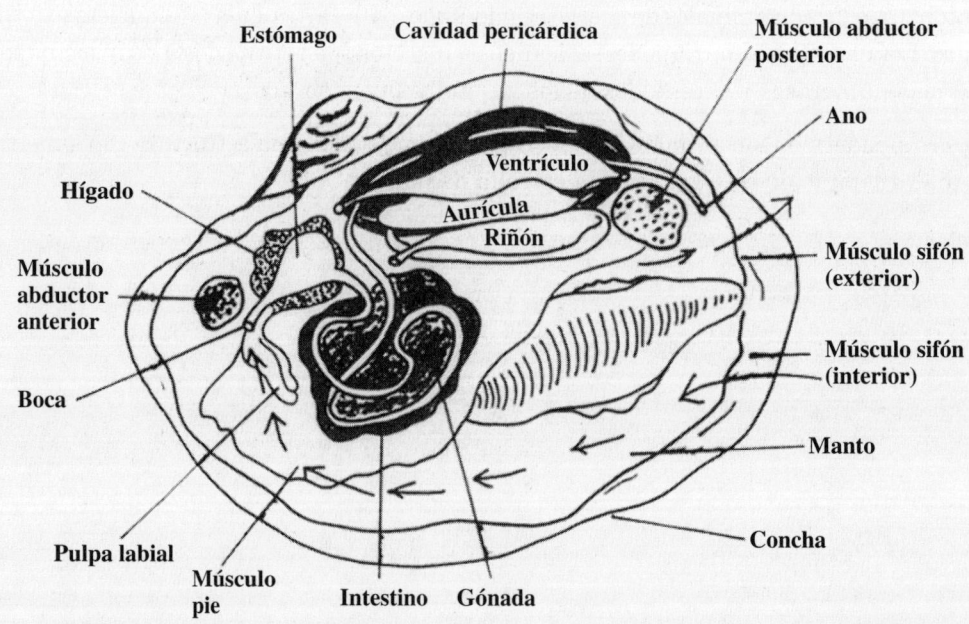

ÓRGANOS DE LA ESTRELLA DE MAR

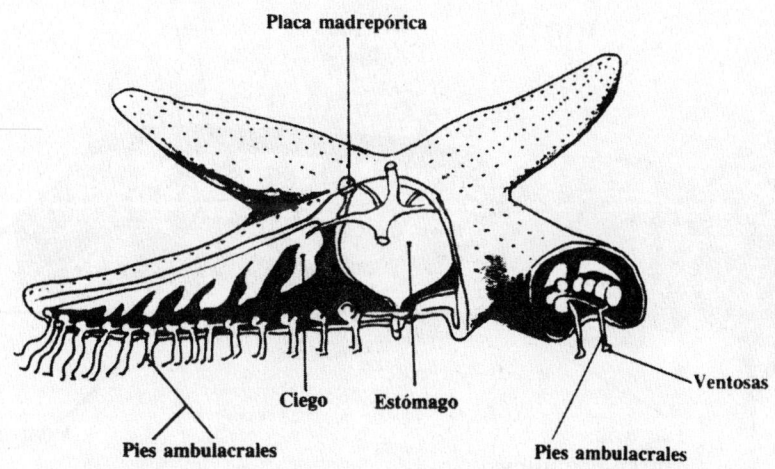

PARTES DEL CUERPO Y APÉNDICES DEL CANGREJO DE RÍO

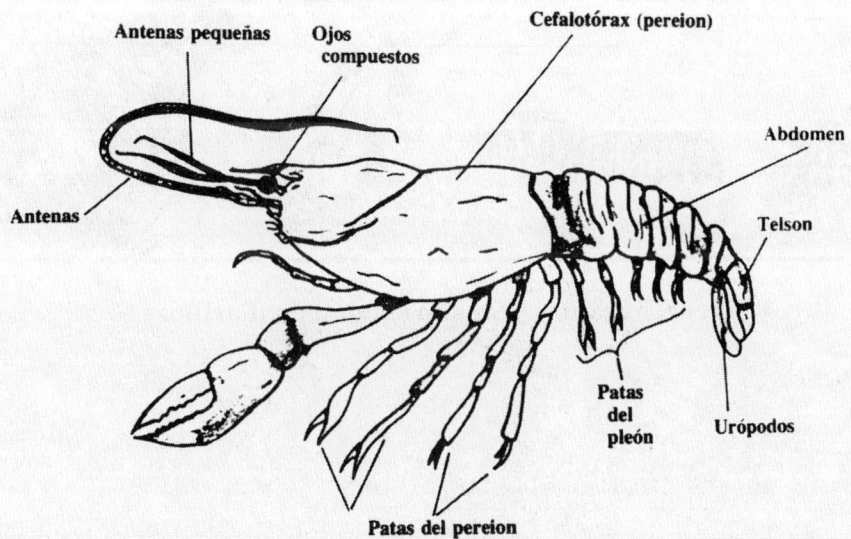

APARATO CIRCULATORIO DE UN INSECTO

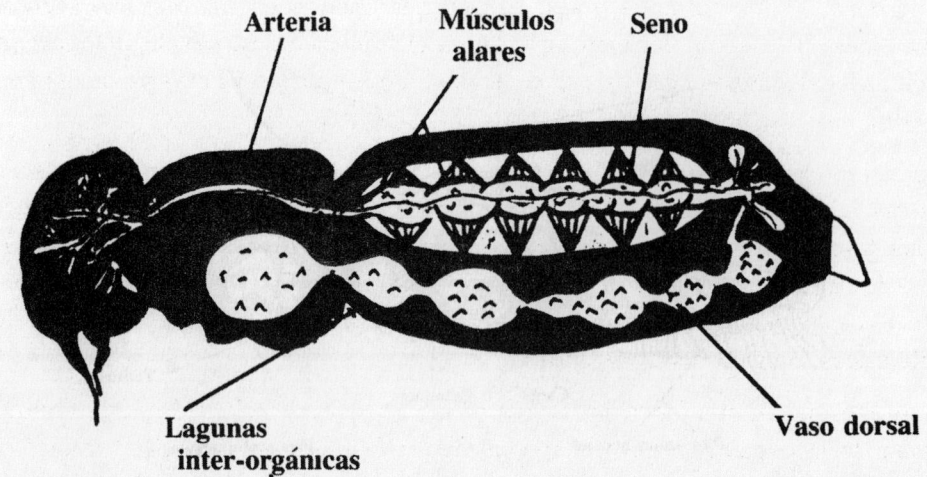

METAMORFOSIS DE LA MARIPOSA DE LA SEDA

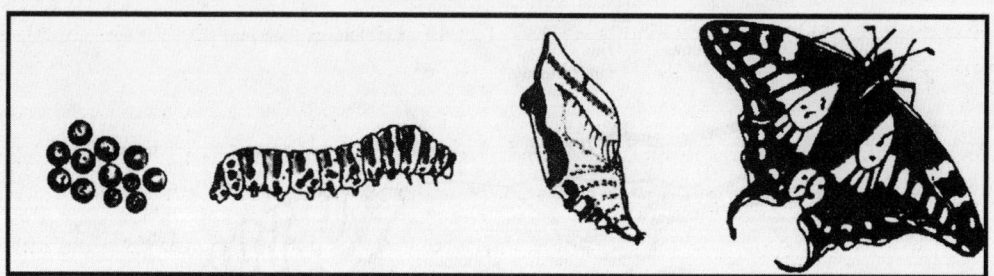

Larva, gusano y transformación en mariposa

ANIMALES VERTEBRADOS

Los vertebrados son animales que se caracterizan por tener una columna vertebral interna más ancha en un extremo para formar el cráneo en el que se alojan los órganos principales del sistema nervioso. El centro de la columna vertebral está ocupado por la médula espinal.

Los peces son los vertebrados más sencillos. Tienen las extremidades en forma de aleta y cuerpo cubierto de escamas. Viven en el agua y respiran por medio de branquias o agallas. Son de sangre fría y tienen un corazón de dos cavidades. Existen dos grandes grupos de peces que se diferencian por el tipo de esqueleto. Uno de estos grupos lo forman los peces de esqueleto óseo, como el salmón, la merluza, etc., y el otro los de esqueleto cartilaginoso, como la raya y el tiburón.

Los anfibios pasan una parte de su vida en el agua y otra en la tierra. Son animales de sangre fría y tienen un corazón de tres cavidades. El páncreas es una glándula digestiva importante en estos vertebrados. Ejemplos son la rana, el sapo y la salamandra.

Los reptiles son animales de sangre fría, piel gruesa y escamosa y respiran por medio de pulmones. El corazón de cuatro cavidades aparece en el cocodrilo. Ejemplos de reptiles son el lagarto, la tortuga y el cocodrilo.

Las aves son animales de sangre caliente, cuerpo cubierto de plumas y esqueleto adaptado para el vuelo. El pico y las patas de las aves muestran adaptaciones a diversas condiciones de vida. La especie actual más antigua de aves es el avestruz, la cual tiene alas poco desarrolladas en relación con el tamaño del cuerpo; sin embargo, aunque no puede volar, puede llegar a correr más velozmente que un caballo.

Los mamíferos son los vertebrados más desarrollados. Tienen el cuerpo cubierto de pelo. En la primera edad se alimentan de la leche producida por las glándulas mamarias de la madre. El ser humano pertenece al grupo de los primates.

Existen muchas clases de mamíferos; a continuación se listan algunas de ellas junto con ejemplos representativos:

- Ovíparos: ornitorrinco
- Marsupiales: canguro
- Desdentados: armadillo
- Insectívoros: erizo, musaraña y topo
- Cetáceos: ballena y delfín
- Sirenios: manatí
- Lagomorfos: conejo
- Carnívoros: perro, gato, oso, tigre y león
- Roedores: rata, ratón y ardilla
- Ungulados: caballo, vaca, oveja, cerdo, rinoceronte e hipopótamo
- Quirópteros: murciélago
- Proboscideos: elefante
- Primates: lemur, mandril, chimpancé, gorila, orangután y el ser humano

PARTES Y ÓRGANOS DEL CUERPO DE LOS PECES

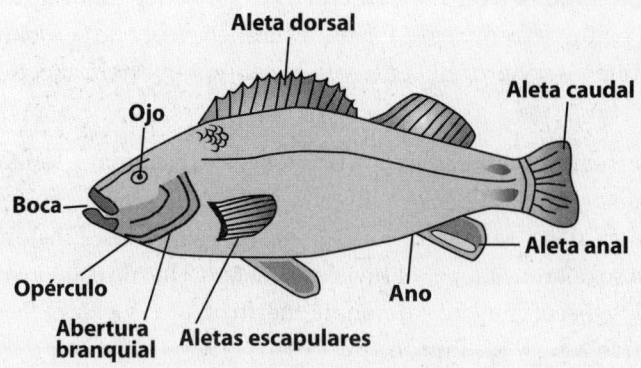

ESTRUCTURA INTERNA DE LA RANA (HEMBRA)

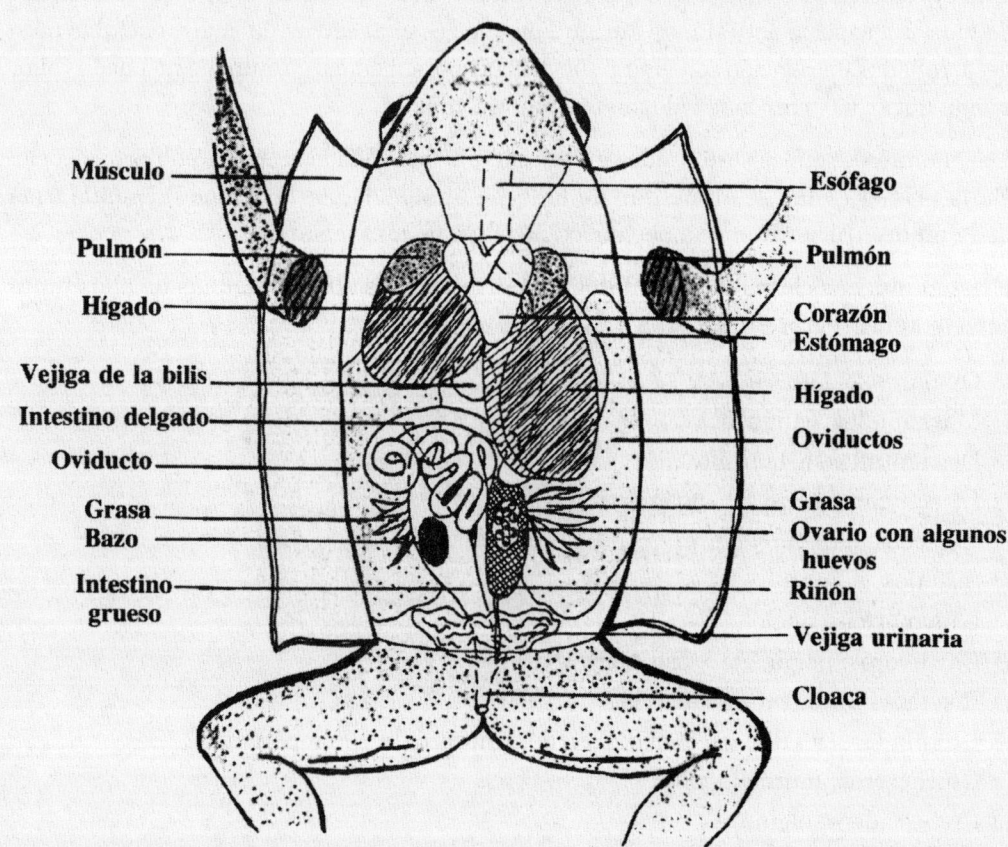

APARATO DIGESTIVO DEL RUMIANTE

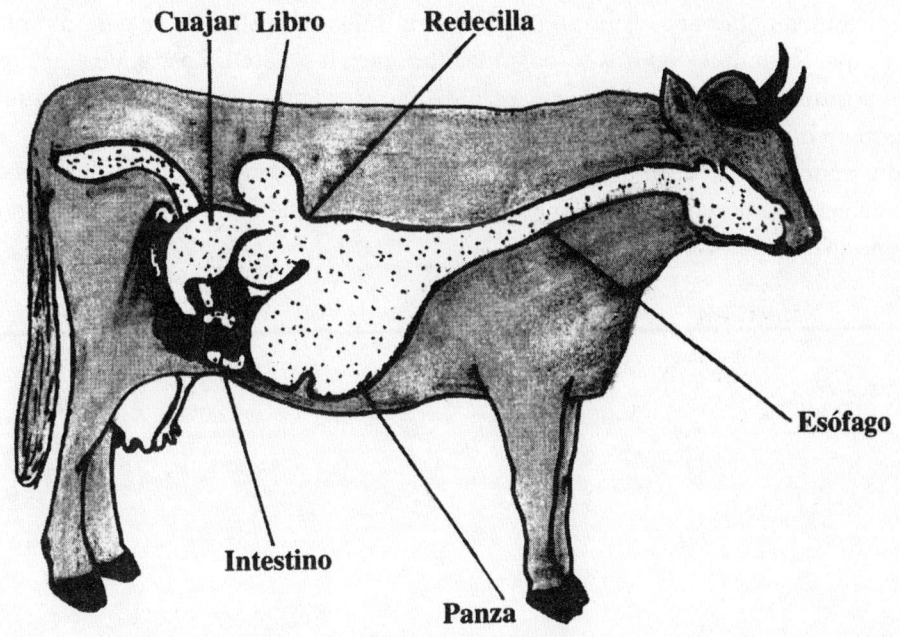

PARTES DE UN HUEVO

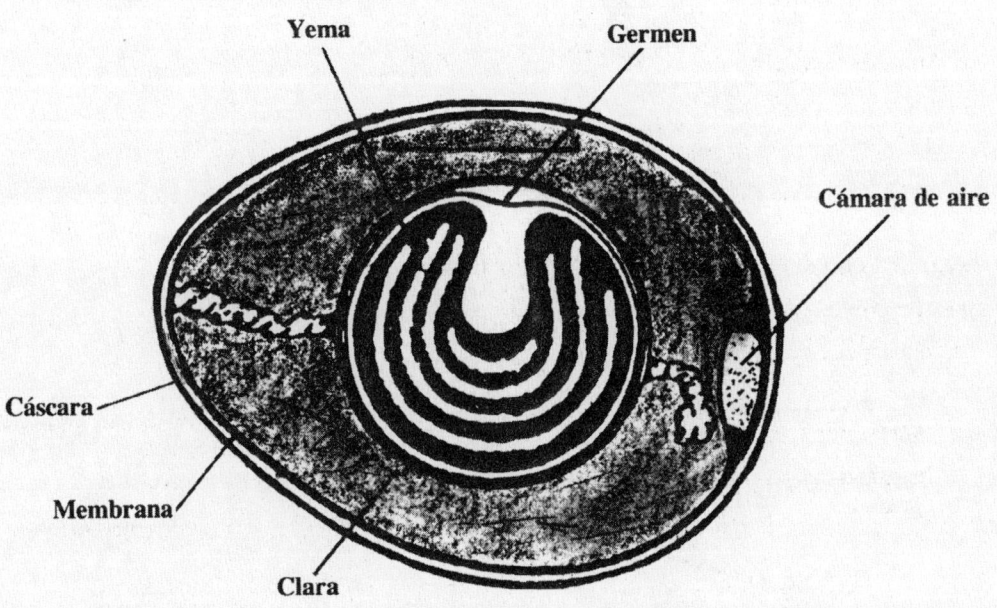

EL CUERPO HUMANO

La estructura del cuerpo humano se basa en miles de millones de células microscópicas que forman los *tejidos* (óseo, muscular, nervioso, etc.). Los tejidos forman los *órganos* (músculos, nervios, huesos, cerebro, corazón, pulmones, estómago) que a su vez forman *aparatos* o *sistemas* (digestivo, locomotor, circulatorio) cuando funcionan con un mismo fin. El trabajo que realiza un mismo sistema se conoce como *función* y puede ser de nutrición (circulación, digestión, respiración) o relación (órganos de los sentidos, locomoción).

CAPÍTULO 6: Ciencias

EL SISTEMA ESQUELÉTICO

El armazón del cuerpo está formado por un conjunto de piezas duras y resistentes llamadas *huesos* y otras más blandas denominadas *cartílagos*. Los huesos tienen la doble función de proteger algunas partes delicadas de nuestro organismo (como la médula espinal y el encéfalo) y formar los órganos pasivos del movimiento. El esqueleto humano consta de un total de 206 ó 207 huesos, que se clasifican de la siguiente forma:

Huesos de la cabeza:

Cráneo: 8 huesos

Cara: 14 huesos

Hueso hioideo:

Un hueso

Huesos del tronco:

Columna vertebral: 32 ó 33 huesos

Tórax: 25 huesos

Huesos de las extremidades:

Superiores: 64 huesos

Inferiores: 62 huesos

PARTES DE UN HUESO

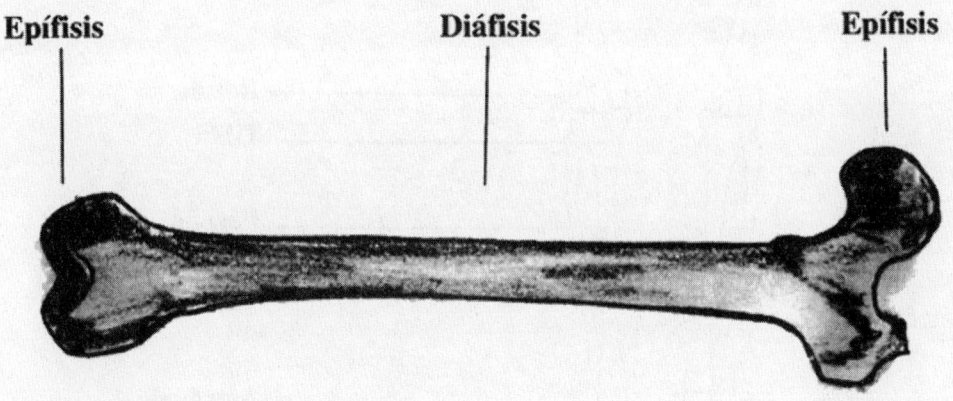

Epífisis   Diáfisis   Epífisis

EL ESQUELETO HUMANO

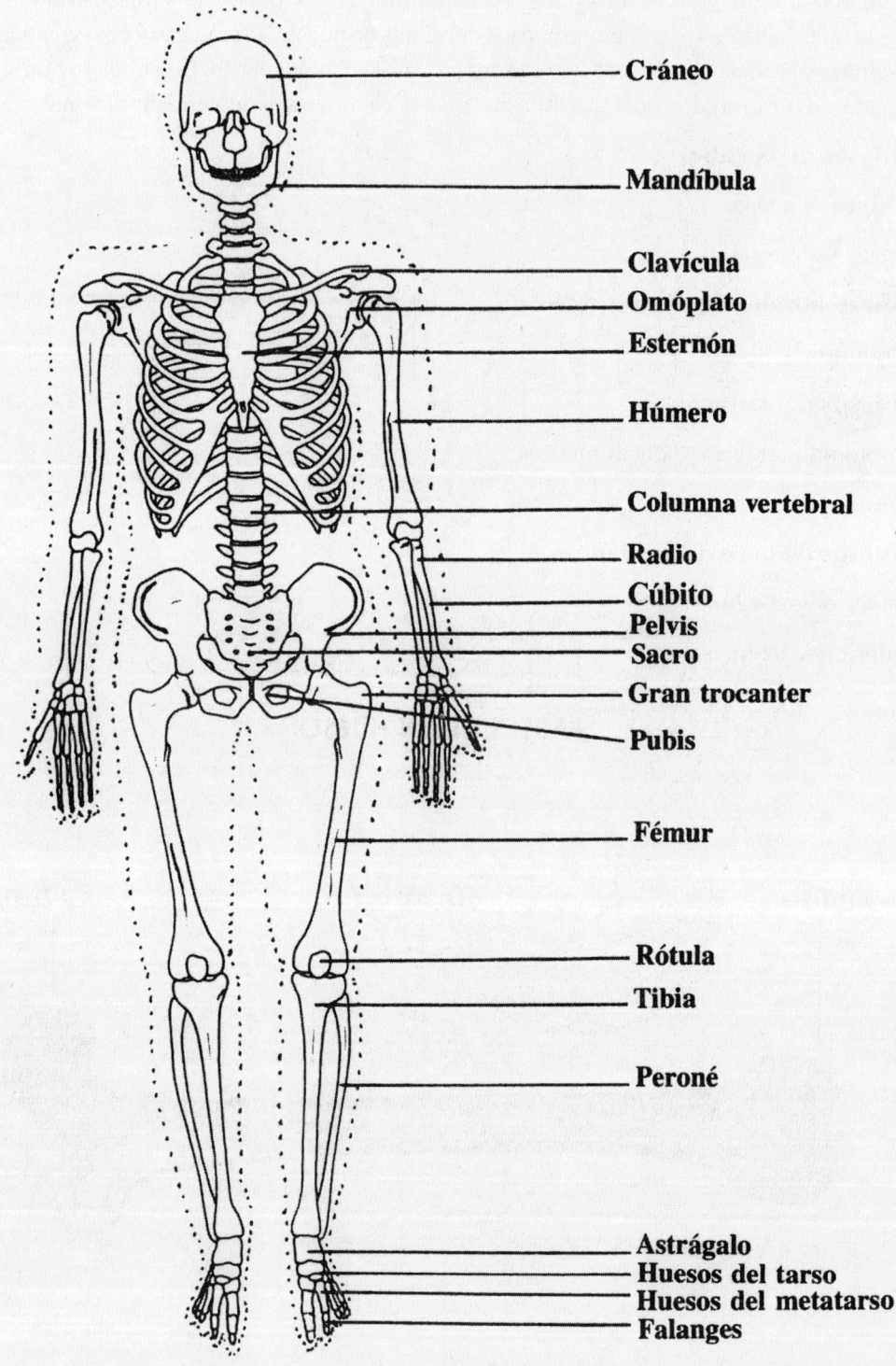

LA MANO

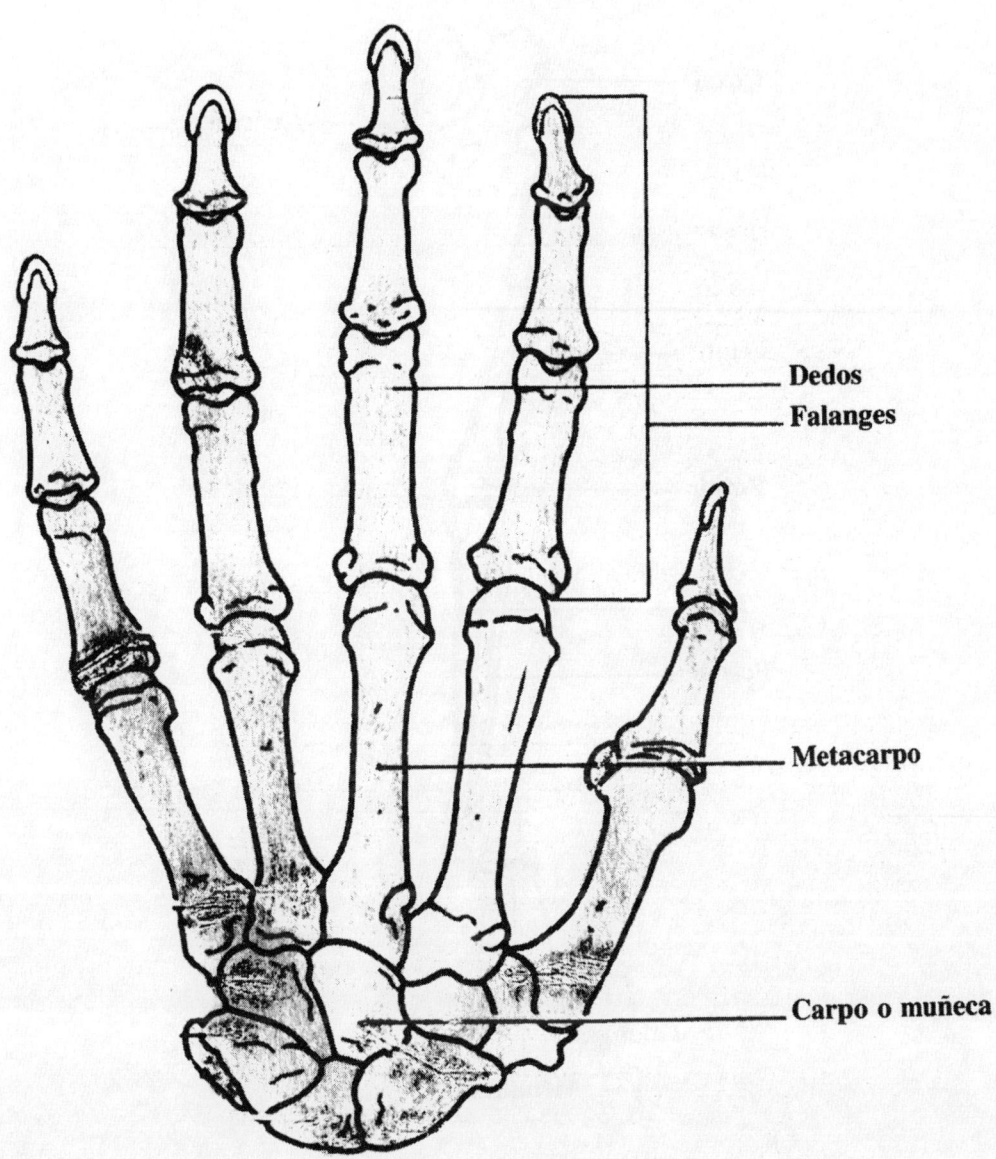

EXTREMIDAD INFERIOR O ABDOMINAL

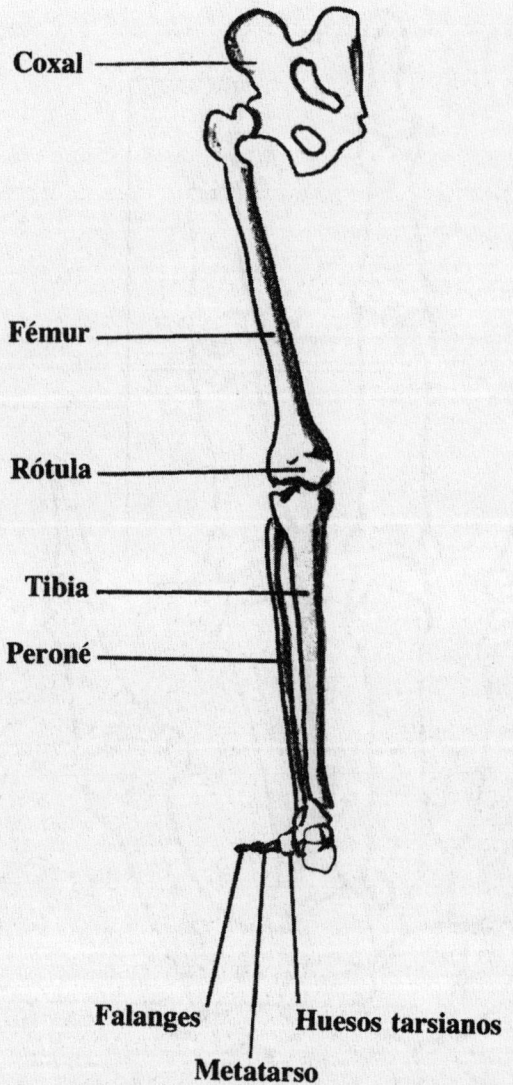

SISTEMA NERVIOSO

El sistema nervioso es el sistema más perfeccionado y complejo del organismo y es responsable de relacionar el organismo con el medio y regular y dirigir el funcionamiento de todos los órganos del cuerpo. El sistema nervioso está formado por dos partes:

El sistema nervioso cerebroespinal, que dirige las funciones de relación, como la locomoción, las sensaciones y los actos de inteligencia y voluntad; comprende el encéfalo, la médula espinal y los nervios.

El sistema nervioso autónomo o neurovegetativo, que regula las funciones de nutrición y de todas las vísceras del cuerpo, independientemente de la voluntad. Se llama también sistema simpático y está formado por dos cordones nerviosos situados a ambos lados de la médula formada por ganglios nerviosos.

EL CEREBRO

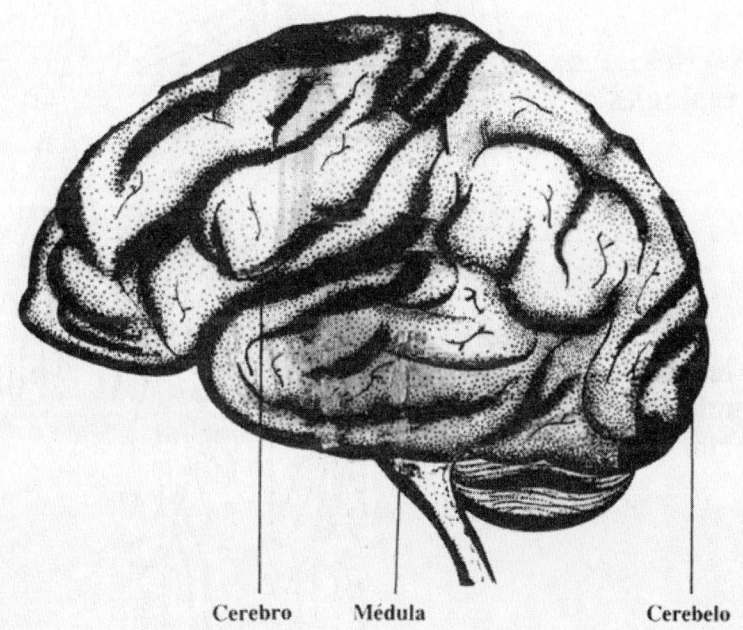

Cerebro   Médula   Cerebelo

SISTEMA NERVIOSO

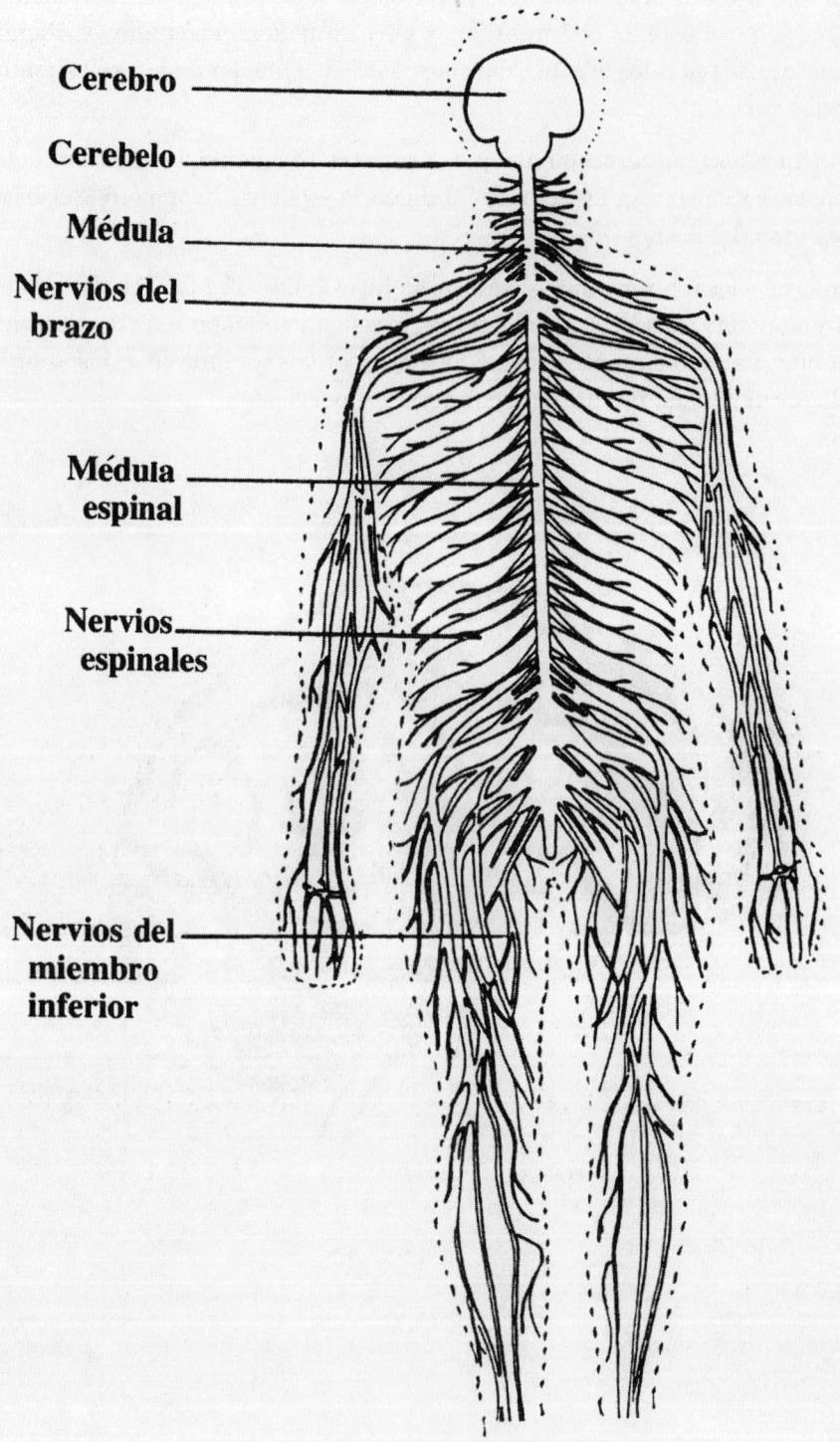

SISTEMA MUSCULAR

Los músculos están formados por haces de fibras musculares que tienen la propiedad de contraerse al aplicar un estímulo nervioso. El sistema muscular es el conjunto de órganos del movimiento que integra el aparato locomotor. Está formado por los músculos, ligamentos y articulaciones.

Los músculos son de dos clases: estriados, de contracción rápida y voluntaria como los que forman la musculatura del cuerpo; y lisos, de contracción lenta e involuntaria, como los que forman las paredes del intestino, las arterias, etc.

Debido a su forma, los músculos pueden ser fusiformes (como los bíceps exteriores); anulares, o en forma de anillo; orbiculares, o en forma de ojal (como los que cierran los ojos); planos y anchos (como los de la frente y el recto del abdomen); o en forma de abanico (como los dorsales y pectorales).

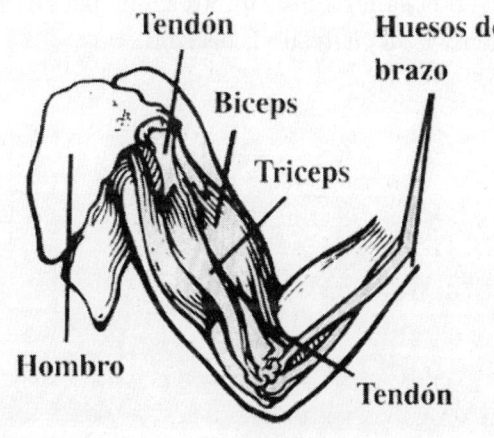

BRAZO DOBLADO

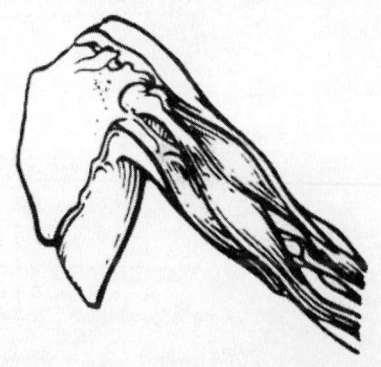

BRAZO EXTENDIDO

EL TRONCO

El tronco forma la parte mayor del cuerpo humano. El tronco sostiene la cabeza y las extremidades y aloja a la mayoría de los órganos y aparatos vitales. Se divide en tórax y abdomen. El tórax aloja el órgano central del aparato circulatorio, el corazón, del que parten los grandes vasos por los que la sangre se distribuye a todo el organismo. El aparato respiratorio está formado por la tráquea, los bronquios y los pulmones.

El abdomen aloja la mayor parte del aparato digestivo (estómago, intestinos, hígado y páncreas), el aparato excretor (riñones y vejiga) y el aparato reproductor.

APARATO CIRCULATORIO

La función del aparato circulatorio consiste en llevar oxígeno y nutrientes a todas las células del organismo por medio de la sangre. El oxígeno proviene de los pulmones y los nutrientes de los alimentos digeridos en el intestino. Asimismo, recoge los desechos o desperdicios que posteriormente se eliminan por los riñones, la piel, los pulmones, etc.

La sangre circula a través de un órgano central (el corazón) y un sistema periférico de tubos o vasos (las arterias, que distribuyen la sangre; los capilares, que penetran todos los órganos; y las venas, que la recogen y la devuelven al corazón).

EL CORAZÓN

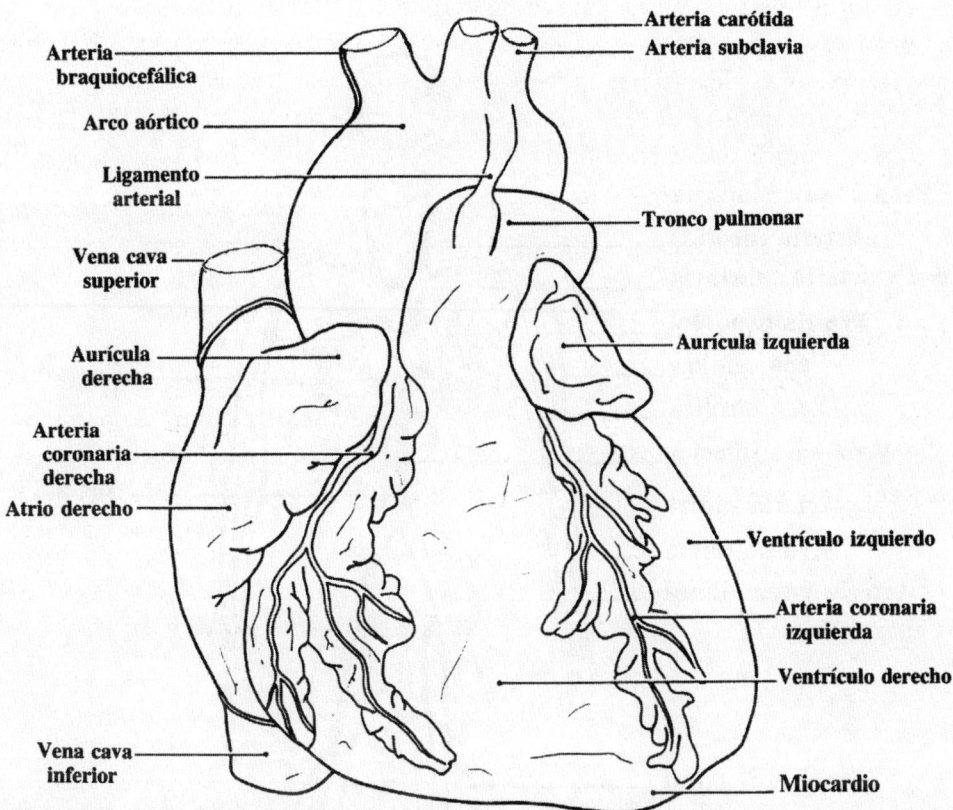

SISTEMA CARDIOVASCULAR

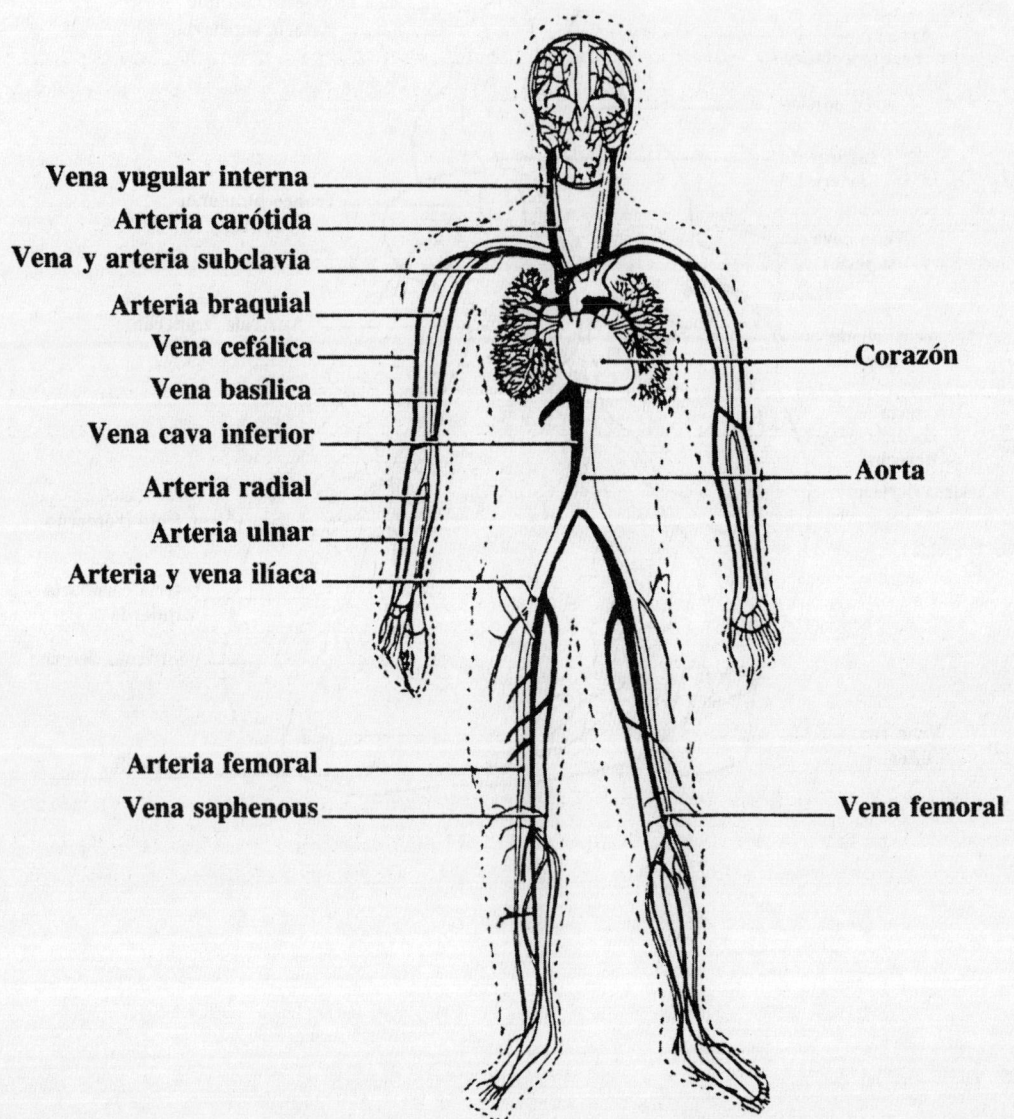

LOS CINCO SENTIDOS

El gusto

Es el sentido que percibe el sabor de las sustancias. Se localiza en la lengua, en las papilas gustativas con más precisión. Las regiones de sabores son: dulce, salado, agrio y amargo.

El olfato

El sentido del olfato nos permite percibir los olores que producen las sustancias odoríferas. Los receptores nerviosos se encuentran en el interior de las fosas nasales.

El tacto

Es el sentido especializado para percibir las sensaciones de contacto, presión, temperatura y dolor. Se encuentra irregularmente distribuido por toda la piel, situándose especialmente en regiones muy sensibles a ciertos estímulos.

La vista

El sentido de la vista es responsable de la percepción visual del ambiente que nos rodea y se aloja en dos cuencas u órbitas simétricas de la cara. Está formado por el globo ocular, los órganos accesorios protectores y el mecanismo de la visión.

El oído

El sentido del oído nos permite percibir las vibraciones sonoras y se localiza a ambos lados de la cabeza en los huesos temporales. Está formado por tres partes: oído externo, oído medio y oído interno. El oído también es responsable del sentido del equilibrio.

EL OÍDO

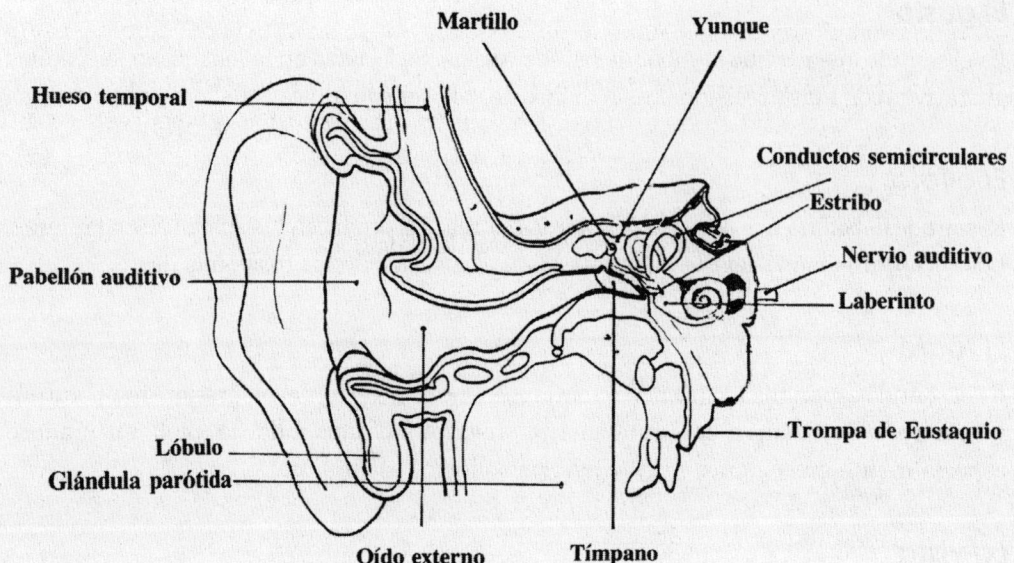

LA RESPIRACIÓN

La respiración es la función que permite al organismo aprovechar el oxígeno que necesita para la combustión de los elementos energéticos que le suministran energía y calor.

La respiración consiste en el intercambio del oxígeno utilizable por el gas carbónico desechado por las células del organismo. El aparato respiratorio es responsable de esta función mediante los procesos de inspiración y espiración.

APARATO RESPIRATORIO

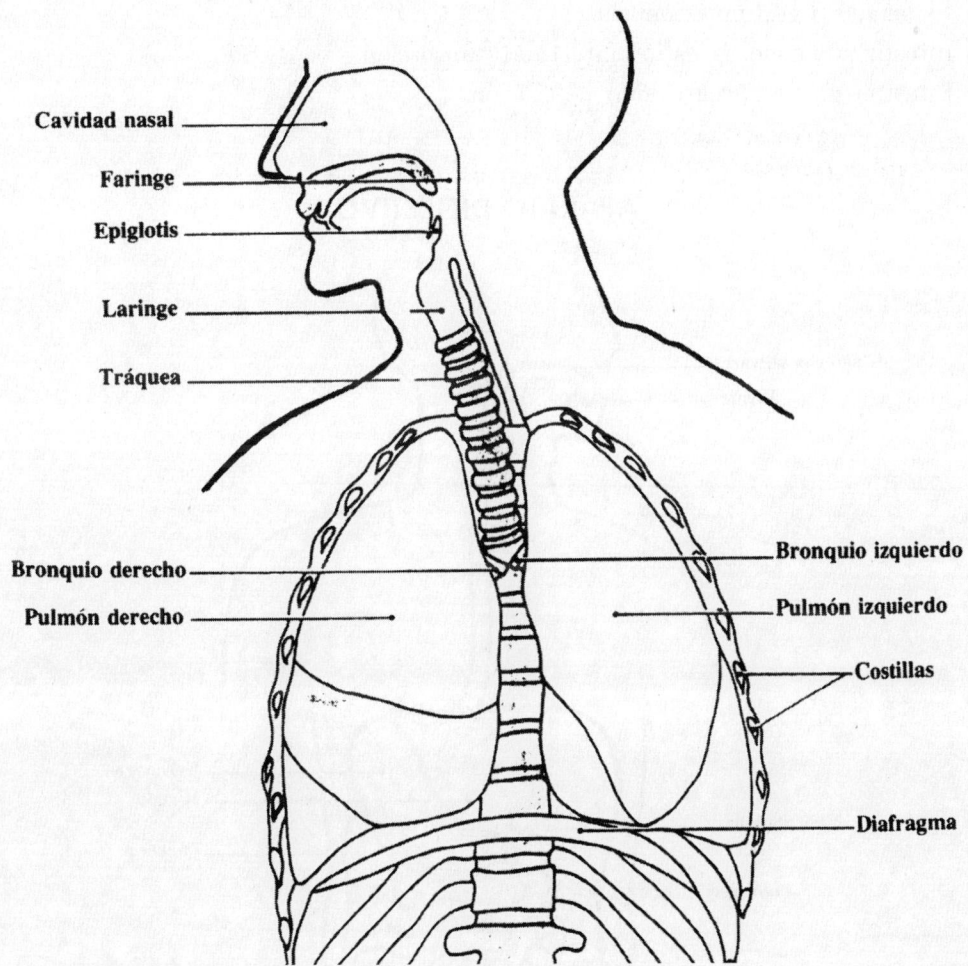

LA DIGESTIÓN

La digestión es el proceso de transformación de los alimentos en sustancias más sencillas que pueden ser asimiladas por el organismo. Este proceso se realiza a través del tubo digestivo (boca, faringe, esófago, estómago e intestinos) con la participación de las glándulas digestivas (salivares, gástricas, hepáticas, pancreáticas e intestinales).

La digestión se realiza por etapas en los siguientes órganos:

1. Boca: masticación, insalivación y digestión salivar
2. Faringe: deglución
3. Esófago: progresión
4. Estómago: digestión estomacal
5. Intestino delgado: digestión intestinal y absorción
6. Intestino grueso: progresión y defecación

APARATO DIGESTIVO

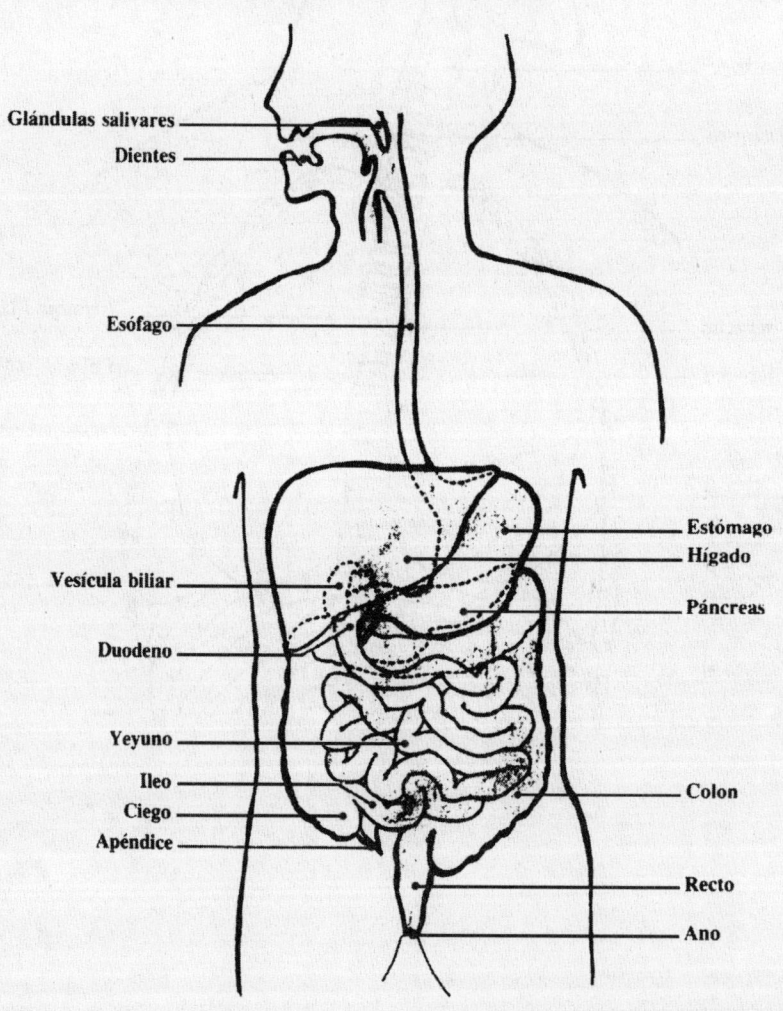

LA EXCRECIÓN

La excreción consiste en la separación y expulsión del organismo de todas las sustancias de desecho producidas durante sus actividades vitales. Este proceso se realiza en el aparato urinario, las glándulas sudoríferas de la piel, los pulmones y el hígado.

Los riñones son los órganos principales de excreción del organismo; son responsables de retener el exceso de agua, sal común, urea y otras sales presentes en la sangre.

Los residuos son transportados a la vejiga en forma de orina y expulsados periódicamente al exterior por la uretra.

LOS RIÑONES

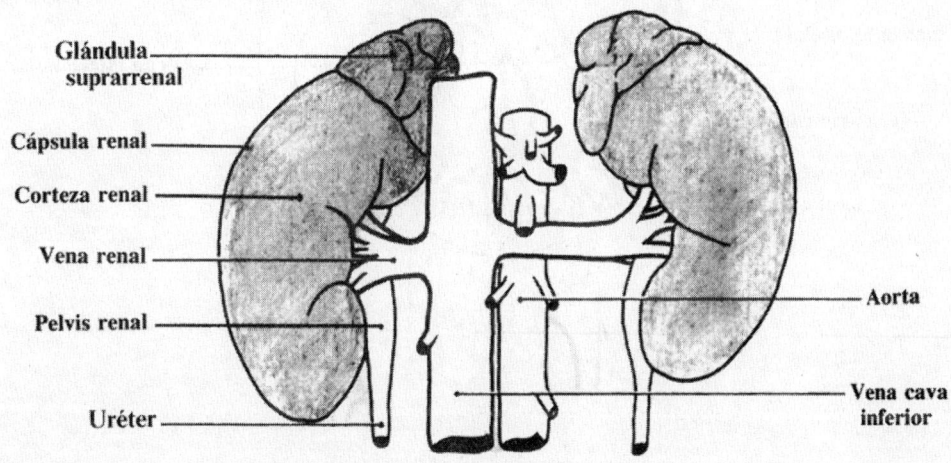

ARTERIAS RENALES: CORTE LONGITUDINAL DEL RIÑÓN

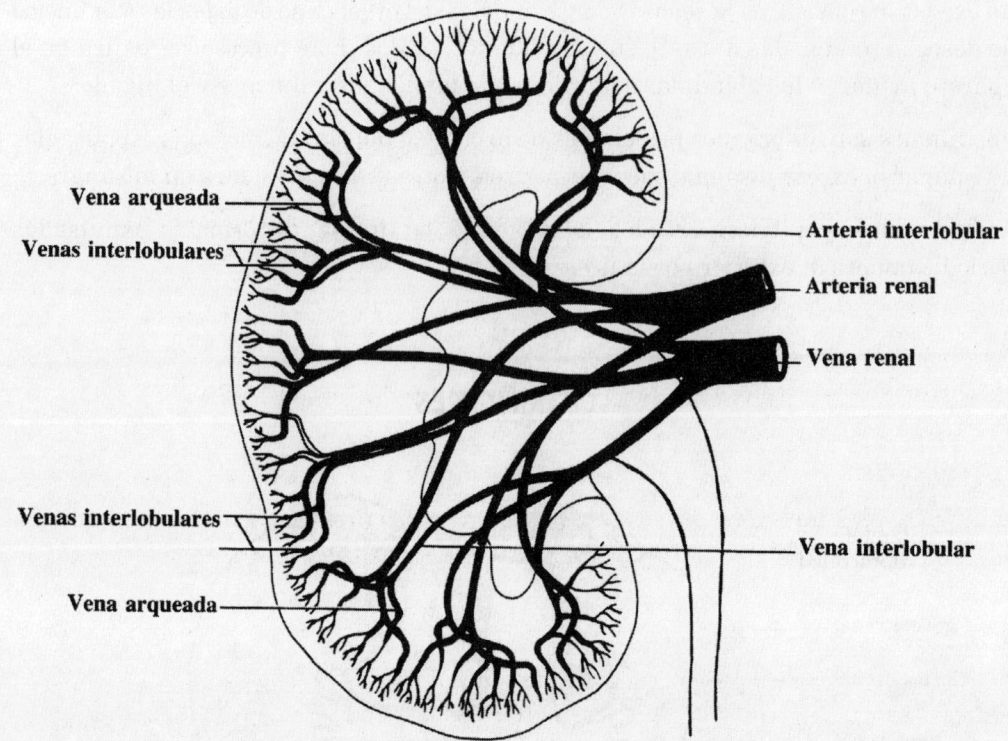

EL SISTEMA ENDOCRINO

En el ser humano se distinguen las siguientes glándulas endocrinas:

Hipófisis

Se encuentra atrás de las fosas nasales y su función es secretar diversas hormonas, como la hormona del crecimiento, la hormona estimulante de la glándula tiroides, la hormona estimulante de los folículos y la hormona que estimula las glándulas sexuales.

Tiroides

Se encuentra en la parte anterior del cuello y su función consiste en estimular el metabolismo y controlar el crecimiento y desarrollo del aparato reproductor.

Paratiroides

Estas glándulas se encuentran en la parte posterior de la tiroides y secretan una hormona llamada *parathormona* que regula la concentración de calcio en la sangre.

Páncreas

El páncreas es una glándula mixta. Como glándula exocrina elabora el jugo pancreático, que facilita la digestión de los alimentos, mientras que como glándula endocrina es responsable de secretar *insulina* y *glucagón*. La insulina disminuye la concentración de glucosa en la sangre y su almacenamiento en el hígado. Por el contrario, el glucagón aumenta la concentración de glucosa en la sangre. La falta de secreción de insulina por parte del páncreas causa una enfermedad muy común llamada *diabetes*.

Glándulas suprarrenales

Estas glándulas se encuentran sobre los riñones y constan de dos partes: la corteza y la médula. La corteza secreta una hormona llamada *cortisol*, u hormona del estrés. La médula produce *adrenalina*, u hormona del miedo, que se secreta cuando la persona recibe una fuerte impresión; la adrenalina prepara al organismo para la acción.

Glándulas sexuales

Estas glándulas reciben el nombre de gónadas. Las hay de dos clases: gónadas masculinas, o *testículos*, y gónadas femeninas, u *ovarios*.

SISTEMA ENDOCRINO

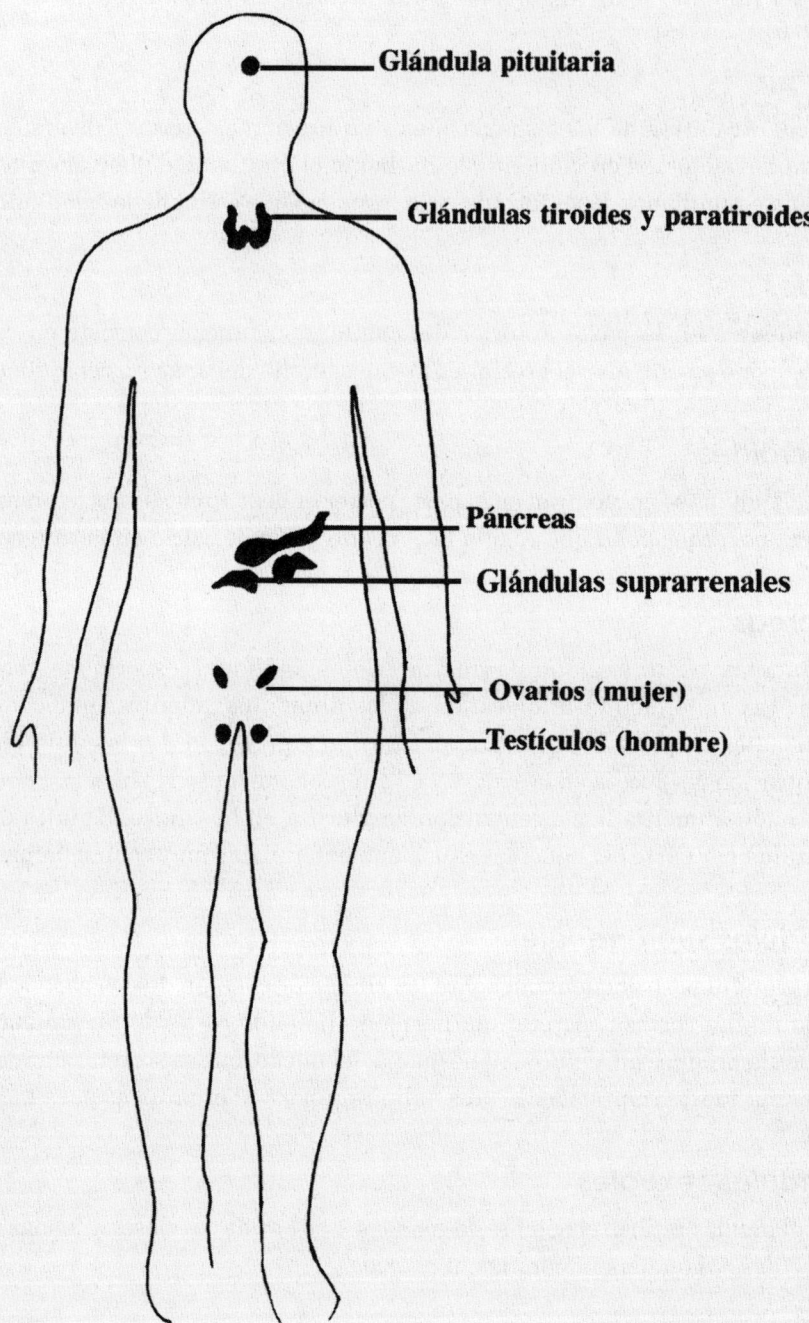

EL APARATO REPRODUCTOR

El ser humano se reproduce sexualmente. El hombre y la mujer tienen órganos diferentes con una función especializada.

Aparato reproductor masculino

Las gónadas masculinas o testículos se alojan en una especie de bolsa de tejido epitelial llamada escroto. Los testículos producen continuamente espermatozoides que salen al exterior por la *uretra*, conducto que recorre el interior del *pene*.

Aparato reproductor femenino

Las gónadas femeninas u ovarios son dos órganos del tamaño aproximado de una nuez que se encuentran en la cavidad pélvica. Los ovarios se comunican con el útero por los oviductos o trompas de Falopio. El cuello del útero se comunica con la *vagina*. Los ovarios producen óvulos periódicamente aproximadamente una vez al mes. Cuando uno de los óvulos madura y se desprende del ovario, ocurre la *ovulación*.

Fecundación y menstruación

Si un espermatozoide de los muchos que expulsa el hombre logra llegar al óvulo maduro, éste queda *fecundado*. En caso contrario, aproximadamente dos semanas después de la ovulación, la mujer expulsa del útero por la vagina los restos de tejido y sangre en lo que se conoce comúnmente como *menstruación*. El ciclo menstrual tiene lugar también cada veintiocho o treinta días si no se produce la fecundación.

El período de mayor fecundidad coincide con el de la ovulación, es decir, unas dos semanas antes del período de menstruación. La fecundación ocurre en la parte superior de las trompas de Falopio. Posteriormente, el óvulo, que ya es un embrión o un nuevo ser en potencia, pasa al útero y se aloja en su pared interna. Después se forma la *placenta* que sirve de unión entre el organismo de la madre y el embrión. La *gestación* dura en la mujer aproximadamente nueve meses.

APARATO REPRODUCTOR MASCULINO

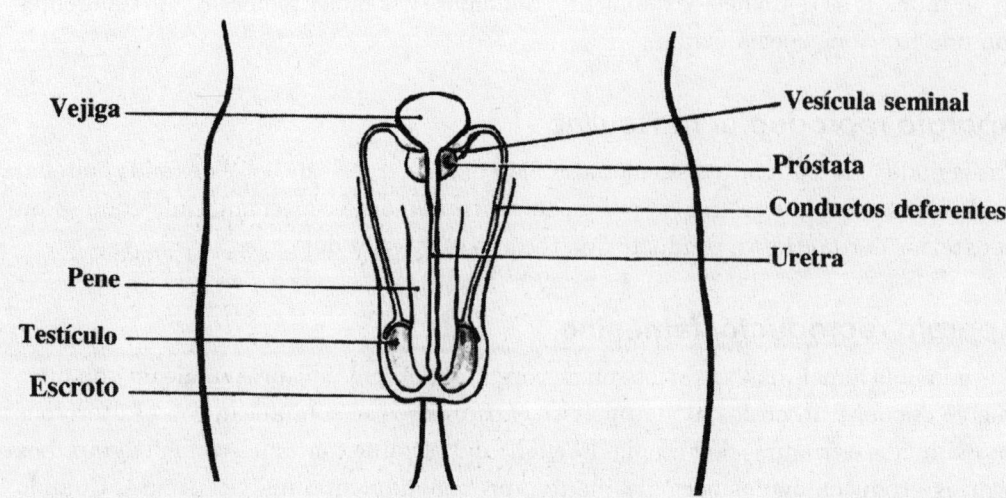

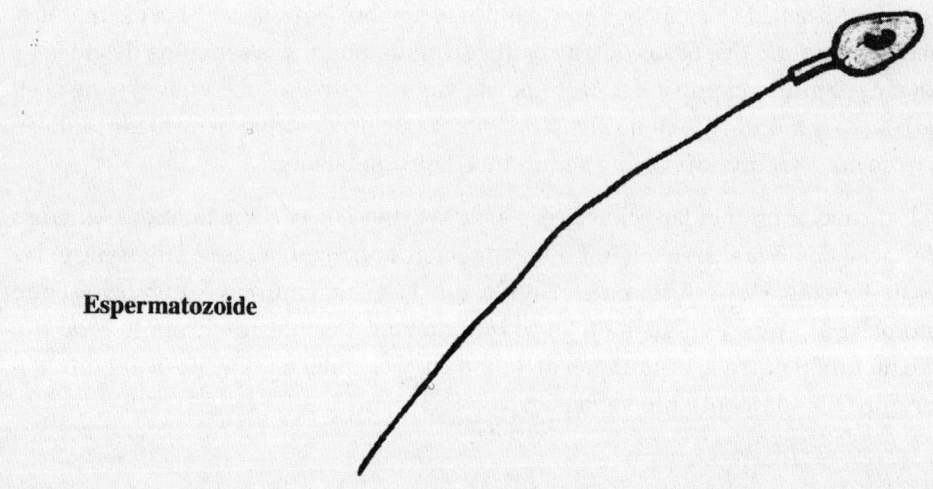

Espermatozoide

APARATO REPRODUCTOR FEMENINO

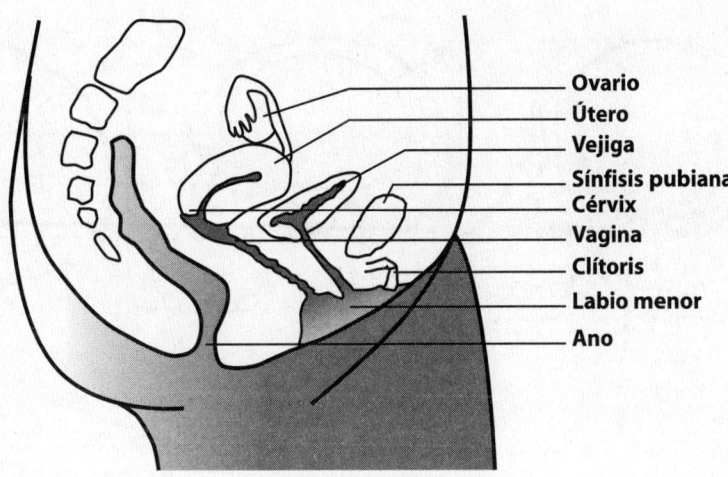

Ovario
Útero
Vejiga
Sínfisis pubiana
Cérvix
Vagina
Clítoris
Labio menor
Ano

Óvulo

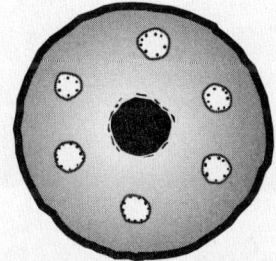

COMPARACIÓN DEL CRÁNEO DEL CHIMPANCÉ, DEL *AUSTRALOPITHECUS* Y DEL *HOMO SAPIENS*

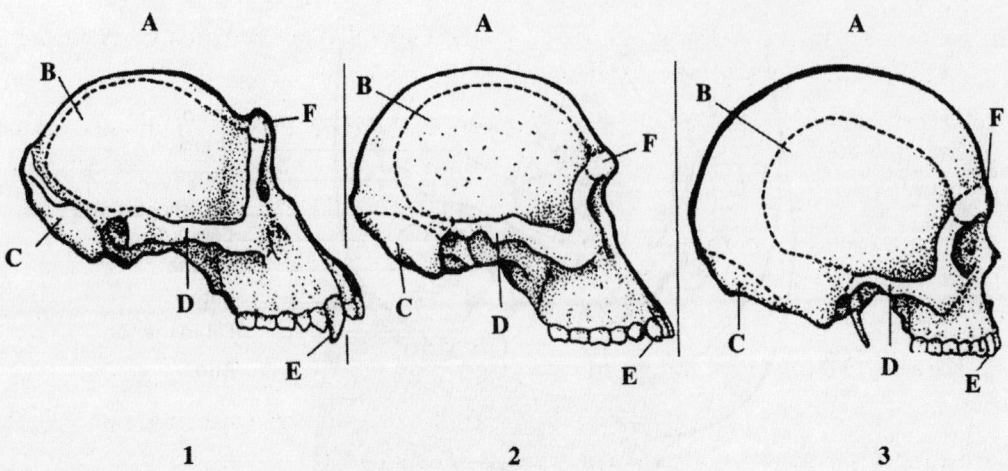

1. Chimpancé _____ A = 400 cm
2. *Australopithecus* _____ A = 450 cm
3. *Homo sapiens* _____ A = 1400 cm

A = Capacidad craneal
B = Área temporal
C = Área de la nuca
D = Arco zigomático
E = Canino
F = Seno frontal

GLOSARIO DE CIENCIAS

ácido Compuesto que produce iones de hidrógeno al disolverse en agua.

adrenalina Hormona secretada por las glándulas adrenales (o suprarrenales); estimula el corazón y el sistema circulatorio además de aumentar la presión arterial.

aleación Metal producido por la combinación de dos o más metales; un ejemplo es el bronce, mezcla de cobre y estaño.

amalgama Mezcla de mercurio con otro metal.

aminoácido Elemento básico que forma parte fundamental de la estructura de todas las proteínas.

amperio Medida de intensidad de la corriente eléctrica.

anatomía Ciencia que estudia la estructura del cuerpo.

anaerobio Que no necesita oxígeno para sobrevivir.

antera Parte de la flor en donde se produce el polen.

antibiótico Sustancia producida por un microorganismo capaz de prevenir, inhibir o destruir a otro microorganismo.

antígeno Proteína ajena al organismo que estimula la producción de un anticuerpo. Los anticuerpos específicos neutralizan la acción de antígenos específicos.

antiséptico Sustancia capaz de destruir microorganismos causantes de enfermedades, putrefacción o fermentación.

arteria Vasos en forma de tubo que llevan la sangre del corazón a todo el organismo.

asteroide Planeta o roca pequeña que gira en órbita alrededor del Sol.

astro Cuerpo celeste.

astronomía Ciencia que estudia los cuerpos celestes.

atmósfera Gas que rodea un cuerpo en el espacio.

átomo Partícula más pequeña de la materia que no se puede dividir por medios químicos.

aurícula Cámara del corazón que recibe sangre de las venas.

azúcar Sustancia formada por un hidrato de carbono; compuesto natural de sabor dulce que se extrae principalmente de la caña de azúcar y la remolacha.

bacteria Pequeño organismo unicelular carente de un núcleo organizado; no contiene clorofila.

biología Ciencia que estudia los seres vivos.

dióxido de carbono (CO_2) Gas pesado incoloro e inodoro de la atmósfera.

botánica Rama de la biología que estudia las plantas.

brújula Instrumento que sirve para determinar las direcciones de la superficie terrestre.

caloría Unidad de calor.

carbohidratos Hidratos de carbono; compuestos formados por carbono, hidrógeno y oxígeno.

carbono Elemento no metálico que se encuentra solo (como en el diamante y el grafito) o formando parte del carbón, petróleo, asfalto, piedra caliza y otros carbonatos.

catálisis Acción que ejercen ciertas sustancias químicas sobre la composición de otras sin sufrir ellas ningún cambio.

célula Unidad básica y más pequeña de la vida.

centígrado Unidad de medida de la temperatura; también se conoce como Celsius. En la escala centígrada, el punto de congelación del agua equivale a cero y el punto de ebullición a 100.

cianuro Compuesto muy venenoso que contiene gas cianógeno.

cinobrio Mena principal del mercurio de un hermoso color rojo brillante.

circuito Trayectoria (generalmente circular) que sigue una corriente eléctrica.

clorofila Sustancia de color verde que tienen las plantas y que les permite producir azúcares cuando estan en contacto con la energía luminosa.

cobalto Elemento metálico fuerte, lustroso y magnético, de color blanco plateado; se encuentra junto con el hierro y el níquel.

combustión Oxidación de una sustancia con producción de calor y luz; el fuego es un ejemplo.

compuesto Combinación de dos o más elementos químicos en proporción definida por peso.

concentración Cantidad relativa de un componente en un volumen dado.

condensación Cambio del estado gaseoso al líquido.

constelación Grupo de estrellas o soles.

contaminación ambiental Degradación de la atmósfera, el suelo, el agua, etc. debida a la presencia de sustancias nocivas o venenosas; también se conoce como polución.

corazón Órgano principal responsable de la circulación de la sangre.

corpúsculo Célula roja de la sangre.

cristalización Fenómeno por el cual una sustancia adquiere una forma cristalina, como la congelación del agua.

crustáceo Animal acuático que se caracteriza por poseer un esqueleto óseo y cuerpo segmentado; ejemplos de crustáceos son la langosta, el cangrejo, etc.

diamante Carbono puro que se cristaliza por el sistema cúbico o regular generalmente en octaedros, dodecaedros y hexaedros; es el mineral más duro que se conoce en la Tierra.

digestión Proceso de desintegración de los alimentos en sustancias simples que pueden pasar a través de la membrana de las células.

ADN Ácido nucleico que contiene el material hereditario de los cromosomas (cuerpos en forma de filamentos o hilos que se encuentran junto a los genes en el núcleo de la célula).

eclipse Obstrucción transitoria de luz que ocurre cuando un cuerpo celeste se interpone entre otros. Cuando la Luna se interpone entre la Tierra y el Sol, produce una sombra o eclipse en una parte de la Tierra. Los eclipses solares ocurren cuando la Luna se interpone entre el Sol y la Tierra. Los eclipses lunares ocurren cuando la Tierra se interpone entre el Sol y la Luna obstruyendo la trayectoria de la luz que se dirige a la Luna.

ecología Ciencia que estudia la relación entre animales y plantas y el medio que los rodea.

electrón Partícula atómica con carga negativa.

elemento Una de las aproximadamente 103 sustancias básicas que no se pueden dividir en componentes más simples por medios químicos.

embriología Ciencia que estudia el desarrollo inicial del organismo.

enzima Sustancia producida por las células capaz de producir cambios específicos en otras sustancias sin cambiar en el proceso.

erosión Desgaste o destrucción paulatina de algo causada por un agente físico.

éter Líquido incoloro e inflamable que se emplea como anestésico.

evaporación Paso del estado líquido al gaseoso sin llegar al punto de ebullición; los líquidos se transforman en gases.

evolución Cambio gradual y paulatino de los organismos que resulta en la aparición de nuevas especies.

faringe Tubo musculoso membranoso que se extiende del techo del paladar al esófago con el que se continúa.

fértil Capacidad de reproducirse.

fertilización Unión de un espermatozoide y un óvulo; reproducción sexual.

feto Embrión, desde que se implanta en el útero hasta el momento de su nacimiento.

fosfato Sal formada por ácido fosfórico que se encuentra en los fertilizantes y bebidas embotelladas.

fósil Restos que se conservan generalmente petrificados y nos permiten estudiar las antiguas especies que habitaron la Tierra.

fusión Proceso por el cual se derriten los metales y otros cuerpos.

galaxia Sistema celeste formado por miles de millones de estrellas.

gameto Célula que se une con otra en la reproducción sexual.

gen Unidad básica de la herencia.

genética Ciencia que estudia las características de la herencia.

geología Ciencia que estudia la Tierra y su origen.

glándula Órgano de función secretora, cuya secreción puede verterse a través de la piel o de las mucosas.

grasa Compuestos formados por carbono, hidrógeno y oxígeno. También llamados lípidos. Son insolubles en agua y solubles en disolventes orgánicos. Entre las grasas comunes se encuentran la manteca o sebo animal. Se usan como alimento, en la fabricación de aceites, secantes para pintura y en jabones. Están formadas por combinaciones de glicéridos.

gravedad Fuerza que atrae hacia el centro de la Tierra todos los cuerpos cerca de su superficie.

hábitat Lugar apropiado para la vida de un animal o planta.

hemoglobina Proteína que le da el color rojo a la sangre y transporta el oxígeno.

hemofilia Trastorno hereditario que afecta principalmente al hombre, pero es transmitido por la madre. La sangre es incapaz de coagularse, lo cual causa hemorragias excesivas.

hemorragia Derrame excesivo de sangre.

herencia Transmisión de los rasgos hereditarios de una generación a otra.

hidrólisis Descomposición de moléculas grandes en unidades más pequeñas al reaccionar con el agua.

hígado Órgano glandular que secreta la bilis.

hormona Sustancia producida por glándulas endocrinas, que pasa a la sangre y estimula la actividad de un órgano, célula o tejido; la adrenalina y la insulina son ejemplos de hormonas.

inducción Fenómeno por el cual un cuerpo adquiere propiedades magnéticas o carga eléctrica.

invertebrados Animales sin espina dorsal.

iones Átomos o grupos de átomos con carga eléctrica debido a la pérdida o ganancia de electrones.

isótopo Átomo con el mismo número de protones pero diferente número de neutrones. Esta diferencia no cambia las propiedades químicas del átomo, pero sí afecta su masa.

kilovatio-hora Unidad de energía que equivale al uso de 1,000 vatios de electricidad en una hora.

láser Conversión de la energía en una corriente directa de luz.

año luz Distancia que recorre la luz en un año a una velocidad constante de 186,000 millas por segundo.

magma Material fundido que se encuentra bajo la corteza terrestre.

mamífero Vertebrado con el cuerpo cubierto de pelo y que posee glándulas mamarias.

membrana Tejido delgado que forma una pared entre dos estructuras de un organismo.

metabolismo Suma total de todas las reacciones químicas de un ser vivo.

metamorfosis Serie de cambios por los que pasan algunos animales como los insectos; que se transforman desde el estado larvario hasta la fase adulta.

meteoro Partículas celeste de materia presente en el sistema solar que se puede observar directamente sólo cuando cae en la atmósfera terrestre; su fricción causa una incandescencia transitoria.

meteorología Ciencia que estudia el tiempo y las condiciones de la atmósfera.

microbio Forma microscópica de vida capaz de causar enfermedades.

neurona Célula nerviosa.

nitrógeno Gas incoloro, insípido e inodoro que forma aproximadamente las cuatro quintas partes de la atmósfera.

núcleo Centro de la célula y el átomo.

nutrición Proceso por el cual un animal o planta aprovecha el alimento para estimular su crecimiento.

omnívoro Que se alimenta de carne y vegetales.

óptica Ciencia que estudia la luz y sus efectos.

órbita Trayectoria que sigue un cuerpo celeste alrededor de otro.

organismo Ser vivo animal o vegetal.

óxido Compuesto químico formado por oxígeno y otro elemento.

oxidación Combinación de un elemento cualquiera con el oxígeno.

oxígeno Elemento químico que forma una quinta parte de la atmósfera; elemento vital para todos los seres vivos.

ovario Órgano que produce los óvulos en la mujer.

ozono Forma que adquiere el oxígeno después de aplicarle una carga eléctrica.

páncreas Glándula de la cavidad abdominal que se comunica con el intestino delgado donde vierte el jugo pancreático que contribuye a la digestión.

parásito Organismo que vive sobre o dentro de otro organismo a sus expensas.

pasteurización Proceso que se usa para matar o eliminar microorganismos por medio de calor. Se usa en la purificación de la leche. Fue inventado por Luis Pasteur, científico francés.

pistilo Órgano femenino de la flor.

planeta Uno de los nueve cuerpos celestes que giran alrededor del Sol; la Tierra es un planeta.

plancton Organismos en su mayoría microscópicos que viajan con las corrientes marinas; constituye el alimento básico de la ballena y otros animales de gran tamaño.

polen Elemento masculino en la fertilización de las plantas con flores.

proteína Molécula que contiene nitrógeno y que forma parte fundamental de las células animales y vegetales; la carne, la leche, el queso, los huevos y los frijoles contienen proteína.

protón Partícula atómica con carga positiva.

protozoario Animal unicelular.

radiactividad Propiedad de algunos elementos capaces de emitir espontáneamente rayos alfa, beta y gamma en ocasiones al desintegrarse el núcleo de sus átomos.

reproducción Proceso por el cual los organismos producen descendencia de su propia especie.

respiración Proceso químico y físico por el cual un organismo lleva oxígeno a sus células y tejidos y expulsa el dióxido de carbono.

Ritcher, escala de Escala que se usa para medir la intensidad de un terremoto o movimiento telúrico.

riñón Cada uno de los dos órganos glandulares situados en la región lumbar que producen la orina; también secretan insulina.

ARN Ácido ribonucleico esencial en la síntesis de proteínas.

sal Sustancia que se forma al combinar un ácido con una base.

satélite Cuerpo celeste que gira alrededor de un planeta.

soluble Que puede disolverse en un líquido.

simbiosis Relación entre dos organismos que viven juntos y de la que ambos se benefician.

taxonomía Ciencia que estudia la clasificación de los organismos con base en sus características comunes.

testículo Órgano reproductor del hombre responsable de producir los espermatozoides.

termodinámica Ciencia que estudia la acción del calor.

tórax Región del pecho.

tráquea Tubo respiratorio que parte de la faringe y desciende hasta la mitad del pecho.

ultrasonido Sonido de alta frecuencia inaudible para el ser humano.

unicelular Organismo formado por una sola célula.

uranio Elemento radiactivo pesado que se usa en la producción de energía nuclear.

vacuna Sustancia que se usa para inocular gérmenes muertos o debilitados con fines profilácticos.

vejiga Saco membranoso en el que se almacena la orina producida por los riñones.

vena Vaso en forma de tubo que lleva la sangre de los capilares al corazón; en las plantas, tubos conductores de las hojas.

ventrículo Cámara del corazón que bombea sangre.

vertebrado Animal con columna vertebral segmentada, como en los mamíferos, aves, reptiles, anfibios y peces.

virus Partícula no celular, microscópica y parásita que tiene algunas de las características propias de los seres vivos, como la capacidad de cambiar y reproducirse.

vitamina Sustancia orgánica que se encuentran en pequeñas cantidades en los alimentos; es necesaria para la salud y crecimiento de los organismos.

zoología Ciencia que estudia los animales.

zigoto Célula formada por la unión de dos gametos.

Interpretación de la Literatura y de las Artes

RESUMEN
- Prosa: Textos literarios
- Poesía
- Ensayos
- Glosario de términos de métrica y retórica
- Clave de respuestas

Las preguntas del nuevo examen de Interpretación de la Literatura y de las Artes se basan en lecturas tomadas de ensayos y reseñas generales sobre pasajes literarios en prosa, poesía y fragmentos de obras dramáticas (75%) y textos no ficticios (25%). Los pasajes van seguidos de una serie de preguntas de opción múltiple sobre el tema de la lectura. Al seleccionar los pasajes se ha hecho énfasis en fragmentos de obras literarias clásicas y populares de autores hispanoamericanos. Las preguntas planteadas se basan en cuatro categorías fundamentales del análisis literario: comprensión, deducción, aplicación y análisis. Esta sección contiene además un glosario extenso de términos de métrica y retórica.

PROSA: TEXTOS LITERARIOS

Lea detenidamente el pasaje y a continuación responda a las preguntas. Marque el número correspondiente en la hoja de respuestas.

Las preguntas 1 a 4 se refieren al pasaje siguiente:

Se conservan muy pocos textos originales de la época precolombina. La mayoría de ellos fueron destruidos. Había, antes de la llegada de Colón, cientos de lenguas diferentes, aunque las más cultas eran el quechua del Perú, el maya-quiché y el náhuatl de los aztecas. En la civilización incaica no había escritura. Los archivos de "quipus" eran cordeles anudados que hacían las funciones de libros mnemotécnicos. Los mayas tenían libros con figuras jeroglíficas y los aztecas tampoco tenían libros literarios, pero sí representaban su pensamiento con figuras y pinturas.

Entre 1554 y 1558, un indígena educado por los españoles recopiló en su lengua quiché, pero con la ayuda del alfabeto español, las tradiciones históricas y cultura de su pueblo. La idea era hacer un libro que supliera al Libro del Consejo o *Popol Vuh*. Aunque hoy día se conoce el texto original, existe la copia y la traducción al castellano que hizo el Padre Francisco Ximénez (1666–1729).

El texto que citamos a continuación trata de las creencias que tenía el pueblo quiché sobre cómo los dioses querían formar hombres que les rindieran honores y alabanzas. El texto se llama *La muerte de los muñecos de palo*. El fragmento dice así:

"En seguida fueron aniquilados, destruidos y deshechos los muñecos de palo y recibieron la muerte".

"Una inundación fue producida por el Corazón del Cielo; un gran diluvio se formó que cayó sobre la cabeza de los muñecos de palo".

"De tzite (planta) se hizo la carne del hombre, pero cuando la mujer fue labrada por el Creador y el Formador, se hizo de espadaña la carne de la mujer. Estos materiales quisieron el Creador, su Formador, que entraran en su composición".

"Pero no pensaban, no hablaban con su Creador, su Formador, que los habían hecho, que los habían creado. Y por esta razón fueron muertos, fueron anegados. Una resina abundante vino del cielo. El llamado *Xecotcovach* (el gran pájaro) llegó y les vació los ojos; *Camalotz* (el gran vampiro) vino a cortarles la cabeza; y vino *Cotzbalam* (el gran tigre) y les devoró las carnes. El *Tucumbalam* (el gran tapir) llegó también y les quebró y magulló los huesos y los nervios, les molió y desmoronó los huesos".

"Y esto fue para castigarlos porque no habían pensado en su madre, ni en su padre, el Corazón del Cielo, llamado Huracán. Y por este motivo se oscureció la faz de la Tierra y comenzó una lluvia negra, una lluvia de día, una lluvia de noche".

CAPÍTULO 7: Interpretación de la Literatura y de las Artes

1. ¿Cuál de las siguientes afirmaciones es verdadera?
   (1) Todos los pueblos indígenas precolombinos conocían la escritura.
   (2) Los incas hablaban la lengua quechua.
   (3) La región en que vivieron los incas se encuentra en Centroamérica.
   (4) Los aztecas eran indígenas peruanos.
   (5) Los incas usaron jeroglíficos para comunicarse.

2. Cierto indígena recogió en su lengua nativa, pero con la ayuda del alfabeto español, las tradiciones históricas y la cultura de su pueblo. La lengua del indígena era
   (1) quiché.
   (2) quechua.
   (3) chibcha.
   (4) maya.
   (5) azteca.

3. *La muerte de los muñecos de palo* trata sobre las creencias de
   (1) aztecas.
   (2) mayas.
   (3) chibchas.
   (4) incas.
   (5) guaraníes.

4. ¿Con quién se enfadaron los dioses por no dialogar con ellos?
   (1) con el gran tigre
   (2) con el gran tapir
   (3) con los seres humanos que habían creado
   (4) con el gran pájaro
   (5) con la gran serpiente

Las preguntas 5 a 8 se refieren al pasaje siguiente:

A pesar de que vivió hace unos 300 años, *Sor Juana Inés de la Cruz* (México, 1648–1695), es una de las escritoras más recordadas y actuales. Una monja con un gran estilo literario, de una prosa fina y profunda, fuerte y de tono irónico. Cantó siempre a la libertad, y en su tiempo, dentro de la estructura religiosa del momento, fue declarada como una rebelde que debía abandonar el mundo de las letras. Pero no lo hizo, dejándonos una gran obra literaria, tanto en prosa como en verso. En su obra *El sueño*, hay más de un millar de versos. Fue la voz más viva y alegre del período barroco hispanoamericano, reflejándose en su trabajo temas relacionados con Dios, el amor, la libertad, el abandono, los celos, la feminidad, la muerte. Sintetizó las corrientes barrocas practicadas a principios de siglo: Góngora, Calderón, Lope, Quevedo. Entre sus obras cabe destacar *El cetro de José, El mártir del sacramento, El divino Narciso, Los empeños de una casa, Amor es más laberinto, Respuesta a Sor Filotea de la Cruz*. En esta última obra, en uno de los fragmentos, dice:

"Prosiguiendo en la narración de mi inclinación, de que os quiero dar entera noticia, digo que no había cumplido los tres años de mi edad cuando enviando mi madre a una hermana mía, mayor que yo, a que se enseñase a leer en una de las que llaman Amigas, me llevó a mí tras ella el cariño y la travesura; y viendo que le daban lección, me encendí yo de manera en el deseo de saber leer, que engañando, a mi parecer, a la maestra, le dije que mi madre ordenaba me diese lección. Ella no lo creyó, porque no era creíble; pero, por complacer al donaire, me la dio. Proseguí yo en ir y ella prosiguió en enseñarme, ya no en burlas, porque la desengañó la experiencia; y supe leer en tan breve tiempo, que ya sabía cuando lo supo mi madre, a quien la maestra lo ocultó por darle el gusto por entero y recibir el galardón por justo; y yo lo callé, creyendo que me azotarían por haberlo hecho sin orden. Aún vive la que me enseñó (Dios la guarde) y puede testificarlo".

"Acuérdame que en estos tiempos, siendo mi golosina la que es ordinaria en aquella edad, me abstenía de comer queso, porque oí decir que hacía rudos, y podía conmigo más el deseo de saber que el de comer, siendo éste tan poderoso en los niños. Teniendo yo después como seis o siete años, y sabiendo ya leer y escribir, con todas las otras habilidades de labores y costura que desprenden las mujeres oí decir que había Universidad y Escuelas en que se estudiaban las ciencias, en México; y apenas lo oí cuando empecé a matar a mi madre con instantes e importunos ruegos sobre que, mudándome el traje, me enviase a México, en casa de unos deudos, que tenía, para estudiar y cursar la Universidad; ella no lo quiso hacer, e hizo muy bien, pero yo despiqué el deseo en leer muchos libros varios que tenía mi abuelo, sin que bastasen castigos ni represiones a estorbarlo; de manera que cuando vine a México, se admiraban, no tanto del ingenio, cuanto de la memoria y noticias que tenía en edad que parecía que apenas había tenido tiempo para aprender a hablar".

5. Sor Juana de la Cruz,
   (1) defendía la libertad en sus escritos.
   (2) fue una monja sumisa al sistema eclesiástico.
   (3) pertenece al movimiento literario renacentista.
   (4) escribía sobre temas históricos y teológicos.
   (5) fue una gran escritora contemporánea de Góngora y otros autores barrocos.

6. En su *Respuesta a Sor Filotea de la Cruz*, Sor Juana Inés de la Cruz
   (1) decía que tardó muchos años en aprender a leer.
   (2) estaba de acuerdo con Sor Filotea.
   (3) confiesa su poco amor por la lectura.
   (4) demuestra humor, ironía, una prosa fina y su carácter rebelde.
   (5) expresa sus ideas acerca de la educación del país.

7. Las obras de Sor Juana pertenecen al período literario
   (1) de la revolución hispanoamericana.
   (2) de la liberación hispanoamericana.
   (3) del barroco hispanoamericano.
   (4) del renacimiento.
   (5) de la generación del 98.

8. ¿Cuál de las siguientes afirmaciones sobre Sor Juana Inés de la Cruz no es correcta?
   (1) Fue una gran poetisa mexicana.
   (2) Vivió en el siglo XVI.
   (3) Sus obras muestran en parte la influencia de Góngora.
   (4) Escribió tanto en prosa como en verso.
   (5) Sus obras también se inspiraron en la obra de Calderón, Lope y Quevedo.

CAPÍTULO 7: Interpretación de la Literatura y de las Artes

Las preguntas 9 a 12 se refieren al pasaje siguiente:

Eugenio María de Hostos (Puerto Rico, 1839–1903) dedicó su vida a la actividad didáctica, a la enseñanza. Renunció a su vocación literaria para centrarse en la vida práctica. Llegó hasta criticar la literatura (en su obra *Moral Social*, 1888); pero en estas páginas de discrepancias y polémica se pueden palpar los dos polos en que se movía su vida: por una parte, una calidad innata, natural, de artista, de escritor; por otra, una preocupación social por el momento en que vivía que le lleva a dedicarse totalmente a funciones didácticas. En España, donde vivió de 1851 a 1869, escribió breves relatos líricos y, sobre todo, una novela poética, *La peregrinación de Bayoan*, 1863, donde se puede ver la vena de creación literaria que tenía, cualidad que no cultivó. Su pensamiento gira en torno a la libertad de su patria, la unidad de Puerto Rico, Cuba, Santo Domingo y Haití, la justicia y la verdad. Dejó escritas obras de gran sensibilidad, como *Inda* (1878) y sus *Cuentos a mi hijo* (1878).

En un discurso pronunciado en la investidura de los primeros maestros normales de la República Dominicana en 1884, dice: "La enseñanza verdadera, la que se desentiende de los propósitos históricos, de los métodos parciales, de los procedimientos artificiales, y, atendiendo exclusivamente al sujeto del conocimiento, que es la razón humana, y al objeto de conocimiento, que es la naturaleza, favorece la cópula de entre ambas y descansa en la confianza de que esa cópula feliz dará por fruto la verdad".

"Dadme la verdad, y os doy el mundo. Vosotros, sin la verdad, destrozaréis el mundo; y yo, con la verdad, con sólo la verdad, tantas veces reconstruiré el mundo cuantas veces lo hayáis vosotros destrozado. Y no os daré solamente el mundo de las organizaciones materiales: os daré el mundo orgánico, junto con el mundo de las ideas, junto con el mundo de los afectos, junto con el mundo del trabajo, junto con el mundo de la libertad, junto con el mundo del progreso, junto, para disparar el pensamiento entero, con el mundo que la razón fabrica perdurablemente por encima del mundo natural".

"¿Y qué sería yo, obrero miserando de la nada, para tener esa virtud del todo? Lo que podríais ser todos vosotros, lo que pueden ser todos los hombres, lo que he querido que sean las generaciones que empiezan a levantarse, lo que, con toda la devoción, con toda la unción de una conciencia que lleva consigo la previsión de un nuevo mundo moral e intelectual, quisiera que fueran todos los seres de razón: un sujeto de conocimiento fecundado por la naturaleza, eterno objeto de conocimiento".

9. Eugenio María de Hostos
   (1) se dedicó a la poesía.
   (2) fue principalmente un hombre de política.
   (3) fue un artista.
   (4) fue esencialmente un pedagogo.
   (5) se dedicó totalmente a funciones estéticas.

10. El centro de su pensamiento didáctico radicaba en
    (1) la política.
    (2) la consecución de la justicia humana, la verdad y la libertad.
    (3) la religión.
    (4) la filosofía.
    (5) la moral social y religiosa.

11. El pensamiento de Eugenio María de Hostos siempre giró en torno a las siguientes ideas, excepto
    (1) la libertad de su patria.
    (2) la justicia.
    (3) la verdad.
    (4) la ocupación de cargos políticos.
    (5) la unidad de Puerto Rico, Cuba, Santo Domingo y Haití.

12. Cuando Hostos dice que hay algo que siempre vence, que reconstruye lo que otros han destruido, se refiere a
    (1) la política.
    (2) la verdad.
    (3) la pedagogía.
    (4) la literatura.
    (5) el conocimiento del progreso.

Las preguntas 13 a 16 se refieren al pasaje siguiente:

La indiferencia del mexicano ante la muerte, escribe Octavio Paz, se nutre de su indiferencia ante la vida. "El mexicano no solamente postula la intrascendencia del morir, sino la del vivir. Nuestras canciones, refranes, fiestas y reflexiones populares manifiestan de una manera inequívoca que la muerte no nos asusta porque la vida nos ha curado de espantos". Morir es natural y hasta deseable; cuanto más pronto, mejor. Matamos porque la vida, la nuestra y la ajena, carece de valor. Y es natural que así ocurra: vida y muerte son inseparables y cada vez que la primera pierde significación, la segunda se vuelve intrascendente. La muerte mexicana es el espejo de la vida de los mexicanos. Ante ambas el mexicano se cierra, las ignora".

"El desprecio a la muerte no está reñido con el culto que le profesamos. Ella está presente en nuestras fiestas, en nuestros juegos, en nuestros amores y en nuestros pensamientos. Morir y matar son ideas que pocas veces nos abandonan. La muerte nos seduce. La fascinación que ejerce sobre nosotros quizá brote de nuestro hermetismo y de la furia con que lo rompemos. La presión de nuestra vitalidad, constreñida a expresarse en formas que la traicionan, explica el carácter mortal, agresivo o suicida, de nuestras explosiones. Cuando estallamos, además, tocamos el punto más alto de la tensión, rozamos el vértice vibrante de la vida. Y allí, en la altura de ese frenesí, sentimos el vértigo: la muerte nos atrae".

Octavio Paz, el escritor mexicano más conocido del momento, nació en 1914. Surgió con la revista *Taller* (1936–1937). Pero ya desde muy joven empezó su trayectoria literaria. *Luna silvestre* fue su primer libro (1933), después publicaría *¡No pasarán!, Raíz del hombre, La estación violenta, El laberinto de la soledad, El arco y la lira, Los signos en rotación, Piedra del sol* y *Blanco*, entre otros. El mismo autor ha revelado el secreto de su obra: un afán de resolver tesis y antítesis en una síntesis que restablezca la perdida unidad del hombre: El ser y la existencia, lo social y lo individual; la masa y la soledad.

CAPÍTULO 7: Interpretación de la Literatura y de las Artes

13. Según el texto, Octavio Paz escribe sobre

    (1) la importancia de la existencia.
    (2) la muerte en el mundo ideológico mexicano.
    (3) la indiferencia hacia la muerte.
    (4) la separación de los conceptos naturaleza y muerte.
    (5) el olvido de la muerte.

14. Para el autor, la muerte

    (1) no es objeto de reflexión.
    (2) explica el carácter simbólico y popular.
    (3) está continuamente presente en la vida.
    (4) representa la agresión.
    (5) no es deseable.

15. Según las ideas de Octavio Paz, ¿cuál de las siguientes afirmaciones no es correcta?

    (1) Al mexicano no le asusta la muerte.
    (2) El mexicano es indiferente a la vida y la muerte.
    (3) Para el mexicano la muerte es algo natural y deseable.
    (4) La muerte mexicana es el espejo de la vida de los mexicanos.
    (5) Los mexicanos le dan un gran valor a la vida.

16. Según el autor, la esencia de su obra radica en

    (1) sus ideas políticas.
    (2) su afán por resolver tesis y síntesis en una antítesis.
    (3) su necesidad de crear.
    (4) tratar de restablecer la unidad del ser humano.
    (5) la vida individual.

Las preguntas 17 a 20 se refieren al pasaje siguiente:

Miguel Angel Asturias nació en Guatemala en el año 1899. Se graduó en Derecho en su tierra, en 1923, y siguió después estudios especializados en la Universidad de París bajo la dirección de George Reynaud, con quien se dedicó a investigaciones sobre las religiones antiguas de Centroamérica.

En su libro de poesía *Sien de alondra* cambia de formas y estilos, aunque predomina el tema bucólico, las escenas de aldeas, los viajes y el tono popular. Pero ha sido la novela, lo más importante de su obra. Probablemente, la más conocida sea *El señor presidente*, en la que describe una sociedad moralmente enferma de un país hispanoamericano: miserias, injusticias y amarguras que hacen vivir al lector la vida que encierra cada página. En ellas se multiplican las escenas, los rasgos y las metáforas. Escribe otras, como *Hombres de maíz*, de tema social: la lucha entre los indígenas de Guatemala que dependen del maíz para su supervivencia y los criollos que lo siembran para negocio empobreciendo las tierras con su avaricia. Predomina el tema antropológico y sociológico en novelas como *Viento fuerte, El papa verde* y *Los ojos de los enterrados*. En *Leyendas de Guatemala*, publicado en 1930, dice:

> "El sol, que iba sacando la cabeza de la camisa blanca del día, borraba en la puerta, claveteada de oro y plata, la espalda del Maestro y la cara morena de la que era un pedacito de su alma, joya que no compró con un lago de esmeraldas.

¿Cuántas lunas pasaron andando los caminos?...

Entre los labios de la esclava se acurrucó la respuesta y endureció como sus dientes. El Maestro callaba con insistencia de piedra misteriosa. Llenaba la luna del Buho-Pescador. En silencio se lavaron la cara con los ojos, al mismo tiempo, como dos amantes que han estado ausentes y se encuentran de pronto.

La escena fue turbada por ruidos insolentes. Venían a prenderles en nombre de Dios y el Rey, por brujo a él y por endemoniada a ella. Entre cruces y espadas bajaron a la cárcel, el Maestro con la barba rosada y la túnica verde, y la esclava luciendo las carnes que de tan firmes parecían de oro.

Siete meses después se les condenó a morir quemados en la Plaza Mayor. La víspera de la ejecución, el Maestro acercóse a la esclava y con la uña le tatuó un barquito en el brazo, diciéndole: —Por virtud de este tatuaje, Tatuana, vas a huir siempre que te halles en peligro, como vas a huir hoy. Mi voluntad es que seas libre como mi pensamiento; traza este barquito en el muro, en el suelo, en el aire, donde quieras, cierra los ojos, entra en él y vete...

Vete, pues mi pensamiento es más fuerte que ídolo de barro amasado con cebollín.

¡Pues mi pensamiento es más dulce que la miel de las abejas que liban la flor del suquinay!

Sin perder un segundo, la Tatuana hizo lo que el Maestro dijo: trazó el barquito, cerró los ojos y entrando en él, el barquito se puso en movimiento, escapó de la prisión y de la muerte.

Y a la mañana siguiente, la mañana de la ejecución, los alguaciles encontraron en la cárcel un árbol seco que tenía entre las ramas dos o tres florecitas de almendro, rosadas todavía".

Miguel Angel Asturias recibió el Premio Nobel de Literatura en 1967.

17. Miguel Angel Asturias
    (1) se dedicó a la investigación.
    (2) enseñó a George Reynaud.
    (3) se interesó en un principio en el estudio de las creencias religiosas de los nativos americanos.
    (4) escribió un libro en prosa titulado *Sien de alondra*.
    (5) prescinde del tema popular.

18. En su novela, *El señor presidente*, el autor
    (1) narra la riqueza de Latinoamérica.
    (2) destaca la belleza del paisaje de su país.
    (3) escribe su autobiografía.
    (4) expresa sus ideas políticas.
    (5) muestra la vida mísera e injusta que sufre el pueblo.

19. La frase: "En silencio se lavaron la cara con los ojos," expresa

(1) la conversación que sostuvo el maestro.
(2) un intercambio de sentimientos comunes.
(3) cuando la esclava lava su cara con agua.
(4) ideas diferentes.
(5) el silencio del Rey.

20. En el texto,

(1) tanto el maestro como la esclava mueren.
(2) la esclava huye gracias al maestro.
(3) ejecutan al maestro.
(4) Tatuana muere.
(5) el barquito se hunde.

Las preguntas 21 a 24 se refieren al pasaje siguiente:

Alejo Carpentier nació en La Habana, Cuba, en 1904 de madre rusa y padre francés. Viajó de niño por Europa y comenzó en París la escuela media y sus estudios musicales. Viajó también dentro de la literatura: verso, ensayo y novela. Comienza a destacarse como escritor en *Los pasos perdidos*, novela que contrasta la vida rural y urbana, la civilización y las formas elementales de la sociedad, la ciudad moderna y la vida selvática. Su obra aparece con una gran fuerza artística e imaginativa y se refleja en ella una visión especial de la cultura y la historia. Escribe *El reino de este mundo, El acoso, La música en Cuba, Tristán e Isolda en tierra firme, El siglo de las luces* y *Guerra del tiempo*. En uno de los relatos, *Viaje a la semilla*, narra un viaje regresivo a través del tiempo: un viejo se convierte en niño, regresa a la placenta de la madre y después de toda su experiencia en la Tierra desaparece en el mundo de las sombras...

En uno de los fragmentos de este extraordinario relato, el gran escritor cubano dice:

"Hambre, sed, calor, dolor, frío. Apenas Marcial redujo su percepción a la de estas realidades esenciales, renunció a la luz que ya le era accesoria. Ignoraba su nombre. Retirado el bautismo, con su sal desagradable, no quiso ya el olfato, ni el oído, ni siquiera la vista. Sus manos rozaban formas placenteras. Era un ser totalmente sensible y táctil. El universo le entraba por todos los poros. Entonces cerró los ojos que sólo divisaban gigantes nebulosos y penetró en un cuerpo caliente, húmedo, lleno de tinieblas, que moría. El cuerpo arrebozado con su propia sustancia, resbaló hacia la vida.

Pero ahora el tiempo corrió más pronto, adelgazando sus últimas horas. Los minutos sonaban a glissando de naipes bajo pulgar de jugador.

Las aves volvieron al huevo en torbellino de plumas. Los peces cuajaron la hueva, dejando nevada de escamas en el fondo del estanque. Las palmas doblaron las pencas, desapareciendo en la tierra como abanicos. Los tallos sorbían sus hojas y el suelo tiraba de todo lo que le pertenecía. El trueno retumbaba en los corredores. Crecían pelos en la gamuza de los guantes. Las mantas de lana se destejían, redondeando el vellón de carneros distantes. Los armarios, los vargueños, las camas, los crucifijos, las mesas, las persianas, salieron volando en la noche, buscando sus antiguas raíces al pie de las selvas. Todo lo que tuviera clavos se desmoronaba. Un bergantín, anclado no se sabía dónde, llevó presurosamente a Italia los mármoles del piso y de la fuente. Las panoplias, los herrajes, las llaves, las cazuelas de cobre, los bacados de las cuadras, se derretían, engrosando un río de metal que galerías sin techo canalizaban hacia la tierra. Todo se metamorfoseaba, regresando a la condición primera. El barro volvió al barro, dejando un yermo en lugar de la casa".

21. En su novela *Los pasos perdidos*, Carpentier
    (1) escribe sobre la civilización.
    (2) describe la vida de la sociedad.
    (3) describe las costumbres de los pueblos.
    (4) confronta el dualismo rural-urbano.
    (5) destaca la función de la cultura y la política.

22. En su *Viaje a la semilla*, el viejo
    (1) no se llamaba Marcial.
    (2) se convierte en un niño.
    (3) sabía su nombre.
    (4) era un ser insensible y universal.
    (5) murió.

23. En el relato, Carpentier
    (1) escribe sobre la destrucción del universo.
    (2) describe un mundo lleno de tinieblas.
    (3) describe metafóricamente el origen de la vida.
    (4) cuenta como cambia el cuerpo.
    (5) destaca la importancia de la literatura.

24. "…Todo se metamorfoseaba" quiere decir aquí que todo
    (1) permanecía igual.
    (2) se hacía nada.
    (3) regresaba a la condición primitiva.
    (4) cambiaba, se dividía, evolucionaba, pero sentido inverso.
    (5) se convertía en polvo.

Las preguntas 25 a 28 se refieren al pasaje siguiente:

"Don Damián entró en la inconsciencia rápidamente, a compás que la fiebre iba subiendo por encima de treinta y nueve grados. Su alma se sentía muy incómoda, casi a punto de calcinarse, razón por la cual comenzó a irse recogiendo en el corazón. El alma tenía infinita cantidad de tentáculos, como un pulpo de innúmeros pies, cada uno metido en una vena y algunos sumamente delgados metidos en vasos. Poco a poco fue retirando esos pies, y a medida que eso iba haciendo Don Damián perdía calor y palidecía. Se le enfriaron primero las manos, luego las piernas y los brazos: la cara comenzó a ponerse atrozmente pálida, cosa que observaron las personas que rodeaban el lujoso lecho. La propia enfermera se asustó y dijo que era tiempo de llamar al médico. El alma oyó esas palabras y pensó: 'Hay que apresurarse, o viene ese señor y me obliga a quedarme aquí hasta que me queme la fiebre'".

CAPÍTULO 7: Interpretación de la Literatura y de las Artes

En este fragmento del cuento *La bella alma de Don Damián*, Juan Bosch (República Dominicana, 1909–2001) nos da otra muestra de la nota fantástica que caracteriza a su obra. El alma de Damián se desprende del cuerpo, presencia las mentiras de sus familiares, se mira al espejo y vuelve a meterse en el cuerpo, sabiendo ahora qué es lo que piensan sus amigos y familiares.

La obra del autor dominicano Bosch recoge con variedad el lenguaje popular, describe escenas y personajes con una gran sensibilidad, distanciándose de la realidad para verla con arte. Escritor prolífico, escribió novelas como *La mañosa*; ensayos como *De Colón a Fidel Castro*; y, sobre todo, cuentos, destacándose como uno de los mejores autores latinoamericanos en este género: *Camino real, Indios, Dos pesos de agua, Ocho cuentos, La muchacha de la guaira*, entre muchos otros. En la mayoría de ellos narra con sencillez y profundidad la vida del campesino caribeño.

"Empezaba a clarear. Por los cristales de las ventanas entraba una luz lívida, que anunciaba el próximo nacimiento del día. Asomándose a la boca de Don Damián, que se conservaba semiabierta para dar paso a un poco de aire, el alma notó la claridad y se dijo que si no actuaba pronto no podría hacerlo más tarde, debido a que la gente la vería salir y le impediría abandonar el cuerpo de su dueño. El alma de Don Damián era ignorante en ciertas cosas; por ejemplo, no sabía que una vez libre resultaba totalmente invisible".

25. En el texto, el alma de Don Damián
    (1) gozaba de buena salud.
    (2) sentía como salía para siempre del cuerpo.
    (3) era como un pulpo.
    (4) llamó al médico.
    (5) palideció y murió por enfriamiento.

26. Don Damián
    (1) se sentía muy bien.
    (2) sufrió enfriamiento de la cara.
    (3) es un gran escritor de cuentos.
    (4) se puso muy enfermo.
    (5) escribe diferentes ensayos.

27. El alma de Don Damián
    (1) desconocía su invisibilidad.
    (2) salió de la boca y comenzó a andar por la calle.
    (3) salió cuando aclaró el día.
    (4) abandonó el cuerpo de su dueño.
    (5) sabía que era libre.

28. La mayoría de los cuentos de Bosch tratan sobre
    (1) la política.
    (2) la vida familiar.
    (3) la vida del campesino.
    (4) el amor.
    (5) los viajes.

POESÍA

Las preguntas 29 a 32 se refieren al pasaje siguiente:

Walt Whitman (West Hills, Long Island, 1819–1892) ha sido el máximo cantor del Yo, del cuerpo humano, de la fraternidad universal, de la igualdad democrática, del sexo; profanador insigne de todas las convenciones de formas y lenguaje; ignorado, combatido y exaltado por sus contemporáneos. Es considerado hoy el poeta de Norteamérica, cuya obra, profundamente renovadora, se ha convertido en fuente de inspiración permanente para las nuevas generaciones.

Su libro más conocido, probablemente su único libro, corregido una y otra vez por el mismo autor, transformando poemas, creando otros nuevos, revisando constantemente su voz, es *Hojas de hierba*; en él recoge casi la totalidad de la obra de Whitman. Se publicó por primera vez, por cuenta del propio autor, en el año 1855, y aparecieron sucesivamente nueve ediciones, corregidas y aumentadas, la última de las cuales coincide con el año de la muerte del poeta. Unos años antes, en 1887, José Martí había presentado la obra de Whitman en el mundo de habla española. A partir de entonces han sido muchos los autores hispanos que se han sentido atraídos por ella: Martí, Rubén Darío, Neruda, García Lorca... Whitman murió en Camden, víctima de una bronconeumonía aguda. Contaba con setenta y tres años de edad. Fue uno de los mayores poetas de todos los tiempos.

En uno de sus poemas, dice:

> "Quien camina una milla sin amor, se dirige a su propio
> funeral envuelto en su propia mortaja;
> y yo y tú, sin tener un centavo, podemos comprar lo
> más precioso de la Tierra,
> y la mirada de unos ojos o una arveja en su vaina
> confunden la sabiduría de todos los tiempos,
> y no hay oficio ni profesión en los cuales el joven que
> los sigue no pueda ser un héroe,
> y no hay cosa tan frágil que no sea el eje de las ruedas
> del universo,
> y digo a cualquier hombre o mujer: Que tu alma esté
> serena y en paz ante millones de universos.
> Y digo a la Humanidad; no hagas preguntas sobre
> Dios,
> porque yo que pregunto tantas cosas, no hago
> preguntas sobre Dios,
> (no hay palabras capaces de expresar mi seguridad
> ante Dios y la muerte).

Escucho y veo a Dios en cada cosa, pero no lo
comprendo en lo más mínimo,
ni comprendo como pueda existir algo más prodigioso
que yo mismo.
En el rostro de los hombres y de las mujeres veo a
Dios, y en mi propio rostro en el espejo;
encuentro cartas de Dios tiradas por la calle y su
firma en cada una,
y las dejo donde están porque sé que dondequiera que
vaya,
otras llegarán puntualmente.
Y en cuanto a ti, Muerte, y a ti, amargo abrazo mortal,
es inútil que trates de asustarme".

29. Walt Whitman
    (1) es el poeta más importante de la literatura angloamericana.
    (2) no tuvo ninguna influencia en poetas latinos.
    (3) fue un cantor del paisaje.
    (4) dijo que quien camina con amor se dirige a su propio funeral.
    (5) escribió numerosas obras de poesía.

30. ¿Cuál de las siguientes afirmaciones no es correcta?
    (1) El que ama vive.
    (2) Todo se puede conseguir en la vida.
    (3) La riqueza no lo es todo.
    (4) Es preferible no cuestionar la existencia de Dios.
    (5) El poeta no ve en los hombres la huella de Dios.

31. Whitman fue un poeta
    (1) comprendido en su época.
    (2) convencional en el uso de las formas del lenguaje.
    (3) profundamente humano.
    (4) conservador.
    (5) incomprendido después de su muerte.

32. En su poesía, Whitman
    (1) no cree en el amor.
    (2) se plantea preguntas sobre Dios.
    (3) no habla de la universalidad humana.
    (4) es un pesimista.
    (5) cree en el amor y en Dios.

Las preguntas 33 a 36 se refieren al pasaje siguiente:

Poeta de la vida, Martí escribió:

"Yo soy un hombre sincero
de donde crece la palma,
y antes de morirme quiero
echar mis versos del alma".

Nació en La Habana, hijo de madre valenciana y padre canario, ambos de condición muy modesta. Ya desde muy joven se distinguió en sus estudios. En la *Patria libre*, periódico insurgente que salió en seguida de comenzar la "Guerra de los diez años" en 1869, publicó *Abdala*, poema dramático; en ese mismo año cuando concluía su tercer año de la enseñanza media, José Martí fue sometido a un proceso que concluyó en una sentencia de seis años de presidio por causas políticas.

"Yo vengo de todas partes,
y hacia todas partes voy;
arte soy entre las artes;
en los montes, monte soy.

Yo sé los nombres extraños
de las hierbas y las flores,
y de mortales engaños,
y de sublimes dolores".

Sin embargo, gracias a un indulto dejó la cárcel a los cinco meses para trasladarse a isla de Pinos y de allí a España a principios de 1871. Estudió en Madrid y en Zaragoza, se graduó en Derecho y Filosofía y Letras y pasó a México en 1875; allí escribió para *El Federalista* y la *Revista Universal* y participó en el movimiento literario que dirigía Ignacio Altamirano. Vivió luego en Guatemala, donde enseñó en la Escuela Normal (1877–1878) hasta que pudo volver a Cuba.

"Yo he visto el águila herida
volar al azul sereno,
y morir en su guarida
la víbora del veneno.

Yo sé que el necio se entierra
con gran lujo y con gran llanto,
y que no hay fruta en la Tierra
como la del camposanto".

Poco vivió en La Habana, donde empezó a ejercer su profesión de abogado, porque muy pronto tuvo que salir nuevamente desterrado cuando se comprobó que estaba involucrado en trabajos revolucionarios y se marchó a España. Un año había pasado en su patria y le bastó para ganar nombre de orador con varias conferencias notables. En los primeros días de 1880 estaba ya de vuelta en New York intentando ganarse la vida como periodista, al mismo tiempo que participaba en la nueva tentativa malograda del general Calixto García. En Estados Unidos viviría de sus correspondencias a grandes diarios sudamericanos.

"Si ves un monte de espumas,
es mi verso lo que ves:
mi verso es un monte, y es
un abanico de plumas.
Mi verso es como un puñal
que por el puño echa flor;
mi verso es un surtidor
que da un agua de coral.
Mi verso es de un verde claro
y de un carmín encendido:
mi verso es un ciervo herido
que busca en el monte amparo".

A principios de 1892 se constituía el Partido Revolucionario Cubano y poco después se fundaba el periódico *Patria*, dirigido por Martí. A principios de abril de 1895 desembarcó en Cuba para ponerse al frente del movimiento de liberación y el 19 de mayo cayó muerto luchando por liberar a su tierra.

33. En su poesía,
    (1) la víbora es el águila herida.
    (2) el águila herida es el poeta.
    (3) el necio es el pueblo.
    (4) la peor fruta es la del camposanto.
    (5) crece la palma en el hombre injusto.

34. José Martí tuvo problemas en su vida debido a
    (1) situaciones familiares.
    (2) sus estudios.
    (3) su pasado.
    (4) motivos políticos.
    (5) ninguna de las anteriores

35. Además de escritor, José Martí fue
    (1) científico.
    (2) abogado.
    (3) banquero.
    (4) economista.
    (5) sociólogo.

36. ¿Cuál de las siguientes afirmaciones sobre José Martí no es correcta?
    (1) Murió luchando por liberar a su patria.
    (2) Escribió el poema dramático *Abdela*.
    (3) Tuvo que salir desterrado de Cuba.
    (4) Murió en New York.
    (5) Dirigió el periódico *Patria*.

Las preguntas 37 a 40 se refieren al pasaje siguiente:

Lucila Godoy Alcayaga, como se llamaba en verdad, nació en Vicuña, Chile, pueblecito del valle de Elqui, y murió en New York. En su tierra natal se crió y educó. Las primeras lecturas literarias de esta gran poetisa, conocida por todos con el nombre de Gabriela Mistral, fueron los versos de su padre, un maestro rural que abandonó a su familia cuando la niña tenía tres años. Gabriela empezó a escribir muy joven, publicando versos en el diario local. Después dio clases en las escuelas de las provincias. En 1914 ganó su primer premio de poesía por *Los sonetos de la muerte*, pero la desconocida maestra no fue a recoger el galardón. En su soneto, dice:

> "Del nicho helado en que los hombres te pusieron
> te bajaré a la tierra humilde y soleada.
> Que he de dormirme en ella los hombres no supieron
> y que hemos de soñar sobre la misma almohada.
>
> Te acostaré en la tierra soleada con una
> dulcedumbre de madre para el hijo dormido,
> y la tierra ha de hacerse suavidades de cuna
> al recibir tu cuerpo de niño dolorido.
>
> Luego iré espolvoreando tierra y polvo de rosas,
> y en la azulada y leve polvareda de luna
> los despojos livianos irán quedando presos.
>
> Me alejaré cantando mis venganzas hermosas,
> ¡porque a ese hondor recóndito la mano de ninguna
> bajará a disputarme tu puñado de huesos!"

Gabriela Mistral comenzaría desde entonces una profunda actividad literaria. No dejó el mundo de la enseñanza, representando a su país en diversas misiones culturales. Su poesía es simbolista; su gran tema es el amor. A los diecisiete años, el hombre que amaba se suicidó por honor. Esto le dejó una profunda huella que se refleja en sus primeros poemas, recogidos en su primer libro *Desolación* (1922). Es una poesía de soledad, de amor puro, de desconsuelo, de desesperación, de amor a Dios, de canto a la naturaleza, de sentimientos, de acercamiento a los humildes y, sobre todo, dedicada a los niños para quienes escribió poesías, canciones y cuentos.

Entre sus obras más conocidas podemos citar: *Ternura; Tala* y *Lagar*. Ganó en 1945 el Premio Nobel de Literatura. Fue el primer Premio Nobel de Literatura que ganó América.

CAPÍTULO 7: Interpretación de la Literatura y de las Artes

37. Aparte de ser poetisa, Gabriela Mistral se dedicó también a
    - (1) la novela.
    - (2) la contemplación espiritual.
    - (3) la enseñanza.
    - (4) los movimientos simbolistas.
    - (5) la política, representando a su país.

38. "Del nicho helado... te bajaré a la tierra humilde...", quiere decir que
    - (1) vivía todavía.
    - (2) de la muerte lo llevaría a un lugar con vida.
    - (3) lo alejaría de la tierra soleada.
    - (4) los despojos irían quedando presos.
    - (5) se alejaría de la tierra.

39. En la poesía de Gabriela Mistral, se percibe la influencia de
    - (1) los versos de su madre.
    - (2) el honor.
    - (3) el tema de la muerte.
    - (4) el premio Nobel que ganó.
    - (5) la muerte del hombre que amaba.

40. Por encima de todo, su poesía se caracteriza por la recurrencia del tema de
    - (1) la muerte.
    - (2) Dios.
    - (3) la soledad.
    - (4) el amor a los niños.
    - (5) la desesperación.

Las preguntas 41 a 44 se refieren al pasaje siguiente:

"Hay golpes en la vida, tan fuertes... ¡Yo no sé!
Golpes como del odio de Dios; como si ante ellos,
la resaca de todo lo sufrido
se empeora en el alma... ¡yo no sé!

Son pocos; pero son... Abren zanjas oscuras
en el rostro más fiero y en el lomo más fuerte.
Serán tal vez los potros de bárbaros atilas;
o los heraldos negros que nos manda la Muerte".

Nació en Santiago de Chuco, pueblo de la sierra del Perú, y murió en París. En 1923, después de publicar su segundo libro, *Trilce*, con el cual inició una verdadera rebelión poética en su tiempo, César Vallejo (1892–1938) se marchó para siempre a Europa. Varios factores motivaron su exilio: la muerte de su madre, cierta reputación molesta de bohemio y extremista, y un desafortunado incidente que lo llevó por cuatro meses a la cárcel. Vivió muchas dificultades, escribió para periódicos de Lima, París y Madrid. Su poesía encarna la expresión aguda y desgarrada del dolor, el grito herido de la especie humana, la soledad más infinita, el quejido metafísico del hombre que no encuentra felicidad en la sociedad que le tocó vivir.

"Son las caídas hondas de los Cristos del alma,
de alguna fe adorable que el Destino blasfema.
Esos golpes sangrientos son las crepitaciones
de algún pan que en la puerta del horno se nos quema.

Y el hombre... ¡Pobre... pobre! Vuelve los ojos como
cuando por sobre el hombro nos llama una palmada;
vuelve los ojos locos, y todo lo vivido
se empoza, como un charco de culpa, en la mirada.

Hay golpes en la vida tan fuertes... ¡Yo no sé!"

En este fragmento de su libro *Los heraldos negros* (1918), César Vallejo llega pobre, libre, a lo más profundo de sí. La sangre de su tierra de cholos corre por las arterias de sus versos pintando tristeza, desilusión, sufrimiento. Además de *Trilce* y *Los heraldos negros*, publicó *Poemas humanos; España, aparta de mí este cáliz; Poesías completas; Escalas melografiadas; Tungsteno;* y *Artículos olvidados*.

41. La poesía de César Vallejo se caracterizó por
    (1) el tema de la muerte.
    (2) el dolor físico.
    (3) el tema religioso.
    (4) la infelicidad y soledad.
    (5) el tema de la pobreza.

42. El poeta llevó una vida
    (1) fácil.
    (2) llena de dificultades.
    (3) dedicada a la universidad.
    (4) entregada a la novela.
    (5) austera.

43. "Hay golpes en la vida...", se refiere
    (1) a los problemas materiales.
    (2) al ocio.
    (3) a la violencia.
    (4) al dolor metafísico humano.
    (5) ninguna de las anteriores

44. Los últimos años de su vida, César Vallejo los vivió en el exilio en
    (1) New York.
    (2) Argentina.
    (3) Europa.
    (4) Panamá.
    (5) Perú.

CAPÍTULO 7: Interpretación de la Literatura y de las Artes

ENSAYOS

Las preguntas 45 a 48 se refieren al pasaje siguiente:

Tratar de correr más que un caballo compitiendo con él, subir al mirador del Empire State, convertir la Quinta Avenida en escenario de la mejor carrera jamás celebrada, todo es posible en el atletismo de esta década. Se trata de sacar el atletismo del santuario de los estadios para convertirlo en un espectáculo urbano. La Federación Estadounidense de Atletismo, el New York Road Runners Club (con 60,000 socios) y el International Management Group se han unido para hacerlo posible. Y van a llevar su idea al mundo entero. Las previsiones son que 185 millones de personas presenciarán, bien en directo o a través de la televisión, las grandes competencias organizadas por este triunvirato.

Eamonn Coghlan, atleta irlandés radicado en New York, compitió hace tres años contra un caballo. Ganó aprovechando la lenta salida del caballo y que, al ser una prueba de obstáculos, el rival era más un trotón que un corredor de velocidad. Poco después, Fred Lebow, presidente del New York Road Runners Club, le preguntó: "¿Serías capaz de correr en la Quinta Avenida?" Coghlan sonrió: "Sólo si acabara frente a la Oficina de Turismo Irlandés, en la esquina de la calle 48". Así nació la idea de la milla de la Quinta Avenida de New York.

45. Según el texto,
    (1) ya se había celebrado una carrera de caballos en la ciudad.
    (2) se trataba de convertir la carrera de caballos en un espectáculo rural conocido.
    (3) cierto atleta irlandés compitió contra un caballo.
    (4) el caballo ganó la carrera.
    (5) la carrera fue presenciada por 100 millones de personas.

46. ¿Qué significa la frase: "Se trata de sacar el atletismo del santuario de los estadios para convertirlo en un espectáculo urbano"?
    (1) que el atletismo es un deporte
    (2) que el atletismo es un espectáculo popular
    (3) que el atletismo no se practicará ya en los estadios
    (4) que los estadios son santuarios
    (5) que el atletismo hay que practicarlo también en las calles de las ciudades

47. Eamonn Coghlan es un atleta
    (1) europeo.
    (2) canadiense.
    (3) estadounidense.
    (4) inglés.
    (5) nacido en New York.

48. La idea de la milla de la Quinta Avenida de New York nació
    (1) en Irlanda.
    (2) en la Quinta Avenida.
    (3) cuando cierto futbolista compitió contra un caballo.
    (4) después de que el atleta E. Coghlan compitiera contra un caballo.
    (5) durante los juegos olímpicos.

Las preguntas 49 a 52 se refieren al pasaje siguiente:

Aventurero, soldado y militante político, Ernst Junger es también uno de los grandes escritores de este siglo. Parece, por su mirada fría, un viajero extraviado en el mundo moderno. En una entrevista, declaraba:

Pregunta. Sus últimos libros han revelado una curiosa convergencia con los movimientos llamados alternativos o ecologistas.

Respuesta. Es cierto que algunos valores materialistas están siendo ampliamente puestos en tela de juicio en Alemania, sobre todo por los ecologistas. Han comprendido el peligro que amenaza a toda la humanidad. Darwin ha demostrado que la evolución puede también conducir a la extinción de una especie que se convierte en inadaptada para la vida. Como el tigre, cuyos dientes crecieron desmesuradamente, nuestra especie sufre una hipertrofia de las funciones de la inteligencia. Ha perdido toda armonía con las fuerzas naturales.

Pero personalmente no tengo ninguna relación con los movimientos alternativos. Soy todo lo contrario a un pedagogo y rechazo jugar el papel de gurú. Una tercera parte de mi correspondencia consiste en rehusar proposiciones, en rechazar, sobre todo, las tomas de las posiciones políticas.

P. Usted consagra una gran parte de su tiempo a viajar.

R. He recorrido el mundo como un fugitivo. Busco los lugares en los que se ha conservado algo del mundo antiguo. Esta búsqueda se hace cada vez más desesperada: por dondequiera que voy, la gran marea de la técnica, de la civilización de masas, ha tragado ya los paisajes que recordaba. He vuelto a encontrar Singapur transformado en un hormiguero de rascacielos.

49. Según el texto, el autor
    (1) está de acuerdo con el siglo XX.
    (2) habla de la amenaza de la civilización moderna contra el mundo natural.
    (3) es un dirigente político.
    (4) aceptaría el puesto de gurú espiritual.
    (5) se define a sí mismo como miembro de movimientos ecologistas.

50. Ernst Junger habla de
    (1) la vida de la humanidad.
    (2) Charles Darwin.
    (3) las teorías de la evolución.
    (4) la falta de armonía del mundo moderno con la naturaleza.
    (5) el exterminio de las fuerzas naturales.

51. El autor nos dice que
    (1) la sociedad está bien organizada.
    (2) la vida humana no está en peligro.
    (3) quedan pocos lugares en donde no se note el peso de la civilización industrial.
    (4) el socialismo europeo es la solución.
    (5) la gente todavía vive en armonía con la naturaleza.

52. A Ernst Junger le gusta viajar por el mundo
    (1) para escribir sobre un fugitivo.
    (2) para estudiar las civilizaciones antiguas.
    (3) para buscar los nuevos adelantos tecnológicos.
    (4) para buscar lugares que no se han transformado con el paso de las nuevas técnicas.
    (5) para escribir sobre las costumbres de los pueblos.

CAPÍTULO 7: Interpretación de la Literatura y de las Artes

Las preguntas 53 a 56 se refieren al pasaje siguiente:

Después de haber frustrado los planes de Lex Luthor *(Superman I)*, quien pretendía convertir la costa estadounidense del Pacífico en una línea de recreo particular y tras vencer a un trío de súper malvados de otra galaxia *(Superman II)*, el héroe de Krypton se había ganado el derecho a un descanso. Pero Superman vuelve a la lucha cada vez más dura, cada vez más complicada. El hombre de acero habrá de enfrentarse ahora no sólo a la mala voluntad humana, sino también a ciertos milagros de la tecnología moderna.

A la cabeza de un grupo de nuevos adversarios figura un magnate megalómano que ha descubierto el secreto de cómo controlar el medio ambiente en la Tierra y ponerlo al servicio de sus nefastos propósitos.

Después aparece un genio, Richard Prior, rescatado del anonimato de la cola de parados para crear el arma suprema: el ordenador de una locura criminal y, finalmente, una fuerza psíquica tan diabólica que transforma a Superman en enemigo de sí mismo.

En principio, nada varía en el esquema maniqueísta que sustenta la aventura de este héroe de historieta estadounidense. Sin embargo, los productores de *Superman III* se hicieron, al parecer, el propósito de convertir en algo nuevo el tercer episodio de la serie: La lucha del hombre de acero contra máquinas y computadoras que dominan el mundo moderno.

53. En esta nueva película, el héroe de Krypton es
- **(1)** Lex Luthor.
- **(2)** el trío de súper malvados.
- **(3)** Superman.
- **(4)** Batman.
- **(5)** el hombre nuclear.

54. ¿Cuántas películas de Superman se han filmado de acuerdo con el ensayo?
- **(1)** 1
- **(2)** 3
- **(3)** 5
- **(4)** 4
- **(5)** 2

55. Cuando el texto dice que una fuerza psíquica transforma a Superman en enemigo de sí mismo, ¿a qué fuerza se refiere?
- **(1)** a la fuerza nuclear
- **(2)** a la fuerza social
- **(3)** a la fuerza del enemigo
- **(4)** a la fuerza mental
- **(5)** a la fuerza mecánica

56. La tercera película de Superman se relaciona con
- **(1)** una historia de amor.
- **(2)** un viaje al espacio.
- **(3)** las computadoras.
- **(4)** un secuestro.
- **(5)** el planeta Krypton.

Las preguntas 57 a 60 se refieren al pasaje siguiente:

Por mucho tiempo, la fotografía ha sido la "fiel doméstica de las ciencias y las artes", como parece que la quería Baudelaire; ha estado al servicio de la actualidad periodística, del paisaje entarjetado, del *animus narrandi* cinematográfico y ha sido la abnegada conservadora del museo de los horrores del álbum familiar.

Marga Clark le ha quitado la cofia a su cámara y, siguiendo la senda liberadora de los artistas fotógrafos, le ha soltado el pelo que la mantenía amarrada a la simple reproducción de la realidad. Ha convertido su objetivo en un "bisturí para adentrarse hondo en la textura de los datos"; en caleidoscopio Aleph borgiano que contiene todo el universo parcelado; en espejo a través del cual penetra Marga en el país que trasciende los estrechos límites de cada objeto; en instrumento psicoanalítico para sacar al nivel consciente el "inconsciente óptico" de las cosas y las cosas que no son.

Marga Clark utiliza la fotografía como medio, más que como fin, para alterar una realidad que le gusta y reordenarla a su capricho estético. Consigue, así, "pintar" auténticos cuadros en claroscuro en los que el ojo ha suplido la mano del artista, la lente por el pincel y la foto original por la pincelada.

En una de sus reflexiones, Marga Clark dice: "En la oscuridad del laboratorio fue donde empecé a ver por primera vez. En cierto modo, mi trabajo es una manera de cuestionarme a mí misma. Una excusa para adentrarse más en todo lo que me rodea. No me interesa lo estático, sino el movimiento que resulta al yuxtaponer el objeto consigo mismo, al aislarlo de su entorno o al ponerlo en relación con otros contextos diferentes al propio. Me interesa ese momento único y permanente que desafía a lo instantáneo. Esa continuidad de lo eterno. Esa relación principio/fin. Esa mirada propia del objeto".

57. Según el texto, la fotografía ha sido la "fiel doméstica de las ciencias y las artes" porque

(1) ha trascendido los límites de cada objeto.
(2) ha sido considerada como un arte.
(3) ha estado subordinada a la mera reproducción del objeto.
(4) se ha adelantado a la textura de los datos.
(5) ha profundizado en un universo desconocido.

58. El autor del texto está de acuerdo en considerar la fotografía como

(1) una actividad dedicada al paisaje entarjetado.
(2) una actividad al servicio de la actualidad periodística.
(3) un *animus narrandi* cinematográfico.
(4) una búsqueda de la realidad.
(5) simple reproducción de imágenes.

59. Marga Clark busca:

(1) la imagen estática.
(2) el movimiento de la imagen.
(3) la fotografía como fin.
(4) no transformar al objeto.
(5) la imagen en su contexto.

60. El texto habla en general de

(1) la fotografía comercial.
(2) los artistas de la fotografía.
(3) la historia de la imagen.
(4) las ideas de una artista dedicado a la fotografía.
(5) la teoría del movimiento de los objetos.

CAPÍTULO 7: Interpretación de la Literatura y de las Artes

Las preguntas 61 a 64 se refieren al pasaje siguiente:

En septiembre de 1971 cuando Ronald Biggs y sus compinches del tren de Glasgow todavía no habían sido inmortalizados en el cine, otra banda superó su récord llevándose tres millones de libras esterlinas de una sucursal del Lloyd's Bank de Londres. En 1975 le tocó el turno a la oficina del Bank of America de Mayfair, donde un nuevo grupo de delincuentes obtuvo un botín de ocho millones de libras esterlinas, que sigue siendo el mayor botín histórico obtenido en un atraco.

Sin embargo, el 4 de abril de 1983, los ladrones de Mayfair estuvieron a punto de perder el récord cuando un equipo de cuatro a seis hombres, ya que ni siquiera esto está claro, sustrajeron de la Security Express, una importante empresa londinense de seguridad, casi cinco toneladas de billetes por valor de siete millones de libras esterlinas, que traducidas a dólares de hoy representan más de nueve millones de dólares.

En la calle, la gente ha vuelto a sonreír con mezcla de picardía y admiración para comentar que "todavía hay quien tiene cerebro". Y los periódicos han tenido que repetir la máxima de que, por mucho que la industria de la seguridad se perfeccione, no existen directores de personal ni oropeles electrónicos capaces de contener la audacia de algún grupo de delincuentes decididos y sin miedo.

El caso es que este último golpe de Londres se realizó con mucha paciencia y pocos recursos técnicos. A las siete de la mañana del citado día festivo, cuando la ciudad de Londres estaba desierta, los asaltantes escalaron los dos metros y medio de muro que rodea toda la parte trasera del edificio de Security Express aprovechando que el único vigilante de guardia se había ausentado de su puesto frente a los monitores del circuito cerrado de televisión que controla el perímetro para recoger la leche con la que pensaba hacerse su té matutino.

Las restantes garantías técnicas de un edificio supuestamente acorazado, fallaron a partir de ese momento. Ocultos bajo caretas, los ladrones redujeron al guardia, desconectaron las alarmas y esperaron pacientemente la llegada del resto del personal. Permanecieron casi cinco horas en el local y consumieron bocadillos, algunas botellas de vino barato y otros jarabes italianos.

Los cuatro empleados que trabajaban ese día fueron reducidos, en la puerta, por riguroso turno. Los asaltantes rociaron a uno de ellos con gasolina y amenazaron con prenderle fuego para que el responsable del grupo entregara las llaves de la puerta que conducía a los sótanos, donde se encontraba el dinero. A continuación, cargaron los fajos de billetes en dos furgonetas de la propia empresa y, alrededor de las tres de la tarde, se perdieron en las desoladas calles del centro de Londres.

Los ladrones incluso dejaron abandonado un millón de libras en monedas, probablemente para no cargar con su peso.

GED en español   www.petersons.com/arco

61. El mayor botín producido por un atraco ha sido de
 (1) 3 millones de libras esterlinas.
 (2) 4 millones de libras esterlinas.
 (3) 6 millones de libras esterlinas.
 (4) 7 millones de libras esterlinas.
 (5) 8 millones de libras esterlinas.

62. El atraco fue contra
 (1) Lloyd's of America.
 (2) Bank of America de Mayfair.
 (3) Security Express.
 (4) Ronald Biggs Co.
 (5) el tren de Glasgow.

63. El atraco descrito fue realizado en
 (1) sábado.
 (2) viernes.
 (3) domingo.
 (4) un día festivo.
 (5) un día hábil.

64. Los ladrones
 (1) realizaron el robo con gran rapidez.
 (2) quemaron a uno de los guardias.
 (3) esperaron varias horas dentro del lugar antes de llevarse el dinero.
 (4) eran cinco en total.
 (5) salieron con el botín, pero dejaron un millón de dólares.

Las preguntas 65 a 68 se refieren al pasaje siguiente:

Ivan Lendl se encuentra a gusto en el Masters. La pista, más lenta que la mayoría de los torneos bajo techo, y las pelotas más pesadas, le benefician. Además, llega al Masters descansado y hambriento de tenis. Se ha repetido la historia del pasado año. Entonces Lendl ganó fácilmente a Jimmy Connors por 6–3 y 6–1. Sin embargo, ayer el checo necesitó esforzarse más para ganar por 6–3 y 6–4, pero ya en el primer set quedó claro quién iba a jugar la final al colocarse Lendl sin apenas esfuerzos, con una ventaja de 5–0.

El servicio de Lendl en el Madison es magnífico. Ese servicio ya le dio el triunfo en los dos últimos años, y ayer le sirvió para mantener a Connors en una situación constante de inferioridad.

Connors, por el contrario, parece muy inferior a Lendl en Madison. Tan sólo le ganó en 1981 en el llamado "partido de la gallina". El último día de la fase previa, Lendl y Connors salieron a la pista sabiendo que el ganador se enfrentaría a Borg y el perdedor a Min Mayer. Lendl entregó prácticamente el partido. Y Connors le llamó "gallina".

Lendl parece un fiel seguidor de la escuela de a quien tanto temía, Bjorn Borg. El sueco nunca subía a la red ni siquiera cuando jugaba en la pista rápida. Ayer Lendl se mantuvo todo el partido sobre la línea de fondo y desde allí dominó a Connors llevándole a un lado y otro de la pista. Connors nunca controló el ritmo del partido, ni siquiera cuando tras ir perdiendo 5–0 y espoleado por el público, remontó hasta 5–3. Ahí se acabó la reacción. Lendl, serio, sobrio, seguro y efectivo, colocó cuatro servicios perfectos y el estadounidense tuvo que limitarse a estirar la raqueta con su cuerpo detrás totalmente inclinado para devolver, siempre en muy malas condiciones, la pelota. En el segundo set se mantuvo el dominio de Lendl.

CAPÍTULO 7: Interpretación de la Literatura y de las Artes

65. Según el texto,
- **(1)** Lendl perdió ante Borg.
- **(2)** Lendl le llamó a Connors "gallina".
- **(3)** Lendl le ganó a Connors.
- **(4)** Lendl le ganó siempre a Connors.
- **(5)** el partido estuvo muy parejo.

66. Lendl es originario de
- **(1)** Estados Unidos.
- **(2)** Checoslovaquia.
- **(3)** Suecia.
- **(4)** Yugoslavia.
- **(5)** Rumania.

67. Según el pasaje,
- **(1)** Lendl jugó mejor que Connors.
- **(2)** Connors le ganó tres veces a Lendl.
- **(3)** Lendl sólo le ha ganado un partido a Connors.
- **(4)** los dos jugadores perdieron ante Borg.
- **(5)** el público animaba a Lendl.

68. Borg
- **(1)** jugó la final contra Connors.
- **(2)** derrotó a Lendl.
- **(3)** tenía un saque magnífico.
- **(4)** ganó a Connors por 6–3 y 6–4.
- **(5)** tenía que jugar la final.

GLOSARIO DE TÉRMINOS DE MÉTRICA Y RETÓRICA*

* Tomado de las siguientes fuentes: *Métrica española* de Tomás Navarro; *Diccionario Vox de la lengua española*; *Diccionario de literatura española* (Revista de Occidente); *Literatura hispanoamericana* de Anderson Imbert y Eugenio Florit; y *Diccionario de la Real Academia de la Lengua*.

acento Se refiere a la mayor intensidad con que se pronuncia determinada sílaba de una palabra o un verso. Es ley general del verso castellano que lleve un *acento* en la penúltima sílaba. Según esto, las últimas palabras de los versos se alteran al contar las sílabas cuando no son graves; las esdrújulas son consideradas como si tuvieran una sílaba menos, y en las agudas la última sílaba equivale a dos.

aconsonantados Se dice de los versos que tienen sonido vocal y consonante semejante a partir de la última vocal acentuada, o tónica.

aféresis Licencia usada a veces en poesía, que consiste en suprimir una o más letras al principio de un vocablo.

alejandrino Verso de catorce sílabas dividido generalmente en dos hemistiquios de siete. El *alejandrino francés consta* de doce sílabas.

aliteración Repetición en una cláusula de la misma letra o grupos de sonidos.

anisosílabos Versos desiguales entre sí.

antítesis Figura que consiste en contraponer una frase o una palabra a otra de contraria significación.

arte mayor Versos de más de ocho sílabas.

arte menor Versos de ocho o menos sílabas.

asonancia Rima entre dos palabras cuyas *vocales* son iguales a partir de la última acentuada. Se la llama también *rima imperfecta*.

auto Acto, composición dramática en la que por lo general intervienen personajes bíblicos o alegóricos. *Auto sacramental*: el escrito en loor de la Eucaristía. *Auto de Navidad*: el de asunto relacionado con dicha fiesta religiosa.

bucólica (poesía) La que canta las bellezas de la naturaleza y los encantos de la vida campestre.

cadencia Distribución y combinación de los acentos, pausas y melodía.

canción Composición poética derivada de la *canzone* italiana y generalmente de tema amoroso. En su aspecto popular, la canción está relacionada con la música, es de métrica diversa y de tono sencillo y natural.

canto Cada una de las partes en que se divide un poema, especialmente los de género épico.

cesura Pequeña pausa que se hace en un lugar determinado del verso.

coloquio Género de composición literaria en forma de diálogo. Puede ser en prosa o en verso.

consonancia Igualdad de los últimos sonidos, tanto vocales como consonantes, en dos palabras a partir de la última vocal acentuada. Llamada *rima perfecta* en poesía.

copla Breve composición lírica, especialmente la que sirve de letra en las canciones populares. Por extensión, cualquier clase de ortografía.

cuarteta Estrofa de cuatro versos octosílabos de rima *abab*. Cualquier otra combinación de cuatro versos de arte menor.

cuarteto Estrofa de cuatro versos endecasílabos de rima *abba*. Combinación métrica de versos de arte mayor.

dáctilo Pie de la poesía clásica formado por una sílaba larga y dos breves.

décima Conjunto de diez octosílabos dispuestos en el orden de dos redondillas y dos versos de enlace *abba, ac* y *cddc*. Se llama también *espinela*.

diéresis Licencia poética que consiste en separar en dos sílabas las dos vocales de un diptongo.

dodecasílabo El verso de doce sílabas compuesto de 6 más 6. Cuando la cesura va después de la séptima sílaba, se suele llamar *seguidilla*; y fue muy empleado por los poetas modernistas.

égloga Poema bucólico lírico, de forma dialogada.

elegía En su origen, composición fúnebre. Es con frecuencia una lamentación por cualquier motivo que produce tristeza en el ánimo del poeta.

encabalgamiento Se dice que hay *encabalgamiento* cuando la unidad rítmica del verso no coincide con una unidad de significación y, por tanto, el final de un verso; para completar su sentido tiene que enlazarse con el verso siguiente.

endecasílabo Verso de once sílabas.

eneasílabo Verso de nueve sílabas.

epigrama Composición poética que expresa un pensamiento por lo general festivo o satírico.

epíteto Palabra o frase que se une al nombre para especificarlo o caracterizarlo.

estribillo Cláusula en verso que se repite después de cada estrofa en algunos poemas líricos.

estrofa Grupo de versos sujetos a un orden metódico. Cualquiera de las partes o grupos de versos de que constan algunos poemas, aunque no estén ajustadas a exacta simetría.

fábula Poema alegórico que contiene una enseñanza moral y en el que intervienen cosas o animales.

glosa Composición poética con una estrofa inicial de la que se repiten uno o más versos al final de cada una de las siguientes.

hemistiquio La mitad de un verso separada de la otra mitad por una cesura. Puede designar también cada una de dos partes desiguales de un mismo verso.

heptasílabo Verso de siete sílabas.

hernandina Estrofa usada por José Hernández en su poema "Martín Fierro" y que consiste en una décima a la que se le suprimen los cuatro primeros versos.

hexadecasílabo Verso de medida clásica que consta de seis pies.

hexasílabo Verso de seis sílabas.

hiato Efecto de la pronunciación separada de dos vocales que van juntas. Si las vocales forman un diptongo, su pronunciación se llama *diéresis*.

hipérbaton Figura que consiste en alterar el orden que las palabras deben tener en el discurso con arreglo a las leyes de la sintaxis llamada regular.

hipérbole Exageración de las cualidades de un ser realzándolas o rebajándolas.

imagen Representación de una cosa determinada con detalles fieles y evocativos. No es necesario que sea metafórica o visual; puede tener carácter sensual y también dar lugar a interpretaciones simbólicas.

isosílabos Versos de igual número de sílabas.

letrilla Poema de origen popular, cada una de cuyas estrofas termina con uno o más versos que forman el *estribillo*.

lira Combinación métrica o estrofa de cinco versos, endecasílabos el segundo y quinto, y heptasílabos los otros tres, de rima consonante *ababb*. Puede formarse también con seis versos de diferente medida.

madrigal Poema breve de tono delicado, generalmente amoroso.

medida Número y clase de sílabas que ha de tener un verso.

metáfora (o traslación) Transposición del significado primero de un nombre; traslación del sentido recto de las voces en otro figurado en virtud de una comparación tácita.

métrica Ciencia y arte que trata de los versos.

metro La medida aplicada a cierto numero de palabras para formar un verso. También se llama así al verso con relación a la medida que le corresponde según su clase.

octava (de oña) Combinación de arte menor formada como la octava italiana, pero con los versos cuarto y octavo agudos.

oda Composición del género lírico generalmente dividida en estrofas o partes iguales. Suele ser un canto de entusiasmo ante un suceso grandioso o notable.

onomatopeya Imitación del sonido de una cosa en el vocablo que se forma para significarla.

paradoja Figura consistente en el empleo de expresiones o frases que envuelven contradicción.

paráfrasis Interpretación o libre traducción de un texto literario.

pareado Combinación de dos versos unidos y aconsonantados.

pentasílabo Verso de cinco sílabas.

poema épico Narración en verso de un suceso de importancia hecha en tono elocuente y entusiasta y, por lo general, asociada a la historia de un pueblo o nación.

poema heroico Aquel en que, como en el anterior, se narran o cantan hazañas gloriosas o hechos memorables, pero de importancia menos general.

polimetría Variedad de metros en una misma composición poética.

prosopopeya Atribución de cualidades o actos de persona a otros seres.

quintilla Combinación de cinco versos octosílabos aconsonantados; no han de ir tres consonantes seguidos, ni terminar con un pareado.

redondilla Estrofa de cuatro octosílabos de rima consonante *abba*.

rima Semejanza o igualdad entre los sonidos finales de verso partiendo de la última vocal acentuada. Composición poética breve de género lírico.

romance Combinación métrica formada por una serie indefinida de versos octosílabos asonantados en los pares y sin rima en los impares. *Heroico*: el formado por versos endecasílabos.

romancillo El compuesto por versos de menos de ocho sílabas.

rondel Breve composición amorosa, generalmente en redondillas octosílabas en que se repiten armoniosamente conceptos y rimas. Algunos poetas usan endecasílabos de diversos tipos.

seguidilla Composición poética que puede contar de cuatro o de siete versos y en que se combinan heptasílabos y pentasílabos. Es de carácter popular.

sextina Estrofa de seis versos endecasílabos. *Sextina modernista*: combinación de seis versos de cualquier medida con rima consonante *aabccb*.

silva Composición formada por endecasílabos solos o combinados con heptasílabos sin sujeción a orden alguno de rimas ni estrofas. Poema en silvas.

sinalefa Pronunciación en una sola sílaba de la última vocal de una palabra y la primera de la palabra siguiente.

soneto Composición poética de catorce versos distribuidos en dos cuartetos y dos tercetos, generalmente endecasílabos. Modernamente se escriben sonetos con otras clases de versos.

terceto Tres versos endecasílabos que riman el primero con el tercero. Cuando son varios, el segundo verso de cada uno de los grupos consuena con el primero y tercero del siguiente, y se termina con un cuarteto. Llamado también *tercia rima*.

tetrasílabo Verso de cuatro sílabas.

triolet Nombre provenzal de una composición poética usada por Manuel González Prada, que no es otra que el antiguo *zéjel*.

trisílabo Verso de tres sílabas.

tropo Empleo de las palabras en sentido distinto al que propiamente les corresponde, pero que tiene con éste alguna conexión, correspondencia o semejanza.

versificación Arte de versificar, de hacer versos. Por razón de su medida, los versos son *métricos* si se ajustan a un determinado número de sílabas y *asimétricos* si no se sujetan a tal igualdad.

verso Período rítmico constante cuya unidad representan los acentos. Palabra o conjunto de palabras sujetas a medida y cadencia, según ciertas reglas. *Verso blanco* o *verso libre*, o *suelto*: verso sin rima.

villancico Composición poética popular con estribillo y especialmente de asunto religioso.

RESPUESTAS CORRECTAS DE LAS PREGUNTAS DE INTERPRETACIÓN DE LA LITERATURA Y DE LAS ARTES

1. (2)	15. (5)	29. (1)	43. (4)	57. (3)
2. (1)	16. (4)	30. (5)	44. (3)	58. (4)
3. (4)	17. (1)	31. (3)	45. (3)	59. (2)
4. (3)	18. (5)	32. (5)	46. (5)	60. (5)
5. (1)	19. (2)	33. (2)	47. (1)	61. (5)
6. (4)	20. (2)	34. (4)	48. (4)	62. (2)
7. (3)	21. (4)	35. (2)	49. (2)	63. (4)
8. (2)	22. (2)	36. (4)	50. (4)	64. (3)
9. (4)	23. (3)	37. (3)	51. (3)	65. (3)
10. (2)	24. (4)	38. (2)	52. (4)	66. (2)
11. (4)	25. (3)	39. (5)	53. (3)	67. (2)
12. (2)	26. (4)	40. (4)	54. (2)	68. (5)
13. (2)	27. (4)	41. (4)	55. (4)	
14. (3)	28. (3)	42. (2)	56. (3)	

Matemáticas

capítulo 8

RESUMEN

- Números enteros, naturales, cardinales y ordinales
- Números fraccionarios
- Fracciones decimales
- Potencias y raíces
- Razones y proporciones
- Tanto por ciento o porcentaje
- Estadística
- Gráficas
- Cálculo de retención de impuestos
- Series
- Medidas
- Álgebra: conceptos generales
- Geometría
- Sistemas de numeración y sus bases
- Trigonometría

El texto de Matemáticas consta de quince secciones: Números enteros, naturales, cardinales y ordinales (Aritmética), Números fraccionarios, Fracciones decimales, Potencias y raíces, Razones y proporciones, Tanto por ciento o porcentaje, Estadística, Gráficas, Cálculo de retención de impuestos, Series, Medidas, Álgebra, Geometría, Sistemas de numeración y sus bases y Trigonometría

Cada sección ofrece una serie o conjunto de ejercicios; el texto ofrece en total 74 Conjuntos o series de ejercicios.

Conforme a las normas del examen, el texto se redactó considerando las materias en el siguiente orden de importancia: álgebra, gráficas, matemáticas, geometría, números enteros, promedios, quebrados y decimales.

Se hace énfasis en preguntas cognitivas que comprenden la aplicación, análisis y evaluación de los conocimientos, así como la capacidad de solucionar los problemas. Las preguntas se hacen en un contexto realista y no abstracto.

Además de la estructura del texto, se ofrece un apéndice sobre sistemas de numeración y sus bases.

NÚMEROS ENTEROS, NATURALES, CARDINALES Y ORDINALES

Existen diversas definiciones del vocablo "número", pero aquí nos ajustaremos al contenido y propósito de esta obra. Por lo tanto, diremos que número es la expresión de una cantidad respecto a una unidad determinada o la cantidad de personas o cosas de una especie determinada.

Los números enteros constan de una o más unidades completas. Son números enteros el 9, 27, 36, 129, 741, etc.

Los números naturales son los números enteros que usamos para contar, como 1, 2, 3, 4, 5, etc.

Los números cardinales son números enteros concebidos en forma abstracta. *Ejemplos:* la cantidad de libros de una biblioteca, los meses del año, etc.

Los números ordinales son los que expresan orden o sucesión. *Ejemplos:* primero, segundo, tercero, etc.

Operaciones fundamentales con números enteros: Estructura y propiedades

Suma o adición

Sumar es reunir en una sola varias cantidades homogéneas. *Ejemplo:* 9 libretas más 6 libretas hacen 15 libretas. No sumamos 1 aguacate y 1 cocodrilo debido a que no pertenecer a la misma especie.

Al sumar dos o más cantidades, las unidades, decenas, centenas, etc. se acomodan en columnas. *Ejemplos:*

```
      7         489        7,489
     23       5,874          329
   +141      +   92        +  94
   ----      ------        -----
    171       6,455        7,912
```

CONJUNTO 1

Sume:

(1) 49
    +58

(2) 35
    +76

(3) 53
    +44

(4) 89
    +36

(5) 69
    +73

(6) 83
    +98

(7) 79
    +94

(8) 26
    +84

(9) 46
    +99

(10) 48
    +48

(11) 95
    +86

(12) 39
    +76

(13) 83
    +59

(14) 29
    +97

(15) 46
    +86

(16) 99
    +59

CAPÍTULO 8: Matemáticas

(17) 66
     +87

(18) 58
     +83

(19) 60
     +94

(20) 74
     +56

CONJUNTO 2
Sume:

(1) 76
     48
    +57

(6) 98
     76
    +83

(11) 74
      86
     +96

(16) 70
      90
     +47

(2) 29
     36
    +71

(7) 63
     90
    +68

(12) 91
      18
     +77

(17) 73
      29
     +46

(3) 82
     46
    +55

(8) 44
     67
    +25

(13) 56
      73
     +98

(18) 81
      91
     +78

(4) 87
     48
    +70

(9) 67
     48
    +91

(14) 63
      39
     +41

(19) 45
      85
     +49

(5) 55
     74
    +58

(10) 83
      38
     +74

(15) 83
      99
     +88

(20) 76
      97
     +41

CONJUNTO 3
Sume:

(1) 138
      23
    +436

(6) 748
     907
    + 28

(11) 669
      403
     + 83

(16) 745
      629
     +436

(2) 809
     944
    + 7

(7) 369
      48
    +723

(12) 768
      344
     + 56

(17) 774
      886
     + 59

(3) 621
      84
    +123

(8) 437
     249
    + 26

(13) 364
      986
     +524

(18) 890
      783
     + 49

(4) 296
       3
    +248

(9) 871
      44
    +356

(14) 767
       68
     +878

(19) 836
      935
     + 49

(5) 529
     638
    +974

(10) 735
      429
     + 98

(15) 409
      576
     +452

(20) 799
       48
     +788

CONJUNTO 4

Sume:

(1)	4,529 636 2,874 + 62	(6)	4,248 726 521 + 96	(11)	436 445 508 + 5,203	(16)	7,650 678 469 +5,203
(2)	7,669 4,048 267 + 823	(7)	3,465 8,326 903 + 48	(12)	7,045 586 943 + 89	(17)	367 1,288 345 + 634
(3)	7,468 367 29 + 83	(8)	3,666 448 5,573 + 223	(13)	6,759 483 999 + 777	(18)	1,382 946 1,389 + 93
(4)	9,264 283 677 + 84	(9)	5,489 466 299 + 58	(14)	4,673 1,948 694 + 52	(19)	2,349 741 1,115 + 36
(5)	52 783 98 +1,675	(10)	446 5,486 903 + 346	(15)	8,349 633 529 + 38	(20)	3,893 281 1,499 + 6

Resta o sustracción

Restar es calcular la diferencia entre dos cantidades. Las cantidades se acomodan igual que para la suma y luego se sustrae una cantidad de la otra.

Ejemplos:

$$\begin{array}{r} 98 \\ -75 \\ \hline 23 \end{array} \qquad \begin{array}{r} 72 \\ -47 \\ \hline 25 \end{array} \qquad \begin{array}{r} 401 \\ -198 \\ \hline 203 \end{array} \qquad \begin{array}{r} 9,003 \\ -\ 875 \\ \hline 8,128 \end{array}$$

CONJUNTO 5

Reste:

(1)	29 −21	(2)	85 −43	(3)	47 −36	(4)	58 −41

CAPÍTULO 8: Matemáticas

(5) 68
   − 55

(6) 81
   − 36

(7) 70
   − 39

(8) 43
   − 28

(9) 36
   − 36

(10) 74
   − 73

(11) 72
   − 29

(12) 51
   − 44

(13) 68
   − 59

(14) 73
   − 36

(15) 52
   − 18

(16) 74
   − 25

(17) 63
   − 46

(18) 80
   − 46

(19) 73
   − 34

(20) 83
   − 49

CONJUNTO 6

Reste:

(1) 403
   − 98

(2) 619
   − 93

(3) 581
   − 439

(4) 481
   − 193

(5) 890
   − 486

(6) 800
   − 198

(7) 710
   − 483

(8) 910
   − 876

(9) 603
   − 149

(10) 744
   − 77

(11) 518
   − 29

(12) 836
   − 497

(13) 617
   − 354

(14) 794
   − 625

(15) 875
   − 694

(16) 204
   − 193

(17) 715
   − 584

(18) 833
   − 599

(19) 721
   − 437

(20) 834
   − 249

CONJUNTO 7

Reste:

(1) 7,154
   − 2,439

(2) 6,093
   − 4,348

(3) 8,306
   − 1,649

(4) 4,003
   − 2,678

(5) 5,402
   − 2,945

(6) 3,401
   − 2,876

(7) 9,436
   − 7,859

(8) 6,340
   − 2,528

(9) 9,001
   − 8,704

(10) 1,389
   − 1,098

(11) 2,047
   − 1,988

(12) 8,206
   − 4,549

(13) 5,436
   − 1,925

(14) 4,209
   − 2,856

(15) 7,003
   − 4,998

(16) 3,401
   − 2,845

(17) 7,445
   − 2,888

(18) 6,043
   − 2,965

(19) 7,000
   − 4,596

(20) 2,246
   − 1,973

CONJUNTO 8

Reste:

(1)	23,435 − 9,769	(6)	22,501 − 18,476	(11)	40,301 − 6,386	(16)	83,007 − 9,998
(2)	16,043 − 11,489	(7)	41,421 − 19,889	(12)	17,603 − 15,836	(17)	90,308 − 78,459
(3)	42,001 − 9,876	(8)	24,079 − 9,498	(13)	22,054 − 15,235	(18)	92,487 − 6,496
(4)	35,033 − 27,985	(9)	16,422 − 13,576	(14)	63,614 − 28,596	(19)	87,421 − 24,687
(5)	12,001 − 9,389	(10)	28,400 − 8,385	(15)	72,428 − 32,679	(20)	97,241 − 68,425

Multiplicación: Propiedades

La multiplicación es una operación abreviada de la suma. Así, en lugar de sumar 8 siete veces, decimos $8 \times 7 = 56$.

El resultado de la multiplicación se denomina "producto" y los números u otros símbolos multiplicados se nombran "factores". *Ejemplos:* $2 \times 6 = 12$, donde 2 y 6 son factores y 12 el producto.

$11 \times 8 = 88$

$(f)(f) = (p)$

f = factores

p = productos

CONJUNTO 9

Multiplique:

(1)	5×9	(6)	4×5	(11)	16×4	(16)	14×9
(2)	7×4	(7)	9×4	(12)	17×3	(17)	15×5
(3)	11×3	(8)	7×7	(13)	18×2	(18)	17×6
(4)	8×3	(9)	12×5	(14)	19×5	(19)	18×5
(5)	9×6	(10)	13×4	(15)	17×7	(20)	19×3

CONJUNTO 10

Multiplique:

(1)	23 × 14	(2)	37 × 24	(3)	72 × 18	(4)	32 × 23

CAPÍTULO 8: Matemáticas

(5) 41 × 19
(6) 28 × 35
(7) 54 × 21
(8) 63 × 20

(9) 58 × 43
(10) 25 × 40
(11) 37 × 29
(12) 28 × 30

(13) 73 × 14
(14) 44 × 22
(15) 39 × 16
(16) 41 × 36

(17) 55 × 40
(18) 70 × 28
(19) 59 × 20
(20) 73 × 43

CONJUNTO 11

Multiplique:

(1) 923 × 49
(2) 736 × 90
(3) 405 × 49
(4) 836 × 94
(5) 496 × 73

(6) 648 × 38
(7) 878 × 93
(8) 526 × 47
(9) 746 × 83
(10) 901 × 93

(11) 841 × 58
(12) 746 × 82
(13) 526 × 88
(14) 946 × 23
(15) 377 × 86

(16) 406 × 57
(17) 837 × 43
(18) 625 × 76
(19) 381 × 98
(20) 594 × 23

CONJUNTO 12

Multiplique:

(1) 834 × 206
(2) 715 × 914
(3) 521 × 406
(4) 648 × 305
(5) 299 × 805

(6) 987 × 804
(7) 714 × 509
(8) 1,425 × 432
(9) 3,459 × 207
(10) 4,126 × 308

(11) 6,745 × 703
(12) 9,349 × 345
(13) 8,310 × 309
(14) 5,604 × 729
(15) 9,006 × 407

(16) 5,412 × 803
(17) 7,419 × 995
(18) 9,393 × 702
(19) 6,750 × 502
(20) 8,348 × 709

División: Propiedades

La división es la operación inversa de la multiplicación; la división se usa para separar un todo en partes y la multiplicación para agrupar las partes de un todo.

Cuando multiplicamos 7 × 9, el resultado o "producto" es 63; ahora, si dividimos 63 entre uno de sus factores, como el 7, el resultado es 9; si lo dividimos entre 9, el resultado es 7. Aquí podemos notar que el resultado de una división exacta es uno de los factores del producto; para obtener el otro factor, denominado "cociente"; se divide el producto entre el factor conocido.

Los elementos de la división se denominan *dividendo, divisor* y *cociente*; si la división no es exacta, el resto se denomina *residuo. Ejemplo:*

$$\begin{array}{r} 7 \\ 5\overline{)36} \\ \underline{-35} \\ 1 \end{array}$$

Donde:
7 es el cociente
36 es el dividendo
5 es el divisor
1 es el residuo

CONJUNTO 13:

Divida:

(1)	27 ÷ 3	**(6)**	120 ÷ 5	**(11)**	182 ÷ 7	**(16)**	260 ÷ 5
(2)	63 ÷ 21	**(7)**	136 ÷ 8	**(12)**	243 ÷ 9	**(17)**	272 ÷ 4
(3)	60 ÷ 5	**(8)**	133 ÷ 19	**(13)**	135 ÷ 5	**(18)**	518 ÷ 7
(4)	78 ÷ 13	**(9)**	144 ÷ 6	**(14)**	294 ÷ 42	**(19)**	395 ÷ 5
(5)	98 ÷ 7	**(10)**	90 ÷ 18	**(15)**	432 ÷ 9	**(20)**	581 ÷ 7

CONJUNTO 14:

Divida:

(1)	276 ÷ 12	**(6)**	1,632 ÷ 68	**(11)**	1,323 ÷ 27	**(16)**	2,088 ÷ 36
(2)	602 ÷ 14	**(7)**	1,690 ÷ 26	**(12)**	682 ÷ 11	**(17)**	1,647 ÷ 61
(3)	1,736 ÷ 31	**(8)**	1,813 ÷ 37	**(13)**	1,378 ÷ 26	**(18)**	1,334 ÷ 58
(4)	936 ÷ 24	**(9)**	954 ÷ 18	**(14)**	1,316 ÷ 28	**(19)**	2,080 ÷ 32
(5)	930 ÷ 15	**(10)**	2,130 ÷ 71	**(15)**	1,775 ÷ 25	**(20)**	2,025 ÷ 81

CAPÍTULO 8: Matemáticas

CONJUNTO 15

Divida:

(1)	3,528 ÷ 36	**(6)**	6,460 ÷ 95	**(11)**	7,663 ÷ 97	**(16)**	5,494 ÷ 82
(2)	5,418 ÷ 63	**(7)**	8,924 ÷ 92	**(12)**	8,455 ÷ 89	**(17)**	5,200 ÷ 65
(3)	8,064 ÷ 96	**(8)**	7,820 ÷ 85	**(13)**	6,794 ÷ 86	**(18)**	5,586 ÷ 57
(4)	8,245 ÷ 97	**(9)**	7,410 ÷ 78	**(14)**	5,780 ÷ 68	**(19)**	8,439 ÷ 87
(5)	8,008 ÷ 91	**(10)**	5,460 ÷ 84	**(15)**	6,786 ÷ 78	**(20)**	6,072 ÷ 69

CONJUNTO 16

Divida:

(1)	32,026 ÷ 67	**(6)**	76,840 ÷ 85	**(11)**	85,696 ÷ 412	**(16)**	62,230 ÷ 635
(2)	30,218 ÷ 58	**(7)**	70,380 ÷ 92	**(12)**	59,241 ÷ 637	**(17)**	47,565 ÷ 453
(3)	39,463 ÷ 67	**(8)**	52,887 ÷ 61	**(13)**	47,104 ÷ 128	**(18)**	60,192 ÷ 608
(4)	26,684 ÷ 28	**(9)**	29,799 ÷ 231	**(14)**	57,088 ÷ 446	**(19)**	49,538 ÷ 527
(5)	59,296 ÷ 68	**(10)**	82,042 ÷ 254	**(15)**	91,516 ÷ 167	**(20)**	51,168 ÷ 624

Problemas prácticos

CONJUNTO 17

Solucione los siguientes problemas prácticos:

(1) Cierto instituto tiene 508 estudiantes de primer año, 490 de segundo, 450 de tercero y 412 de cuarto. ¿Cuántos estudiantes tiene el instituto en total?

(2) José trabaja en una fábrica empaquetando piezas. El lunes empaquetó 64, el martes 85, el miércoles 72, el jueves 90 y el viernes 104. ¿Cuántas piezas empaquetó en total?

(3) En ciertas elecciones, el candidato A recibió 12,754 votos, el candidato B 7,008 y el candidato C 15,084. ¿Cuántos votos más recibió el candidato C que B?

(4) María gana $17,000.00 al año y Juan $16,085.00. ¿Cuánto más gana María que Juan?

(5) Si Julia tiene $1,205.00 en su cuenta de ahorros y retira $509.00 para ir de vacaciones, ¿cuánto dinero le queda?

(6) El señor González piensa comprarse un automóvil. Si lo compra a plazos le cuesta $11,350.00 y al contado $9,830.00. ¿Cuánto se ahorra comprándolo al contado?

(7) Rolando gana $1,350.00 al mes. Si gasta $345.00 en alquiler y $312.00 en comida, ¿cuánto le queda?

(8) Jesús tiene $950.00 en su cuenta de cheques. Si durante el mes expide cheques por $450.00, $125.00, $84.00, $34.00 y $112.00, ¿cuánto dinero le quedará en la cuenta a fin de mes?

GED en español

(9) Siete personas deciden abrir un negocio y para comenzar cada uno aporta $1,250.00. ¿Cuánto aportan entre todos?

(10) Si una libra de carne cuesta $2.00, ¿cuánto cuestan 12 libras?

(11) El señor Guzmán compra 120 acciones a $85.00 cada una. Si tiene que pagar una comisión de $135.00, ¿cuanto pagó en total?

(12) Luis trabajó 7 horas el lunes, 9 el martes, 8 el miércoles, 8 el jueves y 9 el viernes. Si le pagan $6.00 por hora, ¿cuanto ganó?

(13) En una asociación de 42 miembros, cada uno vende 35 boletos para una rifa. ¿Cuántos boletos vendieron en total?

(14) En el problema anterior, si los premios costaron $1,275.00 y cada boleto se vendió en $2.00, ¿cuál fue la ganancia?

(15) Ricardo tiene un sueldo mensual de $1,360.00 ¿Cuál es su sueldo semanal?

(16) Consuelo tiene un sueldo anual de $15,900.00. ¿Cuál es su sueldo mensual?

(17) Esther pidió un préstamo de $500.00 a pagar en 10 pagos mensuales iguales. ¿Qué cantidad debe pagar al mes?

(18) La familia Suárez se va de vacaciones y recorre 1,744 kilómetros en 8 días. Si recorre la misma distancia todos los días, ¿cuántos kilómetros recorre por día?

(19) En una colecta se recaudaron $34.00, $75.00, $87.00, $56.00, $95.00 y $81.00. Si luego se reparte esta suma en partes iguales entre 4 personas necesitadas, ¿cuánto recibe cada una?

(20) Una asociación tiene un fondo de $1,230.00. Cuatro miembros asisten a una conferencia y cada uno gasta $108.00. Si los gastos los paga la asociación, ¿cuánto dinero le queda?

Respuestas a los conjuntos

RESPUESTAS AL CONJUNTO 1

(1)	107	**(6)**	181	**(11)**	181	**(16)**	158
(2)	111	**(7)**	173	**(12)**	115	**(17)**	153
(3)	97	**(8)**	110	**(13)**	142	**(18)**	141
(4)	125	**(9)**	145	**(14)**	126	**(19)**	154
(5)	142	**(10)**	96	**(15)**	132	**(20)**	130

RESPUESTAS AL CONJUNTO 2

(1)	181	**(6)**	257	**(11)**	256	**(16)**	207
(2)	136	**(7)**	221	**(12)**	186	**(17)**	148
(3)	183	**(8)**	136	**(13)**	227	**(18)**	250
(4)	205	**(9)**	206	**(14)**	143	**(19)**	179
(5)	187	**(10)**	195	**(15)**	270	**(20)**	214

RESPUESTAS AL CONJUNTO 3

(1)	597	**(3)**	828	**(5)**	2,141	**(7)**	1,140
(2)	1,760	**(4)**	547	**(6)**	1,683	**(8)**	712

(9)	1,271	**(12)**	1,168	**(15)**	1,437	**(18)**	1,722
(10)	1,262	**(13)**	1,874	**(16)**	1,810	**(19)**	1,820
(11)	1,155	**(14)**	1,713	**(17)**	1,719	**(20)**	1,635

RESPUESTAS AL CONJUNTO 4

(1)	8,101	**(6)**	5,591	**(11)**	6,592	**(16)**	14,000
(2)	12,807	**(7)**	12,742	**(12)**	8,663	**(17)**	2,634
(3)	7,947	**(8)**	9,910	**(13)**	9,018	**(18)**	3,810
(4)	10,308	**(9)**	6,312	**(14)**	7,367	**(19)**	4,241
(5)	2,608	**(10)**	7,181	**(15)**	9,549	**(20)**	5,679

RESPUESTAS AL CONJUNTO 5

(1)	8	**(6)**	45	**(11)**	43	**(16)**	49
(2)	42	**(7)**	31	**(12)**	7	**(17)**	17
(3)	11	**(8)**	15	**(13)**	9	**(18)**	34
(4)	17	**(9)**	0	**(14)**	37	**(19)**	39
(5)	13	**(10)**	1	**(15)**	34	**(20)**	34

RESPUESTAS AL CONJUNTO 6

(1)	305	**(6)**	602	**(11)**	489	**(16)**	11
(2)	526	**(7)**	227	**(12)**	339	**(17)**	131
(3)	142	**(8)**	34	**(13)**	263	**(18)**	234
(4)	288	**(9)**	454	**(14)**	169	**(19)**	284
(5)	404	**(10)**	667	**(15)**	181	**(20)**	585

RESPUESTAS AL CONJUNTO 7

(1)	4,715	**(6)**	525	**(11)**	59	**(16)**	556
(2)	1,745	**(7)**	1,577	**(12)**	3,657	**(17)**	4,557
(3)	6,657	**(8)**	3,812	**(13)**	3,511	**(18)**	3,078
(4)	1,325	**(9)**	297	**(14)**	1,353	**(19)**	2,404
(5)	2,457	**(10)**	291	**(15)**	2,005	**(20)**	273

RESPUESTAS AL CONJUNTO 8

(1)	13,666	**(6)**	4,025	**(11)**	33,915	**(16)**	73,009
(2)	4,554	**(7)**	21,532	**(12)**	1,767	**(17)**	11,849
(3)	32,125	**(8)**	14,581	**(13)**	6,819	**(18)**	85,991
(4)	7,048	**(9)**	2,846	**(14)**	35,018	**(19)**	62,734
(5)	2,612	**(10)**	20,015	**(15)**	39,749	**(20)**	28,816

RESPUESTAS AL CONJUNTO 9

- **(1)** 45
- **(2)** 28
- **(3)** 33
- **(4)** 24
- **(5)** 54
- **(6)** 20
- **(7)** 36
- **(8)** 49
- **(9)** 60
- **(10)** 52
- **(11)** 64
- **(12)** 51
- **(13)** 36
- **(14)** 95
- **(15)** 11
- **(16)** 126
- **(17)** 75
- **(18)** 102
- **(19)** 90
- **(20)** 579

RESPUESTAS AL CONJUNTO 10

- **(1)** 322
- **(2)** 888
- **(3)** 1,296
- **(4)** 736
- **(5)** 779
- **(6)** 980
- **(7)** 1,134
- **(8)** 1,260
- **(9)** 2,494
- **(10)** 1,000
- **(11)** 1,073
- **(12)** 840
- **(13)** 1,022
- **(14)** 968
- **(15)** 624
- **(16)** 1,476
- **(17)** 2,200
- **(18)** 1,960
- **(19)** 1,180
- **(20)** 3,139

RESPUESTAS AL CONJUNTO 11

- **(1)** 45,227
- **(2)** 66,240
- **(3)** 19,845
- **(4)** 78,584
- **(5)** 36,208
- **(6)** 24,624
- **(7)** 81,654
- **(8)** 24,722
- **(9)** 61,918
- **(10)** 83,793
- **(11)** 48,778
- **(12)** 61,172
- **(13)** 46,288
- **(14)** 21,758
- **(15)** 32,422
- **(16)** 23,142
- **(17)** 35,991
- **(18)** 47,500
- **(19)** 37,338
- **(20)** 13,662

RESPUESTAS AL CONJUNTO 12

- **(1)** 171,804
- **(2)** 653,510
- **(3)** 211,526
- **(4)** 197,640
- **(5)** 240,695
- **(6)** 793,548
- **(7)** 363,426
- **(8)** 615,600
- **(9)** 716,013
- **(10)** 1,270,808
- **(11)** 4,741,735
- **(12)** 3,225,405
- **(13)** 2,567,790
- **(14)** 4,085,316
- **(15)** 3,665,442
- **(16)** 4,345,836
- **(17)** 7,381,905
- **(18)** 6,593,886
- **(19)** 3,388,500
- **(20)** 5,918,732

RESPUESTAS AL CONJUNTO 13

- **(1)** 9
- **(2)** 3
- **(3)** 12
- **(4)** 6
- **(5)** 14
- **(6)** 24
- **(7)** 17
- **(8)** 7
- **(9)** 24
- **(10)** 5
- **(11)** 26
- **(12)** 27
- **(13)** 27
- **(14)** 7
- **(15)** 48
- **(16)** 52
- **(17)** 68
- **(18)** 74
- **(19)** 79
- **(20)** 83

RESPUESTAS AL CONJUNTO 14

- **(1)** 23
- **(2)** 43
- **(3)** 56
- **(4)** 39
- **(5)** 62
- **(6)** 24
- **(7)** 65
- **(8)** 49
- **(9)** 53
- **(10)** 30
- **(11)** 49
- **(12)** 62
- **(13)** 53
- **(14)** 47
- **(15)** 71
- **(16)** 58
- **(17)** 27
- **(18)** 23
- **(19)** 65
- **(20)** 25

CAPÍTULO 8: Matemáticas

RESPUESTAS AL CONJUNTO 15

(1) 98	(6) 68	(11) 79	(16) 67
(2) 86	(7) 97	(12) 95	(17) 80
(3) 84	(8) 92	(13) 79	(18) 98
(4) 85	(9) 95	(14) 85	(19) 97
(5) 88	(10) 65	(15) 87	(20) 88

RESPUESTAS AL CONJUNTO 16

(1) 478	(6) 904	(11) 208	(16) 98
(2) 521	(7) 765	(12) 93	(17) 105
(3) 589	(8) 867	(13) 368	(18) 99
(4) 953	(9) 129	(14) 128	(19) 94
(5) 872	(10) 323	(15) 548	(20) 82

RESPUESTAS AL CONJUNTO 17

(1) 1,860	(6) $1,520	(11) $10,335	(16) $1,325
(2) 415	(7) $693	(12) $246	(17) $50
(3) 8,076	(8) $145	(13) 1,470	(18) 218
(4) $915	(9) $8,750	(14) $1,665	(19) $107
(5) $696	(10) $24	(15) $340	(20) $798

Operaciones con potencias de 10

Multiplicación

Para resolver operaciones de multiplicación y división con potencias de 10, es decir, 10, 10^2, 10^3, 10^4, etc., no es necesario efectuar las operaciones comunes de multiplicación y división. Veamos los ejemplos siguientes:

$59 \times 10 = 590$
$632 \times 10 = 6,320$
$9 \times 10 = 90$
$35 \times 10^2 = 35 \times 100 = 3,500$
$14 \times 10^3 = 14 \times 1,000 = 14,000$
$726 \times 10^4 = 726 \times 10,000 = 7,260,000$

De los ejemplos anteriores, podemos inducir que para multiplicar un entero por una potencia de 10, basta con duplicar el mismo número en el producto y añadirle tantos ceros como existan después del uno (1) en la potencia de 10 multiplicada.

Estas operaciones también se denominan "multiplicaciones con enteros por la unidad seguida de ceros".

CONJUNTO 18

Multiplique por el método abreviado para potencias de 10.

- (1) 9×10
- (2) 23×10^2
- (3) 48×10^3
- (4) 57×10
- (5) 98×10^2
- (6) 76×10^3
- (7) 208×10
- (8) 314×10^2
- (9) 136×10
- (10) 94×10^3
- (11) 14×10^4
- (12) 5×10^5
- (13) 29×10
- (14) 40×10^2
- (15) 38×10^3
- (16) 59×10^2
- (17) 60×10^3
- (18) 73×10
- (19) 19×10^4
- (20) 35×10^2

CONJUNTO 19

Multiplique:

- (1) 33×10^2
- (2) 84×100
- (3) $98 \times 1,000$
- (4) $139 \times 1,000$
- (5) $439 \times 10,000$
- (6) 94×10^3
- (7) $813 \times 1,000$
- (8) $24 \times 100,000$
- (9) $3 \times 1,000,000$
- (10) 18×100
- (11) $56 \times 10,000$
- (12) $77 \times 1,000$
- (13) 35×100
- (14) $876 \times 10,000$
- (15) $21 \times 100,000$
- (16) $420 \times 10,000$
- (17) $570 \times 1,000$
- (18) 890×100
- (19) $20 \times 10,000$
- (20) $580 \times 10,000$

División

Ya estudiamos el método para multiplicar por potencias de 10. Ahora veamos el método para resolver operaciones de división. *Ejemplos:*

$$
\begin{aligned}
98 \div 10 &= 9.8 \\
593 \div 10 &= 59.3 \\
6 \div 10 &= .6 \\
1{,}943 \div 10^2 &= 1{,}943 \div 100 = 19.43 \\
639 \div 10^3 &= 639 \div 1{,}000 = 0.639 \\
7 \div 10^2 &= 7 \div 100 = 0.07 \\
8 \div 10^3 &= 8 \div 1{,}000 = 0.008 \\
14{,}879 \div 10^4 &= 14{,}879 \div 10{,}000 = 1.4879
\end{aligned}
$$

De los ejemplos anteriores, podemos deducir que para dividir números enteros entre potencias de 10, se traslada el punto decimal de la derecha del último número, es decir, de la derecha de las unidades, tantos lugares a la izquierda como ceros haya después del uno (1).

CAPÍTULO 8: Matemáticas

CONJUNTO 20

Divida por el método abreviado para potencias de 10.

- **(1)** $83 \div 10$
- **(2)** $79 \div 10^2$
- **(3)** $114 \div 10^3$
- **(4)** $94 \div 10^3$
- **(5)** $289 \div 10^4$
- **(6)** $6 \div 10^2$
- **(7)** $8 \div 10$
- **(8)** $43 \div 10^3$
- **(9)** $69 \div 10^2$
- **(10)** $936 \div 10$
- **(11)** $583 \div 10^2$
- **(12)** $1,245 \div 10^2$
- **(13)** $3,458 \div 10^3$
- **(14)** $9,389 \div 10^3$
- **(15)** $8,280 \div 10^4$
- **(16)** $7,369 \div 10^5$
- **(17)** $20,463 \div 10^2$
- **(18)** $83,459 \div 10^3$
- **(19)** $73,004 \div 10^4$
- **(20)** $90,300 \div 10^2$

CONJUNTO 21

Divida:

- **(1)** $425 \div 10$
- **(2)** $83 \div 100$
- **(3)** $13 \div 1,000$
- **(4)** $29 \div 10,000$
- **(5)** $132 \div 1000$
- **(6)** $1,425 \div 100$
- **(7)** $3,879 \div 10$
- **(8)** $4,634 \div 100$
- **(9)** $9,328 \div 1,000$
- **(10)** $14,380 \div 10$
- **(11)** $28,450 \div 10,000$
- **(12)** $3,756 \div 1,000$
- **(13)** $82,429 \div 100$
- **(14)** $73,477 \div 100$
- **(15)** $90,000 \div 1,000$
- **(16)** $10,000 \div 10,000$
- **(17)** $83,000 \div 1,000$
- **(18)** $790,000 \div 10,000$
- **(19)** $123,000 \div 100$
- **(20)** $14,000 \div 10$

Respuestas a los conjuntos

RESPUESTAS AL CONJUNTO 18

- **(1)** 90
- **(2)** 2,300
- **(3)** 48,000
- **(4)** 570
- **(5)** 9,800
- **(6)** 76,000
- **(7)** 2,080
- **(8)** 31,400
- **(9)** 1,360
- **(10)** 94,000
- **(11)** 140,000
- **(12)** 500,000
- **(13)** 290
- **(14)** 4,000
- **(15)** 38,000
- **(16)** 5,900
- **(17)** 60,000
- **(18)** 730
- **(19)** 190,000
- **(20)** 3,500

RESPUESTAS AL CONJUNTO 19

- **(1)** 3,300
- **(2)** 8,400
- **(3)** 98,000
- **(4)** 139,000
- **(5)** 4,390,000
- **(6)** 94,000
- **(7)** 813,000
- **(8)** 2,400,000
- **(9)** 3,000,000
- **(10)** 1,800
- **(11)** 560,000
- **(12)** 77,000
- **(13)** 3,500
- **(14)** 8,760,000
- **(15)** 2,100,000
- **(16)** 4,200,000
- **(17)** 570,000
- **(18)** 89,000
- **(19)** 200,000
- **(20)** 5,800,000

RESPUESTAS AL CONJUNTO 20

(1) 8.3	**(6)** .06	**(11)** 5.83	**(16)** .07369
(2) .79	**(7)** .8	**(12)** 12.45	**(17)** 204.63
(3) .114	**(8)** .043	**(13)** 3.458	**(18)** 83.459
(4) .094	**(9)** .69	**(14)** 9.389	**(19)** 7.3004
(5) .0289	**(10)** 93.6	**(15)** .8280	**(20)** 903.00

RESPUESTAS AL CONJUNTO 21

(1) 42.5	**(6)** 14.25	**(11)** 2.8450	**(16)** 1
(2) .83	**(7)** 387.9	**(12)** 3.756	**(17)** 83.000
(3) .013	**(8)** 46.34	**(13)** 82.429	**(18)** 79.0000
(4) .0029	**(9)** 9.328	**(14)** 734.77	**(19)** 1,230.00
(5) .132	**(10)** 1,438.0	**(15)** 90.000	**(20)** 1,400.0

CAPÍTULO 8: Matemáticas

NÚMEROS FRACCIONARIOS

Los números fraccionarios representan partes de un todo y se denominan también quebrados o fracciones comunes. *Ejemplos:* $\frac{5}{10}$, $\frac{7}{13}$, $\frac{1}{2}$, $\frac{4}{7}$, etc., donde el número arriba de la raya se llama "numerador" y el de abajo "denominador". La raya que separa al numerador del denominador también puede ser diagonal: 7/15, 9/19, 5/10, etc.

Clases de fracciones comunes o quebrados

Los quebrados pueden ser "propios" e "impropios". Se dice que son propios cuando son menores que la unidad, es decir, menores que 1. *Ejemplos:* $\frac{3}{11}$, $\frac{4}{11}$, $\frac{5}{11}$, etc., en los que la unidad se divide en once partes de las cuales se toman 3, 4 y 5 partes, respectivamente. Esto se representa simbólicamente de la siguiente manera:

$$\frac{3}{11} < 1 \qquad \frac{4}{11} < 1 \quad y \quad \frac{5}{11} < 1$$

Si se toman las once partes en que se dividió la unidad, la fracción equivale a la unidad y se representa como $\frac{11}{11} = 1$.

Son impropias las fracciones mayores que la unidad, como $\frac{5}{3}$, $\frac{7}{2}$, $\frac{11}{4}$, etc. En estos casos, el cociente de la operación será siempre mayor que 1 lo cual se escribe simbólicamente de la siguiente manera:

$$\frac{5}{3} > 1 \qquad \frac{7}{2} > 1 \qquad \frac{11}{4} > 1$$

Obsérvese que en las fracciones propias, el numerador es siempre menor que el denominador, y en las impropias es al contrario: el numerador es siempre mayor que el denominador.

Las fracciones cuyo numerador es igual al denominador, se consideran fracciones equivalentes a la unidad.

Números mixtos

Los números mixtos están formados por un entero y una fracción. *Ejemplos:* $18\frac{3}{4}$, $29\frac{1}{5}$, $6\frac{2}{3}$, etc.

Estos números pueden convertirse en fracciones impropias y viceversa.

Para convertir números mixtos en fracciones impropias, se multiplica el denominador de la fracción por el entero y al producto se le suma el numerador de la fracción; el resultado se expresa con el mismo denominador.

En el caso anterior, la operación sería:

$$18\frac{3}{4}$$
$$18 \times 4 = 72$$
$$72 + 3 = 75$$

Esta suma (75) se divide entre 4 para expresar la operación como $\frac{75}{4}$.

CONJUNTO 22

Convierta en fracciones impropias los siguientes:

(1) $7\frac{4}{11}$ 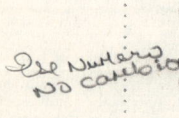 (6) $23\frac{2}{5}$ (11) $30\frac{1}{8}$ (16) $40\frac{2}{7}$

(2) $5\frac{3}{5}$ (7) $20\frac{3}{10}$ (12) $26\frac{3}{4}$ (17) $43\frac{2}{5}$

(3) $9\frac{4}{13}$ (8) $18\frac{3}{4}$ (13) $32\frac{1}{5}$ (18) $54\frac{3}{4}$

(4) $6\frac{1}{4}$ (9) $24\frac{1}{2}$ (14) $29\frac{2}{9}$ (19) $49\frac{5}{6}$

(5) $7\frac{12}{13}$ (10) $27\frac{3}{7}$ (15) $33\frac{1}{4}$ (20) $53\frac{1}{9}$

Para convertir fracciones impropias en números mixtos, se resuelve la operación indicada por la raya horizontal o diagonal. Así, $\frac{20}{7}$ es igual a:

$$\begin{array}{r} 2 \\ 7\overline{)20} \\ \underline{-14} \\ 6 \end{array}$$

El resultado se expresa como número mixto, es decir, un entero seguido de una fracción: $2\frac{6}{7}$

Otro ejemplo: $\frac{43}{5}$; esta operación puede resolverse mentalmente y resulta en $8\frac{3}{5}$ (es decir, 5 cabe 8 veces en 43 y sobran 3, donde 8 es el entero, el residuo 3 se expresa como numerador y el divisor 5 como denominador de la fracción. Así, $\frac{43}{5} = 8\frac{3}{5}$

$$\frac{58}{11} = 5\frac{3}{11} \quad ; \quad \frac{100}{29} = 3\frac{13}{29}$$

$$\frac{115}{12} = 9\frac{7}{12} \quad ; \quad \frac{88}{7} = 12\frac{4}{7}$$

CONJUNTO 23

Convierta en números mixtos:

(1) $\frac{24}{11}$ (3) $\frac{32}{7}$ (5) $\frac{37}{5}$ (7) $\frac{39}{7}$

(2) $\frac{12}{7}$ (4) $\frac{29}{6}$ (6) $\frac{40}{9}$ (8) $\frac{58}{15}$

CAPÍTULO 8: Matemáticas

(9) $\dfrac{63}{13}$ (12) $\dfrac{108}{7}$ (15) $\dfrac{302}{3}$ (18) $\dfrac{401}{10}$

(10) $\dfrac{58}{3}$ (13) $\dfrac{201}{4}$ (16) $\dfrac{421}{11}$ (19) $\dfrac{368}{15}$

(11) $\dfrac{95}{14}$ (14) $\dfrac{251}{16}$ (17) $\dfrac{503}{17}$ (20) $\dfrac{299}{14}$

Simplificación de fracciones

Simplificar o reducir una fracción significa convertirla en una fracción equivalente con números menores, pero el mismo valor matemático. Para esto es necesario dividir el numerador y denominador entre el máximo factor común, es decir, el máximo común denominador. *Ejemplo:* Simplificar la fracción $\frac{18}{27}$. El máximo común denominador es 9; luego entonces, la fracción se puede expresar como $\frac{2\times 9}{3\times 9}$ y al eliminar o cancelar el factor 9, la fracción queda simplificada a $\frac{2}{3}$.

Otros ejemplos: $\frac{7}{35} = \frac{1}{5}$, ya que $\frac{1\times 7}{5\times 7}$; al cancelar 7, el factor común, queda 1 en el numerador y 5 en el denominador. Asimismo: $\frac{21}{36} = \frac{7\times 3}{12\times 3} = \frac{7}{12}$

$$\frac{60}{105} = \frac{4\times 15}{7\times 15} = \frac{4}{7}$$

$$\frac{65}{117} = \frac{5\times 13}{9\times 13} = \frac{5}{9}$$

CONJUNTO 24

Simplifique:

(1) $\dfrac{18}{54}$ (6) $\dfrac{20}{75}$ (11) $\dfrac{40}{104}$ (16) $\dfrac{70}{560}$

(2) $\dfrac{17}{68}$ (7) $\dfrac{65}{260}$ (12) $\dfrac{50}{250}$ (17) $\dfrac{85}{102}$

(3) $\dfrac{14}{22}$ (8) $\dfrac{22}{33}$ (13) $\dfrac{57}{95}$ (18) $\dfrac{43}{129}$

(4) $\dfrac{15}{35}$ (9) $\dfrac{28}{70}$ (14) $\dfrac{54}{270}$ (19) $\dfrac{54}{90}$

(5) $\dfrac{16}{44}$ (10) $\dfrac{56}{63}$ (15) $\dfrac{27}{51}$ (20) $\dfrac{300}{900}$

Suma o adición de fracciones comunes con denominadores iguales

Cuando se suman fracciones o quebrados con el mismo denominador, simplemente se suman los numeradores y la suma conserva el denominador.

Ejemplos:

$$\frac{5}{8} + \frac{3}{8} = \frac{8}{8} = 1 \quad ; \quad \frac{4}{13} + \frac{7}{13} = \frac{11}{13}$$

$$\frac{7}{15} + \frac{2}{15} = \frac{9}{15} = \frac{3}{5} \quad ; \quad \frac{1}{8} + \frac{3}{8} = \frac{4}{8} = \frac{1}{2}$$

Recuerde que la respuesta siempre debe expresarse en forma simplificada.

$$\frac{5}{11} + \frac{7}{11} = \frac{12}{11} = 1\frac{1}{11} \quad ; \quad \frac{11}{24} + \frac{17}{24} = \frac{28}{24} = \frac{7}{6} = 1\frac{1}{6}$$

No olvide simplificar las fracciones impropias en números mixtos.

Estas operaciones de suma también se pueden resolver en forma vertical sin cambiar en nada la estructura de las operaciones. Así tenemos:

$$\begin{array}{c} \frac{5}{8} \\ +\frac{3}{8} \\ \hline \frac{8}{8} = 1 \end{array} \quad \begin{array}{c} \frac{4}{13} \\ +\frac{7}{13} \\ \hline \frac{11}{13} \end{array} \quad \begin{array}{c} \frac{7}{15} \\ +\frac{2}{15} \\ \hline \frac{9}{15} = \frac{3}{5} \end{array} \quad \begin{array}{c} \frac{1}{8} \\ +\frac{3}{8} \\ \hline \frac{4}{8} = \frac{1}{2} \end{array}$$

CONJUNTO 25

(1) $\frac{5}{17} + \frac{8}{17}$ (6) $\frac{8}{13} + \frac{6}{13}$ (11) $\frac{15}{19} + \frac{14}{19}$ (16) $\frac{9}{44} + \frac{25}{44}$

(2) $\frac{1}{9} + \frac{4}{9}$ (7) $\frac{12}{23} + \frac{15}{23}$ (12) $\frac{29}{43} + \frac{16}{43}$ (17) $\frac{13}{22} + \frac{15}{22}$

(3) $\frac{6}{19} + \frac{13}{19}$ (8) $\frac{2}{41} + \frac{40}{41}$ (13) $\frac{23}{59} + \frac{37}{59}$ (18) $\frac{20}{39} + \frac{29}{39}$

(4) $\frac{6}{11} + \frac{2}{11}$ (9) $\frac{6}{29} + \frac{9}{29}$ (14) $\frac{21}{37} + \frac{15}{37}$ (19) $\frac{26}{29} + \frac{2}{29}$

(5) $\frac{7}{9} + \frac{1}{9}$ (10) $\frac{7}{32} + \frac{25}{32}$ (15) $\frac{17}{52} + \frac{37}{52}$ (20) $\frac{33}{47} + \frac{20}{47}$

En las operaciones de suma pueden intervenir más de dos sumandos. Así tenemos:

$$\frac{5}{23} + \frac{4}{23} + \frac{15}{23} = \frac{24}{23} = 1\frac{1}{23}$$

$$\frac{7}{29} + \frac{10}{29} + \frac{12}{29} = \frac{29}{29} = 1$$

$$\frac{3}{17} + \frac{8}{17} + \frac{4}{17} = \frac{15}{17}$$

CONJUNTO 26

Sume:

(1) $\frac{3}{7} + \frac{1}{7} + \frac{2}{7}$ (2) $\frac{5}{13} + \frac{1}{13} + \frac{7}{13}$ (3) $\frac{4}{19} + \frac{8}{19} + \frac{9}{19}$ (4) $\frac{5}{23} + \frac{7}{23} + \frac{10}{23}$

CAPÍTULO 8: Matemáticas

(5) $\dfrac{8}{29}+\dfrac{15}{29}+\dfrac{7}{29}$ (9) $\dfrac{6}{35}+\dfrac{1}{35}+\dfrac{8}{35}$ (13) $\dfrac{6}{22}+\dfrac{1}{22}+\dfrac{15}{22}$ (17) $\dfrac{3}{40}+\dfrac{5}{40}+\dfrac{29}{40}$

(6) $\dfrac{1}{31}+\dfrac{8}{31}+\dfrac{7}{31}$ (10) $\dfrac{20}{31}+\dfrac{2}{31}+\dfrac{1}{31}$ (14) $\dfrac{17}{42}+\dfrac{19}{42}+\dfrac{5}{42}$ (18) $\dfrac{11}{53}+\dfrac{15}{53}+\dfrac{29}{53}$

(7) $\dfrac{15}{47}+\dfrac{18}{47}+\dfrac{1}{47}$ (11) $\dfrac{8}{19}+\dfrac{15}{19}+\dfrac{2}{19}$ (15) $\dfrac{13}{56}+\dfrac{21}{56}+\dfrac{19}{56}$ (19) $\dfrac{18}{61}+\dfrac{23}{61}+\dfrac{17}{61}$

(8) $\dfrac{7}{20}+\dfrac{9}{20}+\dfrac{1}{20}$ (12) $\dfrac{1}{48}+\dfrac{5}{48}+\dfrac{13}{48}$ (16) $\dfrac{25}{31}+\dfrac{1}{31}+\dfrac{3}{31}$ (20) $\dfrac{15}{73}+\dfrac{16}{73}+\dfrac{40}{73}$

Suma de fracciones comunes con denominadores distintos

Para sumar fracciones comunes o quebrados con denominador distinto, se busca un denominador común que será el mínimo común múltiplo de los denominadores. *Ejemplo:*

$$\dfrac{2}{5}+\dfrac{3}{10}=\dfrac{4+3}{10}=\dfrac{7}{10}$$

El número 10 (común denominador) se divide entre cada denominador y el cociente se multiplica por el numerador. En el caso anterior:

$10 \div 5 = 2$ y $2 \times 2 = 4;$

$10 \div 10 = 1$ y $1 \times 3 = 3$

Se suma $4 + 3 = 7$ y se escribe 10 como denominador común abajo de la raya. Cuando los denominadores no tienen factores comunes, como en el caso de $\dfrac{5}{7}+\dfrac{2}{3}$, se multiplica $7 \times 3 = 21$ para calcular el denominador común; así tenemos:

$$\dfrac{5}{7}+\dfrac{2}{3}=\dfrac{15+14}{21}=\dfrac{29}{21}=1\dfrac{8}{21}$$

Si la fracción tiene más de dos sumandos, el procedimiento es similar.

Ejemplo: $\dfrac{1}{15}+\dfrac{2}{3}+\dfrac{1}{2}$; el mínimo común múltiplo de estos números es 30; luego entonces, el común denominador será 30.

Así tenemos: $\dfrac{1}{15}+\dfrac{2}{3}+\dfrac{1}{2}=\dfrac{2+20+15}{30}=\dfrac{37}{30}=1\dfrac{7}{30}$

Estas operaciones también se pueden resolver verticalmente con el mismo resultado. Así tenemos:

$\dfrac{1}{15}=\dfrac{2}{30}$
$\dfrac{2}{3}=\dfrac{20}{30}$
$+\dfrac{1}{2}=\dfrac{15}{30}$
$\dfrac{37}{30}=1\dfrac{7}{30}$

CONJUNTO 27

Sume:

(1) $\dfrac{2}{7}+\dfrac{5}{14}$ (6) $\dfrac{3}{17}+\dfrac{7}{51}$ (11) $\dfrac{4}{29}+\dfrac{1}{87}$ (16) $\dfrac{12}{23}+\dfrac{5}{69}$

(2) $\dfrac{1}{8}+\dfrac{7}{32}$ (7) $\dfrac{3}{13}+\dfrac{5}{6}$ (12) $\dfrac{5}{21}+\dfrac{1}{4}$ (17) $\dfrac{21}{29}+\dfrac{5}{58}$

(3) $\dfrac{3}{11}+\dfrac{1}{2}$ (8) $\dfrac{2}{9}+\dfrac{4}{7}$ (13) $\dfrac{3}{19}+\dfrac{7}{38}$ (18) $\dfrac{4}{37}+\dfrac{3}{74}$

(4) $\dfrac{4}{9}+\dfrac{3}{5}$ (9) $\dfrac{1}{15}+\dfrac{3}{4}$ (14) $\dfrac{1}{31}+\dfrac{3}{62}$ (19) $\dfrac{5}{41}+\dfrac{1}{2}$

(5) $\dfrac{7}{13}+\dfrac{9}{39}$ (10) $\dfrac{8}{23}+\dfrac{1}{2}$ (15) $\dfrac{11}{15}+\dfrac{1}{45}$ (20) $\dfrac{3}{10}+\dfrac{7}{50}$

CONJUNTO 28

Sume:

(1) $\dfrac{3}{4} + \dfrac{1}{5} + \dfrac{1}{2}$ (6) $\dfrac{5}{6} + \dfrac{3}{7} + \dfrac{3}{14}$ (11) $\dfrac{2}{15} + \dfrac{2}{5} + \dfrac{5}{6}$ (16) $\dfrac{3}{7} + \dfrac{1}{21} + \dfrac{1}{3}$

(2) $\dfrac{3}{5} + \dfrac{2}{3} + \dfrac{7}{15}$ (7) $\dfrac{2}{19} + \dfrac{5}{38} + \dfrac{1}{2}$ (12) $\dfrac{2}{17} + \dfrac{1}{3} + \dfrac{4}{51}$ (17) $\dfrac{2}{5} + \dfrac{3}{8} + \dfrac{1}{2}$

(3) $\dfrac{4}{7} + \dfrac{3}{5} + \dfrac{1}{35}$ (8) $\dfrac{7}{13} + \dfrac{1}{2} + \dfrac{1}{3}$ (13) $\dfrac{1}{18} + \dfrac{5}{9} + \dfrac{7}{36}$ (18) $\dfrac{4}{11} + \dfrac{5}{33} + \dfrac{2}{3}$

(4) $\dfrac{2}{11} + \dfrac{1}{4} + \dfrac{1}{2}$ (9) $\dfrac{1}{4} + \dfrac{7}{30} + \dfrac{1}{2}$ (14) $\dfrac{5}{27} + \dfrac{1}{3} + \dfrac{4}{9}$ (19) $\dfrac{7}{20} + \dfrac{1}{40} + \dfrac{3}{4}$

(5) $\dfrac{7}{8} + \dfrac{3}{4} + \dfrac{3}{16}$ (10) $\dfrac{4}{9} + \dfrac{1}{3} + \dfrac{5}{36}$ (15) $\dfrac{1}{23} + \dfrac{5}{46} + \dfrac{1}{2}$ (20) $\dfrac{3}{10} + \dfrac{1}{20} + \dfrac{1}{2}$

Suma de números mixtos con denominadores iguales

Para sumar números mixtos, se suman los enteros y las fracciones por separado. *Ejemplo:*
$9\dfrac{3}{4} + 4\dfrac{1}{4} = 9 + 4 + \dfrac{3}{4} + \dfrac{1}{4} = 13\dfrac{4}{4} = 14$; en forma vertical, se resuelve de la siguiente manera:

$$\begin{array}{r} 9\dfrac{3}{4} \\ +4\dfrac{1}{4} \\ \hline 13\dfrac{4}{4} = 14 \end{array}$$

Esta operación también se resuelve convirtiendo los números mixtos en fracciones impropias, pero el método es más laborioso.

CONJUNTO 29

Sume:

(1) $8\dfrac{1}{5} + 4\dfrac{4}{5}$ (6) $23\dfrac{4}{9} + 2\dfrac{1}{9}$ (11) $30\dfrac{2}{9} + 5\dfrac{1}{9}$ (16) $63\dfrac{7}{20} + 8\dfrac{9}{20}$

(2) $9\dfrac{3}{8} + \dfrac{1}{8}$ (7) $16\dfrac{2}{7} + 8\dfrac{5}{7}$ (12) $27\dfrac{3}{19} + 8\dfrac{5}{19}$ (17) $59\dfrac{9}{13} + 6\dfrac{8}{13}$

(3) $10\dfrac{2}{7} + 3\dfrac{5}{7}$ (8) $5\dfrac{1}{8} + 4\dfrac{5}{8}$ (13) $40\dfrac{1}{5} + \dfrac{4}{5}$ (18) $67\dfrac{2}{5} + \dfrac{2}{5}$

(4) $20\dfrac{1}{6} + \dfrac{5}{6}$ (9) $19\dfrac{4}{13} + 8\dfrac{5}{13}$ (14) $28\dfrac{4}{7} + 1\dfrac{5}{7}$ (19) $72\dfrac{5}{8} + 8\dfrac{3}{8}$

(5) $15\dfrac{1}{11} + 2\dfrac{3}{11}$ (10) $11\dfrac{5}{12} + 6\dfrac{7}{12}$ (15) $43\dfrac{9}{11} + 3\dfrac{1}{11}$ (20) $81\dfrac{4}{9} + 7\dfrac{7}{9}$

Suma de números mixtos con denominadores distintos

Para sumar números mixtos con denominadores distintos, se busca el común denominador y después se resuelve la operación de la misma forma que el caso anterior.

Ejemplo:

$$\begin{array}{r} 8\dfrac{1}{4} = 8\dfrac{3}{12} \\ +7\dfrac{5}{6} = 7\dfrac{10}{12} \\ \hline 15\dfrac{13}{12} = 16\dfrac{1}{12} \end{array}$$
     El común denominador de 4 y 6 es 12

CAPÍTULO 8: Matemáticas

En estas operaciones pueden intervenir más de dos sumandos. Así tenemos:

$$9\frac{2}{5} = 9\frac{6}{15}$$
$$6\frac{1}{3} = 6\frac{5}{15}$$
$$+12\frac{4}{15} = 12\frac{4}{15}$$
$$\overline{27\frac{15}{15} = 28}$$

El común denominador de 5, 3 y 15 es 15

CONJUNTO 30
Sume:

(1) $4\frac{3}{5} + 8\frac{7}{10}$
(2) $12\frac{1}{9} + 6\frac{5}{7}$
(3) $11\frac{3}{7} + 9\frac{5}{14}$
(4) $28\frac{1}{5} + 6\frac{2}{15}$
(5) $32\frac{1}{18} + 5\frac{1}{6}$

(6) $15\frac{7}{11} + 6\frac{5}{33}$
(7) $18\frac{1}{5} + 3\frac{3}{10}$
(8) $22\frac{5}{9} + 4\frac{1}{4}$
(9) $40\frac{4}{9} + 7\frac{1}{5}$
(10) $48\frac{2}{7} + 22\frac{4}{11}$

(11) $51\frac{5}{8} + 43\frac{1}{4}$
(12) $56\frac{5}{9} + 7\frac{1}{27}$
(13) $43\frac{1}{7} + 28\frac{3}{5}$
(14) $73\frac{1}{8} + 38\frac{1}{5}$
(15) $6\frac{4}{13} + 28\frac{5}{26}$

(16) $4\frac{13}{17} + 81\frac{4}{51}$
(17) $6\frac{1}{10} + 58\frac{3}{8}$
(18) $12\frac{7}{20} + 63\frac{4}{15}$
(19) $78\frac{3}{11} + 60\frac{1}{4}$
(20) $83\frac{2}{3} + 67\frac{3}{5}$

CONJUNTO 31
Sume:

(1) $4\frac{3}{5} + 2\frac{1}{4} + 1\frac{1}{2}$
(2) $8\frac{2}{3} + 6\frac{2}{5} + 5\frac{1}{4}$
(3) $12\frac{1}{35} + 16\frac{3}{7} + 8\frac{3}{5}$
(4) $7\frac{1}{8} + 13\frac{3}{4} + 5\frac{5}{24}$
(5) $16\frac{2}{7} + 4\frac{1}{2} + 1\frac{1}{3}$
(6) $30\frac{1}{5} + 8\frac{1}{8} + 7\frac{3}{20}$
(7) $20\frac{1}{5} + 6\frac{3}{7} + 9\frac{7}{35}$

(8) $19\frac{3}{4} + 11\frac{1}{2} + 6\frac{1}{5}$
(9) $43\frac{2}{5} + 3\frac{1}{20} + 2\frac{1}{2}$
(10) $37\frac{4}{13} + 8\frac{1}{2} + 1\frac{7}{26}$
(11) $49\frac{2}{3} + 50\frac{3}{4} + 4\frac{1}{5}$
(12) $31\frac{5}{7} + 20\frac{3}{4} + 2\frac{1}{2}$
(13) $50\frac{7}{12} + 8\frac{1}{8} + 3\frac{1}{4}$
(14) $7\frac{1}{4} + 40\frac{3}{5} + 10\frac{1}{40}$

(15) $10\frac{1}{10} + 7\frac{7}{20} + 1\frac{3}{5}$
(16) $37\frac{2}{11} + 8\frac{1}{4} + 7\frac{1}{2}$
(17) $62\frac{2}{3} + 50\frac{1}{5} + 6\frac{2}{65}$
(18) $103\frac{2}{7} + 10\frac{3}{4} + 93\frac{1}{2}$
(19) $207\frac{1}{8} + 13\frac{3}{4} + 81\frac{7}{40}$
(20) $315\frac{1}{4} + 168\frac{1}{2} + 70\frac{5}{6}$

Resta de fracciones comunes con denominadores iguales

Al igual que en la división, en esta operación intervienen sólo dos elementos. Para resolver esta operación, se restan los numeradores mientras que el denominador no cambia.
Ejemplos:

$$\frac{9}{17}$$
$$-\frac{7}{17}$$
$$\overline{\frac{2}{17}}$$

en forma horizontal, se resuelve de la siguiente manera: $\frac{9}{17} - \frac{7}{17} = \frac{2}{17}$

$\frac{8}{15} - \frac{4}{15} = \frac{4}{15}$

$\frac{23}{48} - \frac{17}{48} = \frac{6}{48}$; simplificando esta fracción, tenemos: $\frac{6}{48} = \frac{1}{8}$

La simplificación se basa en que 6 cabe sólo una vez en 6 y ocho veces en 48.

CONJUNTO 32

Reste:

(1) $\frac{5}{11} - \frac{2}{11}$ (6) $\frac{5}{21} - \frac{4}{21}$ (11) $\frac{12}{31} - \frac{7}{31}$ (16) $\frac{47}{61} - \frac{18}{61}$

(2) $\frac{7}{8} - \frac{5}{8}$ (7) $\frac{16}{29} - \frac{14}{29}$ (12) $\frac{32}{35} - \frac{21}{35}$ (17) $\frac{37}{42} - \frac{17}{42}$

(3) $\frac{8}{19} - \frac{3}{19}$ (8) $\frac{14}{15} - \frac{4}{15}$ (13) $\frac{29}{47} - \frac{8}{47}$ (18) $\frac{50}{71} - \frac{45}{71}$

(4) $\frac{6}{13} - \frac{3}{13}$ (9) $\frac{16}{43} - \frac{11}{43}$ (14) $\frac{43}{51} - \frac{13}{51}$ (19) $\frac{49}{50} - \frac{43}{50}$

(5) $\frac{9}{23} - \frac{8}{23}$ (10) $\frac{10}{29} - \frac{8}{29}$ (15) $\frac{53}{72} - \frac{43}{72}$ (20) $\frac{75}{83} - \frac{14}{83}$

Resta de números mixtos

Para restar números mixtos se simplifican los números en fracciones impropias y a continuación, se resuelve la operación de la misma forma que las fracciones propias. Sin embargo, este no es el método más eficiente. Es aconsejable resolver la operación de la siguiente manera:

Ejemplos:
$$\begin{array}{r} 9\frac{5}{8} \\ +6\frac{1}{8} \\ \hline 3\frac{4}{8} = 3\frac{1}{2} \end{array}$$

Primero se restan los enteros entre sí, de manera que $9 - 6 = 3$; a continuación y debido a que las fracciones tienen el mismo denominador, se resta $\frac{1}{8}$ de $\frac{5}{8}$; la diferencia es $\frac{4}{8}$ que al simplificarla nos da $\frac{1}{2}$.

Otro ejemplo:
$$\begin{array}{r} 20\frac{7}{11} \\ -8\frac{1}{11} \\ \hline 12\frac{6}{11} \end{array}$$

que en forma horizontal, se resuelve de la siguiente manera:

$20\frac{7}{11} - 8\frac{1}{11} = 12\frac{6}{11}$

CONJUNTO 33

Reste:

(1) $8\frac{9}{11} - 3\frac{1}{11}$ (6) $19\frac{4}{19} - 8\frac{2}{19}$ (11) $32\frac{9}{23} - 14\frac{4}{23}$ (16) $57\frac{6}{23} - 18\frac{3}{23}$

(2) $9\frac{3}{5} - 6\frac{1}{5}$ (7) $20\frac{5}{8} - 18\frac{3}{8}$ (12) $39\frac{5}{6} - 21\frac{1}{6}$ (17) $69\frac{15}{17} - 36\frac{4}{17}$

(3) $14\frac{7}{9} - 7\frac{2}{9}$ (8) $31\frac{7}{12} - 20\frac{4}{12}$ (13) $53\frac{2}{3} - 42\frac{1}{3}$ (18) $73\frac{11}{20} - 18\frac{7}{20}$

(4) $15\frac{8}{15} - 2\frac{7}{15}$ (9) $40\frac{5}{7} - 1\frac{2}{7}$ (14) $61\frac{7}{8} - 43\frac{1}{8}$ (19) $84\frac{4}{5} - 70\frac{2}{5}$

(5) $23\frac{6}{13} - 8\frac{3}{13}$ (10) $37\frac{4}{9} - 17\frac{1}{9}$ (15) $73\frac{4}{17} - 8\frac{1}{17}$ (20) $90\frac{7}{8} - 46\frac{3}{8}$

CAPÍTULO 8: Matemáticas

Nota: Cuando la fracción del sustraendo mixto es mayor que la fracción del minuendo, la operación se resuelve de la siguiente manera:

$$\begin{array}{l} 8\frac{2}{7} = 7\frac{9}{7} \\ -5\frac{4}{7} = 5\frac{4}{7} \\ \hline \quad\; 2\frac{5}{7} \end{array}$$
Se toma una unidad de 8, se convierte en $\frac{7}{7}$ y se suma a $\frac{2}{7}$ para obtener la fracción impropia $\frac{9}{7}$. A continuación se resuelve la operación: $\frac{9}{7} - \frac{4}{7} = \frac{5}{7}$

Otros ejemplos:

$$\begin{array}{l} 12\frac{5}{9} = 11\frac{14}{9} \\ -7\frac{7}{9} = 7\frac{7}{9} \\ \hline 4\frac{7}{9} \end{array} \qquad \begin{array}{l} 23\frac{1}{8} = 22\frac{9}{8} \\ -6\frac{5}{8} = 6\frac{5}{8} \\ \hline 16\frac{4}{8} = 16\frac{1}{2} \end{array}$$

CONJUNTO 34

Reste:

(1) $17\frac{1}{5} - 8\frac{3}{5}$
(2) $20\frac{3}{11} - 13\frac{5}{11}$
(3) $24\frac{5}{12} - 6\frac{7}{12}$
(4) $19\frac{2}{13} - 9\frac{5}{13}$
(5) $22\frac{1}{8} - 12\frac{5}{8}$

(6) $31\frac{1}{15} - 28\frac{4}{15}$
(7) $48\frac{3}{7} - 40\frac{5}{7}$
(8) $42\frac{1}{10} - 30\frac{7}{10}$
(9) $29\frac{5}{19} - 12\frac{7}{19}$
(10) $51\frac{3}{5} - 28\frac{4}{5}$

(11) $53\frac{3}{11} - 20\frac{5}{11}$
(12) $44\frac{7}{20} - 40\frac{11}{20}$
(13) $60\frac{1}{9} - 50\frac{4}{9}$
(14) $55\frac{4}{13} - 53\frac{7}{13}$
(15) $59\frac{1}{8} - 43\frac{5}{8}$

(16) $73\frac{1}{4} - 70\frac{3}{4}$
(17) $82\frac{1}{11} - 81\frac{5}{11}$
(18) $73\frac{2}{15} - 72\frac{4}{15}$
(19) $89\frac{3}{7} - 87\frac{5}{7}$
(20) $92\frac{1}{9} - 90\frac{7}{9}$

Resta de fracciones con denominadores distintos

Cuando las fracciones tienen un denominador distinto, se busca el común denominador:

$$\begin{array}{l} \frac{4}{5} = \frac{12}{15} \\ -\frac{2}{3} = \frac{10}{15} \\ \hline \phantom{-\frac{2}{3} =} \frac{2}{15} \end{array}$$

Si se trata de números mixtos, el método es el siguiente:

$$\begin{array}{l} 8\frac{4}{7} = \frac{32}{56} \\ -5\frac{3}{8} = \frac{21}{56} \\ \hline 3\frac{11}{56} \end{array}$$

Si al calcular el común denominador el minuendo resulta menor que el sustraendo, se toma una unidad del entero y se convierte en fracción.

$$\begin{array}{l} 12\frac{1}{5} = 12\frac{7}{35} = 11\frac{42}{35} \\ -7\frac{4}{7} = 7\frac{20}{35} = 7\frac{20}{35} \\ \hline \phantom{-7\frac{4}{7} = 7\frac{20}{35} =} 4\frac{22}{35} \end{array}$$

La unidad (1) restada de 12 se convirtió en $\frac{35}{35}$, la que al sumarle $\frac{7}{35}$ nos da $\frac{42}{35}$.

CONJUNTO 35

Reste:

(1) $\dfrac{5}{7} - \dfrac{2}{3}$
(2) $\dfrac{11}{13} - \dfrac{2}{3}$
(3) $\dfrac{7}{8} - \dfrac{2}{11}$
(4) $\dfrac{8}{9} - \dfrac{3}{7}$
(5) $\dfrac{13}{18} - \dfrac{2}{5}$

(6) $8\dfrac{2}{3} - 3\dfrac{1}{4}$
(7) $34\dfrac{5}{9} - 8\dfrac{3}{7}$
(8) $40\dfrac{1}{8} - 3\dfrac{4}{5}$
(9) $56\dfrac{5}{6} - 7\dfrac{4}{5}$
(10) $60\dfrac{1}{8} - 10\dfrac{4}{9}$

(11) $33\dfrac{1}{2} - 8\dfrac{2}{5}$
(12) $80\dfrac{1}{7} - 60\dfrac{8}{11}$
(13) $72\dfrac{3}{5} - 5\dfrac{4}{7}$
(14) $90\dfrac{5}{6} - 12\dfrac{6}{7}$
(15) $100\dfrac{1}{8} - 81\dfrac{3}{5}$

(16) $77\dfrac{4}{9} - 60\dfrac{5}{8}$
(17) $83\dfrac{1}{9} - 80\dfrac{2}{3}$
(18) $76\dfrac{4}{11} - 50\dfrac{5}{7}$
(19) $130\dfrac{2}{7} - 9\dfrac{4}{5}$
(20) $136\dfrac{1}{2} - 83\dfrac{2}{3}$

Multiplicación de fracciones comunes

Para multiplicar fracciones comunes o quebrados, se multiplica numerador por numerador y denominador por denominador.

Ejemplos: $\dfrac{3}{7} \times \dfrac{2}{3} = \dfrac{3 \times 2}{7 \times 3} = \dfrac{6}{21}$

$\dfrac{4}{5} \times \dfrac{1}{7} \times \dfrac{2}{9} = \dfrac{4 \times 1 \times 2}{5 \times 7 \times 9} = \dfrac{8}{315}$

Nota: Cuando numeradores y denominadores tengan factores comunes, se simplifica antes de resolver la operación para facilitar el trabajo. Así tenemos:

$\dfrac{2}{8} \times \dfrac{5}{15} = \dfrac{1}{4} \times \dfrac{1}{3} = \dfrac{1}{12}$

La simplificación se basa en que cinco cabe tres veces en quince y dos cabe cuatro veces en ocho.

CONJUNTO 36

Multiplique:

(1) $\dfrac{4}{9} \times \dfrac{4}{5}$
(2) $\dfrac{1}{3} \times \dfrac{1}{8} \times \dfrac{1}{2}$
(3) $\dfrac{5}{8} \times \dfrac{3}{5}$
(4) $\dfrac{7}{9} \times \dfrac{5}{14}$
(5) $\dfrac{10}{11} \times \dfrac{3}{5}$

(6) $\dfrac{8}{17} \times \dfrac{5}{24}$
(7) $\dfrac{13}{17} \times \dfrac{51}{39}$
(8) $\dfrac{7}{12} \times \dfrac{48}{5}$
(9) $\dfrac{4}{23} \times \dfrac{46}{3}$
(10) $\dfrac{5}{19} \times \dfrac{38}{35}$

(11) $\dfrac{5}{21} \times \dfrac{1}{20}$
(12) $\dfrac{1}{4} \times \dfrac{2}{5} \times \dfrac{2}{3}$
(13) $\dfrac{3}{7} \times \dfrac{1}{4} \times \dfrac{5}{2}$
(14) $\dfrac{14}{27} \times \dfrac{54}{28}$
(15) $\dfrac{29}{31} \times \dfrac{93}{58}$

(16) $\dfrac{7}{21} \times \dfrac{5}{49} \times \dfrac{3}{5}$
(17) $\dfrac{19}{2} \times \dfrac{10}{57} \times \dfrac{2}{5}$
(18) $\dfrac{22}{5} \times \dfrac{15}{66} \times \dfrac{1}{3}$
(19) $\dfrac{31}{7} \times \dfrac{14}{62} \times \dfrac{1}{2}$
(20) $\dfrac{43}{2} \times \dfrac{4}{17} \times \dfrac{34}{86}$

Multiplicación de números mixtos

Para multiplicar números mixtos, primero se convierten en fracciones impropias y luego se resuelve la operación.

Ejemplos: $2\dfrac{1}{3} \times 4\dfrac{1}{2}$

$2\dfrac{1}{3} = \dfrac{7}{3}$ y $4\dfrac{1}{2} = \dfrac{9}{2}$

Así tenemos: $\dfrac{7}{3} \times \dfrac{9}{2} = \dfrac{63}{6} = \dfrac{21}{2} = 10\dfrac{1}{2}$

CAPÍTULO 8: Matemáticas

Así como la suma puede tener más de dos sumandos, la multiplicación de números mixtos puede tener más de dos factores. La resta y la división son operaciones binarias, es decir, operaciones de dos componentes solamente.

$4\frac{2}{3} \times 2\frac{1}{5} \times 3\frac{3}{4}$

Al convertir los números mixtos en fracciones impropias, tenemos: $\frac{14}{3} \times \frac{11}{5} \times \frac{15}{4}$; a continuación se simplifica el 5 con el 15 y el 4 con el 14 y así tenemos $\frac{7}{3} \times \frac{11}{1} \times \frac{3}{2} = \frac{231}{6} = 38\frac{1}{2}$

Para multiplicar un entero por un número mixto, el método es semejante. Así tenemos:

$60 \times 2\frac{1}{5} = 60 \times \frac{11}{5} = 132$

en el caso de un número mixto por un entero:

$8\frac{3}{4} \times 24 = \frac{35}{4} \times 24 = 210$

CONJUNTO 37

Multiplique:

(1) $4\frac{1}{9} \times 2\frac{1}{4}$
(2) $6\frac{1}{3} \times 4\frac{1}{5}$
(3) $3\frac{2}{5} \times 6\frac{1}{2}$
(4) $7\frac{1}{3} \times 8\frac{2}{3}$
(5) $9\frac{1}{5} \times 5\frac{1}{4}$

(6) $20 \times 4\frac{2}{7}$
(7) $15 \times 2\frac{2}{9}$
(8) $3\frac{1}{5} \times 30$
(9) $7\frac{4}{5} \times 50$
(10) $10\frac{1}{3} \times 27$

(11) $\frac{5}{8} \times \frac{7}{15} \times \frac{1}{2}$
(12) $\frac{3}{8} \times \frac{5}{6} \times \frac{4}{9}$
(13) $12 \times \frac{1}{4} \times \frac{2}{3}$
(14) $30 \times \frac{4}{5} \times \frac{3}{7}$
(15) $45 \times \frac{3}{4} \times \frac{1}{5}$

(16) $\frac{2}{3} \times 2\frac{1}{4} \times \frac{1}{2}$
(17) $4\frac{1}{3} \times 2\frac{1}{7} \times 3\frac{1}{8}$
(18) $6\frac{2}{5} \times 1\frac{1}{4} \times 5\frac{2}{3}$
(19) $2\frac{1}{9} \times 4\frac{1}{3} \times 6\frac{1}{2}$
(20) $7\frac{1}{4} \times 3\frac{1}{2} \times 4\frac{2}{5}$

División de números mixtos

Para dividir números mixtos, primero se convierten en fracciones impropias y luego se resuelve la división según corresponda.

$10 \div 3\frac{3}{5} = 10 \div \frac{18}{5} = 10 \times \frac{5}{18} = 5 \times \frac{5}{9} = \frac{25}{9} = 2\frac{7}{9}$

también se puede dividir un número mixto entre un entero:

$7\frac{4}{5} \div 4 = \frac{39}{5} \times \frac{1}{4} = \frac{39}{20} = 1\frac{19}{20}$

CONJUNTO 38

Divida:

(1) $5\frac{1}{2} \div 3\frac{4}{5}$
(2) $9\frac{1}{4} \div 2\frac{5}{6}$
(3) $6\frac{2}{5} \div 1\frac{1}{4}$

(4) $3\frac{2}{9} \div 2\frac{4}{5}$
(5) $8\frac{1}{8} \div 3\frac{1}{5}$
(6) $7\frac{1}{8} \div 2\frac{1}{3}$

(7) $4\frac{2}{7} \div 2\frac{1}{2}$
(8) $5\frac{1}{3} \div 4\frac{2}{5}$
(9) $3\frac{2}{7} \div 1\frac{1}{6}$

(10) $12\frac{1}{4} \div 3\frac{1}{7}$
(11) $20 \div 3\frac{1}{4}$
(12) $40 \div 2\frac{1}{5}$

GED en español

(13) $55 \div 1\frac{2}{3}$ (15) $24\frac{1}{3} \div 2\frac{1}{4}$ (17) $23 \div 6\frac{1}{3}$ (19) $13\frac{1}{5} \div 5$

(14) $48 \div 2\frac{1}{4}$ (16) $16 \div 4\frac{1}{2}$ (18) $10\frac{1}{2} \div 4$ (20) $20\frac{2}{3} \div 6$

Problemas prácticos
CONJUNTO 39

(1) Carlos trabajó $7\frac{1}{2}$ horas el lunes, $8\frac{1}{2}$ el martes, $7\frac{3}{4}$ el miércoles, 8 el jueves y $8\frac{1}{4}$ el viernes. ¿Cuántas horas trabajó en total?

(2) Susana compró 3 libras de manzanas, $2\frac{1}{2}$ de peras, $3\frac{1}{4}$ de uvas y $5\frac{1}{3}$ de melocotones. ¿Cuántas libras de fruta compró?

(3) María pesaba 157 libras y ahora pesa $135\frac{1}{2}$. ¿Cuántas libras bajó?

(4) Si un electricista tiene $138\frac{3}{4}$ metros de cable y usa $64\frac{1}{3}$ en una obra, ¿cuánto le sobra?

(5) Un carpintero arma una estantería para la que necesitó tablas de las siguientes medidas: 3, $2\frac{1}{2}$, $3\frac{1}{4}$ y 2 m. Si comenzó con 12 metros de tabla, ¿cuánto le sobra?

(6) Si de mi sueldo de $2,400.00 gasto la cuarta parte en alquiler, la quinta en comida y la sexta en ropa, ¿cuánto me queda?

(7) Durante la primera semana de un viaje, cierto hombre recorre $8\frac{1}{2}$, 22, $11\frac{1}{4}$, $9\frac{1}{3}$ y $10\frac{1}{6}$ km, mientras que durante la segunda viaja otros $7\frac{5}{6}$, $8\frac{1}{4}$, $13\frac{1}{2}$, 15 y $12\frac{1}{3}$ km. ¿Cuántos kilómetros más recorrió la primera semana que la segunda?

(8) Si tres bolsas de monedas pesan $12\frac{3}{4}$ kg y las tres pesan igual, ¿cuánto pesa cada una?

(9) Cinco libros iguales pesan $6\frac{2}{3}$ kg en total. ¿Cuánto pesarán 9 libros?

(10) María trabajó $8\frac{1}{2}$ horas los 5 días de la semana. Si le pagan $3.00 por hora, ¿cuánto ganó esa semana?

(11) En un examen de 120 preguntas Rosalía contestó $\frac{3}{4}$ partes correctamente. ¿Cuántas preguntas contestó mal?

(12) En una reunión a la que asistieron 60 personas, las $\frac{4}{5}$ partes votaron a favor de una sugerencia. ¿Cuántas personas votaron en contra?

(13) Un hombre reparte su fortuna de la siguiente manera: la mitad para su esposa, la tercera parte para su hijo y el resto para obras de caridad. ¿Qué parte donó para obras de caridad?

Respuestas a los conjuntos
RESPUESTAS AL CONJUNTO 22

(1) $\frac{81}{11}$ (6) $\frac{117}{5}$ (11) $\frac{241}{8}$ (16) $\frac{282}{7}$

(2) $\frac{28}{5}$ (7) $\frac{203}{10}$ (12) $\frac{107}{4}$ (17) $\frac{217}{5}$

(3) $\frac{121}{13}$ (8) $\frac{75}{4}$ (13) $\frac{161}{5}$ (18) $\frac{219}{4}$

(4) $\frac{25}{4}$ (9) $\frac{49}{2}$ (14) $\frac{263}{9}$ (19) $\frac{299}{6}$

(5) $\frac{103}{13}$ (10) $\frac{192}{7}$ (15) $\frac{133}{4}$ (20) $\frac{478}{9}$

RESPUESTAS AL CONJUNTO 23

- (1) $2\frac{2}{11}$
- (2) $1\frac{5}{7}$
- (3) $4\frac{4}{7}$
- (4) $4\frac{5}{6}$
- (5) $7\frac{2}{5}$
- (6) $4\frac{4}{9}$
- (7) $5\frac{4}{7}$
- (8) $3\frac{13}{15}$
- (9) $4\frac{11}{13}$
- (10) $19\frac{1}{3}$
- (11) $6\frac{11}{14}$
- (12) $15\frac{3}{7}$
- (13) $50\frac{1}{4}$
- (14) $15\frac{11}{16}$
- (15) $100\frac{2}{3}$
- (16) $38\frac{3}{11}$
- (17) $29\frac{10}{17}$
- (18) $40\frac{1}{10}$
- (19) $24\frac{8}{15}$
- (20) $21\frac{5}{14}$

RESPUESTAS AL CONJUNTO 24

- (1) $\frac{1}{3}$
- (2) $\frac{1}{4}$
- (3) $\frac{7}{11}$
- (4) $\frac{3}{7}$
- (5) $\frac{4}{11}$
- (6) $\frac{4}{15}$
- (7) $\frac{1}{4}$
- (8) $\frac{2}{3}$
- (9) $\frac{2}{5}$
- (10) $\frac{8}{9}$
- (11) $\frac{5}{13}$
- (12) $\frac{1}{5}$
- (13) $\frac{3}{5}$
- (14) $\frac{1}{5}$
- (15) $\frac{9}{17}$
- (16) $\frac{1}{8}$
- (17) $\frac{5}{6}$
- (18) $\frac{1}{3}$
- (19) $\frac{3}{5}$
- (20) $\frac{1}{3}$

RESPUESTAS AL CONJUNTO 25

- (1) $\frac{13}{17}$
- (2) $\frac{5}{9}$
- (3) 1
- (4) $\frac{8}{11}$
- (5) $\frac{8}{9}$
- (6) $1\frac{1}{13}$
- (7) $1\frac{4}{23}$
- (8) $1\frac{1}{41}$
- (9) $\frac{15}{29}$
- (10) 1
- (11) $1\frac{10}{19}$
- (12) $1\frac{2}{43}$
- (13) $1\frac{1}{59}$
- (14) $\frac{36}{37}$
- (15) $1\frac{1}{26}$
- (16) $\frac{17}{22}$
- (17) $1\frac{3}{11}$
- (18) $1\frac{10}{39}$
- (19) $\frac{28}{29}$
- (20) $1\frac{6}{47}$

RESPUESTAS AL CONJUNTO 26

- (1) $\frac{6}{7}$
- (2) 1
- (3) $1\frac{2}{19}$
- (4) $\frac{22}{23}$
- (5) $1\frac{1}{29}$
- (6) $\frac{16}{31}$
- (7) $\frac{34}{47}$
- (8) $\frac{17}{20}$
- (9) $\frac{3}{7}$
- (10) $\frac{23}{31}$
- (11) $1\frac{6}{19}$
- (12) $\frac{19}{48}$
- (13) 1
- (14) $\frac{41}{42}$
- (15) $\frac{53}{56}$
- (16) $\frac{29}{31}$
- (17) $\frac{37}{40}$
- (18) $1\frac{2}{53}$
- (19) $\frac{58}{61}$
- (20) $\frac{71}{73}$

RESPUESTAS AL CONJUNTO 27

(1) $\dfrac{9}{14}$ (6) $\dfrac{16}{51}$ (11) $\dfrac{13}{87}$ (16) $\dfrac{41}{69}$

(2) $\dfrac{11}{32}$ (7) $1\dfrac{5}{78}$ (12) $\dfrac{41}{84}$ (17) $\dfrac{47}{58}$

(3) $\dfrac{17}{22}$ (8) $\dfrac{50}{63}$ (13) $\dfrac{13}{38}$ (18) $\dfrac{11}{74}$

(4) $1\dfrac{2}{45}$ (9) $\dfrac{49}{60}$ (14) $\dfrac{5}{62}$ (19) $\dfrac{51}{82}$

(5) $\dfrac{10}{13}$ (10) $\dfrac{39}{46}$ (15) $\dfrac{34}{45}$ (20) $\dfrac{11}{25}$

RESPUESTAS AL CONJUNTO 28

(1) $1\dfrac{9}{20}$ (6) $1\dfrac{10}{21}$ (11) $1\dfrac{11}{30}$ (16) $\dfrac{17}{21}$

(2) $1\dfrac{11}{15}$ (7) $\dfrac{14}{19}$ (12) $\dfrac{9}{17}$ (17) $1\dfrac{11}{40}$

(3) $1\dfrac{1}{5}$ (8) $1\dfrac{29}{78}$ (13) $\dfrac{29}{36}$ (18) $1\dfrac{2}{11}$

(4) $\dfrac{41}{44}$ (9) $\dfrac{59}{60}$ (14) $\dfrac{26}{27}$ (19) $1\dfrac{1}{8}$

(5) $1\dfrac{13}{16}$ (10) $\dfrac{11}{12}$ (15) $\dfrac{15}{23}$ (20) $\dfrac{17}{20}$

RESPUESTAS AL CONJUNTO 29

(1) 13   (6) $25\dfrac{5}{9}$ (11) $35\dfrac{1}{3}$ (16) $71\dfrac{4}{5}$

(2) $9\dfrac{1}{2}$ (7) 25   (12) $35\dfrac{8}{19}$ (17) $66\dfrac{4}{13}$

(3) 14   (8) $9\dfrac{3}{4}$ (13) 41   (18) $67\dfrac{4}{5}$

(4) 21   (9) $27\dfrac{9}{13}$ (14) $30\dfrac{2}{7}$ (19) 81

(5) $17\dfrac{4}{11}$ (10) 18   (15) $46\dfrac{10}{11}$ (20) $89\dfrac{2}{9}$

RESPUESTAS AL CONJUNTO 30

(1) $13\dfrac{3}{10}$ (6) $21\dfrac{26}{33}$ (11) $94\dfrac{7}{8}$ (16) $85\dfrac{43}{51}$

(2) $18\dfrac{52}{63}$ (7) $21\dfrac{1}{2}$ (12) $63\dfrac{16}{27}$ (17) $64\dfrac{19}{40}$

(3) $20\dfrac{11}{14}$ (8) $26\dfrac{29}{36}$ (13) $71\dfrac{26}{35}$ (18) $75\dfrac{37}{60}$

(4) $34\dfrac{1}{3}$ (9) $47\dfrac{29}{45}$ (14) $111\dfrac{13}{40}$ (19) $138\dfrac{23}{44}$

(5) $37\dfrac{2}{9}$ (10) $70\dfrac{50}{77}$ (15) $34\dfrac{1}{2}$ (20) $151\dfrac{4}{15}$

CAPÍTULO 8: Matemáticas

RESPUESTAS AL CONJUNTO 31

(1) $8\frac{7}{20}$ (6) $45\frac{19}{40}$ (11) $104\frac{37}{60}$ (16) $52\frac{41}{44}$

(2) $20\frac{19}{60}$ (7) $35\frac{29}{35}$ (12) $54\frac{27}{28}$ (17) $118\frac{35}{39}$

(3) $37\frac{2}{35}$ (8) $37\frac{9}{20}$ (13) $61\frac{23}{24}$ (18) $207\frac{15}{28}$

(4) $26\frac{1}{12}$ (9) $48\frac{19}{20}$ (14) $57\frac{7}{8}$ (19) $302\frac{1}{20}$

(5) $22\frac{5}{42}$ (10) $47\frac{1}{13}$ (15) $19\frac{1}{20}$ (20) $554\frac{7}{12}$

RESPUESTAS AL CONJUNTO 32

(1) $\frac{3}{11}$ (6) $\frac{1}{21}$ (11) $\frac{5}{31}$ (16) $\frac{29}{61}$

(2) $\frac{1}{4}$ (7) $\frac{2}{29}$ (12) $\frac{11}{35}$ (17) $\frac{10}{21}$

(3) $\frac{5}{19}$ (8) $\frac{2}{3}$ (13) $\frac{21}{47}$ (18) $\frac{5}{71}$

(4) $\frac{3}{13}$ (9) $\frac{5}{43}$ (14) $\frac{10}{17}$ (19) $\frac{3}{25}$

(5) $\frac{1}{23}$ (10) $\frac{2}{29}$ (15) $\frac{5}{36}$ (20) $\frac{61}{83}$

RESPUESTAS AL CONJUNTO 33

(1) $5\frac{8}{11}$ (6) $11\frac{2}{19}$ (11) $18\frac{5}{23}$ (16) $39\frac{3}{23}$

(2) $3\frac{2}{5}$ (7) $2\frac{1}{4}$ (12) $18\frac{2}{3}$ (17) $33\frac{11}{17}$

(3) $7\frac{5}{9}$ (8) $11\frac{1}{4}$ (13) $11\frac{1}{3}$ (18) $55\frac{1}{5}$

(4) $13\frac{1}{15}$ (9) $39\frac{3}{7}$ (14) $18\frac{3}{4}$ (19) $14\frac{2}{5}$

(5) $15\frac{3}{13}$ (10) $20\frac{1}{3}$ (15) $65\frac{3}{17}$ (20) $44\frac{1}{2}$

RESPUESTAS AL CONJUNTO 34

(1) $8\frac{3}{5}$ (6) $2\frac{4}{5}$ (11) $32\frac{9}{11}$ (16) $2\frac{1}{2}$

(2) $6\frac{9}{11}$ (7) $7\frac{5}{7}$ (12) $3\frac{4}{5}$ (17) $\frac{7}{11}$

(3) $17\frac{5}{6}$ (8) $11\frac{2}{5}$ (13) $9\frac{2}{3}$ (18) $\frac{13}{15}$

(4) $9\frac{10}{13}$ (9) $16\frac{17}{19}$ (14) $1\frac{10}{13}$ (19) $1\frac{5}{7}$

(5) $9\frac{1}{2}$ (10) $22\frac{4}{5}$ (15) $15\frac{1}{2}$ (20) $1\frac{1}{3}$

RESPUESTAS AL CONJUNTO 35

- (1) $\dfrac{1}{21}$
- (2) $\dfrac{7}{39}$
- (3) $\dfrac{61}{88}$
- (4) $\dfrac{29}{63}$
- (5) $\dfrac{29}{90}$
- (6) $5\dfrac{5}{12}$
- (7) $26\dfrac{8}{63}$
- (8) $36\dfrac{13}{40}$
- (9) $49\dfrac{1}{30}$
- (10) $49\dfrac{49}{72}$
- (11) $25\dfrac{1}{10}$
- (12) $19\dfrac{32}{77}$
- (13) $67\dfrac{1}{35}$
- (14) $77\dfrac{41}{42}$
- (15) $18\dfrac{21}{40}$
- (16) $16\dfrac{59}{72}$
- (17) $2\dfrac{4}{9}$
- (18) $25\dfrac{50}{77}$
- (19) $120\dfrac{17}{35}$
- (20) $52\dfrac{5}{6}$

RESPUESTAS AL CONJUNTO 36

- (1) $\dfrac{16}{45}$
- (2) $\dfrac{1}{48}$
- (3) $\dfrac{3}{8}$
- (4) $\dfrac{5}{18}$
- (5) $\dfrac{6}{11}$
- (6) $\dfrac{5}{51}$
- (7) 1
- (8) $5\dfrac{3}{5}$
- (9) $2\dfrac{2}{3}$
- (10) $\dfrac{2}{7}$
- (11) $\dfrac{1}{84}$
- (12) $\dfrac{1}{15}$
- (13) $\dfrac{15}{56}$
- (14) 1
- (15) $1\dfrac{1}{2}$
- (16) $\dfrac{1}{49}$
- (17) $\dfrac{2}{3}$
- (18) $\dfrac{1}{3}$
- (19) $\dfrac{1}{2}$
- (20) 2

RESPUESTAS AL CONJUNTO 37

- (1) $9\dfrac{1}{4}$
- (2) $26\dfrac{3}{5}$
- (3) $22\dfrac{1}{10}$
- (4) $63\dfrac{5}{9}$
- (5) $48\dfrac{3}{10}$
- (6) $85\dfrac{5}{7}$
- (7) $33\dfrac{1}{3}$
- (8) 96
- (9) 390
- (10) 279
- (11) $\dfrac{7}{48}$
- (12) $\dfrac{5}{36}$
- (13) 2
- (14) $10\dfrac{2}{7}$
- (15) $6\dfrac{3}{4}$
- (16) $\dfrac{3}{4}$
- (17) $29\dfrac{1}{56}$
- (18) $45\dfrac{1}{3}$
- (19) $59\dfrac{25}{54}$
- (20) $111\dfrac{13}{20}$

RESPUESTAS AL CONJUNTO 38

- (1) $1\dfrac{17}{38}$
- (2) $3\dfrac{9}{34}$
- (3) $5\dfrac{3}{25}$
- (4) $1\dfrac{19}{126}$
- (5) $2\dfrac{69}{128}$
- (6) $3\dfrac{3}{56}$
- (7) $1\dfrac{5}{7}$
- (8) $1\dfrac{7}{33}$
- (9) $2\dfrac{40}{49}$
- (10) $3\dfrac{79}{88}$
- (11) $6\dfrac{2}{13}$
- (12) $18\dfrac{2}{11}$
- (13) 33
- (14) $21\dfrac{1}{3}$
- (15) $10\dfrac{22}{27}$
- (16) $3\dfrac{5}{9}$
- (17) $3\dfrac{12}{19}$
- (18) $2\dfrac{5}{8}$
- (19) $2\dfrac{16}{25}$
- (20) $3\dfrac{11}{18}$

RESPUESTAS AL CONJUNTO 39

- **(1)** 40
- **(2)** $14\frac{1}{12}$
- **(3)** $21\frac{1}{2}$
- **(4)** $74\frac{5}{12}$
- **(5)** $1\frac{1}{4}$
- **(6)** $920
- **(7)** $4\frac{1}{3}$
- **(8)** $4\frac{1}{4}$
- **(9)** 12
- **(10)** $127.50
- **(11)** 30
- **(12)** 12
- **(13)** $\frac{1}{6}$

FRACCIONES DECIMALES

Las fracciones decimales son otra forma de expresar numéricamente partes de un todo. *Ejemplo:* 0.25 (léase veinticinco centésimos). En forma de fracción común o quebrado, esta expresión se escribiría como $\frac{25}{100}$ y una vez simplificada tendríamos finalmente $\frac{1}{4}$. Otras fracciones decimales: 0.45, 0.4, 0.125, 0.48, 0.93, etc.

Las fracciones decimales pueden ser exactas, como 0.75, o inexactas, como 0.33. Veamos el siguiente cuadro sinóptico:

Fracciones decimales: $\begin{cases} \text{Exactas: } 0.65, 0.5, 0.625; \text{ etc.} \\ \text{Inexactas} \begin{cases} \text{Periódicas} \begin{cases} \text{puras: } 0.7...; \text{ o } 0.\overline{7} \\ \text{mixtas: } 0.8\overline{3}... \end{cases} \end{cases} \end{cases}$

Los puntos a la derecha del número decimal significa que la fracción es inexacta. El mismo significado tiene una raya pequeña escrita arriba del número o números que se repiten.

Para convertir una fracción decimal exacta, como 0.35, en fracción común, se escribe en el numerador el decimal sin el punto y en el denominador la unidad seguida de tantos ceros como cifras decimales haya, como dos ceros en este caso: $0.35 = \frac{35}{100}$. Después de simplificar, tenemos $\frac{35}{100} = \frac{7}{20}$. Éste es el quebrado en su forma más simple. También se le llama generatriz.

Otro ejemplo: $0.125 = \frac{125}{1,000}$; después de simplificar, tenemos: $\frac{125}{1,000} = \frac{1}{8}$.

Veamos ahora las fracciones decimales inexactas: $.\overline{7} = \frac{7}{9}$. Se escribe un período en el numerador y en el denominador tantos nueves como cifras tenga el período. En este caso, sólo un nueve porque el período tiene una sola cifra, que es el siete.

Si el período tiene dos cifras, como en el caso de $.\overline{12}$, se resuelve de la siguiente manera: $.\overline{12} = \frac{12}{99}$; se escriben dos nueves en el denominador porque el período, que es 12, tiene dos cifras. Después de simplificar la fracción, tenemos: $\frac{12}{99} = \frac{4}{33}$.

Estas dos fracciones, $.\overline{7}$ y $.\overline{12}$ son fracciones periódicas puras.

En el caso de las fracciones periódicas mixtas, el método es el siguiente: $.2\overline{3}$ (esta fracción indica que el número que se repite es el 3; 2 es la cifra no periódica).

Para calcular la generatriz, se escribe en el numerador la cifra no periódica seguida de un período menos la parte no periódica y en el denominador tantas cifras como tenga el período seguido de tantos ceros como cifras tenga la parte no periódica.

$$.2\overline{3} = \frac{23-2}{90} = \frac{\cancel{21}^{7}}{\cancel{90}_{30}} = \frac{7}{30}$$

CONJUNTO 40

Calcule la generatriz o quebrado irreducible de los siguientes:

(1) .43   **(3)** .65   **(5)** .96   **(7)** .76

(2) .58   **(4)** .88   **(6)** .55   **(8)** .85

CAPÍTULO 8: Matemáticas

(9) .135   (12) .$\overline{21}$ (15) .$\overline{32}$ (18) .$\overline{25}$

(10) .145   (13) .$\overline{63}$ (16) .$\overline{4}$ (19) .$\overline{18}$

(11) .$\overline{6}$ (14) .$\overline{14}$ (17) .$\overline{16}$ (20) .$\overline{32}$

Operaciones con decimales

Suma

La suma de decimales defiere de la suma de enteros sólo en la colocación del punto, ya que la operación debe plantearse en forma vertical con los enteros a la izquierda del punto y los decimales a la derecha.

Sumar: 8.45 + 28.4 + .31

Al plantear la operación en forma vertical, tenemos:

$$\begin{array}{r} 8.45 \\ 28.4 \\ +.31 \\ \hline 37.16 \end{array}$$

Al sumar enteros y decimales, se considera que en los enteros el punto decimal a la derecha del último dígito está omitido. Así, al sumar:

$$73 + 5.9 + .325 + 180$$

la operación se resuelve de la siguiente manera:

$$\begin{array}{r} 73. \\ 5.9 \\ .325 \\ +180. \\ \hline 259.225 \end{array}$$

CONJUNTO 41

Sume:

(1) .58
    4.2
    12.43

(2) 6.32
    25.
    4.09

(3) 14.8
    613.05
    1.9
    24.

(4) 39.2
    4.76
    52.
    169.4

(5) 51.75
    4.38
    .075
    63.1

(6) 4.08
    51.709
    9.17

(7) 74.25
    129.6
    4.36

(8) 83.6
    5.48
    75.52

(9) 47.61
    53.9
    4.72

(10) 92.27
    .73
    128.

(11) 621.4
    19.87
    6.425

(12) 743.15
    81.96
    326.5

(13)	402.9	(15)	689.4	(17)	1,276.5	(19)	6,344.125
	70.25		35.65		489.58		76.38
	858.4		136.44		60.9		493.5
					1.32		0.63

(14)	715.9	(16)	376.58	(18)	4,358.63	(20)	2,122.9
	68.43		122.46		729.41		44.4
	10.63		32.75		33.99		6.9
			.32		6.4		1,943.25

Resta

Se resuelve de la misma manera que la resta de enteros, pero la operación se plantea en forma vertical cuidando que los enteros queden a la izquierda del punto y los decimales a la derecha.

Ejemplos:

(1) $34.21 - 18.94$

$$\begin{array}{r} 34.21 \\ -18.94 \\ \hline 15.27 \end{array}$$

(2) $85.3 - 76.48$

$$\begin{array}{r} 85.30 \\ -76.48 \\ \hline 8.82 \end{array}$$ Se agrega un cero al minuendo para facilitar la resta.

(3) $134 - 78.53$

$$\begin{array}{r} 134.00 \\ -78.53 \\ \hline 55.47 \end{array}$$ Se agregan dos ceros a la derecha del punto por la misma razón.

CONJUNTO 42

Reste:

(1)	12.43 − 8.56	(6)	184.75 − 98.66	(11)	500 − 69.43	(16)	700 − 68.98
(2)	46.5 − 29.84	(7)	231 − 58.77	(12)	527.3 − 99.85	(17)	731.1 − 649.83
(3)	60.01 − 49.93	(8)	300 − 176.8	(13)	603 − 574.69	(18)	804 − 49.73
(4)	93.4 − 76.38	(9)	401.2 − 76.49	(14)	638.1 − 59.36	(19)	845.6 − 137.72
(5)	81.4 − 9.5	(10)	432 − 6.87	(15)	690 − 54.45	(20)	931.6 − 748.78

CAPÍTULO 8: Matemáticas

Multiplicación

La multiplicación de decimales se resuelve de la misma manera que la multiplicación de enteros con la única diferencia de que el producto lleva punto decimal contando de derecha a izquierda tantos lugares como cifras decimales haya en el multiplicando y el multiplicador juntos.

Ejemplos: 3.47 × 4.5

Al resolver la operación:

$$
\begin{array}{r}
3.47 \\
\times\ 4.5 \\
\hline
1735 \\
1388 \\
\hline
15.615
\end{array}
$$

Multiplicar

$$
\begin{array}{r}
815 \\
\times\ 4.8 \\
\hline
6520 \\
3260 \\
\hline
3{,}912.0
\end{array}
$$

CONJUNTO 43

Multiplique:

(1) 8.3 × 4   (6) 10.2 × 5.3   (11) 5.2 × 8.1   (16) 20.8 × 10.4

(2) 14.6 × 3.5   (7) 26.9 × 2.8   (12) 50.2 × 6.4   (17) 7.3 × 4.8

(3) 2.43 × 6.8   (8) 50.8 × 8.6   (13) 4.93 × .12   (18) 16.4 × 7.9

(4) 74.1 × 8.7   (9) 3.98 × 2.6   (14) 62.5 × 7.3   (19) 8.6 × 9.6

(5) 9.6 × 4.63   (10) 42.6 × 3.5   (15) 18.1 × 6.9   (20) 81.4 × 2.6

División

Para dividir decimales se elimina el punto decimal del divisor y a continuación se procede como si se tratara de enteros teniendo cuidado de colocar el punto decimal en el cociente si el dividendo es decimal.

Veamos estos conceptos numéricamente:

(1) Dividir: 9.72 ÷ .3

.3)9.72   { Si movemos el punto decimal en ambos, divisor y dividendo, tenemos: 3)97.2

Nota: Esta operación es posible porque al multiplicar el divisor y dividendo por 10, no se altera la proporcionalidad de ambas cantidades.

Al resolver la operación, tenemos:

$$\begin{array}{r} 32.4 \\ 3\overline{)97.2} \\ -9 \\ \hline 07 \\ -6 \\ \hline 12 \\ -12 \\ \hline 0 \end{array}$$

(2) Dividir: $33 \div 2.75$

$$2.75\overline{)33} \;=$$

$$\begin{array}{r} 12 \\ 275\overline{)3300} \\ -275 \\ \hline 550 \\ -550 \\ \hline 0 \end{array}$$

Respuesta: 12

(3) Dividir: $49.5 \div 15$

$$\begin{array}{r} 3.3 \\ 15\overline{)49.5} \\ -45 \\ \hline 4\,5 \\ -4\,5 \\ \hline 0 \end{array}$$

Nota: Al bajar el 5, se escribe el punto en el cociente ya que se trata de un decimal.

CONJUNTO 44

Divida:

(1) $51.7 \div 11$	**(8)** $607.2 \div 17.6$	**(15)** $871.5 \div 83$
(2) $88.48 \div 14$	**(9)** $1,165.5 \div 51.8$	**(16)** $1,891.41 \div 9.41$
(3) $140.6 \div 7.4$	**(10)** $845 \div 6.5$	**(17)** $1,534.5 \div 7.75$
(4) $196.56 \div 21$	**(11)** $1,014.62 \div 19.4$	**(18)** $2,855.6 \div 236$
(5) $296.7 \div 12.9$	**(12)** $1,381.8 \div 28$	**(19)** $4,205.9 \div 307$
(6) $471.15 \div 17.45$	**(13)** $2,185.38 \div 63.9$	**(20)** $2,444.31 \div 8.23$
(7) $1,010.6 \div 31$	**(14)** $1,144.8 \div 15.9$	

Conversión de fracciones a decimales

Ejemplo: $\dfrac{8}{13}$

Para convertir fracciones a decimales, se divide el numerador entre el denominador.

Solución:

$$\begin{array}{r} .61\tfrac{7}{13} \\ 13\overline{)8.00} \\ \underline{78} \\ 20 \\ \underline{13} \\ 7 \end{array}$$

Ejemplo: $\dfrac{1.25}{0.7} = \dfrac{12.5}{7}$

Solución:

$$\begin{array}{r} 1.7\tfrac{6}{7} \\ 7\overline{)12.5} \\ \underline{7} \\ 55 \\ \underline{49} \\ 6 \end{array}$$

Conversión de decimales a fracciones

Ejemplo: Convertir 0.17 a fracción

Para convertir decimales a fracciones, se divide el número entre la potencia de 10 necesaria agregando tantos ceros como lugares decimales haya.

Solución: $0.17 = \dfrac{17}{100}$

Ejemplo: Convertir $.20\tfrac{2}{3}$ a fracción

Primero, convertimos el número mixto en impropio, y dividimos la fracción entre 100 ya que tenemos dos decimales en el problema original.

$$.20\tfrac{2}{3} = 20\tfrac{2}{3} \div 100$$
$$= \tfrac{62}{3} \times \tfrac{1}{100}$$
$$= \tfrac{62}{300} = \tfrac{31}{150}$$

Ejemplo: $\tfrac{2}{5} \times 0.18$

En este caso, es mejor convertir 0.18 en fracción:

$\tfrac{2}{5} \times \tfrac{18}{100} = \tfrac{36}{500} = \tfrac{9}{125}$

Problemas prácticos

CONJUNTO 45

Resuelva los siguientes problemas prácticos:

(1) Rosario depositó en su cuenta de ahorros cheques por las siguientes cantidades: $67.50, $125.55, $34.42 y $9.75. ¿Cuánto depositó en total?

(2) Miguel fue de compras y gastó $12.99 en una camisa, $17.50 en un pantalón y $25 en un par de zapatos. ¿Cuánto gastó en total?

(3) Juan mide 1.95 m y Rosa 1.78 m. ¿Cuánto más mide Juan que Rosa?

(4) Marta gasta $43.59 en el supermercado; si paga con un billete de $50, ¿cuánto le dan de cambio?

(5) Carlos pagó sus deudas con cheques por las siguientes cantidades: $130.25, $94.40, $35.20, $325.50 y $18.95. Si tenía $800.25 en su cuenta de cheques, ¿cuánto le queda?

(6) El señor López gana $58.40 diarios. ¿Cuánto gana en cinco días?

(7) Luisa gana $3.45 por hora. ¿Cuánto gana en $8\frac{1}{2}$ horas?

(8) Si un automóvil viaja a 80.5 km por hora, ¿qué distancia recorre en $5\frac{1}{4}$ horas?

(9) Leonardo ganó $320.60 en 5 días. ¿Cuánto ganó por día?

(10) Margarita compró un pollo de 3.4 libras por $2.35. ¿Cuánto pagó por libra?

(11) Si un pie de cable cuesta $0.12, ¿cuánto costarán 50 pies?

(12) La suscripción anual a cierta revista mensual cuesta $9.75 y si se compran los números sueltos el precio por ejemplar es de $1.25. ¿Cuánto se ahorra con la suscripción en un año?

(13) Aurora compró 2 docenas de huevos y una hogaza de pan. Si el precio por docena del huevo es de $1.35 pagó $3.35 en total, ¿cuánto costó el pan?

(14) Si un automóvil viaja a 45.5 millas por hora, ¿cuánto tarda en recorrer 380 millas?

(15) Si una docena de lápices cuesta $0.84, ¿cuánto cuestan 18 lápices?

(16) Los boletos para una rifa cuestan $1.25. Si se recaudaron $308.75, ¿cuántos boletos se vendieron?

(17) Alberto compra 3 camisas de $8.75 cada una y paga con un billete de $50.00. ¿Cuánto le dan de cambio?

(18) Ana compró 5 estampillas a $0.31 cada una y 6 sobres a $1.80 la docena. Si pagó con un billete de $5.00, ¿cuánto le dieron de cambio?

(19) A razón de $1.20 la docena de toronjas, ¿cuántas docenas se pueden comprar con $18.00?

(20) Si una caja de 12 refrescos cuesta $4.20, ¿cuántas botellas se pueden comprar con $44.10?

Respuestas a los conjuntos

RESPUESTAS AL CONJUNTO 40

(1) $\dfrac{43}{100}$ (3) $\dfrac{13}{20}$ (5) $\dfrac{24}{25}$ (7) $\dfrac{19}{25}$

(2) $\dfrac{29}{50}$ (4) $\dfrac{22}{25}$ (6) $\dfrac{11}{20}$ (8) $\dfrac{17}{20}$

(9) $\dfrac{27}{200}$ (12) $\dfrac{7}{33}$ (15) $\dfrac{32}{99}$ (18) $\dfrac{25}{99}$

(10) $\dfrac{29}{200}$ (13) $\dfrac{7}{11}$ (16) $\dfrac{4}{9}$ (19) $\dfrac{2}{11}$

(11) $\dfrac{2}{3}$ (14) $\dfrac{14}{99}$ (17) $\dfrac{16}{99}$ (20) $\dfrac{32}{99}$

RESPUESTAS AL CONJUNTO 41

(1) 17.21 (6) 64.959 (11) 647.695 (16) 532.11
(2) 35.41 (7) 208.21 (12) 1,151.61 (17) 1,828.3
(3) 653.75 (8) 164.6 (13) 1,331.55 (18) 5,128.43
(4) 265.36 (9) 106.23 (14) 794.96 (10) 6,914.635
(5) 119.305 (10) 221 (15) 861.49 (20) 4,117.45

RESPUESTAS AL CONJUNTO 42

(1) 3.87 (6) 86.09 (11) 430.57 (16) 631.02
(2) 16.66 (7) 172.23 (12) 427.45 (17) 81.27
(3) 10.08 (8) 123.2 (13) 28.31 (18) 754.27
(4) 17.02 (9) 324.71 (14) 578.74 (19) 707.88
(5) 71.9 (10) 425.13 (15) 635.55 (20) 182.82

RESPUESTAS AL CONJUNTO 43

(1) 33.2 (6) 54.06 (11) 42.12 (16) 216.32
(2) 51.1 (7) 75.32 (12) 321.28 (17) 35.04
(3) 16.524 (8) 436.88 (13) .5916 (18) 129.56
(4) 644.67 (9) 10.348 (14) 456.25 (19) 82.56
(5) 44.448 (10) 149.1 (15) 124.89 (20) 211.64

RESPUESTAS AL CONJUNTO 44

(1) 4.7 (6) 27 (11) 52.3 (16) 201
(2) 6.32 (7) 32.6 (12) 49.35 (17) 198
(3) 19 (8) 34.5 (13) 34.2 (18) 12.1
(4) 9.36 (9) 22.5 (14) 72 (19) 13.7
(5) 23 (10) 130 (15) 10.5 (20) 297

RESPUESTAS AL CONJUNTO 45

(1)	$237.22	**(6)**	$292.00	**(11)**	$6.00	**(16)**	247
(2)	$55.49	**(7)**	$29.33	**(12)**	$5.25	**(17)**	$23.75
(3)	.17 m	**(8)**	422.63	**(13)**	$0.65	**(18)**	$2.55
(4)	$6.41	**(9)**	$64.12	**(14)**	8.35 hr	**(19)**	15
(5)	$195.95	**(10)**	$0.69	**(15)**	$1.26	**(20)**	126

CAPÍTULO 8: Matemáticas

POTENCIAS Y RAÍCES

Los conceptos de potencia y raíz se consideran matemáticamente operaciones inversas. *Ejemplo:* 7 elevado al cuadrado o a la segunda potencia equivale a $7^2 = 49$; si se extrae la raíz cuadrada de 49, tenemos: $\sqrt{49} = 7$.

Debido a la brevedad con que se tratará este tema, explicaremos sólo los conceptos indispensables:

Multiplicación de potencias con la misma base

$5^2 = 25$, donde 5 es la base, 2 el exponente y 25 es la potencia.

Al multiplicar $2^3 \times 2^2 = 2^{3+2} = 2^5$, donde la potencia es 2 que funciona como factor, 5 veces, es decir, $2 \times 2 \times 2 \times 2 \times 2 = 32$. Luego entonces, 32 es potencia de 2.

La regla o generalización para resolver estas operaciones es la siguiente: para multiplicar cantidades con la misma base, se suman los exponentes y se mantiene igual la base. Así tenemos: $7^2 \times 7^6 = 7^8$; $11^4 \times 11^5 = 11^9$, etc., de modo que:

$w^4 \times w^7 = w^{11}$

Si una base no tiene exponente escrito se sobreentiende que el exponente es uno (1).

Por ejemplo: $B \times B^7 = B^{1+7} = B^8$

El exponente del primer factor es 1 omitido, pero es necesario considerarlo para calcular el producto.

CONJUNTO 46

(1) 5×5^3 (6) $t^4 \times t$ (11) $n^7 \times n^6 \times n$ (16) $2^x \times 2^x \times 2^{2x}$

(2) $2^3 \times 2^2$ (7) $y^2 \times y^9$ (12) $5^{2w} \times 5^w$ (17) $7^2 \times 7^r$

(3) $9^2 \times 9$ (8) $m^4 \times m \times m^2$ (13) $3^m \times 3$ (18) $4 \times 4^4 \times 4$

(4) $7^2 \times 7^2$ (9) $p \times p \times p$ (14) $m^3 \times m^4 \times m$ (19) $y^m \times y^{5m}$

(5) $11^4 \times 11^3$ (10) $v^5 \times v \times v^3$ (15) $7^t \times 7^{2t} \times 7$ (20) $n^9 \times n^8 \times n$

División de potencias con la misma base

Ejemplo: $\dfrac{2^9}{2^6} = 2^{9-6} = 2^3 = 8$

La base forma el cociente y se restan los exponentes de la base del numerador y del denominador, de modo que: $\dfrac{A^7}{A^5} = A^{7-5} = A^2$

También: $\dfrac{R^m}{R} = R^{m-1}$

CONJUNTO 47

Divida:

(1) $\dfrac{5^9}{5^7}$ (6) $B^5 \div B^3$ (11) $G^5 \div G$ (16) $K^7 \div K^2$

(2) $3^7 \div 3^4$ (7) $M^{11} \div M^5$ (12) $H^{14} \div H^9$ (17) $M^{13} \div M^7$

(3) $2^4 \div 2^3$ (8) $\dfrac{A^{12}}{A^3}$ (13) $K^7 \div K^4$ (18) $\dfrac{N^{20}}{N}$

(4) $7^5 \div 7^5$ (9) $W^{10} \div W^4$ (14) $V^9 \div V^6$ (19) $\dfrac{7^{5t}}{7^{2t}}$

(5) $\dfrac{9^4}{9}$ (10) $C^{12} \div C^{11}$ (15) $R^{17} \div R^9$ (20) $W^8 \div W^6$

Método de cálculo de la raíz cuadrada de un número mayor que 100

Calcular la raíz cuadrada de 529:

$$\begin{array}{r|l} \sqrt{5'29} & \;\;23 \\ -4 & \overline{43 \times 3} = \\ \overline{129} & \;\;129 \\ -129 & \\ \overline{0} & \end{array}$$

Método: Se separan los dígitos en grupos de dos comenzando por la derecha y se extrae la raíz cuadrada del número de la extrema izquierda, que puede ser de una o dos cifras. En el ejemplo, el número restante es de una sola cifra y corresponde al 5. Se extrae la raíz cuadrada de 5 de donde obtenemos 2; a continuación, se eleva 2 al cuadrado, lo cual nos da 4 que se resta de 5 para arribar a 1. Se baja el 29 y se duplica la raíz calculada para obtener 4. Ahora se separa la última cifra de 129 para comprobar la nueva raíz; se divide 12 entre 4 de donde obtenemos un cociente de 3. Se escribe el 3 a la derecha del 4 para formar 43 y se multiplica por el mismo 3 para arribar a 129, que al restarse resulta en 0. La raíz cuadrada resultante es 23.

Aclaración: Si al resolver la multiplicación anterior, el producto hubiera sido mayor que 129; 3 no sería la nueva raíz, sino 2.

Otro ejemplo:

$$\begin{array}{r|l} \sqrt{9'12'04} & \;\;302 \\ -9 & \overline{602 \times 2} = \\ \overline{01204} & \;\;01204 \\ -01204 & \\ \overline{0} & \end{array}$$

CAPÍTULO 8: Matemáticas

Al separar el último dígito de 12, queda 1 a la izquierda, que por ser menor que 3 exige agregar 0 a la derecha de 3 para formar 30. También se agrega 0 a la derecha de 6 para formar 60, o el doble de 30. A continuación se baja el 0 y el 4 para formar 1204; al dividir 120 entre 60, obtenemos un cociente el 2, la nueva raíz. *Resultado:* 302.

CONJUNTO 48

Calcule la raíz cuadrada de:

(1) $\sqrt{361}$ (6) $\sqrt{1,849}$ (11) $\sqrt{7,056}$ (16) $\sqrt{11,449}$

(2) $\sqrt{484}$ (7) $\sqrt{2,916}$ (12) $\sqrt{8,649}$ (17) $\sqrt{41,616}$

(3) $\sqrt{784}$ (8) $\sqrt{3,481}$ (13) $\sqrt{9,409}$ (18) $\sqrt{166,464}$

(4) $\sqrt{961}$ (9) $\sqrt{3,969}$ (14) $\sqrt{23,716}$ (19) $\sqrt{251,001}$

(5) $\sqrt{1,156}$ (10) $\sqrt{5,041}$ (15) $\sqrt{29,929}$ (20) $\sqrt{644,809}$

Raíces

1. En el siguiente ejemplo, $\sqrt{64}$ (raíz cuadrada de 64), el resultado o raíz es 8. El número 64 se conoce como subradical, mientras que el símbolo $\sqrt{}$ es el signo radical.

    $\sqrt{64} = 8$ o una raíz perfecta, ya que $8 \times 8 = 64$

Sin embargo:

$\sqrt{50}$ es imperfecta y es necesario simplificarla: $\sqrt{25} \times \sqrt{2} = 5\sqrt{2}$

$\sqrt{200} = \sqrt{100} \times \sqrt{2} = 10\sqrt{2}$

La suma o resta de radicales se realiza cuando los subradicales son iguales:

$7\sqrt{10} + 3\sqrt{10} - 2\sqrt{10} = 8\sqrt{10}$

En el caso de $\sqrt{75} + \sqrt{50} - 2\sqrt{3}$ los radicales se deben simplificar antes de realizar la suma y resta.

$\sqrt{25} \times \sqrt{3} + \sqrt{25} \times \sqrt{2} - 2\sqrt{3}$

$5\sqrt{3} + 5\sqrt{2} - 2\sqrt{3} = 3\sqrt{3} + 5\sqrt{2}$

2. Multiplicación y división

    $3\sqrt{2} \times 5\sqrt{7} = 15\sqrt{14}$

Primero se multiplican los coeficientes y luego las raíces:

$\dfrac{\sqrt{18}\,\sqrt{10}}{\sqrt{9}\,\sqrt{2}} = \sqrt{2} \times \sqrt{5} = \sqrt{10}$

Respuestas a los conjuntos

RESPUESTAS AL CONJUNTO 46

(1) 5^4
(2) 2^5
(3) 9^3
(4) 7^4
(5) 11^7
(6) t^5
(7) y^{11}
(8) m^7
(9) p^3
(10) v^9
(11) n^{14}
(12) 5^{3w}
(13) 3^{m+1}
(14) m^8
(15) 7^{3t+1}
(16) 2^{4x}
(17) 7^{2+r}
(18) 4^6
(19) y^{6m}
(20) n^{18}

RESPUESTAS AL CONJUNTO 47

(1) 5^2
(2) 3^3
(3) 2
(4) $7^0=1$
(5) 9^3
(6) B^2
(7) M^6
(8) A^9
(9) W^6
(10) C
(11) G^4
(12) H^5
(13) K^3
(14) V^3
(15) R^8
(16) K^5
(17) M^6
(18) N^{19}
(19) 7^{3t}
(20) W^2

RESPUESTAS AL CONJUNTO 48

(1) 19
(2) 22
(3) 28
(4) 31
(5) 34
(6) 43
(7) 54
(8) 59
(9) 63
(10) 71
(11) 84
(12) 93
(13) 97
(14) 154
(15) 173
(16) 107
(17) 204
(18) 408
(19) 501
(20) 803

RAZONES Y PROPORCIONES

Razones

Desde el punto de vista matemático, una razón es la comparación de dos cantidades. Esta comparación puede ser por resta para conocer la diferencia entre dos cantidades, o por división para calcular cuántas veces cabe una cantidad en otra.

En este capítulo se estudiarán sólo las razones geométricas o por cociente debido a que son las más comunes. Ejemplos de razones: $\frac{4}{5}, \frac{6}{13}, \frac{8}{11}$, etc. Estas razones geométricas se leen: cuatro es a cinco, seis es a trece, ocho es a once, etc. y también pueden expresarse como $4 \div 5$, $6 \div 13$ y $8 \div 11$.

Los términos de una razón geométrica son el antecedente, o primer número de la razón, y consecuente, o segundo. Cuando se expresa en forma de fracción común, el antecedente es el numerador y el consecuente el denominador.

Las razones geométricas conservan las propiedades de las fracciones comunes; por lo tanto, si se multiplica o divide el antecedente y el consecuente por el mismo número, la razón no varía.

Proporciones geométricas

La proporción geométrica corresponde a la igualdad entre dos razones geométricas. *Ejemplos:*

(1) $\frac{r}{s} = \frac{u}{v}$ o también $r:s::u:v$, que se lee r es a s como u es a v.

(2) $\frac{3}{5} = \frac{9}{15}$ que se lee tres es a cinco como nueve es a quince.

ó $3:5::9:15$, que se lee igual. 3 y 15 son los extremos de la proporción y 5 y 9 son los medios. (Extremos: 3 y 15; Medios: 5 y 9)

El producto de $3 \times 15 = 45$ es igual al producto de $9 \times 5 = 45$, de donde se deduce que en toda proporción geométrica el producto de los extremos es igual al producto de los medios.

Así $\frac{4}{11} = \frac{8}{22}$, ya que:

$$4 \times 22 = 11 \times 8$$
$$88 = 88$$

Clases de proporciones geométricas

Las proporciones geométricas pueden ser discretas o continuas. Se dice que son discretas cuando los medios son desiguales, como $5:7::10:14$, y continuas cuando los medios son iguales, como en $2:10::10:50$.

Media proporcional o geométrica

La media proporcional o geométrica se refiere a cada uno de los términos medios de una proporción geométrica continua. *Ejemplo:*

2:11::12:72 ó $\frac{2}{12} = \frac{12}{72}$

Método para calcular la media proporcional de dos números dados

Los números dados se toman como extremos y x como medios; para calcular la media proporcional de 4 y 16, se procede de la siguiente manera:

4 y 16 son los extremos de la proporción:

$$\frac{4}{x} = \frac{x}{16}$$

Despejamos x:

$$x^2 = 64$$

De donde:

$$x = \sqrt{64}$$
$$x = 8$$

Comprobamos la proporción:

$\frac{4}{8} = \frac{8}{16}$ y $4 \times 16 = 8 \times 8$
$\phantom{\frac{4}{8} = \frac{8}{16}}$ $64 = 64$

Tercera proporcional

La tercera proporcional o geométrica se refiere al primero y cuarto términos de una proporción geométrica continua.

Así, en la proporción $\frac{2}{4} = \frac{4}{8}$ ó 2:4::4:8, 2 es una tercera proporcional de 4 y 8, y 8 es una tercera proporcional de 2 y 4.

Método para calcular la tercera proporcional de dos números dados

A partir de los números dados, se toma uno de ellos como extremo y el otro como medio y como la proporción es continua, el medio se repite debido a que los medios tienen que ser iguales. Para calcular la tercera proporcional de 5 y 20, se procede de la siguiente manera:

$$\frac{5}{20} = \frac{20}{x}$$

Despejamos x:

$$x = \frac{\overset{4}{\cancel{20}} \times 20}{\underset{1}{\cancel{5}}} = 4 \times 20 = 80$$

Comprobamos la proporción:

$$\frac{5}{20} = \frac{20}{80}$$

De donde: $\quad 5 \times 80 = 20 \times 20$
$\qquad\qquad\quad 400 = 400$

Cuarta proporcional

La cuarta proporcional se refiere a cualquiera de los términos de una proporción geométrica discreta. Así, en la proporción:

$$\frac{2}{11} = \frac{6}{33}$$

Cualquiera de estos cuatro términos se considera como cuarta proporcional respecto de los otros tres.

Método para calcular la cuarta proporcional de tres números dados

Primero se ordenan los números de manera que al escribir un extremo y los medios la incógnita se representa con x, la cual corresponde al segundo extremo.

Así, para calcular la cuarta proporcional de 7, 12 y 35, el problema se plantea de la siguiente manera: $7:12::35:x$

En forma de fracción común, tenemos: $\frac{7}{12} = \frac{35}{x}$

Resolvemos: $\qquad x = \dfrac{12 \times 35}{7} = 12 \times 5 = 60$

Comprobamos: $\qquad \dfrac{7}{12} = \dfrac{35}{60}$
$\qquad\qquad\qquad\quad 7 \times 60 = 12 \times 35$
$\qquad\qquad\qquad\quad\quad 420 = 420$

Nota aclaratoria: Las propiedades de las proporciones geométricas estudiadas se aplican también a otras clases de números y no sólo a enteros. Veamos algunos ejemplos con fracciones comunes:

(1) $\dfrac{\frac{1}{2}}{4} = \dfrac{x}{48}$

Despejamos x: $\quad x = \dfrac{\frac{1}{2} \times 48}{4} = \dfrac{1}{2} \times 12 = 6$

Comprobamos: $\dfrac{\frac{1}{2}}{4} = \dfrac{6}{48} = \dfrac{1}{2} \times 48 = 4 \times 6$
$\qquad\qquad\qquad\qquad 24 = 24$

(2) $\dfrac{2}{\frac{1}{5}} = \dfrac{80}{x}$

Despejamos x: $x = \dfrac{\frac{1}{5} \times 80}{2} = \dfrac{1}{5} \times 40 = 8$

Comprobamos: $\dfrac{2}{\frac{1}{5}} = \dfrac{80}{8} = 2 \times 8 = \dfrac{1}{5} \times 80$

$$16 = 16$$

(3) $\dfrac{x}{18} = \dfrac{3}{\frac{3}{4}}$

Despejamos x: $x = \dfrac{18 \times 3}{\frac{3}{4}} = 54 \div \dfrac{3}{4}$

$$= 54 \times \dfrac{4}{3} = 72$$

Comprobamos: $\dfrac{72}{18} = \dfrac{3}{\frac{3}{4}}$

$$72 \times \dfrac{3}{4} = 18 \times 3$$
$$18 \times 3 = 18 \times 3$$
$$54 = 54$$

CONJUNTO 49

Calcule el valor de x en las siguientes ecuaciones:

(1) $\dfrac{5}{17} = \dfrac{20}{x}$ (6) $\dfrac{6}{15} = \dfrac{x}{20}$ (11) $\dfrac{\frac{1}{2}}{3} = \dfrac{4}{x}$ (16) $\dfrac{9}{12} = \dfrac{x}{16}$

(2) $\dfrac{12}{3} = \dfrac{x}{25}$ (7) $\dfrac{27}{36} = \dfrac{18}{x}$ (12) $\dfrac{x}{\frac{3}{4}} = \dfrac{12}{3}$ (17) $\dfrac{4}{8} = \dfrac{8}{x}$

(3) $\dfrac{x}{9} = \dfrac{10}{15}$ (8) $\dfrac{x}{15} = \dfrac{21}{45}$ (13) $\dfrac{x}{30} = \dfrac{\frac{2}{5}}{12}$ (18) $\dfrac{x}{\frac{1}{5}} = \dfrac{6}{2}$

(4) $\dfrac{85}{x} = \dfrac{17}{5}$ (9) $\dfrac{12}{x} = \dfrac{96}{40}$ (14) $\dfrac{\frac{8}{2}}{3} = \dfrac{x}{9}$ (19) $\dfrac{2}{20} = \dfrac{\frac{1}{2}}{x}$

(5) $\dfrac{8}{x} = \dfrac{32}{48}$ (10) $\dfrac{8}{3} = \dfrac{240}{x}$ (15) $\dfrac{\frac{3}{4}}{\frac{1}{5}} = \dfrac{x}{\frac{4}{5}}$ (20) $\dfrac{25}{x} = \dfrac{x}{4}$

CONJUNTO 50

Calcule el término medio proporcional o media proporcional:

(1) 2 y 18 (3) 3 y 48 (5) 500 y 5

(2) 32 y 2 (4) 5 y 45

CAPÍTULO 8: Matemáticas

Calcule la tercera proporcional:

(6) 4 y 6 (8) 4 y 16 (10) $\frac{1}{3}$ y 7

(7) 6 y 9 (9) $\frac{1}{2}$ y 4

Respuestas a los conjuntos

RESPUESTAS AL CONJUNTO 49

(1) 68   (6) 8   (11) 24   (16) 12
(2) 100   (7) 24   (12) 3   (17) 16
(3) 6   (8) 7   (13) 1   (18) $\frac{3}{5}$
(4) 25   (9) 5   (14) 108 (19) 5
(5) 12   (10) 90 (15) 3   (20) 10

RESPUESTAS AL CONJUNTO 50

(1) 6   (6) 9
(2) 8   (7) $13\frac{1}{2}$
(3) 12   (8) 64
(4) 15   (9) 32
(5) 50   (10) 147

TANTO POR CIENTO O PORCENTAJE

Al igual que las fracciones, el porcentaje (%) es una forma de representar partes de un todo; en este caso, partes de cien. Por lo tanto, cuando hablamos del 8% de un número, lo podemos representar en forma de fracción, es decir, $\frac{8}{100}$ (lo cual equivale a $\frac{2}{25}$).

A continuación se ofrecen varios ejemplos:

(1) $\frac{1}{2} = \frac{50}{100} = 50\% = 0.50$ (2) $3/4 = \frac{75}{100} = 75\% = 0.75$

(3) $\frac{2}{5} = \frac{40}{100} = 40\% = 0.40$ (4) $7/10 = \frac{75}{100} = 70\% = 0.70$

Cálculo del porcentaje de un número

Ejemplos:

(1) Calcular el 25% de 60.
   Solución: $25\% = \frac{25}{100}$ $\frac{\cancel{25}^{1}}{\cancel{100}_{4}} \times 60 = 15$

(2) Calcular el 20% de 320.
   Solución: $20\% = \frac{20}{100}$; $\frac{20}{100} \times 320 = 64$

(3) Calcular el 8% de 35.
   Solución: $8\% = \frac{8}{100}$; $\frac{8}{100} \times 35 = \frac{280}{100} = 2.8$

Cálculo de una incógnita a partir de un porcentaje conocido

Ejemplo: Supongamos que el 20% de un número es 64, ¿cuál es el valor de la incógnita?

Solución: La incógnita se representa con x, de manera que:

20% = 64

100% = x

De donde:

$$\frac{20}{100} = \frac{64}{x}$$
$$x = \frac{64 \times 100}{20}$$
$$x = 64 \times 5$$
$$x = 320$$

CAPÍTULO 8: Matemáticas

CONJUNTO 51

Resuelva los siguientes problemas:

¿De qué número es...?

- (1) 105 el 35%
- (2) 51 el 60%
- (3) 288 el 40%
- (4) 266 el 38%
- (5) 108 el 90%
- (6) 324 el 6%
- (7) 13 el 6 1/2%
- (8) 30 el 15%
- (9) 18 el 36%
- (10) 150 el 90%
- (11) 120 el 60%
- (12) 300 el 10%
- (13) 60 el 72%
- (14) 45 el 60%
- (15) 27 el 81%
- (16) 25 el 80%
- (17) 280 el 14%
- (18) 180 el 30%
- (19) 350 el 70%
- (20) 500 el 10%

Cálculo del porcentaje de un número en otro

Ejemplo: ¿Qué porcentaje es 40 de 160?

Solución: $\frac{x}{100} \times 160 = 40$

$$\frac{160x}{100} = 40$$
$$160x = 40 \times 100$$
$$x = 40 \times \frac{100}{160}$$
$$x = 25$$

De manera que 40 es el 25% de 160.

Otro método: Pongamos los números en forma de fracción: 40 de 160 = 40/160, que al simplificar nos da $\frac{1}{4}$. Ahora cambiamos la fracción a decimal (se divide 1 ÷ 4).

CONJUNTO 52

Resuelva los siguientes problemas:

- (1) ¿Qué porcentaje es 80 de 400?
- (2) ¿Qué porcentaje es 20 de 250?
- (3) ¿Qué porcentaje es 36 de 360?
- (4) ¿Qué porcentaje es 48 de 800?
- (5) ¿Qué porcentaje es 36 de 108?
- (6) ¿Qué porcentaje es 75 de 200?
- (7) ¿Qué porcentaje es 80 de 320?
- (8) ¿Qué porcentaje es 45 de 900?
- (9) ¿Qué porcentaje es 12 de 240?
- (10) ¿Qué porcentaje es 84 de 280?
- (11) ¿Qué porcentaje es 65 de 130?
- (12) ¿Qué porcentaje es 18 de 54?
- (13) ¿Qué porcentaje es 72 de 90?
- (14) ¿Qué porcentaje es 24 de 60?
- (15) ¿Qué porcentaje es 12 de 96?
- (16) ¿Qué porcentaje es 700 de 800?
- (17) ¿Qué porcentaje es 16 de 40?
- (18) ¿Qué porcentaje es 10 de 160?
- (19) ¿Qué porcentaje es 30 de 80?
- (20) ¿Qué porcentaje es 5 de 60?

Porcentaje: Aplicación a problemas prácticos

Ejemplos:

(1) Un televisor con un precio regular de $540.00, tiene un descuento del 20%. ¿Cuál es el precio de oferta del televisor? (Este problema es similar al primer grupo.)

Solución: $20\% = \frac{20}{100}$ $\qquad \frac{20}{100} \times 540.00 = 108.00$

La rebaja o descuento es de $108.00, de manera que si a $540.00 le restamos $108.00, el resultado es $432.00.

(2) Un equipo de fútbol juega 24 partidos, de los cuales gana 18. ¿Qué porcentaje de los partidos ganó? (Este es similar al tercer grupo.)

$\frac{18}{24} = \frac{3}{4}$; ahora dividimos $3 \div 4$

$$\begin{array}{r} 0.75 \\ 4\overline{)3.0} \\ \underline{2\ 8} \\ 20 \\ \underline{20} \end{array}$$

$0.75 = 75\%$, es decir, el equipo ganó el 75% de los partidos.

(3) Si compramos un automóvil por $7,200.00 y lo vendemos en $5,400.00 ¿cuál fue el porcentaje de pérdida en la transacción?

Solución: Pérdida = $7,200 - 5,400 = \$1,800$.

Ahora calculamos qué porcentaje es 1,800 de 7,200:

$$\frac{1,800}{7,200} = \frac{18}{72} = \frac{1}{4} \qquad \begin{array}{r} .25 \\ 4\overline{)1.0} \\ \underline{8} \\ 20 \\ \underline{20} \end{array}$$

$0.25 = 25\%$, por lo que el porcentaje de pérdida es de 25%.

(4) Un abrigo está en oferta por $69.79. Si este precio tiene ya un descuento del 30%, ¿cuál era el precio original del abrigo? (Este problema es similar al segundo grupo.)

Solución:
$$\frac{70}{100} = \frac{69.79}{x}$$
$$70x = 69.79 \times 100$$
$$x = \frac{69.79 \times 100}{70}$$
$$x = \frac{6979}{70} = \$99.70$$

Nota: Si el abrigo se vende con un 30% de descuento, significa que el comprador paga un 70% del costo, es decir, $100 - 30 = 70\%$

El precio original del abrigo era $99.70.

CAPÍTULO 8: Matemáticas

(5) Si depositamos $600.00 en el banco al 12% de interés anual, ¿cuánto recibimos al final del año por concepto de intereses?

Solución: Usamos la fórmula siguiente:

$$\text{Interés} = \frac{\text{Capital} \times \% \text{ (tasa)} \times \text{tiempo}}{100}$$

$$I = \frac{600 \times 12 \times 1}{100}$$

$I = 72$ es decir, $72.00 en intereses

(6) ¿Qué interés debemos pagar por un préstamo de $3,200.00 al $13\frac{1}{2}$% anual por 2 años y 3 meses?

Solución: $I = \dfrac{C \times \% \times T}{1,200}$

(Convertimos 2 años y 3 meses a meses y nos da 27 meses)

$$I = \frac{3,200 \times 13.5 \times 27}{1,200}$$

$I = \$972.00$

Nota: Cuando el tiempo se da en meses, dividimos entre 1,200; cuando se da en días, dividimos entre 36,000.

Debemos pagar $972.00 de interés.

(7) Calcular el capital que produce un interés de $104.00 por 2 años al 8%.

Solución: Aplicamos la fórmula $\text{Capital} = \dfrac{100 \times \text{Interés}}{70 \times \text{Tiempo}}$

Nota: Si el tiempo se da en meses, se multiplica por 1,200 en vez de 100.

$$\text{Capital} = \frac{100 \times 104}{8 \times 2}$$

$C = \$650$

El rendimiento fue de $650.00.

Problemas prácticos

CONJUNTO 53

Resuelva los siguientes problemas prácticos:

(1) Un equipo de baloncesto ha jugado 20 juegos. Si ganó el 65% de ellos, ¿cuántos juegos ganó?

(2) El señor García se ganó $60,000.00 en la lotería. Se quedó con el 70% del total para él y su esposa, le regaló a su hijo el 15% y el resto se lo dio a su hija. ¿Qué cantidad le tocó a su hija?

(3) María se compró un vestido con un precio regular de $56.00, pero al pagar le hicieron un descuento del 25%. ¿Cuánto pagó en realidad por el vestido?

(4) Antonio gasta el 25% de su sueldo mensual de $2,400.00 en alquiler. ¿Cuánto le queda después de pagar el alquiler?

(5) Si el ingreso mensual de una familia es de $1,200.00 y gastan $300.00 en alimentos, ¿qué porcentaje de los ingresos gastan en la despensa?

(6) En una clase de 24 estudiantes hay 6 ausentes. ¿Qué porcentaje de estudiantes faltó a la clase? ¿Que porcentaje está presente?

(7) Doce de los 60 miembros de cierta asociación se han ofrecido para organizar una fiesta ¿Qué porcentaje de los miembros participará en la organización de la fiesta?

(8) En un examen de 120 preguntas Juan contesta 96 correctamente. ¿Qué porcentaje de las preguntas contestó mal?

(9) El señor Pérez compra una casa en $45,000.00 y luego la vende en $60,000.00. ¿Cuál fue el porcentaje de ganancia en la transacción?

(10) Un televisor a color está en oferta por $312.00. Si este precio indica un descuento del 35%. ¿Cuál era el precio original del televisor?

CONJUNTO 54

Resuelva los siguientes problemas prácticos:

(1) Jorge se gastó 20% de su sueldo en medicinas este mes. Si gana $850.00 mensuales, ¿cuánto dinero gastó en medicinas?

(2) ¿Cuál sería el rendimiento de un capital de $900.00 al 9% de interés anual a los 2 años y medio.

(3) ¿Cuál sería el rendimiento de un capital de $750.00 al 8% de interés anual al final del año?

(4) Calcule el capital que producen $540.00 al 12% anual por 2 años y medio.

(5) ¿Qué capital al $6\frac{1}{4}$% producirían $100.00 en 1 año y 4 meses?

(6) Calcule el capital que al 8% de interés por 3 meses rendirían $69.00.

(7) Calcule el porcentaje de rendimiento de un capital de $12,000.00 que pagó $300.00 en intereses durante 6 meses.

(8) Calcule el porcentaje de rendimiento de un capital de $1,200.00 que pagó $360.00 en 5 años.

(9) Calcule el porcentaje de rendimiento de un capital de $7,500.00 que pagó $450.00 en 9 meses.

(10) Calcule el porcentaje de rendimiento de un capital de $5,000.00 que pagó $150.00 en 90 días.

Respuestas a los conjuntos

RESPUESTAS AL CONJUNTO 51

- (1) 300
- (2) 85
- (3) 720
- (4) 700
- (5) 120
- (6) 5400
- (7) 200
- (8) 200
- (9) 50
- (10) $166\frac{2}{3}$
- (11) 200
- (12) 3,000
- (13) $83\frac{1}{3}$
- (14) 75
- (15) $33\frac{1}{3}$
- (16) $31\frac{1}{4}$
- (17) 2,000
- (18) 600
- (19) 500
- (20) 5,000

RESPUESTAS AL CONJUNTO 52

- (1) 20%
- (2) 8%
- (3) 10%
- (4) 6%
- (5) $33\frac{1}{3}$%
- (6) $37\frac{1}{2}$%
- (7) 25%
- (8) 5%
- (9) 5%
- (10) 30%
- (11) 50%
- (12) $33\frac{1}{3}$%
- (13) 80%
- (14) 40%
- (15) $12\frac{1}{2}$%
- (16) $87\frac{1}{2}$%
- (17) 40%
- (18) $6\frac{1}{4}$%
- (19) $37\frac{1}{2}$%
- (20) $8\frac{1}{3}$%

RESPUESTAS AL CONJUNTO 53

- (1) 13
- (2) $9,000
- (3) $42.00
- (4) $1,800.00
- (5) 25%
- (6) 25%/75%
- (7) 20%
- (8) 20%
- (9) 25%
- (10) $480

RESPUESTAS AL CONJUNTO 54

- (1) $170
- (2) $202.50
- (3) $60.00
- (4) $1,800.00
- (5) $1,200.00
- (6) $3,450
- (7) 5%
- (8) 6%
- (9) 8%
- (10) 12%

ESTADÍSTICA

Cuando hablamos de estadística, usamos con frecuencia las palabras promedio, mediana, o número medio de una serie numérica, y moda, o valor que ocurre con mayor frecuencia.

Ejemplo: En una clase, los estudiantes sacaron las siguientes calificaciones: 95, 54, 72, 60, 85, 80, 72, 80, 64, 98, 72, 88 y 94.

(1) Calcular el promedio de la clase.

Solución: Sumamos todas las calificaciones (13 en total) y dividimos el resultado entre 13:

$$\frac{95+54+72+60+\ldots}{13} = \frac{1{,}014}{13} = 78$$

El promedio es 78.

(2) Calcular la mediana.

Solución: Si ordenamos los números, tenemos: 98, 95, 94, 88, 84, 80, 80, 72, 72, 72, 64, 60, 54. El número 80 cae en medio, de manera que 80 es la mediana.

(3) Calcular la moda.

Solución: 72 es la calificación más frecuente porque ocurre 3 veces.

Probabilidad

El término probabilidad se refiere al azar, es decir, los eventos ajenos a nuestro control, como sacar un número, tirar los dados, etc.

La probabilidad de que ocurra un evento es igual al número de resultados favorables dividido entre el número total de resultados posibles.

Ejemplos:

(1) Si una caja contiene 5 lápices de los cuales 2 son rojos, la probabilidad de sacar un lápiz rojo es $\frac{2}{5}$, mientras que la probabilidad de sacar uno que no sea rojo es $\frac{3}{5}$.

Nota: La probabilidad se puede expresar en forma de quebrado (fracción), en forma decimal o en porcentaje, de manera que en el problema anterior la probabilidad es $\frac{3}{5}$ ó 60%.

(2) Al arrojar una moneda al aire existen 2 posibilidades: cara y cruz. La posibilidad de que caiga cara es $1 \div 2$ ó $\frac{1}{2}$.

(3) Si es seguro que ocurra cierto evento, entonces la probabilidad de que ocurra es 1, mientras que si es imposible que ocurra, la probabilidad es 0. Luego entonces, si una caja contiene sólo lápices rojos, la probabilidad de sacar un lápiz rojo es 1 y de sacar uno verde es 0.

El resultado de un muestreo al azar en un grupo se aplica al grupo en su conjunto u otros grupos semejantes.

Ejemplo: Si de 100 artículos revisados al azar en una fábrica, 9 salen defectuosos, ¿cuántos podrían salir defectuosos en la producción total de 25,000 artículos?

Solución: La probabilidad de que un artículo salga defectuoso es $\frac{9}{100}$ ó 9% de manera que $\frac{9}{100} \times 25{,}000 = 2{,}250$.

CAPÍTULO 8: Matemáticas

CONJUNTO 55

(1) Calcule el promedio de 7, 5, 11, 4, 9 y 6.

(2) Calcule el promedio de 130, 85, 49, 125, 91 y 27.

(3) Calcule el promedio de $4\frac{1}{2}$, $3\frac{1}{4}$, 6, $2\frac{1}{4}$, $5\frac{1}{3}$ y $2\frac{2}{3}$.

(4) Calcule el número medio en la serie 20, 31, 42, 35, 60, 13 y 49.

(5) Calcule la moda de la serie numérica 4, 12, 15, 9, 8, 24, 3, 12, 6, 12, 9 y 8.

(6) Fernando ganó $37.00 el lunes, $42.00 el martes, $37.50 el miércoles, $38.45 el jueves y $46.75 el viernes. ¿Cuál es su sueldo promedio diario?

(7) Los resultados de una encuesta indican que en cierto grupo de 10 familias el número de hijos por familia es de 3, 3, 4, 2, 1, 2, 0, 2, 2 y 1. ¿Cuál es el promedio de hijos por familia?

(8) En el problema anterior, ¿cuál es el número de niños más frecuente?

(9) En el mismo problema, ¿cuál es la probabilidad de que al escoger una de las familias al azar sea de 2 niños?

(10) En el mismo problema, ¿cuál es la probabilidad de que sea de 4 niños?

(11) ¿Cuál es la probabilidad de que al tirar un dado salga un número par?

(12) ¿Cuál es la probabilidad de que salga el número 6?

(13) Una caja contiene 3 lápices rojos, 2 negros y 4 azules. ¿Cuál es la probabilidad de sacar un lápiz rojo? ¿Cuál es la probabilidad de sacar uno azul?

(14) En el problema anterior, ¿cuál es la probabilidad de sacar uno blanco?

(15) En un grupo de 1,200 personas hay 580 mujeres. ¿Cuál es la probabilidad de que al escoger una persona al azar sea mujer?

(16) En una muestra de 100 juguetes en una fábrica salieron 7 defectuosos. En la producción total de 2,800 juguetes, ¿cuántos es probable que salgan con algún defecto?

(17) En una baraja de 40 cartas, ¿cuál es la probabilidad de que salga un as de bastos? ¿Cuál es la probabilidad de que salga un caballo de espadas?

(18) En la misma baraja, ¿cuál es la probabilidad de que salga un as de oros?

(19) Una escuela vende 120 boletos para una rifa. Si Ernesto compra 3 boletos, ¿qué probabilidades tiene de ganar?

(20) Si compramos 10 reglas a $1.20 la docena y 15 a $0.84 la docena, ¿cuál es el precio promedio por regla?

RESPUESTAS AL CONJUNTO 55

(1) 7
(2) 84.5
(3) 4
(4) 35
(5) 12
(6) $40.34
(7) 2
(8) 2
(9) $\frac{2}{5}$
(10) $\frac{1}{10}$
(11) $\frac{1}{2}$
(12) $\frac{1}{6}$
(13) $\frac{1}{3}, \frac{4}{9}$
(14) 0
(15) $\frac{29}{60}$
(16) 196
(17) $\frac{1}{40}, \frac{1}{10}$
(18) $\frac{1}{4}$
(19) $\frac{1}{40}$
(20) 8.2¢

GRÁFICAS

El estudio de las gráficas es un aspecto muy importante en el campo de las matemáticas, ya que nos permite analizar más claramente la relación que existe entre diferentes magnitudes.

Existen diversos tipos de gráficas, entre las que se encuentran:

a) Gráfica de barras horizontales o verticales

b) Gráfica lineal

c) Gráfica de pastel

d) Pictografía

Nota: Existen otras clases de gráficas, pero estas tres son las que más se ajustan al contenido de este libro.

Ejemplos de gráficas

Gráfica de barras

El señor Pérez es vendedor. La gráfica representa sus ventas durante un período de 5 semanas.

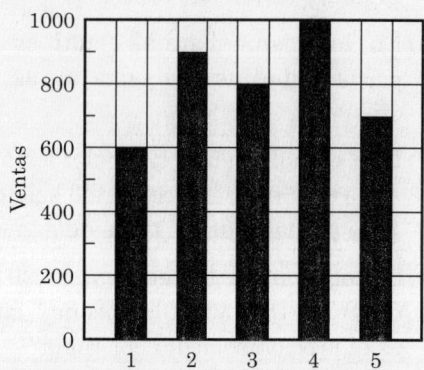

1. El total de ventas durante la segunda semana fue de $900.00.

2. La diferencia entre la semana que vendió más y la que vendió menos fue de 1,000 − 600 = $400.00.

3. El promedio de ventas durante las 5 semanas fue de:
$$\frac{600 + 900 + 800 + 1,000 + 700}{5} = \frac{4,000}{5} = \$800.00$$

4. Si recibe un 15% de comisión, la semana que más vendió ganó $\frac{15}{100} \times 1,000 = \$150$ en comisiones.

Gráfica lineal

La gráfica representa el cambio de temperatura en un día entre las 6 de la mañana y las 6 de la tarde.

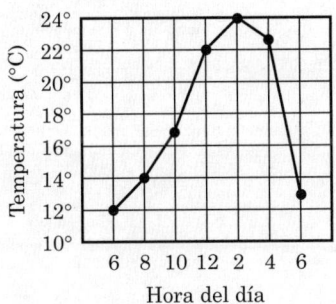

1. La temperatura más alta del día se registró a las 2 de la tarde.

2. Entre el mediodía y las 6 de la tarde hubo un cambio de 22 − 13 = 9 grados centígrados.

3. Al mediodía la temperatura era de 22°C.

4. Entre las 4 y las 6 de la tarde la temperatura bajó 23 − 13 = 10 grados.

Gráfica de pastel

La gráfica representa en qué gasta el gobierno cada dólar.

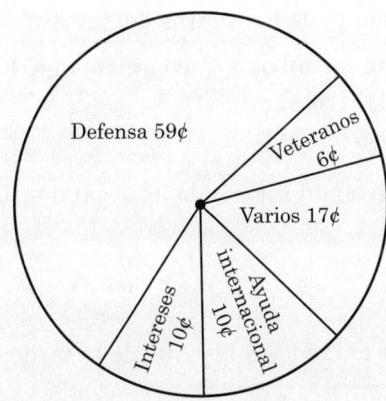

El gasto principal del país es la defensa. En un presupuesto de 100 millones de dólares, ¿cuánto se gasta en los siguientes rubros?

1. Defensa: $\frac{59}{100} \times 100 = 59$ millones de dólares

2. Ayuda exterior: $\frac{10}{100} \times 100 = 10$ millones de dólares

3. Intereses: $\frac{8}{100} \times 100 = 8$ millones de dólares

Pictografías

Este tipo de gráfica nos permite representar cantidades mediante símbolos.

Ejemplo:

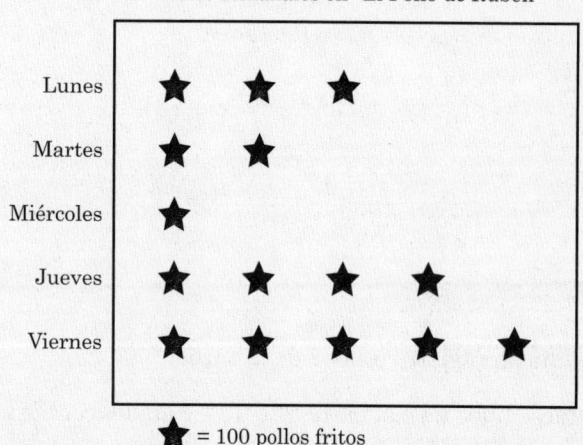

Pregunta: ¿Cuántos pollos fritos más se vendieron el viernes que el lunes?

Respuesta: Las ventas del viernes se representan con 5 símbolos que equivalen a 100 pollos fritos cada uno para un total de 500 pollos fritos. Las ventas del lunes se representan con 3 símbolos para un total de 300 pollos fritos. Por lo tanto, la diferencia es de 200 pollos fritos.

Pregunta: Si cada pollo cuesta $4.50, ¿cuál fue el monto de las ventas del jueves?

Respuesta: Las ventas del jueves se representan con 4 símbolos que equivalen a 400 pollos fritos a $4.50 cada uno: $4.50 × 400 = $1,800.00 total.

Pregunta: ¿Cuántos pollos se vendieron el miércoles?

Respuesta: Las ventas del miércoles se representan con un solo símbolo: 1 × 100 = 100 pollos fritos.

CONJUNTO 56

La gráfica representa la temperatura en diferentes ciudades a las 2:00 de la tarde.

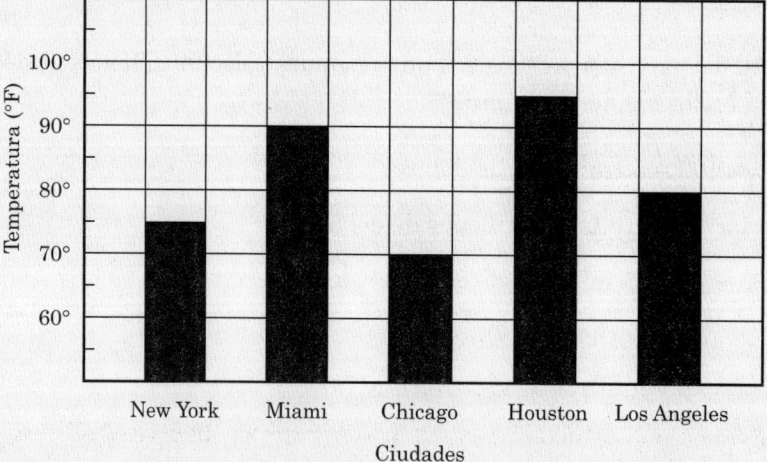

(1) ¿En qué ciudad se registró la temperatura más alta?

(2) ¿Qué diferencia de temperatura hubo entre la ciudad de New York y Houston?

(3) ¿En qué ciudad se registró la temperatura más baja?

(4) ¿Cuál fue el promedio de temperatura de las cinco ciudades?

La gráfica representa el volumen de ventas de cierta tienda durante las 4 semanas de febrero.

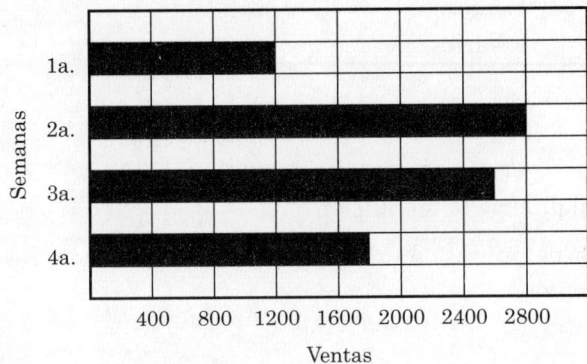

(5) ¿Cuál fue la diferencia entre la semana de mayor y menor venta?

(6) La tienda tiene que pagar 6% de impuestos por cada venta. ¿Cuánto tuvo que pagar la 3a semana?

(7) ¿Cuál fue el promedio de ventas de las 4 semanas?

(8) Si la tienda tiene una ganancia de un 40% por cada venta, ¿cuál fue la ganancia total de las 4 semanas?

La gráfica representa las calificaciones que sacó Patricia en la clase de álgebra.

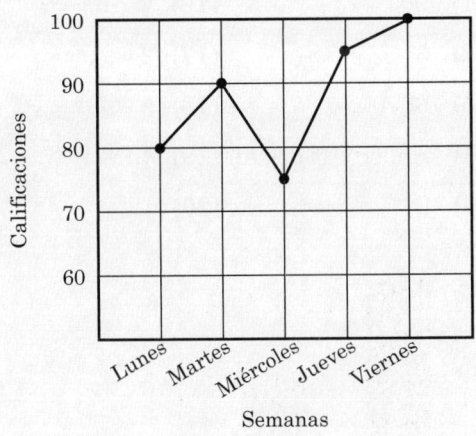

(9) ¿Qué día sacó notas más bajas?

(10) ¿Cuál fue su promedio de la semana?

(11) ¿Cuál fue la nota más cercana al promedio?

(12) Si "A" equivale a una calificación de 90 a 100, ¿cuántos días sacó "A"?

La gráfica representa la distribución del ingreso total mensual de $1,250 de la familia Hernández.

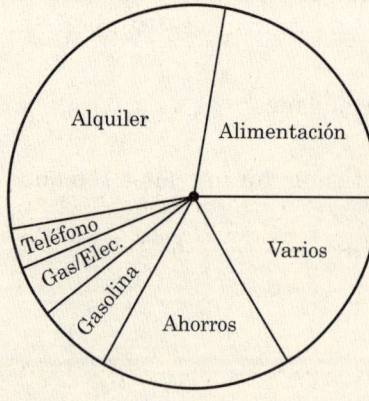

Alquiler	$350.00
Alimentación	$320.00
Teléfono	$30.00
Gas y electricidad	$40.00
Gasolina	$60.00
Ahorros	$150.00
Varios	$300.00

(13) ¿Cuánto gasta la familia en alquiler y alimentación?

(14) ¿Qué gasto representa un 12% del ingreso total? ¿Qué porcentaje de los ingresos gastan en los siguientes conceptos?

(15) alquiler

(16) alimentación

(17) gastos varios

(18) teléfono, gas y luz combinados

(19) gasolina

(20) ¿Qué porcentaje de los ingresos ahorra la familia?

PRESPUESTAS AL CONJUNTO 56

(1)	Houston	**(6)**	$156	**(11)**	90	**(16)**	25.6%
(2)	20°F	**(7)**	$2,100	**(12)**	3	**(17)**	24%
(3)	Chicago	**(6)**	$3,360	**(13)**	$670	**(18)**	5.6%
(4)	82°F	**(9)**	Miércoles	**(14)**	Ahorros ($150.00)	**(19)**	4.8%
(5)	$1,600	**(10)**	88	**(15)**	28%	**(20)**	12%

CAPÍTULO 8: Matemáticas

CÁLCULO DE RETENCIÓN DE IMPUESTOS

La retención de impuestos se calcula con base en el salario de cada causante, su estado civil y número de concesiones. El gobierno federal, estatal o municipal suministra las tablas de categorías fiscales.

Ejemplo: La señora Cueto es casada y tiene 2 concesiones; si su salario semanal es de $483.75, ¿cuánto impuesto le retendrán?

La tabla indica que el impuesto que le retendrán a la señora Cueto será de $79.20 ya que su salario se encuentra en la categoría entre $480.00 y $490.00 con 2 concesiones.

Seguro social

En 1982, la tasa fiscal del seguro social ascendía a 6.7% para los primeros $32,400.00 ganados y el resto no estaba sujeto a gravamen.

Ejemplo: Sonia ganó $79.50 trabajando unas horas en una tienda de juguetes. ¿Cuánto tuvo que pagar por concepto de impuesto de seguro social (FICA)?

Buscamos en la tabla el impuesto aplicable. El impuesto correspondiente a este salario es de $5.33. Tenemos que buscar entre $79.49 y $79.63.

Ejemplo: Calcular el impuesto del seguro social para un salario de $29,500.00.

Según la explicación anterior, aplicamos una tasa de 6.7%.

$0.067 \times \$29,500.00 = \$1,976.50$

Existen otras retenciones, como las del plan de jubilación, préstamos, planes de ahorro y pago de cuotas sindicales.

Seguro social: Tasa fiscal del 6.7% para efectos de deducción de impuestos

Salario Mínimo	Máximo	Impuestos	Salario Mínimo	Máximo	Impuesto
$78.14	$78.28	$5.24	$84.26	$84.40	$5.65
78.29	78.43	5.25	84.41	84.55	5.66
78.44	78.58	5.26	84.56	84.70	5.67
78.59	78.73	5.27	84.71	84.85	5.68
78.74	78.88	5.28	84.86	84.99	5.69
78.89	79.03	5.29	85.00	85.14	5.70
79.04	79.18	5.30	85.15	85.29	5.71
79.19	79.33	5.31	85.30	85.44	5.72
79.34	79.48	5.32	85.45	85.59	5.73
79.49	79.63	5.33	85.60	85.74	5.74
79.64	79.78	5.34	85.75	85.89	5.75

Nómina

Además del salario semanal, quincenal, mensual o anual, muchas compañías tienen que calcular el pago de horas extra. Las horas extra se pagan a una tarifa del cincuenta por ciento o del doble de la tarifa regular cuando se trabaja en domingos o días festivos.

Ejemplo: Sara trabajó un total de 49 horas la semana pasada. Si la tarifa regular por hora es de $9.00 y el tiempo extra se paga a una tarifa del cincuenta por ciento sobre la tarifa regular, ¿cuánto ganó Sara esa semana?

Solución: 40 horas × $9.00 = $360.00

Tiempo extra: 9 horas × $9.00 × $1\frac{1}{2}$ = $121.50

Total: $360 + $121.50 = $481.50

Causantes solteros: Nómina semanal

Salario Mínimo	Máximo	Concesiones 0	1	2	3	4
		Impuesto retenido				
$370	$380	$83.60	$77.10	$70.50	$64.50	$58.90
380	390	87.00	80.50	73.90	67.50	61.90
390	400	90.40	83.90	77.30	70.80	64.80
400	410	93.80	87.30	80.70	74.20	67.80
410	420	97.20	90.70	84.10	77.60	71.10
420	430	100.60	94.10	87.50	81.00	74.50
430	440	104.10	97.50	90.90	84.40	77.90
440	450	108.00	100.90	94.30	87.80	81.30
450	460	111.90	104.40	97.70	91.20	84.70
460	470	115.80	108.30	101.10	94.60	88.10

Causantes casados: Nómina semanal

Salario Mínimo	Máximo	Concesiones 0	1	2	3	4
		Impuesto retenido				
$400	$410	$73.00	$67.60	$62.30	$57.70	$53.10
410	420	75.80	70.40	65.00	60.10	55.50
420	430	78.60	70.40	65.00	60.10	55.50
430	440	81.40	76.00	70.60	65.20	60.30
440	450	84.20	78.80	73.40	68.00	62.70
450	460	87.00	81.60	76.20	70.80	65.40
460	470	90.20	84.40	79.00	73.60	68.20
470	480	93.40	87.30	81.80	76.40	71.00
480	490	96.60	90.50	84.60	79.20	73.80
490	500	99.80	93.70	87.50	82.00	76.60

CAPÍTULO 8: Matemáticas

Comisiones

En las empresas de bienes raíces, seguros y ciertos tipos de ventas, los empleados reciben su pago en forma de comisión o porcentaje de ventas.

Ejemplo: El Sr. Mayo gana $600.00 a la semana más una comisión de 9% por volúmenes de venta de $2,000.00 y 11% por las ventas que excedan $4,500.00. ¿Cuánto ganaría el Sr. Mayo si sus ventas ascendieran a $8,000.00?

Solución:

$0.09 \times \$2,000.00 = \$180.00$ (volumen mínimo de ventas)

$\$8,000.00 - \$4,500.00 = \$3,500.00 \times 0.11 = \$385.00$

$\$600.00 + \$180.00 + \$385.00 = \$1165.00$

SERIES

En matemáticas, el concepto de "series" implica una secuencia o sucesión de símbolos numéricos o literales de acuerdo con un patrón establecido.

Ejemplos de series:

(1) 3, 6, 9, 12, 15...

(2) 18, 14, 10, 6, 2...

En el ejemplo (1), a partir del primer número, todos los demás se formaron sumando 3 al precedente; entonces, la diferencia entre cada uno de los números sucesivos es 3. En el ejemplo (2), a partir del 18 todos los demás se formaron restando 4; entonces, la diferencia en esta serie es de 4.

Cuando las series se forman sumando o restando de acuerdo a un patrón establecido, se denominan "series aritméticas".

Otros ejemplos de series:

(3) 2, 6, 18, 54...

(4) 125, 25, 5...

En el ejemplo (3), los términos se forman multiplicando el término precedente por 3; entonces, la razón de esta serie es 3. En el ejemplo (4), los términos se forman dividiendo el término sucesivo por 5, o lo que es lo mismo, multiplicando el término precedente por $\frac{1}{5}$; entonces, la razón de esta serie es $\frac{1}{5}$.

Las series que se forman multiplicando o dividiendo sus términos se denominan "series geométricas".

Existen otras series que no se ajustan a ninguna de las condiciones estudiadas anteriormente y que se conocen como "series misceláneas".

Ejemplos:

   (5) 6, 8, 11, 13, 16...
   (6) 3, 4, 6, 10, 18...

En el ejemplo (5), la serie miscelánea se forma de la siguiente manera: El 8 se forma sumando 2 a 6; el 11, sumando 3 a 8; el 13, sumando 2 a 11; el 16, sumando 3 a 13; y así sucesivamente, la serie se continua alternando el 2 y el 3 como sumando del término inmediatamente precedente. En el ejemplo (6), el patrón consiste en restar 1 y multiplicar por 2.

El número 3 es el primer término de la serie.

   $3 - 1 = 2$ y $2 \times 2 = 4$ (segundo término)
   $4 - 1 = 3$ y $3 \times 2 = 6$ (tercer término)
   $6 - 1 = 5$ y $5 \times 2 = 10$ (cuarto término)
   $10 - 1 = 9$ y $9 \times 2 = 18$ (quinto término)

y así sucesivamente...

Como vimos en los ejemplos anteriores, las series pueden ser ascendentes o descendentes, dependiendo de la progresión de los términos: *ascendente*, como: 2, 5, 8, 11, 14..., en la que la diferencia es 3; *descendente*, como: 18, 14, 10, 6..., en la que la diferencia es 4.

Método para calcular el último término de una serie aritmética

Veamos la serie 5, 7, 9, 11... Supongamos que esta serie consta de 12 términos. ¿Cómo calculamos el término 12 sin necesidad de construir toda la serie?

Método:

   Número de términos: 12
   Diferencia entre sus términos: 2
   Primer término: 5

   $12 - 1 = 11$ (restamos 1 del número de términos de la serie)
   $11 \times 2 = 22$ (multiplicamos 2 por la diferencia anterior)
   $22 + 5 = 27$ (sumamos el primer término de la serie al producto anterior)

Comprobación:

   1   2   3   4   5   6   7   8   9   10 11 12
   5, 7, 9, 11, 13, 15, 17, 19, 21, 23, 25, 27,

Calcular el término 17 de la serie 2, 5, 8, 11, 14...

Método:

   Número de términos: 17
   Diferencia: 3
   Primer término: 2

CAPÍTULO 8: Matemáticas

17 − 1 = 16 (restamos 1 del número de términos de la serie)
16 × 3 = 48 (multiplicamos por 3 la diferencia anterior)
48 + 2 = 50 (sumamos el primer término de la serie al producto anterior)

Comprobación:

La serie quedaría formada así:

1   2   3   4   5   6   7   8   9   10 11 12 13 14 15 16 17
2, 5, 8, 11, 14, 17, 20, 23, 26, 29, 32, 35, 38, 41, 44, 47, 50

De los casos anteriores, podemos deducir que para calcular el último término de una serie aritmética, el método es el siguiente:

1. Se resta 1 del número de términos de la serie.

2. Se multiplica la diferencia anterior por la diferencia entre los términos de la serie.

3. Se suma el producto anterior al primer término de la serie y éste será el término buscado.

Método para calcular la suma de una serie aritmética

Veamos la serie 2, 6, 10, 14, 18, 22...

Método:

Las condiciones de esta serie son:

   Número de términos: 6
   Primer término: 2
   Último término: 22

6 ÷ 2 = 3 (dividimos el número de términos de la serie entre 2)
3 (2 + 22) = 3 (24) = 72 (multiplicamos el cociente anterior por la suma del primer y último términos de la serie)

Por lo tanto, la suma de los seis términos de la serie es 72.

Veamos otra serie: 7, 10, 13, 16, 19, 22, 25...

Método:

   Número de términos: 7
   Primer término: 7
   Último término: 25

$\frac{7}{2}$ (dividimos el número de términos de la serie por 2)

$\frac{7}{2} \times 32 = 112$ (multiplicamos el cociente anterior por la suma del primer y último términos de la serie, esto decir, 7 + 25 = 32)

Por lo tanto, la suma de los siete términos es 112.

CONJUNTO 57

(1) Calcular el próximo término de la serie 11, 17, 23, 29, 35...

(2) Calcular el próximo término de la serie 24, $22\frac{1}{2}$, 21, $19\frac{1}{2}$...

(3) Calcular el noveno término de la serie aritmética 7, 12, 17...

(4) Calcular la suma de una serie aritmética de 8 términos donde el primero es 6 y el último 62.

(5) Calcular la suma de una serie aritmética de 9 términos donde el primero es 1 y el último 33.

(6) Calcular el próximo número de la serie 1, 7, 49, 343...

(7) Calcular el próximo número de la serie 240, 120, 60, 30...

(8) Calcular el undécimo término de la serie 5, 9, 13, 17...

(9) Calcular el próximo término de la serie 4, $7\frac{1}{2}$, 11, $14\frac{1}{2}$

(10) Calcular el próximo término de la serie 40, $35\frac{1}{2}$, 31, $26\frac{1}{2}$...

RESPUESTAS AL CONJUNTO 57

(1) 41   (6) 2,401
(2) 18   (7) 15
(3) 47   (8) 45
(4) 272   (9) 18
(5) 153   (10) 22

MEDIDAS

Medir es determinar cuántas veces una unidad de medida cabe en otra de la misma especie. Así, el sistema inglés usa para este fin libras, millas, onzas, etc., mientras que el sistema métrico decimal se basa en grados centígrados, metros, etc.

CAPÍTULO 8: Matemáticas

SISTEMA INGLÉS: Tabla de medidas

Medidas de longitud

1 pie = 12 pulgadas
1 yarda = 3 pies
1 yarda = 36 pulgadas
1 milla = 5,280 pies
1 milla = 1,760 yardas

Medidas de capacidad

1 pinta = 2 tazas
1 cuarto = 2 pintas
1 galón = 4 cuartos
1 barril = $31\frac{1}{2}$ galones

Medidas de peso

1 libra = 16 onzas
1 arroba = 25 libras
1 quintal = 100 libras
1 tonelada = 20 quintales
1 tonelada = 2,000 libras

Medidas de área

1 pie cuadrado = 144 pulgadas cuadradas
1 yarda cuadrada = 9 pies cuadrados

Medidas de volumen

1 pie cúbico = 1,728 pulgadas cúbicas
1 yarda cúbica = 27 pies cúbicos
1 galón = 231 pulgadas cúbicas

Otras medidas

1 minuto = 60 segundos
1 hora = 60 minutos
1 día = 24 horas
1 semana = 7 días
1 año = 52 semanas

Equivalencias de un sistema a otro

1 pulgada = 2.54 centímetros
1 pie = 30.48 centímetros
1 milla = 1.61 kilómetros
1 libra = 454 gramos
1 onza = 28 gramos
1 metro = 39.4 pulgadas
1 kilogramo = 2.2 libras

Conversión de medidas mayores a menores en el sistema inglés

Ejemplos:

(1) ¿Cuántos pies hay en 8 yardas?

Método: Se multiplica el número de pies que tiene una yarda por 8, es decir, $3 \times 8 = 24$ pies.

(2) ¿Cuántas pulgadas hay en 14 pies?

Respuesta: 14×12 (pulgadas en un pie)

$$\begin{array}{r} 14 \\ \times 12 \\ \hline 28 \\ 14 \\ \hline 168 \text{ pies} \end{array}$$

Regla: Para convertir una unidad mayor a otra menor, se multiplica la mayor por el número de unidades que ésta contiene a la menor.

Conversión de unidades menores a mayores

Ejemplos:

(1) ¿Cuántas yardas hay en 60 pies?

Método: Se divide 60 entre el número de pies que tiene una yarda.

Así tenemos: $3\overline{)60}$ con cociente 20. *Respuesta:* 20 yardas

(2) ¿Cuántas millas hay en 21,120 pies?

$5280\overline{)21,120}$ con cociente 4. *Respuesta:* 4 millas

Regla: Para convertir una unidad menor a otra mayor, se divide la menor entre el número que ésta cabe en la mayor.

SISTEMA MÉTRICO DECIMAL: Tabla de medidas

Medidas de longitud

La unidad básica de estas medidas es el metro (m)

miriámetro (mam)	
kilómetro (km)	múltiplos
hectómetro (hm)	del metro
decámetro (dam)	
metro (m)	
decímetro (dm)	submúltiplos
centímetro (cm)	del metro
milímetro (mm)	

CAPÍTULO 8: Matemáticas

Equivalencias:

1 miriámetro (mam) = 10,000 metros (m)
1 kilómetro(km) = 1,000 metros (m)
1 hectómetro(hm) = 100 metros (m)
1 decámetro(dam) = 10 metros (m)
metro (m)
1 metro (m) = 10 decímetros (dm)
1 decímetro (dm) = 10 centímetros (cm)
1 centímetro (cm) = 10 milímetros (mm)

Nota: Estas equivalencias y conversiones se basan en potencias de 10.

Así también:

1 miriámetro = 10 kilómetros
1 miriámetro = 100 hectómetros
1 miriámetro = 1,000 decámetros
1 kilómetro = 10 hectómetros
1 kilómetro = 100 decámetros
1 hectómetro = 10 decámetros
1 decámetro = 100 decímetros
1 decámetro = 1,000 centímetros
1 decámetro = 10,000 milímetros

Y así sucesivamente:

Ejemplos:

(1) Convertir 18 km a m.
   Respuesta: 18 × 1,000 = 18,000 m

(2) Convertir 23 hm a cm.
   Respuesta: 23 × 10,000 = 230,000 cm

(3) Convertir 43 km a dam.
   Respuesta: 43 × 100 = 4,300 dam

(4) Convertir 75,000 m a km.
   Respuesta: 75,000 ÷ 1,000 = 75 km

(5) Convertir 8,700 cm a m.
   Respuesta: 8,700 ÷ 100 = 87 m

Nota aclaratoria: La abreviatura de miriámetro es mam, mientras que la de milímetro es mm. Asímismo, la abreviatura en español de decámetro es dam, mientras que la de decímetro es dm.

MEDIDAS DE PESO

La unidad básica de medida del sistema métrico decimal es el gramo. Las equivalencias son:

1 kilogramo (kg) = 1,000 gramos (g)
1 hectógramo (hg) = 100 gramos (g)
1 decágramo (dag) = 10 gramos (g)
gramo (g)
1 gramo (g) = 10 decigramos (dg)
1 gramo (g) = 100 centigramos (cg)
1 gramo (g) = 1,000 miligramos (mg)

Ejemplos de conversiones:

(1) Convertir 48 kg a g.
Respuesta: 48 × 1,000 = 48,000 g

(2) Convertir 73 g a cg.
Respuesta: 73 × 100 = 7,300 cg

(3) Convertir 42 kg a hg.
Respuesta: 42 × 10 = 420 hg

(4) Convertir 5,600 cg a g.
Respuesta: 5,600 ÷ 100 = 56 g

(5) Convertir 5,670 dag a hg.
Respuesta: 5,670 ÷ 10 = 567 hg

MEDIDAS DE CAPACIDAD

Para estas medidas, la unidad básica es el litro. Las equivalencias son:

1 kilolitro (kL) = 1,000 litros (L)
1 hectolitro (hL) = 100 litros(L)
1 decalitro(daL) = 10 litros (L)
litro (L)
1 litro (L) = 10 decilitros (dL)
1 litro (L) = 100 centilitros (cL)
1 litro(L) = 1,000 mililitros(mL)

Ejemplos de conversiones:

(1) Convertir 14 kL a L
Respuesta: 14 × 1,000 = 14,000 L

(2) Convertir 29 hL a mL
Respuesta: 29 × 100,000 = 2,900,000 mL

(3) Convertir 89 L a cL
Respuesta: 89 × 100 = 8,900 cL

(4) Convertir 70,000 dL a kL
Respuesta: 70,000 ÷ 10,000 = 7 kL

(5) Convertir 1,100 cL a L
Respuesta: 1,100 ÷ 100 = 11 L

UNIDADES MÉTRICAS DE VOLUMEN

1 kilómetro cúbico (km^3) = 1,000,000,000 metros cúbicos (m^3)
1 hectómetro cúbico (hm^3) = 1,000,000 metros cúbicos (m^3)
1 decámetro cúbico (dam^3) = 1,000 metros cúbicos (m^3)
metro cúbico (m^3)
1 metro cúbico (m^3) = 1,000 decímetros cúbicos (dm^3)
1 metro cúbico (m^3) = 1,000,000 centímetros cúbicos (cm^3)
1 metro cúbico (m^3) = 1,000,000,000 milímetros cúbicos (mm^3)

Ejemplos de conversiones:

(1) Convertir 7 dam^3 a dm^3.
Respuesta: 7 × 1,000,000 = 7,000,000 dm^3

(2) Convertir 43 dm^3 a cm^3.
Respuesta: 43 × 1,000 = 43,000 cm^3

CAPÍTULO 8: Matemáticas

Conversiones del sistema inglés al sistema métrico decimal y viceversa

Ejemplos:

(1) Convertir 26 pies a centímetros. *Respuesta:* 26 × 30.48 (equivalencia en centímetros de un pie) = 792.48 centímetros (cm)

(2) Convertir 6 libras a gramos. *Respuesta:* 6 × 454 (equivalencia en gramos de una libra) = 2,724 gramos (g)

(3) Convertir 97 millas a kilómetros. *Respuesta:* 97 × 1.61 (equivalencia en kilómetros de una milla) = 156.17 kilómetros (km)

(4) Convertir 960 centímetros (cm) a pulgadas. *Respuesta:* 960 ÷ 2.54 (equivalencia en centímetros de una pulgada) = 377.95 pulgadas

(5) Convertir 104 kilogramos a libras. *Respuesta:* 104 × 2.2 (equivalencia en libras de un kilogramo) = 228.8 libras

MEDIDAS DE TEMPERATURA

El sistema métrico decimal usa la escala Celsius o centígrada; en Estados Unidos y otros países se usa la escala Fahrenheit.

Abreviaturas

F = Fahrenheit
C = Centígrados
° = grados

Fórmulas:

1. $C = \frac{5}{9}(F - 32)$
2. $F = \frac{9}{5}C + 32$

Conversiones de un sistema a otro

Ejemplos:

(1) Convertir 77°F a °C.
Respuesta: $C = \frac{5}{9}(77 - 32)$
$C = \frac{5}{9}(45)$
$C = 25°$

(2) Convertir 65°C a °F.
Respuesta: $F = \frac{9}{5}(65 + 32)$
$F = \frac{9}{5}(97)$
$F = 149°$

Operaciones con medidas

Suma:

Ejemplo:

$$\begin{array}{r} 5 \text{ yardas} \quad 4 \text{ pies} \quad 18 \text{ pulgadas} \\ +\,2 \text{ yardas} \quad 5 \text{ pies} \quad 10 \text{ pulgadas} \\ \hline 7 \qquad\qquad 9 \qquad\quad 28 \text{ pulgadas} \\ +\,3 \qquad\quad +\,2 \\ \hline 10 \text{ yardas} \quad 11 \text{ pies} \end{array}$$

$\frac{28}{12} = 2$ pies 4 pulgadas

$\frac{11}{3} = 3$ yardas 2 pies

Respuesta: 10 yardas 2 pies 4 pulgadas

Resta:

Ejemplo:

$$\begin{array}{r} \qquad\qquad\quad 6 \text{ cuartos} \\ \cancel{8} \text{ galones} \quad \cancel{7} \text{ cuartos} \quad 8 \text{ pintas} \\ 6 \text{ galones} \quad \cancel{7} \text{ cuartos} \quad \cancel{0} \text{ pintas} \\ -\,2 \text{ galones} \quad 5 \text{ cuartos} \quad 8 \text{ pintas} \\ \hline 3 \text{ galones} \quad 1 \text{ cuarto} \quad 0 \text{ pinta} \end{array}$$

Respuesta: 3 galones 1 cuarto

Multiplicación:

Ejemplo:

$$\begin{array}{r} 3 \text{ semanas} \quad 4 \text{ días} \quad 10 \text{ horas} \\ \times \qquad\qquad\qquad\qquad\qquad 3 \\ \hline 9 \text{ semanas} \quad 12 \text{ días} \quad 30 \text{ horas} \\ +\,1 \qquad\qquad +\,1 \\ \hline 10 \text{ semanas} \quad 13 \text{ días} \end{array}$$

$\frac{30}{24} = 1$ día 6 horas

$\frac{13}{7} = 1$ semana 6 días

Respuesta: 10 semanas 6 días 6 horas

División:

Ejemplo:

$$\begin{array}{r} 5 \text{ yardas} \quad 5 \text{ pies} \quad 13 \text{ pulgadas} \\ 3\overline{\smash{)}17 \text{ yardas} \quad 11 \text{ pies} \quad 15 \text{ pulgadas}} \\ \underline{15} \\ 2 \text{ yardas} = 6 \text{ pies} \\ \overline{17 \text{ pies}} \\ \underline{15} \\ 2 \text{ pies} = 24 \text{ pulgadas} \\ \overline{39 \text{ pulgadas}} \\ \underline{39} \\ 0 \text{ pulgada} \end{array}$$

Respuesta: 5 yardas 5 pies 13 pulgadas

CONJUNTO 58
Convierta:

(1) 28 kilómetros a metros.
(2) 12.5 metros a decímetros.
(3) 21 decámetros a centímetros.
(4) 90 kilómetros a decámetros.
(5) 13 miriámetros a hectómetros.
(6) 65 metros a decámetros.
(7) 700 milímetros a centímetros.
(8) 475 decámetros a hectómetros.
(9) 8,625 centímetros a metros.
(10) 570 hectómetros a kilómetros.
(11) 37.5 kilogramos a gramos.
(12) 43.9 gramos a miligramos.
(13) 500 centilitros a litros.
(14) 48.3 kilolitros a litros.
(15) 7.8 metros cúbicos a decímetros cúbicos.
(16) 17.2 pies a centímetros.
(17) 28 libras a gramos.
(18) 42 millas a kilómetros.
(19) 685 centímetros a pulgadas.
(20) 927 kilogramos a libras.

CONJUNTO 59
Convierta:

(1) 31 yardas a pies.
(2) 22 millas a yardas.
(3) 45 yardas a pulgadas.
(4) 11 galones a cuartos.
(5) 48.5 libras a onzas.
(6) 39 arrobas a libras.
(7) $90\frac{1}{4}$ toneladas a quintales.
(8) $8\frac{3}{4}$ horas a minutos.
(9) $6\frac{2}{3}$ días a horas.
(10) 24 semanas a días.
(11) 111 pies a yardas.
(12) 396 pulgadas a yardas.
(13) 384 onzas a libras.
(14) 600 quintales a toneladas.
(15) 720 minutos a horas.
(16) 133 días a semanas.
(17) 68,640 pies a millas.
(18) 123 pies a varas.
(19) 800 libras a arrobas.
(20) 204 pulgadas a pies.

CONJUNTO 60

(1) 50°F a °C
(2) 63°F a °C
(3) 68°F a °C
(4) −13°F a °C
(5) −6°F a °C
(6) 109°F a °C
(7) 86°F a °C
(8) −67°F a °C
(9) 5°F a °C
(10) 23°F a °C
(11) 30°C a °F
(12) 75°C a °F
(13) 27°C a °F
(14) −10°C a °F
(15) −15°C a °F
(16) 68°C a °F
(17) 79°C a °F
(18) 80°C a °F
(19) −35°C a °F
(20) 58°C a °F

Respuestas a los conjuntos

RESPUESTAS AL CONJUNTO 58

(1) 28,000 metros
(2) 125 decímetros
(3) 21,000 centímetros
(4) 9,000 decámetros
(5) 1,300 hectómetros
(6) 6.5 decámetros
(7) 70 centímetros
(8) 47.5 hectómetros
(9) 86.25 metros
(10) 57 kilómetros
(11) 37,500 gramos
(12) 43,900 miligramos
(13) 5 litros
(14) 48,300 litros
(15) 7,800 decímetros cúbicos
(16) 524.26 centímetros
(17) 12,712 gramos
(18) 67.62 kilómetros
(19) 269.69 pulgadas
(20) 2,039.4 libras

RESPUESTAS AL CONJUNTO 59

(1) 93 pies
(2) 38,720 yardas
(3) 1,620 pulgadas
(4) 44 cuartos
(5) 776 onzas
(6) 975 libras
(7) 1,805 quintales
(8) 525 minutos
(9) 160 horas
(10) 168 días
(11) 37 yardas
(12) 11 yardas
(13) 24 libras
(14) 30 toneladas
(15) 12 horas
(16) 19 semanas
(17) 13 millas
(18) 41 varas
(19) 32 arrobas
(20) 17 pies

RESPUESTAS AL CONJUNTO 60

(1) 10°C
(2) 17.2°C
(3) 20°C
(4) −25°C
(5) −21.1°C
(6) 42.8°C
(7) 30°C
(8) −55°C
(9) −15°C
(10) −5°C
(11) 86°F
(12) 167°F
(13) 80.6°F
(14) 14°F
(15) 5°F
(16) 154.4°F
(17) 174.2°F
(18) 176°F
(19) −31°F
(20) 136.4°F

ÁLGEBRA: CONCEPTOS GENERALES

El Álgebra, además de los símbolos numéricos de la Aritmética, usa letras para representar cantidades desconocidas. *Ejemplos:* $7mn$, $15x^2$, $4w$, k. Estas expresiones se conocen como términos y constan de cuatro elementos básicos:

1. coeficiente numérico
2. signo
3. literales
4. exponente

Así es que en $7mn$, 7 es el coeficiente numérico, el signo es positivo (+) aunque no se escribe, mn es la literal y el exponente es uno (1) que tampoco se escribe. En k el coeficiente numérico es uno (1), porque aunque no se escriba, para efectos algebraicos es *uno k*, el signo es positivo (+), la literal es k y el exponente es uno (1).

Los términos semejantes son los que tienen la misma literal y el mismo exponente y sólo pueden diferir en el coeficiente numérico y el signo. Ejemplos de términos semejantes: $23z^4$ y $-8z^4$; $42m^2t$ y $-15tm^2$ (el orden de las literales es irrelevante).

Los términos como $18x^2y$ y $-14xy^2$ son términos no semejantes porque los exponentes son distintos.

Números con signo

El álgebra, además de representar números desconocidos con letras, usa números con signo, es decir, números positivos y negativos. Los números con signo se pueden representar en un sistema llamado "coordenadas cartesianas".

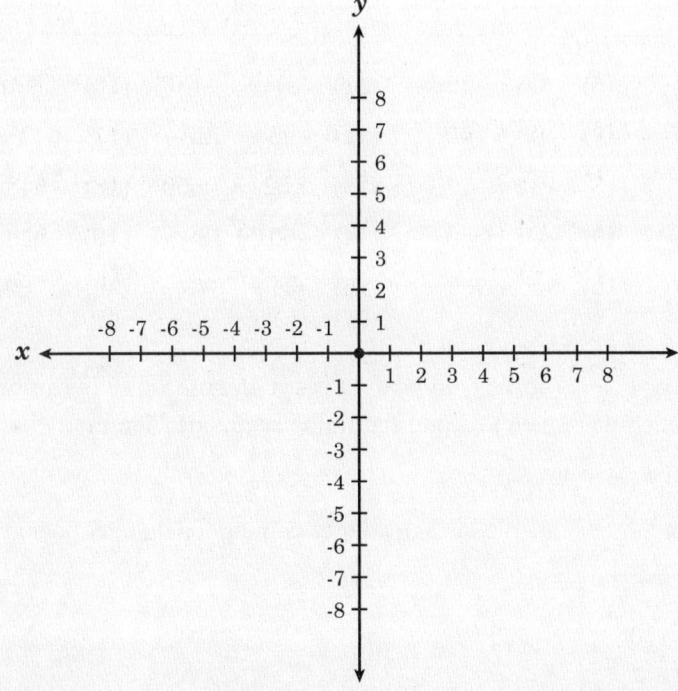

De la observación de esta gráfica, podemos deducir que todos los números del punto de origen hacia arriba y a la derecha son "positivos", mientras que del punto de origen hacia abajo y a la izquierda son "negativos".

Operaciones con números con signo
Suma

Para sumar números con el mismo signo (positivo o negativo), se suman los valores absolutos conservando el signo de los sumandos.

Ejemplos:

(1) $43 + 37 = 80$. Los números 43 y 37 no llevan signo escrito, por lo que se consideran positivos; por lo tanto, la suma (80) también lleva signo positivo.

(2) $-32 + -14 = -46$, ya que ambos sumandos tienen signo negativo.

Si sumamos dos cantidades algebraicas con signos diferente, se calcula la diferencia entre su valor absoluto y la diferencia conserva el signo de la cantidad con valor absoluto mayor.

Así, al sumar -83 y 48 tenemos:

$$\begin{array}{r} -83 \\ +\underline{48} \\ -35 \end{array}$$

También:

$$\begin{array}{r} 49 \\ +\underline{-38} \\ 11 \end{array}$$

CONJUNTO 61

Sume:

(1) $59 + 35$ **(6)** $106 + -106$ **(11)** $1{,}049 + -1{,}073$ **(16)** $1{,}800 + -1{,}903$

(2) $63 + -48$ **(7)** $-93 + -93$ **(12)** $-987 + 729$ **(17)** $643 + 1{,}980$

(3) $-24 + -63$ **(8)** $121 + -120$ **(13)** $1{,}521 + -600$ **(18)** $-548 + -3$

(4) $-100 + 94$ **(9)** $-66 + -80$ **(14)** $-601 + 789$ **(19)** $-849 + 760$

(5) $69 + -78$ **(10)** $325 + 78$ **(15)** $841 + -673$ **(20)** $-1{,}000 + -183$

Resta

Para restar números con signo, se convierte la resta en suma y se le cambia el signo al sustraendo; a continuación se procede según las reglas de la suma.

Ejemplos: $83 - (-4) = 83 + 4 = 87$

Nota: También pueden encerrarse las cantidades con signos de agrupación.

$(48) - (-9) = 48 + 9 = 57$

$(-50) - (48) = -50 + -48 = -98$

$(-75) - (-68) = -75 + 68 = -7$

$(100) - (84) = 100 + -84 = 16$

$(-72) - (-98) = -72 + 98 = 26$

CAPÍTULO 8: Matemáticas

CONJUNTO 62

Reste:

- **(1)** 68 – 54
- **(2)** (75) – (–16)
- **(3)** (84) – (33)
- **(4)** (57) – (–42)
- **(5)** (73) – (–102)
- **(6)** (25) – (115)
- **(7)** (116) – (–133)
- **(8)** (–203) – (303)
- **(9)** (–123) – (152)
- **(10)** (–109) – (–99)
- **(11)** (173) – (–38)
- **(12)** (–233) – (–513)
- **(13)** (324) – (–243)
- **(14)** (515) – (518)
- **(15)** (721) – (832)
- **(16)** (–401) – (510)
- **(17)** (–247) – (–45)
- **(18)** (–180) – (15)
- **(19)** (27) – (–85)
- **(20)** (–1081) – (–103)

Multiplicación

Para multiplicar números con signo, deben observarse las reglas siguientes:

$$(+)(+) = +$$
$$(+)(-) = -$$
$$(-)(+) = -$$
$$(-)(-) = +$$

Así, para multiplicar (9)(6), decimos: positivo nueve multiplicado por positivo seis es igual a positivo cincuenta y cuatro (54).

Otros ejemplos:

$$(10)(17) = 170$$
$$(-14)(-5) = 70$$
$$(-28)(3) = -84$$
$$(15)(-10) = -150$$
$$(38)(-4) = -152$$

Estas operaciones también se pueden resolver con más de dos factores.

Ejemplos:

$$(-4)(2)(3) = -24$$
$$(5)(-3)(-2) = 30$$
$$(-6)(1)(-2) = 12$$
$$(-3)(-4)(-5) = -60$$

CONJUNTO 63

Multiplique:

(1) (12)(5)
(2) (−14)(7)
(3) (13)(−9)
(4) (15)(−12)
(5) (−28)(−10)
(6) (−30)(−23)
(7) (49)(−13)
(8) (54)(19)
(9) (−25)(17)
(10) (−18)(−34)
(11) (−8)(−3)(5)
(12) (12)(0)(−4)
(13) (1)(16)(−10)
(14) (−9)(4)(6)
(15) (−12)(−100)
(16) (42)(−27)
(17) (−93)(24)
(18) (−200)(−40)
(19) (158)(−97)
(20) (−12)(−24)(−3)

División:

La división conserva las mismas propiedades de los signos que la multiplicación. Así tenemos:

$$(+) \div (+) = +$$
$$(+) \div (−) = −$$
$$(−) \div (+) = −$$
$$(−) \div (−) = +$$

Ejemplos:
$40 \div 5 = 8$
$60 \div −10 = −6$
$−70 \div 7 = −10$
$−36 \div −9 = 4$

Estas operaciones también se pueden expresar en forma fraccionaria:

$$\frac{40}{5} = 8 \qquad \frac{-70}{7} = -10$$

$$\frac{60}{-10} = -6 \qquad \frac{-36}{9} = 4$$

Nota: En algunos casos, los signos de agrupación facilitan las operaciones:

$(−30) \div (−6) = 5$
$(120) \div (−10) = −12$
$(−45) \div (−5) = 9$
$(−54) \div (27) = −2$

Propiedades

1. La suma y la multiplicación son operaciones conmutativas, es decir, operaciones en las que orden de los números no altera el resultado.

$$-11 + -8 = -8 + -11$$
$$-19 = -19$$

$$14 + 6 = 6 + 14$$
$$20 = 20$$

$$(-9)(4) = (4)(-9)$$
$$-36 = -36$$

$$12 \times 4 = 4 \times 12$$
$$48 = 48$$

2. La suma y la multiplicación son asociativas, es decir, operaciones en las que los cambios de paréntesis no afectan el resultado.

$$(7 + 4) + 9 = 7 + (4 + 9)$$
$$11 + 9 = 7 + 13$$
$$20 = 20$$

$$(-5 \times 4) \times -8 = -5 \times (4 \times -8)$$
$$-20 \times -8 = -5 \times -32$$
$$160 = 160$$

3. La resta y la división no son conmutativas.

$$12 - 5 \neq 5 - 12$$
$$7 \neq -7$$
$$12 \div 2 \neq 2 \div 12$$
$$6 \neq \frac{1}{6}$$

4. La resta y la división tampoco son asociativas.

$$(14 - 4) - 8 \neq 14 - (4 - 8)$$
$$10 - 8 \neq 14 - (-4)$$
$$2 \neq 18$$

$$(32 \div 4) \div 2 \neq 32 \div (4 \div 2)$$
$$8 \div 2 \neq 32 \div 2$$
$$4 \neq 16$$

5. Por último, la multiplicación es distributiva en la suma y la resta.

$$14(7 + 2) = 14 \times 7 + 14 \times 2$$
$$14(9) = 98 + 28$$
$$126 = 126$$

$$15(6 - 2) = 15 \times 6 - 15 \times 2$$
$$15(4) = 90 - 30$$
$$60 = 60$$

CONJUNTO 64

Divida:

(1) $(58) \div (2)$ **(6)** $(-99) \div (3)$ **(11)** $(-35) \div (-5)$ **(16)** $(7,000) \div (-100)$

(2) $(-68) \div (-2)$ **(7)** $(200) \div (-20)$ **(12)** $(400) \div (-100)$ **(17)** $(800) \div (800)$

(3) $(63) \div (-21)$ **(8)** $(-180) \div (-60)$ **(13)** $(76) \div (-38)$ **(18)** $(-9,000) \div (-9,000)$

(4) $(-100) \div (-20)$ **(9)** $(-88) \div (2)$ **(14)** $(891) \div (-3)$ **(19)** $(-500) \div (-20)$

(5) $(77) \div (11)$ **(10)** $(-700) \div (-70)$ **(15)** $(-600) \div (-5)$ **(20)** $(-860) \div (10)$

Valor absoluto

El valor absoluto de un número es el número sin su signo y su símbolo es $|\ |$.

$$|-8| = 8$$
$$|7.35| = 7.35$$
$$\left|-9\tfrac{3}{4}\right| = 9\tfrac{3}{4}$$

Expresiones algebraicas y polinomios

Las expresiones algebraicas pueden estar formadas por constantes (números) y variables (letras).

$$3x^2 y^4$$
$$c^8 w^3$$
$$5a^3 + 2b^8 + f$$

En la expresión $5a^3 + 2b^8 + f$, 5 y 2 son coeficientes ya que encabezan los términos $5a^3$ y $2b^8$. Se asume que el coeficiente del término f es 1 debido a que no aparece escrito.

En la misma expresión, 3 y 8 son exponentes. La variable f no tiene exponente escrito, por lo que se asume que es 1.

Cuando una expresión tiene más de un término, se conoce como:

$10b^4$ es un monomio (un solo término)

$11c^5 + 7c^3$ es un binomio (dos términos)

$7x^4 - 9y^3 + 8$ es un trinomio (tres términos)

Cuando se trata de una suma o resta de polinomios, debemos tener en cuenta los términos similares.

Ejemplo:

$10x - 7x, 3.5x$

$3a^3b, 12a^3b, -18a^3b$

Los términos semejantes se combinan, mientras los que no son semejantes permanecen intactos.

Suma:

$$\begin{array}{rrrrrrr}
& 8a^3 & - & 6a^2 & + & 5a & + 11 \\
+ & 4a^3 & - & 5a^2 & - & 7a & \\
\hline
& 12a^3 & - & 11a^2 & - & 2a & + 11
\end{array}$$

Resta:

(No olvidemos cambiarle el signo al sustraendo)

$$\begin{array}{rrrrrrr}
& 20x^5 & - & 18x^3 & - & 4x^2 & + 20 \\
- & 5x^5 & + & 10x^3 & - & 6x^2 & + 9x \\
\hline
& 15x^5 & - & 28x^3 & + & 2x^2 & - 9x + 20
\end{array}$$

En la multiplicación de polinomios, los coeficientes de términos con variables iguales se multiplican y los exponentes se suman.

$-18a^3 \times 2a^2 = -36a^5$

$2x^2y \times 5xy^5 \times 3y^4z^2 = 30x^3y^{10}z^2$

La propiedad distributiva se aplica en casos como los siguientes:

$6c^2 (5c^3 - 2c + 8)$
$6c^2 \times 5c^3 - 6c^2 \times 2c + 6c^2 \times 8$
$30c^5 - 12c^3 + 48c^2$

En la división de polinomios, los coeficientes de términos con variables iguales se dividen y los exponentes se restan.

$$\frac{-30x^5y^8}{6x^2y^4} = -5x^3y^4$$

$$\frac{30c^4 - 20c^3 + 15c^2}{5c^2} = 6c^2 - 4c + 3$$

En este caso especial se divide cada monomio entre 5c:

$$\frac{30c^4}{5c^2} - \frac{20c^3}{5c^2} + \frac{15c^2}{5c^2}$$

$6c^2 - 4c + 3$

Ecuaciones de primer grado de una sola variable

En toda ecuación, el número a la izquierda del signo igual (=) debe ser igual que el de la derecha después de calcular el valor de la variable o incógnita. La variable se puede calcular en cualquiera de los dos lados de la ecuación (izquierdo o derecho).

Ejemplos:

(1) $14w = 56$, donde $w = 4$;
            $14 \times 4 = 56$
            $56 = 56$

(2) $18 = \frac{k}{5}$, donde $k = 90$; tenemos una identidad matemática, ya que:
            $18 = \frac{90}{5}$
            $18 = 18$

Método para calcular el valor de la variable en ecuaciones de primer grado

Ejemplos:

(1) $y + 15 = 42$
            $y = 42 - 15$
            $y = 27$

(pasamos el 15 con la operación opuesta al lado derecho de la ecuación)

(2) $h - 19 = 22$
$h = 22 + 19$
$h = 41$
(pasamos el 19 sumando al lado derecho de la ecuación)

(3) $5m = 60$
$m = \frac{60}{5}$
$m = 12$
(pasamos el 5 dividiendo al lado derecho de la ecuación)

(4) $\frac{t}{16} = 9$
$t = 9 \times 16$
$t = 144$
(pasando el 16 multiplicando al lado derecho de la ecuación)

También se pueden combinar estos casos como sigue:

(5) $2x + 9 = 69$
$2x = 69 - 9$ (pasamos el 9 al lado derecho)
$2x = 60$
$x = \frac{60}{2}$ (pasamos el 2 al lado derecho)
$x = 30$

(6) $\frac{k}{5} - 12 = 4$
$\frac{k}{5} = 4 + 12$ (pasamos el 12 al lado derecho)
$\frac{k}{5} = 16$
$k = 16 \times 5$ (pasamos el 5 al lado derecho)
$k = 80$

(7) $\frac{2n}{7} + 13 = 35$
$\frac{2n}{7} = 35 - 13$ (pasamos el 13 al lado derecho)
$\frac{2n}{7} = 22$
$2n = 22 \times 7$ (pasamos el 7 al lado derecho)
$2n = 154$
$n = \frac{154}{2}$ (pasamos el 2 al lado derecho)
$n = 77$

CONJUNTO 65

Solucione las ecuaciones siguientes:

(1) $x + 5 = 14$
(2) $w - 12 = 1$
(3) $t + 40 = 54$
(4) $h - 25 = 4$
(5) $k + 32 = 48$
(6) $y - 58 = 0$
(7) $x + 83 = 100$
(8) $v - 92 = 3$
(9) $M + 1 = 1$
(10) $n - 98 = 98$
(11) $2h = 90$
(12) $7k = 56$
(13) $17x = 68$
(14) $\frac{h}{9} = 20$
(15) $\frac{k}{17} = 14$
(16) $\frac{m}{23} = 40$
(17) $\frac{n}{27} = 13$
(18) $30w = 180$
(19) $53t = 477$
(20) $\frac{r}{49} = 51$

CAPÍTULO 8: Matemáticas

CONJUNTO 66

Solucione las ecuaciones siguientes:

(1) $3x - 4 = 26$

(2) $5w + 11 = 111$

(3) $7k + 8 = 92$

(4) $10m - 18 = 72$

(5) $12t - 15 = 45$

(6) $23x - 1 = 229$

(7) $39n + 43 = 472$

(8) $41m - 19 = 555$

(9) $\dfrac{3x}{4} - 6 = 18$

(10) $\dfrac{2t}{5} - 24 = 36$

(11) $\dfrac{7k}{11} + 9 = 86$

(12) $\dfrac{20x}{1} + 50 = 150$

(13) $\dfrac{18m}{5} - 4 = 86$

(14) $\dfrac{14h}{9} - 1 = 125$

(15) $\dfrac{31w}{10} - 8 = 54$

(16) $\dfrac{17v}{11} + 12 = 199$

(17) $\dfrac{23h}{7} + 24 = 185$

(18) $\dfrac{9x}{20} + 10 = 28$

(19) $\dfrac{9k}{17} + 8 = 161$

(20) $\dfrac{8m}{15} + 1 = 241$

Ecuaciones de primer grado con números con signo

Ejemplos:

(1)
$$h + 23 = 7$$
$$h = 7 - 23$$
$$h = -16$$

(2)
$$2x + 44 = -36$$
$$2x = -36 - 44$$
$$2x = -80$$
$$x = -\tfrac{80}{2}$$
$$x = -40$$

(3)
$$3\tfrac{k}{4} + 17 = 5$$
$$3\tfrac{k}{4} = 5 - 17$$
$$3\tfrac{k}{4} = -12$$
$$3k = (-12)(4)$$
$$3k = -48$$
$$k = -\tfrac{48}{3}$$
$$k = -16$$

CONJUNTO 67

Solucione las ecuaciones siguientes:

(1) $x + 9 = 4$ (6) $n - 46 = -46$ (11) $2h + 14 = 0$ (16) $\dfrac{3h}{5} + 10 = -50$

(2) $w - 25 = -6$ (7) $y - 58 = 58$ (12) $5n - 9 = -69$ (17) $\dfrac{7k}{4} - 18 = -74$

(3) $k - 10 = -28$ (8) $k + 11 = -11$ (13) $\dfrac{2m}{7} + 8 = -32$ (18) $-19x - 15 = -91$

(4) $m + 26 = 26$ (9) $x - 63 = 84$ (14) $\dfrac{x}{11} + 9 = 4$ (19) $\dfrac{y}{180} - 100 = -46$

(5) $t + 54 = -3$ (10) $y + 39 = -6$ (15) $\dfrac{w}{14} - 6 = -24$ (20) $\dfrac{t}{45} + 40 = 0$

Desigualdades

Además de ecuaciones, las desigualdades se expresan con los símbolos siguientes:

>   mayor que
<   menor que
≥   mayor o igual que
≤   menor o igual que

Ejemplos:

(1) $-8 < 10$
    $0 > -3$

(2) $\quad 2x - 8 < 20$
$\quad\quad\;\; +8 \;\; +8$
$\quad\quad\;\;\dfrac{2x}{2} < \dfrac{28}{2}$
$\quad\quad\;\;\; x < 14$

(3) $\quad 5c + 10 > 8c + 22$
$\quad\;\; -8c \quad\quad\;\; -8c$
$\quad\;\; -3c + 10 > 22$
$\quad\quad\quad\;\; -10 \;\; -10$
$\quad\quad\;\; \dfrac{-3c}{-3} > \dfrac{12}{-3}$
$\quad\quad\quad\;\; c < -4$

Al dividir ambos lados entre un negativo, el símbolo de desigualdad se invierte.

Problemas con números enteros consecutivos

Ejemplo: Deduzca los 3 enteros consecutivos cuya suma es 57.

El primer entero consecutivo es x, por lo que el siguiente será $x + 1$ y el tercero $x + 2$.

La ecuación se expresa como $x + (x + 1) + (x + 2) = 57$

$$3x + 3 = 57$$
$$\underline{-3 \quad -3}$$
$$\frac{3x}{3} = \frac{54}{3}$$
$$x = 18$$

Los números consecutivos son 18, 19 y 20.

Ejemplo: Deduzca los 3 números enteros impares cuya suma es 99.

El primer entero consecutivo impar es x, el segundo $x + 2$ debido a que de un impar al siguiente hay 2 y el tercero $x + 4$.

$$x + (x + 2) + (x + 4) = 99$$
$$3x + 6 = 99$$
$$\underline{-6 \quad -6}$$
$$\frac{3x}{3} = \frac{93}{3}$$
$$x = 31$$

Los números consecutivos enteros impares son 31, 33 y 35.

Problemas de velocidad

velocidad × tiempo = distancia

Ejemplo: Luisa recorre 275 millas en 5 horas. ¿A qué velocidad viajó?

$$v \times t = d$$
$$v \times 5 = 275$$
$$\frac{5v}{5} = \frac{275}{5}$$
$$v = 55 \text{ millas por hora}$$

Ejemplo: Mario viaja a 45 millas por hora, mientras que Julio lo hace a una velocidad de 50 millas por hora. Si ambos amigos parten a la misma hora y se encuentran a 190 millas uno del otro, ¿cuántas horas se demoraran en encontrarse?

$$v \times t = d$$
$$45t = \text{distancia recorrida por Mario}$$
$$50t = \text{distancia recorrida por Julio}$$
$$45t + 50t + 190 \text{ distancia total}$$
$$\frac{95t}{95} = \frac{190}{95}$$
$$t = 2 \text{ horas}$$

Mario y Julio se encontrarán en 2 horas.

Problemas de perímetro

El perímetro de una figura equivale a la suma de todos sus lados.

Ejemplo: Un rectángulo mide 5 unidades de largo menos que el doble de su ancho. Si el rectángulo mide 32 de perímetro, calcular el ancho y largo.

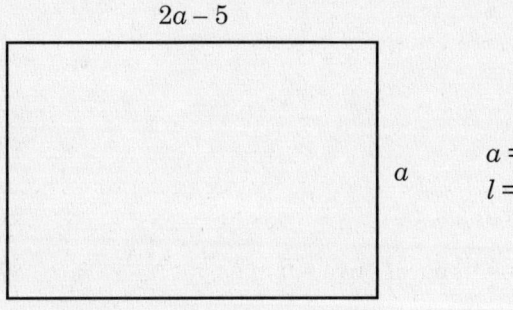

a = ancho
l = largo

$$a + (2a - 5) + a + (2a - 5) = 32$$
$$6a - 10 = 32$$
$$6a = 32 + 10$$
$$\frac{6a}{6} = \frac{42}{6}$$
$$a = 7$$

El rectángulo mide 7 de ancho y su longitud es $2a - 5 = 2(7) - 5 = 9$. $l = 9$

Ejemplo: El perímetro de la figura siguiente es 56. Calcular cuánto mide el lado más corto.

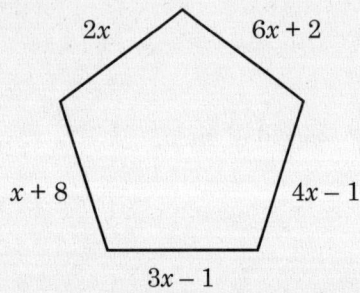

$$(6x + 2) + (4x - 1) + (3x - 1) + 2x + (x + 8) = 56$$
$$16x + 8 = 56$$
$$-8\ \ -8$$
$$\frac{16x}{16} = \frac{48}{16}$$
$$x = 3$$

El lado más corto mide $2x = 2(3) = 6$

Problemas con proporciones

Ejemplo: La razón de alumnas a alumnos de un grupo escolar de física es 4 a 3. Si en la clase de la maestra López hay 32 alumnas, ¿cuántos alumnos hay?

$$\frac{\text{alumnas}}{\text{alumnos}} = \frac{4}{3} = \frac{32}{x}$$

Solución: Al multiplicar en forma cruzada tenemos: $4x = 96$

$$\frac{4x}{4} = 96$$
$$x = 24$$

Ejemplo: El número de juegos ganados y perdidos por el equipo Industriales es proporcional al número de juegos ganados y perdidos por el equipo Agrícolas. Si el equipo Industriales ganó 20 y perdió 5 y el Agrícolas perdió 4, ¿cuántos juegos ganó Agrícolas?

Solución:

$$\frac{\text{Juegos sanados}}{\text{Juegos perdidos}} = \frac{20}{5} = \frac{x}{4}$$

$$\frac{5x}{5} = \frac{80}{5}$$
$$x = 16$$

Descomposición en factores

Cuando en aritmética tenemos un número compuesto, siempre se puede descomponer en factores del mismo número y unidad.

Así tenemos: $27 = 9 \times 3$, donde 27 es un producto y 9 y 3 son los factores de ese producto. Esta misma propiedad se emplea también en álgebra: si $(k)(h) = w$, k y h son los factores del producto w.

Factor común

Si dos o más términos de una expresión algebraica tienen un factor común, se procede de la siguiente manera:

$5b + 5c = 5(b + c)$.

En este binomio, el número 5 forma parte de ambos términos; por lo tanto, 5 es el factor común. Dividimos los términos por el factor común y así tenemos: $\frac{5b}{5} = b$; y $\frac{5c}{5} = c$. Para comprobar el resultado, se puede emplear la propiedad distributiva, de donde resulta:

$5(b + c) = 5b + 5c$.

Descomponer en factores:

(1) $4m + 6mn + 12mk$ Factor común: $2m$
$2m (2 + 3n + 6k)$

Otros ejemplos:

(2) $5h^2 + 10h^3 + 15h^4$
$5h^2(1 + 2h + 3h^2)$
Factor común: $5h^2$

Nota aclaratoria: El número 5 es el factor común de los coeficientes numéricos y la letra h, que también es común, se toma de donde tenga el exponente menor.

(3) $14ws^5 + 7w^4 - 21w^3$
$7w(2s^5 + w^3 - 3w^2)$
Factor común: $7w$

Trinomio cuadrado perfecto

La multiplicación abreviada de $(a + b)(a + b) = a^2 + 2ab + b^2$ sin aplicar el método común de multiplicación, se denomina producto notable o especial y se lee de la siguiente manera: "El cuadrado del primer término, más el doble del producto del primero por el segundo, más el cuadrado del segundo".

El producto así obtenido, $a^2 + 2ab + b^2$, representa un trinomio cuadrado perfecto con las características siguientes: El primero y último términos (asumiendo que el trinomio está ordenado correctamente) son positivos y tienen raíz cuadrada exacta, mientras que el segundo término es el duplo del producto de la raíz cuadrada de los extremos.

Descomponer en factores: $m^2 + 16m + 64 = (m + 8)(m + 8) = (m + 8)^2$

Otros ejemplos: $w^2 - 14w + 49 = (w - 7)^2$
$x - 10x + 25 = (x - 5)2$

Nota aclaratoria: Si todos los términos del trinomio son positivos, la descomposición resulta en una suma al cuadrado. Si el segundo término es negativo, resulta una diferencia al cuadrado.

Trinomios de la forma $x^2 \times 1x + m$

Veamos un trinomio de este tipo: $n^2 + 10n + 21 = (n + 7)(n + 3)$.

Método: Se abren dos signos de agrupación (paréntesis, por ejemplo) y se escriben en cada uno las literales, como la n en este caso. A continuación, se escribe en el primer paréntesis el signo del segundo término y en el segundo paréntesis el producto de la multiplicación del signo del segundo por el signo del tercero. En este ejemplo, positivo también.

Luego, se descompone en factores al término independiente y se escogen dos factores cuya suma algebraica sea el coeficiente del segundo término, es decir, 7 y 3, que sumados = 10 y multiplicados = 21.

Otros ejemplos: $a^2 + 5a - 84 = (a + 12)(a - 7)$
$w^2 - 13w + 36 = (w - 9)(w - 4)$
$n^2 - n - 12 = (n - 4)(n + 3)$

Diferencia de cuadrados

Para descomponer en factores una diferencia de cuadrados, se procede de la siguiente manera.

Descomponer $h^2 - 36$: Primero se extrae la raíz cuadrada de ambos términos (h y 6 en este caso). Se abren dos paréntesis indicando la suma delas raíces en el primero y su diferencia en el segundo, de donde $h^2 - 36 = (h + 6)(h - 6)$

Otros ejemplos: $k^2 - 4 = (k + 2)(k - 2)$
$w^2 - 25 = (w + 5)(w - 5)$

CONJUNTO 68

Descomponer en factores:

(1) $7x^3 - 42x^6$

(2) $4t^3 + 12t^2$

(3) $ax + ay + az$

(4) $x^2 + 24x + 144$

(5) $w^2 - 20w + 100$

(6) $v^2 + 2v + 1$

(7) $m^2 + 9m - 22$

(8) $n^2 - 12n + 35$

(9) $x^2 - 17x + 60$

(10) $n^2 - 5n - 36$

(11) $h^2 + 10h - 11$

(12) $k^2 - 11k - 60$

(13) $6a^2b + 4ab^2$

(14) $m^2 - 1$

(15) $5t^4 + 10t^3 + 20t^2$

(16) $x^2 + 12x - 13$

(17) $y^2 + 15y + 54$

(18) $k^2 - 169$

(19) $7n^4 + 14n^3 + 28n^2$

(20) $h^2 - 18h + 81$

Resolución algebraica de problemas prácticos

El álgebra facilita la resolución de problemas. Veamos algunos ejemplos:

(1) Si restamos 14 de tres veces un número desconocido, el resultado equivale a sumar 15 a dos veces el mismo número. Calcular la incógnita.

x = incógnita

$3x$ = tres veces la incógnita

$2x$ = dos veces la incógnita

La ecuación se plantea así:

$3x - 14 = 2x + 15$

Despejamos: $3x - 2x = 15 + 14$

$x = 29$

(2) Teresa tiene 28 monedas en su cartera que hacen un total de $5.35. Si las monedas son de veinticinco y diez centavos, ¿cuántas monedas tiene de cada denominación?

$$x = \text{número de monedas de 25 centavos}$$
$$28 - x = \text{número de monedas de 10 centavos}$$
$$25x + 10(28 - x) = 535$$
$$25x + 280 - 10x = 535$$
$$15x = 535 - 280$$
$$15x = 255$$
$$x = \frac{255}{15}$$
$$x = 17 \text{ (monedas de 25¢)}$$
$$28 - 17 = 11 \text{ (monedas de 10¢)}$$

(3) Si para hacer 50 pasteles necesito 3 libras de masa, ¿cuántas libras necesitaré para hacer 180 pasteles?

Aplicando la proporcionalidad, tenemos:

$$\frac{50 \text{ pasteles}}{3 \text{ libras}} \times \frac{180 \text{ pasteles}}{x}$$

De donde:

$$x = 3 \times \frac{180}{50} = \frac{54}{5} = 10.8 \text{ lb}$$

Problemas prácticos

CONJUNTO 69

Resuelva los siguientes problemas prácticos:

(1) Si restamos 9 de cinco veces un número desconocido, el resultado equivale a sumar 27 a tres veces al mismo número. Calcular la incógnita.

(2) Si restamos 14 de dos veces un número desconocido, el resultado equivale a sumar 6 al mismo número. Calcular la incógnita.

(3) Cuando dos veces un número desconocido se divide entre 5, el cociente resultante es 60. Calcular la incógnita.

(4) Si dividimos tres veces un número desconocido entre 4 y luego le sumamos 7, el resultado es 31. Calcular la incógnita.

(5) Elsa tiene 15 monedas en su cartera que hacen un total de $2.40. Si las monedas son de veinticinco y diez centavos, ¿cuántas monedas tiene de cada denominación?

(6) Si un hombre que mide 6 pies de estatura proyecta una sombra de 3 pies, ¿cuánto medirá un árbol que proyecta una sombra de 24 pies?

(7) Si para hacer 60 croquetas se necesitan 4 libras de carne, ¿cuántas croquetas se pueden hacer con 9 libras?

(8) María tiene $4.20 en 36 monedas fraccionarias de cinco y veinticinco centavos. ¿Cuántas monedas tiene de cada denominación?

CAPÍTULO 8: Matemáticas

(9) Al sumar 7 a un número desconocido y multiplicarlo por 2, el resultado equivale a sumar 20 al mismo número. Calcular la incógnita.

(10) Si un automóvil recorre 360 km con 20 galones de gasolina, ¿cuántos galones necesitará para recorrer 900 km?

Valor numérico de expresiones algebraicas

Supongamos que $a = -2$, $b = 4$ y $c = -5$; evaluar numéricamente $b^2 - 2bc - c^2$.

$(4)^2 - 2(4)(-5) - (-5)^2$
$16 + 40 - 25 = 31$

Otros ejemplos:

(1) $5h + mk - xy = 5(3) + (-4)(2) - (5)(6) = 15 - 8 - 30 = -23$
$h = 3$
$m = -4$
$k = 2$
$x = 5$
$y = 6$

(2) $a^2b + 4cb - c^2 = (5)^2(-4) + 4(3)(-4) - (3)2 = -100 - 48 - 9 = -157$
$a = 5$
$b = -4$
$c = 3$

CONJUNTO 70

Calcule el valor numérico de las siguientes expresiones. Use los valores siguientes:
$a = 2$, $b = -3$, $c = 4$ y $d = -5$

(1) $2a + 3b - c$

(2) $d^2 - 3c - a$

(3) $3c^2 - b + d$

(4) $4b + 2d^2 - a^2$

(5) $3d + a^3 + 2b^2$

(6) $b^3 - 2d + a^2$

(7) $5a^2 + 7c - d$

(8) $4b^2 + cd + 3a$

(9) $d^3 + 4b^2 - a + d$

(10) $5a - 3c^2 + d - b^2$

Distancia entre dos puntos

La distancia entre dos puntos se calcula por medio de la fórmula siguiente:

$d = (x_1 - x_2)^2 + (y_1 - y_2)^2$

Ejemplo: Calcular la distancia entre los puntos (10, 9) y (4, 1)

$d = (10 - 4)^2 + (9 - 1)^2$
$d = (6)^2 + (8)^2$
$= 36 + 64$
$= 100$

Ecuaciones de primer grado de dos variables

Estas ecuaciones se conocen también como sistemas de ecuaciones simultáneas.

$$m + n = 6$$
$$+m - n = 2$$
$$2m = 8$$
$$m = \frac{8}{2}$$
$$m = 4$$

Nota: Este método consiste en sumar ambas ecuaciones. En este caso se canceló n y se calculó el valor de m. Después, se sustituyó en una de las dos ecuaciones para deducir el valor de la otra variable.

Sustituimos:

$$4 + n = 6$$
$$n = 6 - 4$$
$$n = 2$$

Estos valores, es decir, $m = 4$ y $n = 2$, satisfacen ambas ecuaciones, ya que: $4 + 2 = 6$ (primera ecuación) y $4 - 2 = 2$ (segunda ecuación).

En el caso anterior, $m + n = 6$ y $m - n = 2$, fue posible cancelar n debido a que tiene el mismo coeficiente y diferente signo; pero en muchas ocasiones este tipo de ecuaciones no se presentan de este modo y es necesario realizar algunas operaciones antes de resolver el sistema.

Resolver:

$$3x - 4y = -15$$
$$(4)5x + y = -2$$
$$\overline{3x - 4y = -15}$$
$$20x + 4y = -8$$
$$\overline{23x = -23}$$
$$x = \frac{-23}{23}$$
$$x = -1$$

La segunda ecuación se multiplicó por 4 para eliminar y.

Sustituyendo en la primera ecuación, tenemos:

$$3(-1) - 4y = -15$$
$$-3 - 4y = -15$$
$$-4y = -15 + 3$$
$$-4y = -12$$
$$y = \frac{-12}{-4}$$
$$y = 3$$

CONJUNTO 71

Resolver los siguientes sistemas de ecuaciones simultáneas.

(1) $2h - k = 0$
$4h - k = 14$

(2) $3p + 2t = 13$
$3p - 4t = 19$

(3) $2x + 3y = -1$
       $6x + y = 21$

(4) $v + 4w = -18$
       $2v + 3w = -11$

(5) $3m - 2n = -15$
       $m + 5n = 29$

(6) $2x - 3y = 28$
       $5x - 3y = 43$

(7) $3h - 2k = -23$
       $2h + k = 1$

(8) $x - y = 13$
       $x - 4y = 28$

(9) $4m + 3n = -46$
       $5m - n = -29$

(10) $2x + 5y = 15$
        $x - y = 11$

Ecuaciones de segundo grado

La ecuación $x^2 - 11x + 24 = 0$ es una ecuación de segundo grado porque el exponente mayor es 2.

Primero se factoriza el trinomio:

$$x^2 - 11x + 24 = 0 \quad (x - 8)(x - 3) = 0$$

Luego se igualan a cero los factores:

$$x - 8 = 0 \quad\quad x - 3 = 0$$
$$x = 8 \quad\quad\quad x = 3$$

La solución es 8 y 3.

Ejemplo: $y^2 - 9 = 7$

En este caso, se iguala la ecuación moviendo el 7 a la izquierda.

$$\begin{aligned} y^2 - 9 &= 7 \\ -7 &\;\; -7 \\ \hline y^2 - 16 &= 0 \end{aligned}$$
$$(y - 4)(y + 4) = 0$$
$$y - 4 = 0 \quad y + 4 = 0$$
$$y = 4 \quad\quad y = -4$$

Ejemplo: $5w^2 - 10w = 0$

Factorizamos: $5w^2 - 10w = 0$
                    $5w(w - 2) = 0$

Igualamos los factores a 0:

$$\frac{5w}{5} = \frac{0}{5} \quad\quad\quad w - 2 = 0$$
$$\quad\quad\quad\quad\quad\quad\quad\quad w = 2$$

Respuestas a los conjuntos

RESPUESTAS AL CONJUNTO 61

(1) 94	**(6)** 0	**(11)** −24	**(16)** −103
(2) 15	**(7)** −186	**(12)** −258	**(17)** 2,623
(3) −87	**(8)** 1	**(13)** 921	**(18)** −551
(4) −6	**(9)** −146	**(14)** 188	**(19)** −89
(5) −9	**(10)** 403	**(15)** 168	**(20)** −1,183

RESPUESTAS AL CONJUNTO 62

(1) 14	**(6)** −90	**(11)** 211	**(16)** −911
(2) 91	**(7)** 249	**(12)** 280	**(17)** −202
(3) 51	**(8)** −506	**(13)** 567	**(18)** −195
(4) 99	**(9)** −275	**(14)** −3	**(19)** 112
(5) 175	**(10)** −10	**(15)** −111	**(20)** −978

RESPUESTAS AL CONJUNTO 63

(1) 60	**(6)** 690	**(11)** 120	**(16)** −1134
(2) −98	**(7)** −637	**(12)** 0	**(17)** −2,232
(3) −117	**(8)** 1,026	**(13)** −160	**(18)** 8,000
(4) −180	**(9)** −425	**(14)** −216	**(19)** −15,326
(5) 280	**(10)** 612	**(15)** 1,200	**(20)** −864

RESPUESTAS AL CONJUNTO 64

(1) 29	**(6)** −33	**(11)** 7	**(16)** −70
(2) 34	**(7)** −10	**(12)** 4	**(17)** 1
(3) −3	**(8)** 3	**(13)** −2	**(18)** 1
(4) 5	**(9)** −44	**(14)** −297	**(19)** 25
(5) 7	**(10)** 10	**(15)** 120	**(20)** −86

RESPUESTAS AL CONJUNTO 65

(1) 9	**(6)** 58	**(11)** 45	**(16)** 920
(2) 13	**(7)** 17	**(12)** 8	**(17)** 351
(3) 14	**(8)** 95	**(13)** 4	**(18)** 6
(4) 29	**(9)** 0	**(14)** 180	**(19)** 9
(5) 16	**(10)** 196	**(15)** 238	**(20)** 2,499

RESPUESTAS AL CONJUNTO 66

(1) 10	**(6)** 10	**(11)** 121	**(16)** 121
(2) 20	**(7)** 11	**(12)** 5	**(17)** 49
(3) 12	**(8)** 14	**(13)** 25	**(18)** 40
(4) 9	**(9)** 32	**(14)** 81	**(19)** 289
(5) 5	**(10)** 150	**(15)** 20	**(20)** 450

RESPUESTAS AL CONJUNTO 67

(1) −5	**(6)** 0	**(11)** −7	**(16)** −100
(2) 19	**(7)** 116	**(12)** −12	**(17)** −32
(3) −18	**(8)** −22	**(13)** −140	**(18)** 4
(4) 0	**(9)** 147	**(14)** −55	**(19)** 9,720
(5) −57	**(10)** −45	**(15)** −252	**(20)** −1,800

RESPUESTAS AL CONJUNTO 68

(1) $7x^3(1 - 6x^3)$	**(11)** $(h + 11)(h - 1)$
(2) $4t^2(t + 3)$	**(12)** $(k - 15)(k + 4)$
(3) $a(x + y + z)$	**(13)** $2ab(3a + 2b)$
(4) $(x + 12)^2$	**(14)** $(m + 1)(m - 1)$
(5) $(w - 10)^2$	**(15)** $5t^2(t^2 + 2t + 4)$
(6) $(v + 1)^2$	**(16)** $(x + 13)(x - 1)$
(7) $(m + 11)(m - 2)$	**(17)** $(y + 9)(y + 6)$
(8) $(n - 7)(n - 5)$	**(18)** $(k + 13)(k - 13)$
(9) $(x - 12)(x - 5)$	**(19)** $7n^2(n^2 + 2n + 4)$
(10) $(n - 9)(n + 4)$	**(20)** $(h - 9)^2$

RESPUESTAS AL CONJUNTO 69

(1) 18

(2) 20

(3) 150

(4) 32

(5) 6 monedas de veinticinco centavos y 9 de diez

(6) 48 pies

(7) 135 croquetas

(8) 12 monedas de veinticinco centavos y 24 de diez

(9) 6

(10) 50 galones

RESPUESTAS AL CONJUNTO 70

(1) -9

(2) 11

(3) 46

(4) 34

(5) 11

(6) -13

(7) 53

(8) 22

(9) -96

(10) -52

RESPUESTAS AL CONJUNTO 71

(1) $h = 7$
$k = 14$

(2) $t = -1$
$p = 5$

(3) $x = 4$
$y = -3$

(4) $v = 2$
$w = -5$

(5) $m = -1$
$n = 6$

(6) $x = 5$
$y = -6$

(7) $h = -3$
$k = 7$

(8) $x = 8$
$y = -5$

(9) $m = -7$
$n = -6$

(10) $x = 10$
$y = -1$

GEOMETRÍA

En este capítulo vamos a estudiar las figuras geométricas más conocidas.

Perímetro, área y volumen

Perímetro es la medida del contorno de una figura. Así, si un triángulo mide 9, 5 y 5 por cada uno de sus lados, su perímetro es 19.

Perímetro del rectángulo

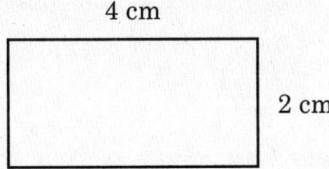

perímetro = (largo + ancho) × 2
(4 + 2) × 2
6 × 2 = 12 cm

También se puede calcular el perímetro sumando los 4 lados o mediante la operación 2 × largo + 2 × ancho, es decir, 2 × 4 + 2 × 2 = 8 + 4 = 12 cm.

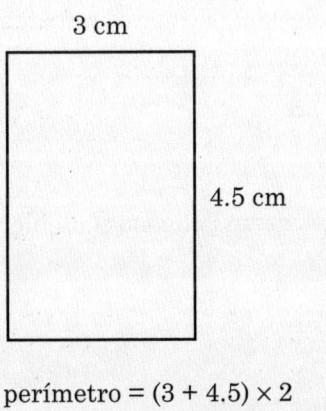

perímetro = (3 + 4.5) × 2
(7.5) × 2 = 15 cm

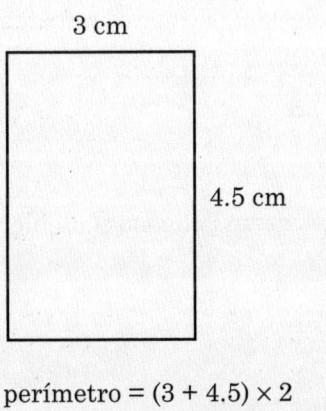

perímetro = (7 + 2) × 2
9 × 2 = 18 cm

Perímetro del cuadrado

El cuadrado es un rectángulo de cuatro lados iguales.

Perímetro = 2.5 + 2.5 + 2.5 + 2.5 = 10 cm, o lo que es lo mismo y más fácil: lado × 4, es decir, 2.5 × 4 = 10 cm.

perímetro = 3 × 4 = 12 cm

perímetro = 4 × 4 = 16 cm

Cuando estudiemos el área de esta figura, veremos que en este caso, cuando el lado mide 4, el perímetro y el área son equivalentes.

Perímetro del polígono

No existe una fórmula única para calcular el perímetro de un polígono cualquiera, ya que simplemente se suman todos sus lados.

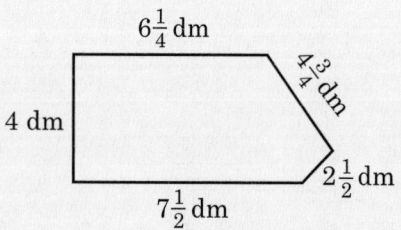

perímetro = $6\frac{1}{4} + 4\frac{3}{4} + 2\frac{1}{2} + 7\frac{1}{2} + 4 = 25$ dm

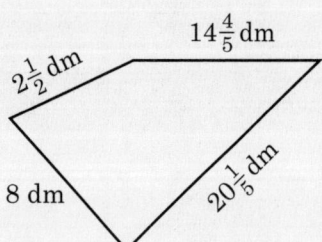

perímetro = $14\frac{4}{5} + 20\frac{1}{5} + 8 + 2\frac{1}{4} = 45\frac{1}{4}$ dm

Si se trata de un polígono regular, es decir, uno en el que todos sus lados son iguales, se puede usar la siguiente fórmula:

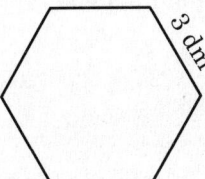

perímetro = número de lados multiplicado por la medida de un lado

perímetro = 3 × 6 = 18 dm

Polígono regular (hexágono)

Si el polígono regular es un pentágono (cinco lados) y cada lado mide 7 cm, el perímetro será: 7 × 5 = 35 cm.

El círculo y la circunferencia

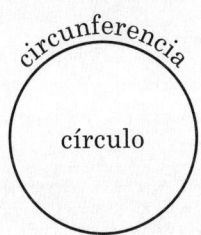

El círculo es el espacio de un plano comprendido y delimitado por la circunferencia. Véase la gráfica.

Circunferencia significa alrededor, periferia.

Perímetro del círculo

Para calcular el perímetro del círculo se usa la siguiente fórmula: πd.

$\pi = 3.14$
d = diámetro

Así tenemos:

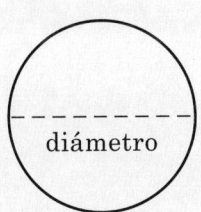

(intersecta dos puntos de la circunferencia pasando por el centro)

diámetro = 12 cm
perímetro: $\pi d = 3.14 \times 12 = 37.68$ cm

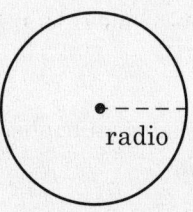
(parte del centro e intersecta un punto de la circunferencia)

radio = 7 pulgadas

Dado que el radio equivale a la mitad del diámetro, el diámetro mide 14 pulgadas. Para calcular el perímetro, se multiplica $3.14 \times 14 = 43.96$ pulgadas.

Área

El área del círculo es igual al cuadrado de su radio multiplicado por π.

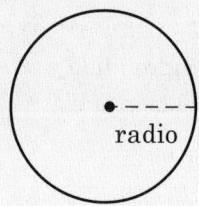

radio = 8 dm
$A = \pi R^2 = 3.14 \times 8^2 = 3.14 \times 64 = 200.96 \text{ dm}^2$

El área de un cuadrado equivale al cuadrado de uno de sus lados.

$A = (\text{lado})^2$

El área de un rectángulo equivale al producto de la longitud por el ancho.

$A = (\text{largo}) \times (\text{ancho})$

El área de un paralelogramo equivale al producto de la base por la altura.

$A = (\text{base}) \times (\text{altura})$

Ejemplo:

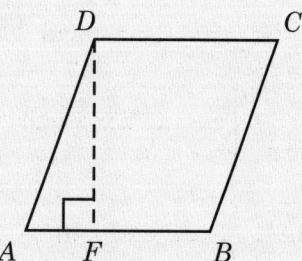

DF es la altura o segmento perpendicular de un vértice del lado opuesto

Si AB mide 48 pulgadas y DF 20,

$A = (48)(20) = 960$ pulgadas

El área de un triángulo equivale a la mitad del producto de la base por la altura.

El área de un rombo equivale al producto de las diagonales.

El área de un trapecio equivale a la mitad del producto de la altura por la suma de sus bases.

$A = \frac{1}{2}$ altura (base + base)

Ejemplo:

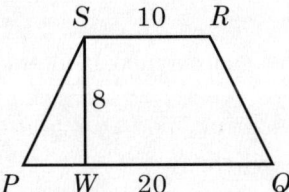

$A = \frac{1}{2} \times 8 \times (10 + 20)$
$A = 4 \times (30) = 120$

Cuando la figura tiene varias dimensiones, el área total equivale a la suma de las áreas.

Ejemplo:

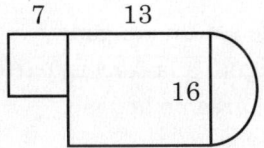

Área del cuadrado = $7^2 = 49$

Área del rectángulo = $13 \times 16 = 208$

Área del semicírculo = $\dfrac{(\frac{1}{2} \times 16)^2 \pi}{2} = \dfrac{(8)(8)(3.14)}{2} = \dfrac{200.96}{2} = 100.48$

Área total = $49 + 208 + 100.48$

Volumen de cuerpos geométricos

El prisma recto

Fórmula: Área de la base multiplicada por la altura.

Según su base, los prismas pueden ser pentagonales, hexagonales, triangulares, cuadrangulares, etc.

Si la base es un pentágono, como en este caso, se calcula primero el área del pentágono y después se multiplica por la altura del prisma.

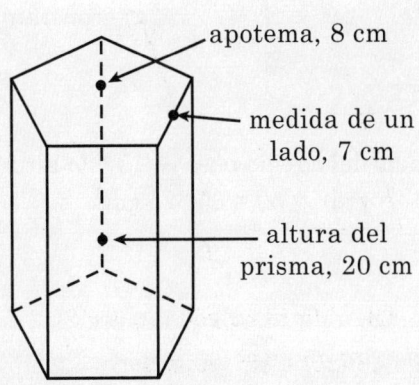

Área = $\dfrac{\overset{4}{\cancel{8}} \times 7 \times 5}{\underset{1}{\cancel{2}}} = 140 \text{ cm}^2$

Volumen = 140 (área de la base) × 20 (altura del prisma)

140 × 20 = 2,800 cm³

Si la base del prisma es un cuadrado, se calcula el área del cuadrado base y el resultado se multiplica por la altura del prisma; lo mismo se hace si la base es un rectángulo, un triángulo, etc.

Cuando la base del prisma recto es un cuadrado, se llama hexaedro o cubo; la intersección de dos de su caras se conoce como arista.

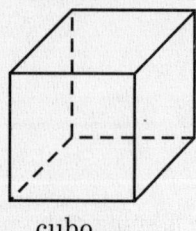

cubo

arista = 12 dm

volumen = 12 × 12 × 12, o lo que es lo mismo, la arista elevada al cubo: 12^3 = 1,728 cm³

La pirámide

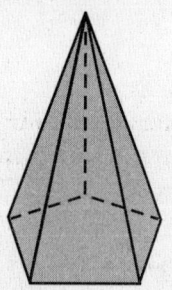

La base de la pirámide puede ser un polígono cualquiera y su volumen es igual a la tercera parte de su altura multiplicada por el área de la base.

$V = \frac{h}{3} \times$ área de la base

Si la altura es 30 cm y el área de la base 190 cm², el volumen es:

$$v = \frac{190 \times 30}{3} = 1,900 \text{cm}^3$$

El cilindro

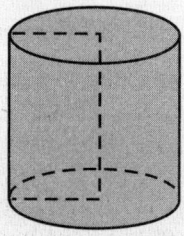

La base del cilindro es el círculo y su volumen se calcula con la fórmula $V = \pi R^2 h$

π = constante, cuyo valor es aproximadamente 3.14.

Si el radio del círculo base es 15 y la altura 50 cm, el volumen del cilindro es:
$V = 3.14 \times (15)^2 \times 50 = 35,325$ cm³

El cono

El cono equivale a la tercera parte de un cilindro y su volumen se calcula con la fórmula

$\dfrac{\pi R^2 h}{3}$

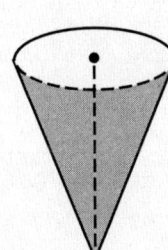

radio = 10 cm
altura = 38 cm

$\text{Volumen} = \dfrac{3.14 \times 100 \times 38}{3} = 3{,}977.33\ldots \text{ cm}^3$

La esfera

El volumen de la esfera es igual a $\frac{4}{3}\pi R^3$

Si una esfera tiene de radio 24 cm, el volumen será:

$V = \dfrac{4}{3} \times 3.14 \times (24)^3 = \dfrac{4 \times 3.14 \times 13{,}284}{3} = 57{,}876.48 \text{ cm}^3$

CONJUNTO 72

(1) Calcule el perímetro de un rectángulo que mide 23.7 dm de largo y 12.3 dm de ancho.

(2) Calcule el perímetro de un polígono regular de 7 lados sabiendo que uno de sus lados mide 9 y el apotema 6 cm.

(3) Calcule el área de un círculo cuyo diámetro es 24 dm.

(4) Calcule el perímetro, o circunferencia, de un círculo cuyo radio mide 15 dm.

(5) Si los lados de un triángulo miden 14, 10 y 7 pulgadas, ¿cuál es su perímetro?

(6) Si los lados de un polígono irregular miden 8.4, 7.2, 2.1, 4.3 y 6 cm, ¿cuál es su perímetro?

(7) Calcule el volumen de un prisma recto de base rectangular que mide 24 dm de largo, 15 dm de ancho y 50 dm de altura.

(8) Calcule el volumen de una pirámide cuya base es un hexágono con las medidas siguientes:

longitud de un lado = 10 cm
número de lados = 6
apotema = 5 cm
altura de la pirámide = 46 cm

(9) Calcule el volumen de un cilindro cuyo radio mide 14 y su altura 32 cm.

(10) Calcule el volumen de un cono que mide 20 pulgadas de diámetro y 63 de altura.

(11) Calcule el volumen de un prisma recto de base triangular con las medidas siguientes:

base del triángulo = 18 cm
altura del triángulo = 30 cm
altura del prisma = 80 cm

(12) Calcule el volumen de un cono con un radio de 38 y una altura de 100 pulgadas.

(13) Calcule el volumen de una esfera cuyo radio mide 24 dm.

(14) Calcule el volumen de una esfera de 32 cm de diámetro.

(15) Calcule el volumen de un cubo cuya arista mide 8 dm.

(16) Calcule el volumen de un cubo cuya arista mide 10.25 cm.

(17) Calcule el volumen de una pirámide pentagonal con una altura de 12 pulgadas, lado de la base de 4 pulgadas y apotema de la base de 3 pulgadas.

(18) Calcule el volumen de un cono de 28 dm de altura y radio de la base de 6 dm.

(19) Calcule el volumen de una esfera de 16.2 pulgadas de diámetro.

(20) Calcule el volumen de una pirámide de 21 dm de altura y base poligonal regular de 7 lados de 8.5 cm y apotema de 6 cm.

Ángulos y clases de ángulos

Los ángulos pueden ser agudos, cuando miden menos de 90°; rectos, cuando miden 90°; y obtusos, cuando miden más de 90°.

Cuando un ángulo mide 180°, se dice que es un ángulo llano.

Un ángulo mide 360° cuando da una vuelta completa (como el ángulo de una circunferencia).

Ejemplos:

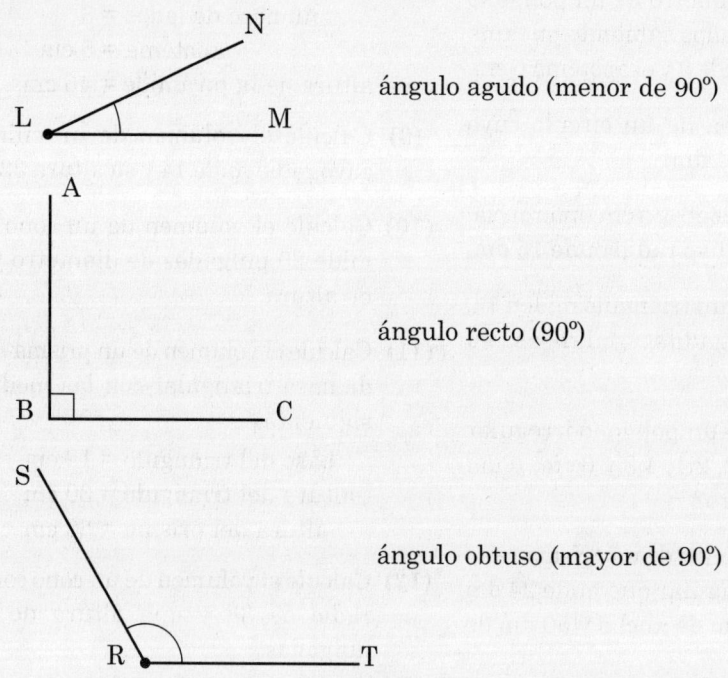

CAPÍTULO 8: Matemáticas

Complementos de un ángulo

El complemento de un ángulo corresponde al segmento que le falta para medir 90°. Así, el complemento de un ángulo de 54° es otro ángulo de 36°. La suma de los dos ángulos es 90°. Un ángulo de 45° es igual a su complemento dado que 45° + 45° = 90° (ángulo recto). Son ángulos complementarios:

$\angle 50$ y $\angle 40$

$\angle 89$ y $\angle 1$

$\angle 29$ y $\angle 61$

Suplemento de un ángulo

El suplemento de un ángulo corresponde al segmento que le falta para medir 180° (ángulo llano). Son ángulos suplementarios: $\angle 130$ y $\angle 50$ porque suman 180°.

Un ángulo de 90° (recto) es igual a su suplemento dado que $\angle 90 + \angle 90 = 180$.

CONJUNTO 73

¿Cuál es el complemento de un ángulo de...?

(1) 5°
(2) 83°
(3) 11°
(4) 24°
(5) 37°
(6) 43°
(7) 56°
(8) 74°
(9) 82°
(10) 68°

¿Cuál es el suplemento de un ángulo de...?

(11) 70°
(12) 104°
(13) 173°
(14) 98°
(15) 158°
(16) 136°
(17) 44°
(18) 69°
(19) 147°
(20) 22°

Ángulos que se forman por la intersección de una secante y dos líneas paralelas

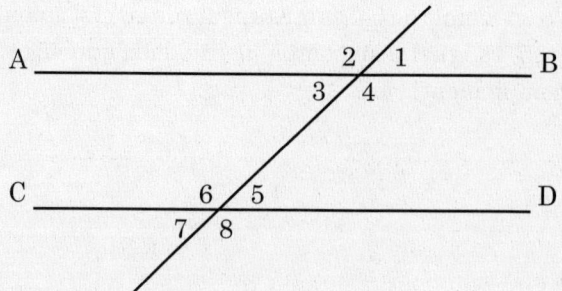

Los ángulos que se forman en la parte interna de las paralelas se denominan ángulos internos; éstos son: ∠3, ∠4, ∠5 y ∠6.

Los ángulos que se forman en la parte externa de las paralelas se denominan ángulos externos; éstos son: ∠1, ∠2, ∠7 y ∠8. Veamos las propiedades y nombres de estos ocho ángulos.

Ángulos correspondientes $\begin{Bmatrix} 2 \text{ y } 6 \\ 3 \text{ y } 7 \\ 1 \text{ y } 5 \\ 4 \text{ y } 8 \end{Bmatrix}$ Estos ángulos son iguales.

Ángulos alternos internos $\begin{Bmatrix} 3 \text{ y } 5 \\ 4 \text{ y } 6 \end{Bmatrix}$ Estos ángulos son iguales.

Ángulos alternos externos $\begin{Bmatrix} 2 \text{ y } 8 \\ 1 \text{ y } 7 \end{Bmatrix}$ Estos ángulos son iguales.

Ángulos opuestos por el vértice $\begin{Bmatrix} 2 \text{ y } 4 \\ 1 \text{ y } 3 \\ 6 \text{ y } 8 \\ 5 \text{ y } 7 \end{Bmatrix}$ Estos ángulos son iguales.

Ángulos conjugados externos $\begin{Bmatrix} 2 \text{ y } 7 \\ 1 \text{ y } 8 \end{Bmatrix}$ Estos ángulos son suplementarios, es decir, unidos miden 180°.

Ángulos conjugados internos $\begin{Bmatrix} 4 \text{ y } 5 \\ 3 \text{ y } 6 \end{Bmatrix}$ Estos ángulos son también suplementarios.

CAPÍTULO 8: Matemáticas

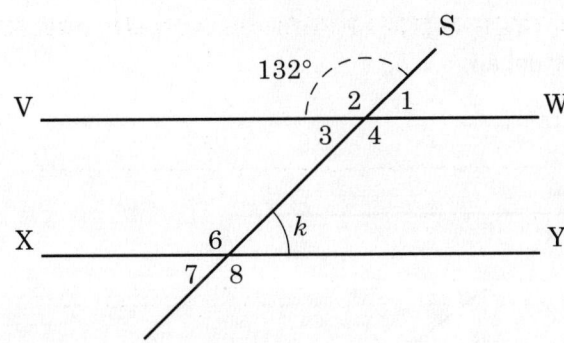

Método para determinar el valor del ángulo k

$\angle 2 = \angle 4 = 132°$ (opuestos por el vértice)
$\angle 4 + \angle k = 180°$ (conjugados internos)
$180° - 132° =$ medida del ángulo $k = 48°$

Asimismo: $\angle 2 + \angle 3 = 180°$ (por adyacentes y suplementarios); por lo tanto, ángulo $\angle 3 = 180° - 132° = 48°$, y $\angle 3 = k$ (por alternos internos); luego entonces, $k = 48°$.

Otra razón por la que el $k = 48°$ es que corresponde a 1, que mide 48°, por ser suplementario de $\angle 2$.

Operaciones con ángulos

Medidas dentro de los ángulos
1 grado = 60 minutos; también 1° = 60'
1 minuto = 60 segundos; también 1' = 60"

Para calcular el complemento de un ángulo de 38° 49' 38", se procede de la siguiente manera: A 90° se le resta 38° 49' 38" y se plantea la operación así:

```
  90° =   89° 59' 60"
menos     38° 49' 38"
          51° 10' 22"
```

Para calcular el suplemento de un ángulo, se procede de manera semejante. Veamos:

Calcular el suplemento de un ángulo de 149° 43' 57".

A 180° se le resta este ángulo

```
 180° =  179° 59' 60"
menos    149° 43' 57"
          30° 16'  3"
```

CONJUNTO 74

(1) Calcule el valor del ángulo h.

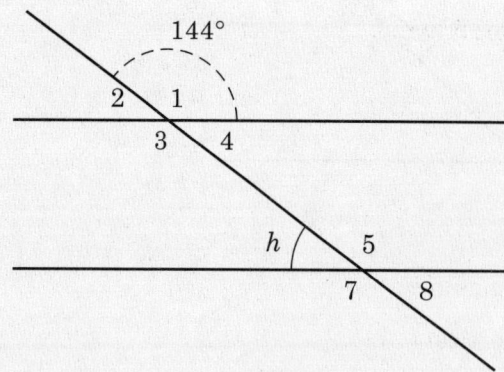

(2) Calcule el valor del ángulo p.

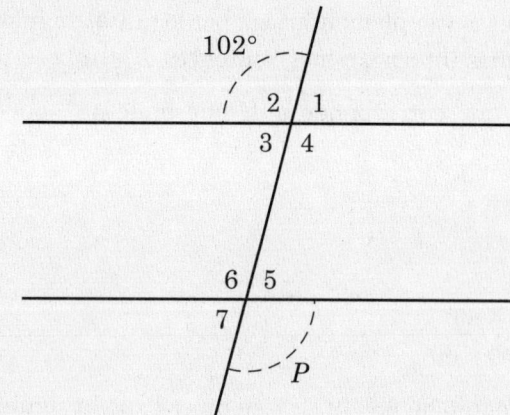

(3) Calcule el complemento de un ángulo de 34° 29' 46".

(4) Calcule el complemento de un ángulo de 79° 1' 59".

(5) Calcule el suplemento de un ángulo de 162° 59' 59".

(6) Calcule el suplemento de un ángulo de 178° 2' 42".

(7) Calcule el valor de los siete ángulos restantes.

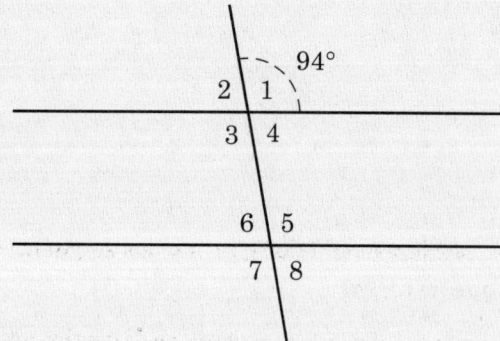

(8) $\angle R = 90°$

Bisectriz (punto, segmento o recta que divide un ángulo en dos iguales)

Si $\angle C = \angle D$, calcule el valor de los ángulos.

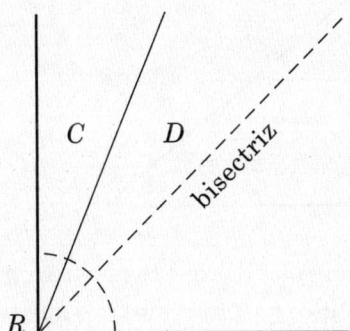

(9) ¿Cuánto mide el ángulo P?

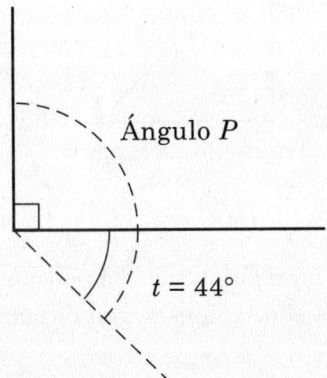

(10) Si el ángulo $S = 90°$ (ángulo recto), calcule el valor del ángulo w.

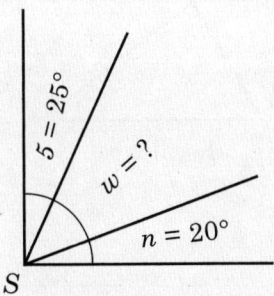

Propiedades del triángulo

El triángulo es un polígono de 3 lados. Los lados del triángulo son los segmentos que lo delimitan y la base es el lado en el que se apoya.

La altura de un lado corresponde a la perpendicular que se origina en el vértice opuesto.

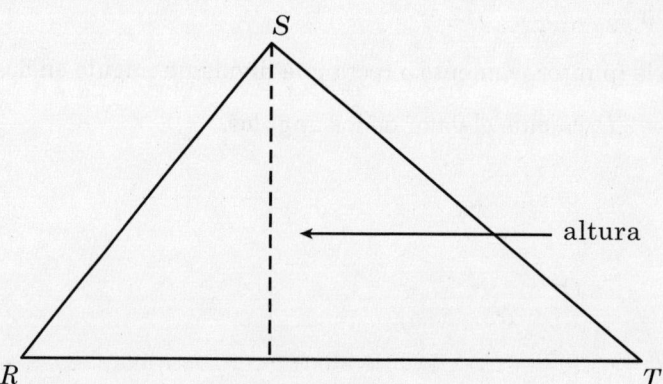

Según sus ángulos, los triángulos se clasifican en acutángulos (los que tienen tres ángulos agudos), obtusángulos (los que tienen un ángulo obtuso) y rectángulos (los que tienen un ángulo recto).

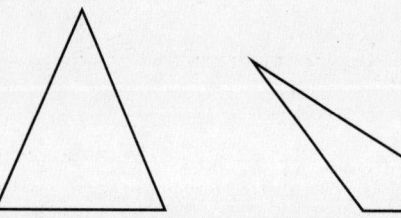 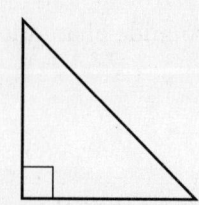

Triángulo acutángulo   Triángulo obtusángulo   Triángulo rectángulo

Nota: Los ángulos internos de todos los triángulos suman 180°.

Según la medida de sus lados, los triángulos pueden ser equiláteros, cuando sus tres lados son iguales; isósceles, cuando dos de sus lados son iguales y uno desigual; y escalenos, cuando sus tres lados son desiguales.

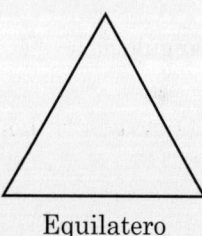  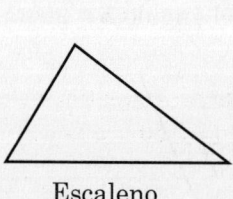

Equilátero   Isósceles   Escaleno

Triángulos

La suma de los ángulos interiores de todo triángulo siempre equivale a 180°.

Ejemplo:
Calcular Q
Solución: $80 + 55 = 135$
$180 - 135 = 45$
$Q = 45°$

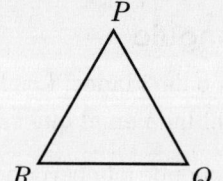

$R = 80°$
$P = 55°$

Si $RT = ST$, luego entonces $R = S$

Ejemplo:

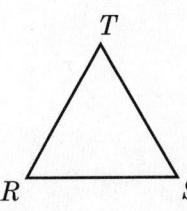

Calcular T si $R = 70$
Solución: $R + S + T = 180$
$70 + 70 = 140$
$180 - 140 = 40$
$T = 40$

En el triángulo rectángulo, los dos ángulos agudos son complementarios.

Ejemplo:

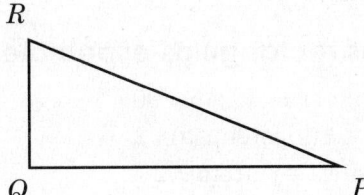

Calcular P si $R = 65$
Solución: $P + R = 90$
$P + 65 = 90$
$90 - 65 = 25$
$P = 25$

El lado opuesto al ángulo recto se conoce como hipotenusa. El lado mayor representa la hipotenusa, mientras que los dos lados menores se llaman catetos.

Ejemplo:

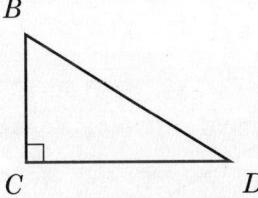

BD es la hipotenusa y BC y CD son los catetos.

El teorema de Pitágoras establece que el cuadrado de la hipotenusa de un triángulo rectángulo es igual a la suma del cuadrado de los catetos.

Ejemplo:

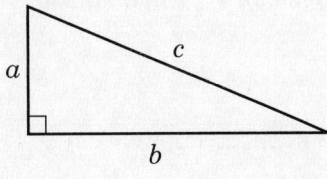

$a^2 + b^2 = c^2$
$(3)^2 + (4)^2 = c^2$
$9 + 16 = c^2$
$25 = c^2$
$\sqrt{25} = \sqrt{c^2}$
$5 = c$

Ejemplo:

$TW = 8$
$RW = 10$
Calcular TR
Solución: $a^2 + b^2 = c^2$
$a^2 + 8^2 = 10^2$
$a^2 + 64 = 100$
$-64 -64$
$a^2 = 36$
$\sqrt{a^2} = \sqrt{36}$
$a = 6$

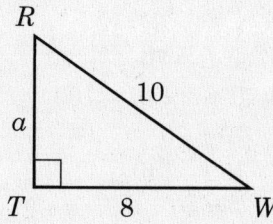

Triángulos rectángulos especiales

En un triángulo de 45, 45 y 90
cateto = $\frac{1}{2}$ (hipotenusa) $\sqrt{2}$
hipotenusa = (cateto) $\sqrt{2}$

Ejemplo:

$NM = NR$
Calcular NM
$NM = \frac{1}{2} (16) \sqrt{2}$
$NM = 8\sqrt{2}$

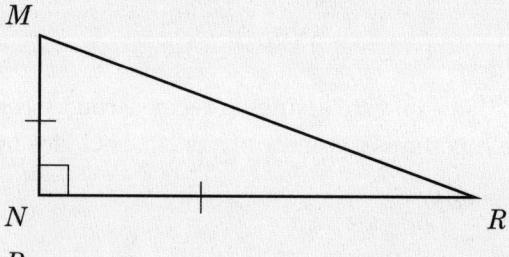

Ejemplo:

Calcular PR
$PR = $ (cateto) $\sqrt{2}$
$PR = 7\sqrt{2}$

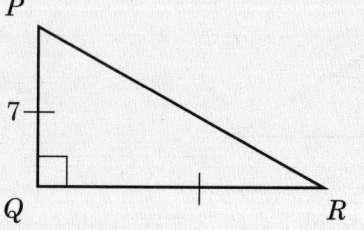

En un triángulo de 30, 60, y 90°, el cateto opuesto al ángulo de 60° es el cateto mayor y el opuesto al ángulo de 30° es el menor.

$ST = $ cateto mayor $= \frac{1}{2}$ (hipotenusa) $\sqrt{3}$

$RS = $ cateto menor $= \frac{1}{2}$ (hipotenusa)

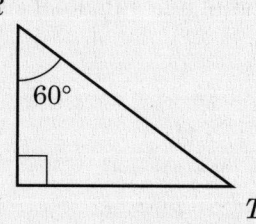

Ejemplo:

$CD = \frac{1}{2} (12) \sqrt{3} = 6\sqrt{3}$
$ED = \frac{1}{2} (12) = 6$

Ejemplo:

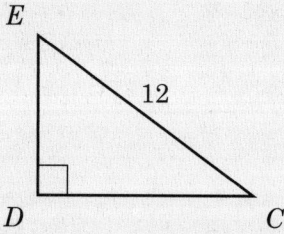

Perímetro y área del triángulo

Perímetro del triángulo

El perímetro de un triángulo corresponde a la suma de sus lados. Así, si un triángulo escaleno mide 9, 8 y 5 cm por lado, su perímetro será: 9 + 8 + 5 = 22 cm.

Si el triángulo es equilátero, basta con multiplicar uno de sus lados por 3.

Si el triángulo es isósceles, se multiplica uno de sus lados por dos y se le suma el lado desigual, o también el perímetro se puede calcular sumando sus 3 lados.

Área del triángulo

El área o superficie de un triángulo se calcula multiplicando la base por la altura y dividiendo el producto entre dos.

$$A = \frac{b \times h}{2}$$

Ejemplo:

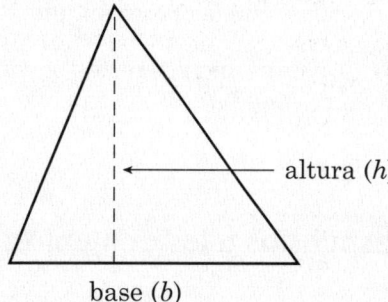

base (b) del triángulo = 9 cm
altura (h) = 6 cm

$$A = \frac{9 \times 6}{2} = 27 \text{ cm}^2$$

Caso especial del triángulo rectángulo

Este triángulo, además de las propiedades anteriores, tiene características especiales debido a que en él se aplica el famoso teorema de Pitágoras que estudiaremos brevemente a continuación.

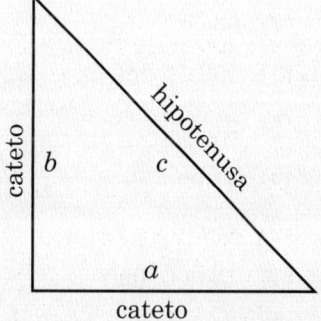

El enunciado de este teorema dice que la suma del cuadrado de los catetos es igual al cuadrado de la hipotenusa.

$a^2 + b^2 = c^2$
También: $c^2 - a^2 = b^2$ y $c^2 - b^2 = a^2$

Demostración gráfica:

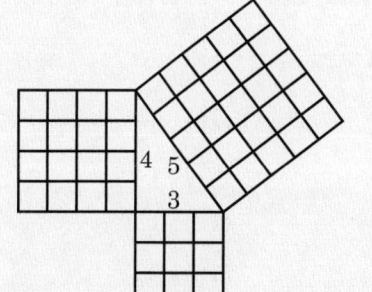

I. $3^2 + 4^2 = 5^2$
      $9 + 16 = 25$
      $25 = 25$

II. $5^2 - 3^2 = 4^2$
      $25 - 9 = 16$
      $16 = 16$

III. $5^2 - 4^2 = 3^2$
      $25 - 16 = 9$
      $9 = 9$

Y en general, si $a = 3$, $b = 4$, $c = 5$, tenemos que: $c^2 = a^2 + b^2$.

CONJUNTO 75

(1) Calcule el perímetro de un triángulo equilátero que mide 19 dm por uno de sus lados.

(2) Calcule el área de un triángulo de 24 cm de base y 18 cm de altura.

(3) Calcule el perímetro de un triángulo isósceles de 8 dm de base y 14 dm por uno de sus lados iguales.

(4) Si dos de los ángulos internos de un triángulo cualquiera miden 110°, ¿cuánto mide el otro ángulo?

(5) ¿Cuántos ángulos rectos puede tener un triángulo?

(6) Calcule el área de un triángulo que mide 14.5 pulgadas de base y 7.2 pulgadas de altura.

(7) Calcule el perímetro de un triángulo cuyos lados miden $8\frac{1}{2}$ dm, $9\frac{3}{4}$ dm y $6\frac{1}{5}$ dm.

(8) Calcule la hipotenusa de un triángulo rectángulo cuyos catetos miden 20 y 15 cm.

(9) Si la hipotenusa de un triángulo rectángulo mide 10 dm y el cateto menor mide 6 dm, ¿cuánto mide el otro cateto?

(10) Calcule el cateto mayor si la hipotenusa mide 51 pulgadas y el cateto menor 24.

Respuestas a los conjuntos:

RESPUESTAS AL CONJUNTO 72

(1) 72 dm
(2) 63 cm
(3) 452.16 dm
(4) 94.2 dm
(5) 31 pulgadas
(6) 28 cm
(7) 18,000 dm^3
(8) 2,300 cm^3
(9) 19,694.08 cm^3
(10) 6,594 pulgadas cúbicas
(11) 21,600 cm^3
(12) 151,138.66 pulgadas cúbicas
(13) 57,876.48 dm^3
(14) 17,148.59 cm^3
(15) 512 dm^3
(16) 1,076.89 cm^3
(17) 120 pulgadas cúbicas
(18) 1,055.04 dm^3
(19) 2,224.97 pulgadas cúbicas
(20) 1,249.5 cm^3

RESPUESTAS AL CONJUNTO 73

(1) 85°
(2) 7°
(3) 79°
(4) 66°
(5) 53°
(6) 47°
(7) 34°
(8) 16°
(9) 8°
(10) 22°
(11) 110°
(12) 76°
(13) 7°
(14) 82°
(15) 22°
(16) 44°
(17) 136°
(18) 111°
(19) 33°
(20) 158°

CAPÍTULO 8: Matemáticas

RESPUESTAS AL CONJUNTO 74

(1) $\angle h = 36°$

(2) $\angle p = 102°$

(3) 55° 30' 14"

(4) 10° 58' 1"

(5) 17° 0' 1"

(6) 1° 57' 18"

(7) $\angle 2 = 86°$, $\angle 6 = 86°$,
$\angle 3 = 94°$, $\angle 7 = 94°$,
$\angle 4 = 86°$, $\angle 8 = 86°$,
$\angle 5 = 94°$

(8) $\angle C = \angle D = 22.5°$

(9) $\angle P = 134°$

(10) $\angle w = 45°$

RESPUESTAS AL CONJUNTO 75

(1) 57 dm

(2) 216 cm^2

(3) 36 dm

(4) 70°

(5) 1

(6) 52.2 pulgadas cuadradas

(7) $24\frac{9}{20}$ dm^2

(8) 25 cm

(9) 8 dm

(10) 45 pulgadas

SISTEMAS DE NUMERACIÓN Y SUS BASES

Una de las grandes creaciones del ser humano en la antigüedad fue la invención de los sistemas numéricos. La representación por medio de símbolos se hizo indispensable en la medida que algunos grupos humanos comenzaron a sentir la necesidad de relacionarse con otros. El trueque y el comercio incipiente exigieron el uso de estas representaciones simbólicas.

Todas las naciones o comarcas trataron de crear su propio sistema de signos, pero fueron los pueblos más influyentes los que impusieron a otros sus sistemas numéricos. Así surgieron sistemas de numeración, como el babilonio, el egipcio, el maya y nuestro conocido sistema decimal. También tiene un uso limitado entre nosotros la numeración romana, aunque estos símbolos no se usan en cálculos matemáticos por ser un sistema incompleto y carente de las estructuras necesarias para tales efectos.

Veamos ahora la forma de expresar la misma cantidad con distintos símbolos y sistemas.

Sistema decimal	21
Sistema egipcio	∩∩∣
Sistema babilonio	≪ Y
Sistema romano	XXI

Nótese que el símbolo 21 (sistema decimal) cambia sólo en la forma de representación, es decir, usa un simbolismo distinto, pero el concepto de número (en este caso la cantidad representada) es inalterable. Pues bien, los símbolos usados para representar los números se llaman "numerales" y el CONJUNTO ordenado de estos símbolos con sus operaciones correspondientes constituye los sistemas de numeración.

Nuestro sistema de numeración (sistema decimal) se conoce también como sistema indoarábigo. Fue inventado en la India y utilizado por los árabes quienes lo introdujeron en Europa. Como sabemos, el sistema decimal se compone de diez símbolos, que son 0, 1, 2, 3, 4, 5, 6, 7, 8 y 9. En este sistema, el lugar que ocupa un símbolo o dígito en un numeral es determinante en lo que se refiere a su representación numérica. De ahí que digamos que éste, al igual que otros sistemas que estudiaremos en este capítulo más adelante, es un "sistema de notación posicional". Más claramente aun, esto significa que un dígito tiene diferente valor dependiendo del lugar que ocupa en un numeral.

Ejemplo: 15 y 51.

En el primer caso, el 5 está en la posición de las unidades y su valor es, sin duda, 5 unidades. Por otro lado, el 1 se encuentra en la segunda posición (o posición de las decenas) y consecuentemente no representa una unidad, sino diez.

También es posible representar el numeral 15 de manera gráfica con un conjunto de diez y otro de cinco unidades.

Ejemplo:

⊕ ⊕ ⊕ ⊕ ⊕ ⊕ ⊕ ⊕ ⊕ ⊕) Una decena

⊕ ⊕ ⊕ ⊕ ⊕ Cinco unidades

En el segundo caso, en el numeral 51 los símbolos 5 y 1 alteran ahora su valor, de donde se desprende su representación gráfica:

} Cinco decenas

⊕ = Una unidad

Debido a la estructura ejemplificada en los casos anteriores, el sistema decimal también se conoce como sistema de base diez. Sin embargo, como se mencionó anteriormente, éste no es el único sistema de notación posicional existente.

Hoy en día, el uso de computadoras ha hecho necesario el uso de otros sistemas distintos del sistema de base diez, como sistemas de base 7, base 5, base 2, base 12, base 16, etc.

En este capítulo nos ocuparemos de algunos de estos sistemas y su relación con el sistema decimal.

El sistema decimal usa sólo diez dígitos para todas sus representaciones numéricas debido a que es de base diez; luego entonces, generalizando diremos que todo sistema de notación posicional usa tantos símbolos o dígitos como su base indique. Así tenemos que el sistema de base dos usa *dos dígitos*; el sistema de base tres, *tres dígitos*; el de base siete, *siete dígitos*, y así sucesivamente.

El cero y el uno (símbolos empleados en el sistema de base dos o binario) son símbolos comunes a todos los sistemas. El cero en Matemáticas se usa para indicar la ausencia de una cosa u objeto, pero también como símbolo que ocupa un lugar como cualquier otro dígito, haciendo ocupar a los demás dígitos de un numeral otras posiciones. Así podemos distinguir entre el 60 y el 6: sin el auxilio del cero, ambos numerales serían iguales.

Cuando anteriormente usamos el numeral 15 como ejemplo, mencionamos que se representaba con una decena y cinco unidades de acuerdo con el valor relativo del lugar que ocupan los dígitos en el numeral.

Luego entonces, tenemos que

$$15 = (1 \times 10) + (5 \times 1)$$
$$\text{y también } 129 = (1 \times 10 \times 10) + (2 \times 10) + (9 \times 1)$$
$$247 = (2 \times 10 \times 10) + (4 \times 10) + (7 \times 1)$$

Transformación de numerales de base de diez a numerales de otras bases

Veamos en qué se convierte el numeral 6 de nuestro sistema en el sistema binario (base dos).

Aclaración: Existen diferentes maneras de hacer estas conversiones, pero aquí hemos adoptado el método que en nuestra opinión es el más sencillo para su aprendizaje.

Vamos a partir del concepto de que en todo sistema de notación posicional la última cifra de la derecha es siempre la cifra de las unidades. Luego entonces, procedemos del siguiente modo:

Escribimos las posiciones de un sistema de base dos:

$$\underset{4\ 2\ 1}{} \quad \begin{array}{l} \rightarrow \text{(dos al cuadrado)} \\ \rightarrow \text{(base del sistema)} \\ \text{(posición de las unidades)} \end{array}$$

La próxima posición de derecha a izquierda sería 2^3, es decir, 8, aunque esto no es necesario porque 8 es mayor que 6. El método consiste en dividir el numeral escrito en el sistema decimal entre la posición mayor del sistema binario (en este caso el número 4). Sin embargo, nunca puede ser mayor que el numeral del sistema de base diez, es decir, nos tenemos que detener en la tercera posición del sistema de base dos, el 4, y comenzar la división.

Primer paso:

$$4\overline{)6} \atop \underline{-4} \atop 2 \quad \text{cociente } 1$$

Segundo paso: El residuo 2 lo dividimos entre la próxima posición de la derecha, es decir, 2:

$$2\overline{)2} \atop \underline{-2} \atop 0 \quad \text{cociente } 1$$

Tercer paso: El residuo 0 lo dividimos entre la próxima posición de la derecha del sistema binario, es decir, 1:

$$1\overline{)0} \atop \underline{-0} \atop 0 \quad \text{cociente } 0$$

Cuarto paso: Para organizar el numeral de base dos, simplemente escribimos en orden de izquierda a derecha todos los cocientes calculados, de donde $6 = 110_{dos}$.

CAPÍTULO 8: Matemáticas

Nota: Para indicar el sistema en el que un numeral está escrito, se escribe la palabra correspondiente abajo y a la derecha del numeral. También suele escribirse en forma de dígito, es decir, $110_{dos} = 110_2$. Tratándose del sistema decimal, no es necesaria ninguna aclaración. Si no existe ninguna anotación, suponemos que el numeral ha sido escrito en el sistema de base diez.

Otros ejemplos:

Convertir 13 al sistema binario (base dos)

Posiciones necesarias en el sistema binario para efectuar esta conversión:
  1 (cifra de las unidades de todo sistema y primera potencia de dos)
  2 (base del sistema y segunda posición)
  $2^2 = 2 \times 2$ (tercera posición del sistema binario)
  $2^3 = 2 \times 2 \times 2$ (cuarta posición del sistema binario)

Después de esto, ya no buscamos otra posición porque el resultado sería mayor que 13, es decir, $2^4 = 16$.

Ahora procedemos a dividir 13 entre 2^3 y así tenemos:

$$8 \overline{)13} \quad \begin{array}{r} 1 \\ \underline{-8} \\ 5 \end{array}$$

Luego entonces, en 13 hay un grupo de 2^3.

$$4 \overline{)5} \quad \begin{array}{r} 1 \\ \underline{-4} \\ 1 \end{array}$$

En 5 hay un grupo de 2^2.

$$2 \overline{)1}$$

Debido a que esta división no produce ningún grupo, escribimos un cero en el lugar correspondiente.

Y por último:

$$1 \overline{)1} \quad \begin{array}{r} 1 \\ \underline{-1} \\ 0 \end{array}$$

cifra de las unidades.

Ahora, escribiendo los cocientes en orden de izquierda a derecha, tenemos: 1101_{dos}. Como hemos observado en los ejemplos anteriores, el sistema binario (base dos) sólo usa los dígitos 0 y 1.

Conversiones en un sistema de base cinco

Este sistema usa los símbolos 0, 1, 2, 3 y 4, es decir, cinco símbolos de acuerdo con la base del sistema. En este sistema agruparemos de cinco en cinco.

Ejemplo: Expresar 19 en el sistema de base 5.

Las posiciones del sistema de base 5 para efectuar esta conversión son:

1 (posición de las unidades)
5 (base del sistema y segunda posición)

La próxima posición sería 5^2, pero como ya sabemos no es necesario porque su resultado, 25, es mayor que 19.

Resolviendo operaciones, tenemos:

$$5\overline{)19} \quad \begin{array}{r} 3 \\ -15 \\ \hline 4 \end{array}$$

y

$$1\overline{)4} \quad \begin{array}{r} 4 \\ -4 \\ \hline 0 \end{array}$$

Luego, escribiendo los cocientes en orden, tenemos que $19 = 34_{cinco}$.

Otros ejemplos:

(1) Convertir 27 al sistema de base 5.

Las posiciones necesarias del sistema de base cinco, son 25, 5 y 1.

Resolviendo:

$$25\overline{)27} \quad \begin{array}{r} 1 \\ -25 \\ \hline 2 \end{array}$$

Ahora, $5\overline{)2}$ debido a que esta posición no produce ningún grupo, escribimos un cero en el lugar correspondiente.

Y por último:

$$1\overline{)2} \quad \begin{array}{r} 2 \\ -2 \\ \hline 0 \end{array}$$

Esto significa que tenemos dos unidades en el sistema de base cinco.

De donde tenemos que $27 = 102_{cinco}$.

CAPÍTULO 8: Matemáticas

(2) Convertir 41 al sistema de base cinco.

Las posiciones necesarias son 25, 5 y 1.

Resolviendo:

$$25 \overline{\smash{\big)}\, 41} \\ \underline{-25} \\ 16$$

con cociente 1.

y

$$5 \overline{\smash{\big)}\, 16} \\ \underline{-15} \\ 1$$

con cociente 3.

Y por último:

$$1 \overline{\smash{\big)}\, 1} \\ \underline{-1} \\ 0$$

con cociente 1.

Luego entonces, 41 es igual a 131_{cinco}.

Los mismos principios y métodos se aplican al resto de los sistemas de notación posicional. Veamos a continuación algunos ejercicios en el sistema de base doce.

Conversiones en un sistema de base doce

Como su base lo indica, ahora trabajaremos con grupos de doce, es decir, docenas, para lo cual usaremos los doce símbolos siguientes de acuerdo con la base: 0, 1, 2, 3, 4, 5, 6, 7, 8, 9 T y E.

Nota: Debido a que sólo disponemos de diez símbolos numéricos, es necesario hacer uso de letras. En este caso la T representará el diez y la E el once.

Convertir 38 al sistema de base 12.

Las posiciones del sistema de base doce son 12 y 1.

Resolviendo:

$$12 \overline{\smash{\big)}\, 38} \\ \underline{-36} \\ 2$$

con cociente 3.

Y a continuación:

$$1 \overline{\smash{\big)}\, 2} \\ \underline{-2} \\ 0$$

con cociente 2.

De donde tenemos que $38 = 32_{doce}$.

GED en español

Otros ejemplos:

(1) Convertir 129 al sistema de base 12.

Las posiciones necesarias del sistema de base doce son 12 y 1.

Resolviendo:

$$12\overline{)129} \begin{array}{r} T \\ -120 \\ \hline 9 \end{array}$$

Y a continuación:

$$1\overline{)9} \begin{array}{r} 9 \\ -9 \\ \hline 0 \end{array}$$

De donde tenemos que $129 = T9_{doce}$.

(2) Convertir 131 al sistema de base 12.

Las posiciones necesarias del sistema de base doce son 12 y 1.

Resolviendo:

$$12\overline{)131} \begin{array}{r} T \\ -120 \\ \hline 11 \end{array}$$

y

$$1\overline{)11} \begin{array}{r} E \\ -11 \\ \hline 0 \end{array}$$

De donde tenemos que $131 = TE_{doce}$.

Conversión de numerales de otras bases al sistema decimal

Sistema binario

Ejemplos:

(1) Expresar 110_{dos} en base diez.

Los valores de las posiciones del sistema binario son:

2^6	2^5	2^4	2^3	2^2	2^1	2^0
64	32	16	8	4	2	1

Resolviendo, tenemos: 421

$$110_{dos}$$

Multiplicando los dígitos del numeral de base dos, en este caso 110_{dos}, por el valor de su posición, tenemos $110_{dos} = (1 \times 4) + (1 \times 2) + (0 \times 1) = 6$.

(2) Expresar 1000_{dos} en base diez.
Usando el mismo sistema, tenemos:
$$1000_{dos} = (1 \times 8) + (0 \times 4) + (0 \times 2) + (0 \times 1) = 8$$

(3) Expresar 110011_{dos} en base diez.
$$110011_{dos} = (1 \times 32) + (1 \times 16) + (0 \times 8) + (0 \times 4) + (1 \times 2) + (1 \times 1) = 51$$

Numerales de base cinco

Ejemplos:

(1) Convertir 12_{cinco} al sistema decimal.
Los valores de las posiciones del sistema de base cinco son:

5^4	5^3	5^2	5^1	5^0
625	125	25	5	1

De donde tenemos que $12_{cinco} = (1 \times 5) + (2 \times 1) = 7$.

(2) Convertir 240_{cinco} al sistema decimal.
$$240_{cinco} = (2 \times 25) + (4 \times 5) + (0 \times 1) = 70$$

Numerales en base doce

Ejemplos:

(1) Convertir 54_{doce} al sistema decimal.
Los valores de las posiciones del sistema de base doce son:

12^2	12^1	12^0
144	12	1

Resolviendo, tenemos que $54_{doce} = (5 \times 12) + (4 \times 1) = 64$

(2) Convertir 209_{doce} al sistema decimal.
Resolviendo, tenemos que $209_{doce} = (2 \times 144) + (0 \times 12) + (9 \times 1) = 297$

(3) Convertir $15E_{doce}$ al sistema decimal.
Resolviendo, tenemos que $15E_{doce} = (1 \times 144) + (5 \times 12) + (11 \times 1) = 215$

(4) Convertir $2ET_{doce}$ al sistema decimal.
$$2ET_{doce} = (2 \times 144) + (11 \times 12) + (10 \times 1) = 430$$

Operaciones de suma, resta, multiplicación y división

Aclaración: Los conceptos que usaremos en la práctica de estas operaciones son básicamente los mismos que se aplican en el sistema decimal. La práctica de estas operaciones nos dará una idea más clara de la estructura del sistema de base diez.

Operaciones de suma en el sistema binario

Antes de empezar con la parte operacional, es necesario recordar que el sistema binario (base dos) sólo usa los dígitos 0 y 1.

Ejemplo: Sumar $1_{dos} + 1_{dos}$

$$\begin{array}{r} 1_{dos} \\ + 1_{dos} \\ \hline 10_{dos} \end{array}$$ (léase uno cero en base dos)

Explicación de la operación anterior: $1 + 1 = 2$; pero ya sabemos que el símbolo 2 *no puede usarse* en el sistema binario debido a que forma un grupo en la posición inmediata superior de la izquierda con 0 en la posición de las unidades.

Veamos otros ejemplos:

$$\begin{array}{cccc} A & B & C & D \\ 1_{dos} & 10_{dos} & 1011_{dos} & 1101_{dos} \\ 1_{dos} & +11_{dos} & +11_{dos} & +1011_{dos} \\ +1_{dos} & \overline{101_{dos}} & \overline{1110_{dos}} & \overline{11000_{dos}} \\ \overline{11_{dos}} & & & \end{array}$$

Operaciones de resta en el sistema binario

Ahora veamos claramente las analogías y diferencias con el sistema decimal.

Ejemplo: Restar 1_{dos} de 10_{dos}

$$\begin{array}{r} 10_{dos} \\ -1_{dos} \\ \hline 1_{dos} \end{array}$$ ¿Por qué?

Recordemos que al resolver operaciones de resta en el sistema decimal y el dígito del minuendo es menor que el dígito del sustraendo, tomamos una unidad del dígito inmediatamente a la izquierda y la convertimos en diez en la posición de las unidades. Debido a esto, cuando en el sistema decimal restamos 9 de 15, decimos:

$$\begin{array}{r} 15 \\ -9 \\ \hline 6 \end{array}$$

"quince menos nueve igual seis"

Tomamos el uno de las decenas y lo convertimos en diez unidades, más cinco que teníamos hacen quince unidades, menos nueve igual a seis.

CAPÍTULO 8: Matemáticas

Volvamos ahora a la resta de 10_{dos} menos 1_{dos}. Como a cero no se le puede quitar uno (igual que en el sistema decimal), tomamos el uno de la izquierda y lo convertimos en dos unidades (porque el sistema que estamos trabajando es de base dos). Ahora restamos 1 de 2 y tenemos 1_{dos}.

Resolviendo nuevamente, escribimos:

$$\begin{array}{r} 10_{dos} \\ -\ 1_{dos} \\ \hline 1_{dos} \end{array}$$

Observe que algo simular sucede cuando en el sistema decimal restamos 16 de 40.

Otros ejemplos:

$$\begin{array}{ccc} A & B & C \\ 101_{dos} & 1011_{dos} & 10101_{dos} \\ -\ 11_{dos} & -\ 110_{dos} & -\ 111_{dos} \\ \hline 10_{dos} & 101_{dos} & 1110_{dos} \end{array}$$

Operaciones de multiplicación en el sistema binario

La multiplicación en el sistema binario es muy sencilla según observaremos en los casos siguientes:

Ejemplo: Multiplicar $11_{dos} \times 11_{dos}$

$$\begin{array}{r} 11_{dos} \\ \times\ 11_{dos} \\ \hline 11 \\ 11 \\ \hline 1001_{dos} \end{array}$$

Otros ejemplos:

$$\begin{array}{cc} A & B \\ 110_{dos} & 1101_{dos} \\ \times\ 101_{dos} & \times\ 111_{dos} \\ \hline 110 & 1101 \\ 110 & 1101 \\ \hline 11110_{dos} & 1101 \\ & \hline 1011011_{dos} \end{array}$$

Operaciones de división en el sistema binario

La división con numerales de base dos observa los mismos principios que la división decimal. Vamos a usar los dos ejemplos de multiplicación anteriores. Si dividimos el producto entre uno de los factores, obtenemos el otro factor.

$$\begin{array}{r} 110_{dos} \\ 101_{dos}\overline{)11110_{dos}} \\ -101 \\ \hline 101 \\ -101 \\ \hline 0 \end{array}$$

Y a continuación:

$$1101_{dos} \overline{\smash{)}\begin{array}{r} 111_{dos} \\ 1011011_{dos} \\ -1101 \\ \hline 10011 \\ -1101 \\ \hline 1101 \\ -1101 \\ \hline 0 \end{array}}$$

Operaciones de suma en el sistema de base cinco

Recordemos nuevamente que el sistema de base cinco usa sólo los dígitos 0, 1, 2, 3 y 4.

Ahora sumemos $14_{cinco} + 23_{cinco}$

$$\begin{array}{r} 14_{cinco} \\ + 23_{cinco} \\ \hline 42_{cinco} \end{array}$$

Observe que 7, resultado de la suma de 4 + 3, no se puede escribir 7 debido a que el sistema de base cinco no usa este dígito porque en 7 unidades cabe un grupo de cinco y sobran dos unidades. Luego entonces, escribimos 2 en la posición de las unidades y trasladamos un grupo de cinco a la posición de la izquierda, que sumado a 3 nos da 4.

A	B	C
42_{cinco}	44_{cinco}	234_{cinco}
$+ 13_{cinco}$	$+ 24_{cinco}$	$+ 343_{cinco}$
110_{cinco}	123_{cinco}	1132_{cinco}

Operaciones de resta en el sistema de base cinco

Estas operaciones se resuelven de manera semejante a la resta del sistema decimal con la única diferencia de que al tomar una unidad de la posición de la izquierda no la convertimos en diez, sino en *cinco*, la base del sistema.

Restar:

$$\begin{array}{r} 41_{cinco} \\ - 23_{cinco} \\ \hline 13_{cinco} \end{array}$$

Leemos: Como a uno no se le puede restar tres, tomamos uno de 4 y lo convertimos en 5 unidades, más una que tenía hacen seis, menos tres igual a tres. Y finalmente 3 − 2 = 1.

Otros ejemplos:

A	B	C
320_{cinco}	431_{cinco}	4031_{cinco}
$- 43_{cinco}$	$- 234_{cinco}$	$- 422_{cinco}$
222_{cinco}	142_{cinco}	3104_{cinco}

Operaciones de multiplicación en el sistema de base cinco

Veamos los ejemplos siguientes:

$$\begin{array}{r} 42_{cinco} \\ \times\ 2_{cinco} \\ \hline 134_{cinco} \end{array}$$

La operación se resolvió de la siguiente manera:

$2 \times 2 = 4$ Escribimos el 4 en el producto; en 8 cabe un grupo de 5 y sobran 3.

$2 \times 4 = 8$ Escribimos el 3 y trasladamos 1 a la otra posición.

Otros ejemplos:

$$\begin{array}{ccc} A & B & C \\ 34_{cinco} & 423_{cinco} & 1243_{cinco} \\ \times\ 23_{cinco} & \times\ 42_{cinco} & \times\ 24_{cinco} \\ \hline 212 & 1401 & 11132 \\ 123 & 3302 & 3041 \\ \hline 1442_{cinco} & 34421_{cinco} & 42042_{cinco} \end{array}$$

Operaciones de división en el sistema de base cinco

Usando los productos y factores de los ejercicios anteriores, tenemos:

$$23_{cinco} \overline{)1442_{cinco}}^{\ 34_{cinco}} \quad 423_{cinco} \overline{)34421_{cinco}}^{\ 42_{cinco}} \quad 1243_{cinco} \overline{)42042_{cinco}}^{\ 24_{cinco}}$$

$$\begin{array}{ccc} 124 & 3302 & 3041 \\ \overline{202} & \overline{1401} & \overline{11132} \\ 202 & 1401 & 11132 \\ \hline 0 & 0 & 0 \end{array}$$

Ejercicios con sistemas de numeración y sus bases

Convertir los siguientes numerales del sistema decimal a numerales en otras bases.

Convertir en numerales binarios:

   (1) 5   **(4)** 53

   (2) 18   **(5)** 75

   (3) 27

Convertir en numerales de base cinco:

   (6) 11   **(9)** 81

   (7) 46   **(10)** 96

   (8) 53

Convertir en numerales en base doce:

(11) 45   **(14)** 118

(12) 56   **(15)** 441

(13) 107

Convertir los numerales siguientes al sistema decimal:

(16) 1001_{dos} **(21)** 13_{cinco} **(26)** 63_{doce}

(17) 1011_{dos} **(22)** 22_{cinco} **(27)** 405_{doce}

(18) 1110_{dos} **(23)** 43_{cinco} **(28)** $49E_{doce}$

(19) 11111_{dos} **(24)** 204_{cinco} **(29)** $58T_{doce}$

(20) 111110_{dos} **(25)** 321_{cinco} **(30)** $6ET_{doce}$

Sumar:

(31) $101_{dos} + 11_{dos}$ **(36)** $12_{cinco} + 34_{cinco}$

(32) $111_{dos} + 110_{dos}$ **(37)** $21_{cinco} + 14_{cinco}$

(33) $1001_{dos} + 1101_{dos}$ **(38)** $132_{cinco} + 143_{cinco}$

(34) $1011_{dos} + 1111_{dos}$ **(39)** $224_{cinco} + 134_{cinco}$

(35) $11110_{dos} + 10111_{dos}$ **(40)** $204_{cinco} + 343_{cinco}$

Restar:

(41) $110_{dos} - 11_{dos}$ **(46)** $43_{cinco} - 24_{cinco}$

(42) $1101_{dos} - 111_{dos}$ **(47)** $32_{cinco} - 23_{cinco}$

(43) $1001_{dos} - 1101_{dos}$ **(48)** $301_{cinco} - 134_{cinco}$

(44) $11101_{dos} - 1111_{dos}$ **(49)** $2201_{cinco} - 343_{cinco}$

(45) $11110_{dos} - 1101_{dos}$ **(50)** $4023_{cinco} - 2334_{cinco}$

Multiplicar:

(51) $111_{dos} \times 11_{dos}$ **(56)** $34_{cinco} \times 3_{cinco}$

(52) $1011_{dos} \times 101_{dos}$ **(57)** $42_{cinco} \times 33_{cinco}$

(53) $1111_{dos} \times 111_{dos}$ **(58)** $324_{cinco} \times 24_{cinco}$

(54) $1101_{dos} \times 101_{dos}$ **(59)** $1044_{cinco} \times 32_{cinco}$

(55) $10101_{dos} \times 111_{dos}$ **(60)** $2303_{cinco} \times 43_{cinco}$

CAPÍTULO 8: Matemáticas

Dividir:

(61) $1111_{dos} \div 11_{dos}$

(62) $11011_{dos} \div 1001_{dos}$

(63) $110111_{dos} \div 101_{dos}$

(64) $1010100_{dos} \div 1100_{dos}$

(65) $1011011_{dos} \div 111_{dos}$

(66) $233_{cinco} \div 4_{cinco}$

(67) $234_{cinco} \div 3_{cinco}$

(68) $1331_{cinco} \div 22_{cinco}$

(69) $22033_{cinco} \div 42_{cinco}$

(70) $112103_{cinco} \div 34_{cinco}$

Respuestas a los ejercicios de sistemas de numeración y sus bases

(1) 101_{dos}
(2) 10010_{dos}
(3) 11011_{dos}
(4) 110101_{dos}
(5) 1001011_{dos}
(6) 21_{cinco}
(7) 141_{cinco}
(8) 203_{cinco}
(9) 311_{cinco}
(10) 341_{cinco}
(11) 39_{doce}
(12) 48_{doce}
(13) $8E_{doce}$
(14) $9T_{doce}$
(15) 309_{doce}
(16) 9
(17) 13
(18) 14
(19) 31
(20) 62
(21) 8
(22) 12
(23) 23
(24) 54

(25) 86
(26) 75
(27) 581
(28) 695
(29) 826
(30) 1006
(31) 1000_{dos}
(32) 1101_{dos}
(33) 10110_{dos}
(34) 11010_{dos}
(35) 110101_{dos}
(36) 101_{cinco}
(37) 40_{cinco}
(38) 330_{cinco}
(39) 413_{cinco}
(40) 1102_{cinco}
(41) 11_{dos}
(42) 110_{dos}
(43) 100_{dos}
(44) 1110_{dos}
(45) 10001_{dos}
(46) 14_{cinco}
(47) 4_{cinco}
(48) 112_{cinco}

(49) 1303_{cinco}
(50) 1134_{cinco}
(51) 10101_{dos}
(52) 110111_{dos}
(53) 1101001_{dos}
(54) 1000001_{dos}
(55) 10010011_{dos}
(56) 212_{cinco}
(57) 3041_{cinco}
(58) 14441_{cinco}
(59) 40113_{cinco}
(60) 220134_{cinco}
(61) 101_{dos}
(62) 11_{dos}
(63) 1011_{dos}
(64) 111_{dos}
(65) 1101_{dos}
(66) 32_{cinco}
(67) 43_{cinco}
(68) 33_{cinco}
(69) 234_{cinco}
(70) 1322_{cinco}

TRIGONOMETRÍA

La trigonometría nos sirve para calcular el valor de los lados y ángulos de un triángulo rectángulo.

Las siguientes funciones trigonométricas se expresan en forma de razones.

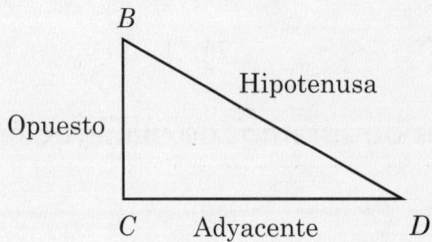

$$\text{Seno} = \frac{\text{lado opuesto}}{\text{hipotenusa}}$$

$$\text{Coseno} = \frac{\text{lado adyacente}}{\text{hipotenusa}}$$

$$\text{Tangente} = \frac{\text{lado opuesto}}{\text{lado adyacente}}$$

Ejemplos:

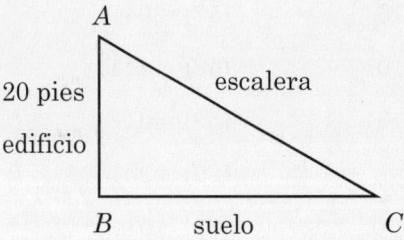

Un trabajador coloca una escalera contra la pared de un edificio en un ángulo de 30° respecto al suelo. Calcule la distancia del pie de la escalera al edificio.

En este caso, podemos usar tangente de C

$$\text{Tangente } C = \frac{\text{opuesto}}{\text{adyacente}}$$

$$\text{Tangente } 30 = \frac{20}{x}$$

$$0.5774 = \frac{20}{x}$$

$$x = \frac{20}{0.5774} = 34.64 \text{ pies}$$

Un camión de mantenimiento se encuentra sobre la pista de aterrizaje de un aeropuerto mientras un avión vuela directamente por arriba del camión a una altura de 2,000 pies. Si el avión va a aterrizar y el ángulo formado entre la aeronave y el camión es de 20, calcule la distancia del avión y el punto de aterrizaje.

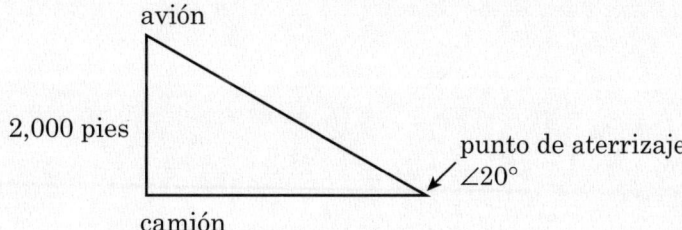

En este caso, usamos el seno de 20:

$$\text{Seno } 20 = \frac{\text{opuesto}}{\text{hipotenusa}}$$

$$\text{Seno } 20 = \frac{2,000}{x}$$

$$0.342 = \frac{2,000}{x}$$

$$x = \frac{2,000}{0.342} = 5,847.95 \text{ pies}$$

Ejemplo: Calcular la medida de *P*.

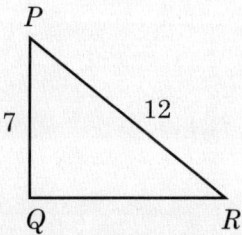

La fórmula trigonométrica a usar en este ejemplo es:

$$\text{Coseno } P = \frac{\text{adyacente}}{\text{hipotenusa}}$$

$$\text{Coseno } P = \frac{7}{12}$$

$$\text{Coseno } P = 0.5833$$

$$P = 54.31$$

PARTE IV
EXÁMENES DE PRÁCTICA

CAPÍTULO 9 Dos exámenes completos de práctica

Dos exámenes completos de práctica

RESUMEN
- Conozca las instrucciones para tomar el examen de práctica
- Practique sus destrezas con 5 exámenes de práctica por materias
- Califique su examen con ayuda de la Clave de respuestas
- Comprenda las respuestas correctas con las Respuestas explicadas
- Evalúe su nivel de preparación para el examen real

Los exámenes de práctica le ofrecen al estudiante una oportunidad para evaluar los conocimientos adquiridos en cada una de las materias del examen de equivalencia.

Estos ejercicios prácticos se han elaborado siguiendo el modelo del examen de equivalencia. Son similares a los del examen final en cuanto a organización, número de preguntas y tiempo de duración. Las preguntas y temas seleccionados no son iguales pero sí parecidos.

Los exámenes de práctica I y II, son de dos niveles, de menor a mayor dificultad. El formato y la mecánica de estas pruebas finales son los mismos que en los del examen diagnóstico, sólo que aquí presuponemos que el estudiante ya conoce el material que se ha ido presentando a lo largo del texto. El orden es el mismo que en la prueba oficial.

capítulo 9

HOJA DE RESPUESTAS: EXAMEN DE PRÁCTICA I

EXAMEN 1
Parte I: Expresión Escrita

1 ① ② ③ ④ ⑤	11 ① ② ③ ④ ⑤	21 ① ② ③ ④ ⑤	31 ① ② ③ ④ ⑤	41 ① ② ③ ④ ⑤
2 ① ② ③ ④ ⑤	12 ① ② ③ ④ ⑤	22 ① ② ③ ④ ⑤	32 ① ② ③ ④ ⑤	42 ① ② ③ ④ ⑤
3 ① ② ③ ④ ⑤	13 ① ② ③ ④ ⑤	23 ① ② ③ ④ ⑤	33 ① ② ③ ④ ⑤	43 ① ② ③ ④ ⑤
4 ① ② ③ ④ ⑤	14 ① ② ③ ④ ⑤	24 ① ② ③ ④ ⑤	34 ① ② ③ ④ ⑤	44 ① ② ③ ④ ⑤
5 ① ② ③ ④ ⑤	15 ① ② ③ ④ ⑤	25 ① ② ③ ④ ⑤	35 ① ② ③ ④ ⑤	45 ① ② ③ ④ ⑤
6 ① ② ③ ④ ⑤	16 ① ② ③ ④ ⑤	26 ① ② ③ ④ ⑤	36 ① ② ③ ④ ⑤	46 ① ② ③ ④ ⑤
7 ① ② ③ ④ ⑤	17 ① ② ③ ④ ⑤	27 ① ② ③ ④ ⑤	37 ① ② ③ ④ ⑤	47 ① ② ③ ④ ⑤
8 ① ② ③ ④ ⑤	18 ① ② ③ ④ ⑤	28 ① ② ③ ④ ⑤	38 ① ② ③ ④ ⑤	48 ① ② ③ ④ ⑤
9 ① ② ③ ④ ⑤	19 ① ② ③ ④ ⑤	29 ① ② ③ ④ ⑤	39 ① ② ③ ④ ⑤	49 ① ② ③ ④ ⑤
10 ① ② ③ ④ ⑤	20 ① ② ③ ④ ⑤	30 ① ② ③ ④ ⑤	40 ① ② ③ ④ ⑤	50 ① ② ③ ④ ⑤

Número de respuestas correctas ☐

EXAMEN 2
Estudios Sociales

1 ① ② ③ ④ ⑤	11 ① ② ③ ④ ⑤	21 ① ② ③ ④ ⑤	31 ① ② ③ ④ ⑤	41 ① ② ③ ④ ⑤
2 ① ② ③ ④ ⑤	12 ① ② ③ ④ ⑤	22 ① ② ③ ④ ⑤	32 ① ② ③ ④ ⑤	42 ① ② ③ ④ ⑤
3 ① ② ③ ④ ⑤	13 ① ② ③ ④ ⑤	23 ① ② ③ ④ ⑤	33 ① ② ③ ④ ⑤	43 ① ② ③ ④ ⑤
4 ① ② ③ ④ ⑤	14 ① ② ③ ④ ⑤	24 ① ② ③ ④ ⑤	34 ① ② ③ ④ ⑤	44 ① ② ③ ④ ⑤
5 ① ② ③ ④ ⑤	15 ① ② ③ ④ ⑤	25 ① ② ③ ④ ⑤	35 ① ② ③ ④ ⑤	45 ① ② ③ ④ ⑤
6 ① ② ③ ④ ⑤	16 ① ② ③ ④ ⑤	26 ① ② ③ ④ ⑤	36 ① ② ③ ④ ⑤	46 ① ② ③ ④ ⑤
7 ① ② ③ ④ ⑤	17 ① ② ③ ④ ⑤	27 ① ② ③ ④ ⑤	37 ① ② ③ ④ ⑤	47 ① ② ③ ④ ⑤
8 ① ② ③ ④ ⑤	18 ① ② ③ ④ ⑤	28 ① ② ③ ④ ⑤	38 ① ② ③ ④ ⑤	48 ① ② ③ ④ ⑤
9 ① ② ③ ④ ⑤	19 ① ② ③ ④ ⑤	29 ① ② ③ ④ ⑤	39 ① ② ③ ④ ⑤	49 ① ② ③ ④ ⑤
10 ① ② ③ ④ ⑤	20 ① ② ③ ④ ⑤	30 ① ② ③ ④ ⑤	40 ① ② ③ ④ ⑤	50 ① ② ③ ④ ⑤

Número de respuestas correctas ☐

CAPÍTULO 9: Dos exámenes completos de práctica

EXAMEN 3
Ciencias

1 ① ② ③ ④ ⑤	11 ① ② ③ ④ ⑤	21 ① ② ③ ④ ⑤	31 ① ② ③ ④ ⑤	41 ① ② ③ ④ ⑤
2 ① ② ③ ④ ⑤	12 ① ② ③ ④ ⑤	22 ① ② ③ ④ ⑤	32 ① ② ③ ④ ⑤	42 ① ② ③ ④ ⑤
3 ① ② ③ ④ ⑤	13 ① ② ③ ④ ⑤	23 ① ② ③ ④ ⑤	33 ① ② ③ ④ ⑤	43 ① ② ③ ④ ⑤
4 ① ② ③ ④ ⑤	14 ① ② ③ ④ ⑤	24 ① ② ③ ④ ⑤	34 ① ② ③ ④ ⑤	44 ① ② ③ ④ ⑤
5 ① ② ③ ④ ⑤	15 ① ② ③ ④ ⑤	25 ① ② ③ ④ ⑤	35 ① ② ③ ④ ⑤	45 ① ② ③ ④ ⑤
6 ① ② ③ ④ ⑤	16 ① ② ③ ④ ⑤	26 ① ② ③ ④ ⑤	36 ① ② ③ ④ ⑤	46 ① ② ③ ④ ⑤
7 ① ② ③ ④ ⑤	17 ① ② ③ ④ ⑤	27 ① ② ③ ④ ⑤	37 ① ② ③ ④ ⑤	47 ① ② ③ ④ ⑤
8 ① ② ③ ④ ⑤	18 ① ② ③ ④ ⑤	28 ① ② ③ ④ ⑤	38 ① ② ③ ④ ⑤	48 ① ② ③ ④ ⑤
9 ① ② ③ ④ ⑤	19 ① ② ③ ④ ⑤	29 ① ② ③ ④ ⑤	39 ① ② ③ ④ ⑤	49 ① ② ③ ④ ⑤
10 ① ② ③ ④ ⑤	20 ① ② ③ ④ ⑤	30 ① ② ③ ④ ⑤	40 ① ② ③ ④ ⑤	50 ① ② ③ ④ ⑤

Número de respuestas correctas ☐

EXAMEN 4
Interpretación de la Literatura y de las Artes

1 ① ② ③ ④ ⑤	9 ① ② ③ ④ ⑤	17 ① ② ③ ④ ⑤	25 ① ② ③ ④ ⑤	33 ① ② ③ ④ ⑤
2 ① ② ③ ④ ⑤	10 ① ② ③ ④ ⑤	18 ① ② ③ ④ ⑤	26 ① ② ③ ④ ⑤	34 ① ② ③ ④ ⑤
3 ① ② ③ ④ ⑤	11 ① ② ③ ④ ⑤	19 ① ② ③ ④ ⑤	27 ① ② ③ ④ ⑤	35 ① ② ③ ④ ⑤
4 ① ② ③ ④ ⑤	12 ① ② ③ ④ ⑤	20 ① ② ③ ④ ⑤	28 ① ② ③ ④ ⑤	36 ① ② ③ ④ ⑤
5 ① ② ③ ④ ⑤	13 ① ② ③ ④ ⑤	21 ① ② ③ ④ ⑤	29 ① ② ③ ④ ⑤	37 ① ② ③ ④ ⑤
6 ① ② ③ ④ ⑤	14 ① ② ③ ④ ⑤	22 ① ② ③ ④ ⑤	30 ① ② ③ ④ ⑤	38 ① ② ③ ④ ⑤
7 ① ② ③ ④ ⑤	15 ① ② ③ ④ ⑤	23 ① ② ③ ④ ⑤	31 ① ② ③ ④ ⑤	39 ① ② ③ ④ ⑤
8 ① ② ③ ④ ⑤	16 ① ② ③ ④ ⑤	24 ① ② ③ ④ ⑤	32 ① ② ③ ④ ⑤	40 ① ② ③ ④ ⑤

Número de respuestas correctas ☐

EXAMEN 5
Matemáticas

1 ① ② ③ ④ ⑤	11 ① ② ③ ④ ⑤	21 ① ② ③ ④ ⑤	31 ① ② ③ ④ ⑤	41 ① ② ③ ④ ⑤
2 ① ② ③ ④ ⑤	12 ① ② ③ ④ ⑤	22 ① ② ③ ④ ⑤	32 ① ② ③ ④ ⑤	42 ① ② ③ ④ ⑤
3 ① ② ③ ④ ⑤	13 ① ② ③ ④ ⑤	23 ① ② ③ ④ ⑤	33 ① ② ③ ④ ⑤	43 ① ② ③ ④ ⑤
4 ① ② ③ ④ ⑤	14 ① ② ③ ④ ⑤	24 ① ② ③ ④ ⑤	34 ① ② ③ ④ ⑤	44 ① ② ③ ④ ⑤
5 ① ② ③ ④ ⑤	15 ① ② ③ ④ ⑤	25 ① ② ③ ④ ⑤	35 ① ② ③ ④ ⑤	45 ① ② ③ ④ ⑤
6 ① ② ③ ④ ⑤	16 ① ② ③ ④ ⑤	26 ① ② ③ ④ ⑤	36 ① ② ③ ④ ⑤	46 ① ② ③ ④ ⑤
7 ① ② ③ ④ ⑤	17 ① ② ③ ④ ⑤	27 ① ② ③ ④ ⑤	37 ① ② ③ ④ ⑤	47 ① ② ③ ④ ⑤
8 ① ② ③ ④ ⑤	18 ① ② ③ ④ ⑤	28 ① ② ③ ④ ⑤	38 ① ② ③ ④ ⑤	48 ① ② ③ ④ ⑤
9 ① ② ③ ④ ⑤	19 ① ② ③ ④ ⑤	29 ① ② ③ ④ ⑤	39 ① ② ③ ④ ⑤	49 ① ② ③ ④ ⑤
10 ① ② ③ ④ ⑤	20 ① ② ③ ④ ⑤	30 ① ② ③ ④ ⑤	40 ① ② ③ ④ ⑤	50 ① ② ③ ④ ⑤

Número de respuestas correctas ☐

EXAMEN 1
Parte II: Composición

EXAMEN DE PRÁCTICA I

CONTENIDO

Materias	Número de preguntas	Tiempo
1. Expresión Escrita		
Parte I	50	75
Parte II	Composición	45
2. Estudios Sociales	50	70
3. Ciencias	50	80
4. Interpretación de la Literatura y de las Artes	40	65
5. Matemáticas	50	90
Total: 5 materias*	240 preguntas	7 horas/05 minutos

* En Puerto Rico y en algunos estados también se requiere una prueba de Inglés además de las cinco materias.

CAPÍTULO 9: Dos exámenes completos de práctica

EXAMEN 1: EXPRESIÓN ESCRITA

Este examen consta de dos partes: la primera, dedicada a reconocer y corregir errores; y la segunda, a escribir una composición.

Parte I: Reconocimiento y corrección de errores

50 preguntas–75 minutos

> **Instrucciones:** La prueba consiste en varios párrafos o selecciones organizados en frases y oraciones. Estas frases y oraciones están numeradas. En algunas de ellas hay errores de ortografía (mecánica), de gramática (uso) y de orden lógico y gramatical (estructural). En otras no hay errores.
>
> Lea primero el párrafo entero para conocer su sentido completo. Después, responda a las preguntas enumeradas, según el modelo siguiente:

EJEMPLO:

> **P** Simón Bolívar, nuestro héroe continental, no fue un conquistador sino un livertador.
>   —¿Qué revisión haría usted en esta oración?
>   (1) Cambiar *conquistador* por *Conquistador*
>   (2) Cambiar *livertador* por *libertador*
>   (3) Omitir la coma después de *continental*
>   (4) Poner punto y coma después de *continental*
>   (5) Ninguna
>
>

En este ejemplo, la palabra *livertador* no está correctamente escrita y es preciso sustituirla por *libertador*. Para indicar esta corrección, marque la respuesta 2.

Las preguntas 1 a 11 se refieren al párrafo siguiente:

(1) El consumo de drogas es un problema tipico de la sociedad actual. (2) El tabaco, el café y el alcohol también pueden considerarse drogas. (3) Pero cuando se habla de drogas, nos referimos a compuestos químicos específicos como la cocaína o la heroína. (4) A pesar de las estrictas prohibiciones (algún experto cree que debido a ellas) el consumo sigue aumentando vertijinosamente. (5) Las soluciones que han sido proponidas van de un extremo al otro. (6) Una propuesta fue declarar la guerra a los productos y a los traficantes. (7) Para esto sería necesario que interviniese el ejército. (8) Otros proponen todo lo contrario: legalizar su venta y consumo. (9) Con esta medida cree que caerían los precios, (10) y consecuentemente que desaparecería el tráfico ilegal y los crímenes con él asociados.

1. Oración 1: El consumo de drogas es un problema tipico de la sociedad actual.
   —¿Qué revisión haría usted en esta oración?
   (1) Cambiar *drogas* por *la droga*
   (2) Poner coma después de *drogas*
   (3) Poner dos puntos después de *es*
   (4) Poner acento sobre *tipico*
   (5) Ninguna

2. Oración 2: El tabaco, el café y el alcohol también pueden considerarse drogas.
   —¿Qué revisión haría usted en esta oración?
   (1) Poner coma después de *alcohol*
   (2) Cambiar *tabaco* por *tobacco*
   (3) Omitir el acento en *café*
   (4) Poner acento sobre *alcohol*
   (5) Ninguna

3. Oración 2: Si comenzamos la oración anterior por *También pueden considerarse drogas,* ¿cuál sería la siguiente palabra?
   (1) el tabaco
   (2) el café solo
   (3) y el alcohol
   (4) el té y el chocolate
   (5) las gaseosas

4. Oración 3: <u>Pero cuando</u> se habla de drogas, nos referimos a compuestos químicos específicos, como la cocaína y la heroína.
   —¿Cuál sería la mejor forma de expresar la parte subrayada? Si cree que la versión original es la mejor, elija la opción (1).
   (1) Pero cuando
   (2) Más cuando
   (3) Sin embargo
   (4) En cambio
   (5) Por supuesto

5. Oración 4: A pesar de las estrictas prohibiciones (algún experto cree que debido a ellas) el consumo sigue aumentando vertijinosamente.
   —¿Qué revisión haría usted en esta oración?
   (1) Omitir el paréntesis
   (2) Poner coma después del paréntesis
   (3) Quitar el acento de *algún*
   (4) Cambiar *vertijinosamente* por *vertiginosamente*
   (5) Ninguna

6. Oración 5: Las soluciones que han sido proponidas van de un extremo al otro.

—¿Qué revisión haría usted en esta oración?

(1) Cambiar *han sido* por *fueron*
(2) Cambiar *proponidas* por *propuestas*
(3) Poner acento sobre *van*
(4) Cambiar *extremo* por *estremo*
(5) Ninguna

7. Oración 6: Una propuesta fue declarar la guerra a los productores y traficantes.

—¿Qué revisión haría usted en esta oración?

(1) Cambiar *Una* por *La*
(2) Cambiar *propuesta* por *proposición*
(3) Cambiar *propuesta* por *propone*
(4) Cambiar *productores* por *cultivadores*
(5) Ninguna

8. Oración 7: <u>Para esto</u> sería necesario que interviniese el ejército.

—¿Cuál sería la mejor forma de expresar la parte subrayada? Si cree que la versión original es la mejor, elija la opción (1).

(1) Para esto
(2) Por ello
(3) Sin ello
(4) A lo más
(5) Cuando menos

9. Oración 8: Otros proponen todo lo contrario: legalizar su venta y consumo.

—¿Qué revisión haría usted en esta oración?

(1) Cambiar *Otros* por *Algunos*
(2) Cambiar *proponen* por *propusieron*
(3) Cambiar los dos puntos por punto y coma
(4) Cambiar *legalisar* por *legalizar*
(5) Ninguna

10. Oración 9: Con esta medida cree que caerían los precios.

—¿Qué revisión haría usted en esta oración?

(1) Cambiar *Con esta* por *Por esta*
(2) Cambiar *medida* por *orden*
(3) Cambiar *cree* por *se cree*
(4) Cambiar *caerían* por *caerán*
(5) Ninguna

11. Oración 10: Y consecuentemente que desaparecería el tráfico ilegal y los crímenes con él asociados.

—¿Qué revisión haría usted en esta oración?

(1) Cambiar *Y* por *E* al comienzo de la frase.
(2) Cambiar *desaparecería* por *desaparecerían*
(3) Cambiar *desaparecería* por *desaparecerá*
(4) Omitir el acento sobre *él*
(5) Ninguna

Las preguntas 12 a 22 se refieren al párrafo siguiente:

(1) Es un placer y un orgullo ver cómo los hijos se desarroyan. (2) Un placer y un orgullo teñido de prevención y temor. (3) Tres o cuatro grandes problemas están en la mente de los padres de hoy. (4) Ante todo, el problema de la droga. (5) El problema no menos grabe del SIDA. (6) Tercero, el auto. Las compañías de seguros son conscientes del peligro. (7) Los precios de las pólizas para jóvenes de los dieciséis y los diecinueve años son astronómicos. (8) Especialmente después de uno o dos accidentes. (9) A veces se piensa si no sería mejor aumentar la edad legal de los conductores. (10) Pero el automóvil manda en la familia como en la carretera. (11) ¿El automóvil, o las compañías de automóviles?

12. Oración 1: Es un placer y un orgullo ver cómo los hijos crecen y se desarroyan.

—¿Que revisión haría usted en esta oración?

(1) Cambiar *placer* por *plazer*
(2) Cambiar *placer* por *plaser*
(3) Cambiar *orgullo* por *orguyo*
(4) Cambiar *desarroyan* por *desarrollan*
(5) Ninguna

13. Oración 2: Un placer y un orgullo teñido de prevención y temor.

—¿Qué revisión haría usted en esta oración?

(1) Cambiar *teñido* por *teñidos*
(2) Cambiar *Un* por *Y un*
(3) Cambiar *Un* por *Este*
(4) Añadir coma después de *placer*
(5) Ninguna

14. Oración 3: Tres o cuatro grandes problemas están en la mente de los padres de hoy.

—¿Qué revisión haría usted en esta oración?

(1) Cambiar *tres o cuatro* por *3 ó 4*
(2) Poner dos puntos después de *problemas*
(3) Cambiar *mente* por *mentes*
(4) Cambiar *padres de hoy* por *padres hoy*
(5) Ninguna

15. Oración 4: <u>Ante todo</u> el problema de la droga.

—¿Cuál sería la mejor forma de expresar la parte subrayada? Si cree que la versión original es la mejor, elija la opción (1).

(1) Ante todo
(2) Sobretodo
(3) Al fin
(4) Evidente
(5) Más que siempre

16. Oración 5: Segundo, el problema no menos grabe del SIDA.

—¿Qué revisión haría usted en esta oración?

(1) Cambiar *Segundo* por *Segundamente*
(2) Poner dos puntos después de *Segundo*
(3) Cambiar *SIDA* por *AIDS*
(4) Cambiar *grabe* por *grave*
(5) Ninguna

17. Oración 6: Tercero, el auto. Las compañías de seguros son conscientes del peligro.

—¿Qué revisión haría usted en esta oración?

(1) Cambiar *auto* por *carro*
(2) Cambiar *compañías* por *Co.*
(3) Cambiar *de seguros* por *aseguranzas*
(4) Poner dos puntos después de *auto*
(5) Ninguna

18. Oración 7: Los precios de las pólizas para jóvenes de los dieciséis y los diecinueve años son astronómicos.

—¿Cuál sería la mejor forma de expresar la parte subrayada? Si cree que la versión original es la mejor, elija la opción (1).

(1) de
(2) entre
(3) desde
(4) con
(5) a

19. Oración 8: Especialmente después de uno o dos accidentes.

—¿Qué corregiría en esta frase en relación con la oración 7?

(1) Cambiar *Especialmente* por *especialmente*
(2) Cambiar el punto después de *astronómicos* por una coma
(3) Los dos cambios anteriores
(4) Cambiar *Especialmente* por *En especial*
(5) Ninguna

20. Oración 9: A veces se piensa si no sería mejor aumentar la edad legal de los conductores.

—¿Cuál sería la mejor forma de expresar la parte subrayada? Si cree que la versión original es la mejor, elija la opción (1).

(1) si no sería
(2) si no será
(3) si fuera
(4) si será
(5) si no es

21. Oración 10: Pero el automóvil manda en la familia como en la carretera.

—¿Qué revisión haría usted en esta oración?

(1) Agregar la palabra *tanto* después de *manda*
(2) Cambiar *automóvil* por *automóbil*
(3) Omitir el acento de *automóvil*
(4) Cambiar *carretera* por *vía*
(5) Ninguna

22. Oración 11: ¿El automóvil, o las compañías de automóviles?

—¿Qué revisión haría usted en esta oración?

(1) Cambiar *o* por *y*
(2) Omitir la coma
(3) Cambiar *el automóvil* por *los automóviles*
(4) Cambiar *compañías* por *compañía*
(5) Ninguna

Las preguntas 23 a 34 se refieren al párrafo siguiente:

(1) Algunos anuncios de venta de computadoras comienzan así: (2) ¿Quiere usted simplificar su vida? Respuesta: la computadora Equis ICX3. (3) La respuesta, entre tanto, no es muy clara. (4) La marca misma de la computadora es intimidante. (5) Y el precio. ¿Que decir del precio? ¡Ah, el precio! (6) Los anuncios no se preocupan de los precios a no ser para decir: ¿Precio? Nada. Solamente unos mil pesos. (7) Aunque es verdad, resulta que los pesos son estadounidenses, es decir, dólares. (8) ¿Y a cuánto está el dólar? A diez pesos por dólar. (9) Ah, eso ya es otra cosa. (10) La vida del pobre comprador no se simplifica. (11) Pero no se preocupe. Las tarjetas de crédito pagan.

23. Oración 1: Algunos anuncios de venta de computadoras comienzan así:

    —¿Qué revisión haría usted en esta oración?

    (1) Cambiar *anuncios* por *reclamos*
    (2) Cambiar *computadoras* por *computación*
    (3) Omitir los dos puntos después de *así*
    (4) Poner acento sobre *algunos*
    (5) Ninguna

24. Oración 2: ¿Quiere usted simplificar su vida? Respuesta: la computadora Equis ICX3.

    —¿Qué revisión haría usted en esta oración?

    (1) Omitir los dos puntos
    (2) Cambiar *Equis* por *equis*
    (3) Cambiar los dos puntos por punto y coma
    (4) Omitir las siglas después de *Equis*
    (5) Ninguna

25. Oración 3: La respuesta, entre tanto, no es muy clara.

    —¿Cuál sería la mejor forma de expresar la parte subrayada? Si cree que la versión original es la mejor, elija la opción (1).

    (1) entre tanto
    (2) sin embargo
    (3) a pesar
    (4) caramba
    (5) así

26. Oración 4: La marca misma de la computadora es intimidante.

    —¿Cuál sería la mejor forma de expresar la parte subrayada? Si cree que la versión es la mejor, elija la opción (1).

    (1) marca misma
    (2) misma marca
    (3) sola marca
    (4) marca igualmente
    (5) marca caprichosa

27. Oración 5: Y el precio. ¿Que decir del precio? ¡Ah, el precio!

    —¿Qué revisión haría usted en esta oración?

    (1) Omitir la frase *Y el precio*
    (2) Omitir la última frase *¡Ah, el precio!*
    (3) Poner el acento escrito sobre *¿Que*
    (4) Omitir el signo de exclamación
    (5) Ninguna

CAPÍTULO 9: Dos exámenes completos de práctica

28. Oración 6: Los anuncios no se preocupan de los precios.

    —¿Qué revisión haría usted en esta oración?

    (1) Cambiar *anuncios* por *ads*
    (2) Poner un acento sobre *se*
    (3) Cambiar *anuncios* por *anunsios*
    (4) Cambiar *preocupan* por *preocupaban*
    (5) Ninguna

29. Oración 6: Los anuncios no se preocupan de los precios, <u>a no ser</u> para decir: ¿Precio? Nada. Solamente unos mil pesos.

    —¿Cuál sería la mejor forma de expresar la parte subrayada? Si cree que la versión original es la mejor, elija la opción (1).

    (1) a no ser
    (2) solo
    (3) que
    (4) como para
    (5) sin

30. Oración 7: Aunque es verdad, resulta que los pesos son estadounidenses, es decir, dólares.

    —¿Qué revisión haría usted en esta oración?

    (1) cambiar *verdad* por *verdades*
    (2) cambiar *es* por *fuere*
    (3) cambiar *es* por *fuera*
    (4) omitir el acento en *dólares*
    (5) Ninguna

31. Oración 8: ¿Y a cuánto está el dólar? A diez pesos por dólar.

    —¿Qué revisión haría usted en esta oración?

    (1) Completar la segunda frase añadiendo *Está*
    (2) Cambiar *está* por *estaba*
    (3) Omitir el acento en *cuánto*
    (4) Poner dos puntos después de *dólar*
    (5) Ninguna

32. Oración 9: Ah, eso ya es <u>otra cosa</u>.

    —¿Cuál sería la mejor forma de expresar la parte subrayada? Si cree que la versión original es la mejor, elija la opción (1).

    (1) otra cosa
    (2) otros cantares
    (3) la misma cosa
    (4) un cuento chino
    (5) la mar de divertido

33. Oración 10: La vida del pobre comprador no se simplifica.

    —¿Qué revisión haría usted en esta oración?

    (1) Cambiar *comprador* por *compradores*
    (2) Comenzar la oración con *Pues*
    (3) Poner coma después de *comprador*
    (4) Cambiar *simplifica* por *complica*
    (5) Ninguna

34. Oración 11: Pero no se preocupe. Las tarjetas de crédito pagan.

    —Combine las dos oraciones mediante alguna de las siguientes fórmulas:

    (1) cuando sea
    (2) mientras
    (3) al revés
    (4) que
    (5) con tal que

Las preguntas 35 a 45 se refieren al párrafo siguiente:

(1) La gente suele confundir las lenguas y dialectos de la Península Ibérica. (2) Muchos creen que el vascüence o eusquera es un dialecto. (3) Otros piensan que el andaluz es una lengua. (4) La confusión llega hasta tal punto que las mayoría no sabe si el gallego es un dialecto del Portugués, o al revés, el Portugués del gallego. (5) Aunque la materia no sea de mucha trascendencia, convendrá saber lo que dicen los expertos. (6) Según los lingüistas, las lenguas de España son el vascuence o euskera, el catalán, el gallego y el castellano. (7) El bable casi extinto, es también una lengua románica hispánica (8) El vascuence es la lengua más antigua de Europa. Su origen nos es desconocido. (9) Se llaman lenguas románicas las que se derivan directamente del Latín. (10) Los dialectos, a su vez, de las lenguas románicas. (11) Así, a excepción del euskera, podemos decir que las lenguas de la Peninsula son hijas del latín; los dialectos, sus nietos.

35. Oración 1: La gente suele confundir las lenguas y dialectos de la Península Ibérica.

—¿Qué revisión haría usted en esta oración?

(1) Cambiar *suele* por *suelen*
(2) Cambiar *y* por *o*
(3) Cambiar *Península* por *península*
(4) Cambiar *y* por *con*
(5) Ninguna

36. Oración 2: Muchos creen que el vascüence o eusquera es un dialecto.

—¿Qué revisión haría usted en esta oración?

(1) Cambiar *vascüence* por *vascuence*
(2) Cambiar la *o* por la *y*
(3) Cambiar *vascüence* por *basco*
(4) Cambiar *eusquera* por *éusquera*
(5) Ninguna

37. Oración 3: Otros piensan que el andaluz es una lengua.

—Combine las oraciones 2 y 3 mediante alguna de las siguientes fórmulas:

(1) u
(2) mientras que
(3) al punto
(4) Sin par
(5) Igual

38. Oración 4: La confusión llega hasta tal punto que la mayoría no sabe si el gallego es un dialecto del Portugués, o al revés, el Portugués lo es del gallego.

—¿Qué revisión haría usted en esta oración?

(1) Cambiar *llega* por *llegará*
(2) Cambiar *Portugués* por *portugués*
(3) Cambiar *gallego* por *Gallego*
(4) Cambiar la coma de *revés* por dos puntos
(5) Ninguna

39. Oración 5: Aunque la materia no sea de mucha trascendencia, <u>convenderá saber</u> lo que dicen los expertos.

—¿Cuál sería la mejor forma de expresar la parte subrayada? Si cree que la versión original es la mejor, elija la opción (1).

(1) convenderá saber
(2) convendría saber
(3) convinió saber
(4) convindrá saber
(5) convendrá saber

40. Oración 6: <u>Según</u> los lingüistas, las lenguas de España son: el vascuence o eusquera, el catalán, el gallego y el castellano.

—¿Cuál sería la mejor manera de expresar la parte subrayada? Si cree que la versión original es la mejor, elija la opción (1).

(1) Según
(2) Es opinable
(3) Al parecer
(4) Además
(5) Es posible

41. Oración 7: El <u>bable casi extinto</u>, es también una lengua románica hispánica.

—¿Cuál sería la mejor manera de expresar la parte subrayada? Si cree que la versión original es la mejor, elija la opción (1).

(1) bable casi extinto
(2) bable, casi extincto
(3) bable, casi estinto
(4) bable casi extinguido
(5) bable, casi extinto

42. Oración 8: El vascuence es la lengua más antigua de Europa. Su origen nos es desconocido.

—Combine las dos oraciones mediante alguna de las siguientes palabras:

(1) y
(2) pues
(3) como que
(4) hasta que
(5) ya que

43. Oración 9: Se llaman lenguas románicas las que se derivan directamente del Latín.

—¿Qué revisión haría usted en esta oración?

(1) Cambiar *lenguas románicas* por *Lenguas Románicas*
(2) Cambiar *directamente* por *directo*
(3) Cambiar *directamente* por *derecho*
(4) Cambiar *Latín* por *latín*
(5) Ninguna

44. Oración 10: Los dialectos, <u>a su vez</u>, de las lenguas románicas.

—¿Cuál es la mejor forma de expresar la parte subrayada? Si cree que la versión original es la mejor, elija la opción (1).

(1) a su vez
(2) sin más
(3) considerablemente
(4) a su vez, se derivan
(5) a su vez no se derivan

45. Oración 11: Así, a excepción del euskera, podemos decir que las lenguas de la Peninsula son hijas del latín; los dialectos, sus nietos.

—¿Qué revisión haría usted en esta oración?

(1) Cambiar *Peninsula* por *península*
(2) Cambiar *Peninsula* por *Península*
(3) Poner dos puntos después de *decir*
(4) Añadir *son* después de *dialectos*
(5) Ninguna

Las preguntas 46 a 50 se refieren a la selección siguiente:

(1) Un tour alrededor del mundo es el sueño de todo aficionado al turismo. (2) Un sueño que parece irrealizable por su complexidad y costo. (3) Claro que en esto, como en todo, hay siempre clases y precios para todos los gustos. (4) Cuando se tratan de autos, uno puede comprar un Jaguar o un Yugo. (5) El primero cuesta unos $50.000; el segundo, diez veces menos. (6) Lo mismo ocurre con las joyas. Tan joya es un anillo de peltre como un collar de diamantes. (7) Y hablando de diamantes, los ay de cien dólares, y de millones. (8) Incluso los viajes a un mismo lugar pueden variar considerablemente de precio. (9) En cuanto al viaje alrededor del mundo, francamente prefiero hacerlo mirando la tele.

46. Oración 1: Un tour alrededor del mundo es el sueño de todo aficionado al turismo.

—¿Qué revisión haría usted en esta oración?

(1) Cambiar *mundo* por *Mundo*
(2) Cambiar *es* por *sería*
(3) Cambiar *tour* por *viaje*
(4) Cambiar *sueño* por *pesadilla*
(5) Ninguna

47. Oración 2: Un sueño que parece irrealizable por su compexidad y costo.

—¿Qué revisión haría usted en esta oración?

(1) Poner coma después de *sueño*
(2) Cambiar un *sueño* por *una locura*
(3) Cambiar *complexidad* por *complejidad*
(4) Cambiar *costo* por *costa*
(5) Ninguna

48. Oración 3: <u>Claro que</u> en esto, como en todo, hay siempre clases y precios para todos los gustos.

—¿Cuál sería la mejor forma de expresar la parte subrayada? Si cree la versión original es la mejor, elija la opción (1).

(1) Claro que
(2) No es claro que
(3) Sería claro que
(4) Es oscuro que
(5) Lo malo que

49. Oración 4: Cuando se tratan de autos, uno puede comprar un Jaguar o un Yugo.

—¿Qué revisión haría usted en esta oración?

(1) Cambiar *Cuando* por *Si*
(2) Cambiar *tratan* por *trata*
(3) Cambiar *uno* por *usted*
(4) Cambiar *Jaguar* por *jaguar*
(5) Ninguna

50. Oración 5: El primero cuesta unos $50.000; el segundo, diez veces menos.

—¿Qué revisión haría usted en esta oración?

(1) Cambiar *primero* por *1°*
(2) Cambiar *$50.000* por *$50,000*
(3) Poner punto después de *$50.000*
(4) Omitir la coma después *segundo*
(5) Ninguna

Parte II: Composición

45 minutos

> **Instrucciones:** En esta segunda parte se trata de comprobar su habilidad de expresarse por escrito. Se le pide que escriba una composición en la cual usted explica algo o da su opinión sobre algún problema.
>
> Tiene 45 minutos para escribir sobre el tema indicado abajo. Escriba claramente y use un bolígrafo para que los evaluadores puedan leer fácilmente lo que ha escrito.
>
> Lo único que vale para la puntuación es la copia en limpio, en la cual debe ir escrito el tema completo. No escriba sobre ningún otro tema, pues no valdría para nada.
>
> Tenga en cuenta las siguientes recomendaciones: lea las instrucciones; use un papel en blanco para hacer sus apuntes y borrador; haga un pequeño plan de trabajo; redacte el borrador según él; léalo y corríjalo; redacte en limpio en las hojas indicadas de la libreta de respuestas.

TEMA

> El movimiento feminista es reciente, pero cada vez más importante. ¿En qué consiste? ¿Y cuál es su opinión sobre él?
>
> Escriba una composición de unas doscientas palabras (aproximadamente una página de veinticinco líneas) dando razones y ejemplos concretos que apoyen su opinión.

Use esta página para anotaciones.

EXAMEN 2: ESTUDIOS SOCIALES

50 preguntas–70 minutos

Las preguntas 1 a 4 se refieren al pasaje siguiente:

Cristóbal Colón (1451–1506), contaba en su Diario de Viaje la primera visión que tenía del Nuevo Mundo. El 12 de octubre, viernes, del año en que descubrió América, dijo así: "Yo, porque nos tuviesen mucha amistad —porque conocí que era gente que mejor se libraría y convertiría a nuestra santa fe con amor que por fuerza— les di algunos de ellos unos bonetes colorados y unas cuentas de vidrios, que se ponían al pescuezo, y otras muchas de poco valor, con que hubieron mucho placer, y quedaron tanto nuestros que era maravilla. Los cuales después venían a las barcas de los navíos, adonde nosotros estábamos, nadando, y nos traían papagayos e hilo de algodón en ovillos, y azagallas y otras cosas muchas, y nos las trocaban por otras cosas que nosotros les dábamos, como cuentecillas de vidrio y cascabeles. En fin, todo lo tomaban, y daban de aquello que tenían, de buena voluntad. Mas me pareció que era gente muy pobre de todo. Ellos andaban todos desnudos como su madre los parió, y también las mujeres, aunque no vi más de una, harta moza. Y todos los que yo vieran mancebos, que ninguno vi que pasase de edad de treinta años, muy bien hechos, de muy hermosos y lindos cuerpos y muy buenas caras; los cabellos, gruesos casi como cerdas de cola de caballos, y cortos; los cabellos traen por encima de las cejas, salvo unos pocos detrás, que traen largos, que jamás cortan..."

"Ellos no traen armas ni las conocen. porque les mostré espadas y las tomaban por el filo, y se cortaban, con ignorancia. No tienen algún hierro. Sus azagayas son unas varas sin hierro, y algunas de ellas tienen al cabo un diente de pez, y otras de otras cosas. Ellos todos a una mano son de buena estatura de grandeza, buenos gestos y bien hechos. Ellos deben ser buenos servidores y de buen ingenio, que veo que muy presto dicen todo lo que les decía, y creo que ligeramente se harían cristianos..."

1. Cristóbal Colón quería
   (1) dominar a los indígenas por la fuerza.
   (2) proporcionar víveres a los nativos.
   (3) dominar y convertir a los indígenas al cristianismo.
   (4) que los indígenas aprendieran a hablar la lengua castellana.
   (5) que los indígenas fueran con él a España.

2. Los indígenas
   (1) aceptaron la conversión al cristianismo.
   (2) conocían la Edad de Hierro.
   (3) fueron obsequiados con cosas muy valiosas.
   (4) no querían hacer ningún obsequio.
   (5) practicaban el trueque como habitual forma.

3. La primera visión que tuvo Colón del Nuevo Mundo está narrada en
   (1) unas cartas.
   (2) el diario de viaje.
   (3) los documentos que entregó a la reina.
   (4) unos jeroglíficos.
   (5) ninguna de las anteriores

4. Una de las siguientes afirmaciones no es correcta. ¿Cuál es?
   (1) Los indígenas intercambiaban artículos con los españoles.
   (2) Colón pensó que los indígenas eran gente muy rica.
   (3) Colón se dio cuenta de que los indígenas no usaban armas.
   (4) Los indígenas no eran cristianos.
   (5) Los indígenas se acercaban a las embarcaciones españolas nadando.

Las preguntas 5 a 8 se refieren al pasaje siguiente:

El jefe indígena Toro Sentado, dijo: "Cuando murió el último búfalo, un viento frío atravesó la pradera... un viento de muerte para mi pueblo".

Los historiadores dicen que había en Norteamérica, alrededor del año 1830, unos 60 millones de búfalos (bisontes americanos). Hoy, protegidos en reservas, tan sólo quedan 33,000 cabezas. El último búfalo salvaje, del que nos habla Toro Sentado, lo mataron en Colorado, en el año 1897; un viento frío de muerte rompió el alma de los indígenas norteamericanos.

En 1875, los pocos búfalos que quedaban habían huido del norte al sur del país escapando de los cazadores. Un grupo de personas se reunió en la ciudad de Austin y propuso a la Asamblea Legislativa del estado de Texas que se prohibiera la caza del animal.

Aquel año, el general Phil Sheridan, jefe de los ejércitos del sudoeste de Estados Unidos, se presentó en el Senado y dijo que era un error sentimental aprobar una ley, que protegiera la vida del búfalo. Todo lo contrario, en vez de impedir a los cazadores había que darles un voto unánime de agradecimiento y concederles a cada uno una medalla de bronce.

La medalla debía llevar por una cara la representación de un búfalo muerto y, por la otra, la cara de un indígena vencido. Había que darles una medalla porque, decía el general, los cazadores estaban haciendo mucho más por resolver los problemas que tenía el Gobierno con los indígenas que toda la labor que había hecho el ejército en 30 años.

En su discurso dijo que "hay que dejar a los cazadores matar, quitar la piel y vender hasta que el último búfalo sea exterminado. Es la única forma de lograr la paz y de permitir el desarrollo de la civilización". Para los indígenas, el búfalo lo era todo. El jefe sioux Nube Roja, decía: "Su carne sustentaba nuestras vidas. La cortábamos en tiras, la secábamos, la picábamos y, guardábamos las pieles para el invierno. Preservábamos la grasa. Sus huesos nos servían para hacer materiales y armas. El cráneo lo conservábamos por su poder curativo. La piel nos proveía de mantas, prendas de vestir, canoas, abrigos; con ella construíamos nuestras casas, producíamos pegamento con sus pezuñas, y con sus tendones y nervios hacíamos la cuerda del arco". Para los indígenas de la pradera, el búfalo era el eje central de su cultura, de su vida nómada y de su mitología.

El representante Fort, del estado de Illinois, introdujo un proyecto de ley a favor de la protección del búfalo, declarando que él no estaba de acuerdo en civilizar a los indígenas matándolos de hambre y destruyendo los medios que Dios les había dado para su sustento. El proyecto de ley fue enviado al Senado, allí fue ratificado y enviado al presidente Ulysses Grant, quien recibió el documento, lo puso en una carpeta y ahí quedó para siempre.

Los cazadores siguieron matando el búfalo hasta que lo aniquilaron totalmente. A fines del siglo XIX, se salvaron unas 800 cabezas. Eran las únicas que quedaban, pero en reservas protegidas por rancheros particulares. No quedaba ni un búfalo libre en la pradera. En menos de 70 años, el ejército y los cazadores de pieles habían matado a 60 millones de búfalos. Los indígenas fueron derrotados. Y en la misma década que morían sus animales sagrados ellos eran confinados también en reservas. A fines del siglo XIX, tampoco quedaba ningún indígena libre en la pradera. La "civilización" trajo para ellos, como decía Toro Sentado, un viento frío de muerte.

5. El búfalo también se conoce con el nombre de
   (1) caballo salvaje.
   (2) ganado vacuno.
   (3) toro de lidia.
   (4) bisonte americano.
   (5) cebra americana.

6. La idea central del texto es
   (1) que el búfalo era un elemento primordial en la vida de los indígenas.
   (2) que los búfalos no podían subsistir en Estados Unidos.
   (3) que Toro Sentado se dio cuenta de que aquel viento tan frío les traería la muerte.
   (4) que el último búfalo salvaje murió en 1897.
   (5) que los búfalos, si no vivían en reservas, no podían subsistir.

7. Los indígenas utilizaban los búfalos para los siguientes fines, excepto
   (1) para ir de caza.
   (2) para hacer mantas.
   (3) para hacer prendas de vestir.
   (4) como alimento.
   (5) para construir canoas.

8. El proyecto de ley introducido por el representante Fort del estado de Illinois
   (1) tenía como objetivo civilizar a los indígenas.
   (2) pretendía legalizar el hecho de que los indígenas estaban muriéndose de hambre.
   (3) fue un intento de proteger la supervivencia de los búfalos.
   (4) fue muy bien acogido por el presidente Grant.
   (5) se basaba en la unidad de criterios de los cazadores.

CAPÍTULO 9: Dos exámenes completos de práctica

Las preguntas 9 a 12 se refieren al pasaje siguiente:

Genocidio es la destrucción sistemática y erradicación de un grupo racial, político o cultural. Su objetivo es la aniquilación de tal grupo, de su historia y de todo su pasado. Genocidio no es un concepto nuevo. A lo largo de los siglos, grupos en poder han tratado de eliminar a pueblos más débiles. Mientras que el genocidio en la práctica conlleva la cooperación de muchos, usualmente es la idea de tan sólo un líder fuerte.

Cartago fue fundada en el año 850 a. C., en un punto estratégico del golfo de Túnez. Debido a su situación estratégica y puerto importante, la colonia creció hasta convertirse en el centro del comercio fenicio. Cartago llegó a ser una de las ciudades más grandes de la edad antigua con una población que se estima en más de un millón de habitantes.

En su tiempo, las ambiciones de Cartago produjeron conflictos con las de otras naciones. Fue con Roma que el conflicto creció hasta el punto en que nació una gran lucha entre las dos potencias, creando una serie de guerras: tres largas y crueles guerras que se extendieron intermitentemente desde el año 264 a. C. hasta el 146 a. C., siendo finalmente los romanos los vencedores. Debido a la insistencia de sus líderes en que los romanos vivirían para siempre en paz si Cartago era destruida, los romanos mataron o esclavizaron a los cartagineses, quemando y saqueando la ciudad.

Se ha dicho que a largo plazo tan sólo la religión, el arte y la sabiduría aseguran la inmortalidad. Aparentemente, los cartagineses tuvieron más éxito en el comercio que en dichos aspectos culturales, puesto que hay actualmente pocos trazos de su civilización.

9. Según el contenido del pasaje, ¿cuál de los siguientes es un ejemplo de genocidio?

   (1) Cartago tenía una población aproximadamente de un millón de habitantes.
   (2) Las guerras duraron más de 100 años y los romanos fueron los victoriosos.
   (3) Los romanos mataron o esclavizaron a los cartagineses, quemando la ciudad y destruyéndola.
   (4) Las ambiciones de Cartago crearon conflicto con otras naciones.
   (5) Los fenicios fueron grandes comerciantes.

10. Según el pasaje, ¿cuál de las afirmaciones siguientes no es correcta?

    (1) El genocidio asegura la inmortalidad de un pueblo.
    (2) Quedan pocos trazos de la civilización de Cartago.
    (3) Cartago fue una gran ciudad de la antigüedad.
    (4) Cartago fue establecida en el año 850 a. C.
    (5) Cartago fue un puerto importante estratégico comercial.

11. Según el pasaje, ¿cuál de las siguientes asegura la inmortalidad?

    (1) Gran riqueza
    (2) Victorias en las guerras
    (3) Leyes fuertes
    (4) Una buena economía
    (5) El buen arte

12. Según el pasaje, ¿por qué los romanos querían destruir Cartago?

    (1) Roma estaba situada muy cerca de Cartago.
    (2) Los romanos criticaban la religión de Cartago
    (3) Estaban celosos del poder de Cartago.
    (4) Tradicionalmente siempre odiaron a Cartago.
    (5) Deseaban poseer su riqueza artística.

Las preguntas 13 a 16 se refieren al pasaje siguiente:

Para la campaña presidencial de 1952, el Partido Republicano eligió como candidato al héroe de la Segunda Guerra Mundial, el general Dwight David Eisenhower. El senador Richard M. Nixon de California, conocido por su fuerte oposición contra el comunismo, fue elegido como su compañero. El Partido Demócrata eligió al gobernador de Illinois, Adlai E. Stevenson.

La campaña versó en torno a tres temas: "Corea, el comunismo y la corrupción". Nixon, atacó especialmente a los demócratas por tener una actitud muy tolerante hacia el comunismo y también atacó la corrupción en la administración de Truman. El día de las elecciones, los republicanos ganaron una clara victoria. Finalizaron 20 años de gobierno presidido por demócratas.

Eisenhower, como los dirigentes de los negocios que lo apoyaban, quería limitar los gastos gubernamentales reduciendo los gastos federales. Con todo, el nuevo presidente deseaba seguir el gran número de programas gubernamentales que se habían desarrollado durante los años de Roosevelt y Truman. También creía que el Congreso estaba más cerca del pueblo y que por eso debía dirigir el país. Como presidente, ofrecería programas en los que el Congreso pudiera actuar. Trabajaría con un equipo de consejeros, la mayoría, altos dirigentes de empresas. Veía sus funciones como las de un mediador entre ellos.

Poco después de hacerse cargo de la presidencia, Eisenhower logró terminar la guerra de Corea firmando un armisticio en julio de 1953.

La guerra de Corea duró más de tres años. Murieron 33,600 estadounidenses y muchos miles más de coreanos. Al final de la guerra no se había logrado una victoria ni el pueblo sentía que había conseguido algo positivo.

13. El general Dwight David Eisenhower

(1) fue un gran defensor del comunismo.

(2) fue un enemigo acérrimo del comunismo.

(3) eligió al candidato presidencial de 1952.

(4) había sido un héroe nacional durante la Segunda Guerra Mundial.

(5) prolongó la guerra de Corea durante más de 3 años, motivando una gran crisis que resultó en la muerte de 33,600 estadounidenses.

14. Eisenhower se convirtió en

(1) el líder del Partido Demócrata.

(2) presidente, junto al vicepresidente Nixon, y siguió la misma política de Truman.

(3) el primer presidente republicano después de veinte años de gobierno demócrata.

(4) el presidente republicano que gobernaría durante veinte años.

(5) presidente demócrata durante veinte años.

15. Según el texto,

(1) el presidente trató de reducir los gastos del gobierno limitando el presupuesto estatal.

(2) el presidente siguió los programas culturales y administrativos de Roosevelt y Truman.

(3) Nixon era demócrata.

(4) El presidente solucionó el problema de Corea el mismo año que comenzó su presidencia.

(5) Los temas principales de la campaña presidencial republicana eran: el comunismo, Corea y la corrupción.

16. Poco tiempo después de hacerse cargo de la presidencia, Eisenhower

(1) renunció.

(2) creó más fuentes de trabajo.

(3) consiguió poner fin a la guerra de Corea.

(4) participó en la iniciación de la Segunda Guerra Mundial.

(5) redujo los gastos estatales.

Las preguntas 17 a 20 se refieren al pasaje siguiente:

Uno de los hombres que más ha influido en el desarrollo de las ciencias naturales y sociales ha sido Charles Darwin. Nació en la ciudad inglesa de Shrewsbury, en el año 1809, en el seno de una familia de médicos. Tanto su padre como su abuelo ejercían esta profesión, y en un principio él fue a la Universidad de Edimburgo a estudiar esta carrera, pero no la terminó decidiendo más tarde trasladarse a Cambridge para hacerse clérigo, idea que tampoco realizó. Tanto en una como en otra universidad se dedicó a su afición favorita: las ciencias naturales. Hacía excursiones geológicas, coleccionaba escarabajos, leía trabajos sobre insectos, aves, minerales, y estaba en contacto con naturalistas de la época. Pero lo más importante que le ocurrió en estos primeros años de su vida académica fue la invitación que le hizo el botánico Henslow a formar parte, como naturalista, en una expedición que se iba hacer a bordo del buque *Beagle*, con el fin de recoger información geográfica.

El viaje, alrededor del mundo, duró cinco años. Durante el mismo, Darwin acumuló una enorme colección de observaciones botánicas, zoológicas y geológicas, que constituyeron las bases de sus trabajos posteriores. En 1859 apareció su obra más importante: *El origen de las especies,* que a pesar de las polémicas que promovió, obtuvo un éxito resonante, modificando la biología e influyendo en el pensamiento teológico, antropológico y social de su tiempo. Lo original de su libro fue explicar la evolución dentro de la teoría de la selección natural, ya que ésta constituía una nueva concepción del orden biológico. Uno de los puntos más importantes de la explicación biológica era el problema de la adaptación. Influido por Cuvier y Paley, comenzó su investigación en el *Beagle* creyendo en la inmutabilidad de las especies, pero a lo largo del viaje fue dándose cuenta de que las especies variaban de acuerdo con el medio físico o geográfico en donde vivían. Se centró, pues, en el estudio de las variaciones que se observaban entre plantas y animales. Las especies no eran fijas sino maleables. Darwin atribuía la función selectiva a la lucha por la existencia; describía así el proceso de selección natural: "Como de cada especie nacen muchos más individuos de los que pueden sobrevivir, y como, en consecuencia, hay que recurrir con frecuencia a la lucha por la existencia, se deduce que cualquier ser, si varía, aunque sea levemente, de algún modo provechoso para él, bajo las complejas y a veces variables condiciones de vida, tendrá mayor probabilidad de sobrevivir, y de ser así seleccionado naturalmente. Según el vigoroso principio de la herencia, toda variedad seleccionada tenderá a propagar su forma nueva y modificada".

Darwin murió en Down House, Kent, en 1881.

17. Charles Darwin creía en la idea

(1) de la supervivencia de los más débiles.

(2) de que las especies sostenían frecuentes luchas.

(3) de la supervivencia de los más fuertes.

(4) de que el principio de la herencia no tenía nada que ver con la supervivencia de una especie.

(5) de que los naturalistas del *Beagle* debían realizar una misión muy importante.

18. La afición favorita de Charles Darwin era

(1) la medicina.

(2) las ciencias naturales.

(3) la teología.

(4) la antropología.

(5) la biología.

19. La obra más importante de Charles Darwin hace referencia a

(1) el origen de las especies y cómo éstas van evolucionando.

(2) la vida de las especies y cómo éstas se relacionan entre sí.

(3) la evolución de la zoología.

(4) la vida de las especies botánicas.

(5) la inmutabilidad de las especies y su explicación biológica.

20. La teoría de Darwin planteó

(1) que las especies son hereditarias.

(2) que las especies varían de acuerdo con el medio físico en que viven.

(3) que las especies no varían con el cambio geográfico.

(4) que la función selectiva de las especies es diferente de la lucha por la existencia.

(5) que la especie que no se modifique a causa de las condiciones ambientales es la que tiene más posibilidad de propagar su descendencia.

Las preguntas 21 a 24 se refieren al pasaje siguiente:

Los impuestos fueron otra fuente de problemas entre el gobierno británico y las colonias norteamericanas. Los británicos tenían grandes deudas tras la guerra franco-indígena. Muchas personas en Inglaterra opinaban que eran los colonos los que tenían que pagar estas deudas por medio de impuestos.

Sin embargo, el gobierno británico no quería que los colonos pagaran sólo las deudas de la guerra sino también otros gastos coloniales. Los colonos consideraban que esto era injusto. Pronto los impuestos fueron la principal causa del descontento colonial con el gobierno británico.

En 1764, el Parlamento dictó la *Ley del azúcar* para juntar fondos en las colonias. Esta ley, en realidad, rebajó el impuesto sobre la melaza importada a las colonias desde las Antillas. Pero al mismo tiempo se instituyó un nuevo sistema de recaudación de impuestos con la intención de que éstos se pagaran en su totalidad. La ley se hacía cumplir rigurosamente. Las colonias, indignadas por esta medida, empezaron a importar cada vez menos mercancías de Inglaterra, lo cual dio como resultado que las relaciones entre las colonias y la madre patria empeoraran.

En 1765, el Parlamento dictó la *Ley del timbre*. Esta ley ordenaba que varios tipos de material impreso, como periódicos y almanaques, tenían que llevar un timbre oficial. Los papeles oficiales y de negocios de diferentes clases también estaban sujetos a esta ley. Tales documentos no se consideraban válidos sin el timbre.

La tasa del timbre era una tasa directa. Se pagaba directamente al gobierno. Afectaba a todas las colonias por igual.

La reacción de las colonias fue negativa. Los comerciantes firmaron acuerdos para no importar mercancías de Inglaterra hasta que la *Ley del timbre* fuera revocada. Otros colonos formaron una organización conocida como los *Hijos de la libertad*. Este grupo tomó medidas contra los que estaban a favor de la tasa o los que la toleraban. Sus miembros atacaron a los vendedores de timbres, destruyendo sus timbres y propiedades.

21. Según el texto, uno de los grandes problemas entre el gobierno británico y sus colonias en América fue

(1) la esclavitud.
(2) la política fiscal.
(3) el comercio del trigo.
(4) los métodos de cultivar la tierra.
(5) la forma de gobierno colono.

22. El gobierno británico pretendía que los colonos pagaran

(1) los gastos de importación.
(2) las deudas de la guerra.
(3) los gastos comerciales.
(4) los gastos coloniales.
(5) 2 y 4

23. La *Ley del timbre* tenía como objetivo

(1) abolir el uso de timbres de correo.
(2) que todos los documentos llevaran un sello.
(3) pagar impuesto sobre varios tipos de material impreso.
(4) obligar a todas las viviendas a tener un timbre.
(5) ninguna de las anteriores

24. Una de las siguientes informaciones es falsa, ¿Cuál es?

(1) Los colonos rechazaron la *Ley del timbre*.
(2) La *Ley del timbre* fue abolida.
(3) El Parlamento dictó la *Ley del timbre*.
(4) Los colonos aceptaron la *Ley del timbre*.
(5) El impuesto del timbre se pagaba directamente al gobierno británico.

Las preguntas 25 y 26 se refieren a la gráfica siguiente:

Ingresos (1990-1999)

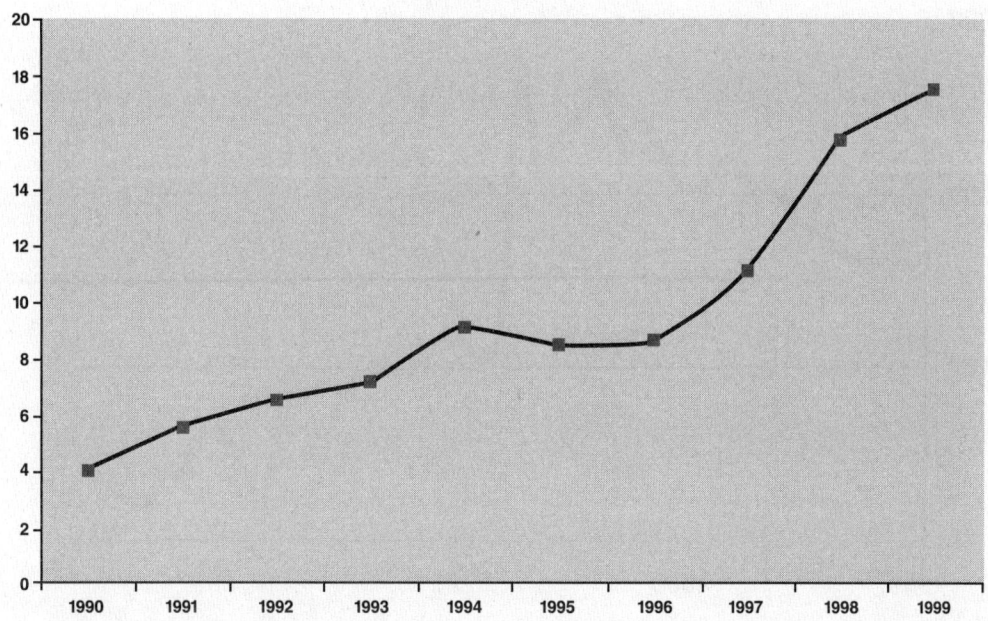

25. Según la gráfica, los ingresos
    - (1) eran superiores en los primeros años.
    - (2) disminuyeron a lo largo de los años.
    - (3) aumentaron de forma radical en 1995.
    - (4) alcanzaron su mayor nivel a fines de la década de 1990.
    - (5) cayeron en 1999.

26. Según los datos, se puede deducir que
    - (1) hubo una mejoría económica.
    - (2) los ingresos siguieron disminuyendo.
    - (3) se registró una caída entre 1992 y 1997.
    - (4) hubo una inestabilidad debido a la crisis económica del país.
    - (5) la pauta de ahorros fue considerable.

Las preguntas 27 a 29 se refieren a la gráfica siguiente:

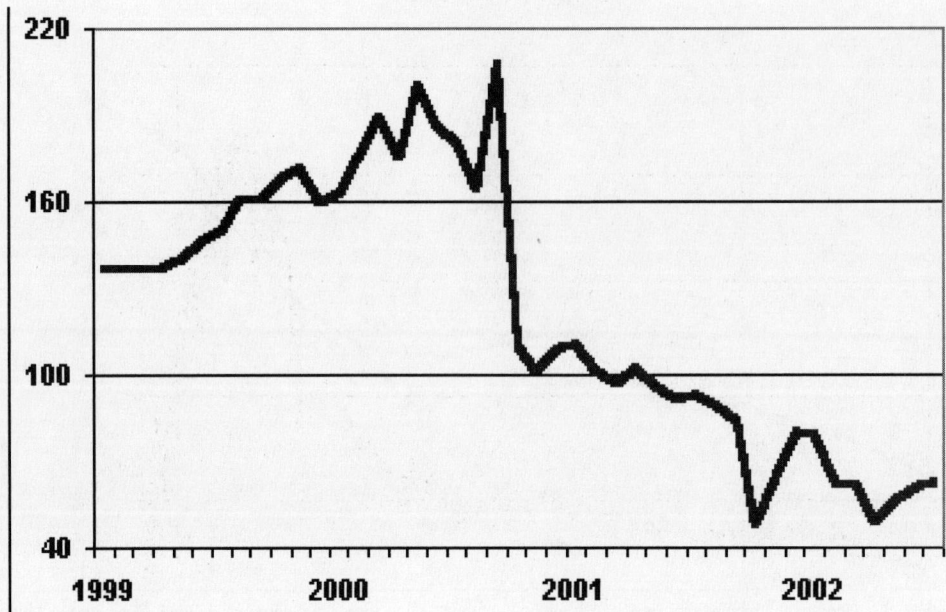

27. La llegada de turistas
    (1) disminuyó de forma radical en el año 2000.
    (2) aumentó en el 2002.
    (3) cayó a su nivel más bajo en el 2001.
    (4) registró su mayor auge y crisis en un período de un año.
    (5) continuó de forma estable desde 1999.

28. Hubo más turistas
    (1) en el período de 1999–2001 que en el 2001–2002.
    (2) en 1999, en relación con la llegada en el 2000.
    (3) en 2001.
    (4) entre 2000–2001.
    (5) en los años 1990–1999.

29. La gráfica muestra
    (1) el auge y crisis del turismo en el período 1999–2002.
    (2) el enorme auge que tuvo el turismo en el año 1999.
    (3) el descenso del turismo en el 2001.
    (4) el aumento de los turistas a partir de 1999.
    (5) el alza y la caída de la industria hotelera entre 1999 y 2002.

Las preguntas 30 a 32 se refieren a la gráfica siguiente:

Gráficas DEL S.A.

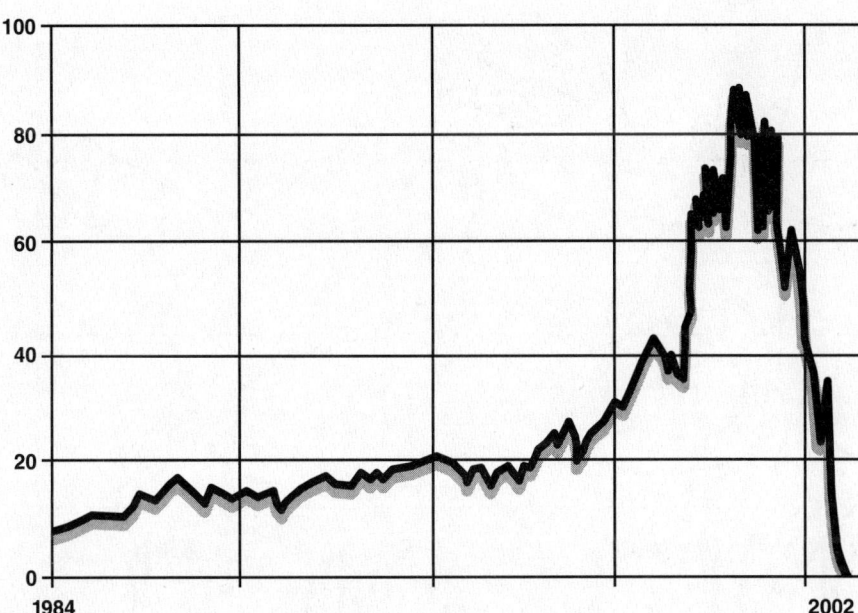

30. La gráfica muestra
    (1) el aumento de producción.
    (2) el alza y la caída de la empresa DEL S.A.
    (3) la crisis económica de la empresa desde 1984.
    (4) el crecimiento y las causas de la caída.
    (5) que el año 2002 fue el de mayor auge económico.

31. La empresa DEL S.A.
    (1) se caracteriza por un continuo equilibrio de sus acciones.
    (2) se mantuvo estable durante la década de 1980.
    (3) empieza a sufrir un desequilibrio en 2002.
    (4) comienza su crisis en la década de 1990.
    (5) experimentó un gran auge durante al menos 20 años.

32. La crisis de la empresa
    (1) se produjo por el problema de la importación.
    (2) se reflejaba ya desde un principio.
    (3) afectó a la industria maquinaria de la zona.
    (4) aparece de forma interrumpida a continuación de su mayor auge.
    (5) es lógica dado el crecimiento que tiene al comienzo.

Las preguntas 33 a 36 se refieren al mapa siguiente:

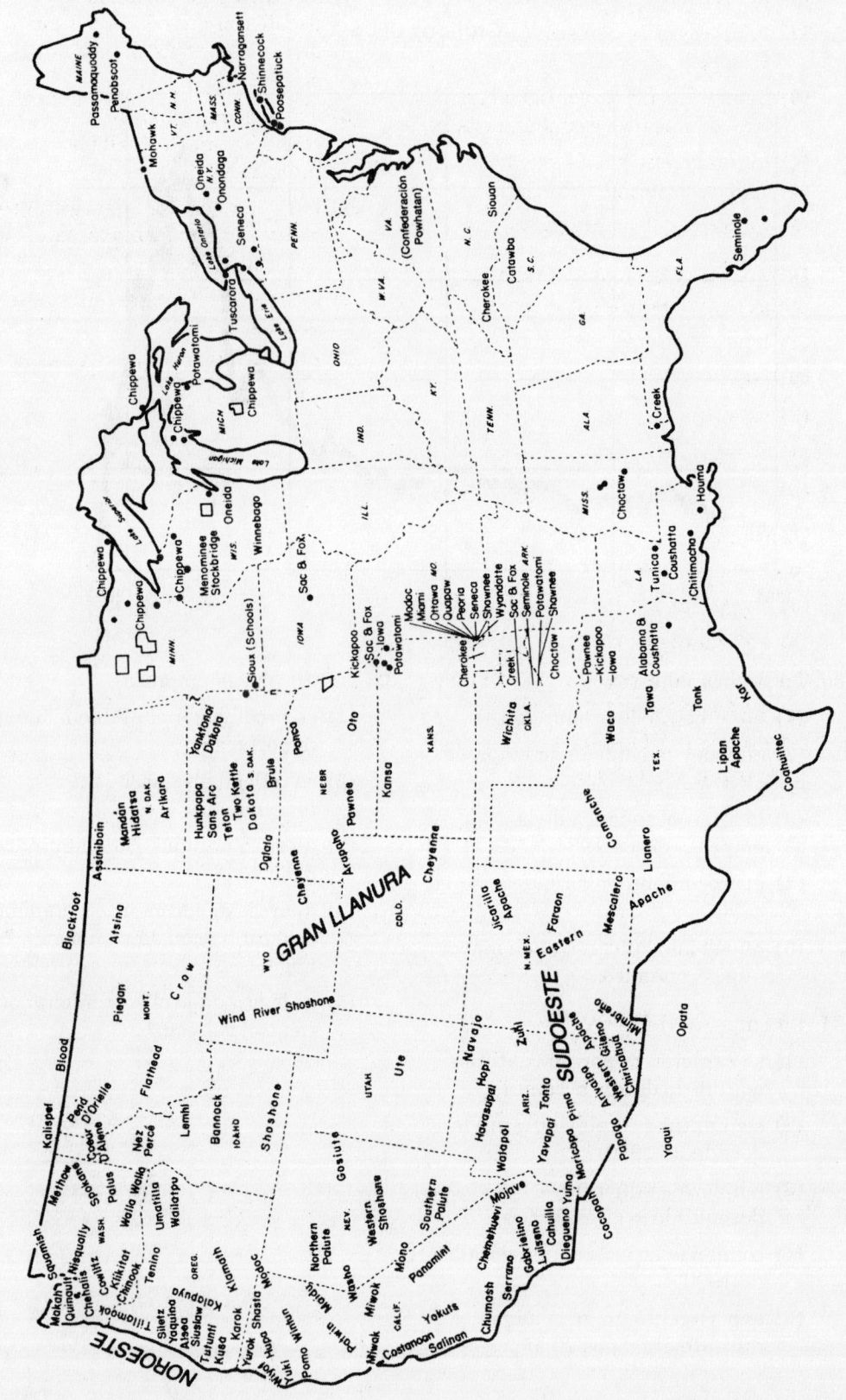

33. El mapa se refiere a

(1) la división política del país.

(2) la hidrografía de Estados Unidos.

(3) la distribución territorial de las tribus indígenas estadounidenses.

(4) un mapa antiguo de puestos indígenas de América Latina.

(5) ninguna de las anteriores

34. De acuerdo con el mapa, la tribu de los indígenas comanches vivió en el

(1) norte.

(2) sur.

(3) este.

(4) oeste.

(5) sureste.

35. De acuerdo con el mapa, la tribu de los indígenas cheyennes vivió

(1) en guerra con los arapaho.

(2) en una región de clima tropical.

(3) mucho tiempo en South Dakota, pero se trasladaron a Kansas.

(4) en una región subdesarrollada.

(5) ninguna de las anteriores

36. Según el mapa,

(1) los sioux y los comanches decidieron vivir en zonas muy distantes por problemas de guerra.

(2) en Estados Unidos han convivido muchas tribus indígenas.

(3) la región norte del país siempre ha estado muy poblada de indígenas.

(4) todas las tribus indígenas han desaparecido.

(5) los mezcaleros eran de la nación comanche.

Las preguntas 37 a 39 se refieren al pasaje siguiente:

Durante los primeros años del siglo XIX había un gran desacuerdo en torno al futuro de la economía estadounidense. Algunos estadounidenses, particularmente Thomas Jefferson y sus seguidores, desaprobaban algunos de los cambios que se habían hecho. Jefferson favorecía una economía agrícola, especialmente antes de llegar a la presidencia. Para él, la sociedad ideal consistiría en una mayoría de granjeros que cultivaran sus propias tierras y abastecieran sus propias necesidades. También habría artesanos y mecánicos en las pequeñas ciudades y pueblos que proveerían los conocimientos especializados que eran necesarios en ciertos casos.

Jefferson no estaba de acuerdo con un comercio limitado, ni tampoco con que hubiera muchas relaciones económicas y políticas con Europa. Sus seguidores estaban realmente convencidos de que el mejor sistema económico para Estados Unidos era uno basado en la agricultura a escala de pequeñas granjas donde cada cual trabajara su propia tierra.

Por otro lado, Alexander Hamilton y sus seguidores estaban a favor de la expansión de la manufactura con la idea de que las clases comerciales y gubernamentales trabajaran juntas. Favorecían la expansión comercial y el crecimiento de las ciudades.

37. Para Thomas Jefferson la sociedad ideal consistía en una
    (1) mayoría de artesanos.
    (2) mayoría de mecánicos.
    (3) mayoría de granjeros.
    (4) mezcla étnica.
    (5) sociedad internacional.

38. Jefferson no estaba de acuerdo con
    (1) mantener una intensa relación política y económica con Europa.
    (2) mantener pocas relaciones políticas.
    (3) un comercio ilimitado.
    (4) una economía agrícola.
    (5) una sociedad de granjeros.

39. Según Hamilton,
    (1) había que desarrollar la economía del campo.
    (2) era necesario el comercio agrícola.
    (3) la manufactura acercaría el comercio y las clases del gobierno.
    (4) él pensaba igual que Jefferson.
    (5) había que disminuir la expansión comercial y el crecimiento de las ciudades.

Las preguntas 40 a 43 se refieren la gráfica siguiente:

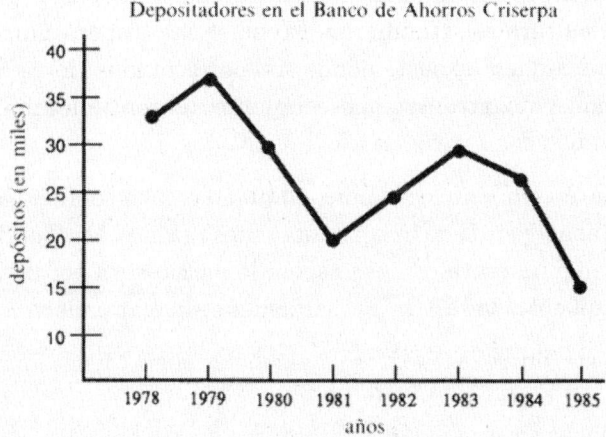

40. ¿En qué año el Banco de Ahorros Criserpa tuvo mayor número de depositadores?

    (1) 1978
    (2) 1979
    (3) 1981
    (4) 1982
    (5) 1985

41. ¿Cuántos depositadores, aproximadamente, tenía el banco en 1984?

    (1) 3
    (2) 30
    (3) 35
    (4) 25,000
    (5) 35,000

42. ¿Cuáles de las siguientes afirmaciones acerca de los depositadores del banco es falsa?

    (1) El número de los depositadores aumentó ligeramente en 1982.
    (2) El banco tuvo en 1985 el menor número de depositadores.
    (3) El número de depositadores disminuyó ligeramente en 1983.
    (4) El número de depositadores continuó aumentando cada año.
    (5) El número de depositadores varió de año en año.

43. De acuerdo con estas estadísticas se puede deducir que, con relación a sus depositadores, el Banco de Ahorros Criserpa tuvo en los últimos años

    (1) un éxito económico.
    (2) una crisis económica.
    (3) un balance de ingresos.
    (4) una estabilidad económica.
    (5) grandes inversiones.

Las preguntas 44 a 46 se refieren al pasaje siguiente:

La economía de Estados Unidos comenzó a crecer rápidamente tras la guerra de 1812. La industria y la agricultura se extendieron. El comercio prosperó. Una nueva oleada de gente se encaminaba hacia el oeste donde se le ofrecía más tierra a la población. Esta expansión económica contribuyó al crecimiento del sentimiento nacionalista, o sea, el orgullo nacional.

Sin embargo, el nuevo crecimiento económico también creaba conflictos. El noreste, el sur y el oeste, prosperaban, pero cada uno por diferentes razones. En el norte, la economía estaba basada en la manufactura. En esa región la agricultura perdía importancia a medida que fábricas, pueblos industriales y ciudades se hacían cada vez más comunes.

En los estados del oeste, entre los montes Apalaches y el río Mississippi, la economía estaba basada en la agricultura. La mayoría de las granjas eran de tamaño pequeño o mediano y casi todas eran propiedades familiares. Cultivaban especialmente maíz y trigo que embarcaban a los estados del noreste.

Los estados del sur eran también estados agrícolas. Pero los años que siguieron a la guerra vieron un aumento muy rápido en la importancia de una cosecha: el algodón. Aunque no era la única cosecha que se producía en el sur, era la más lucrativa. Los estados del sur embarcaban tal cantidad de algodón a Europa que éste pronto se convirtió en la mayor exportación de Estados Unidos. El poder político del sur estaba en manos de los propietarios de las plantaciones, en donde se cultivaba el algodón. El sistema de plantación del sur estaba basado en la esclavitud.

44. Según el texto,

(1) en el sur la economía era de manufacturas.

(2) en el norte la población era agrícola.

(3) en el oeste imperaba el sistema de plantación.

(4) la economía del país no era homogénea.

(5) la emigración fue mayor en el este.

45. La región del norte prosperó debido a

(1) las pequeñas granjas.

(2) la producción de algodón.

(3) la manufactura.

(4) el cultivo del maíz.

(5) el comercio marítimo.

46. Los estados del sur se caracterizaron por

(1) las cosechas de trigo.

(2) la producción de algodón.

(3) el cultivo del maíz.

(4) las fábricas de textiles.

(5) las industrias.

Las preguntas 47 a 49 se refieren al pasaje siguiente:

El comercio entre las colonias e Inglaterra estaba basado en una idea o principio llamado *mercantilismo*. De acuerdo con este principio, los mayores países del mundo ganaban poder y riquezas incrementando la cantidad de sus exportaciones a otros países. De este modo, podían obtener más oro y plata, que era lo que se usaba para pagar las mercancías. Muchos dirigentes nacionales pensaban que el gobierno debía controlar todo el comercio con el exterior para asegurar que las exportaciones fueran mayores que las importaciones y por tanto entrara más dinero.

Las colonias ayudaban a Inglaterra, ya que la abastecían de materias primas y a la vez eran un mercado de consumo para las mercancías manufacturadas inglesas. De este modo, las colonias ayudaban a Inglaterra a exportar más y a importar menos de países extranjeros. Para reforzar esta forma de comercio, los líderes ingleses intentaban decir a los colonos norteamericanos cómo debían llevar a cabo su comercio y sus otras actividades económicas.

Por esto, el Parlamento aprobó una serie de *Leyes de navegación* en diferentes ocasiones, en los siglos XVII y XVIII. El propósito principal de estas leyes era asegurar que todo el comercio de las colonias fuera transportado en barcos ingleses o coloniales, tripulados en su mayor parte por ingleses. Además, ciertos "artículos enumerados" producidos en Norteamérica sólo se podían enviar a Inglaterra u otra colonia inglesa. Sólo así (con licencia especial) se podía transportar la mercancía a países extranjeros como Francia o España. Al principio, este sistema se aplicó a productos tales como el tabaco, algodón, azúcar y añil, pero más tarde se aplicó también al arroz, los artículos navales (resina, alquitrán, terpentina, mástiles, berlingas), cobre, mineral y pieles.

Las leyes de navegación también preveían que ninguna mercancía de países extranjeros fuera embarcada a las colonias excepto a través de Inglaterra. El propósito de esta medida y de las descritas anteriormente era, por supuesto, hacer a Inglaterra más rica y poderosa.

Otras leyes con el mismo objetivo se aprobaron en el Parlamento para controlar la manufactura en las colonias norteamericanas:

- La *Ley de la lana* prohibía la exportación del tejido lanar hecho en las colonias.
- La *Ley del sombrero* prohibía la exportación de los sombreros hechos en las colonias.
- La *Ley del hierro* fomentaba la producción del hierro en bruto, pero prohibía la manufactura de productos de hierro, como las herramientas.
- La *Ley de la melaza* imponía un fuerte impuesto a la melaza, el ron y el azúcar traídos a Norteamérica. La finalidad de esta regulación era reducir el comercio entre las colonias y las islas francesas y españolas en las Antillas.

47. El mercantilismo inglés prohibía

(1) el mercado interior.

(2) las importaciones.

(3) el comercio directo entre las colonias y España o Francia.

(4) el comercio entre las colonias e Inglaterra.

(5) la fabricación de lana, sombreros, hierro y melaza.

48. De acuerdo con el mercantilismo, los mayores países del mundo ganaban poder y riquezas

(1) solamente disminuyendo las exportaciones.

(2) únicamente aumentando las importaciones.

(3) incrementando el comercio.

(4) aumentando las importaciones y disminuyendo la economía.

(5) aumentando las exportaciones y disminuyendo las importaciones.

49. Según las leyes de navegación,

(1) los productos ingleses tenían que enviarse al extranjero antes de llegar a la colonia.

(2) los productos fabricados en el extranjero tenían que pasar por Inglaterra antes de enviarse a la colonia.

(3) no se controlaba la melaza.

(4) no se controlaba el hierro.

(5) no se controlaba la producción de sombreros.

La pregunta 50 se refiere al mapa siguiente:

50. Todas las afirmaciones siguientes son correctas menos una. ¿Cuál es la incorrecta?
    (1) Estados Unidos está al sur de Argentina.
    (2) El océano Pacífico está representado por la letra N.
    (3) El océano Glacial Ártico no aparece en el mapa.
    (4) En el país que se representa con la letra C se habla español.
    (5) En el país "H" se habla portugués.

EXAMEN 3: CIENCIAS

50 preguntas–80 minutos

Las preguntas 1 a 3 se refieren al diagrama siguiente:

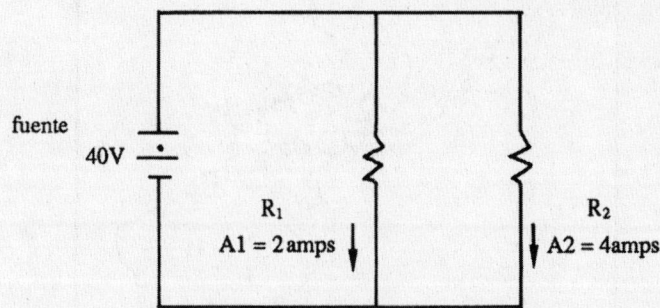

El diagrama representa las resistencias de corriente R_1 y R_2 conectadas a una fuente de energía constante de 40 voltios.

1. El voltaje que desciende a través de la resistencia R_1 es
   - (1) 10.
   - (2) 12.
   - (3) 15.
   - (4) 40.
   - (5) 50.

2. La potencia (P = voltios × corriente), en vatios, que suple al circuito es
   - (1) 80.
   - (2) 130.
   - (3) 160.
   - (4) 240.
   - (5) 300.

3. Víctor quiere aumentar la corriente en A2. ¿Cuál de los procedimientos siguientes puede conseguirlo?
   - (1) Aumentar la resistencia de R_2
   - (2) Aumentar la resistencia de R_1
   - (3) Disminuir el voltaje de la fuente eléctrica
   - (4) Añadir otra resistencia
   - (5) No puede hacerse

Las preguntas 4 a 6 se refieren al pasaje siguiente:

Dado que cada uno de los padres contribuye con la mitad del material genético a su descendiente, los genes que se transmiten ocurren en pares. Formas diferentes del mismo gen son llamados alelos. En los seres humanos, múltiples alelos determinan el tipo de sangre. Estos alelos se designan: I^A, I^B e i. El cuadro que se presenta a continuación indica las combinaciones posibles por cada tipo de sangre.

Tipo de sangre	Genotipo
A	$I^A I^A$ o $I^A i$
B	$I^B I^B$ o $I^B i$
AB	$I^A I^B$
O	ii

4. Juan tiene el tipo B de sangre. ¿Cuáles de las selecciones que se muestran a continuación pueden representar los genes de los padres de Juan?

	Padre		Madre
(1)	$I^A I^A$	y	ii
(2)	$I^A i$	y	$I^A i$
(3)	$I^A I^B$	y	ii
(4)	ii	y	ii
(5)	$I^A I^B$	y	$I^A I^A$

5. Una persona que tenga un tipo AB de sangre se le denomina a veces como receptor universal porque puede recibir sangre de cualquiera. Una persona que tenga un tipo O de sangre se le llama a veces donante universal porque puede dar sangre a cualquiera. Si Lisa es una donante universal, ¿cuál debía de haber sido el tipo de sangre de sus padres?

	Padre		Madre
(1)	$I^A I^A$	y	ii
(2)	ii	y	$I^B I^B$
(3)	ii	y	ii
(4)	$I^A I^A$	y	$I^A I^B$
(5)	$I^A I^B$	y	$I^A I^B$

6. Pedro Tiene el tipo AB de sangre. ¿Cuál de los siguientes tenía que ser de sus padres?

	Padre		Madre
(1)	$I^A I^A$	y	$I^A I^A$
(2)	$I^A i$	y	$I^A i$
(3)	$I^A I^B$	y	ii
(4)	$I^A i$	y	$I^B i$
(5)	$I^B i$	y	$I^B I^B$

Las preguntas 7 a 9 se refieren a la gráfica siguiente:

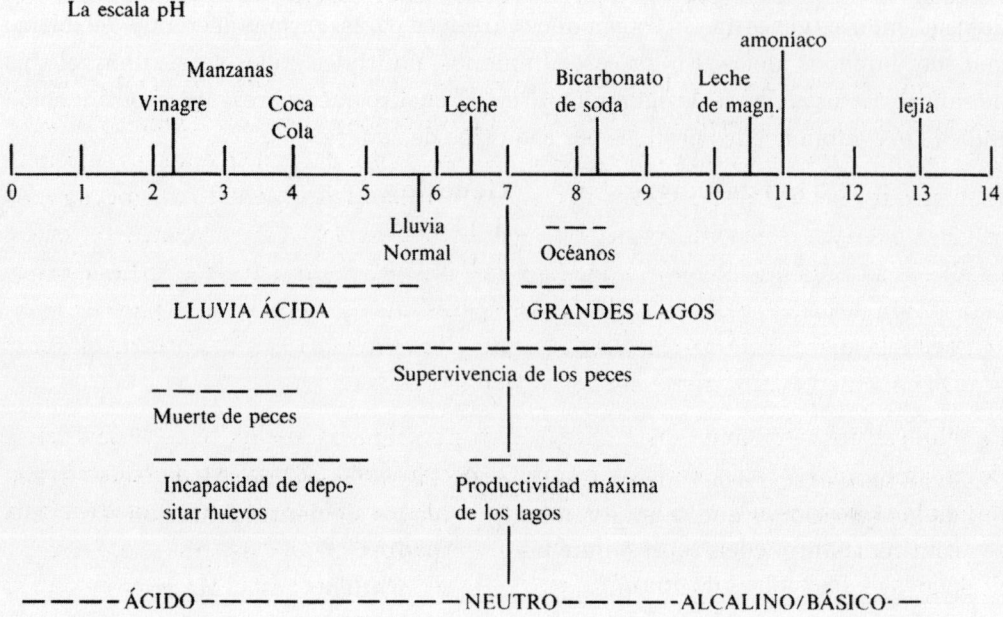

7. Según la gráfica, ¿cuál de las siguientes clases de precipitación define mejor a la lluvia ácida?

    (1) precipitación con un pH más bajo que la lluvia normal
    (2) precipitación con un pH entre 6 y 7
    (3) precipitación con un valor de pH más alto que el pH del agua del océano
    (4) precipitación que siempre causa la muerte de los peces
    (5) precipitación que produce la productividad máxima de los lagos

8. ¿Cuál de los siguientes describe mejor el valor de pH de la lluvia normal?

    (1) extremadamente ácida
    (2) ligeramente ácida
    (3) neutra
    (4) ligeramente alcalina
    (5) extremadamente alcalina

9. Las sustancias químicas que aparecen de modo natural en las partes sólidas de la Tierra, sobre todo en la corteza, son los minerales. Se conocen unas dos mil especies de minerales que se combinan unos con otros. ¿Cuál es el más duro?

    (1) el carburo de boro
    (2) el siliciuro de carbono negro
    (3) el corindón
    (4) el diamante
    (5) el cuarzo

CAPÍTULO 9: Dos exámenes completos de práctica

Las preguntas 10 a 13 se refieren al pasaje siguiente:

En toda célula se distinguen tres partes esenciales: la membrana, el citoplasma y el núcleo.

La membrana es como una fina piel, que recubre la célula. Todas las células tienen una membrana muy fina que se llama plasmática o fundamental. En algunas, por fuera de la plasmática, tienen otra membrana más gruesa, que se llama membrana de secreción. El núcleo se encuentra situado más o menos en el centro de la célula. Aunque algunas células tienen dos o más núcleos, normalmente hay uno solo. Es muy importante porque en él está situada una sustancia que hace que los caracteres genéticos de los seres se transmitan de padres a hijos y así, todos los de una misma procedencia se parecen entre sí. El citoplasma es la parte de la célula que se encuentra entre el núcleo y la membrana; se distinguen en ella partes como las vacuolas y otros órganos.

La célula se nutre tomando sustancias del exterior. Algunas células, como los leucocitos de nuestra sangre, el paramecio y la ameba, absorben sustancias sólidas. Pero la mayoría de los alimentos que absorben son líquidos que pasan a través de su membrana. La célula se reproduce cuando llega a tener un desarrollo adecuado. La reproducción se puede realizar de diversas formas. Por bipartición, partiéndose en dos unidades iguales, como en el caso del paramecio y de la ameba; por esporulación, formándose de una célula varias distintas, como es el caso del plasmodio; por gemación, proceso por el cual de una célula se forman dos de distinto tamaño llamadas la mayor, célula madre, y la menor célula hija.

10. Una de las siguientes no es una parte esencial de la célula.
    (1) la membrana
    (2) el núcleo
    (3) el citoplasma
    (4) las amebas
    (5) ninguna de las anteriores

11. La membrana de la célula es
    (1) su parte más interna.
    (2) la parte que está entre el núcleo y el citoplasma.
    (3) la parte que está entre las vacuolas y el núcleo.
    (4) la parte más externa de la célula.
    (5) una parte de las células pluricelulares.

12. Las células
    (1) generalmente tienen dos núcleos.
    (2) normalmente tienen un sólo núcleo.
    (3) tienen más de dos núcleos.
    (4) tienen tres núcleos.
    (5) algunas veces no tienen núcleo.

13. Las vacuolas se encuentran en
    (1) el núcleo.
    (2) la membrana plasmática.
    (3) la membrana de secreción.
    (4) el citoplasma.
    (5) ninguna de las anteriores

Las preguntas 14 a 17 se refieren al pasaje siguiente:

La evolución de plantas y animales es un tema de gran interés tanto científico como popular. Sin embargo, en los estudios sobre la materia, frecuentemente se confunden en dos aspectos muy diferentes; el hecho de la evolución y la forma en que se ha realizado.

No se puede concebir el proceso evolutivo sin tener en cuenta dos características que se dan en todos los organismos vivos: la herencia y la variación. La *herencia* puede definirse como la tendencia de la progenie a ser semejante a sus padres y en consecuencia a parecerse entre sí; la herencia es una tendencia conservadora, en cuya ausencia no podría haber especies, porque una especie es un grupo de individuos muy semejantes relacionados por descendencia. La *variación*, por otra parte, es la tendencia de la progenie a diferir de los padres y, en consecuencia, a diferir también entre sí; es claro que sin la variación nunca hubieran podido nacer nuevas especies de las preexistentes.

En conexión con la herencia y la variación, surge inmediatamente la pregunta acerca de la causa de estas tendencias. ¿Por qué la progenie tiende a ser semejante a los padres? ¿Por qué a veces es muy distinta y siempre ligeramente diferente a ellos? La causa puede expresarse más breve y simplemente para la herencia que para la variación: la progenie generalmente se asemeja de forma estrecha a los padres porque su sustancia viviente deriva de ellos. Si los nuevos individuos han nacido por métodos vegetativos, como en la formación de bulbos, es claro que todo el protoplasma de la nueva planta viene originalmente de un solo progenitor. En la reproducción sexual, el nuevo individuo se desarrolla de una célula de fusión o zigoto, en que están combinados un protoplasto del padre con un protoplasto, o al menos un núcleo de la madre. En cualquier caso hay siempre continuidad de materia viviente de los padres a la progenie, y la tendencia a la semejanza se debe a esta continuidad. El hecho de que en muchas plantas con semilla sólo el núcleo, y aparentemente nada del citoplasma del gameto masculino, se fusiona con el óvulo, indica que, al menos en estos casos, es el núcleo el que hace posible la reaparición de caracteres paternos en la progenie.

14. La tendencia de la progenie al ser semejante a sus padres y al parecerse entre sí es lo que se conoce como
    (1) variación.
    (2) evolución.
    (3) herencia.
    (4) progenie.
    (5) tendencia.

15. La tendencia de la progenie a diferir de los padres y a diferir entre sí es lo que se llama
    (1) biología.
    (2) variación.
    (3) herencia.
    (4) tendencia.
    (5) evolución.

16. La progenie es lo mismo que

(1) el padre.

(2) la madre.

(3) los genes.

(4) la descendencia.

(5) ninguna de las anteriores

17. En la reproducción sexual

(1) todo el protoplasma viene de un solo progenitor.

(2) están combinados un protoplasto del padre con un protoplasto de la madre.

(3) no hay combinación de protoplasma.

(4) se combinan tres clases de protoplasma.

(5) gameto masculino no tienen una función definida.

La pregunta 18 se refiere al pasaje siguiente:

Desde hace más de veinte años, el reciclaje ha sido practicado por industrias estadounidenses, alemanas, japonesas, canadienses, francesas, danesas y de otros países. El país productor de mayor cantidad de basura en Europa es Alemania. Las leyes alemanas obligan a las industrias a reciclar parte de sus desechos. Como el proceso es costoso, las industrias tratan de conseguir que parte de ese costo sea pagado por el consumidor. El reciclaje exige diversas condiciones: los materiales deben estar limpios y separados del resto de la basura; los proveedores deben garantizar un mínimo del producto y éste tiene que ser entregado a plazos fijos. Si estas condiciones no se cumplen, entonces se eleva el costo del reciclaje. La separación de objetos comienza en el hogar. En mercados o centros comerciales, las personas depositan en recipientes especiales botellas de vidrio, latas vacías, papel y cartón. Los productos de mayor demanda para ser reciclados son el papel, el vidrio, el plástico y los metales.

18. Según el pasaje,

(1) el reciclaje se ha practicado recientemente.

(2) el producto que más se recicla es el plástico.

(3) el vidrio es el producto que más se recicla.

(4) las leyes de un país europeo obligan a las industrias a reciclar parte de sus desechos.

(5) la separación de productos comienza en las industrias.

La pregunta 19 se refiere al pasaje siguiente:

El virus, conocido bajo el nombre de enfermedad respiratoria grave (SARS, por sus siglas en inglés), ha matado a cientos de personas en todo el mundo, e infectado a miles, principalmente en Asia. Se teme que la nueva forma letal de neumonía que se está propagando por todo el mundo sea más contagiosa de lo que se creyó en su momento. En Hong Kong es donde se ha producido el mayor número de casos del virus, ordenando las autoridades zonas de cuarentena en un intento de controlar la propagación de la enfermedad.

19. El nuevo virus SARS,

   (1) es una forma de neumonía grave pero no llega a producir la muerte.

   (2) se ha originado en todo el mundo.

   (3) se ha extendido de Europa a Asia.

   (4) ha producido que en China se trate de controlar la enfermedad implantando zonas de cuarentena.

   (5) ha infectado únicamente a personas de Asia.

La pregunta 20 se refiere al pasaje siguiente:

El *Sputnik* y el *Explorer 1* fueron de las primeras naves espaciales que exploraron el espacio. Desde entonces, miles de naves espaciales han volado por el espacio, algunas de ellas llevando a astronautas. La primera persona que orbitó la Tierra fue el ruso Yuri Gagarin, el 12 de abril de 1961. El primer estadounidense en hacer lo mismo fue John Glenn, que completó tres órbitas el 20 de febrero de 1962. Las misiones Apolo, con tres hombres, volaron primero alrededor de la Luna y luego alunizaron sobre su superficie, el 20 de julio de 1969. La historia de los vuelos espaciales tripulados es fascinante y aún continúa desarrollándose.

20. ¿Cuál de las siguientes afirmaciones es correcta?

   (1) La misión Apolo, que llegó a la Luna en 1969, fue la primera nave espacial tripulada por pasajeros humanos.

   (2) Gagarin fue el primer astronauta que orbitó nuestro planeta.

   (3) Fue John Glenn quien a los 77 años completó por primera vez la primera orbita a la Tierra.

   (4) El *Sputnik* llegó primero a la Luna.

   (5) El *Explorer 1* fue la primera nave espacial tripulada.

CAPÍTULO 9: Dos exámenes completos de práctica 587

La pregunta 21 se refiere al dibujo del esqueleto humano:

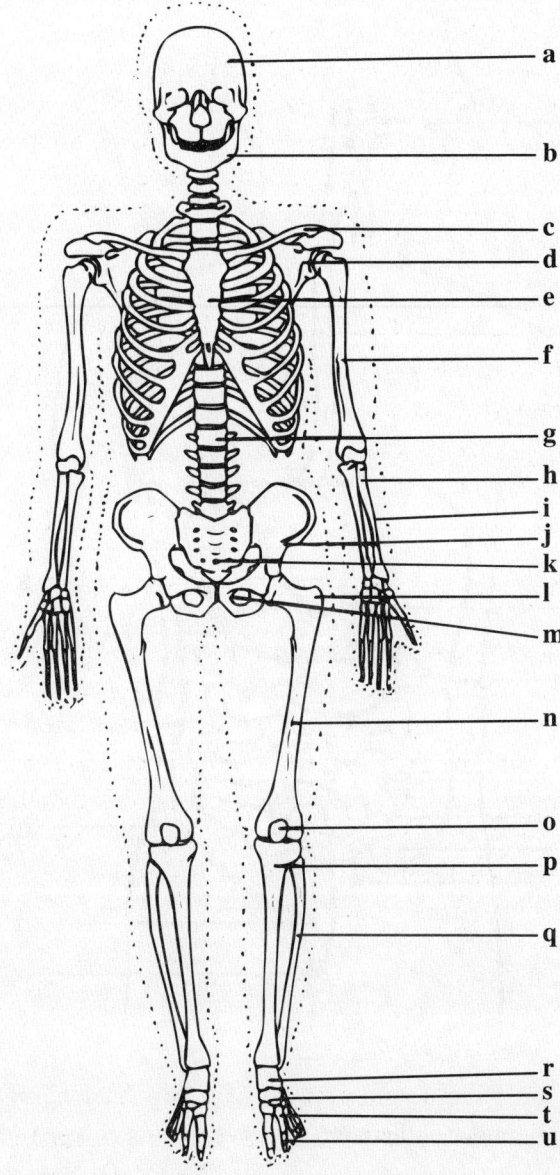

21. ¿Cuál de las afirmaciones siguientes es correcta?

   (1) *j* representa la pelvis, *n* representa el fémur, *f* representa el húmero
   (2) *a* representa el cráneo, *b* representa la mandíbula, *c* representa el esternón
   (3) *o* representa la rótula, *q* representa el peroné, *p* representa el sacro
   (4) *g* representa la columna vertebral, *h* representa el radio, *u* representa el cúbito
   (5) *d* representa el omóplato, *c* representa la clavícula, *u* representa los huesos del tarso

La pregunta 22 se refiere al dibujo del aparato digestivo:

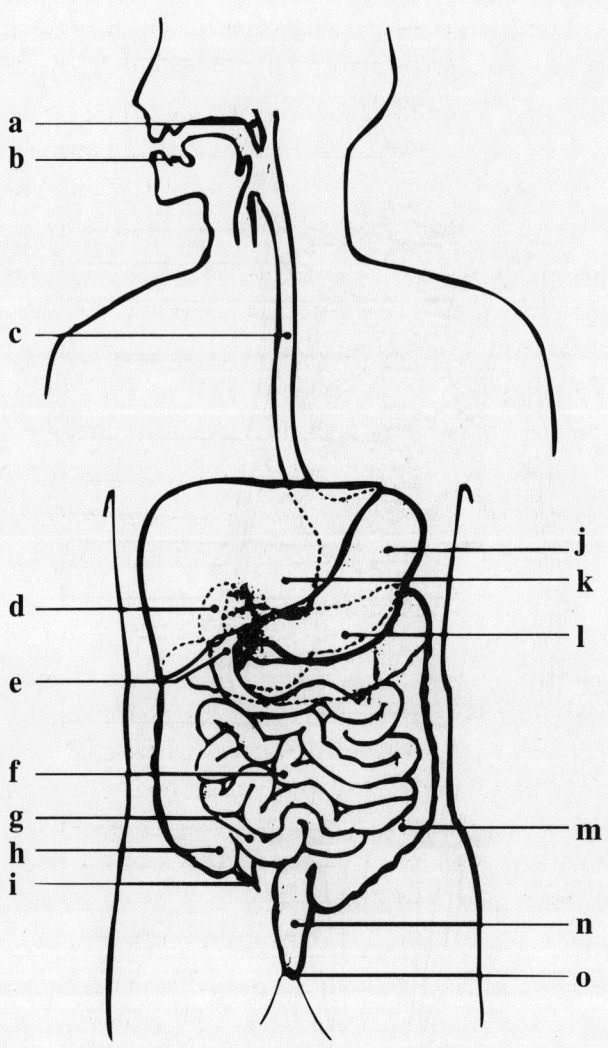

22. Según el dibujo del aparato digestivo,

(1) el esófago y el duodeno vienen representados por las letras *c* y *e*.

(2) el estómago, el hígado y el ano aparecen representados por las letras *j*, *k* y *m*.

(3) la letra *f* representa al páncreas.

(4) el recto es representado por la letra *i*.

(5) las glándulas salivares y los dientes vienen representados por las letra *c* y *b*.

CAPÍTULO 9: Dos exámenes completos de práctica

Las preguntas 23 y 24 se refieren al pasaje siguiente:

El *tallo* es un órgano vegetativo que normalmente vive en el aire y crece en sentido contrario a la raíz. Su misión principal es sostener las hojas y servir de enlace entre éstas y la raíz. Tiene forma alargada y de él nacen las hojas y las yemas.

Las hojas pueden nacer en diferentes puntos o nudos del tallo. Si te fijas bien en un tallo verás que hay unos segmentos intermedios entre los nudos; se llaman *entrenudos*. Observa también cómo, a diferencia de la raíz, el tallo tiene lo que se denomina *geotropismo negativo*, es decir, una tendencia a crecer hacia arriba, en dirección opuesta a la fuerza de gravedad.

Toma el tallo en tus manos o simplemente observa cómo es una planta, y verás que hay unos pequeños tallos, como en miniatura, lugar en donde los esbozos de las hojas se encuentran muy juntos y apretados y están recubiertos por unas hojitas exteriores más duras gracias a las cuales se protegen; estas partes del tallo se llaman *yemas*.

La yema que está en el extremo del tallo se denomina terminal. Fíjate bien en el tallo, si tiene hojas, y verás que hay un punto entre la hoja y el tallo, es la yema *axilar*.

Durante la primavera o en otras estaciones del año, las yemas se abren y crecen originando nuevos tallos y hojas. Cuando alargan el tallo o forman ramas se llaman yemas *foliares*; cuando producen una flor se denominan yemas *florales*. Hay diferentes variedades de yemas así como hay diversas clases de tallos.

Básicamente existen dos clases de tallos: los *herbáceos* y los *leñosos*. En el campo o en un jardín podrás ver esta variedad de formas. En los herbáceos hay dos especies que se distinguen: el *cálamo*, que carece de nudos (por ejemplo, el junco) y la *cana* que, por el contrario, tiene tanto nudos como entrenudos (por ejemplo, el trigo). Hay dos clases de leñosos: los de *tronco*, que son ramificados (por ejemplo, el cerezo, el abeto, el nogal); y los de *estipe*, que no tienen ninguna ramificación y aparecen con la forma de una columna (por ejemplo, la palmera).

Si observas las espinas de las acacias, las formas volubles que se enroscan en el zarcillo de la vida, las pencas de las chumberas, las partes rastreras que crecen horizontalmente de la fresa, todos estos fenómenos no son más que tallos transformados en órganos que desempeñan una labor determinada en el mundo vegetal.

Los tallos transformados que podrás ver con más frecuencia son los *subterráneos*, como los *rizomas* (el lirio), los *tubérculos* (la patata) y los *bulbos* (la cebolla).

23. El tallo
    (1) le da vida a la planta.
    (2) comunica las flores.
    (3) une las hojas con la raíz.
    (4) crece en sentido contrario a la raíz.
    (5) vive fuera de la superficie.

24. Si se afirma que el tallo tiene geotropismo negativo significa que
    (1) tiene tendencia a crecen en dirección contraria a la fuerza de gravedad.
    (2) va sujeto a la raíz.
    (3) crece en la dirección de la fuerza de gravedad.
    (4) es negativo.
    (5) crece en dirección contraria a las hojas.

Las preguntas 25 a 28 se refieren al pasaje siguiente:

Si establecemos una analogía entre el átomo y el Sistema Solar, el Sol sería el núcleo formado por partículas de cargas positiva y neutra (protones y neutrones), y los planetas los electrones de carga negativa. Éstos giran simultáneamente alrededor del núcleo y sobre sí mismos. Al rotar, la carga que posee el electrón genera un dipolo magnético en la dirección del eje de rotación. Cada movimiento (el orbital y el rotacional o *spin*) genera su propio dipolo magnético.

Esto da lugar a la aparición de un momento magnético. Si los momentos magnéticos de los electrones se compensan entre sí el momento magnético atómico será nulo; en caso contrario, se dirá que el átomo posee un momento magnético permanente.

La intensidad de los efectos de un campo magnético (de un imán, por ejemplo sobre la materia está en función de lo que se llama susceptibilidad magnética (momento magnético por unidad de campo y volumen). Ciertas sustancias sólidas, denominadas ferromagnéticas (hierro, níquel, cobalto, etc.) poseen una susceptibilidad positiva y muy elevada que da lugar a la aparición de intensas fuerzas atractivas cuando son magnetizadas. Esta propiedad se debe a la tendencia de sus momentos atómicos y se sitúa espontáneamente en una misma dirección. Esto no quiere decir que las demás sustancias no sufran los efectos del campo magnético. Lo que ocurre es que éstos son tan débiles que se requiere una gran precisión experimental para determinarlos.

25. El núcleo del átomo tiene carga
    (1) positiva.
    (2) negativa y positiva.
    (3) negativa y neutra.
    (4) positiva y neutra.
    (5) neutra.

26. El *spin* es
    (1) un movimiento orbital.
    (2) un dipolo magnético.
    (3) un movimiento rotacional.
    (4) un electrón o movimiento rotacional.
    (5) un protón.

27. El movimiento magnético se genera
    (1) por el movimiento orbital de los neutrones.
    (2) por los movimientos orbital y rotacional.
    (3) en un dipolo magnético.
    (4) por el movimiento de los protones.
    (5) por el movimiento del átomo.

28. Un ejemplo de sustancia ferromagnética es
    (1) el agua.
    (2) el aire.
    (3) la madera.
    (4) el plástico.
    (5) el níquel.

CAPÍTULO 9: Dos exámenes completos de práctica

Las preguntas 29 a 32 se refieren al pasaje siguiente:

Los albuminoides o proteínas constituyen la parte fundamental de las células de los seres vivos, tanto vegetales como animales; hasta las células de los huesos son proteínas en que se han depositado sustancias minerales (principalmente fosfato tricálcico) que hacen los huesos rígidos.

Las proteínas difieren de las otras combinaciones ya estudiadas en que son mucho más complejas. Las moléculas de proteína son gigantes comparadas con las otras moléculas. Así la molécula de albúmina, que es una proteína típica, tiene por fórmula $C_{696}H_{125}O_{200}N_{190}S_{18}$. Se observa que además de carbono, hidrógeno y oxígeno, la molécula de albúmina contiene nitrógeno. El nitrógeno es el elemento característico de todas las proteínas; el azufre está presente prácticamente en casi todas ellas. El fósforo y el hierro también pueden estar presentes. Algunas proteínas típicas son: la albúmina de la clara de huevo; la misina de los músculos; el fibrinogino y la hemoglobina de la sangre; el gluten del pan; la elastina de los ligamentos; la queratina de los pelos y uñas; la caseína y la lactalbúmina de la leche, entre otras muchas.

Prácticamente todas las proteínas excepto las hemoglobinas, son incoloras, y todas son inodoras e insípidas. Pero cuando se descomponen, los elementos nitrógeno, azufre y fósforo dan muchos productos que tienen olor desagradable.

Algunas proteínas pueden obtenerse cristalizadas, pero la mayor parte sólo se obtiene en estado amorfo. La mayoría de sus disoluciones se encuentran en forma coloidal, siendo geles con poca agua y sales con mucha agua. Precipitan por el alcohol, se coagulan por el calor, y si se prolonga la acción de éste y se eleva la temperatura, desprenden un olor característico de las sustancias nitrogenadas que se queman. Por destilación seca se obtiene un líquido llamado aceite animal de dippel. Los ácidos y álcalis diluidos hidrolizan totalmente a las proteínas, resultando los siguientes productos: albumosas, peptosas y aminoácidos.

29. En el texto se afirma que
    (1) los huesos se pueden comer, ya que tienen muchas proteínas.
    (2) los seres minerales están compuestos de albuminoides y proteínas.
    (3) hay ocho tipos de proteínas.
    (4) antes de las proteínas se han estudiado otras combinaciones.
    (5) ninguna de las anteriores

30. Las proteínas se encuentran en
    (1) las albuminoides de los seres vivos.
    (2) las células de los animales y vegetales.
    (3) los huesos de los humanos.
    (4) los huesos de los seres vivos, tanto vegetales como minerales.
    (5) las combinaciones de moléculas gigantes.

31. Todas las proteínas son
    (1) incoloras e inodoras.
    (2) hemoglobinas.
    (3) incoloras e insípidas menos la hemoglobina, que tiene un sabor amargo.
    (4) incoloras, inodoras e insípidas, cristalizadas.
    (5) inodoras e insípidas.

32. Al descomponerse, las proteínas
    (1) permanecen en estado amorfo.
    (2) se cristalizan.
    (3) se coagulan.
    (4) hacen que se eleve la temperatura.
    (5) pierden su cualidad de ser inodoras.

Las preguntas 33 a 36 se refieren al pasaje siguiente:

La electricidad es una forma de energía que nosotros no podemos observar ni determinar, si no es por los efectos que produce: calor en un calentador, luz en una lámpara, movimiento en una máquina de escribir, etc. La electricidad se desplaza en forma de corriente eléctrica, es decir, se mueve por medio de unos cables o hilos metálicos conocidos con el nombre de conductores.

El circuito eléctrico es un sistema que facilita el paso de la corriente eléctrica. Todo circuito se compone de una serie de partes: 1) un generador de corriente que produce la electricidad; 2) un receptor, que aprovechar la corriente y demuestra su presencia; 3) unos hilos conductores por donde pasa la corriente del generador al receptor; 4) un interruptor que rompe el circuito, corta la comunicación entre los hilos, o restablece el circuito según se prefiera.

La electricidad que empleamos en nuestras casas llega a nosotros por estos circuitos: un generador que se llama central eléctrico, que se encarga de producir electricidad a la localidad; hay además centrales hidráulicas, térmicas y atómicas. Unos hilos conductores transmiten la electricidad hasta nuestras casas, donde se encuentran los receptores: lámparas, televisores, tocadiscos, neveras, etc. Los interruptores sirven para que pase la electricidad a los aparatos y que funcionen cuando deseamos, interrumpiéndola cuando queramos.

Se acostumbra a comparar una corriente eléctrica a una corriente de agua que pasa por un tubo que une dos depósitos. Para que pase la corriente de agua por el tubo es preciso que ambos depósitos estén situados a diferente altura. Podemos ver: a) que el agua pasa formando una corriente desde el que está más alto al más bajo; b) que si los dos depósitos están a la misma altura la corriente cesa; y c) que la corriente pasará mientras haya agua en el depósito de arriba.

Para que el agua circule de un modo constante es necesario que una bomba hidráulica trasvase continuamente el agua del depósito inferior al superior. Por el hilo conductor de electricidad se establece una corriente, que en vez de ser de agua, como en el ejemplo anterior, es una corriente de los llamados *electrones*, que son unas partículas diminutas e indivisibles. Para que haya corriente de electrones es preciso que, como en la corriente de agua, haya una diferencia de nivel, que en este caso se llama diferencia de potencial, que se establece entre el polo positivo y el negativo del generador.

Los electrones van del polo negativo al positivo, que por razones históricas se dice que la corriente circula del positivo al negativo. Si no hay diferencia de potencial no existe corriente eléctrica. La diferencia de potencial se produce como consecuencia de la reacción química que se realiza entre los componentes de la pila; de forma que la pila y la bomba hidráulica realizan funciones análogas. La reacción del ácido sulfúrico sobre el cobre y el zinc origina, en la pila de Volta, la diferencia de potencial entre el polo positivo de cobre y el negativo de zinc.

Con el tiempo cesa de producirse la reacción, y entonces se dice que la pila se ha sulfatado. Entonces ya no es posible establecer corriente. Es cosa parecida a lo que ocurre con la corriente de agua si la bomba hidráulica deja de funcionar.

33. Los hilos conductores,

(1) se mueven a una gran velocidad.

(2) son tan delgados que no los podemos observar.

(3) transportan la corriente eléctrica a nuestras casas.

(4) llevan la electricidad del receptor al generador.

(5) están hechos de cauchos.

34. Las centrales hidráulicas,

(1) producen electricidad.

(2) abastecen de agua a la localidad.

(3) sólo existen donde hay ríos de más de 100 km de longitud.

(4) enfrían los circuitos eléctricos para que no se calienten demasiado.

(5) son una de las partes esenciales de los circuitos eléctricos.

35. La electricidad,

(1) es una forma de energía peligrosa.

(2) sólo se puede generar en las centrales eléctricas.

(3) sólo se puede observar a la luz de una lámpara.

(4) sólo se puede observar por los efectos que produce.

(5) es fácil de determinar en sí misma.

36. ¿Por qué se compara la corriente eléctrica con la corriente de agua?

(1) Porque las dos funcionan con depósitos de agua.

(2) Porque las dos funcionan de manera similar.

(3) Porque los electrones son diminutas partículas de agua.

(4) Porque al ser una positiva y la otra negativa, se compensan.

(5) Porque las dos producen reacciones químicas.

Las preguntas 37 a 40 se refieren al pasaje siguiente:

En energía nuclear se conoce como fisión al fenómeno que se produce cuando un neutrón penetra en el núcleo de ciertos átomos, trastornando su estado de equilibrio de tal manera que el átomo termina rompiéndose.

Vamos a suponer que contra un átomo de la sustancia llamada Uranio 235, que es un isótopo (cuerpo que contiene en su núcleo grupos de protones y neutrones poco fijos y puede liberar radiaciones), chocó con un neutrón. Entonces, el átomo de uranio se rompe en dos partes como consecuencia del choque y deja libres dos o tres neutrones y una cierta cantidad de energía. Cada uno de estos nuevos neutrones chocará a su vez con otro átomo de uranio y lo romperá, con lo que cada uno de estos átomos dejará otros dos o tres neutrones, y una nueva cantidad de energía. Así se continúa, dando lugar cada vez a la rotura de mayor número de átomos de uranio, formando una fisión en cadena. La energía que se libera es enorme. Esta es la llamada energía atómica, o mejor, energía nuclear.

Para provocar la rotura o fisión de los núcleos y utilizar la energía que se desprende se dispone de los denominados reactores nucleares, en los cuales se encuentran los siguientes elementos importantes: a) el combustible, normalmente el uranio enriquecido, cuya misión es material formado por los núcleos que se fisionan con los neutrones, rompiéndose; b) los elementos de control, que controlan la rapidez de las fisiones nucleares. Si no existiesen, la fisión o rompimiento sería rapidísimo, liberándose enorme cantidad de energía en poco tiempo; es decir, se produciría una explosión nuclear, que es la de las bombas atómicas; utilizándose para ello sustancias como el boro, el cadmio, entre otras; c) el refrigerante, que tiene por objeto absorber la energía conforme se produce, la mayor parte de la cual se convierte en calor. Este refrigerante circula por el reactor y lleva el calor desprendido a una caldera; d) un moderador, que frene los neutrones para que al chocar con los átomos de uranio queden dentro de su núcleo y tenga lugar de fisión; el moderador puede ser el agua pesada, el grafito, etc.; y e) finalmente es preciso un blindaje para que no se escapen los neutrones y las radiaciones producidas, que son muy peligrosas; blindaje pueden ser el corcho, plantas de plomo, junto con muros de cemento.

La energía nuclear tiene muchas aplicaciones. Se emplea para propulsar barcos, aviones y vehículos espaciales; para desalar el agua de los mares y hacerla dulce y potable; para obtener isótopos radiactivos que tienen una gran aplicación, por ejemplo, en medicina, los cuales se utilizan para ubicar y curar tumores; en agricultura para esterilizar insectos, comprobar la utilización de abonos, producir más variedades de plantas, etc.; también se aplica en la industria y en la investigación. Desafortunadamente, se utiliza en la guerra o para construir armas nucleares.

37. La fisión produce
    (1) la desintegración del neutrón.
    (2) la penetración del neutrón en la estructura atómica.
    (3) la desintegración de los átomos más débiles.
    (4) el equilibrio entre átomos y neutrones.
    (5) un desequilibrio en el estado del átomo.

38. Los isótopos
    (1) liberan radiaciones.
    (2) liberan energía eléctrica.
    (3) se rompen fácilmente.
    (4) chocan a menudo con los neutrones.
    (5) son cuerpos muy estables.

39. Un reactor nuclear
    (1) funciona con gasolina altamente combustible.
    (2) es un aparato peligroso.
    (3) es un avión que funciona con energía nuclear.
    (4) provoca la fisión de los núcleos de los átomos.
    (5) provoca la rotura de los núcleos de los neutrones.

40. Los elementos de control del reactor nuclear existen para
    (1) tenerlo todo bajo control.
    (2) que la energía liberada en el momento de la fisión sea mayor.
    (3) evitar una explosión nuclear.
    (4) enfriar el núcleo de los neutrones.
    (5) aumentar el volumen de los átomos.

Las preguntas 41 a 44 se refieren al pasaje siguiente:

Gases, vapores, materiales en fusión y sólidos, procedentes de magmas situados en el interior de la corteza o en el manto superior de la Tierra, emergen al exterior con una gran temperatura como consecuencia de la erupción de un *volcán*.

Las lavas son materiales fundidos que corresponden a un magma del cual se han desprendido la mayor parte de los gases y además volátiles que contenía. Predominan las lavas de tipo básico, pero pueden encontrarse todos los tipos de composiciones. Las lavas se extienden sobre la superficie del terreno, formando coladas cuya velocidad y fluidez dependen de la composición y contenido en gases.

Cuando las lavas son viscosas y tienden a solidificarse rápidamente, los gases escapan brusca o explosivamente y las lavas adquieren un aspecto de bloques rotos en fragmentos y de superficie muy accidentada; son las llamadas lavas en bloque. Si las lavas son más fluidas y se solidifican lentamente, los gases se desprenden con suavidad y las lavas toman aspecto de cuerdas o sogas de superficie arrugada; se denominan entonces lavas cordadas. Cuando después de solidificada la costra superficial de una colada, el líquido interior escapa, se originan los túneles de lava, que tienen importancia en los países volcánicos como depósitos y conductores del agua subterránea. Otro tipo de lava se produce en las erupciones submarinas, donde, en contacto con el agua, se solidifican rápidamente y toman un aspecto de masas redondeadas similares a almohadas, denominándose lavas almohadillas.

La textura de las lavas varía desde formas vítreas muy compactas (obsidianas) a vítreas con gran cantidad de burbujas internas de gas, lo que les da un aspecto vacuolar y las hace más ligeras que el agua, por lo que flotan en ésta: son las pumitas o piedras pómez.

41. Como consecuencia de la erupción de un volcán emergen al exterior los siguientes elementos, excepto

    (1) materiales en fusión.
    (2) vapores.
    (3) agua.
    (4) gases.
    (5) materiales sólidos.

42. Una de las siguientes afirmaciones no es correcta. ¿Cuál es?

    (1) Las lavas son materiales fundidos.
    (2) La temperatura del magma es la temperatura ambiente (25°C).
    (3) El magma se encuentra en el interior de la superficie.
    (4) La lava es un magma sin sustancias volátiles.
    (5) Las lavas predominantes son las de tipo básico.

43. La lava cordada es aquella que

    (1) se desprende en las explosiones submarinas.
    (2) se ha desprendido de los gases bruscamente.
    (3) se ha solidificado rápidamente.
    (4) se solidifica lentamente.
    (5) nace del magma.

44. Las lavas vítreas

    (1) son muy compactas.
    (2) están llenas de burbujas internas.
    (3) no son líquidas.
    (4) son más ligeras que el agua.
    (5) se llaman también pumitas.

Las preguntas 45 a 48 se refieren al pasaje siguiente:
(Escrito antes del retorno del cometa Halley al Sistema Solar)

Cuando el cometa Halley retorne al Sistema Solar, en 1986, cinco vehículos espaciales acudirán a su encuentro con el fin de observarlo. Entre ellos, el europeo será uno de los primeros en llegar, según afirmó el director de la estación espacial de Villafranca del Castillo, Andrés Ripoll.

Europa, a través del proyecto Giotto, ha previsto ya el lanzamiento de un vehículo no tripulado de observación en el mes de junio de 1985. Según todas las previsiones éste tendrá que encontrarse con el cometa Halley en marzo de 1986.

Según recientes investigaciones, el cometa fue avistado por primera vez hace 72 años, por el telescopio del monte Palomar (California); sin embargo, todavía se encuentra fuera de la órbita de Saturno, aunque se dirige hacia el interior del Sistema Solar, a cuyo punto de máxima proximidad llegará en febrero de 1986. De esta manera retornará de su hibernación de 76 años en el intenso frío del espacio exterior.

Los cinco vehículos pertenecen: uno a la Organización Europea de Investigaciones Espaciales; dos a la Unión Soviética; y otros dos a Japón. Su misión consistirá en ubicar el núcleo, pequeño cuerpo helado rodeado de una nube de gas luminosa, y determinar su composición química, a fin de verificar la parte de la materia de la que se formó el Sistema Solar hace 5.000 millones de años.

45. El estudio del cometa Halley facilita el conocimiento de
    (1) los vehículos espaciales.
    (2) los telescopios del monte Palomar.
    (3) la órbita de Saturno.
    (4) la composición de la materia del Sistema Solar.
    (5) la Organización Europea de Investigaciones Espaciales.

46. Se ha previsto el lanzamiento de un vehículo no tripulado de observación para el mes de junio de 1985 por parte de
    (1) Europa.
    (2) Estados Unidos.
    (3) México.
    (4) China.
    (5) Cuba.

47. La primera vez que se observó el cometa Halley fue a través del telescopio del monte Palomar que está situado en
    (1) México.
    (2) Canadá.
    (3) Estados Unidos.
    (4) Rusia.
    (5) Alemania.

48. El núcleo de un cometa está rodeado de
    (1) pequeños planetas.
    (2) materia líquida.
    (3) satélites.
    (4) astros.
    (5) una nube de gas luminoso.

Las preguntas 49 y 50 se refieren al dibujo sobre las partes de un huevo:

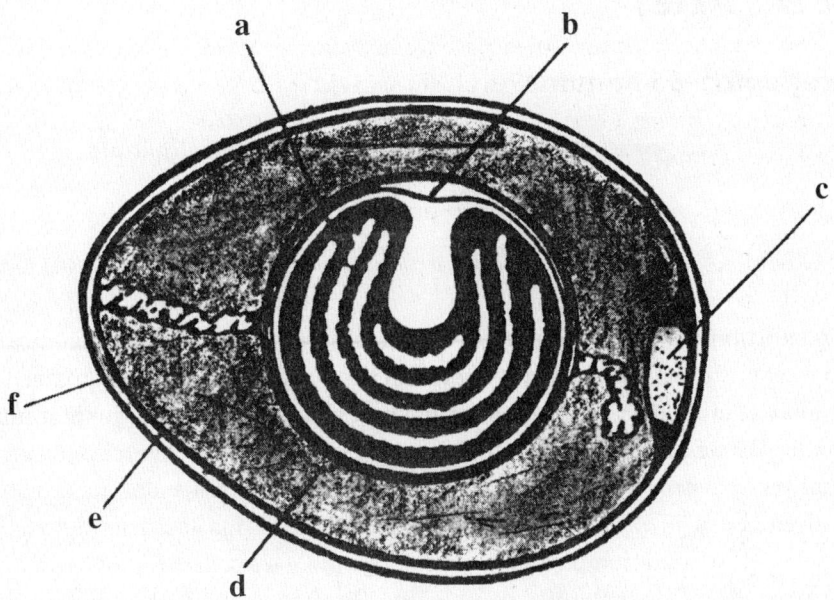

49. Según el dibujo,
    (1) la cáscara y la clara vienen representadas por las letras *c* y *b*.
    (2) la yema se representa con la letra *e*.
    (3) la cámara de aire se representa con la letra *d*.
    (4) la membrana y la clara se representan con las letras *e* y *d*.
    (5) el germen no viene representado en la figura.

50. En las partes de un huevo, se puede distinguir que
    (1) la membrana está junto a la cáscara.
    (2) la yema está lejos del núcleo del huevo.
    (3) el germen está más cercano a la cáscara.
    (4) la clara y la yema ejercen funciones similares.
    (5) la membrana es la cáscara del huevo.

EXAMEN 4: INTERPRETACIÓN DE LA LITERATURA Y DE LAS ARTES

40 preguntas–65 minutos

Las preguntas 1 a 4 se refieren al pasaje siguiente:

¿Cuándo se hizo popular el relato corto?

Como sabemos hoy, el relato corto es principalmente un producto de los siglos XIX y XX, y su desarrollo es paralelo al rápido desarrollo del industrialismo en Estados Unidos. Hemos sido un pueblo muy ocupado, ocupado sobre todo en la evolución de un sistema de producción sumamente eficiente. Ferrocarriles y fábricas han crecido casi de la noche a la mañana; minas y campos de petróleo han sido descubiertos y explotados; se han hecho y perfeccionado miles de invenciones mecánicas. La velocidad ha sido un elemento esencial en nuestros esfuerzos, y ha afectado a nuestras vidas, a nuestra propia naturaleza. Para la mayoría de los estadounidenses, las lecturas de ocio han sido imposibles. Al mismo tiempo que comíamos de pie y a la carrera, agarrábamos trozos de lectura y nos las tragábamos de un golpe. Teníamos que leer mientras que apenas nos sosteníamos con el balanceo en la barandilla del tranvía o durante los momentos de prisa en el metro, o mientras que estábamos pendientes al teléfono. Nuestras revistas populares han sido nuestra literatura automática, y con frecuencia sus historias han saciado nuestro apetito, han sido importantes como los sándwiches.

1. Según el pasaje, el relato corto debe hoy su popularidad principalmente a
   (1) su medio ambiente.
   (2) su trama.
   (3) su estilo.
   (4) su extensión.
   (5) sus personajes.

2. El autor cree que el relato corto se ha desarrollado
   (1) porque el lector angloamericano ha reaccionado contra la literatura clásica.
   (2) por la necesidad de seguridad.
   (3) por la falta de cultura.
   (4) por la falta de educación.
   (5) por la rapidez que se vive en el país.

3. Según este pasaje, uno puede asumir que la actitud del autor hacia el relato corto es de
   (1) aprobación.
   (2) lamentación.
   (3) indiferencia.
   (4) desprecio.
   (5) imparcialidad.

4. El pasaje expresa que
   (1) la vida moderna influye por su ritmo en la popularidad del relato corto.
   (2) la vida es mecánica.
   (3) no existe cultura en la vida moderna.
   (4) leemos mientras viajamos.
   (5) la literatura no puede desarrollarse en el proceso de industrialización.

CAPÍTULO 9: Dos exámenes completos de práctica

Las preguntas 5 a 8 se refieren al pasaje siguiente:

¿Qué pasó con el boicoteo a los autobuses de Montgomery?

En muchas zonas del sur, los negros tenían que dar su asiento a una persona blanca si ésta se lo pedía. El 1° de diciembre de 1955, la señora Rosa Park, una mujer negra de Montgomery, Alabama, se rehusó hacer esto. La arrestaron y multaron. Todos los negros de la ciudad organizaron un *boicoteo* a los autobuses de Montgomery, rechazando usar los autobuses de esta compañía. Uno de los dirigentes del boicoteo fue el Dr. Martin Luther King, Jr., que pronto se convirtió en uno de los máximos líderes del movimiento de los derechos civiles de los negros.

Durante varias semanas, los negros no se montaron en los autobuses y, por tanto, la compañía de autobuses perdió mucho dinero. Finalmente, la protesta negra produjo acciones legales. Una corte federal de distrito ordenó que la segregación de asientos era ilegal. Cuatro meses más tarde, la Corte Suprema confirmó esta decisión. Ésta se hizo ley.

A finales de la década de 1950, la lucha por los Derechos Civiles de los negros se fortaleció. En el año 1957, el Congreso aprobó la Ley de los Derechos Civiles: la autoridad apoyaba el derecho al voto de los negros. Los tribunales hacían borrar las separaciones en los edificios públicos, en los aeropuertos, en las estaciones de autobuses y edificios comerciales interestatales. Casi cien años después de la Guerra Civil, el gobierno federal finalmente tomaba medidas para garantizar y proteger los derechos de igualdad de todos los estadounidenses.

5. Según el texto había mucho racismo en
    (1) el norte de Estados Unidos.
    (2) algunas zonas de Estados Unidos, como el noroeste.
    (3) el sur de Estados Unidos.
    (4) el este del país.
    (5) el oeste de Estados Unidos.

6. Una mujer negra se negó a ceder el asiento del autobús en
    (1) Alabama.
    (2) South Carolina.
    (3) Florida.
    (4) New York.
    (5) Texas.

7. La reacción de la población negra fue
    (1) no viajar en los autobuses.
    (2) viajar a pie.
    (3) negarse a ceder los asientos.
    (4) protestar violentamente.
    (5) ninguna de las anteriores

8. La actitud de la población negra trajo como consecuencia
    (1) menos segregación racial.
    (2) la segregación de la población negra en los autobuses.
    (3) la pérdida de los derechos de los negros.
    (4) una guerra civil.
    (5) ninguna de las anteriores

Las preguntas 9 a 12 se refieren al pasaje siguiente:

¿Quiénes fueron los grandes inventores?

Un gran desarrollo de las comunicaciones llegó en 1876 cuando *Alexander Graham Bell*, un científico inmigrante de Escocia, inventó el *teléfono*. No era como el telégrafo, que sólo transmitía mensajes codificados, sino que transmitía la voz humana. El teléfono se adoptó en todo el país.

Otro gran descubrimiento fue el uso de la electricidad para la iluminación. En 1879, *Thomas Alva Edison* contribuyó al invento de la *bombilla*. Superó en mucho a los sistemas de iluminación que hasta entonces se habían utilizado en todo el mundo. Su uso se extendió rápidamente. Edison, cuya educación formal fue tan sólo de unos meses, patentó su invento a los 22 años. Antes de su muerte, en 1931, tenía más de 1,000 patentes a su nombre. También inventó o contribuyó al invento de diversos aparatos que hoy conocemos como el fonógrafo, el cine, la pila o batería, el dictáfono, el dínamo eléctrico y la locomotora eléctrica.

La Edison Electric Company estableció un planta en la ciudad de New York en 1882 para proveer de luz a la ciudad. Sin embargo, en poco tiempo, la operación y el control de la mayoría de nuevas industrias de electricidad estaban en manos de unas cuantas corporaciones grandes. Las pequeñas compañías se vieron forzadas a dejar ese negocio.

En 1846, Elias Howe inventó la *máquina de coser*. En la época de la Guerra Civil (1861) ya se usaba extensamente en las fábricas para hacer ropa y otros productos textiles manufacturados.

9. El telégrafo emite
   (1) la voz humana.
   (2) la correspondencia.
   (3) mensajes que hay que descifrar.
   (4) rayos del espectro.
   (5) ondas ultrasonoras.

10. Un gran descubrimiento fue utilizar la electricidad para
    (1) el fonógrafo, el dictáfono y la locomotora.
    (2) la transmisión de mensajes.
    (3) iluminar espacios.
    (4) el fonógrafo.
    (5) proyecciones de películas.

11. ¿Cuál de los siguientes inventos no fue obra de Thomas Alva Edison?
    (1) la bombilla eléctrica.
    (2) el dictáfono.
    (3) la máquina de coser.
    (4) el fonógrafo.
    (5) la batería.

12. La Edison Electric Company estableció una planta en 1882 en New York para
    (1) competir con las empresas que vendían lamparillas de gas.
    (2) crear más puestos de trabajo en la ciudad.
    (3) competir con otras grandes corporaciones.
    (4) proveer a la ciudad de una red de luz eléctrica.
    (5) promover la creación de pequeñas compañías.

Las preguntas 13 a 16 se refieren al pasaje siguiente:

¿Qué le ocurrió al Lazarillo de Tormes?

El *Lazarillo de Tormes* señala el comienzo de un nuevo género: la novela picaresca. La obra se publicó en 1554 y se le ha atribuido a Hurtado de Mendoza. Relata la vida de Lázaro, huérfano de padre desde muy niño, que se saca el sustento sirviendo a diversas personas, lo que da ocasión al autor para trazar un cuadro social incomparable. Lázaro es tan sólo un pobre muchacho de bajo origen a quien un destino adverso zarandea cruelmente sin dejarle escapar del mísero ambiente en que vive.

En uno de los fragmentos, dice el autor desconocido: "Visto esto y las malas burlas que el ciego burlaba de mí, determiné de todo en todo dejarle, y como lo traía pensado y lo tenía en voluntad, con este posterior juego que me hizo afírmelo más. Y fue así que luego otro día salimos por la villa a pedir limosna y había llovido mucho la noche antes. Y porque el día también llovía y andaba rezando debajo de unos portales que en aquel pueblo había, donde no nos mojamos; más como la noche se venía y el llover no cesaba, díjome el ciego:

—Lázaro: esta agua es muy porfiada, y cuanto la noche más cierra, más recia. Acojámonos a la posada con tiempo.

Para ir allá habíamos de pasar un arroyo, que con la mucha agua iba grande.

Yo le dije:

—Tío: el arroyo va muy ancho; mas si queréis, yo veo por donde atravesamos más aína sin nos mojar, porque se estrecha allí mucho, y saltando pasaremos a pie enjuto.

Parecióle buen consejo y dijo:

—Discreto eres; por esto te quiero bien. Llévame vía ese lugar donde el arroyo se angosta, que ahora es invierno y sabe mal el agua, y más llevar los pies mojados.

Yo que vi el aparejo a mi deseo, saquéle debajo de los portales y llevélo derecho de un pilar o poste de piedra que en la plaza estaba, sobre el cual y sobre otros cargaban salidizos de aquellas casas, y dígole:

—Tío: este es el paso más angosto que en el arroyo hay.

Como llovía recio y el triste se mojaba, y con la prisa que llevábamos de salir del agua, que encima se nos caía, y, lo más principal, porque Dios le cegó aquella hora el entendimiento (fue por darme de él venganza), creyóse de mí y dijo:

—Ponme bien derecho y salta tú el arroyo.

Yo le puse bien derecho enfrente del pilar, y doy un salto y póngame detrás del poste, como quien espera tope de toro, y díjele:

—¡Sus! Saltad todo lo que podáis, porque déis de este cabo del agua.

Aún apenas lo había acabado de decir cuando se abalanza el pobre ciego como macho cabrío y de toda su fuerza arremete, tomando un paso atrás de la corrida para hacer mayor saltón y da con la cabeza en el poste, que sonó tan recio como si diera con una gran calabaza, y cayó luego para atrás medio muerto y hendida la cabeza.

—¿Cómo, y olisteis la longaniza y no el poste? ¡Oled! ¡Oled!— le dije yo.

Y dejéle en poder de mucha gente que lo había ido a socorrer, y tomé la puerta de la villa en los pies de un trote, y antes de que la noche viniese di conmigo en Torrijos. No supe más lo que Dios de él hizo ni curé de lo saber".

13. La novela picaresca apareció
    (1) cuando la vida de Lázaro se hizo popular.
    (2) cuando se publicó el *Lazarillo de Tormes*.
    (3) en el verano de 1554.
    (4) cuando Lazarillo de Tormes publicó sus memorias.
    (5) ninguna de las anteriores

14. La novela el *Lazarillo de Tormes* relata
    (1) cómo Lázaro se queda huérfano siendo un niño.
    (2) lo que el padre de Lázaro piensa de su hijo.
    (3) como el ciego se burla siempre de Lázaro.
    (4) las artimañas de un huérfano ciego para lograr sobrevivir.
    (5) lo que le autor piensa de un cuadro social incomparable.

15. La cabeza del ciego
    (1) tiene la forma de calabaza.
    (2) se parece a la del autor.
    (3) es demasiado dura para tirar el poste al suelo.
    (4) da contra un árbol.
    (5) ninguna de las anteriores

16. Lázaro es
    (1) un ciego huérfano.
    (2) un muchacho de clase alta.
    (3) un joven humilde y huérfano.
    (4) un clérigo.
    (5) el tío de un huérfano.

Las preguntas 17 a 20 se refieren al pasaje siguiente:

¿Dónde está la poesía en América?

Rubén Darío (Nicaragua, 1867–1916) fue el más célebre poeta del período conocido como "modernismo". Es característico en su obra una continua tendencia a la perfección verbal, así como su voluntad de estilo y la unión que hace de toda una serie de tendencias que habían existido anteriormente. Rubén Darío las funde, poniéndoles música, estética, perfilando versos y ritmos. Su poesía es cosmopolita, aristocrática, exótica y artística. Llegó a ser un gran poeta de su generación, el maestro de muchos poetas latinoamericanos, españoles y franceses. Rubén Darío reforma la poesía española de su momento, trasciende la Francia poética del Rococó y va más allá de América, con una poesía totalizante, nueva y ecléctica. En su poesía encontramos un tono hedonista, frívolo y conceptual, llena de preguntas sobre el amor, la muerte, el tiempo, la vida y la religión.

Escribió numerosas obras. Entre las más importantes es preciso citar: *Prosas profanas; Cantos de vida y esperanza; El canto errante; Poema del otoño y otros poemas; Canto a la Argentina y otros poemas; Abrojos, Rimas y Canto épico; Azul;* y en prosa: *Los raros; Peregrinaciones; La caravana pasa;* y *Tierras solares.*

En su libro *Prosas profanas*, dice: "¿Hay en mi sangre alguna gota de sangre de África, o de indio chorotega o nogrand ano? Pudiera ser, a despecho de mis manos de marqués; más he aquí que veréis en mis versos princesas, reyes, cosas imperiales, visiones de países lejanos o imposibles; ¡qué queréis!, yo detesto la vida y el tiempo en que me tocó nacer; y a un presidente de la República no podré saludarle en el idioma en que te cantará a ti, ¡oh Halagabal!, de cuya corte —oro, seda, mármol— me acuerdo en sueños...

(Si hay poesía en nuestra América, ella está en las cosas viejas: en Palenke y Utlatán, en el indio legendario, y en el inca sensual y fino, y en el gran Moctezuma de la silla de oro. Lo demás es tuyo, demócrata Walt Whitman.)

Buenos Aires; Cosmópolis.

¡Y mañana!

El abuelo español de barba blanca me señala una serie de retratos ilustres: 'Éste —me dice— es el gran don Miguel de Cervantes Saavedra, genio y manco; éste es Lope de Vega; éste, Garcilaso; éste, Quintana. Yo le pregunto por el noble Gracián, por Teresa la Santa, por el bravo Góngora y el más fuerte de todos, don Francisco de Quevedo y Villegas'. Después exclamo: 'Shakespeare! ¡Dante! ¡Hugo!...! (Y en mi interior: ¡Verlaine...!)'

Luego, al despedirme: 'Abuelo, preciso es decíroslo: mi esposa es de mi tierra; mi querida, de París'".

17. ¿En qué personas o lugares encuentra Rubén Darío la mejor poesía de América?

   (1) En el surrealismo
   (2) En las culturas precolombinas de los indios y en la poesía de un poeta estadounidense.
   (3) En Cervantes
   (4) En su tierra y en la poesía de Víctor Hugo.
   (5) En la poesía de Quevedo

18. El "modernismo" tuvo lugar

   (1) a finales del siglo XIX y principios del XX.
   (2) en Nicaragua.
   (3) en Latinoamérica.
   (4) en Francia.
   (5) ninguna de las anteriores

19. Rubén Darío escribe sobre

   (1) temas sociales y culturales.
   (2) la vida del indio legendario.
   (3) temas amorosos y de la vida diaria.
   (4) la importancia que las religiones dan a la muerte.
   (5) las ciudades cosmopolitas y aristocráticas.

20. Rubén Darío reformó

   (1) la concepción que los franceses tenían acerca de la filosofía.
   (2) el curso de la poesía española.
   (3) el tono hedonista de la poesía, dándole más frivolidad.
   (4) la idea que poetas posteriores tuvieron acerca del indio.
   (5) una vida cosmopolita por un tipo de vida más exótico.

Las preguntas 21 a 24 se refieren al pasaje siguiente:

¿Qué occuría en el puente de Brooklyn?

José Martí (Cuba, 1853–1895), describe así una escena neoyorquina:

"Es mañana de otoño, clara y alegre. El sol amable calienta y conforta. Agólpase la gente a la puerta del tranvía del puente de Brooklyn: que ya corre el tranvía y toda la ciudad quiere ir por él".

"Suben a saltos la escalera de granito y repletan de masa humana los andenes. ¡Parece como que se ha entrado en casa de gigantes y que se ve ir y venir por todas partes a la dueña de la casa!"

"Bajo el amplio techado se canta este poema. La dama es una linda locomotora en traje negro. Avanza, recibe, saluda, lleva a su asiento al huésped, corre a buscar otro, déjalo en nuevo sitio, adelántale a saludar a aquel que llega. No pasa de los dinteles de la puerta. Gira: torna: entrega: va a diestra y a siniestra: no reposa un instante. Dan deseos, al verla venir, campaneando alegremente, de ir a darle la mano. Como que se la ve tan avisada y diligente, tan útil y animosa, tan pizpireta y gentil, se siente amistad humana por la linda locomotora. Viendo tantas cabecillas menudas de hombres asomados al borde del ancho salón donde la dama colosal deja y toma carros, y revolotea, como rabelaisiana mariposa, entre rieles, andenes y casillas—digamos que los tiempos se han trocado y que los liliputienses han venido a hacer visita a Gulliver".

"Los carros que atraviesan el puente de Brooklyn vienen de New York, traídos por la cuerda móbil que entre los rieles se desliza velozmente por sobre ruedas de hierro, y desde las seis de la mañana hasta la una de la madrugada del día siguiente, jamás para. Pero donde empieza la colosal estación, el carro suelta la cuerda que ha venido arrastrándolo, y se detiene. La locomotora, que va y viene como ardilla de hierro, parte a buscarlo. Como que mueve al andar su campana sonora, parece que habla".

21. La escalera que conduce a la estación del tranvía
    - (1) está hecha de granitos de arena.
    - (2) está llena de amas de casa.
    - (3) solo la pueden subir personas tan altas como gigantes.
    - (4) permite ir y venir a la dueña de la casa.
    - (5) es subida muy aprisa por la gente.

22. En el poema, la locomotora.
    - (1) es descrita como si fuera un ser humano.
    - (2) se convierte en una mujer con una gran vida social.
    - (3) está llena de gente que se dan la mano unos a otros.
    - (4) va de Brooklyn a Manhattan.
    - (5) lleva a los liliputienses a visitar a Gulliver.

CAPÍTULO 9: Dos exámenes completos de práctica

23. En la descripción de la escena neoyorquina se menciona
    - (1) el World Trade Center.
    - (2) el Empire State.
    - (3) el tranvía del puente de Brooklyn.
    - (4) la estatua de la libertad.
    - (5) Bloomingdale's.

24. La escena tiene lugar en
    - (1) el Bronx.
    - (2) una mañana de verano.
    - (3) las primeras horas de la mañana.
    - (4) otoño.
    - (5) ninguna de las anteriores.

Las preguntas 25 a 28 se refieren al pasaje poético siguiente:

Nicolás Guillén (Cuba, 1902–1989), nació en Camagüey. Hizo sus estudios secundarios en la provincia y se dirigió a La Habana para estudiar Derecho, pero abandonó los cursos. Tipógrafo, periodista y empleado del Estado, vivió en España y viajó por América. Ha sido uno de los poetas negros que ha alcanzado más renombre en la literatura hispanoamericana, por su interpretación rica y fiel, graciosa y humana, del hombre de color de las Antillas. Su poesía es fina, imaginativa, musical y lleva impregnada una gran preocupación social y humana. Escribió libros como *El son entero; Motivos de son; Songoro consongo; West Indies Ltd; España; Cantos para soldados y sones para turistas; Elegía a Jesús Menéndez*, entre otras obras.

En su poema "Secuestro de la mujer de Antonio", dice:

Te voy a beber de un trago,
como una copa de ron
de un son,
prieta, quemada en ti misma
cintura de mi canción.

Záfate tu chal de espuma
para que torees la rumba,
y si Antonio se disgusta,
que se corra por ahí;
¡la mujer de Antonio
tiene que bailar aquí!

Desamárrate, Gabriela
Muerde
la cáscara verde,
pero no apague la vela;
tranca
la pájara blanca,
y vengan de dos en dos
¡que el bongó
se calentó!

De aquí no te irás, mulata,
Ni al mercado ni a tu casa;
Aquí molerán tus ancas
La zafra de tu sudor;
Repique, pique, repique,
Repique, repique, pique,
Pique, repique, repique,
¡pó!

Semillas las de tus ojos
darán sus frutos espesos;
y si viene Antonio luego,
que ni en jarana pregunte
cómo es que tú estás aquí...
Mulata, mora, morena,
que ni el más toro se mueva,
porque el que más toro sea
saldrá caminando así:
el mismo Antonio, si llega,
saldrá caminando así...

Repique, repique, pique
repique, repique, ¡pó!
Prieta, quemada en ti misma,
cintura de mi canción...

GED en español

25. Según la poesía, se puede deducir que la mujer
    (1) está soltera.
    (2) está en el mercado.
    (3) está en su casa.
    (4) conoce a otro hombre.
    (5) quiere irse del pueblo.

26. El poema habla de
    (1) una mujer que no sabe bailar.
    (2) los efectos que produce el ron.
    (3) una mulata casada con Antonio.
    (4) cómo un maestro enseña a bailar a su estudiante.
    (5) el mar carácter de Antonio.

27. La obra de Guillén se caracteriza por
    (1) su poesía romántica.
    (2) sus poesías de viajes a América.
    (3) sus poesías sobre su vida en España.
    (4) las rimas musicales.
    (5) su humor y por su mensaje social y humano.

28. Nicolás Guillén habla en sus obras de
    (1) el campesino.
    (2) el hombre antillano de color.
    (3) los problemas culturales.
    (4) la música.
    (5) el amor.

Las preguntas 29 a 31 se refieren a los refranes siguientes:

¿Aguanta el dolor toda la vida?

Los refranes siguientes han sido coleccionados en New Mexico, todos ellos parten de la cultura chicana:

1. Con rima
   El que se enoja no moja, ni come maíz de la troja
   El muerto al pozo y el vivo al negocio
   El que regala bien vende y el que lo recibe lo entiende
   El que de santo resbala hasta el infierno no para
   El dinero del mezquino dos veces anda el camino
   En martes ni te cases ni te embarques
   Favor referido ni de Dios ni del diablo es agradecido
   Haz bien y no acates a quién
   Hace más el que quiere que el que tiene
   La suerte de la fea la bonita la desea
   No hay dolor que dure cien años ni enfermo que lo aguante
   Natural y figura hasta la sepultura
   Piensa el ladrón que todos son de su misma condición
   Vale más saber que tener
   Vanidad y pobreza son de una pieza
   Zamora no se ganó en una hora

2. Sin rima

A palabras necias oídos sordos
A cada uno su gusto le engorda
Así paga el diablo al que bien le sirve
Al que se hace de miel se lo comen las moscas
Al que Dios se la tiene, San Pedro se la bendice
Buen abogado mal vecino
Con la vara que mides serás medido
Con deseos no se hacen templos
Cada loco con su tema y yo con mi terquedad
Cuando el diablo reza, engañar quiere
De tal palo tal astilla
Te lo digo a ti, mi hija, y entiéndetelo tú, mi nuera
La esperanza no engorda, pero mantiene
La caridad bien ordenada comienza por sí mismo
No hay mal que por bien no venga
¿Para qué quiere lavandera el que no tiene camisa?
Pájaros de una misma pluma se reconocen
Se espantan los muertos de los degollados
Vale más un toma-toma que un aguárdate-tantito

29. La interpretación del refrán " No hay dolor que dure cien años ni enfermo que lo aguante" significa que

    (1) los dolores no duran cien años.
    (2) los enfermos no aguantan dolores.
    (3) los sufrimientos o problemas no son eternos.
    (4) los dolores duran cien años.
    (5) ninguna de las anteriores

30. "Piensa el ladrón que todos son de su misma condición", significa que

    (1) todas las personas pueden robar.
    (2) todos pensamos que los demás se parecen a nosotros.
    (3) todas las personas son de diferente condición.
    (4) el ladrón siempre pone condiciones.
    (5) ninguna de las anteriores

31. El refrán "con la vara que mides serás medido", significa que

    (1) con la vara se puede medir.
    (2) toda persona debe medir las capacidades de los demás.
    (3) opinarán mal de una persona.
    (4) en la misma forma como trates a los demás serás tratado.
    (5) ninguna de las anteriores

32. "Pájaros de una misma pluma se reconocen", significa que

    (1) los pájaros tienen plumas similares.
    (2) las personas que tienen caracteres diferentes son fáciles de reconocer.
    (3) las personas que tienen algo en común se identifican.
    (4) los pájaros son fáciles de reconocer.
    (5) la única forma de reconocer a los pájaros es a través de las plumas.

Las preguntas 33 a 36 se refieren al pasaje poético siguiente:

¿En busca de uno mismo?

Es considerado como uno de los mejores poetas de la República Dominicana. Publicó libros de poesía en diferentes países. Manuel del Cabral (1907–1999) viajó por toda América, recitando sus poesías con su inconfundible voz antillana. Entre sus obras más importantes pueden citarse: *Trópico negro, Sangre mayor, De este lado del mar, Los huéspedes secretos, Compadre Mon, Antología tierra, Antología clave*; y en prosa, *Chinchina busca el tiempo*, y *30 parábolas*.

> Ensuciaban el aire profundo del espejo
> las cosas familiares de mi cuerpo;
> pensamientos mohosos de mi cuchillo inédito
> mi pozo de esqueleto cuando río
> arrugas de mi ropa que suben a mi cara;
> buzos en una gota de mis párpados.
> Luego,
> me fui quitando cáscaras,
> y el espejo a ponerse ya más limpio.
> Al fin quedé desnudo,
> y fui cristal para mirarme puro,
> pero no pude verme...
> Entonces di la vuelta,
> quise ver las espaldas del espejo,
> y me encontré conmigo.
> Quise vestirme pero fue imposible,
> no podía vestir la transparencia.

Distingue a Cabral una actitud experimental que se manifiesta en una poesía imaginativa y rica en color y sones del trópico. Es un poema reflexivo, lleno de interrogantes y misterios.

33. Manuel del Cabral
    (1) canta al esqueleto del río.
    (2) escribe sobre el yo existencial y metafísico.
    (3) habla de la vida de sus familiares y amigos.
    (4) crea una obra filosófica.
    (5) profundiza sobre la muerte.

34. La poesía expresa cómo
    (1) había un aire profundo que metafóricamente cubría el espejo y el poeta se encuentra consigo mismo.
    (2) el autor habla a la sociedad que le rodea.
    (3) corre el agua del río.
    (4) el autor va poco a poco desprendiéndose de cosas que le condicionan hasta quedarse consigo mismo.
    (5) influye el pensamiento existencial.

35. "Me fui quitando cáscaras", quiere decir que
(1) quería cubrirse.
(2) quería hablar con los demás.
(3) quería encontrarse consigo mismo.
(4) tenía calor.
(5) deseaba verse en el espejo.

36. La poesía de Manuel del Cabral
(1) expresa temas de la vida de los países tropicales.
(2) es lineal y clara, reflexiva, misteriosa y surrealista.
(3) es una obra mística.
(4) se parece a la de otros poetas antillanos.
(5) es típica poesía dominicana modernista.

Las preguntas 37 y 38 se refieren a la poesía titulada "Al final del camino":

Al final del camino,
somos una molécula de polvo,
un soplo que se pierde
en el aire de la vida,
una gota de agua
en el inmenso mar,
pero el Universo necesita
nuestro pequeño suspiro.
No somos nada y lo somos todo.

(Ginés Serrán-Pagán, *Entre el mar y el hierro*, Art Robe, Tokio, 1984)

37. La poesía expresa cómo
(1) a pesar de todo, al final del camino, somos insignificantes pero a la vez somos únicos.
(2) en el camino somos una pequeña partícula de polvo.
(3) se pierde el aire de la vida.
(4) podemos admirar la inmensidad del mar.
(5) el Universo es como un pequeño suspiro.

38. "Una gota de agua en el inmenso mar", podía significar que
(1) el mar no tiene fin.
(2) el mar necesita del Universo.
(3) una gota de agua es como un suspiro que inunda el mar.
(4) somos muy pequeños en comparación con la inmensidad del mar.
(5) lo somos todo.

La pregunta 39 se refiere al pasaje siguiente:

¿Qué se puede encontrar en el monte Kilimanjaro?

El gran novelista estadounidense Ernest Hemingway, Premio Nobel de literatura, escribió con frecuencia pasajes sobre África. Su tierra y sus gentes le apasionaban. En un relato llamado "Las nieves de Kilimanjaro", el escritor nos dice: "Kilimanjaro es una montaña cubierta de nieve, de 19,710 pies de altura, y se dice que es el pico más alto de África. Los masai llaman a la cima del lado oeste "Ngaje Ngaj", la Casa de Dios. Cerca de la cima se encuentra el cuerpo seco y helado de un leopardo. Nadie ha podido explicar qué estaba buscando el leopardo a esa altitud".

39. De la información que nos ofrece el párrafo anterior, ¿qué es lo que parece indicar el cadáver del leopardo?

    (1) Buscamos cosas que no comprendemos.

    (2) Los animales pueden tener alma.

    (3) África es un lugar extraño y exótico.

    (4) El hielo y la nieve pueden preservar el cuerpo de animales muertos.

    (5) Los masai son un pueblo religioso.

La pregunta 40 se refiere a la fotografía siguiente:

40. La imagen,
    (1) refleja a una mujer nativa, probablemente de una de las islas del Pacífico.
    (2) es un óleo sobre lienzo.
    (3) se identifica con la sociedad industrial.
    (4) simboliza a la mujer moderna.
    (5) representa una obra de arte característica del movimiento impresionista.

EXAMEN 5: MATEMÁTICAS

50 preguntas–90 minutos

1. $|8-15| - \left(\dfrac{32-12}{4}\right)$
   - (1) 2
   - (2) 12
   - (3) 23
   - (4) –30
   - (5) –42

2. Simplifique: $\sqrt{12}$
   - (1) 6
   - (2) 4
   - (3) $3\sqrt{2}$
   - (4) $2\sqrt{3}$
   - (5) $6 \div 2$

3. Si el área del círculo Q es 154, entonces el radio es:
   - (1) 7
   - (2) 22
   - (3) 29
   - (4) 49
   - (5) 14

4. Calcule el perímetro de la siguiente figura:

   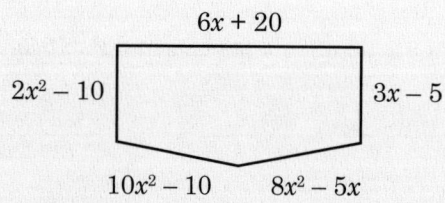

   - (1) $29x^2 - 23$
   - (2) $20x^2 + 4x - 5$
   - (3) $23x^2 - 5x + 27$
   - (4) $21x^2 - 10x + 8$
   - (5) $15x - 3$

5. Calcule la distancia AB si $A = (2, 6)$ y $B = (6, 8)$
   - (1) 10
   - (2) 12
   - (3) $2\sqrt{5}$
   - (4) $5\sqrt{2}$
   - (5) 10

6. La temperatura de la ciudad P es de 15°C. Convierta a grados Fahrenheit.

   $F = \dfrac{9}{5}°C + 32$

   - (1) 46°F
   - (2) 59°F
   - (3) 65°F
   - (4) 80°F
   - (5) 82°F

7. En el trapecio isósceles $PQRT$, $PQ = 10$ y $\angle P = 20°$. Calcule el valor de QW.

   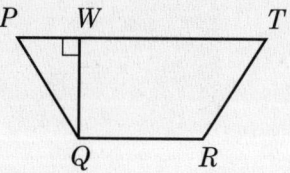

   - (1) 2.81
   - (2) 3.42
   - (3) 5.15
   - (4) 6.08
   - (5) 7.35

8. Las dimensiones de un tanque cilíndrico son: radio = 10 y altura = 20. ¿Cuál es su capacidad total?
   - (1) 1,400
   - (2) 3,170
   - (3) 4,000
   - (4) 5,129
   - (5) 6,280

9. Calcule el seno ∠A.

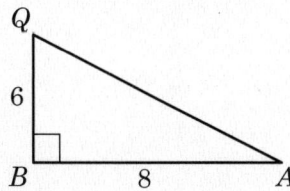

   (1) 0.3
   (2) 0.6
   (3) 0.06
   (4) 0.1
   (5) 0.03

10. La fórmula $h = 30t - 5t^2$ se aplica al cálculo de la altura de un cuerpo arrojado al aire a una velocidad inicial de 30 metros por segundo después de t segundos. Calcule h después de 5 segundos.

    (1) 5
    (2) 15
    (3) 25
    (4) 45
    (5) 60

11. Lino gana $52,000.00 al año. Si recibe un aumento de 5%, ¿qué ecuación representa el nuevo salario de Lino?

    (1) 52,000 + 500
    (2) 52,000 + (0.05 + 52,000)
    (3) 52,000 + (0.05)(52,000)
    (4) 52,000 + (0.95)(52,000)
    (5) 52,000 (0.05)

12. Resuelva: $-2x + 2 > 4$

    (1) $x > -1$
    (2) $x < -1$
    (3) $x < 1$
    (4) $x > -3$
    (5) $x < -3$

13. La distancia en el mapa entre dos ciudades es de 6 pulgadas. ¿Cuál es la distancia real si la escala del mapa es $1\frac{1}{2}$ pulgada por milla?

    (1) 24 millas
    (2) 18 millas
    (3) 4 millas
    (4) 3 millas
    (5) 2 millas

14. Calcule el área total de la siguiente figura.

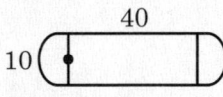

    (1) 420
    (2) 425
    (3) 500.16
    (4) $400 + 25\pi$
    (5) $400 + 100\pi$

15. La línea $x + 3y = 9$ atraviesa el eje x en el punto:

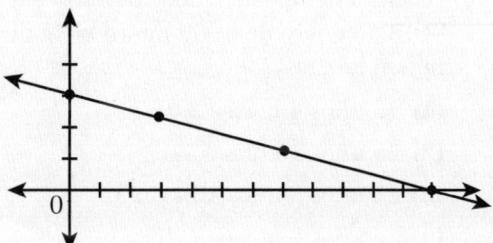

    (1) $(0, -9)$
    (2) $(0, 9)$
    (3) $(9, 0)$
    (4) $(-9, 0)$
    (5) $(9, 9)$

16. Multiplique: $\frac{9}{19} \times \frac{95}{7}$

    (1) $5\frac{1}{7}$
    (2) $6\frac{2}{7}$
    (3) $6\frac{1}{7}$
    (4) $6\frac{3}{7}$
    (5) 7

17. Divida: $120 \div \frac{2}{3}$
    - (1) 80
    - (2) 180
    - (3) 140
    - (4) 220
    - (5) 160

18. ¿Qué interés produce un capital de $9,000.00 al 12% anual en 18 meses?
    - (1) $1,260.00
    - (2) $1,602.00
    - (3) $1,620.00
    - (4) $2,160.00
    - (5) $2,610.00

19. Resuelva: $x^2 - 10x + 16 = 0$
    - (1) {8, 2}
    - (2) {−8, −2}
    - (3) {6, 4}
    - (4) {−6, −4}
    - (5) {−4}

20. ¿Cuánto tiempo ha transcurrido desde el 15 de enero de 1969 hasta el 1° de marzo de 1984?
    - (1) 15 años 4 meses 2 días
    - (2) 15 años 19 días
    - (3) 15 años 2 meses 14 días
    - (4) 15 años 2 meses 1 día
    - (5) 15 años 1 mes 16 días

21. ¿Cuál de la siguientes cantidades equivale a 1?
    - (1) $\frac{4}{5}$
    - (2) $\frac{9}{-9}$
    - (3) $\frac{7}{7}$
    - (4) $\frac{8}{4}$
    - (5) $6 - 6$

22. Calcule $\sqrt{25 \times 49}$
    - (1) 12
    - (2) 14
    - (3) 6
    - (4) 53
    - (5) 35

23. ¿Cuántos metros hay en $43\frac{1}{2}$ kilómetros?
    - (1) 43,005 m
    - (2) 43,500 m
    - (3) 43,750 m
    - (4) 4,300.5 m
    - (5) 4,350 m

24. ¿Qué signo le corresponde a la x (abscisas) en el tercer cuadrante de un sistema de coordenadas?
    - (1) positivo
    - (2) no lleva signo
    - (3) positivo unas veces y negativo otras
    - (4) negativo
    - (5) no es posible determinarlo

25. Calcule (x, y):
    $x + y = 13$
    $2x - y = 5$
    - (1) (8, 5)
    - (2) (6, 7)
    - (3) (16, −3)
    - (4) (10, 3)
    - (5) (5, −5)

26. Si $(R)(K) = 36$ y $R = 4$, entonces $K(15) =$
    - (1) 41
    - (2) 135
    - (3) 60
    - (4) 144
    - (5) 19

27. Si $(M)(N) = 0$ y $M \neq 0$, entonces $N =$
(1) 1
(2) 10
(3) 0
(4) 9
(5) no es posible determinarlo

28. ¿Cuánto cuesta un televisor con un 20% de descuento cuyo precio original es de $560.00?
(1) $448.00
(2) $520.00
(3) $528.00
(4) $484.00
(5) $112.00

29. ¿Cuál es el equivalente en kilómetros de 160 millas?
(1) 287.4 km
(2) 257.6 km
(3) 275 km
(4) 255.7 km
(5) 258.5 km

30. Calcule el cociente de $\dfrac{(2^5)(3^3)}{(2^3)(3^2)}$
(1) 24
(2) 16
(3) 20
(4) 12
(5) 14

31. En la figura anterior, las rectas w y v forman cuatro ángulos. Si el ángulo t mide 38°, ¿qué valor tiene en grados el ángulo m?

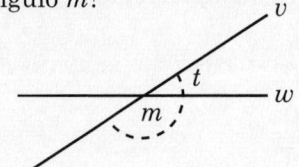

(1) 162°
(2) 138°
(3) 152°
(4) 142°
(5) 148°

32. Si el radio de un círculo mide 12.5, entonces su diámetro mide:
(1) $6\frac{1}{5}$
(2) $20\frac{1}{5}$
(3) 25
(4) $25\frac{2}{5}$
(5) 17

33. En la siguiente figura, las líneas r y t son paralelas y s es una secante. ¿Cuánto mide el ángulo p si $\angle 3 = 61°$?

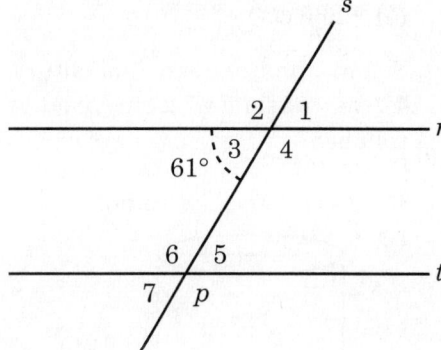

(1) 129°
(2) 120°
(3) 119°
(4) 29°
(5) 130°

34. Si un cuadrado mide 13.5 cm por uno de sus lados, ¿cuánto mide su perímetro?
(1) 62 cm
(2) 54 cm
(3) 45 cm
(4) 135 cm
(5) 60 cm

35. Si un terreno mide 18.25 m de fondo y 10 m de ancho, ¿cuál es su área?

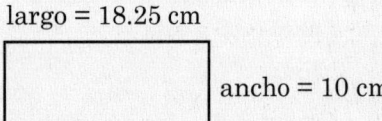

largo = 18.25 cm

ancho = 10 cm

- **(1)** 185.2 cm²
- **(2)** 1,850 cm²
- **(3)** 182.5 cm²
- **(4)** 158.5 cm²
- **(5)** 1,825 cm²

36. Si un cilindro tiene una altura de 42 cm y radio de 7.2 cm, ¿cuál es su volumen?

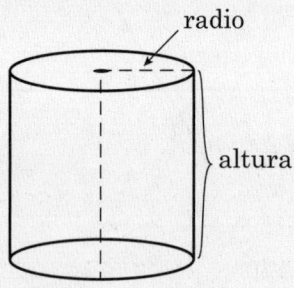

Fórmula: V = πR²h
π = 3.14

- **(1)** 7,863 cm³
- **(2)** 6,638 cm³
- **(3)** 5,863.6 cm³
- **(4)** 6,368.5 cm³
- **(5)** 6,836.66 cm³

37. ¿Cuánto mide el ángulo LOP en la figura? LON = 47°

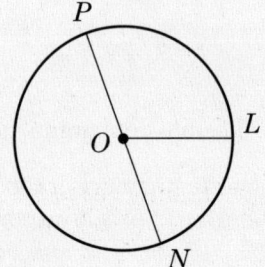

- **(1)** 323°
- **(2)** 133°
- **(3)** 303°
- **(4)** 283°
- **(5)** 383°

38. Calcule el volumen de un cono cuyo radio = 3 y altura = 12.

- **(1)** 12π
- **(2)** 15π
- **(3)** 18.64π
- **(4)** 36π
- **(5)** 42.13π

39. Si la arista de un cubo mide 12 cm, ¿cuál es el volumen del cubo?

- **(1)** 1,278 cm³
- **(2)** 1,827 cm³
- **(3)** 156 cm³
- **(4)** 1,728 cm³
- **(5)** 144 cm³

40. ¿Cuál es el suplemento de un ángulo de 37°?

- **(1)** 143°
- **(2)** 160°
- **(3)** 134°
- **(4)** 53°
- **(5)** 93°

CAPÍTULO 9: Dos exámenes completos de práctica

41. Si $x + 9 + 4x = 94$, entonces $x =$
  (1) 24
  (2) 17
  (3) 21
  (4) 18
  (5) 32

42. Si $\frac{w}{11} + 5 = 14$, entonces $w =$
  (1) 69
  (2) 89
  (3) 91
  (4) 209
  (5) 99

43. Si $\frac{6k}{7} - 4 = 38$, entonces $k =$
  (1) 39
  (2) 43
  (3) 49
  (4) 59
  (5) 47

44. Simplifique: $(-15)(8)(0)(-2)^2$
  (1) 480
  (2) −480
  (3) 0
  (4) −120
  (5) 60

45. Simplifique: $6(2x - 3) - 4(-8 + 2x)$
  (1) $4x + 14$
  (2) $2x + 50$
  (3) $20x - 2$
  (4) $12x + 12$
  (5) $44x + 10$

46. Si para hacer 50 tamales necesito 6 libras de harina de maíz, ¿cuántos tamales podría hacer con 15 libras?
  (1) 57
  (2) 125
  (3) 95
  (4) 100
  (5) 80

47. Un tocadiscos con un precio regular de venta de $280.00 se pone en oferta con un descuento del 12.5%. ¿Cuál es el nuevo precio de oferta?
  (1) $245.00
  (2) $204.50
  (3) $340.45
  (4) $204.44
  (5) $244.40

48. Un padre reparte su fortuna entre sus hijos como sigue: al mayor le deja 15,000.00, que representa $\frac{1}{8}$ de su capital y el resto lo reparte en partes iguales entre sus otros 5 hijos. ¿Cuánto dinero recibe cada uno?
  (1) $21,000.00
  (2) $19,000.00
  (3) $23,000.00
  (4) $12,000.00
  (5) $22,000.00

49. ¿Cuánto costaría cercar un terreno de forma rectangular de 30 metros de largo y 20 metros de ancho sabiendo que el metro de alambre cuesta 85 centavos y la mano de obra 75 dólares?
  (1) $159.00
  (2) $158.65
  (3) $160.00
  (4) $145.75
  (5) $190.00

50. Juana Pérez compra los siguientes artículos: 5 camisas a $11.59 cada una, 3 carteras a $23.45 cada una y 18 pañuelos a $2.89 cada uno. Después de pagar el impuesto del estado de New Jersey (6%), ¿a cuánto asciende el total de la compra?
  (1) $174.33
  (2) $209.02
  (3) $201.74
  (4) $191.14
  (5) $198.02

RESPUESTAS CORRECTAS DEL EXAMEN DE PRÁCTICA I

Examen 1: Expresión Escrita

1. (4)	11. (2)	21. (1)	31. (5)	41. (5)
2. (5)	12. (4)	22. (2)	32. (1)	42. (1)
3. (1)	13. (1)	23. (5)	33. (5)	43. (4)
4. (1)	14. (5)	24. (5)	34. (4)	44. (4)
5. (4)	15. (1)	25. (2)	35. (5)	45. (2)
6. (2)	16. (4)	26. (3)	36. (1)	46. (3)
7. (5)	17. (5)	27. (3)	37. (2)	47. (3)
8. (1)	18. (2)	28. (5)	38. (2)	48. (1)
9. (4)	19. (3)	29. (1)	39. (2)	49. (2)
10. (3)	20. (1)	30. (3)	40. (1)	50. (2)

Examen 2: Estudios Sociales

1. (3)	11. (5)	21. (2)	31. (2)	41. (4)
2. (5)	12. (3)	22. (5)	32. (4)	42. (4)
3. (2)	13. (4)	23. (3)	33. (3)	43. (2)
4. (2)	14. (3)	24. (4)	34. (2)	44. (4)
5. (4)	15. (5)	25. (4)	35. (5)	45. (3)
6. (1)	16. (3)	26. (1)	36. (2)	46. (2)
7. (1)	17. (3)	27. (4)	37. (3)	47. (3)
8. (3)	18. (2)	28. (1)	38. (1)	48. (5)
9. (3)	19. (1)	29. (1)	39. (3)	49. (2)
10. (1)	20. (2)	30. (2)	40. (2)	50. (1)

CAPÍTULO 9: Dos exámenes completos de práctica

Examen 3: Ciencias

1. (4)	11. (4)	21. (1)	31. (1)	41. (3)
2. (4)	12. (2)	22. (1)	32. (5)	42. (2)
3. (2)	13. (4)	23. (4)	33. (3)	43. (4)
4. (3)	14. (3)	24. (1)	34. (1)	44. (3)
5. (3)	15. (2)	25. (4)	35. (4)	45. (4)
6. (4)	16. (4)	26. (3)	36. (2)	46. (1)
7. (1)	17. (2)	27. (2)	37. (5)	47. (3)
8. (2)	18. (4)	28. (5)	38. (1)	48. (5)
9. (4)	19. (4)	29. (5)	39. (4)	49. (4)
10. (4)	20. (2)	30. (2)	40. (3)	50. (1)

Examen 4: Interpretación de la Literatura y las Artes

1. (4)	9. (3)	17. (2)	25. (4)	33. (2)
2. (5)	10. (3)	18. (1)	26. (3)	34. (4)
3. (2)	11. (3)	19. (3)	27. (5)	35. (3)
4. (1)	12. (4)	20. (2)	28. (2)	36. (2)
5. (3)	13. (2)	21. (5)	29. (3)	37. (1)
6. (1)	14. (5)	22. (2)	30. (2)	38. (4)
7. (1)	15. (5)	23. (3)	31. (4)	39. (4)
8. (1)	16. (3)	24. (4)	32. (3)	40. (1)

Examen 5: Matemáticas

1. (1)	11. (3)	21. (3)	31. (4)	41. (2)
2. (4)	12. (2)	22. (5)	32. (3)	42. (5)
3. (1)	13. (3)	23. (2)	33. (3)	43. (3)
4. (2)	14. (4)	24. (4)	34. (2)	44. (3)
5. (3)	15. (3)	25. (2)	35. (3)	45. (1)
6. (2)	16. (4)	26. (2)	36. (5)	46. (2)
7. (2)	17. (2)	27. (3)	37. (2)	47. (1)
8. (5)	18. (3)	28. (1)	38. (4)	48. (1)
9. (2)	19. (1)	29. (2)	39. (4)	49. (3)
10. (3)	20. (5)	30. (4)	40. (1)	50. (4)

RESPUESTAS EXPLICADAS DEL EXAMEN DE PRÁCTICA I

Examen 1: Parte I: Expresión Escrita

1. **(4)** Por ser una palabra esdrújula, *típico* debe llevar acento escrito.

2. **(5)** La oración no necesita corrección.

3. **(1)** La oración sería: *Pueden considerarse también drogas el tabaco, el café y el alcohol.*

4. **(1)** La oración no necesita corrección.

5. **(4)** Palabra derivada de "vértigo". Error debido a la pronunciación similar de *j* y *g*.

6. **(2)** El participio pasado de "proponer" es irregular.

7. **(5)** La oración no necesita corrección.

8. **(1)** La oración no necesita corrección.

9. **(4)** *Legalizar* es la forma correcta.

10. **(3)** Debe ser *se cree* porque el sujeto no es alguien específico.

11. **(2)** "El tráfico ilegal y los crímenes" es un sujeto plural.

12. **(4)** Error debido a la pronunciación similar entre *y* y *ll*.

13. **(1)** El adjetivo debe estar en plural ya que califica a placer y orgullo.

14. **(5)** La oración no necesita corrección.

15. **(1)** La oración no necesita corrección.

16. **(4)** Error debido a la pronunciación similar entre *v* y *b*.

17. **(5)** La oración no necesita corrección.

18. **(2)** *Entre* establece que puede ser cualquier edad, de 16 a 19 años.

19. **(3)** Con estos cambios, la frase (8) completa la idea de la oración anterior.

20. **(1)** La oración no necesita corrección.

21. **(1)** La estructura de comparación es "Tanto... como".

22. **(2)** No es necesaria la coma en esta frase.

23. **(5)** La oración no necesita corrección.

24. **(5)** La oración no necesita corrección.

25. **(2)** *Sin embargo* es la frase que más sentido tiene en esta oración.

26. **(3)** Esta opción es la correcta pues en este caso "misma" actúa como adverbio.

27. **(3)** En esta frase *Qué* es pronombre interrogativo.

28. **(5)** La oración no necesita corrección.

29. **(1)** La oración no necesita corrección.

30. **(3)** *Fuera* es la forma más apropiada.

31. **(5)** La oración no necesita corrección.

32. **(1)** La oración no necesita corrección.

33. **(5)** La oración no necesita corrección.

34. **(4)** La conjunción *que* es la que mejor une estas dos oraciones.

35. **(5)** La oración no necesita corrección.

36. **(1)** *Vascuence* es la forma correcta.

37. **(2)** *Mientras que* une correctamente las dos oraciones.

38. **(2)** En español los idiomas se escriben con minúscula.

39. **(2)** *Convendría* es la forma correcta del verbo para esta oración.

40. **(1)** La oración no necesita corrección.

CAPÍTULO 9: Dos exámenes completos de práctica

41. **(5)** Al poner la coma después de bable, "casi extinto" pasa a ser un comentario aclaratorio.

42. **(1)** La conjunción *y* es la que une correctamente estas dos oraciones.

43. **(4)** En español los idiomas se escriben con minúscula.

44. **(4)** De otra manera la oración no tiene sentido.

45. **(2)** *Península* lleva acento escrito por ser esdrújula y debe escribirse con mayúscula porque se refiere a la Península Ibérica.

46. **(3)** La palabra "tour" no pertenece al idioma español.

47. **(3)** *Complejidad* es la forma correcta.

48. **(1)** La oración no necesita corrección.

49. **(2)** *Se trata* es la forma correcta.

50. **(2)** En Estados Unidos se usa el punto para separar enteros de decimales, aún en español.

Examen 1: Parte II: Composición ejemplo de Tema

EL MOVIMIENTO FEMINISTA

La creación del movimiento feminista ha sido de gran importancia en este siglo. Antes de él, las mujeres que formaban más de la mitad de la humanidad estaban en una posición sin esperanza, eran personas de segunda clase. A veces, las mujeres no tenían los derechos más elementales. El derecho al voto, a controlar sus propiedades a trabajar libremente, a ganar lo mismo que un hombre, etc. Pero la segregación hacia la mujer no se ha acabado todavía y falta mucho para que se alcance la igualdad con el hombre; en la mayoría de los países del mundo.

Pero la situación de la mujer también ha mejorado bastante en algunos países gracias a los movimientos feministas que han luchado desde hace muchos años contra la segregación de la mujer y por ganar derechos. La lucha de las mujeres ha existido desde hace mucho tiempo pero es solamente en este siglo que se ha organizado como un movimiento poderoso que ha logrado influir mucho.

Aunque falta mucho para que la situación de la mujer sea igual a la del hombre hay la esperanza de que se avanzará gracias al movimiento feminista que sigue luchando por esa causa.

Examen 2: Estudios Sociales

1. **(3)** Cristóbal Colón quería dominar a los indígenas y convertirlos al cristianismo.

2. **(5)** Los indígenas practicaban el trueque o intercambio como forma habitual de comercio.

3. **(2)** La primera visión que tuvo Colón del Nuevo Mundo no está narrada en cartas o documentos sino en el diario de viaje.

4. **(2)** Colón no pensó que los indígenas fueran muy ricos sino muy pobres.

5. **(4)** Al búfalo también se le conoce con el nombre de bisonte americano.

6. **(1)** La idea más importante de este pasaje es que el búfalo era el elemento primordial en la vida de los indígenas, no sólo por alimentarse de su carne sino también por los diversos usos que hacían de él: ropa, instrumentos, medicina, etc.

7. **(1)** Los indígenas utilizaban los búfalos para todos estos fines excepto para ir de caza. Antes de llegar los españoles al continente americano, los indígenas cazaban a pie puesto que no había caballos en América.

8. **(3)** El proyecto de ley introducido por el representante Fort del estado de Illinois fue un intento de proteger la supervivencia de los búfalos, cuyo núnero se vio reducido a fines del siglo XIX a tan sólo 800 cabezas de un total de unos 60 millones.

9. **(3)** Un ejemplo de genocidio, o destrucción sistemática de un pueblo o una cultura, es; cuando los romanos esclavizaron o mataron a los cartagineses, quemando la ciudad y destruyéndola.

10. **(1)** Los romanos no necesitaban destruir Cartago para asegurar su inmortalidad sino para frenar su importancia y desarrollo comercial.

11. **(5)** Según el pasaje, el buen arte, la religión y la sabiduría aseguran la inmortalidad.

12. **(3)** Los romanos querían destruir Cartago porque estaban celosos de su poder.

13. **(4)** El general Eisenhower había sido un héroe nacional durante la Segunda Guerra Mundial.

14. **(3)** Eisenhower se convirtió en el primer presidente republicano después de veinte años de gobierno demócrata.

15. **(5)** Según el texto, los temas principales de la campaña presidencial de los republicanos fueron el comunismo, Corea y la corrupción.

16. **(3)** Poco tiempo después de hacerse cargo de la presidencia, Eisenhower puso fin a la guerra de Corea, firmando un armisticio en 1953.

17. **(3)** Charles Darwin creía en la idea de la supervivencia de los más fuertes, principio básico de su teoría de la selección natural.

18. **(2)** Desde muy joven, la afición favorita de Charles Darwin era las ciencias naturales.

19. **(1)** La obra más importante de Charles Darwin hace referencia al origen de la especies y cómo éstas van evolucionando.

20. **(2)** La teoría de Darwin planteó que las especies varían de acuerdo con el medio físico en que viven debido a un proceso de adaptación.

21. **(2)** Uno de los grandes problemas entre el gobierno británico y sus colonias en América fue la política fiscal, sobre todo con relación a los impuestos.

22. **(5)** El gobierno británico pretendía que los colonos pagaran no sólo las deudas de la guerra francoindígena sino también los gastos coloniales, actitud que produjo descontento en las colonias.

23. **(3)** La *Ley del timbre* tenía como objetivo obligar a pagar impuestos sobre varios tipos de material impreso.

24. **(4)** La única afirmación que no es correcta es la número (4), ya que el Parlamento británico dictó la ley y los colonos la rechazaron, es decir, los colonos no aceptaron la *Ley del timbre*.

25. **(4)** La gráfica refleja en la última década los mayores ingresos.

26. **(1)** No aparece en la gráfica una disminución de los ingresos sino un aumento.

27. **(4)** Entre el año 2000 y el 2001, en un período de un año, es donde se produce tanto el mayor auge como una crisis.

28. **(1)** La gráfica señala claramente que en los dos primeros años hubo más turistas que en el último período.

29. **(1)** La gráfica señala tanto el auge del turismo como la crisis que se registra en esos años.

30. **(2)** La gráfica muestra tanto el alza como la caída de la empresa DEL sobre todo al final del período.

31. **(2)** Según la gráfica se puede deducir que la producción se mantuvo estable durante la década de 1980.

32. **(4)** Cuando llega a su mayor auge es cuando empieza la crisis de la empresa hasta terminar en el 2002.

33. **(3)** El mapa se refiere a la distribución territorial de las tribus indígenas de Estados Unidos.

34. **(2)** Los indígenas comanches vivieron en el sur, en la parte norte de Texas.

35. **(5)** Los cheyennes vivieron entre los estados de Colorado y Kansas.

36. **(2)** Según el mapa, en casi todo lo que hoy es Estados Unidos, no especialmente en el norte, han convivido muchas tribus indígenas. Aunque el número de indígenas disminuyó drásticamente por la invasión de los colonos que usurparon sus tierras, no todas las tribus han desaparecido.

37. **(3)** Para Jefferson, la sociedad ideal consistía en una economía agrícola autosuficiente en la cual la mayoría de los trabajadores serían granjeros.

38. **(1)** Jefferson no estaba de acuerdo con mantener una intensa relación política y económica con Europa.

39. **(3)** Según Hamilton, la manufactura acercaría las clases comerciales y gubernamentales.

40. **(2)** El punto más elevado en la gráfica, con más de 35,000 depositadores, corresponde al año 1979.

41. **(4)** En 1984, tenía 25,000 depositadores.

42. **(4)** A pesar del leve aumento de los años 1982 y 1983, el número de depositadores no continúa aumentando cada año sino todo lo contrario, va disminuyendo.

CAPÍTULO 9: Dos exámenes completos de práctica

43. **(2)** Una crisis económica, por la disminución que refleja la gráfica.

44. **(4)** Según el pasaje la economía en el país se caracterizaba por la diferencia de industrias y cultivos en las distintas regiones.

45. **(3)** En el norte, la economía se basaba más en la manufactura que en el sur donde la economía era predominantemente agrícola.

46. **(2)** En el sur se cultivaba sobre todo el algodón.

47. **(3)** El mercantilismo inglés consistía en hacer que las mercancías provenientes de las colonias fueran primero a Inglaterra para que desde allí se exportaran a terceros países. De esta manera Inglaterra se beneficiaba del oro y la plata que se obtenía a cambio de estas mercancías. Para poder controlar todas las mercancías producidas en las colonias, Inglaterra exigía una licencia especial para exportar a otros países, es decir, el comercio directo entre las colonias y España o Francia estaba prohibido.

48. **(5)** De acuerdo con el mercantilismo, los mayores países del mundo ganaban poder y riquezas aumentando las exportaciones y disminuyendo las importaciones, ya que podían obtener más oro y plata, que era lo que se usaba para pagar las mercancías.

49. **(2)** Según las leyes de navegación, los productos fabricados en el extranjero, tenían que pasar por Inglaterra antes de enviarse a la colonia.

50. **(1)** Estados Unidos (letra B) no se encuentra al sur de Argentina (letra M).

Examen 3: Ciencias

1. **(4)** El voltaje que desciende a través de la resistencia R_1 es 40, según el diagrama.

2. **(4)** La potencia (P = voltios × corriente), en vatios, que suple al circuito es 240.

3. **(2)** Víctor quiere aumentar la corriente en A2, para hacerlo tiene que aumentar la resistencia de R_1.

4. **(3)** Si Juan tiene el tipo B de sangre, los padres de Juan tienen los siguientes genes: el padre, $I^A I^B$ y la madre ii.

5. **(3)** Los padres de Lisa tienen los siguientes tipos de sangre: el padre, ii, la madre ii.

6. **(4)** Los padres de Pedro tienen los siguientes tipos de sangre: el padre, $I^A i$ y la madre, $I^B i$.

7. **(1)** Según la gráfica, la precipitación con un pH más bajo que la lluvia normal es la que define mejor la lluvia ácida.

8. **(2)** La ligeramente ácida describe mejor el valor de pH de la lluvia normal.

9. **(4)** El más duro de los minerales que se conocen en la Tierra es el diamante.

10. **(4)** Las tres partes esenciales de la célula son la membrana, el citoplasma y el núcleo, pero no la ameba, que es un tipo de célula.

11. **(4)** La membrana es la parte que recubre la celula, es decir, es la parte más externa de la célula.

12. **(2)** Las células tienen normalmente un solo núcleo, aunque hay algunas que tienen dos o más.

13. **(4)** Las vacuolas se encuentran en el citoplasma el cual está situado entre el núcleo y la membrana.

14. **(3)** La tendencia de la progenie a ser semejante a sus padres y a parecerse entre sí es lo que se conoce como herencia.

15. **(2)** La tendencia de la progenie a diferir de los padres y a diferir entre sí es lo que se llama variación.

16. **(4)** La progenie es lo mismo que la descendencia.

17. **(2)** En la reproducción sexual, están combinados un protoplasto de un padre con un protoplasto de la madre.

18. **(4)** En Alemania las leyes obligan a reciclar parte de los desechos industriales.

19. **(4)** En China se implantaron zonas de cuarentena para controlar la expansión del virus SARS.

20. **(2)** Fue el ruso Gagarin quien orbitó por primera vez la Tierra.

21. **(1)** La respuesta correcta es la 1. Véase para más información sobre las partes del esqueleto humano, el atlas de Ciencias de este libro.

22. **(1)** La respuesta correcta es la 1. Para mayor información consúltense las partes del aparato digestivo en el atlas de Ciencias.

23. **(4)** El tallo crece en sentido contrario a la raíz.

24. **(1)** Si se afirma que el tallo tiene geotropismo negativo significa que tiene tendencia a crecer en dirección contraria a la fuerza de gravedad.

CAPÍTULO 9: Dos exámenes completos de práctica

25. (4) El núcleo del átomo tiene carga positiva y neutra.

26. (3) El *spin* es un movimiento rotacional que genera su propio dipolo magnético.

27. (2) El movimiento magnético se genera por los movimientos orbital y rotacional.

28. (5) Ejemplos de sustancias ferromagnéticas son, además del níquel, el hierro y el cobalto. El níquel posee una susceptibilidad positiva y muy elevada dando lugar a fuerzas atractivas cuando es magnetizado.

29. (5) Ninguna de las afirmaciones responden con certeza la pregunta.

30. (2) Las proteínas se encuentran en las células de los animales y vegetales.

31. (1) Todas las proteínas son incoloras (sin color) e inodoras (sin olor).

32. (5) Al descomponerse, las proteínas pierden su cualidad de ser inodoras, se descomponen los elementos nitrógeno, azufre y fósforo dando un olor desagradable.

33. (3) Los hilos conductores transportan la corriente eléctrica a nuestras casas.

34. (1) Las centrales hidráulicas producen electricidad.

35. (4) La electricidad sólo se puede observar por los efectos que produce.

36. (2) Se comparan ambas corrientes porque ambas funcionan de manera similar.

37. (5) La fisión produce un desequilibrio en el estado del átomo.

38. (1) Los isótopos liberan radiaciones.

39. (4) Un reactor nuclear provoca la fisión de los núcleos de los átomos.

40. (3) Los elementos de control del reactor nuclear existen para evitar una explosión nuclear.

41. (3) Como consecuencia de la erupción de un volcán emergen al exterior materiales en fusión, vapores, gases, materiales sólidos, pero no agua.

42. (2) La temperatura del magma no es la temperatura ambiental (25 grados centígrados).

43. (4) La lava cordada es aquella que se solidifica lentamente.

44. (3) Las lavas vítreas no son líquidas, son internas de gas, y son más ligeras que el agua.

45. (4) El estudio del cometa Halley facilita el conocimiento de la composición de la materia del Sistema Solar.

46. (1) Según el texto se había previsto el lanzamiento de un vehículo no tripulado de observación para el mes de junio de 1985 por parte de Europa.

47. (3) La primera vez que se observó el cometa Halley fue a través del telescopio del monte Palomar que está situado en California, Estados Unidos.

48. (5) El núcleo de un cometa está rodeado de una nube de gas luminoso.

49. (4) La respuesta correcta es la 4. Para mayor información consúltese el atlas de Ciencias.

50. (1) La respuesta correcta es la 1. Véase para mayor información el atlas de Ciencias.

Examen 4: Interpretación de la Literatura y de las Artes

1. **(4)** Según el pasaje, el relato corto debe hoy su popularidad principalmente a su corta extensión, ya que los hombre y mujeres de hoy día apenas tienen tiempo para leer.

2. **(5)** El autor cree que el relato corto se ha desarrollado por la rapidez que se vive en el país.

3. **(2)** Según este pasaje, uno puede asumir que la actitud del autor es de lamentación por el poco tiempo que la vida moderna deja para las lecturas de ocio.

4. **(1)** Según el pasaje el relato corto es un producto de la vida moderna.

5. **(3)** Según el texto, había mucho racismo en el sur de Estados Unidos.

6. **(1)** Una mujer negra se negó a dar el asiento del autobús en el estado de Alabama.

7. **(1)** La reacción de la población negra fue no viajar en los autobuses, y realizaron un boicoteo a los autobuses de Montgomery.

8. **(1)** La actitud de la población negra trajo como consecuencia menos segregación racial.

9. **(3)** El telégrafo emite mensajes que hay que descifrar.

10. **(3)** Un gran descubrimiento fue utilizar la electricidad para la iluminación de espacios.

11. **(3)** La máquina de coser no fue inventada por Edison sino por Elias Howe in 1846.

12. **(4)** La Edison Electric Company estableció una planta en New York en 1882 para proveer a la ciudad de una red de luz eléctrica.

13. **(2)** La novela picaresca apareció cuando, se publicó el *Lazarillo de Tormes*, en 1554.

14. **(5)** La novela relata lo que el autor piensa de un cuadro social incomparable.

15. **(5)** La cabeza del ciego no tenía forma de calabaza, ni se parecía a la del autor, ni era demasiado dura, ni se dio contra un árbol.

16. **(3)** Lázaro se describe como un joven humilde y huérfano.

17. **(2)** Rubén Darío encuentra la mejor poesía de América en las culturas precolombinas y en la poesía de un poeta estadounidense, Walt Whitman.

18. **(1)** El "modemismo" tuvo lugar a finales del siglo XIX y principios del XX.

19. **(3)** Rubén Darío escribe sobre temas amorosos y de la vida diaria.

20. **(2)** Rubén Darío reformó el curso de la poesía española y trascendió la francesa.

21. **(5)** La escalera que conduce a la estación del tranvía es subida muy aprisa por la gente.

22. **(2)** En el poema, la locomotora se convierte en una mujer con una gran vida social.

23. **(3)** En la descripción de la escena neoyorquina se menciona el tranvía del puente de Brooklyn.

24. **(4)** La escena tiene lugar en otoño.

25. **(4)** Según la poesía, se puede deducir que la mujer conoce a otro hombre.

26. **(3)** El poema presenta a una mulata casada con Antonio.

CAPÍTULO 9: Dos exámenes completos de práctica

27. **(5)** La obra de Guillén se caracteriza por su humor y por su mensaje social y humano.

28. **(2)** Nicolás Guillén habla en sus obras del hombre antillano de color.

29. **(3)** La expresión "cien años" se usa de forma metafórica para expresar 'un tiempo extremadamente largo, una eternidad,' no para expresar un número determinado de años. La interpretación del refrán es que los sufrimientos o problemas no son eternos.

30. **(2)** "Piensa el ladrón que todos son de su condición", significa que todos pensamos que los demás se parecen a nosotros.

31. **(4)** El refrán significa que en la misma forma como trates a los demás serás tratado.

32. **(3)** "Pájaros de una misma pluma", significa que las personas que tienen algo en común se identifican.

33. **(2)** El dominicano Manuel del Cabral escribe sobre el yo existencial y metafísico.

34. **(4)** La poesía expresa cómo el autor va poco a poco desprendiéndose de cosas que le condicionan hasta quedarse consigo mismo.

35. **(3)** "Me fui quitando cáscaras", quiere decir que quería encontrarse consigo mismo.

36. **(2)** La poesía de Manuel del Cabral es lineal y clara, reflexiva, misteriosa y surrealista.

37. **(1)** La poesía expresa que al final de la vida no somos nada pero al mismo tiempo somos únicos, también lo somos todo.

38. **(4)** Esta especie de metáfora simboliza que somos como una gota de agua, muy pequeños, comparados con la inmensidad del mar.

39. **(4)** El cuerpo del animal pudo preservarse gracias al hielo.

40. **(1)** La imagen refleja a una bella nativa de las islas Fidji.

Examen 5: Matemáticas

1. **(1)** Primero resolvemos $|8 - 15| = |-7| = 7$ y después $\frac{32-12}{4} = \frac{20}{4} = 5$

   Por último, restamos $7 - 5 = 2$ *(respuesta)*

2. **(4)** $\sqrt{12} = \sqrt{4} \times \sqrt{3} = 2\sqrt{3}$ *(respuesta)*

   Esta es una operación con una raíz perfecta y una imperfecta.

3. **(1)** Área = πR^2; Sustituimos en la fórmula área por 154 y π por $\frac{22}{7}$

   $154 = \frac{22}{7}R^2$

   Usamos el recíproco de $\frac{22}{7}$ en ambos lados de la ecuación.

   $$\frac{7}{22} \times \overset{7}{\cancel{154}} = \frac{\cancel{22}}{\cancel{7}} \times \frac{\cancel{7}R^2}{\cancel{22}}$$

   $49 = R^2$

   Calcule la raíz cuadrada de $\sqrt{49} = \sqrt{R^2}$

   $7 = R$ *(respuesta)*

4. **(2)** Sumamos los lados del polígono considerando los términos semejantes.

   $6x + 20 + 3x - 5 + 8x^2 - 5x + 10x^2 - 10 + 2x^2 - 10$

   $= 20x^2 + 4x - 5$ *(respuesta)*

5. **(3)** Aplicamos la fórmula de distancia

   $D = \sqrt{(x-x)^2 + (y-y)^2}$

   A continuación sustituimos:

   $D = \sqrt{(6-2)^2 + (8-6)^2}$

   $D = \sqrt{(4)^2 + (2)^2}$

   $D = \sqrt{20}$

   $D = \sqrt{4}\sqrt{5}$

   Simplificamos: $D = 2\sqrt{5}$ *(respuesta)*

6. **(2)** Sustituimos C por 15° y tenemos:

   $F = \frac{9(15°)}{5} + 32$

   $F = \frac{135}{5} + 32 = 27 + 32 = 59°$

7. **(2)** En el triángulo rectángulo QWP podemos aplicar la fórmula trigonométrica.

   seno $\angle P =$

   $\frac{\text{lado opuesto}}{\text{hipotenusa}} = \text{seno } 20° = \frac{x}{10}$

   Usamos la calculadora para calcular el seno de 20° y luego pasamos a la segunda función (sin −1).

   La *respuesta* es 0.3420. Sustituimos el seno 20° por 0.3420 y tenemos: $0.3420 = \frac{x}{10}$; $x = 3.420$

8. **(5)** La fórmula del cilindro es $V = \pi R^2 h$. Sustituimos el valor del radio y la altura, y tenemos:

   $V = (3.14)(10)^2(20) =$

   $V = (3.14)(100)(20) = 6{,}280$ *(respuesta)*

9. **(2)** La función trigonométrica

   seno $\angle A = \frac{\text{lado opuesto}}{\text{hipotenusa}}$

   Ahora necesitamos el valor de la hipotenusa, el cual se calcula por el teorema de Pitágoras:

   $a^2 + b^2 = c^2$

   $6^2 + 8^2 = c^2$

   $36 + 64 = c^2$

   $\sqrt{100} = \sqrt{c^2}$

   $10 = c$

   A continuación usamos el valor de la hipotenusa de la primera fórmula:

   seno $\angle A = \frac{6}{10} = 0.6$ *(respuesta)*

10. (3) Sustituimos t en la fórmula y tenemos: $h = 30t - 5t^2$

$h = 30(5) - 5(5)^2$

$h = 150 - 5(25)$

$h = 150 - 125$

$h = 25$ metros *(respuesta)*

11. (3) El aumento corresponde al 5% de $52,000.00, es decir, $0.05 \times 52,000$. Sumamos el aumento al salario y nos queda la ecuación
$52,000 + (0.05)(52,000)$. *(respuesta)*

12. (2) $-2x + 2 > 4$

Restamos 2 a ambos lados de la desigualdad:

$-2x > 4 - 2$

$-2x > 2$

Dividimos entre -2 ambos lados, recordando invertir el signo debido a la división entre un negativo.

$\frac{-2x}{-2} > \frac{2}{-2}$

$x < -1$ *(respuesta)*

13. (3) Usamos la siguiente proporción:

$$\frac{1\frac{1}{2} \text{ pulgadas}}{1 \text{ millas}} = \frac{6 \text{ pulgadas}}{x}$$

Multiplicamos de manera cruzada y tenemos:

$1\frac{1}{2}x = 6$ ó $1.5x = 6$; dividimos entre 1.5 ambos lados de la ecuación y nos queda:

$\frac{1.5x}{1.5} = \frac{6}{1.5}$

$x = 4$ *(respuesta)*

14. (4) La fórmula se compone de un rectángulo y dos semicírculos. Calcular el área del rectángulo para A = largo $\times$ ancho = $40 \times 10 = 400$. Calculamos el área de un círculo (2 semicírculos) y tenemos: $A = \pi R^2 = \pi(\frac{10}{2})^2 = 25\pi$
Sumamos ambas respuestas y el total es $400 + 25\pi$ *(respuesta)*.

15. (3) Localizamos el punto donde $x = 3y = 9$ intersecta el eje horizontal x y tenemos que es igual a (9, 0). *(respuesta)*

16. (4) $\frac{9}{19} \times \frac{95}{7} = 6\frac{3}{7}$ *(respuesta)*

17. (2) $120 \div \frac{2}{3} = 120 \times \frac{3}{2} = 180$ *(respuesta)*

18. (3) La fórmula para calcular el interés es: $I = $ CTR [capital $\times$ tiempo $\times$ tasa(%)]
/100 (si el tiempo se da en años)
/1,200 (si el tiempo se da en meses)
/36,000 (si el tiempo se da en días)

$$I = \frac{9000 \times 18 \times 12}{1200} = 90 \times 18$$

$I = \$1,620$ *(respuesta)*

19. (1) Factorizamos: $x^2 - 10x + 16 = 0$

$(x - 8)(x - 2) = 0$

Igualamos los factores a cero:

$x - 8 = 0 \quad x - 2 = 0$

$x = 8 \quad\quad x = 2$

{8, 2} *(respuesta)*

20. (5)

	(año)	(mes)	(día)
	1984	3	1
−	1969	1	15
=	1984	2	31
−	1969	1	15
	15 años	1 mes	16 días

(respuesta)

21. (3) La única expresión equivalente a 1 es $\frac{7}{7} = 1$, ya que $\frac{9}{-9}$ equivale a uno negativo (−1).

Respuesta: $\frac{7}{7}$

22. (5) $\sqrt{25 \times 49}$ extrayendo la raíz cuadrada del signo radical, tenemos:

$5 \times 7 = 35$ (*respuesta*).

23. (2) 1 kilómetro = 1,000 metros; entonces, 43.5 km es igual a $43.5 \times 1{,}000 = 43{,}500$ m (*respuesta*).

24. (4)

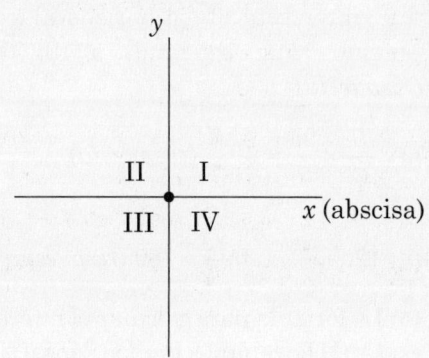

Todos los puntos señalados del tercer cuadrante tanto en el eje de las *x* como el eje de las *y* son negativos. *Respuesta:* Signo negativo.

25. (2) $x + y = 13$
$2x - y = 5$

Eliminamos *y*, combinamos las ecuaciones y tenemos: $3x = 18$; $x = 6$

Ahora sustituyamos el valor de *x* en una de las dos ecuaciones originales.

$x + y = 13$

$6 + y = 13$; $y = 7$

26. (2) Si $(R)(K) = 36$, *R* y *K* son factores de 36 (producto); también, $R = 4$; por lo tanto, $K = \frac{36}{4} = 9$. Entonces, $K(15) = 9(15) = 135$ (*respuesta*).

27. (3) Si $(M)(N) = 0$. Si el producto de dos factores es cero, al menos uno de ellos será cero; y como $M \neq 0$, la única alternativa posible es que *N* sea el factor igual a cero. *Respuesta:* $N = 0$

28. (1) $560.00 (precio original) menos un descuento del 20%.

560
$\times\ .20$
$\$112.00$ (descuento)

560
-112
$\$448$ (precio del televisor depués de rebajarse el descuento)

Respuesta: $448.00

29. (2) 1 milla = 1.61 km; por lo tanto, 160 millas equivalen a: 160×1.61:

160
$\times 1.61$
160
960
16000
257.60 (El cero puede ser eliminado.)

Respuesta: 257.6 km

30. (4)

$$\frac{(2^5)(3^3)}{(2)^3(3)^2} = \frac{32 \times 27}{8 \times 9} = 12 \text{ (respuesta)}$$

31. (4) El ángulo *t* y el ángulo *m* son suplementarios, es decir, unidos miden 180°. Si $\angle t$ mide 38°, $\angle m$ es igual a $180° - 38° = 142°$ (medida).

32. (3) Si el radio de un círculo mide 12.5, debido a que el diámetro es dos veces el radio, su valor será: $12.5 \times 2 = 25$ (diámetro). *Respuesta:* 25.

33. (3) $\angle 3 = \angle 5$ (por alternos internos)

$\angle 5 = 61°$ (por ser igual al $\angle 3$)

$\angle 5 + \angle p$ (son suplementarios)

Donde $\angle p = 180° - 61° = 119°$ (*respuesta*).

CAPÍTULO 9: Dos exámenes completos de práctica

34. (2) El perímetro de un cuadrado es igual al producto de uno de sus lados por 4. Si uno de sus lados mide 13.5 cm, su perímetro medirá: $13.5 \times 4 = 54$ cm (*respuesta*).

35. (3) Área del rectángulo = largo × ancho
$18.25 \times 10 = 182.5$ cm² (*respuesta*)

36. (5) Si aplicamos la fórmula del volumen del cilindro, $V = \pi R^2 h$, tenemos: $V = 3.14 \times (7.2) \times 42$.

```
      7.2
     ×7.2
      144
      504
    51.84

    51.84
   × 3.14
    20736
     5184
    15552
  162.7776

  162.7776
  ×      42
   3255552
   6511104
  6836.6592
```

Respuesta: 6,836.66 cm³ (redondeado a la centésima más cercana)

37. (2) La circunferencia tiene 360° y el ángulo *LON* = 47°. El ángulo *LOP* es igual a 180° − 47° = 133° (*respuesta*).

38. (4) Si aplicamos la fórmula del volumen del cono, $V = \dfrac{\pi R^2 h}{3}$ y sustituimos R por 3 y h por 12, tenemos:

$V = \dfrac{\pi (3)^2 (12)}{3} = \dfrac{\pi (9)(12)}{3} = 36\pi$

39. (4) El volumen de un cubo se calcula multiplicando la arista tres veces por sí misma. En este caso:

$12 \times 12 \times 12$; es decir, $144 \times 12 = 1,728$

Respuesta: 1,728 cm³

40. (1) Los ángulos suplementarios son los que al sumarse miden 180°. El suplemento de un ángulo de 37° es 180° − 37° = 143° (*respuesta*).

41. (2) $x + 9 + 4x = 94$
$5x = 94 - 9$
$5x = 85$
$x = \dfrac{85}{5}$
$x = 17$ (*respuesta*)

42. (5) $\dfrac{w}{11} + 5 = 14$
$\dfrac{w}{11} = 14 - 5$
$\dfrac{w}{11} = 9$
$w = 9 \times 11$
$w = 99$ (*respuesta*)

43. (3) $\dfrac{6k}{7} - 4 = 38$
$\dfrac{6k}{7} = 38 + 4$
$\dfrac{6k}{7} = 42$
$6k = 42 \times 7$
$6k = 294$
$k = \dfrac{294}{6}$
$k = 49$ (*respuesta*)

44. (3) $(-15)(8)(0)(-2)^2 =$ Cuando un factor es igual a cero, el producto es cero.

45. (1) Aplicamos la propiedad distributiva $6(2x - 3) - 4(-8 + 2x)$ y tenemos: $12x - 18 + 32 - 8x$. Cambiamos los términos semejantes y el resultado es: $4x + 14$.

46. (2)

$\dfrac{50 \text{ tamales}}{6 \text{ libras}} = \dfrac{x}{15 \text{ libras}}$

$x = \dfrac{50 \times 15}{6} = 125$ tamales (*respuesta*)

47. (1) El nuevo precio de oferta es:
100% − 12.5% = 87.5%
87.5% = .875

$$\begin{array}{r} 280 \\ \times .875 \\ \hline 1400 \\ 1960 \\ 2240 \\ \hline 245000 \end{array}$$ = $245.00 (*respuesta*)

48. (1) El capital es igual a 15,000 × 8 = 120,000

$$\begin{array}{r} 120,000 \\ -15,000 \\ \hline 105,000 \end{array}$$

que dividido entre 5 es igual a $21,000 a cada uno (*respuesta*).

49. (3) perímetro = (30 + 20) × 2 = 50 × 2 = 100

0.85 × 100 = 85
85 + 75 = $160.00 (*respuesta*)

50. (4)

$$\begin{array}{r} 11.59 \\ \times5 \\ \hline 57.95 \end{array} \quad \begin{array}{r} 23.45 \\ \times3 \\ \hline 70.35 \end{array} \quad \begin{array}{r} 2.89 \\ \times18 \\ \hline 2312 \\ 289 \\ \hline 52.02 \end{array}$$

$$\begin{array}{r} 57.95 \\ 70.35 \\ +\,52.02 \\ \hline 180.32 \end{array} \quad \begin{array}{r} 180.32 \\ \times0.06 \\ \hline 10.8192 \end{array}$$

= $10.82 (impuesto de New Jersey)

$$\begin{array}{r} 180.32 \\ +\,10.82 \\ \hline \$191.14 \end{array}$$

(total incluyendo el impuesto)

Capítulo 9: Dos exámenes completos de práctica   635

HOJA DE RESPUESTAS: EXAMEN DE PRÁCTICA II

EXAMEN 1
Parte I: Expresión Escrita

1 ① ② ③ ④ ⑤	11 ① ② ③ ④ ⑤	21 ① ② ③ ④ ⑤	31 ① ② ③ ④ ⑤	41 ① ② ③ ④ ⑤
2 ① ② ③ ④ ⑤	12 ① ② ③ ④ ⑤	22 ① ② ③ ④ ⑤	32 ① ② ③ ④ ⑤	42 ① ② ③ ④ ⑤
3 ① ② ③ ④ ⑤	13 ① ② ③ ④ ⑤	23 ① ② ③ ④ ⑤	33 ① ② ③ ④ ⑤	43 ① ② ③ ④ ⑤
4 ① ② ③ ④ ⑤	14 ① ② ③ ④ ⑤	24 ① ② ③ ④ ⑤	34 ① ② ③ ④ ⑤	44 ① ② ③ ④ ⑤
5 ① ② ③ ④ ⑤	15 ① ② ③ ④ ⑤	25 ① ② ③ ④ ⑤	35 ① ② ③ ④ ⑤	45 ① ② ③ ④ ⑤
6 ① ② ③ ④ ⑤	16 ① ② ③ ④ ⑤	26 ① ② ③ ④ ⑤	36 ① ② ③ ④ ⑤	46 ① ② ③ ④ ⑤
7 ① ② ③ ④ ⑤	17 ① ② ③ ④ ⑤	27 ① ② ③ ④ ⑤	37 ① ② ③ ④ ⑤	47 ① ② ③ ④ ⑤
8 ① ② ③ ④ ⑤	18 ① ② ③ ④ ⑤	28 ① ② ③ ④ ⑤	38 ① ② ③ ④ ⑤	48 ① ② ③ ④ ⑤
9 ① ② ③ ④ ⑤	19 ① ② ③ ④ ⑤	29 ① ② ③ ④ ⑤	39 ① ② ③ ④ ⑤	49 ① ② ③ ④ ⑤
10 ① ② ③ ④ ⑤	20 ① ② ③ ④ ⑤	30 ① ② ③ ④ ⑤	40 ① ② ③ ④ ⑤	50 ① ② ③ ④ ⑤

Número de respuestas correctas ☐

EXAMEN 2
Estudios Sociales

1 ① ② ③ ④ ⑤	11 ① ② ③ ④ ⑤	21 ① ② ③ ④ ⑤	31 ① ② ③ ④ ⑤	41 ① ② ③ ④ ⑤
2 ① ② ③ ④ ⑤	12 ① ② ③ ④ ⑤	22 ① ② ③ ④ ⑤	32 ① ② ③ ④ ⑤	42 ① ② ③ ④ ⑤
3 ① ② ③ ④ ⑤	13 ① ② ③ ④ ⑤	23 ① ② ③ ④ ⑤	33 ① ② ③ ④ ⑤	43 ① ② ③ ④ ⑤
4 ① ② ③ ④ ⑤	14 ① ② ③ ④ ⑤	24 ① ② ③ ④ ⑤	34 ① ② ③ ④ ⑤	44 ① ② ③ ④ ⑤
5 ① ② ③ ④ ⑤	15 ① ② ③ ④ ⑤	25 ① ② ③ ④ ⑤	35 ① ② ③ ④ ⑤	45 ① ② ③ ④ ⑤
6 ① ② ③ ④ ⑤	16 ① ② ③ ④ ⑤	26 ① ② ③ ④ ⑤	36 ① ② ③ ④ ⑤	46 ① ② ③ ④ ⑤
7 ① ② ③ ④ ⑤	17 ① ② ③ ④ ⑤	27 ① ② ③ ④ ⑤	37 ① ② ③ ④ ⑤	47 ① ② ③ ④ ⑤
8 ① ② ③ ④ ⑤	18 ① ② ③ ④ ⑤	28 ① ② ③ ④ ⑤	38 ① ② ③ ④ ⑤	48 ① ② ③ ④ ⑤
9 ① ② ③ ④ ⑤	19 ① ② ③ ④ ⑤	29 ① ② ③ ④ ⑤	39 ① ② ③ ④ ⑤	49 ① ② ③ ④ ⑤
10 ① ② ③ ④ ⑤	20 ① ② ③ ④ ⑤	30 ① ② ③ ④ ⑤	40 ① ② ③ ④ ⑤	50 ① ② ③ ④ ⑤

Número de respuestas correctas ☐

EXAMEN 3
Ciencias

Número de respuestas correctas ☐

EXAMEN 4
Interpretación de la Literatura y de las Artes

Número de respuestas correctas ☐

EXAMEN 5
Matemáticas

Número de respuestas correctas ☐

EXAMEN 1
Parte II: Composición

CAPÍTULO 9: Dos exámenes completos de práctica

EXAMEN DE PRÁCTICA II

CONTENIDO

Materias	Número de preguntas	Tiempo
1. Expresión Escrita		
Parte I	50	75
Parte II	Composición	45
2. Estudios Sociales	50	70
3. Ciencias	50	80
4. Interpretación de la Literatura y de las Artes	40	65
5. Matemáticas	50	90
Total: 5 materias*	240 preguntas	7 horas/05 minutos

* En Puerto Rico y en algunos estados también se requiere una prueba de Inglés además de las cinco materias.

EXAMEN 1: EXPRESIÓN ESCRITA

Este examen consta de dos partes: la primera, dedicada a reconocer y corregir errores; y la segunda, a escribir una composición.

Parte I: Reconocimiento y corrección de errores

50 preguntas–75 minutos

> **Instrucciones:** La prueba consiste en varios párrafos o selecciones organizados en frases y oraciones. Estas frases y oraciones están numeradas. En algunas de ellas hay errores de ortografía (mecánica), de gramática (usos) y de orden lógico y gramatical (estructural). En otras no hay errores.
>
> Lea primero el párrafo entero para conocer su sentido completo. Después, responda a las preguntas enumeradas, según el modelo siguiente:

EJEMPLO:

P Simón Bolívar, nuestro héroe continental, no fue un descuvridor sino un libertador.

—¿Qué revisión haría usted en esta oración?

(1) Cambiar *descuvridor* por *Descuvridor*
(2) Cambiar *descuvridor* por *descubridor*
(3) Omitir la coma después de *continental*
(4) Poner punto y coma después de *continental*
(5) Ninguna

En este ejemplo, la palabra *livertador* no está correctamente escrita y es preciso sustituirla por *libertador*. Para indicar esta corrección, marque la respuesta 2.

CAPÍTULO 9: Dos exámenes completos de práctica

Las preguntas 1 a 11 se refieren al pasaje siguiente:

(1) El movimiento feminista, conocido también como Movimiento para la Liberación de la Mujer (MLM) es relativamente reciente. (2) Esto no quiere decir que no existiera antes movimientos semejantes. (3) Por ejemplo, la Liga de Mujeres Votantes. (4) ¿Es posible que las mujeres no pudieran votar? (5) No solo es posible; es una realidad, un hecho histórico comprobado. (6) Todavía hoy hay sociedades y culturas en la que la mujer es oficialmente inferior al hombre. (7) Por ejemplo, en ciertos países del Medio Oriente, la esposa puede ser repudiada por el marido, pero no a la inversa. (8) En nuestra sociedad, en este momento, se reconocen los mismos derechos a las mujeres y a los maridos. (9) Pero eso es en teoría solamente. ¿Qué sucede en la práctica? (10) En muchos puestos de trabajo y profesiones, la mujer gana menos que el hombre, aunque ambos hagan lo mismo.

1. Oración 1: El movimiento feminista, conocido también como Movimiento para la Liberación de la Mujer (MLM) es relativamente reciente.
   —¿Qué revisión haría usted en esta oración?
   (1) Cambiar *movimiento feminista* por *Movimiento Feminista*
   (2) Cambiar *MLM* por *M.L.M.*
   (3) Omitir el paréntesis
   (4) Poner coma después de paréntesis
   (5) Ninguna

2. Oración 2: Esto no quiere decir que no existiera antes movimientos semejantes.
   —¿Qué revisión haría usted en esta oración?
   (1) Cambiar *Esto* por *Ello*
   (2) Poner dos puntos después de *decir*
   (3) Cambiar *movimientos* por *Movimientos*
   (4) Cambiar *existiera* por *existieran*
   (5) Ninguna

3. Oración 3: <u>Por ejemplo,</u> la Liga de Mujeres Votantes.
   —¿Cuál sería la mejor forma de expresar la parte subrayada? Si cree que la versión original es la mejor, elija la opción (1).
   (1) Por ejemplo,
   (2) Por ejemplo:
   (3) Ejemplo,
   (4) Ejemplo:
   (5) Pongo en ejemplo

4. Oración 4: ¿Es posible que las mujeres no pudieran votar?
   —¿Qué revisión haría usted en esta oración?
   (1) Cambiar *Es* por *Fue*
   (2) Cambiar *Es* por *Fuera*
   (3) Poner acento sobre *que*
   (4) Cambiar *las mujeres* por *la mujer*
   (5) Ninguna

5. Oración 5: No solo es posible; es una realidad, un hecho histórico comprobado.
   —¿Qué revisión haría usted en esta oración?
   (1) Cambiar *es* por *fue*
   (2) Poner acento sobre *solo*
   (3) Poner coma después de *posible*
   (4) Cambiar *realidad* por *suceso*
   (5) Ninguna

6. Oración 6: Todavía hoy hay sociedades y culturas en la que la mujer es oficialmente inferior al hombre.
   —¿Qué revisión haría usted en esta oración?
   (1) Poner coma después de *Todavía*
   (2) Poner coma después de *hoy*
   (3) Cambiar *en la* por *en las*
   (4) Cambiar *oficialmente* por *injustamente*
   (5) Ninguna

7. Oración 7: Por ejemplo, en ciertos países del Medio Oriente, la esposa puede ser repudiada por el marido, pero no a la inversa.
   —¿Qué revisión haría usted en esta oración?
   (1) Cambiar *Medio Oriente* por *Oriente Medio*
   (2) Poner dos puntos después de *marido*
   (3) Cambiar *inversa* por *viceversa*
   (4) Omitir la coma después de *ejemplo*
   (5) Ninguna

8. Oración 8: En nuestra sociedad, en este momento, se reconocen los mismos derechos a las mujeres y a los maridos.
   —¿Cuál sería la mejor forma de expresar la parte palabras subrayada? Si cree que la versión original es la mejor, elija la opción (1).
   (1) maridos
   (2) hombres
   (3) esposos
   (4) varones
   (5) machos

9. Oración 9: Pero eso es en teoría solamente. ¿Qué sucede en la práctica?
   —¿Cuál sería la mejor forma de expresar la parte subrayada? Si cree que la versión original es la mejor, elija la opción (5).
   (1) ¿Qué sucedió
   (2) ¿Qué pasó
   (3) ¿Qué pasaría
   (4) ¿Quién pasa
   (5) ¿Qué sucede

10. Oración 10: En muchos puestos de trabajo y profesiones, la mujer gana menos que el hombre, aunque ambos hagan lo mismo.
    —¿Qué revisión haría usted en esta oración?
    (1) Omitir *puestos de trabajo*
    (2) Cambiar *muchos* por *algunos*
    (3) Poner acento sobre *puestos*
    (4) Poner punto y coma después de *hombre*
    (5) Ninguna

CAPÍTULO 9: Dos exámenes completos de práctica

11. Oración 10: Si comenzamos la oración con *Aunque ambos hagan lo mismo*, ¿cuál sería la palabra o palabras siguientes?

(1) la mujer
(2) el hombre
(3) gana menos
(4) y puestos de trabajo
(5) muchas profesiones

Las preguntas 12 a 22 se refieren al pasaje siguiente:

(1) Según un foyeto que distribuye la Administración del Seguro Social, ésta tiene 1300 oficinas en los EE.UU. y Puerto Rico. (2) Sin embargo, lo más probable es que haya una, cerca de donde usted vive. (3) ¿Lo ha visitado alguna vez para informarse de sus derechos y obligaciones? (4) Busque en guía telefónica, bajo el título Social Security Administration, el número de teléfono de la oficina más cercana. (5) Casi todo el mundo tiene que tener un número de Seguridad Social. (6) Si usted no tiene targeta, debe solicitarla varias semanas antes de que vaya a utilizarla. (7) Seguramente le pedirán que presente prueba de su edad, identidad y ciudadanía de los EE.UU. (8) Si no es ciudadano, tendrá que presentar de su estado legal de inmigrante. (9) Es importante que usted llame, visite o escriba a cualquier oficina del Seguro Social antes de cumplir los 65 años. (10) Cuando usted se jubila, pueden empezar a recibir cheques de jubilación desde los 62 años. (11) Pero antes tiene que probar que ha trabajado y cotizado.

12. Oración 1: Según un foyeto que distribuye la Administración del Seguro Social, ésta tiene 1300 oficinas en los EE.UU. y Puerto Rico.
—¿Qué revisión haría usted en esta oración?

(1) Omitir el acento de *Según*
(2) Cambiar *foyeto* por *folleto*
(3) Cambiar *distribuye* por *distribulle*
(4) Cambiar *Estados Unidos* por *USA*
(5) Ninguna

13. Oración 2: <u>Sin embargo,</u> lo más probable es que haya una, cerca de donde usted vive.
—¿Cuál sería la mejor manera de expresar la parte subrayada? Si cree que la versión original es la mejor, elija la opción (1).

(1) Sin embargo,
(2) En cambio,
(3) Igualmente
(4) Por supuesto
(5) Por lo tanto

14. Oración 3: ¿Lo ha visitado alguna vez para informarse de sus derechos y obligaciones?

—¿Qué revisión haría usted en esta oración?

(1) Cambiar *Lo* por *La*
(2) Cambiar *alguna* por *algunas*
(3) Pone coma después de *vez*
(4) Poner coma después de *derechos*
(5) Ninguna

15. Oración 4: Busque en guía telefónica, bajo el título Social Security Administration, el número de teléfono de la oficina más cercana.

—¿Qué revisión haría usted en esta oración?

(1) Cambiar *el título en inglés por Seguro Social*
(2) Cambiar *guía telefónica* por *Guía Telefónica*
(3) Poner acento sobre *Busque*
(4) Cambiar *en guía* por *en la guía*
(5) Ninguna

16. Oración 5: Casi todo el mundo tiene que tener un número de Seguridad Social.

—¿Cuál de las siguientes maneras sería mejor para expresar esta oración?

(1) Casi todo el mundo tiene que tener un número de Seguro Social.
(2) Un número de Seguro Social casi todo el mundo tiene que tener.
(3) Tiene que tener casi todo el mundo un número de Seguro Social.
(4) Todo el mundo tiene casi que tener un número del Seguro Social.
(5) Del Seguro Social todo el mundo casi tiene que tener un número.

17. Oración 6: Si usted no tiene <u>targeta</u>, debe solicitarla varias semanas antes de que vaya a utilizarla.

—¿Cuál sería la mejor forma de expresar la parte subrayada? Si cree que la versión original es la mejor, elija la opción (1).

(1) targeta
(2) carta
(3) carda
(4) cartilla
(5) tarjeta

18. Oración 7: <u>Seguramente le pedirán</u> que presente prueba de su edad, identidad y ciudadanía de los EE.UU.

—¿Cuál sería la mejor forma de expresar la parte subrayada? Si cree que la versión original es la mejor, elija la opción (1).

(1) Seguramente le pedirán
(2) Pronto le pedirán
(3) No más le piden
(4) Ahorita le pidió
(5) No siempre le pedirán

19. Oración 8: Si no es ciudadano, tendrá que presentar de su estado legal de inmigrante.

—¿Qué revisión haría usted en esta oración?

(1) Cambiar *ciudadano* por *Americano*
(2) Cambiar *tendrá* por *tendría*
(3) Cambiar *tendrá* por *tenerá*
(4) Añadir *prueba* después de *presentar*
(5) Ninguna

20. Oración 9: Es importante que usted <u>llame</u>, visite o escriba a cualquier oficina del Seguro Social antes de cumplir los 65.

—¿Cuál sería la mejor forma de expresar la parte subrayada? Si cree que la versión original es la mejor, elija la opción (1).

(1) llame
(2) llamara
(3) llamaría
(4) llama
(5) llámeles

21. Oración 10: Cuando usted se jubila, pueden empezar a recibir cheques de jubilación a los 62 años.

—¿Qué revisión haría usted en esta oración?

(1) Cambiar *Cuando* por *Donde*
(2) Omitir *se*
(3) Cambiar *jubila* por *retira*
(4) Cambiar *pueden* por *puede*
(5) Ninguna

22. Oración 11: Pero antes tiene que probar que ha trabajado y cotisado.

—¿Qué revisión haría usted en esta oración?

(1) Cambiar *probar* por *pruebar*
(2) Cambiar *ha trabajado* por *haber trabajado*
(3) Cambiar *trabajado* por *sudado*
(4) Cambiar *cotisado* por *cotizado*
(5) Ninguna

Las preguntas 23 a 33 se refieren al pasaje siguiente:

(1) No hace mucho tiempo se vía por todas partes productos con la marca Made in USA. (2) Ahora abundan más lo que dicen Made in Japan, Korea, Taiwan, Hong Kong, etc. (3) ¿Qué ha ocurrido? La respuesta es bastante complicada. (4) No un factor, sino muchos y de diversas clases, es responsable del cambio. (5) Inmediatamente después de la Segunda Guerra Mundial, se identificaba los productos japoneses como imitaciones de baja calidad. (6) Hoy sucede todo lo contrario: motos, cámaras y televisores japoneses compiten con los mejores del mundo en el mercado internacional. (7) ¿Se trata entonces simplemente de una guerra de calidad? (8) No, hay que tener en cuenta también el factor humano y su coste. (9) Los sueldos en otros países son más bajos que en Estados Unidos. (10) En particular la confección de ropa, trabajo casi exclusivo de mujeres, es mucho más barato en el extranjero. (11) La última palabra, sin embargo, la tiene la política, es decir, las tarifas aduaneras.

23. Oración 1: No hace mucho tiempo se vía por todas partes productos con la marca Made in USA.

—¿Qué revisión haría usted en esta oración?

(1) Cambiar *hace* por *hase*
(2) Cambiar *se vía* por *se veían*
(3) Poner coma después de *tiempo*
(4) Cambiar *made* por *hecho*
(5) Ninguna

24. Oración 2: Ahora abundan más lo que dicen Made in Japan, Korea, Taiwan, Hong Kong, etc.

—¿Qué revisión haría usted en esta oración?

(1) Cambiar *Ahora* por *Hoy*
(2) Añadir *sin embargo* después de *Ahora*
(3) Cambiar *lo* por *los*
(4) Cambiar *Japan* por *Japón*
(5) Ninguna

25. Oración 3: <u>¿Qué ha ocurrido?</u> La respuesta es bastante complicada.

—¿Cuál sería la mejor forma de expresar la parte subrayada? Si cree que la versión original es la mejor, elija la opción (1).

(1) ¿Qué ha ocurrido?
(2) ¿Qué ocurre?
(3) ¿Cómo ha ocurrido?
(4) Porque ocurre?
(5) ¿A quién ocurre?

26. Oración 4: No un factor, sino muchos y de diversas clases, es responsable del cambio.

—¿Qué revisión haría usted en esta oración?

(1) Añadir *solo* después de *factor*
(2) Poner punto y coma después de *factor*
(3) Cambiar *es responsable* por *son responsables*
(4) Cambiar *cambio* por *catástrofe*
(5) Ninguna

27. Oración 5: Inmediatamente después de la Segunda Guerra Mundial, se identificaba los productos japoneses como imitaciones de baja calidad.

—¿Qué revisión haría usted en esta oración?

(1) Cambiar *Inmediatamente* por *De inmediato*
(2) Cambiar *Inmediatamente* por *Ahorita no más*
(3) Omitir el acento en *después*
(4) Cambiar *se identificaba* por *se identificaban*
(5) Ninguna

28. Oración 6: Hoy sucede todo lo contrario: motos, cámaras y televisores japoneses compiten con los mejores del mundo.

—¿Qué revisión haría usted en esta oración?

(1) Cambiar *sucede* por *ocurre*
(2) Poner punto y coma en vez de dos puntos
(3) Cambiar *televisores* por *televisiones*
(4) Cambiar *japoneses* por *japonesas*
(5) Ninguna

29. Oración 7: ¿Se trata <u>entonces</u> simplemente de una guerra de calidad?

—¿Cuál sería la mejor forma de expresar la parte subrayada? Si cree que la versión original es la mejor, elija la opción (1).

(1) entonces
(2) pues
(3) puesto
(4) asina
(5) asín

30. Oración 8: No, hay que tener en cuenta también el factor humano y su coste.

—¿Qué revisión haría usted en esta oración?

(1) Omitir la coma después de *No*
(2) Cambiar *también* por *tampoco*
(3) Cambiar *factor* por *trabajo*
(4) Poner coma después de *humano*
(5) Ninguna

31. Oración 9: Los sueldos en otros países son más bajos que en Estados Unidos.

—¿Cuál de las siguientes maneras sería la mejor para expresar esta oración? Si cree que la versión original es la mejor, elija la opción (1).

(1) Los sueldos en otros países son más bajos que en Estados Unidos.
(2) Más bajos que los de Estados Unidos son los sueldos de otros países
(3) De otros países los sueldos son más bajos que los de Estados Unidos.
(4) Los sueldos en esos otros países son más bajos que en Estados Unidos.
(5) Los de Estados Unidos son los sueldos más bajos que en esos otros países.

32. Oración 10: En particular la confección de ropa, trabajo casi exclusivo de mujeres, es mucho más barato en el extranjero.

—¿Qué revisión haría usted en esta oración?

(1) Cambiar *confección* por *costura*
(2) Omitir *casi*
(3) Cambiar *barato* por *barata*
(4) Poner la frase intercalada entre paréntesis
(5) Ninguna

33. Oración 11: La última palabra, sin embargo, la tiene la política, <u>es decir</u>, las tarifas aduaneras.

—¿Cuál sería la mejor forma de expresar la parte subrayada? Si cree que la versión original es la mejor, elija la opción (1).

(1) es decir
(2) digo yo
(3) dicho sea
(4) por ejemplo
(5) se entiende

Las preguntas 34 a 44 se refieren al pasaje siguiente:

(1) Un pasajero viaja en avión, y veo que se enciende un letrero luminoso. (2) El letrero dice en varios idiomas: abróchese el cinturón de seguridad. (3) El pasajero no hace caso del aviso, y no se abrocha el cinturón de seguridad. (4) La azafata pasa revista y le llama la atención al pasajero. (5) Este se abrocha, y no pasa nada más. (6) Si el viaje fuera en automóvil, la cosa sería distinta. (7) La razón es que hay una ley que nos obliga a llevar el cinturón de seguridad abrochado en el carro. (8) Si no lo llevamos, la policía puede pararnos y ponernos una multa. (9) ¿Esto justo? Hay opiniones distintas sobre el asunto. (10) Pero la ley es la ley. (11) Mientras está en vigor, no hay más remedio que cumplirla o pagar la multa.

34. Oración 1: Un pasajero viaja en avión, y veo que se enciende un letrero luminoso.
    —¿Qué revisión haría usted en esta oración?
    (1) Cambiar *avión* por *jet*
    (2) Omitir la coma después de *avión*
    (3) Cambiar *veo* por *ve*
    (4) Cambiar *enciende* por *ensiende*
    (5) Ninguna

35. Oración 2: El letrero <u>dice</u> en varios idiomas: abróchese el cinturón de seguridad.
    —¿Cuál sería la mejor forma de expresar la parte subrayada? Si cree que la versión original es la mejor, elija la opción (1).
    (1) dice
    (2) proclama
    (3) grita
    (4) predica
    (5) ordena y manda

36. Oración 3: El pasajero <u>no hace caso</u> del aviso, y no se abrocha el cinturón de seguridad.
    —¿Cuál sería la mejor forma de expresar la parte subrayada? Si cree que la versión original es la mejor, elija la opción (1).
    (1) no hace caso
    (2) no le da importancia
    (3) hace caso omiso
    (4) pasa de largo
    (5) se salta

37. Oración 4: La azafata pasa revista y le llama la atención al pasajero.
    —¿Qué revisión haría usted en esta oración?
    (1) Cambiar *azafata* por *asafata*
    (2) Cambiar *azafata* por *señorita*
    (3) Omitir *le*
    (4) Cambiar *al* por *a*
    (5) Ninguna

38. Oración 5: Este se abrocha, y no pasa nada más.

—¿Qué revisión haría usted en esta oración?

(1) Poner acento sobre *Este*

(2) Cambiar *abrocha* por *amarra*

(3) Cambiar *pasa* por *ocurre*

(4) Omitir *más*

(5) Ninguna

39. Oración 6: Si el viaje <u>fuera</u> en automóvil, la cosa sería distinta.

—¿Cuál sería la mejor forma de expresar la parte subrayada? Si cree que la versión original es la mejor, elija la opción (1).

(1) fuera

(2) fuese

(3) fue

(4) sería

(5) había sido

40. Oración 7: La razón es que hay una ley <u>que nos obliga</u> a llevar el cinturón de seguridad abrochado en el carro.

—¿Cuál sería la mejor forma de expresar la parte subrayada? Si cree que la versión original es la mejor, elija la opción (1).

(1) que nos obliga

(2) quien nos obliga

(3) la cuál nos obliga

(4) que no obliga

(5) que a veces obliga

41. Oración 8: <u>Si no lo llevamos</u>, la policía puede pararnos y ponernos una multa.

—¿Cuál sería la mejor forma de expresar la parte subrayada? Si cree que la versión original es la mejor, elija la opción (1).

(1) Si no lo llevamos

(2) Si no lo llevaríamos

(3) Si no lo llevara yo

(4) Si no lo lleva

(5) Si no lo llevaba

42. Oración 9: ¿Esto justo? Hay opiniones distintas sobre el asunto.

—¿Qué revisión haría usted en esta oración?

(1) Cambiar *¿Esto justo?* por *¿Es esto justo?*

(2) Poner dos puntos después de *justo?*

(3) Poner acento sobre *esto*

(4) Poner raya antes de *Hay*

(5) Ninguna

43. Oración 10: <u>Pero la ley es la ley</u>.

—¿Cuál sería la mejor forma de expresar la parte subrayada? Si cree que la versión original es la mejor, elija la opción (1).

(1) Pero la ley es la ley.

(2) Pero la ley hay que cumplirla.

(3) Aunque la ley sea la ley.

(4) Pero hecha la ley, hecha la trampa.

(5) Pero la ley es invariable.

44. Oración 11: Mientras está en vigor, no hay más remedio que cumplirla o pagar la multa.

—¿Qué revisión haría usted en esta oración?

(1) Cambiar *vigor* por *fuerza*
(2) Cambiar *remedio* por *narices*
(3) Cambiar *multa* por *fine*
(4) Cambiar *cumplirla* por *cumplir*
(5) Ninguna

Las preguntas 45 a 50 se refieren al pasaje siguiente:

(1) De acuerdo, pasar por la Inmigración no es muy divertido. (2) Hay problemas de idioma, de cultura, de documentación. (3) Pero tampoco es divertida la alternativa: la ilegalidad. (4) El boss abusa del ilegal porque sabe que le podrá denunciar. (5) Aunque las estadísticas no sean muy fiables, parece que hay entre cinco y diez millones de ilegales. (6) Millones, ¿eh? No miles, ni cientos de miles. Millones. (7) Esto representa una catástrofe tanto para el país como para los emigrantes. (8) Una nueva ley de annistía favorece la legalización. (9) —Si yo estuviera en su lugar —le dije a un emigrante— legalizaría mi situación. (10) A lo que el me contestó: —Y yo también, si yo estuviera en la suya.

45. Oración 1: De acuerdo, pasar por la Inmigración no es muy divertido.

—¿Qué revisión haría usted en esta oración?

(1) Cambiar la coma por un punto después de *acuerdo*
(2) Poner *que* entre *acuerdo* y *pasar*
(3) Omitir *no*
(4) Cambiar *es* por *sea*
(5) Ninguna

46. Oración 2: Hay problemas de idioma, de cultura, de documentación.

—¿Qué revisión haría usted en esta oración?

(1) Cambiar *Hay* por *Tenemos*
(2) Cambiar *problemas* por *dificultades*
(3) Añadir puntos suspensivos después de *documentación*
(4) Añadir *etc.* al final
(5) Ninguna

47. Oración 3: Pero tampoco es divertida la alternativa: la ilegalidad.

—¿Cuál sería la mejor forma de expresar la parte subrayada? Si cree que la versión original es la mejor, elija la opción (1).

(1) alternativa
(2) interpretativa
(3) solución
(4) conclusión
(5) revolución

48. Oración 4: El boss abusa del ilegal porque sabe que le podrá denunciar.

—¿Qué revisión haría usted en esta oración?

(1) Cambiar *boss* por *patrón*
(2) Cambiar *ilegal* por *emigrante*
(3) Cambiar *porque* por *aunque*
(4) Cambiar *porque* por *por qué*
(5) Ninguna

49. Oración 5: Aunque las estadísticas no sean muy fiables, parece que hay entre cinco y diez millones de ilegales.

—¿Cuál sería la mejor forma de expresar la parte subrayada? Si cree que la versión original es la mejor, elija la opción (1).

(1) parece
(2) parecen
(3) piensa
(4) se estimaba
(5) yo calcularía

50. Oración 6: Millones, ¿eh? No miles, ni cientos de miles. Millones.

—¿Qué revisión haría usted en esta oración?

(1) Cambiar *millones* por *1,000,000*
(2) Poner punto después de *¿eh?*
(3) Poner punto y coma después de *miles*
(4) Cambiar *cientos* por *ciento*
(5) Ninguna

Parte II: Composición

45 minutos

> **Instrucciones:** En esta sección (II) se trata de comprobar su habilidad para redactar un ensayo, es decir, una composición en la cual usted explica algo o da su opinión sobre algún tema.
>
> Tiene 45 minutos para escribir sobre el tema indicado abajo. Escriba claramente y use un bolígrafo para que los evaluadores puedan leer fácilmente lo que ha escrito.
>
> Lo único que vale para la puntuación es la copia en limpio, en la cual debe ir escrito el tema completo. No escriba sobre ningún otro tema, pues no valdría nada para la puntuación.
>
> Tenga en cuenta las siguientes recomendaciones: lea las instrucciones; use un papel en blanco para hacer sus apuntes y escribir el borrador; haga un pequeño plan de trabajo; redacte el borrador según el plan; léalo y corríjalo; y redacte en limpio en la hoja indicada de la libreta de respuestas.

TEMA

> Los indígenas fueron los primeros pobladores de América. ¿Cree usted que la conquista por los europeos fue justa?
>
> Escriba una composición de unas doscientas palabras (aproximadamente una página de veinticinco líneas) expresando su opinión. Dé razones y ejemplos concretos.

Use esta página para anotaciones.

EXAMEN 2: ESTUDIOS SOCIALES

50 preguntas–70 minutos

Las preguntas 1 a 4 se refieren al pasaje siguiente:

El presidente James Monroe y su secretario de Estado, John Quincy Adams, anunciaron una nueva política. Ésta fue anunciada en un mensaje del presidente ante el Congreso en 1823. Tenía el apoyo de Gran Bretaña, que temía que los otros países europeos pudieran "congelar" el comercio y la influencia británica en Latinoamérica.

La famosa Doctrina de Monroe tenía varias partes:

- Cualquier intento de intervención por parte de países europeos en el hemisferio occidental sería considerado como "acto de enemistad" por Estados Unidos.

- El hemisferio occidental ya no estaba abierto a la colonización europea. Esto era en parte una amenaza a Rusia que, instalada en Alaska, parecía dispuesta a introducirse en Oregon.

- Sin embargo, Estados Unidos no se entrometería para nada en las colonias europeas existentes en el hemisferio occidental.

- Estados Unidos no intervendría en los asuntos internos de las naciones europeas.

1. La Doctrina de Monroe
   (1) fue anunciada en el Congreso por Adams.
   (2) fue comunicada por el presidente en el Congreso.
   (3) fue anunciada para congelar la influencia británica.
   (4) contaba con el apoyo de Latinoamérica.
   (5) fue anunciada en el siglo dieciocho.

2. La doctrina contaba con la aprobación de
   (1) Estados Unidos y Puerto Rico.
   (2) Canadá y Francia.
   (3) Rusia.
   (4) Inglaterra.
   (5) 2 y 3

3. En la famosa doctrina se condenaba la intervención en el hemisferio occidental por parte de
   (1) Canadá.
   (2) Estados Unidos.
   (3) los países asiáticos.
   (4) Europa.
   (5) ninguna de las anteriores

4. Cuando se anunció la Doctrina de Monroe, Rusia
   (1) quería intervenir en Latinoamérica.
   (2) sufría una guerra civil.
   (3) era aliada de Francia.
   (4) decidió intervenir en los asuntos internos de Canadá.
   (5) poseía el territorio de Alaska.

CAPÍTULO 9: Dos exámenes completos de práctica

Las preguntas 5 a 8 se refieren al pasaje siguiente:

Todos recordaban las palabras del Dr. Martin Luther King, Jr., que había sido o asesinado en Memphis, en Tennessee, en 1968. Cinco años antes de su muerte, durante la marcha a Washington D.C., dijo en una manifestación:

"Tengo un sueño en el que veo que un día esta nación se levantará y vivirá el verdadero significado de su creencia de que todos los hombres son creados iguales".

"Cuando dejemos que resuene la libertad podremos acelerar la llegada del día en que los hijos de Dios, los blancos y los negros, los judíos y los cristianos, los protestantes y los católicos, irán unidos de la mano y cantarán las palabras del viejo espiritual negro: ¡Libre al fin! ¡Libre al fin! ¡Gracias, Dios Todopoderoso, somos libres al fin!"

Después del asesinato de Martin Luther King, Jr. en abril de 1968, se produjeron disturbios en todas las áreas minoritarias del país. Hubo 43 muertos en las 172 ciudades en las que hubo motines. Hubo pérdidas por millones de dólares. Como si esto fuera poco, comenzaron las protestas en las universidades en contra de la guerra de Vietnam y también comenzaron las demandas de cambios sociales y educativos.

5. El asesinato de Martin Luther King, Jr. produjo
   (1) que se hiciera justicia.
   (2) que el pueblo negro consiguiera mejores empleos.
   (3) un período de agitación social.
   (4) un boicoteo a las empresas que no contrataban a la población de color.
   (5) ninguna de las anteriores

6. Martin Luther King, Jr. fue asesinado
   (1) por un hombre de color.
   (2) antes de que comenzaran las protestas por la guerra del Vietnam.
   (3) durante una marcha a Washington D.C.
   (4) en una manifestación.
   (5) en Memphis, terminando así el problema racial.

7. Martin Luther King, Jr. exigía
   (1) igualdad de derechos para todas las personas.
   (2) libertad de culto.
   (3) libertad de prensa.
   (4) mejores oportunidades para los negros.
   (5) ninguna de las anteriores

8. En los días posteriores al asesinato de Martin Luther King, Jr.,
   (1) las empresas perdieron varios millones de dólares.
   (2) se produjeron disturbios en Washington.
   (3) terminó la guerra de Corea.
   (4) hubo motines en muchas ciudades.
   (5) ninguna de las anteriores

Las preguntas 9 a 12 se refieren al pasaje siguiente:

La primera ola de pánico llegó el 4 de octubre de 1929. Ocurrió en la Bolsa de Valores de New York donde se compran y venden las acciones. Millones de acciones se pusieron en venta, pero nadie las compraba: por lo tanto, los precios de las acciones bajaron rápidamente.

Como el valor de las acciones bajaba cada vez más, la gente intentaba venderlas al precio que fuera. Los dirigentes de los negocios y el gobierno intentaban convencer a los ciudadanos de que la economía era potente, pero el pánico continuaba llegando a la Bolsa. Los precios bajaban cada vez más.

El "jueves negro", como se llamó a este 4 de octubre, marcó el comienzo de la Gran Depresión; depresión económica que duró hasta 1941. El pánico cundió por todo el país a medida que las acciones bajaban. El público compraba lo menos posible. Muchas fábricas y negocios quebraron.

La Gran Depresión afectó a todos los estadounidenses. Algunas familias no podían ni siquiera comprar los alimentos necesarios para subsistir. El gobierno tenía que salvar la economía.

El problema era enorme y las soluciones no eran muy claras. Algunas de las medidas sugeridas surgieron del movimiento progresista. Otros métodos que se planteaban eran tradicionales. Algunos ciudadanos estaban a favor de nuevos métodos, hasta entonces desusados en Estados Unidos.

9. En la Bolsa de Valores de New York se
   - (1) importa mercancía.
   - (2) exporta mercancía.
   - (3) realizan transacciones de valores.
   - (4) dirige la política del país.
   - (5) ninguna de las anteriores

10. Cuando las acciones no son adquiridas
    - (1) aumentan su valor.
    - (2) son vendidas en el exterior.
    - (3) pierden su valor.
    - (4) se acumulan.
    - (5) ninguna de las anteriores

11. El "jueves negro" fue
    - (1) el día de la gran crisis económica mundial.
    - (2) el día del asesinato de Martin Luther King.
    - (3) el comienzo de la guerra civil.
    - (4) el comienzo de una gran depresión económica en Estados Unidos.
    - (5) el final de la gran depresión.

12. Una de las siguientes afirmaciones no es correcta. ¿Cuál es?
    - (1) El público compraba lo menos posible.
    - (2) Muchas fábricas quebraron.
    - (3) Los precios de los productos se incrementaron.
    - (4) La gran depresión duró 12 años.
    - (5) Mucha gente perdió sus propiedades.

CAPÍTULO 9: Dos exámenes completos de práctica

Las preguntas 13 a 16 se refieren al pasaje siguiente:

La primera campaña por los derechos de la mujer en América comenzó cuando un grupo de mujeres se unió al movimiento antiesclavista. Allí las mujeres se dieron cuenta de que podrían hacer impacto en la vida pública, pero también se dieron cuenta de que, realmente, no eran libres.

Las leyes, por ejemplo, permitían que el hombre tuviera completo control sobre la propiedad de su esposa. La mayoría de las universidades sólo admitían a hombres. Muchas costumbres sociales limitaban la libertad de la mujer. Se decía que el lugar de ésta era "el hogar".

Hasta 1890, las mujeres no podían votar. Después de esta fecha algunos estados les concedieron el derecho al voto. Pero tuvieron que pasar 30 años para que el derecho de la mujer al voto se escribiera en la Constitución.

En 1848 se celebró la primera convención americana de los "derechos de la mujer" en Seneca Falls, New York.

Mucha gente se reía, al principio, de este movimiento de los derechos femeninos. A otros les sorprendía o les encolerizaba. A pesar de todo, las mujeres siguieron luchando por alcanzar sus objetivos. Uno de los principales objetivos era el sufragio, o derecho al voto.

Una de las líderes más conocidas en la lucha por los derechos de la mujer fue Susan B. Anthony. A principios de la década de 1850, organizó grupos de mujeres, escribió y dio conferencias por la causa del sufragio femenino. Llegó a reunirse con varios presidentes de la nación para asegurarse de que sus puntos de vista eran conocidos en los más altos círculos. Su cruzada duró 50 años.

Como resultado de tales esfuerzos, la situación legal de la mujer había mejorado para 1900. La mayoría de los estados garantizaban el derecho de la mujer de controlar sus propiedades. Se fundaron varias universidades para mujeres. Muchas ingresaron en las profesiones. El número de las que trabajaban fuera de su hogar aumentó considerablemente.

Sin embargo, no fue sino hasta 1920 cuando se decretó la Decimonovena Enmienda a la Constitución de Estados Unidos. Con esta enmienda se comedía a la mujer el derecho al voto en todos los estados.

13 La primera campaña en favor de los derechos de la mujer tuvo lugar cuando

(1) un grupo de mujeres quiso hacer vida laboral.

(2) un grupo de mujeres no quiso asumir sus responsabilidades en el hogar.

(3) un grupo de mujeres se unió para luchar en contra de la esclavitud.

(4) la mujer quiso ingresar a la universidad.

(5) las mujeres empezaron a apoyar las leyes esclavistas.

14. Las leyes permitían que las mujeres casadas

(1) pudieran entrar en la universidad.

(2) tuvieran libertad absoluta.

(3) fueran independientes.

(4) no pudieran disfrutar libremente de sus propiedades.

(5) pudieran votar.

15. Uno de los principales objetivos de la convención americana de los "derechos de la mujer" fue

(1) conseguir estudiar Derecho en la universidad.

(2) conseguir el derecho al voto.

(3) resaltar a la mujer casada.

(4) alcanzar la independencia económica.

(5) conseguir mayores oportunidades de trabajo.

16. Uno de los siguientes es incorrecto: Sólo a comienzos de este siglo la mujer logró

(1) la entrada a las universidades.

(2) el derecho de controlar sus propiedades.

(3) la igualdad salarial.

(4) trabajar fuera del hogar.

(5) el derecho al voto en todos los estados.

Las preguntas 17 a 20 se refieren al pasaje siguiente:

La mayoría de los estadounidenses vieron la nueva época mecanizada como progreso. Pero alguien que no lo veía así era Henry David Thoreau, poeta, y ensayista, que veía que la nueva época "se estaba moviendo demasiado rápido". Creía que para vivir más y mejor, la gente debía estar en contacto con la naturaleza.

En 1845, a la edad de 28 años, Thoreau se fue a vivir solo a los bosques cercanos a Concord, Massachusetts. En las orillas de Walden Pond construyó su pequeña casa y cultivó su propio alimento. Vivió allí durante dos años.

Thoreau fue uno de los primeros estadounidenses que instaron a la desobediencia civil. Protestaba pacíficamente contra la acción del gobierno rehusando a obedecer ciertas leyes.

Por ejemplo, se opuso a la guerra contra México en la década de 1840. Como protesta, se negó a pagar los impuestos. Fue encarcelado por esto, pero pronto lo dejaron libre.

Más tarde, escribió el ensayo titulado "Desobediencia civil", que tuvo una gran influencia. Uno de los hombres que siguió sus enseñanzas 100 años más tarde fue Mohandas Gandhi que usó la desobediencia civil pacífica para ayudar a lograr la libertad de la India (que estaba bajo el poder inglés). Otro fue el Dr. Martin Luther King, Jr. el líder de los derechos civiles de los negros de la década de 1960.

Thoreau fue uno de los miembros de un brillante grupo de pensadores y escritores de New England. Muy destacado dentro de éste fue Ralph Waldo Emerson. A través de sus escritos y de sus conferencias, Emerson fue, quizá, el líder cultural más influyente del siglo XIX. Él instó a que se desarrollara una auténtica cultura estadounidense.

17. Según el texto,
    (1) la época mecanizada terminaba con la tecnificación.
    (2) el adelanto progresista iniciaba la era moderna.
    (3) el futuro no era las nuevas tecnologías.
    (4) Thoreau no estaba de acuerdo con las ideas de su tiempo.
    (5) las ideas de Thoreau eran similares que las del pueblo estadounidense.

18. H. D. Thoreau fue
    (1) ecologista y pacifista.
    (2) a la guerra de México.
    (3) un político humanista.
    (4) obediente y rebelde.
    (5) contemporáneo de Mohandas Ghandi.

19. Gandhi aprendió de Thoreau
    (1) la poesía.
    (2) la doctrina pacifista.
    (3) un método rápido para liberar a Asia.
    (4) cómo conseguir el mismo poder que los ingleses.
    (5) todo lo referente a Ralph Waldo Emerson.

20. El pacifismo aplicado por el Dr. Martin Luther King, Jr.
    (1) no fue bien acogido por la población de color.
    (2) era totalmente distinto al de Mohandas Ghandi.
    (3) provocó muchos enfrentamientos.
    (4) no es adecuado para solucionar problemas raciales.
    (5) tenía sus raíces en Thoreau.

Las preguntas 21 a 23 se refieren al pasaje siguiente:

Como resultado de la Guerra mexicana y de la Compra de Gadsden, nuevos territorios se abrían a la colonización. California, en particular, atrajo a muchos colonos ya que su clima era espléndido. Las oportunidades económicas que ofrecían sus recursos naturales eran también excelentes. Además, se descubrió oro en 1848, lo que atrajo a mucha más gente a la zona. Una vez que California se convirtió en estado (1850) la oleada de colonos fue enorme.

Sin embargo, la colonización de California y de otras partes del Oeste acarreó problemas. Había ahora una auténtica necesidad del avance de las comunidades entre Este y Oeste, especialmente los transportes. California estaba muy lejos. Se tardaba mucho tiempo en llegar por caravana. Más largo aún era ir por mar. Había que hacer algo para acortar el viaje.

Una de las primeras mejoras llegó en 1850. Se estableció una línea regular de *diligencia* (*stage coach*). Transportaba viajeros, correo y mercancías ligeras entre el Este y el Oeste. El viaje a California duraba unos 25 días.

Un poco más tarde, el *pony express* se establecía para transportar el correo a través del continente de un modo más rápido. Una serie de hombres montados a caballo cruzaban las llanuras y los montes entre California y St. Joseph, Missouri. Cada jinete viajaba unas 75 ó 100 millas. Cambiaba los caballos en puestos especiales que había a lo largo del camino más o menos cada diez o quince millas. Para principios de la década de 1860, el *pony express* era el método más rápido para llevar mensajes a través del continente.

21. California atrajo a muchos colonos debido a
    (1) su espléndido clima.
    (2) sus recursos naturales.
    (3) el oro.
    (4) las oportunidades económicas.
    (5) todas las anteriores

22. La diligencia transportaba
    (1) viajeros y correo.
    (2) el *pony express*
    (3) mercancía ligera.
    (4) mercancía pesada.
    (5) 1 y 3

23. Según el texto, el medio de comunicación más rápido era
    (1) el telégrafo.
    (2) el tren.
    (3) el correo certificado.
    (4) la diligencia.
    (5) el *pony express*

CAPÍTULO 9: Dos exámenes completos de práctica

Las preguntas 24 a 26 se refieren al pasaje siguiente:

Nueva maquinaria ayudó enormemente a la productividad de las granjas norteamericanas. Se destaca el invento de las segadoras y otras maquinarias a principios del siglo XIX. Con el invento del *motor de gasolina*, los granjeros tenían una fuente de energía barata y práctica. Más tarde se usó éste en *tractores*, que pronto sustituyeron al caballo en la mayoría de las granjas.

Se inventaron también nuevos tipos de máquinas de oficinas: la *máquina de escribir*, (1867) la *máquina de sumar* (1888) y la *registradora* (1897), por ejemplo. Todas estas máquinas facilitaban las funciones comerciales a mayor escala, haciendo más eficaz el trabajo en las oficinas.

La preparación de alimentos también sufrió cambios. Los nuevos avances incluían las *latas de conserva*, *refrigeración artificial* y diversos métodos de *preparación* y *envase* de alimentos.

24. El caballo fue sustituido por
    - (1) segadoras.
    - (2) motores.
    - (3) tractores.
    - (4) mulas.
    - (5) ninguna de las anteriores

25. El invento de esta máquina facilitó las funciones comerciales a gran escala.
    - (1) la máquina de escribir
    - (2) la máquina de sumar
    - (3) la registradora
    - (4) las tres máquinas anteriores
    - (5) ninguna de las anteriores

26. La industria de los alimentos sufrió cambios por los avances en el proceso de
    - (1) envasado y enlatado de alimentos.
    - (2) refrigeración artificial.
    - (3) 1, 2 y 4
    - (4) envase de alimentos más preparados.
    - (5) 1 y 2

Las preguntas 27 a 30 se refieren a los mapas siguientes:

Norteamérica en el año 1763

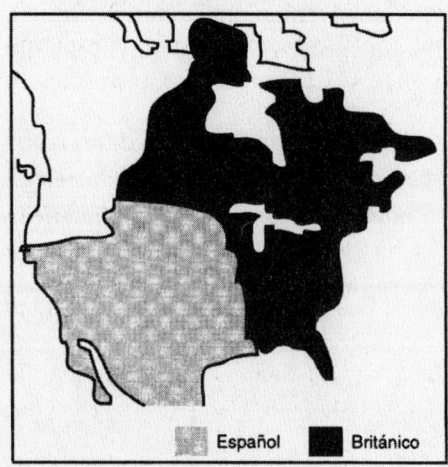

Norteamérica en el año 1689

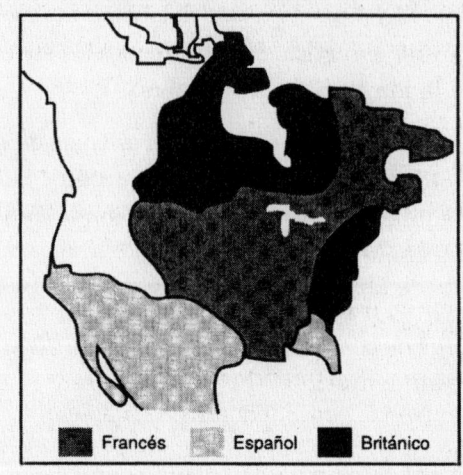

27. Comparando ambos mapas se puede deducir que

   (1) el dominio español se extendía en el norte.
   (2) el dominio británico dominó en ambos períodos la zona sur.
   (3) los franceses dominaban la mayor parte del territorio.
   (4) España controló los territorios del sur.
   (5) Francia perdió su poder colonial en el siglo XVII.

28. De acuerdo con el mapa, ¿qué potencia extranjera controló en el siglo XVII, los territorios de la Florida?

   (1) Francia
   (2) Inglaterra
   (3) España y Francia
   (4) Francia e Inglaterra
   (5) España

29. Según el mapa, ¿que potencia extranjera controló, en 1689, a Louisiana?

   (1) Francia
   (2) España
   (3) Inglaterra y Francia
   (4) Inglaterra
   (5) Francia y España

30. Basándonos en el mapa, en 1763 el río Mississippi fue controlado por

   (1) España
   (2) Inglaterra
   (3) España e Inglaterra
   (4) Francia
   (5) España y Francia

CAPÍTULO 9: Dos exámenes completos de práctica

Las preguntas 31 a 34 se refieren al pasaje siguiente:

México es el país de mayor población de habla española: 100 millones. Tiene una superficie de 1,958,201 km². La capital es México, D. F., con más de 20 millones de habitantes (área metropolitana). Otras ciudades importantes son: Guadalajara, Monterrey, Puebla, Ciudad Juárez y León. La religión predominante es el catolicismo. La forma de gobierno es la república. La moneda es el peso. Y los productos más importantes son: maíz, garbanzos, algodón, tabaco, plata, oro, plomo y petróleo.

El país está surcado por dos importantes cadenas montañosas. La Sierra Madre Occidental, a lo largo de la costa del Pacífico, tiene su máxima altura en el pico Colima (4,265 m). En la Sierra Madre Oriental se destaca el pico Orizaba (5,747 m), el más alto de México. Entre las dos cordilleras se encuentra una amplia extensión de valles y mesetas.

Los ríos más importantes desembocan en el Golfo de México, destacando el río Grande del Norte, con 3,024 km. El más largo de los que desembocan en el Pacífico es el río Santiago, con 547 km.

Dada su situación y las grandes diferencias de altitud, en México se da una gran variedad de climas con muy distintos tipos de vegetación.

31. Una de las siguientes afirmaciones es verdadera. ¿Cuál es?
    (1) México es un país sudamericano.
    (2) México se encuentra en el Caribe.
    (3) México es el país de mayor población de habla española.
    (4) La religión predominante en México es la protestante.
    (5) La moneda que se usa en México es el dólar.

32. México
    (1) es un país llano.
    (2) tiene diversidad de climas.
    (3) no produce metales.
    (4) se llamó antiguamente Ciudad Juárez.
    (5) produce frutas, café, maíz, y otros productos.

33. Las cadenas montañosas mexicanas más importantes son
    (1) el Himalaya.
    (2) las Montañas Rocosas, la Sierra Madre.
    (3) los Andes.
    (4) la Sierra Madre Oriental y la Sierra Madre Occidental.
    (5) el pico Colima y el pico Orizaba.

34. El río más largo de México se llama
    (1) Santiago.
    (2) México.
    (3) Colima.
    (4) Pacífico.
    (5) Grande del Norte.

Las preguntas 35 a 36 se refieren a la gráfica siguiente:

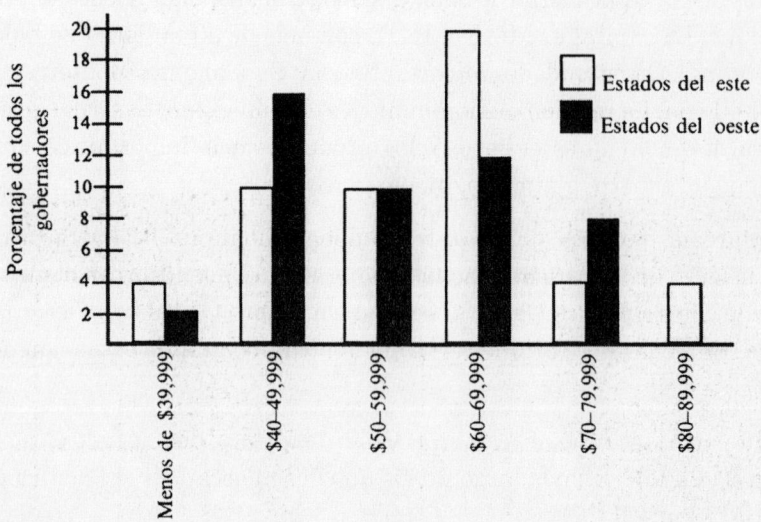

35. ¿Dónde aparece la mayor diferencia en el porcentaje de los salarios de los gobernadores de los estados del este y del oeste?

(1) 30,000–39,999
(2) 40,000–49,999
(3) 50,000–59,999
(4) 60,000–69,999
(5) 70,000–79,999

36. ¿Cuál de las siguientes conclusiones acerca del ingreso de los gobernadores de los EE.UU. puede inferirse correctamente del cuadro?

(1) Los gobernadores de los estados del oeste probablemente ganan mayores salarios que los gobernadores de los estados del este.

(2) La mayoría de los gobernadores ganan salarios entre los 40,000 dólares y los 69,999 dólares al año.

(3) Los gobernadores de los estados del este probablemente ganan mayores salarios que los gobernadores de los estados del oeste.

(4) Los gobernadores de más edad ganan más que los más jóvenes.

(5) La mayoría de los gobernadores ganan menos de 55,000 dólares al año.

Las preguntas 37 a 41 se refieren a las gráficas siguientes:

MARES Y OCÉANOS MÁS IMPORTANTES

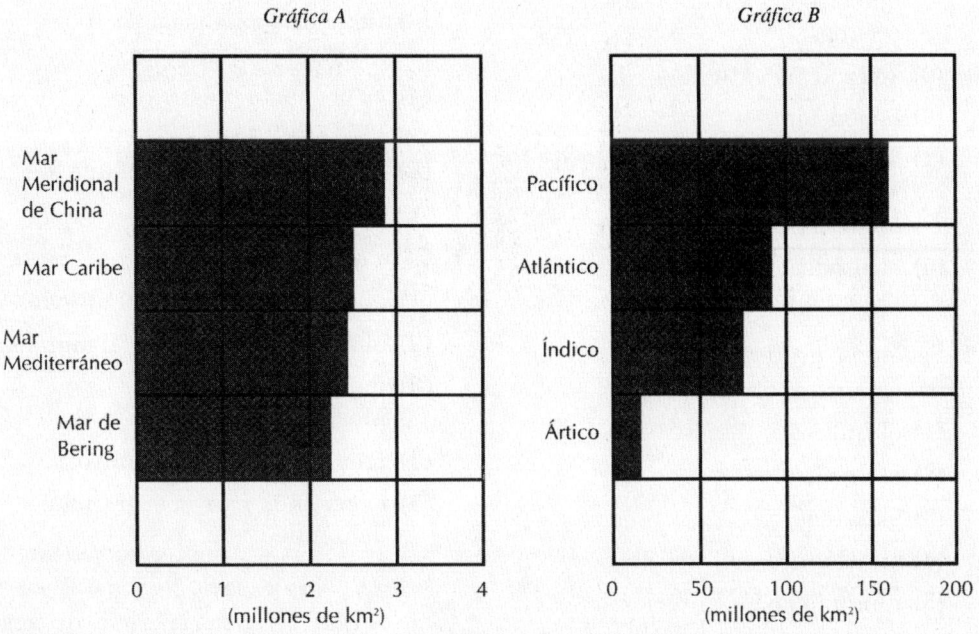

La gráfica A presenta los mares más importantes del mundo.

Nombre	Superficie en kilómetros cuadrados
Mar Meridional de China	2,974,601
Mar Caribe	2,515,914
Mar Mediterráneo	2,509,957
Mar de Bering	2,261,060

La gráfica B señala el tamaño de los océanos del mundo.

Nombre	Superficie en kilómetros cuadrados
Pacífico	166,241,754
Atlántico	86,557,403
Índico	73,427,458
Ártico	13,223,702

37. De acuerdo con las dos gráficas, se puede deducir que
    (1) el mar Meridional de China es el mar más grande.
    (2) los océanos no son más grandes que los mares.
    (3) el océano Pacífico tiene 200,000 metros cuadrados.
    (4) el Mar de Bering es más grande que el Mediterráneo.
    (5) el océano Ártico es mayor que el océano Atlántico.

38. Las diferencias de superficie entre los mares

(1) son menores que las diferencias que se perciben entre los océanos.

(2) son muy acentuadas.

(3) no existen.

(4) se reflejan mejor al comparar el mar Caribe con el mar Mediterráneo.

(5) se producen debido a las mareas y corrientes.

39. Según la gráfica B, el océano más importante es el

(1) el Índico.

(2) el Pacífico.

(3) el Ártico.

(4) el Atlántico.

(5) ninguna de las anteriores

40. El océano Índico

(1) es el más grande del mundo.

(2) es estadounidense.

(3) tiene una extensión de 100 kilómetros cuadrados.

(4) es el cuarto océano más importante.

(5) es menor en extensión que el Atlántico.

41. El mar Caribe es

(1) el mar más grande del mundo.

(2) el mar más pequeño del mundo.

(3) más pequeño que el Mediterráneo.

(4) igual que el Mediterráneo.

(5) el segundo mar más grande del mundo.

Las preguntas 42 a 44 se refieren a la gráfica siguiente:

Balanza de los EE.UU.-Pagos internacionales.

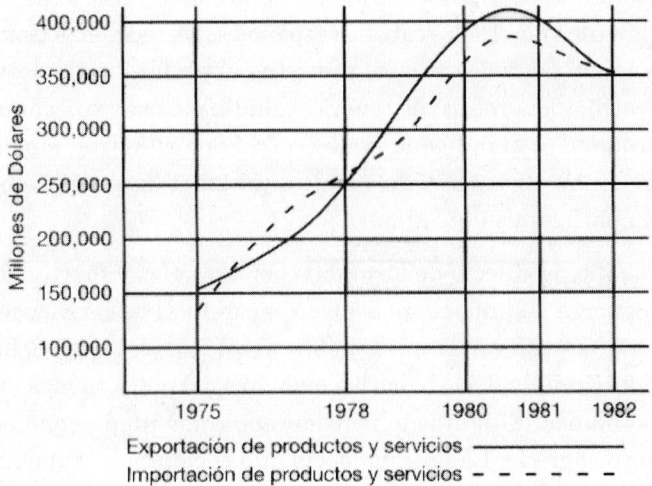

Exportación de productos y servicios ─────
Importación de productos y servicios ─ ─ ─ ─ ─

42. Según la gráfica, el valor de los productos y servicios exportados por Estados Unidos excedió el valor de productos y servicios importados durante el año

   (1) 1976.
   (2) 1977.
   (3) 1980.
   (4) 1982.
   (5) La gráfica no provee esta información.

43. El valor de los productos y servicios importados por Estados Unidos excede el valor de los productos y servicios exportados durante el año

   (1) 1975.
   (2) 1977.
   (3) 1980.
   (4) 1981.
   (5) 1982.

44. ¿Por cuántos millones de dólares las exportaciones excedieron a las importaciones en 1980? (Responda en millones de dólares.)

   (1) 4,000
   (2) 10,000
   (3) 40,000
   (4) 60,000
   (5) 100,000

Las preguntas 45 a 48 se refieren al pasaje siguiente:

El caballo español produjo una revolución en las tribus indígenas norteamericanas cambiando radicalmente el tipo de caza, sus dominios territoriales, muchas de sus costumbres y formas de vida. De los caballos españoles, los indígenas usaron el mustang, el pinto y el palomino. De todos ellos el pinto fue el preferido. De aquí que hasta no hace mucho, el "cowboy" ha rehusado tener el caballo pinto en sus manadas y ranchos simplemente porque para el indígena era su corcel favorito. Hoy, sin embargo, existe en Estados Unidos una asociación de caballos pintos a la que pertenecen personas propietarias o simpatizantes del animal.

El pinto era el caballo predilecto de los indios por ser veloz y fuerte, ideal para cazar búfalos y para la guerra. Asimismo, se usaba como animal de carga, cuando había que viajar o transportar cosas. Pero es además un caballo lúcido, vistoso, lleno de colores, "pintado", excelente camuflaje. De todas las manchas del pinto, la más importante para el indígena era la blanca. El pinto era considerado como un descendiente directo del gran caballo blanco sagrado. La leyenda decía que el caballo puramente blanco como el búfalo blanco tenía poderes mágicos: curaba, era invencible en las batallas, era el más veloz y el más perfecto. Los misioneros españoles enseñaron a muchos indígenas a montar a caballo. En las misiones, grupos de jóvenes indígenas iban a trabajar a las haciendas, y los frailes les enseñaban cómo cuidar y montar los caballos. La Corona Española tuvo conocimiento de los riesgos que ello encerraba, pensando en una posible rebelión de los indígenas y prohibió a los religiosos enseñarles a montar a caballo. Pero la ley no surtió efecto.

Los indígenas llegaron a ser grandes jinetes. El caballo originó una nueva forma de vida y comenzó a ser parte también de sus creencias religiosas. Cuando un guerrero moría su caballo favorito era sacrificado para que en su largo viaje le acompañara al mundo de las sombras.

45. El caballo español
    (1) fue traído a América antes de la conquista.
    (2) provocó un cambio en muchas de las costumbres indígenas.
    (3) fue traído a América por los indígenas.
    (4) era poco apreciado por los ingleses.
    (5) no influyó notoriamente en la cultura indígena.

46. El pinto era el caballo preferido de los indígenas por varias razones, excepto por
    (1) su velocidad.
    (2) su fortaleza.
    (3) su aprovechamiento como animal de carga.
    (4) ser de un solo color.
    (5) ser ideal para la guerra.

47. La Corona Española prohibió que los indígenas aprendieran a montar a caballo porque

(1) era un monopolio exclusivo de los caballeros.

(2) no estaban acostumbrados.

(3) los españoles eran los únicos que podían hacer uso de los caballos.

(4) había pocos animales.

(5) era posible que se rebelaran haciendo uso de los caballos.

48. En muchas culturas indígenas, si un guerrero moría

(1) su caballo era vendido a otra nación indígena.

(2) su caballo favorito era regalado a su hijo primogénito.

(3) su caballo favorito era sacrificado.

(4) sacrificaban un caballo pinto en la ceremonia.

(5) se repartían en el pueblo todos los caballos que tenia.

Las preguntas 49 a 50 se refieren a la pintura de un caballo:

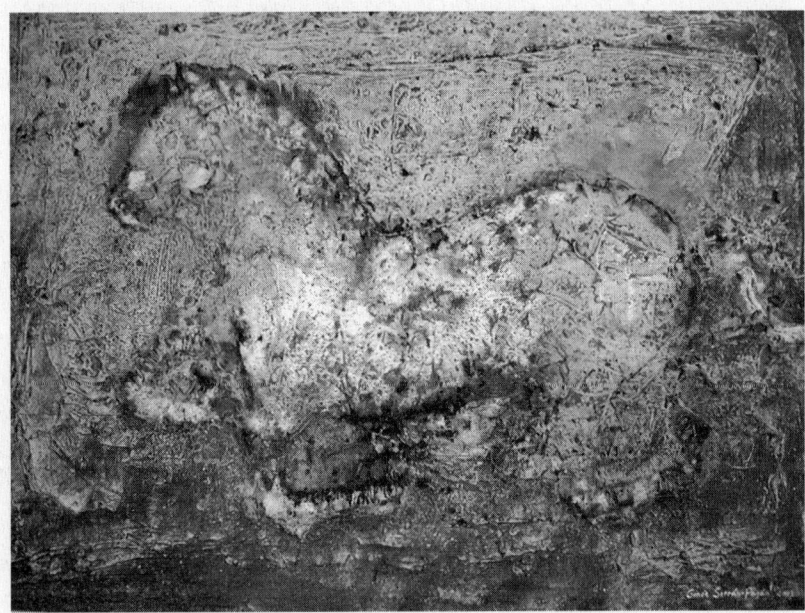

49. La pintura se titula "Nacido para ser libre", y trata de representar

(1) a un caballo que permanece pasivo en el espacio libre.

(2) a un animal que galopa velozmente tratando de escapar y ser libre.

(3) al estilo pictórico libre del artista.

(4) la imagen de un equino que corre por la llanura.

(5) la importancia que el caballo tenía para los vaqueros estadounidenses.

50. La imagen

(1) representa la pintura rupestre de una cueva del paleolítico superior.

(2) es una obra caracterizada por un estilo libre y realizada con una técnica mixta.

(3) simboliza la libertad del artista y del arte contemporáneo.

(4) muestra cómo el animal todavía está atado al mundo doméstico.

(5) sintetiza la historia del caballo en América y la revolución que produjo en las tribus indígenas.

EXAMEN 3: CIENCIAS

50 preguntas–80 minutos

Las preguntas 1 a 4 se refieren al pasaje siguiente:

El petróleo es un líquido oleoso, de color verdoso oscuro, formado probablemente por descomposición de materia orgánica sepultada, cubierta por estratos de tierra y aprisionada en forma de bolsas con una envoltura superior pétrea o rocosa. Como resultado de esta descomposición se desprenden gases, los cuales presionan la superficie líquida del petróleo y al realizar una perforación surge inmediatamente a la superficie; otras veces es necesaria la extracción mediante bombas.

El gas natural que acompaña al petróleo está formado principalmente por hidrocarburos gaseosos de la serie parafínica, desde el metano al butano, y se utiliza principalmente como combustible. El petróleo está constituido principalmente por una mezcla compleja de hidrocarburos, no sólo de cadena abierta, sino también por cicloparafinas y compuestos aromáticos. También está constituido por cantidades variables de compuestos que contienen oxígeno, azufre, nitrógeno, etc.

El petróleo bruto en las refinerías se somete a una destilación fraccionada para separar los componentes de distinto punto de ebullición y dar así diferentes fracciones, formadas por un corto número de hidrocarburos.

La primera fracción destila entre 30 y 90 grados, está formada principalmente por mezclas de hidrocarburos de cinco a siete átomos de carbono y recibe el nombre de éter de petróleo, ligroína de gran aplicación como disolvente. Entre 70 y 200 grados destilan las gasolinas, mezclas de hidrocarburos de siete a nueve átomos de carbono, de aplicación como combustible en motores y como disolvente. Entre 200 y 300 grados destilan el queroseno o petróleo de arder, formado por hidrocarburos de 10 a 16 átomos de carbono. Desde 300 a 400 grados destilan el gas-oil, utilizado principalmente como combustible en motores Diesel y en la fabricación de gasolinas "cracking". Por último, se separan los aceites lubricantes con más de 20 átomos de carbono. El residuo está constituido por asfaltos, coque, parafinas y ceras.

1. El petróleo se forma principalmente de
   (1) los estratos de la tierra.
   (2) la descomposición de la materia orgánica que se encuentra dentro de la Tierra.
   (3) la desintegración de los gases.
   (4) la descomposición de los hidrocarburos.
   (5) la destilación de los líquidos.

2. Seleccione la afirmación equivocada.
   (1) El petróleo está acompañado de gas natural.
   (2) El metano es un gas natural.
   (3) El butano es un gas natural.
   (4) El petróleo no es un combustible.
   (5) Las cicloparafinas forman parte del petróleo.

3. El petróleo bruto se somete en las refinerías a
   - (1) destilación simple.
   - (2) perforación.
   - (3) destilación fraccionada.
   - (4) parafinado.
   - (5) evaporación.

4. El derivado del petróleo que tiene menos átomos de carbono es
   - (1) el aceite.
   - (2) éter de petróleo.
   - (3) el queroseno.
   - (4) el gas-oil.
   - (5) la gasolina.

Las preguntas 5 a 8 se refieren al pasaje siguiente:

Si se abandonan al aire el vino, la sidra o la cerveza, toman a veces un sabor agrio y esto sucede tanto más fácilmente cuanto menor es su riqueza en alcohol. Al mismo tiempo, el líquido se recubre de un velo blanco gelatinoso, la *madre del vinagre* que al microscopio aparece formada de pequeñas células yuxtapuestas. Estas células constituyen un fermento, el *micoderma aceti*, que se desarrolla con rapidez al contacto de las sales y sustancias del vino: al mismo tiempo, este fermento fija al oxígeno del aire sobre el etanol del vino para transformarlo en *ácido acético*.

$$CH_3 - CH_2OH + O_2 - COOH + H_2O$$

El vino se convierte así en *vinagre*. Para que una disolución alcohólica pueda sufrir la fermentación acética, no debe contener más de 10 a 12 por 100 de alcohol. Por eso los vinos ricos en alcohol no se "pican" fácilmente. Además, la *madre del vinagre* debe permanecer en la superficie del líquido, porque el *micoderma aceti* no puede vivir fuera del aire.

Se prepara el vinagre haciendo sufrir la fermentación acética a vinos de calidad inferior o a líquidos débilmente alcohólicos. En el procedimiento Pasteur, el vino está contenido en cubas de gran diámetro, cubiertas y poco profundas, aireadas por aberturas laterales. Se extrae vinagre y se añade vino por un embudo que termina en el fondo del líquido, con el fin de dejar la *madre del vinagre* en la superficie.

El ácido acético es un líquido incoloro, de fuerte olor a vinagre. Hierve a 118 grados y debe manejársele con precaución porque produce quemaduras sobre la piel casi tan graves como las del ácido sulfúrico. Es miscible en el agua en todas proporciones. Sus soluciones tienen un sabor picante, como el vinagre, el cual contiene un 6 por ciento de ácido acético. Por congelación fraccionada de las soluciones concentradas, se obtienen cristales incoloros de ácido acético puro que funde a 17 grados. Por eso el ácido acético puro se le llama ácido acético glacial. Es muy higroscópico (absorbe con gran facilidad la humedad).

5. El vino, la sidra y la cerveza al contacto con el aire toman un sabor agrio como consecuencia de

   (1) un alto contenido alcohólico.
   (2) su bajo contenido alcohólico.
   (3) que son bebidas puramente alcohólicas.
   (4) una células yuxtapuestas.
   (5) un fermento llamado *micoderma aceti*.

6. Una disolución alcohólica puede sufrir fermentación acética si su contenido alcohólico

   (1) oscila del 5 al 10 por ciento.
   (2) permanece en la superficie del líquido.
   (3) excede el 12 por ciento.
   (4) es de un 11 por ciento.
   (5) varía del 15 al 20 por ciento.

7. El vinagre se prepara por

   (1) fermentación acética de líquidos de bajo contenido alcohólico.
   (2) fermentación acética de bebidas muy alcohólicas.
   (3) disolución del ácido acético.
   (4) disolución de las sustancias nitrogenadas del vino.
   (5) electrólisis.

8. Todas las afirmaciones siguientes son verdaderas a excepción de una.

   (1) El olor del ácido acético es como del vinagre.
   (2) El ácido acético produce fuertes quemaduras en la piel.
   (3) El ácido acético puro hierve a 50 grados.
   (4) El ácido acético absorbe fácilmente la humedad.
   (5) El ácido acético es soluble en agua.

Las preguntas 9 a 12 se refieren al pasaje siguiente:

La Física estudia fenómenos que son comunes a todos los seres naturales y no implican necesariamente una profunda transformación de la materia. Aunque a la Física, por su misma etimología (fisis = naturaleza), le compete el estudio de todo el mundo natural, se restringe su estudio a aquellas propiedades de que pueden participar todos los cuerpos (materia, movimiento, energía, fuerza, etc.), dejando a otras ciencias experimentales (Biología, Astronomía, Geología, etc.), lo específico de cada una. La Química, en su parte no descriptiva enuncia, igual que la Física, leyes generales de la materia; pero mientras éstas afectan a las transformaciones sustanciales, los fenómenos físicos no cambian de forma radical el ser de las cosas.

Por ejemplo, el agua puede estar más o menos caliente, puede evaporarse, congelarse. Son todos fenómenos físicos. Pero si se descompone en sus elementos, oxígeno e hidrógeno, estamos ante una transformación química. Los componentes se comportan de una manera sustancialmente distinta que el compuesto.

Pongamos otro ejemplo, el vapor de agua se condensa formando nubes, las pequeñas gotas se agregan y caen, por la gravedad, venciendo ya la resistencia del aire: son todos fenómenos físicos. Para determinar en concreto las condiciones en que esa condensación y agregación se ha de verificar para que se forme lluvia, pertenece a otra nueva ciencia, la Meteorología.

CAPÍTULO 9: Dos exámenes completos de práctica

El método experimental de la Física abarca: a) la observación que lleva consigo el reproducir los fenómenos en las mejores condiciones para la medida de los mismos; b) solución de las aparentes contradicciones; c) examen de los resultados obtenidos; d) generalización y explicación de éstos mediante hipótesis; y e) verificación de las hipótesis enunciadas. Cuando estas hipótesis se han confirmado, entonces adquieren la categoría de "Ley física".

9. La Física estudia
   (1) la transformación de la naturaleza.
   (2) la transformación química.
   (3) la conducta del ser humano.
   (4) las propiedades de los cuerpos del mundo natural.
   (5) los cambios que se producen en el ser.

10. Según el texto,
    (1) el agua no puede elaborarse.
    (2) el método experimental verifica hipótesis.
    (3) el vapor de agua no forma nubes.
    (4) la Química es igual que la Física.
    (5) naturaleza = biofísica.

11. La formación de las nubes es un fenómeno
    (1) químico.
    (2) biológico.
    (3) astronómico.
    (4) astrológico.
    (5) físico.

12. El estudio de la pluviosidad le corresponde a la
    (1) Meteorología.
    (2) Química.
    (3) Estadística.
    (4) Astrología.
    (5) Astronomía.

Las preguntas 13 a 15 se refieren al pasaje siguiente:

¿Qué es la energía? ¿Cómo ha pasado ésta a convertirse en algo tan absolutamente vital, un concepto que, después de todo, es más bien teórico? La Física nos enseña que la energía constituye la capacidad para realizar un trabajo. Cualquier cambio en el universo requiere trabajo, por lo que la energía representa el agente motor, por excelencia, de la naturaleza.

La humanidad utilizó, en primer lugar, la energía del fuego para calentarse, cocinar y elaborar utensilios y armas. También usaba su propia energía muscular y la de ciertos animales que acabó por domesticar. Luego vinieron las primeras máquinas simples, y con la llegada del vapor, las máquinas más complejas, capaces de transformar el calor en trabajo, iniciando así la llamada Revolución Industrial del siglo XIX.

Desde el punto de vista teórico, sólo hay dos tipos de energía: la potencial y la cinética. Un peso que sostenemos en el aire o un simple pedazo de carbón posee una energía propia que depende de la altura del peso sobre el suelo y de la estructura química del negro mineral. Es su energía *potencial*. Si soltamos el peso, esta energía potencial se convierte en energía ligada al movimiento, es decir en energía *cinética*: cuando el peso está atado a un mecanismo de relojería, tendremos en su lenta caída suficiente energía como para hacer andar al reloj durante muchas horas.

La cantidad de trabajo que se llega a desarrollar gracias a las máquinas se encuentra en proporción directa con la combustión del carbón y, más tarde, de petróleo. La energía química de estos combustibles fósiles, residuo vegetal de cientos de millones de años, fue rápidamente empleada para obtener calor con qué alimentar las máquinas.

Pero la energía potencial, que se fue acumulando en esos millones de años, la hemos gastado en menos de dos siglos. Nuestro consumo anual de carbón, por ejemplo, puede descifrarse en miles de millones de toneladas. Y algo parecido ocurre con el petróleo. A este ritmo, y en función de los consumos previsibles en los próximos años, el mundo se quedará sin petróleo dentro de treinta años y el carbón se agotaría antes del año 2100.

La humanidad necesita energías de recambio porque el petróleo y el carbón se agotan: Fusión nuclear, olas y mareas, energía solar... No es evidente que podamos encontrar estas fuentes energéticas a tiempo.

13. Según el texto,
    (1) el petróleo es una fuente de energía, pero no lo es el carbón.
    (2) no existe un problema de energía.
    (3) es necesario buscar nuevas fuentes energéticas.
    (4) hay reservas de carbón para los próximos 300 años.
    (5) el consumo anual de carbón llega a cien mil toneladas.

14. La primera forma de energía que utilizó la humanidad fue
    (1) cinética.
    (2) calórica.
    (3) potencial.
    (4) atómica.
    (5) nuclear.

15. La energía que posee un cuerpo en virtud de su movimiento es
    (1) radiante.
    (2) eléctrica.
    (3) potencial.
    (4) cinética.
    (5) atómica.

Las preguntas 16 a 18 se refieren al pasaje siguiente:

La temperatura se puede medir por medio de los aparatos llamados termómetros, aunque los más corrientes son los llamados de mercurio. Están formados por un tubo de vidrio fino y cerrado, cuya base se dilata formando un depósito. Adosada al tubo hay una escala donde se señala la temperatura.

Para preparar uno de estos termómetros, se ha de colocar previamente el mercurio dentro del depósito. Para hacerlo se extrae el aire del tubo y se cierra. Después se ha de graduar y para ello necesitamos marcar dos puntos fijos: uno corresponde al punto de congelación del agua, es decir, el punto en que pasa de líquido a sólido; el otro es el punto de ebullición, en el que el agua pasa de líquido a gas. El punto de congelación se señala de la siguiente manera: se introduce el tubo con el mercurio en un recipiente con hielo machacado; el punto que alcance el extremo del mercurio es donde se marca el punto inferior de la escala. Después se lleva el tubo a un recipiente que contenga agua hirviendo y se pone el depósito de mercurio en contacto, no con el agua, sino con el vapor que se escape. El mercurio se dilata hasta llegar a un extremo; aquí se marca el punto superior de la escala.

Cuando se han obtenido esos dos puntos fijos, el espacio comprendido entre ambos se divide en una serie de partes iguales que son los grados, según las diferentes escalas. En la llamada escala centígrada o de Celsius, que es la más empleada en todo el mundo, dicho espacio se divide en cien partes o grados. El punto inferior corresponde al grado 0 y el superior al grado 100. Los países de habla inglesa utilizan mucho la llamada escala de Fahrenheit, que marca en el punto inferior el grado 32 y en el superior el 212. Esta escala tiene, por tanto, 180 grados que equivalen a los 100 de la centígrada.

16. Según el texto,
    (1) el punto de congelación del agua es 20°C.
    (2) la temperatura se mide con termómetros.
    (3) el mercurio es un tubo de vidrio.
    (4) el vapor de agua se congela a 0°C.
    (5) el calor de los cuerpos marca el punto superior de la escala.

17. Dentro del termómetro se encuentra
    (1) agua.
    (2) una escala.
    (3) mercurio.
    (4) un ácido.
    (5) sodio.

18. El punto de congelación es
    (1) la temperatura a la que hierve el agua.
    (2) la temperatura a la que hierve una sustancia cualquiera.
    (3) una temperatura muy baja.
    (4) una temperatura muy alta.
    (5) la temperatura a la cual una sustancia pasa del estado líquido al sólido.

Las preguntas 19 a 21 se refieren al pasaje siguiente:

La glándula sericígena del gusano de seda es lugar de intensa producción de dos proteínas: la fibroína y la sericina, las consecuencias prácticas de lo cual interesan desde hace mucho a los biólogos (en aquella descubrieron la serina) y a los cristalógrafos (que pudieron observar estructuras regulares en el espacio), y desde hace poco, a los biólogos moleculares.

En efecto, los mecanismos que conducen al establecimiento de una glándula muy diferenciada son accesibles a la genética molecular. En vez de investigar los genes que contienen la información necesaria para la síntesis de tal o cual proteína ya conocida, un grupo de investigadores de Lyon (Francia) ha preferido estudiar la composición de la población de intermediarios de las proteínas en el curso del desarrollo de la glándula sericígena. Paso fructuoso que ha permitido constatar la abundante presencia de un ARN que corresponde a una pequeña proteína hasta entonces desconocida.

Esta proteína, pequeña en relación a la fibroma, ha sido denominada P25 a causa de su peso (25 KDa). Es secretada por la glándula y se encuentra en la seda del capullo. Su aparición se coordina con la de la fibroína. El mecanismo de esta coordinación y la función de esta nueva pequeña proteína sedosa ocupan la mayor parte de los esfuerzos de los investigadores, con quienes el gusano de seda ha hecho su entrada en la biología molecular.

19. La fibroína es

(1) una glándula.
(2) un órgano vital.
(3) una proteína.
(4) un carbohidrato.
(5) una molécula.

20. La proteína sericina es producida por la glándula

(1) exocrina.
(2) sudorípara.
(3) salivar.
(4) sericígena.
(5) endocrina.

21. La información necesaria para la síntesis de una proteína la contiene

(1) la biología.
(2) la genética molecular.
(3) la anatomía.
(4) los genes.
(5) las proteínas.

CAPÍTULO 9: Dos exámenes completos de práctica

Las preguntas 22 a 24 se refieren al pasaje siguiente:

La muda y la metamorfosis de los insectos son controladas en gran medida y sintetizadas por glándulas especializadas. Hace unos años, un equipo estadounidense y uno estrasburgués demostraron independientemente que los ovarios de insectos adultos poseen igualmente la capacidad de sintetizar ecdisteroides.

El equipo estrasburgués dirigido por Jules Hoffmann, al proseguir estos trabajos en la langosta migradora, ha establecido que casi el 98% de las ecdisteroides ováricas no se encuentran en estado libre sino "conjugadas" a otras moléculas. Antes de la puesta estos conjugados alcanzan concentraciones en extremo sorprendentes (150 m). Se vuelven a encontrar en los huevos recién puestos y en el curso del desarrollo embrionario, y en él sufren diferentes transformaciones: en especial, la hidrólisis de los conjugados permite explicar la aparición de picos de concentración de ecdisona libre en los huevos y en los embriones, en unos estadios en los que las glándulas endocrinas todavía no están diferenciadas. Una de las funciones de la ecdisona liberada es, obviamente, el control de las mudas embrionarias.

Un trabajo de colaboración entre el laboratorio de química de sustancias de Estrasburgo dirigido por Bang Luu y el equipo de Hoffmann se ha corroborado con el aislamiento e identificación de los principales conjugados de los ecidteroides sintetizadas por la hembra adulta y transmitidas al huevo.

Este trabajo ha permitido demostrar que el conjugado principal es un éster de la 2-desoxiecdisona ligado al ácido adenosinomonofosfórico (AMP), nucleotido implicado habitualmente en los procesos energéticos de la célula. En el curso del desarrollo embrionario, éste conjugado libera la 2-desoxiecdisona que, inmediatamente, es transformada e inactivada en los huevos más viejos.

Este trabajo demuestra por primera vez la conjugación de una hormona esteroide con un nucleotido y revela que los conjugados hormonales sintetizados por la madre son utilizadas en el curso del desarrollo embrionario. Probablemente se trata de la primera demostración de una relación hormonal entre el organismo materno y el embrión en un animal ovíparo.

22. La metamorfosis de un insecto es
    - (1) el proceso de digestión de un insecto.
    - (2) el proceso de procreación.
    - (3) la muerte causada por productos químicos.
    - (4) la serie de cambios de forma que sobrevienen durante sus vidas.
    - (5) ninguna de las anteriores

23. Las ecdisteroides ováricas se encuentran "conjugadas" a otras moléculas o sea que
    - (1) están separadas de las moléculas.
    - (2) están unidas a otras moléculas.
    - (3) la ecdisteroides ováricas se encuentran en los insectos.
    - (4) los insectos pueden sintetizar las ecdisteroides ováricas.
    - (5) ninguna de las anteriores

24. El principal conjugado de los ecdisteroides es un
- **(1)** alcohol.
- **(2)** carbohidrato.
- **(3)** éster.
- **(4)** éter.
- **(5)** ácido carboxílico.

Las preguntas 25 a 27 se refieren al pasaje siguiente:

La hoja es de color verde y está unida al tallo; es principalmente el órgano de nutrición de la planta. En la hoja se realizan funciones básicas, como la fotosíntesis, la respiración y la transpiración. La mayoría de ellas tienen la superficie plana y se componen de varias partes: *limbo*, *peciolo* y *vaina*.

El limbo es toda la parte ensanchada y está formado por: los *nervios*, que forman como una especie de esqueleto; el *haz* o cara superior; y el *envés*, que constituye la cara inferior. El limbo es la parte más importante de la hoja. Si damos un corte transversal al limbo de una hoja y lo analizamos en el microscopio, podremos encontrar, primero, en la cara superior o haz, una capa de células con la membrana parcialmente endurecida, llamada *epidermis superior*; encontramos, asimismo, la misma estructura en la parte inferior de la hoja, y tanto en una como en la otra cara podemos observar pequeños orificios llamados *estomas* formados por un conjunto de dos células cada uno. También observamos debajo de la epidermis del haz unas células alargadas llamadas *parénquimas en empalizada* y otras parecidas que dejan entre sí una especie de hueco o laguna, llamadas *parénquimas lagunares*. Ambas células parénquimas están llenas de cloroplastos.

La estructura interna de la hoja está adaptada a una intensa circulación de los gases a través del limbo. Las células que hemos señalado anteriormente intercambian los gases de la respiración y de la fotosíntesis con la atmósfera. A través de los huecos o lagunas del parénquima lagunar, el aire y otros gases circulan con facilidad por la hoja y, por medio de los estomas, penetran en el interior de la hoja o salen fuera a la atmósfera.

La segunda parte importante de la hoja es el *peciolo*. Si observas una hoja verás como hay un segmento pequeño alargado que une el limbo con el tallo, pues bien, esa pequeña unidad se llama peciolo. En su base se ensancha, formando la *vaina*. En cierto tipo de plantas, puede darse el caso que existan prolongaciones en la vaina; entonces se conocen con el nombre de *estípulas*.

Es importante recordar, asimismo, que se llaman hojas *perennes* cuando no caen todas a la vez y la planta siempre está cubierta de hojas; por ejemplo, el pino, el naranjo, la encina. *Caducas* cuando todas las hojas caen al mismo tiempo y la planta se queda sin hojas; por ejemplo, el roble, el chopo, el rosal.

Hay también hojas con características variadas. Las que tienen peciolo se llaman *pecioladas*; aquellas que no tienen, se denominan *sentadas*. Cuando el limbo forma una pieza, como la hoja del cerezo, se conoce con el nombre de *entera*; cuando está dividido en varias partes se llama hoja *compuesta*, y dentro de éstas existen muchas clases según sus formas (palmeada, por ejemplo). Cuando el limbo se divide completamente, como en el caso de la hoja de la higuera, se llama *hendida*. Según la forma del limbo reciben diversos nombres: arriñonadas, acintadas, aciculadas, aflechadas, escamosas, ovaladas, etc.

25. En una planta la hoja es
    (1) su principal parte.
    (2) el órgano utilizado para absorber el agua.
    (3) el órgano de reproducción.
    (4) el órgano por el cual la planta se alimenta.
    (5) ninguna de las anteriores

26. En la hoja se realizan las funciones básicas, excepto
    (1) la fotosíntesis.
    (2) la respiración.
    (3) la transpiración.
    (4) la reproducción.
    (5) la nutrición.

27. Sólo una de las afirmaciones es correcta. ¿Cuál es?
    (1) La fotosíntesis es la operación por la cual la planta respira.
    (2) La parte superior e inferior del limbo tienen la misma estructura.
    (3) Las parénquimas forman parte del peciolo.
    (4) Las hojas perennes se caen en invierno.
    (5) Las plantas sentadas son las que no tienen tallo.

Las preguntas 28 a 30 se refieren al pasaje siguiente:

Existe una población de lagartos en donde tan sólo hay hembras. La especie *Cnemidophorus Neomexicanus* carece de la figura del macho. Las hembras se reproducen sin la presencia del esperma. A esta clase de reproducción se le conoce con el nombre de partenogénesis.

Se han encontrado casos de este increíble animal unisexual en Armenia (genus *Lacerta*), en el norte de México y en el suroeste de Estados Unidos (genus *Cnemidophorus*).

El genus *Cnemidophorus* está compuesto de unas 40 especies, de ellas tan sólo 12 parecen ser que son unisexuales. Según los biólogos Lowe y Wright, el origen de la especie unisexual *C. Neomexicanus* se encuentra en la unión que tuvieron dos especies que vivían en hábitats diferentes, una en la tierra y otra en zonas desérticas. El *C. Neomexicanus*, según esta interpretación, nació del *C. Tigris* y del *C. Inoratus*.

Para observar directamente cómo funciona el sistema reproductor de esta especie, los científicos Carol Townsend y Charles Cole han hecho una serie de experimentos en el laboratorio con lagartos hembras capturados. En la década del 1960, los biólogos Minton y Zweifel trataron de analizar la vida reproductora de esta especie, pero sus intentos no surgieron efectos debido que los lagartos morían en el laboratorio.

Townsend y Cole descubrieron que podían sobrevivir aplicándoles dosis diferentes de radiaciones ultravioletas, fortaleciéndolos en calcio. Se ha conseguido en el laboratorio, bajo condiciones apropiadas, que los lagartos hembras se reproduzcan fácilmente. Han nacido ya 7 generaciones, con cientos de crías todas ellas hembras. No ha habido en ningún momento presencia de esperma ni ha nacido ningún macho entre las crías.

Townsend y Cole han afirmado que con respecto al color, forma, morfología y tamaño, las crías son casi idénticas a las madres. Hay pocas variaciones. Las que existen se deben probablemente a las nuevas condiciones ambientales o simplemente a causas genéticas. Actualmente ambos biólogos trabajan analizando estas diferencias.

El estudio de la reproducción de estos lagartos hembras ha aportado datos importantes al mundo biológico animal, ayudándonos a profundizar en el análisis de los cambios que se producen en el proceso de desarrollo embriónico y en la función del óvulo y del esperma en la fertilización.

Hace cerca de 30 años, un zoólogo ruso, Ilya Darevsky, descubrió que una especie de lagartos llamada *Lacerta*, que habitaba en Armenia, se componían solamente de hembras, pero en aquellos años la familia de científicos no le hizo caso. ¿Cómo se podían reproducir una especie formada tan sólo de hembras? Se pensaba que la única forma de reproducción era a través de la unión de un esperma y de un óvulo. El análisis de los lagartos *C. Neomexicanus* ha demostrado que la reproducción puede producirse de otra manera: tan sólo depende de la hembra.

A partir de estas investigaciones, no cabe duda que la pregunta surge en la mente humana: Genéticamente, ¿se podría dar la posibilidad de que la mujer fecundara sin la presencia del esperma del hombre?

28. La reproducción que no cuenta con el concurso de los sexos se llama
    (1) bisexual.
    (2) asexual.
    (3) partenogénesis.
    (4) énesis.
    (5) axiogénesis.

29. Los lagartos que sólo son hembras tuvieron su origen en el cruce de
    (1) dos especies que vivían en el desierto.
    (2) dos especies que vivían en medios diferentes: la tierra y el desierto.
    (3) dos especies marinas que vivían en hábitats diferentes.
    (4) una especie del desierto y otra marina.
    (5) ninguna de las anteriores

30. La capacidad de reproducción de los lagartos hembras sin la intervención del macho
    (1) demuestra que la contribución del hombre en la reproducción de seres humanos es íntima.
    (2) fue descubierta por un zoólogo armenio.
    (3) plantea la duda sobre si se podría dar el mismo caso en la especia humana.
    (4) es una reproducción asexual.
    (5) sólo se puede dar en el desierto.

Las preguntas 31 a 33 se refieren al pasaje siguiente:

La mineralogía de la Luna recuerda en numerosos aspectos a la de la Tierra: está dominada por los silicatos, que constituyen más del 95 por ciento. Entre ellos se distinguen cuatro grandes familias, según el ordenamiento en el mineral de los tetraedros SO_4; éstos pueden estar aislados (olivinos), formar cadenas (piroxenos), planos continuos (micas) o redes tridimensionales (cuarzo, feldespatos). Al pasar de los olivinos a los feldespatos la red cristalina presenta intersticios cada vez más abiertos. Puede por tanto aceptar iones de radio iónico creciente. De este modo, los olivinos (Mg, Fe) SiO_4, contienen exclusivamente iones pequeños, mientras que los feldespatos (Ca, Na, K,) $(Al, Si)_4O_8$, están constituidos esencialmente por iones de gran radio. Los piroxenos, (Mg, Fe, Ca)SO_3, tienen una composición intermedia. Por el mismo motivo, la densidad decrece de los olivinos a los feldespatos. En fase líquida, estos últimos migran hacia la superficie, originando la corteza tanto en la Tierra como en la Luna, mientras que los piroxenos y los olivinos permanecen en capas profundas, dando lugar al manto. Las lavas que constituyeron los mares lunares proceden de la licuefacción del manto.

Sin embargo, la mineralogía lunar presenta importantes diferencias con la de la Tierra: en primer lugar, las rocas lunares son más básicas que las rocas terrestres. Las micas están totalmente ausentes y los granitos de la corteza terrestre son sustituidos por la anortosita, roca constituida casi exclusivamente de feldespatos. Además, estos feldespatos son muy ricos en calcio, elemento refractario, mientras que los feldespatos terrestres contienen sobre todo potasio y sodio, elementos volátiles.

Los mares lunares son ricos en titanio, otro elemento refractario, en forma de ilmenita, $FeTiO_2$. Finalmente, la Luna contiene mucho menos hierro y níquel que la Tierra: mientras que el núcleo terrestre representa alrededor de un 30% de la masa de nuestro planeta, el núcleo lunar, caso de existir no constituye más que el 2% de la masa de la Luna. De ahí que nuestro satélite no posea campo magnético dipolar.

Cerca de 400 kilogramos de muestra han sido extraídos de la Luna por diferentes misiones espaciales. Una comunidad de varios millares de científicos de todas las disciplinas se consagran al estudio de estas "piedras lunares". Por primera vez, un cuerpo planetario ha dejado de ser patrimonio exclusivo de los astrónomos, y el estudio extensivo de estas muestras ha permitido describir en detalle la historia de nuestro satélite y conocer su geología. Hoy los científicos intentan extraer de las muestras lunares nueva información sobre el medio interplanetario, su historia y su influencia sobre los pequeños planetas, así como describir las etapas iniciales de la historia del Sistema Solar.

31. La mineralogía de la Luna es similar a la de la Tierra en que el porcentaje de silicatos es

(1) inferior al 95%.
(2) del 90%.
(3) del 87%.
(4) del 95%.
(5) inferior al 100%.

32. Los feldespatos son una clase de

(1) olivinos.
(2) silicatos.
(3) piroxenos.
(4) micas.
(5) cuarzo.

33. Los cuerpos planetarios

(1) son patrimonio de los astrónomos.
(2) son objeto de estudio cada diez años.
(3) han pasado a ser estudiados por científicos de diferentes disciplinas.
(4) están rodeados de satélites.
(5) tienen un núcleo que representa el 30% de la masa de nuestro planeta.

Las preguntas 34 a 36 se refieren al pasaje siguiente:

Se denominan lípidos a un grupo de compuestos muy abundantes en el reino animal vegetal, caracterizados por ser ésteres de los ácidos grasosos superiores. Entre ellos citaremos las ceras cuando la escerificación se realiza con alcoholes de un solo grupo hidróxilo, y las grasas cuando se realiza con glicerina, formándose los glicéridos.

RCOOH	HO———CH_2	$RCOOCH_2$
R'COOH	+ HO———CH	$R'COOCH + H_2O$
R"COOH	HO———CHC	$R"COOCH_2$
(ácido graso)	(glicerina)	(glicéridos)

Estos glicéridos pueden ser simples cuando están formados por un solo ácido, y compuestos, cuando están formados por ácidos diferentes. En general, las grasas naturales están formadas por mezclas de glicéridos. Las grasas sólidas se denominan mantecas o sebos, y las líquidas aceites, y se diferencian en que los aceites tienen un punto de fusión más bajo, siendo líquidos a la temperatura ordinaria, predominando en ellos los ácidos no saturados. Entre los ácidos grasos más importantes constituyentes de las grasas citaremos:

$CH_3-(CH_2)_{10}COOH$ *ácido laúrico*
$CH_3-(CH_2)_{14}COOH$ *ácido palmítico*
$CH_3-(CH_2)_{16}COOH$ *ácido esteárico*
$CH_3-(CH_2)_7CH = CH(CH_2)_7COOH$ *ácido oleico*

Estos ácidos grasos se obtienen por hidrólisis de las grasas mediante tratamientos con hidróxido sódico o potásico, dando lugar a las sales de los ácidos libres, llamadas también jabones. Los jabones son apropiados como detergentes y agentes emulsionantes, ya que tienen una cadena hidrocarbonada soluble con aceites y el ión carboxilato soluble en agua.

34. Los lípidos se llaman comúnmente
  - **(1)** ésteres.
  - **(2)** grasas.
  - **(3)** carbohidratos.
  - **(4)** ácidos.
  - **(5)** alcoholes.

35. La mezcla de glicéridos son
  - **(1)** grasas naturales.
  - **(2)** glicerina.
  - **(3)** ácidos.
  - **(4)** derivados de los alcoholes.
  - **(5)** derivados de los éteres.

36. ¿Cuál de los siguientes ácidos grasos no es un importante constituyente de las grasas?
  - **(1)** Acético
  - **(2)** Oleico
  - **(3)** Esteárico
  - **(4)** Palmítico
  - **(5)** Láurico

Las preguntas 37 a 39 se refieren al pasaje siguiente:

El *carbono libre* se encuentra en tres formas alotrópicas: dos cristalinas, que son el diamante y el grafito, y una amorfa que es el carbono amorfo, el cual se encuentra en las diferentes variedades del carbón natural. Formando compuestos, el carbono está combinado con el hidrógeno en los hidrocarburos, en los aceites minerales y gases naturales, y combinado con metales y oxígeno, en forma de carbonatos, como la caliza, (CO_3Ca) la magnesita (CO_3Mg), etc. Los seres vivos, plantas y animales, contienen innumerables compuestos de carbono.

El carbono más puro que se conoce es *el diamante*. El diamante se presenta en forma de cristales transparentes parecidos a octaedros regulares. Muchos diamantes naturales parecen piedras de aspecto luminoso. Sufren reflexión total y producen juegos de luz que los hacen ser muy apreciados en joyería. Los diamantes generalmente son incoloros, pero algunas veces se encuentran diamantes amarillos, rosas, azules, verdes, rojos; siendo los coloreados los de mayor cotización.

El diamante, no sólo como carbono, sino como cualquier sustancia que se conoce, la más dura, raya a todas las demás y no puede ser rayada por ninguna de ellas. Los diamantes grises o negros, llamados carbonados, que no tienen valor como piedras preciosas, se usan para barrenar rocas y cortar y pulir el mismo diamante y otras piedras preciosas.

Los mayores productores del mundo de diamantes son Congo, Rusia, Sudáfrica, Btswana y Sierra Leona.

Otro carbono importante es el *grafito*, muy repartido en el mundo natural, hay grandes yacimientos en Sri Lanka, Siberia, EE.UU., Rep. Checa, Canadá y otros países. Es una sustancia gris brillante, blanda y untuosa al tacto. Frecuentemente se presenta en masas fibrosas. Es un buen conductor del calor y de la corriente eléctrica y resistente a la acción de muchos reactivos químicos. Su aplicación más común es en la fabricación de lápices.

37. ¿En cuál de los siguientes compuestos el carbono no forma parte?
    (1) el diamante
    (2) el grafito
    (3) la caliza
    (4) la magnesita
    (5) los metales preciosos

38. El carbono más duro
    (1) es el grafito transparente.
    (2) puede ser rayado por el diamante.
    (3) sólo se produce en Sudáfrica y Congo.
    (4) no puede ser rayado por ninguna sustancia.
    (5) es una caliza.

39. El diamante negro
    (1) se usa para afilar cuchillos.
    (2) es una piedra preciosa muy codiciada.
    (3) sólo se encuentra en los yacimientos de Sri Lanka.
    (4) no es una piedra preciosa.
    (5) 3 y 4

Las preguntas 40 a 42 se refieren al pasaje siguiente:

En la mayor parte de los países, el metro fue la revolución de las medidas. Se definió como la distancia que hay entre el Polo Norte y el ecuador dividida en diez millones de partes.

La Revolución Francesa fue la cuna del sistema métrico decimal. En 1791 la comisión de la Academia Fracesa de las Ciencias recomendaba adoptar como medida-patrón de longitud la diezmillonésima parte del cuadrante del meridiano terrestre, al que se dio el nombre de metro, término derivado del griego y cuyo significado es medida. Dicha unidad se tomó como base para el establecimiento del sistema métrico decimal.

El sistema métrico decimal se construyó también con el complemento de múltiplos y submúltiplos decimales. Los múltiplos se escribieron con la ayuda de prefijos griegos y los submúltiplos con la de prefijos latinos.

El entusiasmo provocado por la definición de este sistema de medidas llevó al intento de adaptarlo a la medición del tiempo. Una hora tendría cien minutos, y cada minuto cien segundos. Sin embargo, esta propuesta no prosperó y fue definitivamente rechazada.

En diciembre de 1799 la Asamblea Legislativa francesa declaró que el metro y el kilogramo eran las unidades de longitud y masa respectivamente. A pesar de esta declaración de obligatoriedad pasó aún mucho tiempo hasta que se impuso en Francia, en cuanto a la industria y el comercio se refiere. En el año 1875 diecisiete países firmaron un tratado por el que se creaba una Oficina Internacional de Pesas y Medidas, organismo encargado de la unificación internacional del sistema métrico y de su mejora.

A pesar de ello aún existen países como Gran Bretaña y Estados Unidos que utilizan medidas y unidades como *la yarda* (91.4 centímetros), el *pie* y la *pulgada*. Pero incluso en estos países el paso al sistema métrico decimal es cuestión de tiempo. Precisamente porque en la actualidad no es posible imaginar una sociedad sin cuerpo de medidas que no sea universalmente conocido.

40. El metro se definió como

(1) la distancia entre el Polo Norte y el Polo Sur.

(2) la décima parte de la distancia entre el Polo Norte y el ecuador.

(3) la diezmillonésima parte de la distancia entre el Polo Norte y el ecuador.

(4) la distancia entre el Polo Sur dividido en 100 millones de partes.

(5) ninguna de las anteriores

41. La idea de adoptar el metro como medida de longitud fue concebida en

(1) Inglaterra.

(2) Francia.

(3) Alemania.

(4) Estados Unidos.

(5) Italia.

42. El nombre de metro

(1) lo acuñaron los vendedores de la Revolución Francesa.

(2) fue recomendado por la Academia Francesa de las Ciencias.

(3) no tiene ningún significado en especial.

(4) se había acuñado originalmente en Grecia.

(5) se quiso cambiar por el centímetro.

La pregunta 43 se refiere al texto siguiente:

El ozono (O_3) es un gas azul, explosivo y tóxico que existe en el aire a bajas concentraciones. Sin embargo, en la estratosfera, entre los 10 y los 50 kilómetros de la superficie terrestre, el ozono tiene una concentración más alta. Es nuestro "escudo protector" contra la radiación ultravioleta B, ya que la filtra y sólo deja pasar una reducida cantidad. Cuando la concentración de ozono disminuye esta radiación llega en mayor proporción a la tierra y afecta a las personas, aumentando el riesgo de cataratas y de cáncer de piel. Asimismo, afecta algunos cultivos, cuyo crecimiento disminuye, y al fitoplancton compuesto por algas en suspensión en mares, lagos y ríos, así como a algunos tipos de plancton en las aguas de la Antártida. Esto puede indicar una grave disminución de alimentos.

43. La capa de ozono,

(1) existe en grandes concentraciones en el aire.

(2) disminuye su concentración en la estratosfera.

(3) puede disminuir y su radiación puede afectar la vida en la tierra y en el mar.

(4) se encuentra a 15 kilómetros de la Antártida.

(5) puede incrementar el círculo de alimentos.

Las preguntas 44 y 45 se refieren al dibujo siguiente:

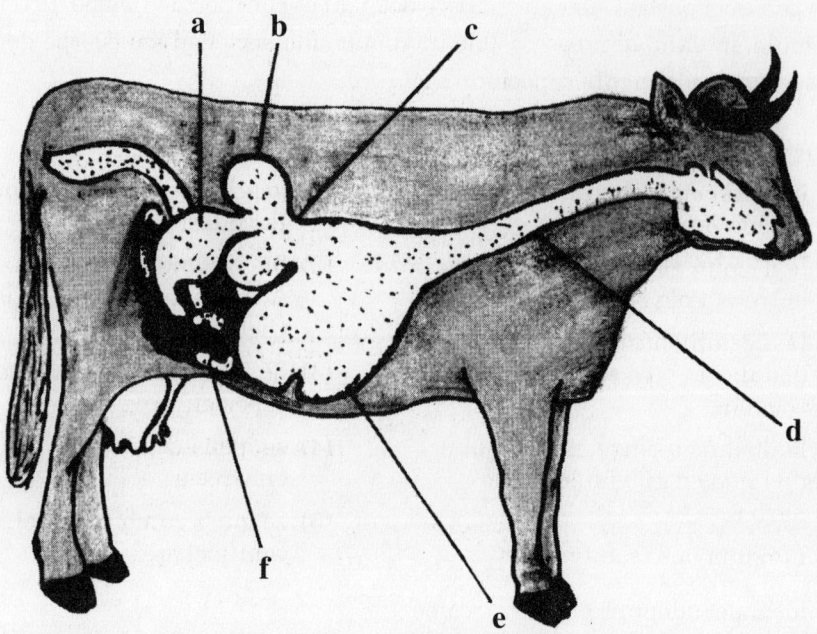

44. Según este dibujo del aparato digestivo de un rumiante,

(1) la letra *d* representa el esófago.

(2) el libro y la redecilla están representados por las letras *b* y *a*.

(3) la letra *f* representa la panza.

(4) el esófago viene representado por la letra *c*.

(5) el cuajar, el libro y la redecilla del aparato digestivo están junto al esófago.

45. Según este dibujo,

(1) el rumiante tiene un aparato digestivo similar al humano.

(2) la vaca y otros mamíferos se caracterizan por la misma estructura interna digestiva.

(3) es característico en los rumiantes tener la panza y el esófago similares.

(4) la letra *f* representa el intestino.

(5) se representa a un toro.

Las preguntas 46 a 48 se refieren al diagrama siguiente:

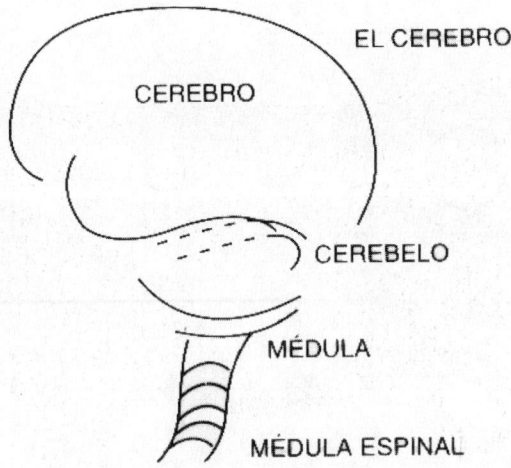

Parte	Función
Cerebro	memoria, creatividad, inteligencia
Cerebelo	equilibrio y coordinación de las acciones
Médula	reflejos de la parte superior del cuerpo y control sobre el corazón y el sistema respiratorio
Médula espinal	reflejos sobre la parte inferior del cuerpo

46. Si el cerebelo de un águila fuera destruido, ¿cuáles de las funciones siguientes no podría ejercer el águila?

   (1) construir un nido
   (2) volar
   (3) encontrar comida
   (4) reproducir
   (5) respirar

47. ¿Cuál de las funciones siguientes nos permite realizar el cerebro?

   (1) toser
   (2) morder las uñas
   (3) bostezar
   (4) tomar esta prueba
   (5) gatear

48. ¿Cuál de las siguientes partes del cerebro controla la acción cuando la rodilla salta repentinamente después de que el doctor la golpea en la rótula?

   (1) cerebro
   (2) cerebelo
   (3) médula
   (4) médula espinal
   (5) cerebro y cerebelo

La pregunta 49 se refiere al diagrama siguiente:

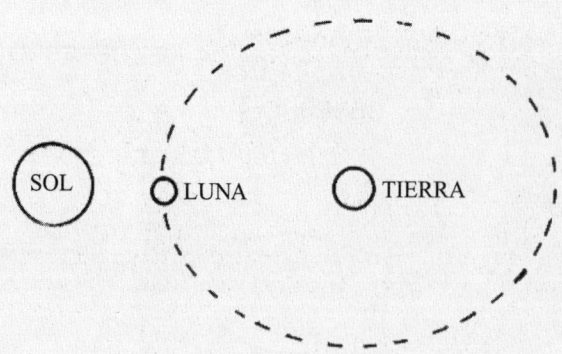

49. La ilustración muestra
    - **(1)** las fases de la Luna.
    - **(2)** las estaciones del año.
    - **(3)** un eclipse lunar.
    - **(4)** un eclipse solar.
    - **(5)** radiaciones.

CAPÍTULO 9: Dos exámenes completos de práctica

La pregunta 50 se refiere al dibujo de las partes de una flor:

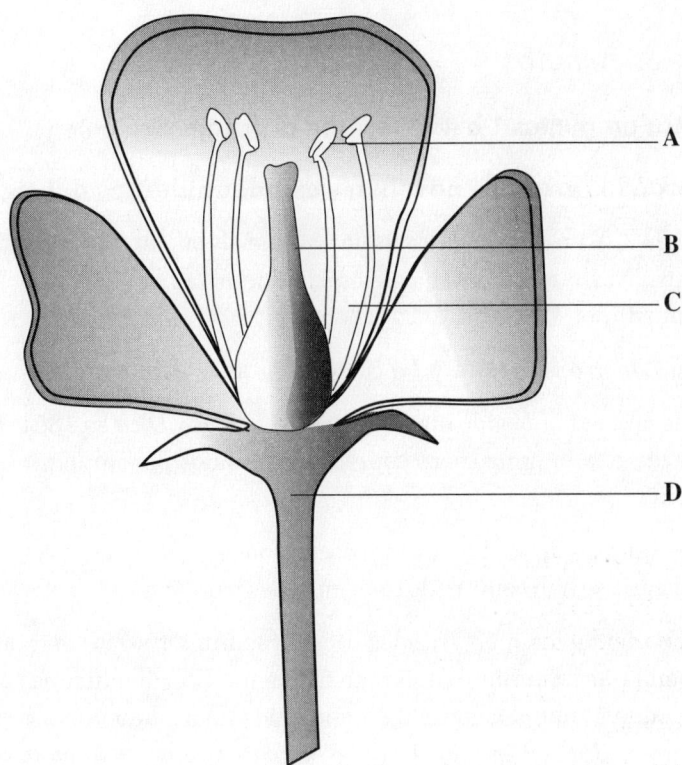

50. Según el dibujo de las partes de una flor,
    (1) la letra *c* representa la "corola".
    (2) la letra *d* representa los estambres.
    (3) la letra *a* representa el "cáliz".
    (4) el androceo, el gineceo, y la corola están junto al tallo.
    (5) la letra *a* representa la raíz de la planta.

EXAMEN 4: INTERPRETACIÓN DE LA LITERATURA Y DE LAS ARTES

40 preguntas–65 minutos

Las preguntas 1 a 4 se refieren al pasaje siguiente:

¿Cuáles fueron los grandes novelistas estadounidenses del siglo XIX?

A mediados del siglo XIX un auténtico estilo de novela y de cuento se estaba desarrollado en Estados Unidos. Nathaniel Hawthorne escribió muchas novelas relacionadas con el pensamiento puritano.

Entre ellas están *La letra escarlata* y *La casa de los siete gabletes*.

Hernan Melville, quien había sido marinero, escribió *Moby Dick* en 1851. Era historia del viaje de la caza de la ballena, pero contenía profundos pensamientos en torno al hombre y al destino.

Edgar Allan Poe, además de ser importante poeta, contribuyo al nuevo estilo del cuento. Sus cuentos de misterio se han convertido como modelos para la novela policíaca moderna.

Mark Twain fue uno de los más grandes escritores humorísticos estadounidenses. Su verdadero nombre era Samuel Langhome Clemens. Escribió historias en torno al río Mississippi ya que él había conducido buques de vapor que viajaban por este río. Escribió *Tom Sawyer, Huckleberry Finn, Un yanqui de Connecticut en la corte del rey Arturo*, y otras obras famosas.

1. ¿Qué tienen en común Nathaniel Hawthorne, Herman Melville, Edgar Allan Poe y Mark Twain?
   - (1) Todos tenían algo que ver con el mar o con los ríos.
   - (2) Practicaron un tipo de novela y de relato diferente al que les había precedido.
   - (3) Tenían un pensamiento puritano.
   - (4) Tenían un gran sentido del humor.
   - (5) Todos escribieron un libro de aventura.

2. Mark Twain
   - (1) había sido cocinero en un buque de vapor.
   - (2) había nacido junto al río Mississippi.
   - (3) fue el poeta más conocido del siglo XIX.
   - (4) es el seudónimo de Samuel Langhome Clemens.
   - (5) escribió *La cabaña del tío Tom*.

3. Edgar Allan Poe escribió obras literarias
   (1) de viajes.
   (2) de misterio.
   (3) humorísticas.
   (4) de aventuras.
   (5) históricas.

4. Nathaniel Hawthorne
   (1) vivió en una época en que dominaba la corriente puritana.
   (2) nació a mediados del siglo XX.
   (3) escribió dos novelas.
   (4) escribía con tinta escarlata.
   (5) murió muy joven.

Las preguntas 5 y 6 se refieren a Walt Whitman:

5. Walt Whitman
   (1) fue un novelista estadounidense.
   (2) está considerado como uno de los poetas más importantes de la literatura estadounidense.
   (3) nació en el estado de New Jersey.
   (4) se caracterizó por escribir poesías que rimaban en cuartetos.
   (5) nació en el siglo XX.

6. ¿Cuál de las siguientes afirmaciones es correcta?
   (1) Whitman fue un precursor de la poesía moderna estadounidense influyendo en poetas hispanos como Rubén Darío, José Martí, Pablo Neruda, Federico García Lorca, entre otros.
   (2) Whitman escribió numerosos libros de poesía.
   (3) Whitman fue un hombre conservador que practicó una literatura puritana.
   (4) El escritor nació en los Hamptons, en el estado de Connecticut.
   (5) El dibujo de Whitman está realizado sobre lienzo y los colores están pintados al óleo.

Las preguntas 7 a 10 se refieren a la cronología siguiente:

¿Qué ocurrió entre los años 1901 y 1914?

1901. El famoso compositor, director y maestro Pablo Casals llega a Estados Unidos a dar su primer recital. El músico español enseñó y vivió en el país algunos años, convirtiéndose en una de las figuras artísticas más apreciadas.

1904. La Corte Suprema de Estados Unidos acuerda que a los ciudadanos de Puerto Rico no se les puede negar la entrada a Estados Unidos.

Muñoz Rivera es nombrado Comisionado Residente en Washington. El conocido escultor José de Rivera nace este año en Nueva Orleans.

1905. Se funda en New York la Hispanc Society of América.

Huelga agrícola importante en Puerto Rico. Se abre una brecha entre terratenientes y representantes obreros.

1906–
1913. Unos 8,000 españoles llegan a Hawaii para trabajar en el campo.

1907. Marcha como emigrante a New York el escritor Bernardo Vega. Relata su viaje en un libro publicado con el título *Memorias de Bernardo Vega*. En los 50 años subsiguientes, cientos de miles de puertorriqueños emigrarían a Estados Unidos.

1912. Con éxito, hace su debut en la Metropolitan Opera, la cantante española Lucrezia Bori. Fue una de las más destacadas figuras en el país y llegó a ser, después de su retiro en 1936, la primera mujer que formó parte de la junta de directores de la Metropolitan Opera.

Nace el pintor abstracto Roberto Sebastian Matta, en Chile. Durante la Segunda Guerra Mundial llegó a Estados Unidos a vivir en compañía de otros artistas famosos como Max Ernst, Andre Masson y Tanguy.

Nace el famoso actor puertorriqueño José Ferrer. En 1950 ganó un Premio Oscar de la Academia por la representación que hizo de *Cyrano de Bergerac*.

1913. Se establece en la Zona del Canal de Panamá un gobierno civil permanente.

Las autoridades de San Antonio, Texas, restauran El Álamo y lo proclaman monumento patriótico.

1914. Se abre el Canal de Panamá

7. El texto menciona constantemente a
   (1) personajes españoles o de origen hispano.
   (2) músicos españoles y pintores franceses.
   (3) leyes dictadas por la Corte Suprema de Estados Unidos.
   (4) los problemas entre Panamá y Estados Unidos.
   (5) la influencia estadounidense en la cultura hispánica.

8. El texto es una
   (1) relación biográfica de hechos importantes.
   (2) guía para escoger una bibliografía.
   (3) relación cronológica de hechos.
   (4) sucesión de hechos clasificados por su importancia.
   (5) narración histórica.

9. La huelga agrícola de 1905 en Puerto Rico
   (1) produjo un acuerdo entre terratenientes y representantes obreros.
   (2) fue importante para el futuro de la ganadería.
   (3) terminó en 1906.
   (4) produce divergencias entre terratenientes y representantes obreros.
   (5) terminó violentamente.

10. Una de las siguientes afirmaciones no es correcta. ¿Cuál es?
    (1) El Canal de Panamá se abrió en 1914.
    (2) Después de 1912 ninguna mujer ha formado parte de la junta de directores de la Metropolitan Opera.
    (3) El pueblo puertorriqueño tiene libre acceso a Estados Unidos.
    (4) Horacio Rivero es puertorriqueño.
    (5) Pablo Casals gozó de un gran prestigio en Estados Unidos.

Las preguntas 11 a 14 se refieren al pasaje siguiente:

¿Es justo lo que le han hecho a los indígenas de América?

Sin duda, uno de los personajes más interesantes de fines del siglo XIX y comienzos del XX es el escritor peruano Manuel González Prada (1848–1918). Su prosa es tajante, lúcida, clara. Atacaba, no a las personas ni a los estilos, sino al orden social que reinaba, a una cultura que se levantaba sobre columnas falsas, a unos conceptos basados en un pensamiento colonialista y materialista, ajeno al mundo de la justicia humana y al mundo natural. Por eso, González Prada tenía tan pocos amigos y discípulos, pero era el hombre más conocido en su país, el escritor más admirado por su fuerza y poder de verdad; pluma clara y humana. Entre sus obras más importantes cabe destacar *Minúsculas* (1901); *Presbiterianas* (1909); *Exóticas* (1911); *Baladas Peruanas; Grafitos; Adoración; Libertarias; Baladas y Trozos de vida*; poesías todas estas obras últimas, publicadas entre 1866 y 1918.

González Prada, en un fragmento que tiene sobre la educación del indígena decía que al indígena se le acusa de refractario a la civilización; donde se proclama ley social la *struggle for life* y reina la barbarie. ¿Qué vale adquirir el saber de un Aristóteles cuando se guarda el corazón de un tigre? ¿Qué importa poseer el don artístico de un Miguel Ángel cuando se lleva el alma de un cerdo? Más que pasar el mundo derramando la luz del arte o de la ciencia, vale ir destilando la miel de la bondad. Sociedades altamente civilizadas merecerían llamarse aquellas donde practicar el bien ha pasado de obligación a costumbre, donde el acto bondadoso se ha convertido en arranque instintivo. ¿Los dominadores del Perú han adquirido ese grado de moralización? ¿Tienen derecho de considerar al indígena como un ser incapaz de civilizarse?

11. Manuel González Prada era
    (1) un filósofo y humanista.
    (2) un hombre con pensamientos colonialistas.
    (3) un defensor del indígena.
    (4) uno de los personajes más importantes de fines del siglo XX.
    (5) un indígena.

12. Sus obras denuncian
    (1) a la sociedad en general.
    (2) los estilos.
    (3) la justicia de los materialistas.
    (4) el mundo natural.
    (5) la injusticia del orden social.

13. ¿Por qué no vale nada tener el saber de un Aristóteles cuando se guarda el corazón de un tigre? Porque
    (1) en la época de Aristóteles no había injusticias.
    (2) del amor al odio sólo hay un paso.
    (3) en el mundo griego se pensaba igual.
    (4) la violencia no es compatible con la racionalidad.
    (5) Aristóteles había creado esta frase.

14. González Prada decía que
    (1) el indígena está de acuerdo con la civilización.
    (2) la civilización ha sido cruel con el indígena.
    (3) la civilización ha sido bondadosa con el indígena.
    (4) no existe la civilización.
    (5) los pueblos han perdido las civilizaciones indígenas.

Las preguntas 15 a 17 se refieren al pasaje siguiente:

¿Quién fue Clotilde?

"Inclinó la cabeza, de un golpe se encajó el sombrero hasta la nuca y, a grandes zancadas, se apartó del grupo sin saludar, hosco, sombrío. Así, siempre con la cabeza gacha como un toro bajo su yugo, llegó a su casa, que estaba en la cuesta de Coscochaca, y entrando en su habitación, adornada con estampas de color que representaban los episodios de la guerra francoalemana, tumbóse en el lecho, y hundiendo el rostro en la mugrienta almohada, lloró largo rato, silenciosa, calladamente, con hipidos menudos", escribe Alcides Arguedas, en la *Venganza aymará*.

Arguedas (Bolivia, 1879–1946) es uno de los grandes novelistas de la literatura hispanoamericana. Ha sido uno de los iniciadores de la llamada literatura indigenista. En su prosa mezcla problemas humanos, sobre todo los que sufre la comunidad indígena boliviana con la realidad histórica. Sus libros aparecen como relatos de hechos reales, se muestra en ellos el conocimiento profundo que el autor tiene sobre la historia de su país y la vida social de sus pueblos. Novela, historia y antropología se mezclan en las narraciones. Su mejor novela es, sin duda, *Raza de bronce* (1919). Entre otras obras, podemos destacar: *Wata-wara, Vida criolla, Pueblo enfermo: contribución a la psicología de los pueblos hispanoamericanos;* e *Historia de Bolivia*.

"Eso ya no tiene remedio posible. Las palabras de Clotilde habían sido contundentes: "Seré no más tu amiga, pero no tu mujer..." ¡Cristo! ¡Eso sí que no! Él la había conocido antes, de mocosa, cuando con los pies desnudos iban a buscar agua a la pila de Challapampa, deteniéndose en el cenizal para arrojar piedras a los cerdos que hociqueaban la basura del río. Juntos aprendieron a leer en la escuela, aunque después el ningún ejercicio y los rudos afanes de la vida les hicieran olvidar lo aprendido".

15. El personaje del fragmento que inicia el texto

(1) era una persona muy afable.

(2) estaba enfermo.

(3) se hallaba afligido por algún motivo.

(4) no hablaba nunca con la gente.

(5) había luchado en la guerra francoalemana.

16. Sus obras se distinguen por haber sido pioneras en el tratamiento de temas

(1) románticos.

(2) sociológicos.

(3) históricos.

(4) indígenas.

(5) violentos.

17. Clotilde era una mujer

(1) que no sabía leer.

(2) que cuidaba cerdos.

(3) que olvidó lo aprendido.

(4) que leía muchos libros.

(5) muy firme en sus decisiones.

Las preguntas 18 a 21 se refieren al pasaje siguiente:

¿Quién fue el verdadero Borges?

En su *Antropología personal*, el escritor argentino Jorge Luis Borges escribe:

Al otro, a Borges, es quien le ocurren las cosas. Yo camino por Buenos Aires y me demoro, acaso ya mecánicamente, para mirar al arco de un zaguán y la puerta cancel; de Borges tengo noticias por el correo y veo su nombre en una terna de profesores o en un diccionario biográfico. Me gustan los relojes de arena, los mapas, la tipografía del siglo XVIII, las etimologías, el sabor del café y la prosa de Stevenson: el otro comparte esas preferencias, pero de un modo vanidoso que las convierte en atributos de un actor. Sería exagerado afirmar que nuestra relación es hostil; yo vivo, yo me dejo vivir, para que Borges pueda tramar su literatura y esa literatura me justifica. Nada me cuesta confesar que ha logrado ciertas páginas válidas, pero esas páginas no me pueden salvar, quizá porque lo bueno ya no es de nadie, ni siquiera del otro, sino del lenguaje o la tradición. Por lo demás yo estoy destinado a perderme, definitivamente, y sólo algún instante de mí podrá sobrevivir en el otro.

Durante la Primera Guerra Mundial, Jorge Luis Borges (Argentina, 1900–1986) estudiaba en Ginebra; en 1918 pasó a España y vivió en este país los comienzos del ultraísmo, corriente que le influiría y practicaría de regreso a su país natal en 1921. Señaló un camino de renovación con sus primeros versos. Su cultura literaria era muy rica, y con los años la maduró hasta crear una literatura propia. En un principio, era este espíritu antimodernista, que desdeñaba la preocupación de la forma, lo que en cierto sentido caracterizaba a su obra. Criticaba la lengua artificiosa, la rima fácil, el discurso "lógico". En 1932 se siente ya un "ultraísta muerto". La metáfora no aparece como antes en el elemento central de su trabajo. Evoluciona y trasciende la metáfora en un canto personal a la vida. Nace la trama fabulosa y alegórica dentro de una filosofía alimentada por la cultura universal que posee. Sus ensayos y cuento son particularmente extraordinarios. Los hombres para él son un solo hombre, y descubre que ni él ni la fantasía que ha inventado son realidad. La conciencia es la que crea la realidad, la conciencia es un complejo mecanismo que hace que el hombre se pierda en el cosmos, o mejor, que haga del cosmos un laberinto mucho más complicado de lo que es. Somos mucho más caos que cosmos y con nuestros propios laberintos mentales hacemos que trascienda hacia el infinito la complejidad que reina en el universo.

Borges ha escrito poesía, prosa, ensayo y cuento. Entre su gran obra, cabe destacar: *Fervor de Buenos Aires, Luna de enfrente, Cuaderno San Martín, Poemas, Obra poética. Inquisiciones, Historia universal de la infamia, Ficciones, El Aleph, La muerte y la brújula* (selección de cuentos) y *El hacedor*.

Poco a poco voy cediéndole todo, aunque me consta su perversa costumbre de falsear y magnificar. Spinoza entendió que todas las cosas quieren perseverar en su ser; la piedra eternamente quiere ser piedra y el tigre un tigre. Yo he de quedar en Borges, no en mí (si es que alguien soy), pero me reconozco menos en sus libros que en muchos otros o que en el laborioso rasqueo de una guitarra. Hace años yo traté de librarme de él y pasé de la mitología del arrabal a los juegos con el tiempo y con lo infinito, pero esos juegos son de Borges ahora y tendré que idear otras cosas. Así mi vida es una fuga y todo lo pierdo y todo es olvido, o del otro.

No se cuál de los dos escribe esta página.

18. Jorge Luis Borges
    (1) divide en este texto su personalidad con la de otro autor.
    (2) escribe sobre si mismo en segunda persona.
    (3) está siempre en continua reacción.
    (4) dice que el otro Borges no está destinado a perderse.
    (5) acude con frecuencia a la literatura moderna para crear.

19. La obra de Borges
    (1) refleja una preocupación por la forma.
    (2) refleja unas costumbres modernistas.
    (3) refleja una despreocupación por la forma.
    (4) no contiene una lengua artificiosa.
    (5) no ha variado nunca.

20. El fragmento de la *Antropología personal*
    (1) describe el desdoblamiento de una persona en dos personalidades.
    (2) no tiene ningún sentido metafórico.
    (3) habla de lo finito.
    (4) corresponde al epílogo de la obra.
    (5) describe a un hombre que comienza su actividad literaria.

Las preguntas 21 a 24 se refieren al pasaje siguiente:

¿La historia de un sándwich?

Llegó al restaurante, hambriento, sin querer ver, oír, ni hablar con nadie. Pidió un sándwich y se lo comió en un segundo. Después, pidió que le trajeran el menú, y ordenó que le pusieran en una mesa grande todo lo que aparecía en la carta del menú: todas las sopas, todos los aperitivos, todos los platos, todo el postre y todas las bebidas. Se lo comió todo. Y se lo bebió todo. Y, para colmo, empezó a comerse la comida de las otras personas que estaban en el restaurante. Después, se los comió a ellos.

Se convirtió en un gigante y fue comiéndose a toda la gente, destruyéndolo todo. Cuando acabó con su país, viajó a otros países, y fue comiéndoselo todo, a los países enteros, con sus gentes, árboles, animales y montañas. Y se bebió el agua de los mares y de los océanos. Se comió toda la Tierra.

Empezó a flotar en el espacio, y se comió los meteoritos, los cometas, los satélites y los otros planetas. Se quedó solo ante el Sol. Y se comió al Sol. Pero comenzó a sentir calor dentro de su enorme barriga, y más tarde le salía fuego por la boca y por las orejas. Su cuerpo explotó en mil pedazos. Cada uno de ellos fue convirtiéndose en algo: Sol, planetas, satélites, cometas, meteoritos, países, montañas, mares, árboles, animales, seres humanos...

Poco después, llegó alguien a un restaurante, hambriento, sin querer ver, oír, ni hablar con nadie. Pidió un sándwich; y se lo comió en un segundo. Después, pidió que le trajeran el menú, y...

(Ginés Serrán-Pagán, 1989)

21. El texto parece referirse
    (1) a los planetas.
    (2) a un restaurante.
    (3) al egoísmo.
    (4) a la comida.
    (5) a la Tierra.

22. El contenido del texto podría simbolizar
    (1) la humildad de los pueblos.
    (2) el nacimiento, la destrucción y la vuelta histórica de los imperios.
    (3) la leyenda de los animales gigantes.
    (4) la geografía de la Tierra.
    (5) la fuerza del fuego.

23. ¿Cuál de las afirmaciones siguientes no es correcta?
    (1) Se lo comió todo.
    (2) Se tragó a la Tierra y demás planetas.
    (3) Destruyó a los países del mundo.
    (4) Acabó para siempre con todo el Sistema Solar.
    (5) Se bebió el agua de los océanos.

24. Cuando el texto dice que el personaje no quería "ver, oír, ni hablar", induce que es
    (1) razonable e inteligente.
    (2) comunicativo y humano.
    (3) egocéntrico y avaricioso.
    (4) glotón y caprichoso.
    (5) indiferente y estúpido.

Las preguntas 25 a 26 se refieren al pasaje siguiente:

¿Qué es la naturaleza?

El filósofo y poeta Ralph Waldo Emerson profundizó en sus obras sobre el significado de las cosas más elementales de la vida. Fue un cantor de la naturaleza. En su escrito "Naturaleza", nos dice: "Las estrellas desprenden reverencia, porque aunque siempre están ahí presentes, son inaccesibles; pero todos los objetos naturales desprenden una sensación positiva, cuando la mente se abre a sus influencias. La naturaleza nunca se viste con una apariencia extraña, mala o miserable. Tampoco el hombre más sabio puede descubrir su secreto, ni puede dejar de ser curioso porque su perfección no tiene límites. La naturaleza, nunca se convierte en un juguete para el espíritu sabio. Las flores, los animales, las montañas, reflejan la sabiduría de sus mejores horas y reflejan la sencillez de la infancia".

25. ¿Cuál de las palabras siguientes describe mejor cómo el autor caracteriza a la naturaleza?

(1) imperfecta
(2) preciosa
(3) inconocible
(4) perfecta
(5) estática

26. De acuerdo con el pasaje, ¿qué quiere decir la frase "la naturaleza nunca se viste con una apariencia extraña, mala o miserable"?

(1) La belleza está en los ojos del que contempla.
(2) Algo bello es un placer eterno.
(3) Algo feo sólo cuando decimos que lo es.
(4) No existe tal cosa como la perfección en la naturaleza.
(5) Todo en la naturaleza tiene belleza.

Las preguntas 27 a 29 se refieren a la guía siguiente:

¿Cuál es la recorrido en el museo?

Community Education- Enero y Febrero
Domingos a las 2:30 p.m.

Enero 8
Artes de la Polinesia (Polynesian Arts)

Enero 15
La historia de la pintura funeraria en Egipto

Enero 22
Goya retratista (The Portraits of Goya)

Enero 29
La ilusión del espacio en la pintura del Renacimiento

Febrero 5
Antigüedades mexicanas

Febrero 12
Pintura holandesa del siglo XVII

Febrero 19
El jaguar y la serpiente en el arte precolombino

Febrero 26
Winslow Homer y el paisaje marino
(Winslow Homer and the Seascapes)

Martes a las 7:30 p.m.
Enero 3
Monet, la visión impresionista
(Monet, The Impressionist´s Vision)

Enero 10
El templo de Dendur

Enero 17
Introducción al ala norteamericana
(Introduction to the American Wing)

Enero 24
La figura humana a través de los siglos

Enero 31
Alfarería griega (Greek Vases)

Febrero 7
Pintura italiana del alto Renacimiento
(Italian High Renaissance Painting)

Febrero 14
El desarrollo del retrato a través de los siglos

Febrero 28
La pintura romántica en Francia
(Romantic Painting in France)

27. De acuerdo con la guía, ¿qué conferencias o exposiciones están relacionadas con rituales de muerte?

(1) artes de la Polinesia

(2) antigüedades mexicanas

(3) el arte de Islam

(4) la historia de la pintura en Egipto

(5) pinturas árabes

28. ¿Qué día está dedicado a la cerámica?

(1) 31 de enero

(2) 28 de febrero

(3) 19 de febrero

(4) 15 de enero

(5) 8 de enero

29. La pintura renacentista se dio en

(1) Holanda.

(2) Italia.

(3) México.

(4) Grecia.

(5) el arte precolombino de Colombia.

Las preguntas 30 a 31 se refieren a Pablo Picasso:

30. Pablo Picasso
    (1) fue un pintor francés que creó el movimiento cubista.
    (2) nació en Málaga, España, y está considerado como el artista más importante del siglo XX.
    (3) nació en el siglo XIX y murió en España en el siglo XX.
    (4) se caracterizó por experimentar con diferentes estilos de arte aunque en su obra predominó más la abstracción.
    (5) fue el precursor del movimiento abstracto estadounidense.

31. La pintura,
    (1) es hiper-realista.
    (2) es abstracta.
    (3) refleja las tendencias expresionistas del pintor.
    (4) representa una serie de trabajos que hizo el pintor inspirándose en la mitología mediterránea.
    (5) fue creada al principio de su época de color rosa.

Las preguntas 32 a 36 se refieren al pasaje siguiente:

¿Los niños salvajes?

Los niños rompieron los espejos, las corbatas, los televisores, mancharon las alfombras y no iban al colegio. Todas las madres del mundo llamaron a la policía. Algunos niños se escaparon y se convirtieron en animales salvajes. Pero a la mayoría se los llevaron con las manos atadas a una cárcel de papel. Allí había paredes de cristal, computadoras con grandes pantallas metálicas, un suelo de alfombras de hierro y muchos maestros. Los niños se hicieron hombres obedientes.

Pasaron muchos años. Un día, los animales salvajes, con la intención de salvar a sus viejos amigos, atacaron la cárcel. Pero los hombres obedientes no se acordaban de ellos y empezaron a dispararles con armas automáticas, aviones KC-135 y bombas de uranio. Y mataron a muchos animales.

(Ginés Serrán-Pagán, 1984)

32. El pasaje nos dice que
    (1) todos los niños se convirtieron en animales salvajes.
    (2) los niños que rompieron los cristales se escaparon.
    (3) no todas las madres llamaron a la policía.
    (4) los niños que se escaparon se convirtieron en animales salvajes.
    (5) algunos niños rompieron los televisores.

33. A todos los niños
    (1) se los llevaron a una cárcel de papel.
    (2) los pusieron frente a paredes de cristal.
    (3) los obligaron a andar por la ciudad de hierro.
    (4) los llevaron con las manos atadas.
    (5) ninguna de las anteriores

34. Según el texto,
    (1) todos los niños se hicieron obedientes.
    (2) los niños cautivos se convirtieron en hombres disciplinados.
    (3) todos los niños escaparon.
    (4) las madres atacaron la cárcel.
    (5) los hombres obedientes fueron a salvar a su viejos amigos.

35. El autor nos dice que
    (1) los animales salvajes dispararon armas automáticas a los hombres obedientes.
    (2) los hombres obedientes mataron a muchos niños que antes se escaparon de las manos de la policía y después se convirtieron en animales.
    (3) los viejos amigos atacaron la cárcel.
    (4) mataron a muchos niños obedientes.
    (5) los hombres obedientes eran débiles.

36. De forma metafórica, el texto quiere expresar como
    (1) nació una lucha entre un grupo de personas obedientes a la sociedad y un grupo de personas que no aceptaba desde un principio dicha estructura social.
    (2) los niños son víctimas de los sistemas sociales.
    (3) los animales salvajes se convirtieron en niños obedientes.
    (4) grandes pantallas metálicas comenzaban a controlar la vida de los niños.
    (5) los niños desobedientes se convirtieron en obedientes.

Las preguntas 37 a 39 se refieren al siguiente cuadro de los premios Nobel de literatura:

Año	escritor	país	Año	escritor	país
2002	Imrekevtész	Hungría	1984	J. Seifert	Checoslovaquia
2001	V. S. Naipaul	India	1983	W. Golding	Gran Bretaña
2000	Gao Xingjian	China	1982	Gabriel García Márquez	Colombia
1999	Günter Grass	Alemania	1981	E. Canetti	Gran Bretaña
1998	José Saramago	Portugal	1980	C. Milosz	Polonia
1997	Darío Fo	Italia	1979	O. Elitis	Grecia
1996	W. Szymborska	Polonia	1978	I. B. Singer	Polonia
1995	S. Heaney	Irlanda	1977	Vicente Aleixandre	España
1994	Kenzaburo Oe	Japón	1976	S. Bellow	Estados Unidos
1993	T. Morrison	Estados Unidos	1975	Eugenio Montale	Italia
1992	D. Walcott	St. Lucía	1974	H. Martinson-E. Jonson	Suecia
1991	Nadine Gordimer	Sudáfrica	1973	P. White	Australia
1990	Octavio Paz	México	1972	Heinrich Böll	Alemania
1989	Camilo José Cela	España	1971	Pablo Neruda	Chile
1988	N. Mahfúz	Egipto	1967	Miguel Ángel Asturias	Guatemala
1987	J. Brodskij	Estados Unidos	1956	Juan Ramón Jiménez	España
1986	W. Soyinka Nigeria	Nigeria	1945	Gabriela Mistral	Chile
1985	C. Simon Francia	Francia	1922	Jacinto Benavente	España

37. De acuerdo con la información de los premios Nobel de literatura, el autor de *Cien años de soledad* recibió su Nóbel en el año

(1) 1989.

(2) 1990.

(3) 1982.

(4) 1977.

(5) 1971.

38. De acuerdo con el cuadro,

(1) nueve escritores españoles y latinoamericanos ganaron el premio Nobel de literatura.

(2) cinco escritores de habla hispana ganaron el premio Nobel.

(3) los escritores del continente africano son los más representados en el Nobel.

(4) el premio se otorga solamente a escritores europeos, africanos y estadounidenses.

(5) el premio Nobel de literatura se otorga a novelistas, poetas y científicos.

39. ¿Cuál de las afirmaciones es correcta?

(1) Octavio Paz fue un escritor mexicano que tan sólo escribió poesías.

(2) Gabriel García Márquez fue desde un principio novelista dedicándose después al periodismo.

(3) Vicente Aleixandre cultivó más que el género de la poesía el del ensayo.

(4) Pablo Neruda fue esencialmente un poeta.

(5) Juan Ramón Jiménez fue un novelista español del principios del siglo XX.

La pregunta 40 se refiere a la fotografía del buque escuela Juan Sebastián Elcano:

40. El buque escuela Juan Sebastián Elcano
   (1) está considerado como uno de los veleros más bellos del mundo.
   (2) se prepara en la fotografía para llegar al puerto.
   (3) es un barco de motor.
   (4) es un barco moderno de pasajeros.
   (5) aparece en la fotografía regresando de altamar.

EXAMEN 5: MATEMÁTICAS

50 preguntas–90 minutos

1. Convierta $\frac{2}{5}$ a decimales.
   - (1) 0.5
   - (2) 0.4
   - (3) 40
   - (4) 10
   - (5) 20

2. Simplifique: $\dfrac{5 \times 2 + (10 - 12)}{2}$
   - (1) 3
   - (2) 4
   - (3) 6
   - (4) 8
   - (5) 10

3. El maestro Antonio lleva a sus estudiantes a la feria y consigue los boletos para los juegos en 95 centavos Si compra 603 boletos, ¿cuánto pagó?
   - (1) $463.65
   - (2) $572.85
   - (3) $567.95
   - (4) $572.65
   - (5) $580.05

4. Alberto es 3 años mayor que Luis y Luis es 2 años menor que Olivia. Si la suma de las tres edades es 38, ¿cuántos años tiene Luis?
   - (1) 15
   - (2) 14
   - (3) 13
   - (4) 11
   - (5) 9

5. Multiplique y redondee el producto a centésima más cercana: 0.948×0.02.
   - (1) 0.19
   - (2) 0.02
   - (3) 0.09
   - (4) 0.16
   - (5) 0.02

6. Convierta $\frac{98}{5}$ a números mixtos.
   - (1) $19\frac{3}{5}$
   - (2) $20\frac{1}{5}$
   - (3) $18\frac{5}{6}$
   - (4) $19\frac{4}{5}$
   - (5) $19\frac{6}{7}$

7. Rosa compra $2\frac{1}{3}$ varas de tela para confeccionar un vestido y paga a $3.50 dólares la vara. ¿Cuánto le costó el material?
   - (1) $7.33
   - (2) $7.90
   - (3) $8.60
   - (4) $8.10
   - (5) $8.17

8. ¿Por qué fracción se multiplica 24 para convertirse en 3?
   - (1) $\frac{1}{4}$
   - (2) $\frac{1}{6}$
   - (3) $\frac{1}{2}$
   - (4) $\frac{1}{8}$
   - (5) $\frac{1}{5}$

CAPÍTULO 9: Dos exámenes completos de práctica

9. A razón de $3.50 la libra de jamón, ¿cuántas libras se compran con $61.25?

   (1) $16 \frac{3}{4}$

   (2) $17 \frac{1}{2}$

   (3) $15 \frac{2}{3}$

   (4) 18

   (5) $19 \frac{1}{5}$

10. Calcule la raíz cuadrada de

    $\sqrt{100 \times 49}$

    (1) 490

    (2) 140

    (3) 175

    (4) 70

    (5) 110

11. Si Teresa se lleva $18\frac{1}{9}$ minutos en hacer la tarea escolar y $27\frac{8}{9}$ en practicar el piano, ¿cuánto tiempo estudió ayer?

    (1) $46 \frac{1}{9}$

    (2) $45 \frac{1}{9}$

    (3) $45 \frac{4}{9}$

    (4) $45 \frac{8}{9}$

    (5) 46

12. Si tengo 46 minutos para hacer el examen y lo hago en $28\frac{3}{7}$ minutos, ¿cuánto tiempo libre me queda?

    (1) $17 \frac{3}{7}$

    (2) $16 \frac{6}{7}$

    (3) $17 \frac{4}{7}$

    (4) 16

    (5) $16 \frac{3}{7}$

13. Si $\frac{1}{3}$ de libra de masa rinde 6 croquetas, ¿cuántas rendirían 4 libras?

    (1) 72

    (2) 24

    (3) 60

    (4) 12

    (5) 62

14. Si tengo $89.00 y gasto el 23%, ¿cuánto me queda?

    (1) $69.00

    (2) $67.00

    (3) $68.63

    (4) $68.53

    (5) $65.53

15. La longitud de las carreteras de EE.UU. se miden en millas, pero yo quiero saber cuántos kilómetros he recorrido al avanzar 30 millas (redondeado a la centena más cercana).

    (1) 48.3 km

    (2) 43.7 km

    (3) 48.9 km

    (4) 47.6 km

    (5) 47.1

16. Si Rosalía obtiene en los exámenes de un semestre las siguientes calificaciones: 90, 81, 78, 82 y 94, ¿cuál es su promedio del semestre?
    (1) 91
    (2) 85
    (3) 83.7
    (4) 84
    (5) 92

17. Calcule el área total de la siguiente figura:

    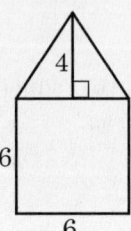

    (1) 6
    (2) 12
    (3) 36
    (4) 48
    (5) 60

18. ¿Cuál de las siguientes fracciones es la mayor?
    (1) $\frac{13}{21}$
    (2) $\frac{2}{3}$
    (3) $\frac{1}{2}$
    (4) $\frac{5}{7}$
    (5) no es posible determinarlo

19. A razón de 18 centavos la naranja, ¿cuánto cuestan 7 docenas?
    (1) $15.12
    (2) $11.12
    (3) $14.50
    (4) $16.22
    (5) $15.75

20. ¿Cuál de los siguientes números es el mayor?
    (1) 7
    (2) 3^2
    (3) 1^8
    (4) 2^3
    (5) $\sqrt{25}$

21. Resuelva: $8x - 2 \geq 10x + 6$
    (1) $x \geq 4$
    (2) $x \geq -2$
    (3) $x \leq 2$
    (4) $x \leq -4$
    (5) $x \geq -4$

22. Calcule el próximo número de la serie 1, 20, 39 y 58
    (1) 49
    (2) 68
    (3) 77
    (4) 67
    (5) 81

23. Sabiendo cuánto mide una yarda y un pie, ¿cuántos pies hay en 118 yardas?
    (1) 364 pies
    (2) 296 pies
    (3) 314 pies
    (4) 354 pies
    (5) 324 pies

24. Calcule el coseno $\angle C$
    (1) 0.7071
    (2) 0.8025
    (3) 0.8478
    (4) 0.9433
    (5) 0.9734

    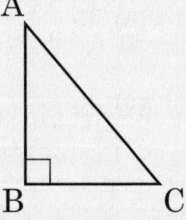

25. José esperó a María en el aeropuerto desde las 8:45 a.m. hasta las 4:30 p.m. ¿Cuánto tiempo demoró María?

(1) 8 horas 15 min
(2) 7 horas 45 min
(3) 7 horas 25 min
(4) 8 horas 35 min
(5) 9 horas 25 min

26. Calcule el mayor de 3 números consecutivos impares cuya suma es 111.

(1) 27
(2) 39
(3) 31
(4) 33
(5) 35

27. Si un vendedor de seguros vende pólizas por un total de $26,000.00 y recibe una comisión del 20% sobre sus ventas, ¿cuánto dinero ganó?

(1) $4,800.00
(2) $4,900.00
(3) $5,300.00
(4) $5,000.00
(5) $5,200.00

28. El cociente de $\frac{(7)(1)(3^2)}{21}$ es:

(1) 7
(2) 9
(3) 8
(4) 3
(5) 6

29. Si Victoria se come 15 compotas en 9 días, ¿cuántas compotas se comerá en 30 días?

(1) 50
(2) 46
(3) 24
(4) 45
(5) 39

30. ¿Qué calificación necesita Ana en el quinto examen para obtener un promedio de 87? Sus demás calificaciones fueron 85, 80, 93 y 88.

(1) 78
(2) 81
(3) 85
(4) 89
(5) 90

31. Calcule el valor de x en la ecuación $10x - 7 = 2x + 1$.

(1) 7
(2) 0
(3) 5
(4) 1
(5) 2

32. Si José tiene 3 veces la edad de César y la edad de ambos suma 72 años, ¿cuál es la edad de cada uno?

(1) José 58 y César 14
(2) José 54 y César 18
(3) José 59 y César 18
(4) José 60 y César 12
(5) José 61 y César 11

33. Si $\frac{h}{17} = -5$, h es igual a:

(1) 22
(2) −85
(3) 12
(4) −12
(5) −22

34. Calcule el valor numérico de $a^2 - 4b - c$ de acuerdo con los siguientes valores: a = 4, b = −5, c = −2

(1) 14
(2) −6
(3) 64
(4) 38
(5) −2

35. Calcule el producto de $(3^2)(4^3)(1^5)$.

(1) 540
(2) 108
(3) 380
(4) 72
(5) 576

36. Cuando a 5 veces un número se le resta 80, el resultado es el mismo que cuando 107 se resta de dos veces el mismo número. Calcule la incógnita.

(1) −9
(2) 12
(3) 27
(4) 30
(5) −24

37. Calcule el valor de x en las ecuaciones
$2x + 3y = -4$
$x + y = -3$

(1) −5
(2) 2
(3) 4
(4) −10
(5) −7

38. Josefina tiene 22 monedas en su cartera que suman un total de $4.15. Si sólo tiene monedas de 25 y 10 centavos, ¿cuántas de cada una tiene?

(1) 11 de 25 centavos, 11 de 10 centavos
(2) 10 de 25 centavos, 12 de 10 centavos
(3) 9 de 25 centavos, 13 de 10 centavos
(4) 13 de 25 centavos, 9 de 10 centavos
(5) 12 de 25 centavos, 11 de 10 centavos

39. $(\sqrt{6})^2 =$

(1) 36
(2) 24
(3) 12
(4) 6
(5) 3

40. Calcule los 3 términos siguientes de la serie 5, 7, 12, 19, 31, __, __, __.

(1) 31, 43, 55
(2) 40, 52, 64
(3) 50, 81, 131
(4) 68, 104, 172
(5) 72, 124, 180

41. El patio de mi casa es rectangular y mide 12.5 m de largo y 7.6 de ancho. ¿Cuál es el área que debe cementar Tato el albañil?

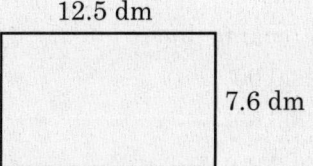

12.5 dm
7.6 dm

(1) 95 dm^2
(2) 40.2 dm^2
(3) 80.4 dm^2
(4) 90.6 dm
(5) 121.5 dm

42. Con base en la figura, calcule el área del círculo
$A = \pi R^2$

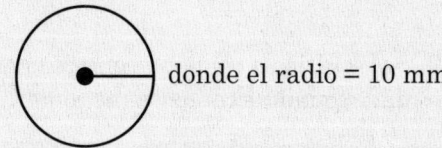

donde el radio = 10 mm

(1) 41.4 mm^2
(2) 50.14 mm^2
(3) 324 mm^2
(4) 31.4 mm^2
(5) 314 mm^2

43. Tengo una jarra de plástico muy bonita de forma cilíndrica que mide 14 dm de altura y 8 dm de diámetro base. Quiero usarla para preparar chocolate frío para la merienda, pero quiero saber cuánto líquido le cabe.

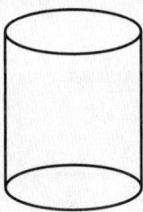

- (1) 683.9 dm^3
- (2) 703.36 dm^3
- (3) 351.68 dm^3
- (4) 361.68 dm^3
- (5) 730.36 dm^3

44. ¿Cuántos metros cúbicos de agua contiene un estanque cúbico que mide 15 m de lado y 3.3 m de profundidad?
- (1) 7,425 m^3
- (2) 15,333 m^3
- (3) 742.5 m^3
- (4) 49.5 m^3
- (5) 225 m^3

45. La fórmula $m = 2(v - 65) + 76$ se aplica para calcular el monto de las multas por exceso de velocidad. Si la velocidad de cierto automovilista era de 90 milla por hora, calcule el monto de la multa.
- (1) $80.00
- (2) $101.00
- (3) $126.00
- (4) $140.00
- (5) $160.00

46. A razón de 84 centavos la docena de galletas, ¿cuántas galletas se compran con $1.96?
- (1) 26
- (2) 24
- (3) 28
- (4) 40
- (5) 32

47. Si una persona que mide 5 pies de estatura proyecta una sombra de 7 pies, ¿cuántos pies de sombra proyectaría una persona que mide 6.5 pies?
- (1) 9.1
- (2) 8.3
- (3) 7.9
- (4) 9.4
- (5) 9.5

48. ¿Cuál es el precio de oferta de un traje de caballero que originalmente costaba $300.00 después de aplicarle un descuento del 24%?
- (1) $232.00
- (2) $228.00
- (3) $315.00
- (4) $272.00
- (5) $223.00

49. Un automóvil recorre 35 millas por galón de gasolina en carretera. Si conserva siempre la misma velocidad, ¿cuántas millas recorrerá con 210 galones?
- (1) 7,050 millas
- (2) 7,355 millas
- (3) 7,340 millas
- (4) 7,530 millas
- (5) 7,350 millas

50. El señor Gatiesa gana $2,000.00 al mes y paga $400.00 de alquiler. ¿Que fracción de su salario gasta por este concepto?

(1) $\frac{2}{5}$

(2) $\frac{2}{3}$

(3) $\frac{1}{5}$

(4) $\frac{1}{4}$

(5) $\frac{1}{2}$

CAPÍTULO 9: Dos exámenes completos de práctica

RESPUESTAS CORRECTAS DEL EXAMEN DE PRÁCTICA II

Examen 1: Expresión Escrita

1. (4)	11. (1)	21. (4)	31. (1)	41. (1)
2. (4)	12. (2)	22. (4)	32. (3)	42. (1)
3. (1)	13. (5)	23. (2)	33. (4)	43. (1)
4. (5)	14. (1)	24. (3)	34. (3)	44. (5)
5. (2)	15. (4)	25. (1)	35. (1)	45. (5)
6. (3)	16. (1)	26. (3)	36. (3)	46. (5)
7. (5)	17. (5)	27. (4)	37. (3)	47. (1)
8. (2)	18. (1)	28. (5)	38. (1)	48. (1)
9. (5)	19. (4)	29. (1)	39. (1)	49. (1)
10. (5)	20. (1)	30. (3)	40. (1)	50. (5)

Examen 2: Estudios Sociales

1. (1)	11. (4)	21. (5)	31. (3)	41. (5)
2. (4)	12. (3)	22. (5)	32. (2)	42. (3)
3. (4)	13. (3)	23. (5)	33. (4)	43. (2)
4. (5)	14. (4)	24. (3)	34. (5)	44. (2)
5. (3)	15. (2)	25. (4)	35. (4)	45. (2)
6. (2)	16. (3)	26. (5)	36. (2)	46. (4)
7. (1)	17. (4)	27. (4)	37. (1)	47. (5)
8. (4)	18. (1)	28. (5)	38. (1)	48. (3)
9. (3)	19. (2)	29. (1)	39. (2)	49. (2)
10. (3)	20. (5)	30. (3)	40. (5)	50. (2)

Examen 3: Ciencias

1. (2)	11. (5)	21. (4)	31. (5)	41. (2)
2. (4)	12. (1)	22. (4)	32. (2)	42. (2)
3. (3)	13. (3)	23. (2)	33. (3)	43. (3)
4. (2)	14. (2)	24. (3)	34. (2)	44. (1)
5. (5)	15. (4)	25. (4)	35. (1)	45. (4)
6. (1)	16. (2)	26. (4)	36. (1)	46. (2)
7. (1)	17. (3)	27. (2)	37. (5)	47. (4)
8. (3)	18. (5)	28. (3)	38. (4)	48. (4)
9. (4)	19. (3)	29. (2)	39. (4)	49. (4)
10. (2)	20. (4)	30. (3)	40. (3)	50. (1)

Examen 4: Interpretación de la Literatura y de las Artes

1. (2)	9. (4)	17. (3)	25. (3)	33. (5)
2. (4)	10. (2)	18. (4)	26. (5)	34. (2)
3. (2)	11. (1)	19. (4)	27. (4)	35. (2)
4. (1)	12. (5)	20. (1)	28. (1)	36. (1)
5. (2)	13. (4)	21. (3)	29. (2)	37. (3)
6. (1)	14. (2)	22. (2)	30. (2)	38. (1)
7. (1)	15. (3)	23. (4)	31. (4)	39. (4)
8. (3)	16. (4)	24. (3)	32. (4)	40. (1)

Examen 5: Matemáticas

1. (2)	11. (5)	21. (4)	31. (4)	41. (1)
2. (2)	12. (3)	22. (3)	32. (2)	42. (5)
3. (2)	13. (1)	23. (4)	33. (2)	43. (2)
4. (4)	14. (4)	24. (1)	34. (4)	44. (3)
5. (2)	15. (1)	25. (2)	35. (5)	45. (3)
6. (1)	16. (2)	26. (2)	36. (1)	46. (3)
7. (5)	17. (4)	27. (5)	37. (1)	47. (1)
8. (4)	18. (4)	28. (4)	38. (4)	48. (2)
9. (2)	19. (1)	29. (1)	39. (4)	49. (5)
10. (4)	20. (2)	30. (4)	40. (3)	50. (3)

CAPÍTULO 9: Dos exámenes completos de práctica

RESPUESTAS EXPLICADAS DEL EXAMEN DE PRÁCTICA

Examen I: Parte 1: Expresión Escrita

1. **(4)** Se necesita una coma después del paréntesis a fin de separar la idea seeundaria de la cláusula principal.

2. **(4)** El verbo debe estar en plural para corresponder a "movimientos".

3. **(1)** La oración no necesita corrección.

4. **(5)** La oración no necesita corrección.

5. **(2)** Cuando "sólo" significa "solamente" o "únicamente" debe llevar acento ortográfico.

6. **(3)** Debe ser plural pues se refiere a "sociedades y culturas".

7. **(5)** La oración no necesita corrección.

8. **(2)** En esta oración no tiene importancia el estado civil.

9. **(5)** La oración no necesita corrección.

10. **(5)** La oración no necesita corrección.

11. **(1)** "Aunque ambos hagan lo mismo, la mujer gana menos que el hombre en muchos puestos de trabajo y profesiones".

12. **(2)** Confusión debida a la pronunciación similar entre *y* y *ll*.

13. **(5)** "Sin embargo" sería correcto si se tratara de una posible excepción. "Por lo tanto" indica que esa situacion es la más probable.

14. **(1)** *La*, pues "oficina" es femenino y singular.

15. **(4)** Necesita el artículo determinado pues se refiere a un objeto específico.

16. **(1)** La oración (1) es la que mejor expresa esta idea entre las opciones disponibles.

17. **(5)** Error debido a la pronunciación similar entro j y g.

18. **(1)** La oración original es la mejor forma.

19. **(4)** Sin esa palabra la oración no tiene sentido; *prueba* específica qué es lo que debe presentarse.

20. **(1)** La oración no necesita corrección.

21. **(4)** El sujeto de la oración es "usted", *puede* es la forma de verbo que corresponde.

22. **(4)** Error debido a la pronunciación de la *z* como *s*.

23. **(2)** *se veían*, porque el sujeto es "productos" y porque sólo así se da sentido a la oración.

24. **(3)** *los* en cuanto es pronombre que reemplaza a "productos" que, además, es plural.

25. **(1)** La oración no necesita corrección.

26. **(3)** *son responsables*, porque se refiere a "muchos factores".

27. **(4)** *se identificaban*, porque el sujeto "1os productos" se encuentra en plural.

28. **(5)** La oración no necesita corrección.

29. **(1)** La oración no necesita correccion.

30. **(3)** El "factor humano" es un concepto demasiado complejo para tener un costo. Sin embargo, *el trabajo humano* si tiene un precio y así la oración tiene más sentido.

31. **(1)** La oración no necesita corrección.

32. **(3)** *barata*, puesto que se trata de la confección, que es femenino.

33. **(4)** "las tarifas aduaneras", en este contexto, son sólo una de las formas en que se expresa la política. Por lo tanto, *por ejemplo* es mas adecuado. "es decir" significaría que las tarifas aduaneras *son* la política.

34. **(3)** El sujeto es el pasajero, tercera persona del singular, y es éste quien *ve* encenderse el letrero luminoso.

35. **(1)** La oración no necesita corrección.

36. **(3)** "hace caso omiso" es una forma de estilo más adecuada y refinada.

37. **(3)** Se puede omitir *le* pues el sujeto de la segunda cláusula está ya nombrado, pasajero.

38. **(1)** *Éste*, como pronombre demostrativo lleva acento ortográfico e indica al sujeto.

39. **(1)** La oración no necesita corrección.

40. **(1)** La oración no necesita corrección.

41. **(1)** La oración no necesita corrección.

42. **(1)** La versión original no tiene verbo y por lo tanto no constituye una oración propiamente dicha ni la pregunta tiene sentido. *Es* es el verbo que da sentido a la pregunta.

43. **(1)** La oración no necesita corrección. Es un dicho tradicional en la lengua que significa que las reglas hay que cumplirlas.

44. **(5)** La oración no necesita corrección.

45. **(5)** La oración no necesita corrección.

46. **(5)** La oración no necesita corrección.

47. **(1)** La oración no necesita corrección.

48. **(1)** "boss" no es una palabra española. *patrón* es la palabra adecuada.

49. **(1)** La oración no necesita corrección.

50. **(5)** La oración no necesita corrección.

CAPÍTULO 9: Dos exámenes completos de práctica

Examen 1: Parte II: Composición ejemplo de Tema

TEMA 3: LA CONQUISTA DE LOS INDÍGENAS DE AMÉRICA

Sí, los indígenas fueron los primeros pobladores de América y algunos tenían civilizaciones muy avanzadas desde mucho antes que llegaran los europeos. Entre las grandes culturas existentes en América antes del descubrimiento estaban la de los aztecas, los mayas y los incas. Los mayas desaparecieron antes de la conquista pero fueron muy avanzados como cultura y como civilización. Algunos de los conocimientos que tenían estas civilizaciones eran incluso más avanzados que los de los europeos de la misma época.

Ninguna conquista puede ser justa y la de los pueblos indígenas de América por parte de los europeos no fue la excepción. Éstos llegaron a América sedientos de oro y no se pararon ante nada hasta sacar todas las riquezas de las tierras y de los pueblos de América. Cuando se acabaron las riquezas que habían, se apoderaron de las tierras indias y pusieron a los indígenas a trabajar por la fuerza en una situación de casi esclavitud. La explotación inhumana y las enfermedades que trajeron los europeos casi acabó con los indígenas en América.

Las injusticias contra los indígenas no pararon después de la conquista sino que han continuado hasta el presente. Muchos de los indígenas de Estados Unidos todavía viven en reservaciones, en donde se les encerró después de quitarles sus medios de vida: la matanza de los búfalos y el no dejarles usar las praderas donde siempre habían vivido. En el resto de América los indígenas todavía viven muy pobremente y se les trata como cindadanos de segunda categoría.

Examen 2: Estudios Sociales

1. **(1)** La Doctrina de Monroe fue anunciada en el Congreso por John Quincy Adams, en 1823.

2. **(4)** La doctrina contaba con la aprobación de Inglaterra porque este país temía que otros países pudieran crear problemas económicos y disminuir la influencia británica en Latinoamérica.

3. **(4)** En la famosa doctrina se condenaba la intervención en el hemisferio occidental por parte de países europeos.

4. **(5)** Cuando se anunció la Doctrina de Monroe, Rusia poseía el territorio de Alaska.

5. **(3)** El asesinato de Martin Luther King, Jr. produjo un período de agitación social.

6. **(2)** Martin Luther King, Jr. fue asesinado antes de que comenzaran las protestas por la guerra de Vietnam.

7. **(1)** Martin Luther King, Jr. exigía igualdad de derechos para todas las personas.

8. **(4)** En los días posteriores al asesinato de King hubo motines en muchas ciudades, hubo 43 muertos en 172 ciudades.

9. **(3)** En la Bolsa de Valores de New York, se realizan transacciones de valores.

10. **(3)** Cuando las acciones no son adquiridas, pierden su valor.

11. **(4)** El "jueves negro" fue el comienzo de una gran depresión económica en Estados Unidos.

12. **(3)** Los precios de los productos no se incrementaron sino que bajaron.

13. **(3)** La primera campaña en favor de los derechos de la mujer tuvo lugar cuando un grupo de mujeres se unió para luchar contra la esclavitud.

14. **(4)** Las leyes permitían que las mujeres casadas no pudieran disfrutar liberalmente de sus propiedades.

15. **(2)** Uno de los principales objetivos de la convención americana de los "derechos de la mujer" fue conseguir el derecho al voto.

16. **(3)** La mujer no logró la igualdad salarial a comienzos de este siglo.

17. **(4)** Según el texto, Thoreau no estaba de acuerdo con las ideas de su tiempo. Protestó contra el sistema político del país, negándose a pagar impuestos estatales, a consecuencia de lo cual fue encarcelado.

18. **(1)** Thoreau fue un ecologista y pacifista.

19. **(2)** Gandhi aprendió de Thoreau la doctrina pacifista de la no-violencia. Gandi usó la desobediencia civil para ayudar a libertar a su país.

20. **(5)** El pacifismo aplicado por Martin Luther King, Jr. tenía sus raíces en Thoreau.

21. **(5)** California atrajo a muchos colonos debido a todas las afirmaciones: su clima, recursos naturales, el oro y las oportunidades económicas.

22. **(5)** La diligencia transportaba viajeros y correo, así como mercancía ligera entre el Este y el Oeste el viaje duraba unos 25 días.

23. **(5)** Según el texto, el medio de comunicación más rápido era el *pony express,* que transportaba el correo a caballo, a través del continente.

24. **(3)** El caballo fue sustituido por los tractores en la mayoría de las granjas.

25. **(4)** El invento de estas tres máquinas, la máquina de escribir, la máquina de sumar y la registradora, facilitaron las funciones comerciales a gran escala, haciendo más eficaz el trabajo en las oficinas.

26. **(5)** La indurstria de los alimentos sufrió cambios por los avances en los procesos de envasado y enlatado de alimentos y en la refrigeración artificial.

27. **(4)** España dominó sobre todo los territorios del sur.

28. **(5)** Fue España quien dominó la Florida en 1689. Posteriormente, en 1763, este territorio pasó al poder británico.

29. **(1)** Louisiana fue controlada por el gobierno de Francia.

30. **(3)** El río Mississippi fue controlado en esos años por España e Inglaterra.

31. **(3)** México es el país de mayor población de habla española, con un total de 100 millones.

32. **(2)** México tiene diversidad de climas, con muy diferentes tipos de vegetación.

33. **(4)** Las cadenas montañosas mexicanas más importantes son la Sierra Madre Oriental (pico Colima, 4,265 m) y la Sierra Madre Occidental (pico Orizaba, 5,747 m).

34. **(5)** El río más largo de México se llama el Grande del Norte (3,024 km) y desemboca en el Golfo de México.

35. **(4)** La diferencia mayor se refleja en 60,000–69,999 dólares.

36. **(2)** Según la gráfica, la mayoría de los gobernadores ganan salarios entre los 40,000 dólares y los 69,999 dólares al año.

CAPÍTULO 9: Dos exámenes completos de práctica

37. **(1)** De acuerdo con las dos gráficas, se puede deducir que el mar Meridional de China es el mar más grande del mundo, con una superficie en kilómetros cuadrados de 2,974,601.

38. **(1)** Las diferencias de superficie entre los mares son mucho menores que las diferencias que se perciben entre los océanos. Todos los mares en la gráfica A tienen diferencias de superficie que no llegan a un millón de km². Por el contrario, las diferencias de superficie entre los océanos de la gráfica B abarcan más de 100 millones de km².

39. **(2)** Según la gráfica B, el océano más importante es el Pacífico, con una superficie en kilómetros cuadrados de 166,241,754.

40. **(5)** El océano Índico es menor en extensión que el Atlántico.

41. **(5)** El mar Caribe es el segundo mar más grande del mundo.

42. **(3)** Según la gráfica, el valor de los productos y servicios exportados por Estados Unidos excedió el valor de productos y servicios importados durante el año 1980.

43. **(2)** El valor de los productos y servicios importados por Estados Unidos excedió el valor de productos y servicios importados durante el año 1977.

44. **(2)** Las exportaciones excedieron a las importaciones, en 1980, por 10,000 millones de dólares.

45. **(2)** El caballo español provocó un cambio fundamental en muchas de las costumbres indígenas, al producir una revolución en sus formas de vida.

46. **(4)** El pinto era el caballo preferido de los indígenas por varias razones pero no por ser de un solo color; el caballo pinto tenía manchas blancas y negras o marrones, y los indígenas lo preferían por su variedad de colores.

47. **(5)** La Corona Española prohibió que los indígenas aprendieran a montar a caballo porque era posible que se rebelaran haciendo uso de los caballos.

48. **(3)** En muchas culturas indígenas, si un guerrero moría, su caballo favorito era sacrificado, para acompañarlo al mundo de los espíritus.

49. **(2)** El título de la pintura alude a su galope y deseos de libertad.

50. **(2)** La pintura del caballo está realizada con un estilo libre y su aparente textura indica que está hecha con técnica mixta.

Examen 3: Ciencias

1. **(2)** El texto afirma en el primer párrafo que el petróleo es un líquido "formado por descomposición de materia orgánica sepultada".

2. **(4)** La respuesta (4) es errónea ya que, tal como indica el texto, "el petróleo se utiliza principalmente como combustible".

3. **(3)** En las refinerias, el petróleo es sometido a una destilación fraccionada, es decir, se destila a varias temperaturas con el objeto de obtener diferentes productos, como gasolinas, queroseno, gas-oil, disolventes, etc.

4. **(2)** Como el texto indica en el último párrafo, las mezclas de hidrocarburos de 5 a 7 átomos de carbono, es decir, las que tienen el número más bajo de átomos de carbono, reciben el nombre de éter de petróleo.

5. **(5)** El sabor agrio se debe a la fermentación que se produce cuando las bebidas alcohólicas de baja graduación entran en contacto con el aire. El nombre específico del fermento causante de este sabor es *micoderma aceti*. El bajo contenido alcohólico del vino, la sidra y la cerveza es un factor que favorece la fermentación pero no es la causa de la misma, por tanto la respuesta (2) no es la más correcta.

6. **(1)** El texto indica que la fermentación de bebidas alcohólicas "sucede tanto más fácilmente cuanto menor es su riqueza en alcohol" y especifica que la fermentación de bebidas de más de 10 ó 12 grados es poco posible. De las opciones posibles, la respuesta (1) es la mejor, ya que un contenido alcohólico de entre 5 y 10 grados es más bajo que los contenidos alcohólicos expresados en las demás respuestas.

7. **(1)** El texto claramente indica en el tercer párrafo que el vinagre se prepara "haciendo sufrir la fermentación acética... a líquidos débilmente alcohólicos" o lo que es lo mismo, a líquidos de bajo contenido alcohólico.

8. **(3)** La respuesta errónea es (3), ya que, como el texto indica en el último párrafo, el ácido acético hierve a 118 grados, no a 50.

9. **(4)** La respuesta (4) es la mejor puesto que la Física estudia "fenómenos que son comunes a todos los seres naturales" (es decir, las propiedades de los cuerpos del mundo natural) que no implican transformación de la materia, lo cual invalida respuestas (1) y (2) que aluden a procesos de transformación.

10. **(2)** En el último párrafo, en el punto e) se indica que, entre otras cosas, el método experimental abarca "verificación de las hipótesis enunciadas".

11. **(5)** La formación de las nubes se produce por evaporación del agua, un fenómeno físico según se indica en el segundo párrafo. No es un fenómeno químico (respuesta (l)) porque en la evaporación no se produce una descomposición del agua en sus elementos, oxígeno e hidrógeno.

12. **(1)** El estudio de la pluviosidad, es decir, de las condiciones que deben darse para que se produzca la lluvia, corresponde a la Meteorología.

13. **(3)** Tal como el texto indica en el último párrafo, "la humanidad necesita energías de recambio" porque las fuentes de energía se están agotando.

CAPÍTULO 9: Dos exámenes completos de práctica

14. **(2)** La humanidad utilizó en primer lugar la energía del fuego, es decir, energía calórica. Las energías potencial y cinética son términos puramente teóricos, es decir, no se refieren a una fuente concreta de energía. Finalmente, las energías atómica y nuclear han sido usadas por la humanidad sólo recientemente.

15. **(4)** La energía potencial al convertirse en energía ligada al movimiento pasa a ser energía cinética.

16. **(2)** El texto indica en su primera línea que "la temperatura se puede medir por medio de los aparatos llamados termómetros".

17. **(3)** Para preparar uno de estos termómetros es necesario colocar mercurio dentro del depósito.

18. **(5)** El texto menciona que el punto de congelación es el punto en que un cuerpo pasa de estado líquido a sólido y usa el ejemplo específico del agua convirtiéndose en hielo.

19. **(3)** En el primer párrafo se indica que la glándula sericígena del gusano de seda produce dos proteínas, una de las cuales se denomina fibroína.

20. **(4)** En el primer párrafo se indica que la glándula sericígena del gusano de seda produce la proteína denominada sericina. Las glándulas propuestas en las demás respuestas no aparecen en ningún momento en el texto.

21. **(4)** El segundo párrafo indica que "los genes contienen la información necesaria para la síntesis de tal o cual proteína".

22. **(4)** El término metamorfosis (del griego morpitos 'forma') designa los cambios de forma que sobrevienen en la vida de un ser vivo. Por ejemplo, en el caso de un insecto, los cambios de huevo a larva, de larva a insecto adulto, etc.

23. **(2)** En este contexto "conjugadas" quiere decir que no están libres o separadas sino unidas a otras moléculas.

24. **(3)** El texto menciona que diversos trabajos científicos que han sido capaces de aislar e identificar los principales conjugados de los ecidsteroides han permitido demostrar que el conjugado principal es un éster.

25. **(4)** El texto indica que la hoja "es principalmente el órgano de la nutrición de la planta," es decir, el órgano por el cual la planta se alimenta.

26. **(4)** Todas estas funciones: fotosíntesis, respiración, transpiración y nutrición aparecen mencionadas en el primer párrafo del texto dentro de las funciones básicas de la hoja. La reproducción no es una función comúnmente asociada con las hojas sino con las flores.

27. **(2)** El segundo párrafo del texto describe la estructura de la capa superior o haz del limbo de una hoja e indica que encontramos la misma estructura en la capa inferior de la hoja. En el mismo párrafo se indica que las parénquimas forman parte del limbo, no del peciolo, lo cual invalida la respuesta (3). En el siguiente párrafo fotosíntesis y respiración aparecen mencionados como dos procesos diferentes, invalidando la respuesta (1). Contrariamente a lo que se indica en la respuesta (4), el quinto párrafo explica que las hojas que se caen en invierno son las caducas, no las perennes. Por último, las hojas sentadas son aquellas que no tienen peciolo, no las que carecen de tallo como se afirma en la respuesta (5).

28. **(3)** La reproducción en que las hembras no necesitan la presencia del esperma del macho se llama partenogénesis.

29. (2) Según los biólogos Lowe y Wright, parece que el origen de la especie unisexual se encuentra en la unión de dos especies que vivian en hábitats diferentes: la tierra y el desierto.

30. (3) Según la reflexión final del texto, a partir de estas investigaciones la pregunta que surge en la mente humana es: ¿podría la mujer fecundar sin la presencia del esperma del hombre?

31. (5) Según el texto, el porcentaje de silicatos en la Luna es superior al 95%, o lo que es lo mismo, algo inferior al 100% (respuesta (5)). Las demás respuestas son valores inferiores o igual al 95%, por tanto erróneas.

32. (2) El texto distingue cuatro grandes familias de silicatos. Uno de estos grupos está constituído por redes tridimensionales entre las cuales se encuentran el cuarzo y los feldespatos.

33. (3) Con la llegada de muestras de rocas lunares extraídas en misiones espaciales, los cuerpos planetarios han dejado de ser patrimonio exclusivo de los astrónomos. Científicos de todas las disciplinas están estudiando estas rocas.

34. (2) De acuerdo con el primer párrafo, el nombre común de los lípidos es (aparte de ceras) grasas.

35. (1) El segundo párrafo dice que "en general, las grasas naturales están formadas por mezclas de glicéridos".

36. (1) El texto cita entre los ácidos grasos constituyentes de las grasas a los ácidos láurico, palmítico, esteárico y oleico. En ningún momento se cita al ácido acético.

37. (5) En el primer párrafo del texto se indica que el carbono se encuentra en formas alotrópicas como el diamante y el grafito, y formando compuestos como la caliza y la magnesita. Los metales preciosos no aparecen mencionados entre los compuestos en que el carbón forma parte.

38. (4) El tipo de carbono más puro, denominado diamante, al ser la sustancia más dura que se conoce, raya a todas las demás y no puede ser rayado por ninguna de ellas.

39. (4) El diamante negro, aunque tiene diversos usos industriales, no tiene valor como piedra preciosa.

40. (3) El metro se definió como la diezmillonésima partedel cuadrante del meridiano terrestre, o lo que es lo mismo, la distancia entre el Polo Norte y el ecuador dividida en diez millones de partes.

41. (2) El metro como medida de longitud fue concebido por la Academia Francesa de las Ciencias en el contexto de la Revolución Francesa.

42. (2) La Academia Francesa de las Ciencias fue el organismo que desarrolló el metro y recomendó su uso.

43. (3) El texto se refiere al peligro que puede ocasionar una disminución de la capa de ozono y sus posibles efectos en la vida del planeta.

44. (1) Según el dibujo del rumiante el esófago viene representado por la letra *d*. Véase el atlas de Ciencias para mayor información.

45. (4) La letra *f* representa el intestino de la vaca. Véase el atlas de Ciencias.

46. (2) Dado que el cerebelo permite controlar el equilibrio y coordinación, su necesidad es crucial para que el águila pueda volar.

47. (4) De las acciones que se proponen en las diferentes respuestas, el hacer esta prueba es la única que requiere utilizar memoria, creatividad e inteligencia, funciones para las cuales es necesario el cerebro.

48. (4) El movimiento de la rodilla al reaccionar a un golpe en la rótula es una acción refleja de la parte inferior del cuerpo. Este tipo de función está controlada por la médula espinal.

49. (4) En el gráfico, la Luna se encuentra entre la Tierra y el Sol eclipsándolo, es decir, impidiendo que la luz del Sol llegue a la Tierra. Tal fenómeno se conoce como eclipse solar.

50. (1) La letra c representa la "corola".

Examen 4: Interpretación de la Literatura y de las Artes

1. **(2)** Estos autores constituyen un auténtico estilo de novela y cuento, desarrollado en Estados Unidos.

2. **(4)** Mark Twain era un seudónimo, es decir, un nombre utilizado solamente para firmar su obra literaria. Su verdadero nombre era Samuel Langhorne Clemens.

3. **(2)** Edgar Allan Poe escribio novelas de misterio que constituyen la base de la novela policíaca moderna.

4. **(1)** Nathaniel Hawthorne escribió muchas novelas relacionadas con el pensamiento puritano.

5. **(2)** El poeta Walt Whitman está considerado como uno de los poetas más importantes en la historia de la literatura de Estados Unidos. Véase en el apartado de Interpretación de la Literatura y de las Artes el pasaje sobre su biografía y obra.

6. **(1)** Whitman fue un precursor de grandes poetas hispanos. Véase el pasaje sobre su vida y obra en este libro.

7. **(1)** El único aspecto común de todas las secciones del texto es el mencionar a personajes españoles o de origen hispano.

8. **(3)** En el texto los hechos son presentados en sucesión temporal, empezando por el más antiguo y continuando progresivamente con hechos posteriores, es decir, es una narración cronológica de hechos.

9. **(4)** El texto utiliza la expresión "se abre una brecha" entre terratenientes y representantes obreros es decir, se producen divergencias entre unos y otros.

10. **(2)** El texto indica que una mujer, Lucrezia Bori, llegaría a formar parte de la junta de directores de la Metropolitan Opera después de su retiro en 1936, es decir mucho después de 1912. Por lo tanto, la afirmación de que después de 1912 ninguna mujer ha formado parte de dicho organismo es errónea.

11. **(1)** Los escritos y opiniones de Manuel González Prada, tal como ejemplifica el fragmento del texto, tienen un claro tono filosófico y humanista.

12. **(5)** Según el texto, las obras de Manuel González Prada atacan al orden social reinante, por estar asentado en conceptos ajenos a la justicia, es decir, sus obras denuncian la injusticia del orden social.

13. **(4)** A la persona que es violenta (que tiene el corazón de un tigre) de nada le sirve ser sabia, ya que la violencia anula la capacidad de pensar, es decir, la racionalidad.

14. **(2)** Ante la opinión general que acusa al indígena de no querer civilizarse, Manuel González Prada arguye que el grado más alto de civilización lo constituye la bondad, es decir, el hacer el bien, y no la ciencia o el arte. Desde este punto de vista, los dominadores del Perú, que proclaman como ley social la *struggle for life* y la barbarie, no tienen derecho a considerar al indígena como un ser incapaz de civilizarse.

15. **(3)** El personaje del texto se aparta del grupo sin saludar y al llegar a casa se tumba en el lecho de su habitación y se pone a llorar, lo cual obviamente indica que está afligido por algún motivo.

CAPÍTULO 9: Dos exámenes completos de práctica

16. **(4)** Arguedas es uno de los iniciadores de la llamada literatura indigenista.

17. **(3)** Según la última frase del texto, aunque Clotilde había aprendido a leer en la escuela, la falta de ejercicio y los trabajos rudos le habían hecho olvidar lo aprendido.

18. **(4)** En este fragmento, Borges habla de sí mismo en dos planos. Uno es el Borges persona cotidiana, común y corriente, mientras que el otro es la figura del Borges escritor famoso. Mientras que el primero desaparecerá rápidamente al morir, el otro pervivirá en sus obras y su fama. No habla de otro autor, sino de sí mismo en dos planos, lo cual invalida la respuesta (1). La descripción de ese otro Borges está hecha en tercera, no en segunda persona, lo cual invalida la respuesta (2).

19. **(4)** Según el texto, Borges criticaba la lengua artificiosa y desdeñaba la preocupación por la forma.

20. **(1)** En este fragmento Borges habla de la misma persona, en este caso él mismo, en dos planos. Es por tanto un desdoblamiento en dos personalidades.

21. **(3)** El texto es una metáfora del egoísmo el personaje, sin querer ver, oír ni hablar con nadie se lo come todo vorazmente.

22. **(2)** Esta interpretación, la del nacimiento, destrucción y vuelta histórica de los imperios, parece ser la única respuesta que se ajusta a la estructura cíclica del texto en la que el personaje crece, se destruye y luego vuelve a empezar.

23. **(4)** El personaje destruye y devora todo el Sistema Solar, pero no acaba con él para siempre ya que al explotar, cada partícula resultante se convierte en algo y todo vuelve a su ser original.

24. **(3)** Esta caracterización del personaje pretende ser una metáfora del egoísmo y la avaricia.

25. **(3)** Al hablar de la naturaleza, el autor observa que "tampoco el hombre más sabio puede descubrir su secreto," es decir, es inconocible.

26. **(5)** El autor es un cantor de la naturaleza a la cual idealiza y contempla con admiración.

27. **(4)** Se trata de una presentación de "pintura funeraria", por tanto se trata de arte relacionado con los ritos de muerte.

28. **(1)** El 31 de enero es la presentación de alfarería griega. Alfarería es el arte de hacer objetos de cerámica.

29. **(2)** La presentación del 7 de febrero está dedicada a la pintura italiana del alto Renacimiento.

30. **(2)** El pintor andaluz nacido en Málaga ha sido probablemente el artista más conocido en el siglo XX.

31. **(4)** La obra refleja personajes mitológicos mediterráneos.

32. **(4)** El texto dice que "algunos niños", no todos, se escaparon y se convirtieron en animales salvajes.

33. **(5)** A la mayoría de los niños, no a todos, se los llevaron con las manos atadas a una cárcel de papel. Por tanto ninguna respuesta es correcta.

34. **(2)** El primer párrafo finaliza con la frase: "Los niños se hicieron hombres obedientes".

35. **(2)** Los hombres obedientes, que en su día habían sido niños rebeldes encarcelados, empezaron a disparar sus armas contra los animales salvajes que en su momento habían sido niños como ellos pero que se habían convertido en animales.

36. **(1)** Los niños obedientes representan a las personas que han aceptado la sociedad y los animales salvajes son las personas que no aceptan esa sociedad y se rebelan contra ella.

37. **(3)** Gabriel García Márquez recibió el Nobel en 1982.

38. **(1)** Nueve escritores de habla española recibieron el Nobel.

39. **(4)** El Nobel chileno Pablo Neruda fue esencialmente poeta. Véase el pasaje sobre su vida y obra en este libro.

40. **(1)** El buque escuela español Juan Sebastián Elcano que comenzó su primera vuelta al mundo en el año 1928 está considerado como uno de los veleros más bellos del mundo.

CAPÍTULO 9: Dos exámenes completos de práctica

Examen 5: Matemáticas

1. **(2)** Dividimos $5\overline{)2.0} = 0.4$

2. **(2)** Según el orden de las operaciones, resolvemos: $(10 - 12) = -2$. A continuación multiplicamos $5 \times 2 = 10$.
$$\frac{10-2}{2} = \frac{8}{2} = 4 \quad (respuesta)$$

3. **(2)**
$$\begin{array}{r} 603 \\ \times\, 0.95 \\ \hline 3015 \\ 5427 \\ \hline 572.85 \end{array}$$ (se llevan 2 lugares decimales)

   $572.85 *(respuesta)*

4. **(4)** Si representamos la edad de Olivia con x, la edad de Luis será $(x - 2)$ y la de Alberto $(x - 2) + 3$ ó $(x + 1)$. A continuación sumamos las tres edades:
$x + x - 2 + x + 1 = 38$
$3x - 1 = 38$
$3x = 38 + 1$
$\frac{3x}{3} = \frac{39}{3}$
$x = 13$

   sustituimos 13 en la expresión $x - 2$ y tenemos que Luis tiene 11 años. *(respuesta)*

5. **(2)**
$$\begin{array}{r} 0.984 \\ \times\, 0.02 \\ \hline 1968 \end{array}$$

   (Sumar los lugares decimales y transferirlos al producto)

   0.01968 (aproximado a la centésima más cercana) = 0.02

6. **(1)** $\frac{98}{5} = 98 \div 5 = 19.6 = 19\frac{6}{10} = 19\frac{3}{5}$ *(respuesta)*

7. **(5)** $2\frac{1}{3} \times 3.50$
Convertimos $2\frac{1}{3}$ en número impropio $\frac{7}{3}$ y multiplicamos
$$\frac{7}{3} \times \frac{3.50}{1} = \frac{24.50}{3} = 8.17 \quad (respuesta)$$

8. **(4)** Escribimos la ecuación $24 \times x = 3$; la resolvemos y tenemos: $x = \frac{3}{24} = \frac{1}{8}$

9. **(2)** $\$61.25 \div \$3.50 = 17.5 = 17\frac{1}{2}$ *(respuesta)*

10. **(4)** $\sqrt{100 \times 49} = \sqrt{4900} = 70$ *(respuesta)*

11. **(5)** $18\frac{1}{9} + 27\frac{8}{9} = \frac{163}{9} + \frac{251}{9} = \frac{414}{9}$
    $= 46$ *(respuesta)*
    ó
    $\frac{1}{9} + \frac{8}{9} = \frac{9}{9} = 1$
    $18 + 27 + 1 = 46$ *(respuesta)*

12. **(3)**
$$\begin{array}{r} 46 = 45\frac{7}{7} \\ -28\frac{3}{7} = -28\frac{3}{7} \\ \hline 17\frac{4}{7} \end{array}$$ *(respuesta)*

13. **(1)** Si $\frac{1}{3}$ de libra rinde 6; 1 libra rinde 18, $6 \times 3 = 18$; por lo tanto, 4 libras rinden 72, $18 \times 4 = 72$ *(respuesta)*

14. **(4)** 23% de 89 = $89 \times 0.23 = 20.47$
$89 - 20.47 = 68.53$
$\$68.53$ *(respuesta)*

15. **(1)** 1 milla = 1.609 kilómetros
$30 \times 1.609 = 48.27$
Redondeando a la decena más cercana: 48.3 km *(respuesta)*

16. **(2)** Sumamos las calificaciones:
$90 + 81 + 78 + 82 + 94 = 425$ y luego calculamos el promedio: $425 \div 5 = 85$ *(respuesta)*

17. (4) Área del cuadrado: $6 \times 6 = 36$
Área del triángulo: $\dfrac{6 \times 4}{2} = 12$;
total $36 + 12 = 48$ *(respuesta)*

18. (4) $\dfrac{13}{21} = 0.62$
$\dfrac{2}{3} = 0.66$
$\dfrac{1}{2} = 0.5$
$\dfrac{5}{7} = 0.71$ *(respuesta)*

19. (1) 7 docenas $= 7 \times 12 = 84$
$84 \times 0.18 = 15.12$
$15.12 *(respuesta)*

20. (2) $3^2 = 9$ *(respuesta)*
$1^8 = 1$
$2^3 = 8$
$\sqrt{25} = 5$

21. (4) $8x - 2 \geq 10x + 6$
$8x - 10x \geq 6 + 2$
$-2x \geq 8$

No olvidemos que al dividir entre un negativo, debemos invertir el símbolo.
$x \leq -4$ *(respuesta)*

22. (3) 1, 20, 39, 58, ...
La diferencia entre un término y el siguiente es 19; por lo tanto, el próximo es $58 + 19 = 77$ *(respuesta)*

23. (4) 1 yarda = 3 pies
$118 \times 3 = 354$ pies

24. (1) Coseno de 45° = 0.7071 *(respuesta)*

25. (2) De las 8:45 a.m. a las 12:00 p.m. hay 3 horas 15 minutos y de las 12:00 p.m. a las 4:30 p.m. hay 4 horas 30 minutos:

   3 horas 15 minutos
+ 4 horas 30 minutos
   7 horas 45 minutos *(respuesta)*

26. (2) Representamos los tres números consecutivos impares con x, $x + 2$, $x + 4$ y escribimos la siguiente ecuación:

$x + x + 2 + x + 4 = 111$
$3x + 6 = 111$
$3x = 111 - 6$
$\dfrac{3x}{3} = \dfrac{105}{3}$
$x = 35$

Ahora sustituimos en la expresión $x + 4$ y tenemos: $35 + 4 = 39$ *(respuesta)*

27. (5) 20% de 26,000 = $26,000 \times 0.20 =$ $5,200.00 *(respuesta)*

28. (4) $\dfrac{(7)(1)(3^2)}{21} = \dfrac{7 \times 1 \times 9}{21} = \dfrac{63}{21}$
$= 3$ *(respuesta)*

29. (1) $\dfrac{9}{15} = \dfrac{30}{x}$
$x = \dfrac{30 \times 15}{9} = \dfrac{450}{9}$
$= 50$ *(respuesta)*

30. (4) Para obtener un promedio de 87 en cinco exámenes, Ana necesita acumular $87 \times 5 = 435$ puntos. A continuación escribimos la ecuación:
$85 + 80 + 93 + 88 + x = 435$
$346 + x = 435$
$x = 435 - 346$
$x = 89$ *(respuesta)*

31. (4) $10x - 7 = 2x + 1$
$10x - 2x = 1 + 7$
$8x = 8$
$x = \dfrac{8}{8}$
$x = 1$ *(respuesta)*

32. (2) César $= x$
José $= 3x$
$x + 3x = 72$
$4x = 72$
$x = \dfrac{72}{4} = 18$ (edad de César)
$18 \times 3 = 54$ (edad de José)

CAPÍTULO 9: Dos exámenes completos de práctica

33. **(2)** $\frac{h}{17} = -5$
    $h = -5(17)$
    $h = -85$ *(respuesta)*

34. **(4)** $a^2 - 4b - c = 4^2 - 4(-5) - (-2)$
    $= 16 - (-20) + 2$
    $= 16 + 20 + 2$
    $= 38$ *(respuesta)*

35. **(5)** $(3^2)(4^3)(1^5) = 9 \times 64 \times 1 = 576$ *(respuesta)*

36. **(1)** $5x - 80 = 2x - 107$
    $5x - 2x = -107 + 80$
    $3x = -27$
    $x = \frac{-27}{3}$
    $x = -9$ *(respuesta)*

37. **(1)** Segunda ecuación: $y = -3 - x$. Sustituimos en la primera ecuación por su equivalente:
    $2x + 3(-3 - x) = -4$
    $2x + (-9 - 3x) = -4$
    $2x - 9 - 3x = -4$
    $-x = -4 + 9$
    $-x = 5$
    $x = -5$ *(respuesta)*

38. **(4)** $13 \times 0.25 = 3.25$
    $9 \times 0.10 = 0.90$
    $3.25 + .90 = \$4.15$
    13 monedas de 25 centavos y 9 de 10 centavos *(respuesta)*.

39. **(4)** $(\sqrt{6})(\sqrt{6}) = \sqrt{36} = 6$ *(respuesta)*

40. **(3)** 5, 7, 12, 19, 31
    $5 + 7 = 12$
    $7 + 12 = 19$
    $12 + 19 = 31$
    $19 + 31 = 50$
    $31 + 50 = 81$
    $50 + 81 = 131$
    Respuesta: 50, 81, 131

41. **(1)** Área del rectángulo: lado mayor × lado menor, $12.5 \times 7.6 = 95$
    95 dm² *(respuesta)*

42. **(5)** $3.14 \times 10^2 = 3.14 \times 100$
    314 mm² *(respuesta)*

43. **(2)** Volumen del cilindro: $\pi \times R^2 \times$ altura
    $R = \frac{\text{diámetro}}{2}$
    $\frac{8}{2} = 4$
    $\pi = 3.14$
    $3.14 \times 4^2 \times 14 = 3.14 \times 16 \times 14 = 703.36$
    703.36 dm³ *(respuesta)*

44. **(3)** 15 m × 15 m × 3.3 m = 742.5 m³
    742.5 m³ *(respuesta)*

45. **(3)** Sustituimos v por 90 en la fórmula $m = 2(v - 65) + 76$ y tenemos:
    $m = 2(90 - 65) + 76$
    $m = 2(25) + 76$
    $m = 50 + 76$
    $m = 126$

46. **(3)** 12 galletas = $0.84
    $\$0.84 \div 12 = \$0.07$
    $\$1.96 \div \$0.07 = 28$
    ó
    $\frac{0.84}{12} = \frac{1.96}{x}$
    $x = \frac{1.96 \times 12}{0.84}$
    $x = 28$

    28 galletas *(respuesta)*

47. **(1)** $\frac{5}{7} = \frac{6.5}{x}$
    $x = \frac{6.5 \times 7}{5}$
    $x = 9.1$ *(respuesta)*

48. **(2)** 24% de $300.00 = $300 \times 0.24 = \$72.00$
    Precio final: $300 - 72 = \$228.00$
    $228.00 *(respuesta)*

49. **(5)** $\frac{1}{35} = \frac{210}{x}$
    $x = 210 \times 35 = 7,350$
    7,350 millas *(respuesta)*

50. **(3)** $\frac{400}{2000} = \frac{1}{5}$
    $\frac{1}{5}$ *(respuesta)*

Apéndice

CONSTITUCIÓN DE
LOS ESTADOS UNIDOS DE AMÉRICA

Apéndice

CONSTITUCIÓN DE LOS ESTADOS UNIDOS DE AMÉRICA

Preámbulo

Nosotros, el Pueblo de los Estados Unidos, a fin de formar una Unión más perfecta, establecer la justicia, garantizar la tranquilidad nacional, atender a la defensa común, fomentar el bienestar general y asegurar los beneficios de la libertad para nosotros y para nuestra posteridad, por la presente promulgamos y establecemos esta Constitución para los Estados Unidos de América.

Artículo I

SECCIÓN 1. Todos los poderes legislativos otorgados por esta Constitución residirán en un Congreso de los Estados Unidos que se compondrá de un Senado y de una Cámara de Representantes.

SECCIÓN 2. La Cámara de Representantes se compondrá de miembros elegidos cada dos años por el pueblo de los distintos estados, y los electores en cada estado cumplirán con los requisitos exigidos a los electores de la Cámara más numerosa de la Asamblea Legislativa de dicho estado.

No podrá ser representante ninguna persona que no haya cumplido veinticinco años de edad, que no haya sido durante siete años ciudadano de los Estados Unidos y que al tiempo de su elección no resida en el estado que ha de elegirlo.

Tanto los representantes como las contribuciones directas se prorratearán entre los diversos estados que integren esta Unión, en relación al número respectivo de sus habitantes, el cual se determinará añadiendo al número total de personas libres, en el que se incluye a las que estén obligadas al servicio por determinado número de años y se excluye a los indios que no paguen contribuciones, las tres quintas partes de todas las personas restantes. Se efectuará el censo dentro de los tres años siguientes a la primera reunión del Congreso de los Estados Unidos, y en lo sucesivo cada diez años, en la forma en que éste lo dispusiere por ley. No habrá más de un representante por cada treinta mil habitantes, pero cada estado tendrá por lo menos un representante. En tanto se realiza el censo, el estado de New Hampshire tendrá derecho a elegir tres representantes; Massachussets, ocho; Rhode Island y las Plantaciones de Providence, uno; Connecticut, cinco; New York, seis; New Jersey, cuatro; Pennsylvania, ocho; Delaware, uno; Maryland, seis; Virginia, diez; North Carolina, cinco; South Carolina, cinco y Georgia, tres.

Cuando ocurrieren vacantes en la representación de cualquier estado, la autoridad ejecutiva de éste ordenará la celebración de elecciones para cubrirlas.

La Cámara de Representantes elegirá a su Presidente y demás funcionarios y sólo ella tendrá la facultad de iniciar procedimientos de residencia.

SECCIÓN 3. El Senado de los Estados Unidos se compondrá de dos senadores por cada estado, elegidos por sus respectivas Asambleas Legislativas por el término de seis años. Cada senador tendrá derecho a un voto.

Tan pronto como se reúnan en virtud de la primera elección, se les dividirá en tres grupos lo más iguales posible. El término de los senadores del primer grupo expirará al finalizar el segundo año; el del segundo grupo al finalizar el sexto año, de forma que cada dos años se renueve una tercera parte de sus miembros. Si ocurrieren vacantes, por renuncia o por cualquier otra causa, mientras esté en receso la Asamblea Legislativa del estado respectivo, la autoridad ejecutiva del mismo podrá hacer nombramientos provisionales hasta la próxima sesión de la Asamblea Legislativa, la que entonces cubrirá tales vacantes.

No podrá ser senador quien no haya cumplido treinta años de edad, no haya sido durante nueve años ciudadano de los Estados Unidos y no resida, en la época de sus elección, en el estado que ha de elegirlo.

El Vicepresidente de los Estados Unidos será Presidente del Senado, pero no tendrá voto, excepto en caso de empate.

El Senado elegirá sus demás funcionarios así como también un Presidente pro témpore en ausencia del Vicepresidente o cuando éste desempeñare el cargo de Presidente de los Estados Unidos.

Tan sólo el Senado podrá conocer de procedimientos de residencia. Cuando se reúna para este fin, los senadores prestarán juramento o harán promesa de cumplir fielmente su cometido. Si se residenciare al Presidente de los Estados Unidos, presidirá la sesión el Juez Presidente del Tribunal Supremo. Nadie será convicto sin que concurran las dos terceras partes de los senadores presentes.

La sentencia en procedimientos de residencia no podrá exceder de la destitución del cargo e inhabilitación para obtener y desempeñar ningún cargo de honor, de confianza o de retribución en el Gobierno de los Estados Unidos; pero el funcionario convicto quedará, no obstante, sujeto a ser acusado, juzgado, sentenciado y castigado con arreglo a derecho.

SECCIÓN 4. La Asamblea Legislativa de cada estado determinará la fecha, lugar y modo de celebrar las elecciones de senadores y representantes; pero el Congreso podrá en cualquier momento mediante legislación adecuada aprobar o modificar tales disposiciones, salvo en relación al lugar donde se habrá de elegir a los senadores.

El Congreso se reunirá por lo menos una vez al año y tal sesión comenzará el primer lunes de diciembre, a no ser que por ley se fije otro día.

APÉNDICE: Constitución de los Estados Unidos de América

SECCIÓN 5. Cada Cámara será el único juez de las elecciones, resultado de las mismas y capacidad de sus propios miembros; y la mayoría de cada una de ellas constituirá quórum para realizar sus trabajos; pero un número menor podrá recesar de día en día y estará autorizado para compeler la asistencia de los miembros ausentes, en la forma y bajo las penalidades que cada Cámara determinare.

Cada Cámara adoptará su reglamento, podrá castigar a sus miembros por conducta impropia y expulsarlos con el voto de dos terceras partes. Cada Cámara tendrá un diario de sesiones, que publicará periódicamente, con excepción de aquello que, a su juicio, deba mantenerse en secreto; y siempre que así lo pidiere la quinta parte de los miembros presentes, se harán constar en dicho diario los votos afirmativos y negativos de los miembros de una u otra Cámara sobre cualquier asunto.

Mientras el Congreso estuviere reunido, ninguna Cámara podrá, sin el consentimiento de la otra, levantar sus sesiones por más de tres días ni reunirse en otro lugar que no sea aquél en que las dos estén instaladas.

SECCIÓN 6. Los senadores y representantes recibirán por sus servicios una remuneración fijada por ley y pagadera por el Tesoro de los Estados Unidos. Mientras asistan a las sesiones de sus respectivas Cámaras, así como mientras se dirijan a ellas o regresen de las mismas, no podrán ser arrestados, excepto en casos de traición, delito grave o alteración de la paz. Tampoco podrán ser reconvenidos fuera de la Cámara por ninguno de sus discursos o por sus manifestaciones en cualquier debate en ella.

Ningún senador o representante, mientras dure el término por el cual fue elegido, será nombrado para ningún cargo civil bajo la autoridad de los Estados Unidos, que hubiere sido creado o cuyos emolumentos hubieren sido aumentados durante tal término; y nadie que desempeñe un cargo bajo la autoridad de los Estados Unidos podrá ser miembro de ninguna de las Cámaras mientras ocupe tal cargo.

SECCIÓN 7. Todo proyecto de ley para imponer contribuciones se originará en la Cámara de Representantes; pero el Senado podrá proponer enmiendas o concurrir en ellas como en los demás proyectos.

Todo proyecto que hubiere sido aprobado por la Cámara de Representantes y el Senado será sometido al Presidente de los Estados Unidos antes de que se convierta en ley. Si el Presidente lo aprueba, lo firmará. De lo contrario, lo devolverá con sus objeciones a la Cámara en donde se originó el proyecto, la que insertará en su diario las objeciones íntegramente y procederá a reconsiderarlo. Si después de tal reconsideración dos terceras partes de dicha Cámara convinieren en aprobar el proyecto, éste se enviará, junto con las objeciones, a la otra Cámara, la que también lo reconsiderará y si resultare aprobado por las dos terceras partes de sus miembros, se convertirá en ley. En tales casos la votación en cada Cámara será nominal y los votos en pro y en contra del proyecto así como los nombres de los votantes se consignarán en el diario de cada una de ellas. Si el Presidente no devolviere un proyecto de ley dentro de los diez días (excluyendo los domingos), después de haberle sido presentado, dicho proyecto se convertirá en ley, tal cual si lo hubiese firmado, a no ser que, por haber recesado, el Congreso impida su devolución. En tal caso el proyecto no se convertirá en ley.

Toda orden, resolución o votación que requiera la concurrencia del Senado y de la Cámara de Representantes (salvo cuando se trate de levantar las sesiones) se presentará al Presidente de los Estados Unidos; y no tendrá efecto hasta que éste la apruebe o, en caso de ser desaprobada por él, hasta que dos terceras partes del Senado y de la Cámara de Representantes la aprueben nuevamente, conforme a las reglas y restricciones prescritas para los proyectos de ley.

SECCIÓN 8. El Congreso tendrá facultad: Para imponer y recaudar contribuciones, derechos, impuestos y arbitrios; para pagar las deudas y proveer para la defensa común y el bienestar general de los Estados Unidos; pero todos los derechos, impuestos y arbitrios serán uniformes en toda la Nación;

Para tomar dinero a préstamo con cargo al crédito de los Estados Unidos;

Para reglamentar el comercio con naciones extranjeras, así como entre los estados y con las tribus indias;

Para establecer una regla uniforme de naturalización y leyes uniformes de quiebras para toda la Nación;

Para acuñar moneda, reglamentar el valor de ésta y de la moneda extranjera, y fijar normas de pesas y medidas;

Para fijar penas por la falsificación de los valores y de la moneda de los Estados Unidos;

Para establecer oficinas de correo y vías postales;

Para fomentar el progreso de la ciencia y de las artes útiles, garantizando por tiempo limitado a los autores e inventores el derecho exclusivo a sus respectivos escritos y descubrimientos;

Para establecer tribunales inferiores al Tribunal Supremo;

Para definir y castigar la piratería y los delitos graves cometidos en alta mar, así como las infracciones del derecho internacional;

Para declarar la guerra, conceder patentes de coros y represalia y establecer reglas relativas a capturar en mar y tierra;

Para reclutar y mantener ejércitos; pero ninguna asignación para este fin lo será por un período mayor de dos años;

Para organizar y mantener una armada;

Para establecer reglas para el gobierno y reglamentación de las fuerzas de mar y tierra;

Para dictar reglas para llamar la milicia a fin de hacer cumplir las leyes de la Unión, sofocar insurrecciones y repeler invasiones;

Para proveer para la organización, armamento y disciplina de la milicia y el gobierno de aquella parte de ella que estuviere al servicio de los Estados Unidos, reservando a los estados respectivos el nombramiento de los oficiales y la autoridad para adiestrar a la milicia de acuerdo con la disciplina prescrita por el Congreso;

APÉNDICE: Constitución de los Estados Unidos de América

Para ejercer el derecho exclusivo a legislar en todas las materias concernientes a aquel distrito (cuya superficie no excederá de diez millas en cuadro) que, por cesión de algunos estados y aceptación del Congreso, se convirtiere en la sede del Gobierno de los Estados Unidos; y para ejercer igual autoridad sobre todas aquellas tierras adquiridas con el consentimiento de la Asamblea Legislativa del estado en que radicaren, con el fin de construir fuertes, almacenes, arsenales, astilleros y otras edificaciones que fueren necesarias; y

Para aprobar todas las leyes que fueren necesarias y convenientes para poner en práctica las precedentes facultades, así como todas aquellas que en virtud de esta Constitución puedan estar investidas en el Gobierno de los Estados Unidos o en cualquiera de sus departamentos o funcionarios.

SECCIÓN 9. El Congreso no podrá antes del año 1808 prohibir la inmigración o importación de aquellas personas cuya admisión considere conveniente cualquiera de los estados existentes; pero se podrá imponer un tributo o impuesto a tal importación que no excederá de diez dólares por persona.

No se suspenderá el privilegio del *hábeas corpus*, salvo cuando en casos de rebelión o invasión la seguridad pública así lo exija.

No se aprobará ningún proyecto para condenar sin celebración de juicio ni ninguna ley *ex post facto*.

No se impondrá capitación u otra contribución directa, sino en proporción al censo o enumeración que esta Constitución ordena se lleve a efecto.

No se impondrán contribuciones o impuestos sobre los artículos que se exporten de cualquier estado.

No se dará preferencia, por ningún reglamento de comercio o de rentas internas, a los puertos de un estado sobre los de otro. Tampoco podrá obligarse a las embarcaciones que se dirijan a un estado o salgan de él, que entren, descarguen o paguen impuestos en otro.

No se podrá retirar cantidad alguna del Tesoro sino a virtud de asignaciones hechas por ley; y periódicamente se publicará un estado completo de los ingresos y egresos públicos.

Los Estados Unidos no concederán títulos de nobleza; y ninguna persona que desempeñe bajo la autoridad del Gobierno un cargo retribuido o de confianza podrá aceptar, sin el consentimiento del Congreso, donativo, emolumento, empleo o título, de clase alguna, de ningún rey, príncipe o nación extranjera.

SECCIÓN 10. Ningún estado celebrará tratado, alianza o confederación alguna; concederá patentes de corso y represalia; acuñará moneda; emitirá cartas de crédito; autorizará el pago de deudas en otro numerario que no sea oro y plata; aprobará ningún proyecto para condenar sin celebración de juicio, ley *ex post facto* o que menoscabe la obligación de los contratos, ni concederá títulos de nobleza.

Ningún estado podrá, sin el consentimiento del Congreso, fijar impuestos o derechos sobre las importaciones o exportaciones, salvo cuando fuere absolutamente necesario para hacer cumplir sus leyes de inspección; y el producto neto de todos los derechos e impuestos que fijare cualquier estado sobre las importaciones o exportaciones, ingresará en el Tesoro de los Estados Unidos. Todas esas leyes quedarán sujetas a la revisión e intervención del Congreso.

Ningún estado podrá, sin el consentimiento del Congreso, fijar derecho alguno de tonelaje, ni mantener tropas o embarcaciones de guerra en tiempos de paz, ni celebrar convenios o pactos con otro estado o con potencias extranjeras, ni entrar en guerra, a menos que fuere de hecho invadido o estuviere en peligro tan inminente que su defensa no admita demora.

Artículo II

SECCIÓN 1. El poder ejecutivo residirá en el Presidente de los Estados Unidos de América. Éste desempeñará sus funciones por un término de cuatro años y se le elegirá, junto con el Vicepresidente, quien también desempeñará su cargo por un término similar, de la siguiente manera:

Cada estado designará, en la forma que prescribiere su Asamblea Legislativa, un número de compromisarios igual al número total de senadores y representantes que le corresponda en el Congreso; pero no será nombrado compromisario ningún senador o representante o persona alguna que ocupare un cargo de confianza o retribuido bajo la autoridad de los Estados Unidos.

Los compromisarios se reunirán en sus respectivos estados, y mediante votación secreta votarán por dos personas, de las cuales, por lo menos una no será residente del mismo estado que ellos. Se hará una lista de todas las personas por quienes se hubiere votado así como del número de votos que cada una obtuviere. Los compromisarios firmarán y certificarán esta lista, y la remitirán sellada a la sede del Gobierno de los Estados Unidos, dirigida al Presidente del Senado. En presencia del Senado y de la Cámara de Representantes, el Presidente del Senado abrirá todos los certificados y se procederá entonces a verificar el escrutinio. Será Presidente la persona que obtuviere mayor número de votos si dicho número fuere la mayoría del número total de compromisarios designados. Si más de una persona obtuviere tal mayoría y recibiere el mismo número de votos, entonces de entre ellas la Cámara de Representantes, por votación secreta, elegirá inmediatamente al Presidente. Si ninguna persona obtuviere la mayoría, entonces la Cámara elegirá en igual forma al Presidente de entre las cinco personas que hubieren obtenido más votos en la lista. Pero en la elección del Presidente la votación será por estados y la representación de cada estado tendrá derecho a un voto. Para este fin el quórum constará de uno o más miembros de las dos terceras partes de las representaciones de los estados, y para que haya elección será necesaria una mayoría de todos los estados. En cualquier caso, una vez elegido el Presidente, será Vicepresidente la persona que obtuviere el mayor número de votos de los compromisarios. Pero si hubiere dos o más con un número igual de votos el Senado, por votación secreta, elegirá entre ellas al Vicepresidente.

APÉNDICE: Constitución de los Estados Unidos de América

El Congreso determinará la fecha de seleccionar los compromisarios y el día en que habrán de votar, que serán los mismos en toda la Nación.

No será elegible para el cargo de Presidente quien no fuere ciudadano por nacimiento o ciudadano de los Estados Unidos al tiempo en que se adopte esta Constitución. Tampoco lo será quien no hubiere cumplido treinta y cinco años de edad y no hubiere residido catorce años en los Estados Unidos.

En caso de destitución, muerte, renuncia o incapacidad del Presidente para desempeñar las funciones de su cargo, le sustituirá el Vicepresidente. En caso de destitución, muerte, renuncia o incapacidad tanto del Presidente como del Vicepresidente, el Congreso dispondrá mediante legislación quién desempeñará la presidencia y tal funcionario ejercerá el cargo hasta que cese la incapacidad o se elija un nuevo Presidente.

Como remuneración por sus servicios el Presidente recibirá, en las fechas que se determinen, una compensación que no podrá ser aumentada ni disminuida durante el término para el cual se eligió, y no percibirá durante dicho término ningún otro emolumento de los Estados Unidos ni de ninguno de los estados.

Antes de comenzar a desempeñar su cargo, el Presidente prestará el siguiente juramento o promesa: "Juro (o prometo) solemnemente que desempeñaré fielmente el cargo de Presidente de los Estados Unidos y que de la mejor manera a mi alcance guardaré, protegeré y defenderé la Constitución de los Estados Unidos".

SECCIÓN 2. El Presidente será jefe supremo del ejército y de la armada de los Estados Unidos, así como de la milicia de los distintos estados cuando ésta fuere llamada al servicio activo de la Nación. Podrá exigir opinión por escrito al jefe de cada departamento ejecutivo sobre cualquier asunto que se relacione con los deberes de sus respectivos cargos y tendrá facultad para suspender la ejecución de sentencias y para conceder indultos por delitos contra los Estados Unidos, salvo en casos de residencia.

Con el consejo y consentimiento del Senado tendrá poder para celebrar tratados, siempre que en ellos concurran las dos terceras partes de los senadores presentes. Asimismo, con el consejo y consentimiento del Senado, nombrará embajadores, otros ministros y cónsules públicos, los jueces del Tribunal Supremo y todos los demás funcionarios de los Estados Unidos cuyos cargos se establezcan por ley y cuyos nombramientos esta Constitución no prescriba. Pero el Congreso podrá por ley, confiar el nombramiento de aquellos funcionarios subalternos que creyere prudente, al Presidente únicamente, a los tribunales de justicia o a los jefes de departamento.

El Presidente tendrá poder para cubrir todas las vacantes que ocurrieren durante el receso del Senado, extendiendo nombramientos que expirarán al finalizar la próxima sesión del Senado.

SECCIÓN 3. El Presidente informará periódicamente al Congreso sobre el estado de la Unión y le recomendará aquellas medidas que él estime necesarias y convenientes. Podrá, en ocasiones extraordinarias, convocar a ambas Cámaras o a cualquiera de ellas; y en caso de que las Cámaras no estuvieren de acuerdo con relación a la fecha para recesar, el Presidente podrá fijarla según lo juzgue conveniente. El Presidente recibirá a los embajadores y demás ministros públicos. Velará por el fiel cumplimiento de las leyes y extenderá los nombramientos de todos los funcionarios de los Estados Unidos.

SECCIÓN 4. El Presidente, el Vicepresidente y todos los funcionarios civiles de los Estados Unidos serán destituidos de sus cargos mediante procedimiento de residencia, previa acusación y convictos que fueren de traición, cohecho u otros delitos graves y menos graves.

Artículo III

SECCIÓN 1. El poder judicial de los Estados Unidos residirá en un Tribunal Supremo y en aquellos tribunales inferiores que periódicamente el Congreso creare y estableciere. Los jueces, tanto del Tribunal Supremo como de tribunales inferiores, desempeñarán sus cargos mientras observen buena conducta y en determinadas fechas recibirán por sus servicios una compensación que no será rebajada mientras desempeñen sus cargos.

SECCIÓN 2. El poder judicial se extenderá a todo caso que en derecho y equidad surja de esta Constitución, de las leyes de los Estados Unidos, así como de los tratados celebrados o que se celebraren bajo su autoridad; a todos los casos que afecten a embajadores y otros ministros y cónsules públicos; a todos los casos de almirantazgo y jurisdicción marítima; a todas las controversias en que los Estados Unidos sean parte; a las controversias entre dos o más estados; entre un estado y los ciudadanos de otro estado; entre los ciudadanos de diferentes estados; entre los ciudadanos del mismo estado que reclamaren tierras en virtud de concesiones hechas por diversos estados; y entre un estado o sus ciudadanos y estados, ciudadanos o súbditos extranjeros.

El Tribunal Supremo tendrá jurisdicción original en todos los casos que afectaren a embajadores, ministros y cónsules públicos y en aquellos en que un estado fuere parte. De todos los demás casos antes mencionados conocerá el Tribunal Supremo en apelación, tanto sobre cuestiones de derecho como de hecho, con las excepciones y bajo la reglamentación que el Congreso estableciere.

Se juzgarán ante jurado todas las causas criminales, excepto las que den lugar al procedimiento de residencia; y el juicio se celebrará en el estado en que se cometió el delito. Si no se cometiere en ningún estado, se celebrará el juicio en el sitio o en los sitios que el Congreso designare por ley.

SECCIÓN 3. El delito de traición contra los Estados Unidos consistirá solamente en tomar las armas contra ellos o en unirse a sus enemigos, dándoles ayuda y facilidades. Nadie será convicto de traición sino por el testimonio de dos testigos del hacho incriminatorio o por confesión en corte abierta.

El Congreso tendrá poder para fijar la pena correspondiente al delito de traición; pero la sentencia por traición no alcanzará en sus efectos a los herederos del culpable ni producirá la confiscación de sus bienes salvo durante la vida de la persona sentenciada.

APÉNDICE: Constitución de los Estados Unidos de América

Artículo IV

SECCIÓN 1. Se dará entera fe y crédito en cada estado a los actos públicos, documentos y procedimientos judiciales de los otros estados. El Congreso podrá prescribir mediante leyes generales la manera de probar tales actos, documentos y procedimientos así como los efectos que deban surtir.

SECCIÓN 2. Los ciudadanos de cada estado disfrutarán de todos los privilegios e inmunidades de los ciudadanos de otros estados.

Toda persona acusada de traición, delito grave o de cualquier otro delito, que huyere del estado en donde se le acusa y fuere hallada en otro estado, será, a solicitud de la autoridad ejecutiva del estado de donde se fugó, entregada a dicha autoridad para ser devuelta al estado que tuviere jurisdicción para conocer del delito.

Ninguna persona obligada a servir o trabajar en un estado, a tenor con las leyes allí vigentes, que huyere a otro estado, será dispensada de prestar dicho servicio o trabajo amparándose en leyes o reglamentos del estado al cual se acogiere, sino que será entregada a petición de la parte que tuviere derecho al susodicho servicio o trabajo.

SECCIÓN 3. El Congreso podrá admitir nuevos estados a esta Unión; pero no formará o establecerá ningún estado nuevo dentro de la jurisdicción de ningún otro estado. Tampoco se formará ningún estado por unión de dos o más estados, o partes de estados, sin el consentimiento tanto de las Asambleas Legislativas de los estados en cuestión como del Congreso.

El Congreso podrá disponer de, o promulgar todas las reglas y reglamentos necesarios en relación con, el territorio o cualquier propiedad perteneciente a los Estados Unidos. Ninguna disposición de esta Constitución se interpretará en forma tal que pudiere perjudicar cualesquiera reclamaciones de los Estados Unidos o de algún estado en particular.

SECCIÓN 4. Los Estados Unidos garantizarán a cada estado de esta Unión una forma republicana de gobierno y protegerán a cada uno de ellos contra toda invasión; y cuando lo solicitare la Asamblea Legislativa o el Ejecutivo (si no se pudiere convocar la primera), le protegerá contra desórdenes internos.

Artículo V

El Congreso propondrá enmiendas a esta Constitución, siempre que dos terceras partes de ambas Cámaras lo estime necesario; o, a petición de las Asambleas Legislativa de dos terceras partes de los estados, convocará una convención para proponer enmiendas, las cuales, en uno u otro caso, serán válidas para todos los fines y propósitos, como parte de esta Constitución, cuando las ratifiquen las Asambleas Legislativas de las tres cuartas partes de los estados, o las convenciones celebradas en las tres cuartas partes de los mismos, de acuerdo con el modo de ratificación propuesto por el Congreso; disponiéndose, que ninguna enmienda hecha antes del año mil ochocientos ocho afectará en modo alguno los incisos primero y cuarto de la sección nueve del primer artículo; y que no se privará a ningún estado, sin su consentimiento, de la igualdad de sufragio en el Senado.

Artículo VI

Todas las deudas y obligaciones contraídas antes de promulgarse esta Constitución serán tan válidas contra los Estados Unidos bajo esta Constitución como lo eran bajo la Confederación.

La presente Constitución, las leyes de los Estados Unidos que en virtud de ella se aprobaren y todos los tratados celebrados o que se celebraren bajo la autoridad de los Estados Unidos serán la suprema ley del país. Los jueces de cada estado estarán obligados a observarla aun cuando hubiere alguna disposición en contrario en la Constitución o en las leyes de cualquier estado.

Los senadores y representantes antes mencionados, los miembros de las Asambleas Legislativas de los diversos estados, así como todos los funcionarios ejecutivos y judiciales, tanto de los Estados Unidos como de los diversos estados, se comprometerán bajo juramento o promesa a sostener esta Constitución; pero no existirá requisito religioso alguno para desempeñar ningún cargo o empleo, retribuido o de confianza, bajo la autoridad de los Estados Unidos.

Artículo VII

La ratificación de las convenciones de nueve estados será suficiente para que esta Constitución rija entre los estados que la ratificaren.

DADA en convención con el consentimiento unánime de los estados presentes, el día diecisiete de septiembre del año de Nuestro Señor mil setecientos ochenta y siente, duodécimo de la independencia de los Estados Unidos de América. En testimonio de lo cual suscribimos la presente.

GEORGE WASHINGTON
Presidente y Diputado por Virginia

Doy fe: WILLIAM JACKSON, Secretario

Enmiendas

Enmienda I

El Congreso no aprobará ninguna ley con respecto al establecimiento de religión alguna, o que prohíba el libre ejercicio de la misma o que coarte la libertad de palabra o de prensa; o el derecho del pueblo a reunirse pacíficamente y a solicitar del Gobierno la reparación de agravios.

Enmienda II

Siendo necesaria para la seguridad de un Estado libre una milicia bien organizada, no se coartará el derecho del pueblo a tener y portar armas.

APÉNDICE: Constitución de los Estados Unidos de América

Enmienda III

En tiempos de paz ningún soldado será alojado en casa alguna, sin el consentimiento del propietario, ni tampoco lo será en tiempos de guerra sino de la manera prescrita por ley.

Enmienda IV

No se violará el derecho del pueblo a la seguridad de sus personas, hogares, documentos y pertenencias, contra registros y allanamientos irrazonables, y no se expedirá ningún mandamiento, sino a virtud de causa probable, apoyado por juramento o promesa, y que describa en detalle el lugar que ha de ser allanado, y las personas o cosas que han de ser detenidas o incautadas.

Enmienda V

Ninguna persona será obligada a responder por delito capital o infamante, sino en virtud de denuncia o acusación por un gran jurado, salvo en los casos que ocurran en las fuerzas de mar y tierra, o en la milicia, cuando se hallen en servicio activo en tiempos de guerra o de peligro público; ni podrá nadie ser sometido por el mismo delito dos veces a un juicio que pueda ocasionarle la pérdida de la vida o la integridad corporal; ni será compelido en ningún caso criminal a declarar contra sí mismo, ni será privado de su vida, de su libertad o de su propiedad, sin el debido procedimiento de ley; ni se podrá tomar propiedad privada para uso público, sin justa compensación.

Enmienda VI

En todas las causas criminales, el acusado gozará del derecho a un juicio rápido y público, ante un jurado imparcial del estado y distrito en que el delito haya sido cometido, distrito que será previamente fijado por ley; a ser informado de la naturaleza y causa de la acusación; a carearse con los testigos en su contra; a que se adopten medidas compulsivas para la comparecencia de los testigos que cite a su favor y a la asistencia de abogado para su defensa.

Enmienda VII

En litigios en derecho común, en que el valor en controversia exceda de veinte dólares, se mantendrá el derecho a juicio por jurado, y ningún hecho fallado por un jurado, será revisado por ningún tribunal de los Estados Unidos, sino de acuerdo con las reglas del derecho común.

Enmienda VIII

No se exigirán fianzas excesivas, ni se impondrán multas excesivas, ni castigos crueles e inusitados.

Enmienda IX

La inclusión de ciertos derechos en la Constitución no se interpretarán en el sentido de denegar o restringir otros derechos que se hayan reservado el pueblo.

Enmienda X

Las facultades que esta Constitución no delegue a los Estados Unidos, ni prohíba a los estados, quedan reservadas a los estados respectivamente o al pueblo.

Enmienda XI

El poder judicial de los Estados Unidos no será interpretado en el sentido de extenderse a los litigios en derecho o en equidad, incoados o seguidos contra uno de los estados de la Unión por ciudadanos de otro estado, o por ciudadanos o súbditos de cualquier estado extranjero.

Enmienda XII

Los compromisarios se reunirán en sus respectivos estados y votarán por votación secreta para Presidente y Vicepresidente, uno de los cuales, por lo menos, no será residente del mismo estado que ellos; designarán en sus papeletas la persona votada para Presidente, y en papeleta distinta la persona votada para Vicepresidente, y harán listas distintas de todas las personas votadas para Presidente, y de todas las personas votadas para Vicepresidente, con indicación del número de votos emitidos a favor de cada una, listas que serán firmadas y certificadas y remitidas por ellos debidamente selladas a la sede del gobierno de los Estados Unidos, dirigidas al Presidente del Senado. Éste, en presencia del Senado y de la Cámara de Representantes, abrirá todos los certificados y se procederá a contar los votos. La persona que obtenga el mayor número de votos para el cargo de Presidente, será Presidente, si tal número constituye la mayoría del número total de los compromisarios nombrados; y si ninguna persona obtuviese tal mayoría, entonces de entre las tres personas que obtengan el mayor número de votos para Presidente, la Cámara de Representantes elegirá inmediatamente, por votación secreta, al Presidente. Pero al elegir al Presidente, los votos se emitirán por estados, teniendo un voto la representación de cada estado; a este fin, el quórum consistirá de un miembro o miembros de dos terceras partes de los estados, siendo necesaria la mayoría de todos los estados para la elección. Y si la Cámara de Representantes, cuando el derecho de elegir recaiga sobre ella, no elige Presidente antes del cuarto día del mes de marzo siguiente, entonces el Vicepresidente actuará como Presidente. Será Vicepresidente la persona que obtenga el mayor número de votos para el cargo de Vicepresidente, si dicho número equivale a la mayoría del número total de compromisarios designados. Si ninguna persona obtiene mayoría, entonces el Senado elegirá al Vicepresidente de entre las dos personas que obtengan el mayor número de votos. A este fin el quórum consistirá de las dos terceras partes del número total de senadores, requiriéndose la mayoría del número total para la elección. Ninguna persona inelegible constitucionalmente para el cargo de Presidente será elegible para el de Vicepresidente de los Estados Unidos.

APÉNDICE: Constitución de los Estados Unidos de América

Enmienda XIII

SECCIÓN 1. Ni la esclavitud ni la servidumbre involuntaria existirán en los Estados Unidos o en cualquier lugar sujeto a su jurisdicción, salvo como castigo por un delito del cual la persona haya sido debidamente convicta.

SECCIÓN 2. El Congreso tendrá facultad para hacer cumplir las disposiciones de esta enmienda mediante legislación adecuada.

Enmienda XIV

SECCIÓN 1. Toda persona nacida o naturalizada en los Estados Unidos y sujeta a su jurisdicción, será ciudadana de los Estados Unidos y del estado en que resida. Ningún estado aprobará o hará cumplir ninguna ley que restrinja los privilegios o inmunidades de los ciudadanos de los Estados Unidos; ni ningún estado privará a persona alguna de su vida, de su libertad o de su propiedad, sin el debido procedimiento de ley, ni negará a nadie, dentro de su jurisdicción, la igual protección de la leyes.

SECCIÓN 2. Los representantes serán prorrateados entre los diversos estados de conformidad con sus respectivos habitantes, contando el número total de personas en cada estado, excluyendo a los indios que no paguen contribuciones. Pero cuando en cualquier elección para la designación de compromisarios que hayan de elegir al Presidente y al Vicepresidente de los Estados Unidos, a los representantes en el Congreso, a los funcionarios ejecutivos y judiciales de un estado o a los miembros de su Asamblea Legislativa, se negare el derecho a votar a cualquiera de los residentes varones de tal estado que tenga veintiún años de edad y sea ciudadano de los Estados Unidos, o cuando de cualquier modo ese derecho le sea restringido, excepto por participar en cualquier rebelión o en otro delito, la base de la representación será reducida en dicho estado en la proporción que el número de tales ciudadanos varones guarde con respecto al total de ciudadanos varones de veintiún años de edad en tal estado.

SECCIÓN 3. No será senador o representante en el Congreso, ni compromisario para elegir Presidente o Vicepresidente, ni desempeñará cargo civil o militar alguno, bajo la autoridad de los Estados Unidos o de cualquier estado, quien, habiendo jurado previamente defender la Constitución de los Estados Unidos, como miembro del Congreso, como funcionario de los Estados Unidos o como miembro de una Asamblea Legislativa de cualquier estado o como funcionario ejecutivo o judicial del mismo, haya tomado parte en alguna insurrección o rebelión contra los Estados Unidos, o haya suministrado ayuda o facilidades a sus enemigos. Pero el Congreso, por el voto de dos terceras partes de cada Cámara, podrá dispensar tal incapacidad.

SECCIÓN 4. No se cuestionará la validez de la deuda pública de los Estados Unidos autorizada por ley, incluyendo las deudas contraídas para el pago de pensiones y recompensas por servicios prestados para sofocar insurrecciones o rebeliones. Pero ni los Estados Unidos ni ningún estado asumirá o pagará deuda obligación alguna contraída en ayuda de insurrección o rebelión contra los Estados Unidos, ni reclamación alguna por la pérdida o emancipación de ningún esclavo; y tales deudas, obligaciones y reclamaciones serán consideradas ilegales y nulas.

SECCIÓN 5. El Congreso tendrá facultad para hacer cumplir las disposiciones de esta enmienda mediante legislación adecuada.

Enmienda XV

SECCIÓN 1. Ni los Estados Unidos ni ningún estado de la Unión negará o coartará a los ciudadanos de los Estados Unidos el derecho al sufragio por razón de raza, color o condición previa de esclavitud.

SECCIÓN 2. El Congreso tendrá facultad para hacer cumplir las disposiciones de esta enmienda mediante legislación adecuada.

Enmienda XVI

El Congreso tendrá facultad para imponer y recaudar contribuciones sobre ingresos, sea cual fuere la fuente de que se deriven, sin prorrateo entre los diversos estados y sin considerar ningún censo o enumeración.

Enmienda XVII

El Senado de los Estados Unidos se compondrá de dos senadores por cada estado, elegidos por el pueblo de éste por un período de seis años, y cada senador tendrá derecho a un voto. Los electores de cada estado deberán poseer los requisitos necesarios para ser electores de la rama más numerosa de las Asambleas Legislativas estatales.

Cuando en el Senado ocurran vacantes en la representación de algún estado, la autoridad ejecutiva de tal estado convocará a elecciones para cubrir tales vacantes, disponiéndose que la Asamblea Legislativa de cualquier estado podrá facultar a su ejecutivo a extender nombramientos provisionales hasta que el pueblo cubra las vacantes por elección, en la forma que disponga la Asamblea Legislativa.

Esta enmienda no será interpretada en el sentido de afectar la elección o término de ningún senador elegido antes de que se convalide la mismo como parte de la Constitución.

Enmienda XVIII

SECCIÓN 1. Transcurrido un año después de la ratificación de esta enmienda, quedan prohibidas la fabricación, venta o transportación dentro de, así como la importación a o la exportación desde los Estados Unidos y todo territorio sujeto a su jurisdicción, de bebidas embriagantes.

SECCIÓN 2. El Congreso y los diversos estados tendrán facultad concurrente para hacer cumplir las disposiciones de esta enmienda mediante legislación adecuada.

SECCIÓN 3. Esta enmienda no surtirá efecto alguno a menos que las Asambleas Legislativas de los diversos estados la ratifiquen como enmienda a la Constitución, conforme a lo preceptuado en ésta, dentro de siente años contados a partir de la fecha en que el Congreso la someta a la consideración de los estados.

APÉNDICE: Constitución de los Estados Unidos de América

Enmienda XIX

El derecho de sufragio de los ciudadanos de los Estados Unidos no será negado o coartado por los Estados Unidos o por ningún estado por razón de sexo.

El Congreso tendrá facultad para hacer cumplir las disposiciones de esta enmienda mediante legislación adecuada.

Enmienda XX

SECCIÓN 1. El término del Presidente y del Vicepresidente expirará al mediodía del vigésimo día de enero, y el de los senadores y representantes al mediodía del tercer día de enero, de los años en los cuales tal término hubiese expirado de no haberse ratificado esta enmienda, y entonces empezará el término de sus sucesores.

SECCIÓN 2. El Congreso se reunirá por lo menos una vez al año y tal sesión comenzará al mediodía del tercer día de enero, a menos que por ley se fije otra fecha.

SECCIÓN 3. Si en la fecha en que el Presidente haya de empezar a desempeñar su cargo, el Presidente electo hubiere muerto, el Vicepresidente electo será el Presidente. Si no se hubiere elegido Presidente antes de la fecha en que debe empezar a desempeñar su cargo, o si el Presidente electo dejare de tomar posesión, entonces el Vicepresidente electo actuará como Presidente hasta que un Presidente quede habilitado; y el Congreso podrá por ley proveer para el caso en que ni el Presidente ni el Vicepresidente electos reúnan los requisitos necesarios, declarando quién actuará entonces como Presidente, o el modo en que se seleccionará el que haya de actuar como tal, debiendo dicha persona actuar en esa capacidad hasta que se designe un Presidente o un Vicepresidente que reúna los requisitos necesarios.

SECCIÓN 4. El Congreso podrá por ley proveer para el caso del fallecimiento de cualquiera de las personas de entre las cuales la Cámara de Representantes puede elegir un Presidente, cuando sobre ella recaiga el derecho de tal elección, y para el caso del fallecimiento de cualquiera de las personas de entre las cuales el Senado puede elegir un Vicepresidente, cuando sobre dicho Senado recaiga el derecho de tal elección.

SECCIÓN 5. Las secciones 1 y 2 empezarán a regir el decimoquinto día del mes de octubre siguiente a la ratificación de esta enmienda.

SECCIÓN 6. Esta enmienda no surtirá efecto alguno a menos que las Asambleas Legislativas de tres cuartas partes de los diversos estados la ratifiquen como enmienda a la Constitución, dentro de siete años contados a partir de la fecha en que les sea sometida.

Enmienda XXI

SECCIÓN 1. Enmienda XVIII a la Constitución de los Estados Unidos queda por la presente derogada.

SECCIÓN 2. La transportación o importación de bebidas embriagantes a cualquier estado, territorio o posesión de los Estados Unidos, para entrega o uso en los mismos, en violación de las leyes allí en vigor, queda por la presente prohibida.

SECCIÓN 3. Esta enmienda no surtirá efecto alguno a menos que haya sido ratificada como enmienda a la Constitución por convenciones en los diversos estados, conforme a lo preceptuado en la Constitución, dentro de siete años contados a partir de la fecha en que el Congreso la someta a la consideración de los estados.

Enmienda XXII

Nadie podrá ser elegido más de dos veces para el cargo de Presidente, y nadie que haya ocupado el cargo de Presidente, o que haya actuado como Presidente por más de dos años del término para el cual fue elegida otra persona, podrá ser elegido más de una vez para el cargo de Presidente. Pero este artículo no se aplicará a persona alguna que ocupara el cargo de Presidente cuando dicho artículo fue propuesto por el Congreso, y no impedirá que cualquier persona que esté ocupando el cargo de Presidente, o actuando como Presidente, durante el término en que este artículo entre en vigor, ocupe el cargo de Presidente o actúe como Presidente durante el resto de dicho término.

Este artículo se quedará inoperativo a menos que sea ratificado como enmienda a la Constitución por las legislaturas de tres cuartos de los varios estados dentro de siete años después de la fecha de su presentación a los estados por el Congreso.

Enmienda XXIII

SECCIÓN 1. Por constituir la sede del Gobierno de los Estados Unidos, el Distrito nombrará en la forma que los disponga el Congreso:

Un número de compromisarios para elegir al Presidente y al Vicepresidente, igual al número total de senadores y representantes en el Congreso a que el Distrito tendría derecho si fuera un estado, pero en ningún caso mayor que el número de compromisarios del estado menos poblado; dichos compromisarios se nombrarán además de los elegidos por los estados, pero se considerarán, para los fines de la elección de Presidente y Vicepresidente, como compromisarios nombrados por un estado; y se reunirán en el Distrito y realizarán las funciones prescritas por la duodécima enmienda.

SECCIÓN 2. El Congreso tendrá facultad para hacer cumplir las disposiciones de este artículo mediante legislación adecuada.

Enmienda XXIV

SECCIÓN 1. El derecho que tienen los ciudadanos de los Estados Unidos de votar en cualquier elección primaria, o de otra naturaleza, de Presidente o Vicepresidente, o de senador o representante en el Congreso, no les será negado o restringido por los Estados Unidos o por cualquier estado por razones de falta de pago de cualquier impuesto de capacitación o de otra naturaleza.

SECCIÓN 2. El Congreso tendrá facultad para hacer cumplir las disposiciones de este artículo mediante legislación adecuada.

APÉNDICE: Constitución de los Estados Unidos de América

Enmienda XXV

SECCIÓN 1. En caso de destitución, muerte o renuncia del Presidente, el Vicepresidente reemplazará al Presidente.

SECCIÓN 2. Cuando ocurra una vacante en el cargo de Vicepresidente, el Presidente designará un Vicepresidente, quien tomará posesión de su cargo una vez que ambas Cámaras del Congreso confirmen su designación por mayoría de votos.

SECCIÓN 3. Cuando el Presidente trasmita al Presidente pro témpore del Senado y al Presidente de la Cámara de Representantes su declaración por escrito de que se encuentra imposibilitado para desempeñar los deberes y atribuciones de su cargo, y mientras no se les envíe por escrito una declaración en contrario, tales deberes y atribuciones serán desempeñadas por el Vicepresidente con el carácter de Presidente interino.

SECCIÓN 4. Cuando el Vicepresidente y la mayoría de cualesquiera de los principales funcionarios de los departamentos ejecutivos, o de otros cuerpos que el Congreso establezca por ley, transmitan al Presidente pro témpore del Senado y al Presidente de la Cámara de Representantes su declaración por escrito de que el Presidente se encuentra imposibilitado para desempeñar los deberes y atribuciones de su cargo, el Vicepresidente asumirá inmediatamente los deberes y atribuciones del cargo con el carácter de Presidente interino.

En lo sucesivo, cuando el Presidente transmita al Presidente pro témpore del Senado y al Presidente de la Cámara de Representantes su declaración por escrito de que no existe incapacidad, el Presidente reanudará los deberes y atribuciones de su cargo, a menos que el Vicepresidente y la mayoría de cualesquiera de los principales funcionarios del departamento ejecutivo de otros cuerpos que el Congreso establezca por ley, transmitan al Presidente pro témpore del Senado y al Presidente de la Cámara de Representantes, dentro del plazo de cuatro días, su declaración por escrito de que el Presidente se encuentra imposibilitado para desempeñar los deberes y atribuciones de su cargo. Entonces el Congreso decidirá el asunto, reuniéndose para este objeto dentro del término de cuarenta y ocho horas, si no está en período de sesiones. Si el Congreso, dentro de los veintiún días de la fecha en que deba reunirse si el Congreso no está en período de sesiones, determina, por voto de los dos tercios de ambas Cámaras, que el Presidente está imposibilitado para desempeñar los deberes y atribuciones de su cargo, el Vicepresidente continuará desempeñándolas con el carácter de Presidente interino; si no, el Presidente reanudará el desempeño de los deberes y atribuciones de su cargo.

Enmienda XXVI

El derecho al voto que tienen los ciudadanos de los Estados Unidos que tengan 18 o más años de edad no les será negado o restringido por los Estados Unidos o por cualquier estado por razón de su edad.